W0176720

Über den Verfasser

Thomas Klein, Prof. Dr. rer. pol., Diplom-Sozialwissen-schaftler. Seit 1994 Professor für Soziologie in Heidelberg. Forschungsschwerpunkte: Sozialstrukturanalyse, Familiensoziologie, Bevölkerungssoziologie, Arbeitsmarktsoziologie, Soziologie des Alters, Sozialpolitikforschung, Methoden der empirischen Sozialforschung. Zahlreiche Veröffentlichungen in deutschen und internationalen Fachzeitschriften.

ro
ro
ro

Thomas Klein

Sozialstrukturanalyse

Eine Einführung

rowohlts enzyklopädie
im Rowohlt Taschenbuch Verlag

rowohlts enzyklopädie
Herausgegeben von Burghard König

Originalausgabe
Veröffentlicht im Rowohlt Taschenbuch Verlag,
Reinbek bei Hamburg, November 2005
Copyright © 2005 by Rowohlt Verlag GmbH,
Reinbek bei Hamburg
Umschlaggestaltung: any.way, Walter Hellmann
Satz aus der Times Ten PostScript, InDesign bei
Pinkuin Satz und Datentechnik, Berlin
Druck und Bindung Clausen & Bosse, Leck
Printed in Germany
ISBN 13: 978 3 499 55671 5
ISBN 10: 3 499 55671 5

Inhalt

Vorwort

Kenntnisse der Sozialstruktur gehören nicht nur zum Grundbestand soziologischen Wissens, sondern sind auch für Parteien, Regierung, Verbände und Gewerkschaften unerlässlich. Zudem stoßen sozialstrukturelle Sachverhalte nicht zuletzt bei gesellschaftlich und politisch interessierten Bürgern und Bürgerinnen zunehmend auf Interesse. Die Beschreibung und Analyse sozialer Strukturen betrifft letztlich alle Teilbereiche der Gesellschaft. Sie erfasst insbesondere die demographische Entwicklung, Haushalts- und Familienstrukturen und die soziale Ungleichheit, speziell in Bezug auf Bildung, Erwerbstätigkeit und Beruf sowie auf die Einkommensverteilung und die Wohlstandsentwicklung. Mit diesen Themenfeldern sind sehr viele Bereiche der Soziologie angesprochen, die in der Literatur sowohl sehr unterschiedlich ausführlich beschrieben als auch sehr unterschiedlich ausführlich analysiert sind. Diese Heterogenität spiegelt sich auch in den vorhandenen Lehrbüchern zur Sozialstrukturanalyse wider.[1]

In dem vorliegenden Lehrbuch sind Darstellung und Analyse nicht nach Art und Verfügbarkeit von Literatur, sondern eher einheitlich gestaltet: Beschreibung und Analyse stehen jeweils in etwa demselben Verhältnis, und bei den bislang intensiv bearbeiteten Themenbereichen mit großem Literaturbestand findet ggf. eine knappere und selektivere Darstellung der vorhandenen Literatur statt als in weniger erforschten Gebieten, die für die Sozialstrukturanalyse nicht minder wichtig[2] sind. Vermittelt werden jeweils
– das empirische Basiswissen in den einzelnen Themenbereichen unter Berücksichtigung von Querschnitt- und Längsschnittstrukturen,

---

1 Eine aktuelle Ausnahme ist lediglich das Lehrbuch von Hradil (2004).
2 Ausschlaggebend für die Wichtigkeit ist neben theoretischen Überlegungen vor allem die Vielfalt sozialstruktureller Hintergründe und Folgen, die mit sozialstrukturellen Entwicklungen in einem bestimmten Themenfeld verbunden sind.

- die wichtigsten damit verbundenen Maßzahlen und empirischen Zusammenhänge,
- Ursachen und Hintergründe sozialstruktureller Entwicklungen (orientiert an dem, was für das Verständnis sozialer Strukturen und sozialstruktureller Zusammenhänge zentral ist) sowie
- Folgen und Konsequenzen auch für andere Teilbereiche der Sozialstruktur.

Natürlich spiegelt sich das empirische Basiswissen in den verschiedenen Maßzahlen wider. In jedem Themenbereich finden sich deshalb drei Unterkapitel:

1. das (natürlich nicht vollkommen unkommentierte) empirische Basiswissen und damit verbundene Maßzahlen,
2. die allgemeineren Ursachen, Hintergründe und ggf. auch sozialen Unterschiede, die für das Verständnis langfristiger Entwicklungen und internationaler Unterschiede notwendig sind, sowie
3. die allgemeineren Implikationen und Konsequenzen sozialstruktureller Entwicklungen.

Ausgenommen von dieser Systematik sind lediglich die Themenbereiche, bei denen die Ursachen in anderen Kapiteln behandelt sind. So machen beispielsweise die Ursachen von Veränderungen der Altersstruktur, etwa die Geburten- und die Sterblichkeitsentwicklung, je ein separates Kapitel aus. Und mit den Konsequenzen formaler Bildungsabschlüsse für die berufliche Platzierung ist natürlich eine wichtige Ursache unterschiedlicher Mobilitätschancen im Beschäftigungssystem bereits abgehandelt.

Ziel dieses Lehrbuchs ist, die dargebotenen Informationen und deren Aussagekraft – inklusive der dabei verwendeten Maßzahlen – genau verständlich zu machen und nicht eine willkürliche Fülle von Daten und ‹Fakten› zusammenzutragen. Natürlich wird das wichtigste empirische Basiswissen in dem vorliegenden Band sehr wohl vermittelt – sowohl im internationalen als auch im intertemporalen Vergleich. Aber eine große Datensammlung ist nicht angestrebt, da eine solche dem Grundverständnis eher im Weg steht. Vielmehr wird der gesellschaftliche Aussagegehalt sozialstruktureller Angaben in ausführlicher Weise reflektiert. Dabei wird erstmals in einem deutschsprachigen Lehrbuch der Sozialstrukturanalyse auch auf Längsschnittdarstellungen stärker Bezug genommen. Statt mehr oder weniger willkürlich herausgegriffener Zahlen werden Entwicklungen und internationale Unterschiede aufgezeigt. Auch deshalb wird das empirische Basiswissen weniger anhand von Tabellen mit einer Vielzahl von Einzelwerten als vielmehr anhand von Graphiken vermittelt. Im Übrigen wird dem Leser bzw. der Leserin schnell auffallen, dass es gar nicht so viele wirklich informative Daten(-zusammenstellungen) in aufbereiteter Form gibt. Er/Sie soll vielmehr lernen, sozialstrukturelle Informationen selbständig aufzufinden und deren Aussagekraft zu beurteilen.

Entsprechend werden die eher allgemeinen Hintergründe und Konsequenzen sozialstruktureller Entwicklungen vermittelt. Das vorliegende Buch hat jedoch trotz der breiten Themenpalette, die viele Spezialsoziologien beinhaltet, nicht das Ziel, Lehrbüchern über Familiensoziologie, über soziale Ungleichheit oder über andere Spezialsoziologien Konkurrenz zu machen. Dargestellt und diskutiert werden nur die wichtigsten, für die Sozialstruktur relevanten Erklärungszusammenhänge, die in dem jeweiligen Themenbereich aussagekräftig sind und/oder weite Verbreitung gefunden haben. Der Leser und die Leserin sollen die wesentlichen Erklärungsansätze kennen lernen und befähigt werden, selbständig Zusammenhänge herzustellen. Beispielsweise werden im Kontext der Migration nicht die ethnischen Gruppierungen ausführlich beschrieben (atheoretisch und wenig verallgemeinerbar), sondern ein Schwerpunkt liegt etwa auf den Determinanten des Wanderungsverhaltens und den Bestimmungsfaktoren der Integration, in die sich die verschiedenen Migrantengruppen in unterschiedlicher Weise einfügen und deren Kenntnis es erlaubt, auch ohne spezifisches Faktenwissen informiert nachzudenken und fundierte Überlegungen auch über neue Sachverhalte anzustellen.

Ein willkommener Nebeneffekt dieses in empirischer wie in theoretischer Hinsicht knappen Konzepts ist außerdem, dass das Buch bzw. das darin vermittelte Wissen vergleichsweise langsam veraltet. Das Lehrbuch ist im Zusammenhang mit meiner Heidelberger Einführungsvorlesung «Vergleichende Sozialstrukturanalyse» entstanden, und sein Umfang ist danach bemessen, dass gerade das dargestellt ist, was in einer einsemestrigen Einführungsveranstaltung zur Sozialstrukturanalyse gut behandelt werden kann.

Natürlich ist das Buch nicht ohne jede Hilfe entstanden. Viele Personen haben zum Teil über Jahre hinweg auf unterschiedliche Weise zu seiner Entstehung beigetragen: vor allem Prof. Dr. Andreas Diekmann, Jan Eckhard, David Fischer-Kerli, Prof. Dr. Johannes Kopp, Ute Mons, Ingmar Rapp, Prof. Dr. Rainer Schnell, Dr. Johannes Stauder, Friederike Tibor, Michaela Uzelac und nicht zuletzt Dr. Burghard König, der das Projekt seitens des Verlags auf den Weg gebracht und begleitet hat. Johannes Stauder hat das letzte Kapitel über die Datenquellen der Sozialstrukturanalyse beigetragen. Ute Mons hat mir mit Michaela Uzelac bei der Zusammenstellung und Aufbereitung des empirischen Materials geholfen, und sie hat – zum Teil mit Unterstützung von Friederike Tibor – unzählige Tabellen und Abbildungen vervollständigt und in Form gebracht. Friederike Tibor und Ingmar Rapp haben insbesondere in der heißen Phase der letzten Monate vor Abgabe des Typoskripts unermüdlich Korrektur gelesen, Ingmar Rapp hat zudem das Literaturverzeichnis kontrolliert und korrigiert. Allen bin ich außerordentlich dankbar für die gute und verlässliche Zusammenarbeit!

1 Allgemeine Vorbemerkungen

1.1 Begriff und Gegenstand

Womit beschäftigt sich die Sozialstrukturanalyse? «Die Sozialstrukturanalyse zergliedert ‹die Gesellschaft› in ihre relevanten Elemente und Teilbereiche und untersucht die zwischen ihnen bestehenden Wechselbeziehungen und Wirkungszusammenhänge» (Geißler 2002: 19). So oder so ähnlich lauten auch andere Definitionen (z.B. Fürstenberg 1967: 10; Mayntz 1966: 2415). Zur Sozialstrukturanalyse gehört also zum einen die ‹Zergliederung› in relevante Teilbereiche und damit die *Beschreibung* sozialer Strukturen. Diese Beschreibung ist zum anderen Voraussetzung für die *Analyse* von Wechselbeziehungen und Wirkungszusammenhängen. Zwei Teilbereiche der Gesellschaft sind z.B. Bildung und Beschäftigung. Die Sozialstrukturanalyse beschreibt einerseits Bildungs- und Beschäftigungsstrukturen und deren Veränderung sowie internationale und interregionale Unterschiede. Andererseits wird im Rahmen der Sozialstrukturanalyse der Zusammenhang zwischen Bildungs- und Beschäftigungsstrukturveränderungen analysiert, z.B. der Einfluss der Bildungsexpansion auf die Frauenerwerbsbeteiligung.

Was sind relevante Teilbereiche und Strukturen? Je nach wissenschaftlichem Interesse stehen Schichtung und Mobilität, soziale Klassen, das soziale Rollengefüge oder andere sozialstatistische Beschreibungen im Mittelpunkt von Lehrbüchern zur Sozialstrukturanalyse. Ungeachtet der unterschiedlichen Akzent- und Schwerpunktsetzungen, die nur mit dem wissenschaftlichen Interesse und der Spezialisierung von Sozialstrukturanalytikern zu erklären sind, erwächst die Relevanz sozialer Strukturen auch aus theoretischen Überlegungen und deren Überprüfung. Zwischen bestimmten Teilbereichen der Gesellschaft bestehen Wechselbeziehungen, zwischen anderen nicht. Und für die Analyse der Wechselbeziehungen sind je nach Theorieansatz u. U. unterschiedliche Kategorisierungen und damit einhergehende Strukturierungen von Bedeutung: Während Wohlstandsunterschiede in der Perspektive marxistischer Sozialstrukturanalyse mit den Besitzverhältnissen an den Produktionsmitteln und der Konzentration des Kapitals in Zusammenhang stehen, ziehen ‹modernere› Ansätze anderweitige Strukturen aus den Bereichen von Arbeitsmarkt und Beschäftigung zur Erklärung von Wohlstandsunterschieden heran. Eine Bandbreite von Erklärungsansätzen und die Vielfalt der Wechselbeziehungen beschränken die generelle Relevanz besonderer Sozialstrukturdarstellungen und lassen es in einem Lehrbuch sinnvoll erscheinen, vor allem die unterschiedlichen Interpretationen und den jeweiligen Aussagegehalt alternativer Sozialstrukturbeschreibungen intensiv zu behandeln.

Was sind überhaupt soziale Strukturen? Je nachdem, ob sich sozialstrukturelle Analysen auf Alter, Familienstand, Klassen, soziale Mobilität oder auf sonstige sozialstatistische Merkmale beziehen, geht es um die Alters- bzw. Familienstandsstruktur, um die Verteilung der Besitzverhältnisse an den Produktionsmitteln, um soziale Auf- und Abstiegshäufigkeiten oder um sonstige Verteilungen und Zusammenfassungen der Bevölkerung nach sozialstatistischen Merkmalen. Soziale Strukturen kommen also in Verteilungen zum Ausdruck, bzw. die Analyse von Verteilungen und Verteilungsänderungen in verschiedenen Teilbereichen der Gesellschaft ist ein zentraler Bestandteil sozialstruktureller Analysen. Im Unterschied zur mikrosoziologischen Analyse des individuellen sozialen Handelns ist die Sozialstrukturanalyse deshalb ein zentraler Bestandteil der Makrosoziologie. Neben gesamtgesellschaftlichen Verteilungen sind auch anderweitige Aggregate von Individuen, z. B. soziale Netzwerke, für die Sozialstrukturanalyse interessant.[1] Gleich, ob es sich um ‹simple› Verteilungen oder um theoretisch voraussetzungsvollere Aggregationen handelt, soziale Strukturen stellen

---

1 Esser (1993: 92) bezeichnet sogar einzelne Ehen als «ein aggregiertes kollektives Ereignis», das als «Folge des aufeinanderbezogenen Handelns von zwei individuellen Akteuren» entsteht.

immer ein überindividuelles, kollektives Phänomen dar. Die Beschäftigung mit der Bildungsvariablen im Sinne des individuellen Bildungsniveaus und dessen Bedeutung für soziales Handeln macht beispielsweise noch keine Sozialstrukturanalyse aus, wenngleich mikrosoziologische Handlungstheorien für die Analyse sozialer Strukturen ausgesprochen wichtig sind (s. u.). Erst die Betrachtung mehrerer Individuen, insbesondere deren Verteilung über die Bildungskategorien, aber auch irgendwelche mit dem Bildungsniveau oder mit Bildungsunterschieden verknüpfte aufeinander bezogene Handlungsmuster zwischen Individuen bieten den Ansatz für sozialstrukturelle Analysen.

1.2 Generelle Konstrukte

1.2.1 Das Grundmuster der Erklärung sozialer Strukturen

Wie hat man sich die Analyse der «Wechselwirkungen und Wirkungszusammenhänge» zwischen den Teilbereichen der Gesellschaft vorzustellen? Ein schon eingangs angesprochenes Beispiel ist die Auswirkung der Bildungsexpansion auf die Frauenerwerbsbeteiligung. Beide Phänomene kommen letztendlich in Verteilungen zum Ausdruck, nämlich in der Verteilung der weiblichen Bevölkerung (bzw. unterschiedlicher Geburtsjahrgänge der weiblichen Bevölkerung) zum einen auf die Bildungsstufen und zum anderen auf die verschiedenen Kategorien des Erwerbsstatus. Die Einflüsse der Bildungsexpansion auf die Frauenerwerbsbeteiligung sind allerdings in Abbildung 1.2.1 nur gestrichelt eingezeichnet. Makrosoziologische Phänomene stehen nämlich gewöhnlich nicht unmittelbar miteinander in Zusammenhang, sondern werden erst durch das Handeln von Individuen miteinander verknüpft. Der Einbezug handelnder Individuen in die Analyse der Wechselwirkungen zwischen sozialstrukturellen Phänomenen erfolgt in drei Schritten (vgl. für eine ausführlichere Darstellung auch Esser 1993: 91 ff.):

1. Soziale Strukturen bestimmen zunächst die soziale Situation des handelnden Individuums, d. h. die Bedingungen und die Handlungsalternativen, die ihm zur Verfügung stehen. Soziale Strukturen gestalten folglich die Opportunitäten und die Restriktionen sozialen Handelns (Blau 1994; Esser 2000). Im Hinblick auf die Bildungsexpansion bedeutet dies insbesondere, dass sich für viele Frauen im Vergleich zu früheren Generationen aufgrund besserer Ausbildung die Handlungsalternativen am Arbeitsmarkt erweitert haben, ihre Chancen einer erfolgreichen Stellensuche sind gestiegen, ebenfalls ihre Verdienstaussichten, und eventuell hat schon während des längeren Ausbildungswegs eine stärkere Berufsorientierung stattgefunden, die sich auf ihre Wahrnehmung und Bewertung der Handlungsalternativen auswirkt.

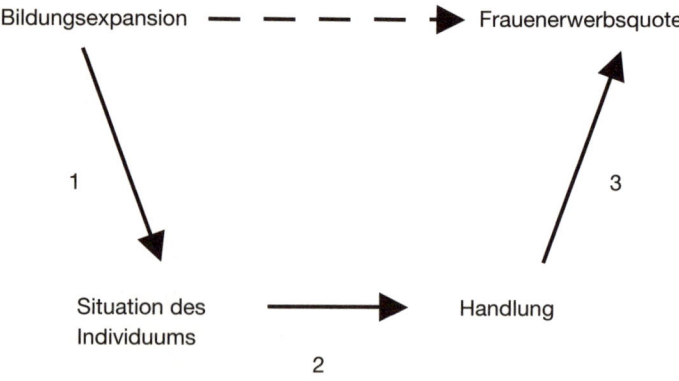

Abbildung 1.2.1: Das Grundmuster sozialstruktureller Erklärung

2. All die genannten und weitere Faktoren haben Einfluss auf das Erwerbsverhalten der betreffenden Frauen und führen vermutlich dazu, dass sie sich verstärkt in den Arbeitsmarkt integrieren und einen größeren Teil ihres Lebens erwerbstätig sind, sei es, weil sie sich gegen Familie entschieden haben, weil sie bei der Geburt eines Kindes nicht aus dem Erwerbsleben ausscheiden oder weil sie nach einer Familienphase früher in den Beruf zurückkehren. Der Ein-

fluss des Bildungsniveaus auf das Erwerbsverhalten ist Gegenstand mikrosoziologischer Handlungstheorien und häufig Thema wissenschaftlicher Untersuchungen, wobei nicht notwendig soziale Strukturen in den Blick kommen.

3. Aggregiert man die individuellen Verhaltensweisen, kommt man schließlich zu Strukturaussagen. Ein zumindest auf den ersten Blick einfaches Beispiel ist die Frauenerwerbsquote (vgl. auch nachfolgend Kapitel 1.2.2), etwas komplizierter ist z.B. die je nach Wahlrecht (d.h. Aggregationsregel) unterschiedliche Aggregation individuellen Abstimmungsverhaltens zu einer Sitzverteilung im Parlament.

Der gesamte Erklärungszusammenhang ist in Abbildung 1.2.1 dargestellt.[1] Die geschilderten Ausführungen zu den drei Schritten der Erklärung sozialer Strukturen sind allerdings stark vereinfacht, und auch der Einfluss der Bildungsexpansion auf die Frauenerwerbsbeteiligung kommt nicht allein auf die zuvor beschriebene Weise zustande. Obige Argumentation bezieht sich nämlich ausschließlich auf den so genannten Kompositionseffekt, d.h. auf die veränderte Bildungskomposition der weiblichen Bevölkerung, unter der stillschweigenden Annahme, dass das bildungsspezifische Erwerbsverhalten unverändert bleibt.[2] Realiter wirkt sich jedoch die Bildungsexpansion nicht nur auf das Bildungsniveau der individuellen Akteure aus, sondern die Handlungsalternativen des Individuums (Schritt 1 des oben beschriebenen Grundmusters) werden auch durch eine umfassende Veränderung der Rahmenbedingungen beeinflusst: Der Umstand, dass größere Bevölkerungsteile höhere Ausbildungsabschlüsse erwerben, hat z.B. – neben anderen Implikationen – nicht zuletzt zur Folge, dass sich die Bildungsrendite verringert und hochgebildete Frauen nicht mehr in gleichem Maß erwerbstätig sind wie in vorangegangenen Generationen.

---

1 Ähnliche Darstellungen finden sich z.B. bei Boudon (1980: 123), Coleman (1990: 8, 10), Esser (1993: 98), McClelland (1976: 47, 58) und Lindenberg (1978: 222).
2 Zur Quantifizierung von Kompositionseffekten vgl. unten Kapitel 2.2.2.2.

Soziale Strukturen sind das Resultat bzw. die Aggregation individueller Handlungen und zugleich Ausgangspunkt weiterer Handlungen, weil sie die Opportunitäten und Restriktionen für das Individuum in anderer Hinsicht neu gestalten. Eine erhöhte Frauenerwerbsbeteiligung mag z.B. Einfluss haben auf die Scheidungszahlen, wenn sie für erwerbstätige Frauen die ökonomische Unabhängigkeit erhöht und für nichterwerbstätige Frauen die (Wieder-)Eintrittschancen in den Beruf verbessert (Schritt 1 des Grundmusters von Abbildung 1.2.1) und wenn beide Gruppen daraufhin im Fall von Eheproblemen mit erhöhter Scheidungsneigung reagieren (Schritt 2), die sich zu ansteigenden Scheidungszahlen aggregiert (Schritt 3).

Das beschriebene Grundmuster der Erklärung sozialer Strukturen macht auch verständlich, warum u.U. sozialstrukturelle Prozesse auf sich selbst zurückwirken. Ein Beispiel ist die so genannte Scheidungsspirale: Hohe Scheidungszahlen erleichtern nach der Trennung die Suche eines neuen Partners, und sie fördern den Abbau von Stigmatisierung sowie die soziale Akzeptanz einer Scheidung (Schritt 1). Sie verändern also die Bedingungen des individuellen Handelns auf eine Weise, die im Einzelfall eine Scheidung begünstigt (Schritt 2) und in der Aggregation zu einer weiteren Steigerung der Scheidungszahlen beiträgt (Schritt 3). Entsprechend funktioniert auch die Bildungsspirale: Im Zuge der Bildungsexpansion nehmen bildungsorientierte Herkunftsmilieus zu[1] (Schritt 1), in denen die Bildungsbeteiligung der Kinder hoch ist (Schritt 2), und die zusätzlich erhöhte Bildungsbeteiligung treibt die Ausweitung des Bildungssystems weiter voran (Schritt 3). Soziale Prozesse können akzelerierend (wie bei der Scheidungsspirale und der Bildungsspirale) oder bremsend auf sich selbst zurückwirken. Während im ersten Fall eine Beschleunigung der Entwicklung stattfindet, die sich mit Kompositionseffekten nicht mehr erklären lässt, kommt im zweiten Fall u.U. ein stabiles Gleichgewicht zustande.

---

1 Zu weiteren Mechanismen der Bildungsspirale vgl. unten Kapitel 4.1.2.1.

Das geschilderte Grundmuster der Erklärung sozialer Strukturen lässt sich auch als «Makro-Mikro-Makro-Erklärung» (Esser 1993: 97) bezeichnen. Warum jedoch ist die Mikrofundierung sozialstruktureller Erklärungen wirklich notwendig? Es gibt schließlich makrosoziologische Theorien, die zwischen verschiedenen sozialstrukturellen Phänomenen einen direkten Zusammenhang herstellen, ohne ‹umständlich› auf den individuellen Akteur Bezug zu nehmen. Der Grund wird nicht immer auf den ersten Blick deutlich. Zwei Beispiele: In der Migrationssoziologie werden Wanderungsströme mit regionalen Unterschieden des Lohnniveaus und der Arbeitslosenquote, d. h. mit generellen Wanderungsanreizen, in Verbindung gebracht (vgl. Kapitel 2.5.2). Und in der Familiensoziologie (vgl. unten Kapitel 3.2.2.1) werden zunehmende Scheidungszahlen für die Verbreitung von Lebensformen verantwortlich gemacht, «die die *Möglichkeit eines späteren Alleinlebens vorgängig offenhalten*» (Beck-Gernsheim 1983: 333). Die letztgenannte Aussage steht sogar im Kontext der so genannten Individualisierungstheorie, die vorgibt, das Individuum als das Zentrum seiner eigenen Lebensplanung zu betrachten (Beck 1986: 116).

Beide Theorien scheinen zwar plausibel zu sein, sind aber letztlich unbefriedigend, weil sie ganz einfache empirische Beobachtungen nicht erklären können: Denn trotz eines regionalen Lohngefälles machen doch die Migranten in aller Regel nur einen sehr kleinen Teil der Bevölkerung aus, und trotz der zunehmenden Scheidungszahlen geht nach wie vor ein großer Teil der Bevölkerung früher oder später eine Ehe ein. Beide Theorien kennen somit keine Antwort auf die Frage, in welchem *Ausmaß* sich soziale Strukturen verändern, und beim Beispiel der Wanderungstheorie bleibt obendrein völlig unbeantwortet, warum Wanderungsströme häufig *gleichzeitig* auch in entgegengesetzter Richtung stattfinden. An diesen Defiziten wird der fehlende Akteurbezug deutlich: Die Wanderungsanreize sind nicht nur mit regionalen Merkmalen (z. B. Lohnniveau, Arbeitslosenquote) verbunden, sondern individuell (je nach Beruf, familiären Bindungen usw.) unterschiedlich ausgestaltet – geeignete Arbeitsplätze hängen von der Berufsausbildung ab, geeignete Wohnungen von der Familiengröße usw. Dementsprechend wird auch die Wahl der partnerschaftlichen Lebensform von vielen zusätzlichen, individuell unterschiedlichen Bedingungen mitbestimmt, die im Rahmen der Individualisierungstheorie kaum jemals konkret benannt werden. Erst unter Bezug auf die handlungstheoretischen Grundlagen sozialstruktureller Veränderungen finden sich Ansätze für die Beantwortung von Fragen nach der inter-individuellen Variabilität. Eine typisierende Durchschnittsbetrachtung auf der Makroebene ist hingegen häufig nicht ausreichend, um soziale Strukturen zu erklären, die ja – wie jede Wanderungsrate, Verheiratetenquote oder Frauenerwerbsquote usw., die *zwischen* 0 und 100 % liegt – aus individuell *unterschiedlichem* Verhalten resultieren.

	Stimmbezirk 1			Stimmbezirk 2		
	katholische Wähler	nicht-katholische Wähler	zusammen	katholische Wähler	nicht-katholische Wähler	zusammen
CDU	0	20	20	0	40	40
andere Parteien	20	60	80	40	20	60
zusammen	20	80	100	40	60	100

Tabelle 1.2.1: Beispiel für einen Ökologischen Fehlschluss
Quelle: Diekmann 1995: 117

Es gibt allerdings nicht nur theoretische, sondern auch gute empirische Gründe, die den Akteurbezug bei der Erklärung sozialer Strukturen notwendig machen, weil man nämlich auf höheren Aggregationsebenen einem gewaltigen Trugschluss aufsitzen kann. Das Problem ist als Ökologischer Fehlschluss bekannt und lässt sich an einem Beispiel erläutern (vgl. für das folgende Beispiel Diekmann 1995: 117). Hier geht es um den Einfluss des Katholikenanteils auf das Wahlergebnis. In zwei Wahlbezirken sei der Katholikenanteil und der der CDU-Wähler jeweils gleich groß: In einem Bezirk sind 20 % Katholiken und 20 % CDU-Wähler, in einem anderen Bezirk sind es jeweils 40 %. Dieser Befund scheint auf den ersten Blick ein eindeutiger Beleg dafür, dass Wahlergebnisse und deren Veränderung mit dem Katholikenanteil und dessen Veränderung in Zusammenhang stehen. Selbst wenn dabei einzelne Katholiken nicht CDU wählen und einzelne Nicht-Katholiken doch für die CDU stimmen, scheint trotzdem eine Tendenz klar auf der Hand zu liegen. Aber dem muss nicht so sein: Wie Tabelle 1.2.1. zeigt, ist es sogar möglich, dass in beiden Wahlbezirken kein einziger Katholik CDU wählt, wenn entsprechend viele Nicht-Katholiken CDU wählen. Entsprechende Irrtümer sind weit verbreitet und lassen sich nur vermeiden, wenn sozialstrukturelle Phänomene nicht unmittelbar auf der Makroebene (oder einer Zwischenebene) miteinander in Zusammenhang gesetzt werden (gestrichelte Linie in Abbildung 1.2.1) – oft auch in Form der beliebten Zeitreihen –, sondern unter Bezug auf das handelnde Individuum analysiert werden.

Haushalte			Individuen		
Haushaltsgröße	Anzahl	%	Haushaltsgröße	Anzahl	%
insgesamt	911 800	100	insgesamt	1 717 250[1]	100
mit 1 Person	440 100	48	mit 1 Person	440 100	26
mit 2 Personen	276 300	30	mit 2 Personen	552 600	32
mit 3 Personen	97 000	11	mit 3 Personen	291 000	17
mit 4 Personen	71 400	8	mit 4 Personen	285 600	17
mit 5 oder mehr Personen	26 900	3	mit 5 oder mehr Personen	147 950[2]	9

Tabelle 1.2.2: Haushalte und Personen nach Haushaltsgröße (Hamburg 1998)
[1] hier berechnet aus unten stehenden Häufigkeiten
[2] unter der Annahme von durchschnittlich 5,5 Personen pro Haushalt in der betreffenden Größenkategorie
Quelle: http://fhh1.hamburg.de/fhh/behoerden/behoerde_fuer_inneres/statistisches_landesamt/zeit/zeit2Tab1.htm (20. 4. 2005); eigene Berechnungen

Im Kontext empirischer Trugschlüsse und Irrtümer sei an dieser Stelle auch auf einen anderen Aspekt des Aggregationsproblems eingegangen. Ein weit verbreitetes Muster von Trugschlüssen bzw. Fehlinterpretationen hängt damit zusammen, dass man zwischen dem Individuum und der Gesamtgesellschaft verschiedene Zwischenebenen der Aggregation unterscheiden kann. Nach geeigneten Beispielen für einen damit häufig verbundenen Trugschluss muss man in vielen nichtwissenschaftlichen Print-Medien nicht lange suchen, aber auch in der Soziologie ist der betreffende Irrtum keineswegs selten. Das Problem sei im Folgenden am Beispiel eines SPIEGEL-online-Artikels erläutert. Unter der Rubrik «Singles» heißt es dort: «‹Tickende Zeitbombe›. Traurig, aber wahr: In den deutschen Großstädten lebt schon fast jeder Zweite allein. … Hamburg ist die Single-Hochburg Deutschlands. Nach jüngsten Zahlen vom April 1998 lebt fast jeder zweite Hamburger (48 Prozent) allein» (http://www.spiegel.de/panorama/0,1518,52658,00. html vom 16.11.1999). Eine Überprüfung der betreffenden Zahlen (vgl. linker Teil von Tabelle 1.2.1) bestätigt den Wert von (440100 / 911800 =) 48 %. Aber: Der Auszählung liegen Haushalte zugrunde, wie dies in vielen, vor allem den amtlichen Statistiken üblich ist. Die Interpretation bezieht sich jedoch auf Individuen. Und in jedem Zwei-Personenhaushalt leben immerhin zwei Personen nicht allein, in jedem Drei-Personenhaushalt sind es drei Personen usw. Rechnet man die Haushaltsauszählung auf Personen um (vgl. rechter Teil von Tabelle 1.2.1), so reduziert sich die Single-Quote drastisch, nämlich auf (440100 / 1717250 =) 26 %. Statt fast der Hälfte also nur ein Viertel! Letztendlich beruht auch dieser Fehlschluss darauf, dass eine sozialstrukturelle Aggregatzahl nicht auf die für eine soziologische Interpretation relevanten[1] Akteure bezogen wurde.

---

[1] In anderen Varianten dieses häufigen Fehlschlusses werden Aggregatgrößen zwar auf Individuen bezogen, aber nicht auf diejenigen, die der Fragestellung und der Interpretation entsprechen.

1.2.2 Die Dynamik sozialstruktureller Entwicklung: Alters-, Kohorten- und Periodeneffekte

Zu den generellen Konstrukten moderner Sozialstrukturanalyse gehören auch die Unterscheidung von Querschnitt- und Längsschnittperspektive sowie die Integration relevanter Längsschnittaspekte in die Erklärung sozialer (Querschnitt-)Strukturen (z.B. Mayer 1995; Zapf, Schupp und Habich 1996). Was bedeutet das? Im Rahmen der Sozialstrukturanalyse werden zumeist – in den gängigen Lehrbüchern der Sozialstrukturanalyse sogar ausschließlich – soziale Strukturen zu einem bestimmten Kalenderzeitpunkt (d.h. im Querschnitt) behandelt. Die Frauenerwerbsquote, die Wanderungsrate wie auch der Anteil der Singles an der Bevölkerung und andere Angaben zur Sozialstruktur beziehen sich jeweils auf einen bestimmten Kalenderzeitpunkt und geben damit ein zeitpunktbezogenes Bild sozialer Strukturen. Dabei macht es keinen prinzipiellen Unterschied, wenn mehrere Zeitpunkte der sozialstrukturellen Entwicklung betrachtet werden. Doch wie das zeitpunktbezogene Bild jeweils zustande kommt, erklärt sich sehr häufig erst, wenn man die Entwicklung bis zu dem jeweiligen Zeitpunkt auf der Ebene einzelner Akteure betrachtet. Gemeint ist also nicht nur die sozialstrukturelle Entwicklung an sich, wie sie in einer Zeitreihe zum Ausdruck kommt, sondern die Entwicklung, die sich bei den Individuen (d.h. im Längsschnitt) vollzieht, und die Unterschiede, die zwischen nachwachsenden Generationen bestehen. Wenn es um die Veränderung sozialer Strukturen geht, ist die Längsschnittanalyse eine simple Konsequenz des Akteurbezugs, während die Analyse von Zeitreihen (z.B. der Zeitreihe von Abiturientinnenquote und Frauenerwerbsquote) auf der Makroebene verhaftet bleibt – mit allen zuvor erläuterten Problemen: dem des Ökologischen Fehlschlusses usw.

Veränderungen, die beim Individuum stattfinden (z.B. Einkommensveränderungen), werden möglicherweise durch das Alter oder eine andere Zeitvariable des individuellen Lebenslaufs (z.B. die Beschäftigungsdauer) bestimmt – in diesem Fall handelt es sich um einen Alters- bzw. Dauereffekt. Hintergrund eines Alterseffekts auf das Einkommen ist z.B. ein Tarifsystem, das an die Dauer der Betriebszugehörigkeit oder an das Alter gekoppelt ist.

Einkommensunterschiede, für die die Generationszugehörigkeit verantwortlich ist – etwa aufgrund unterschiedlicher Bildungspartizipation in aufeinander folgenden Generationen –, bezeichnet man als Generationen- bzw. Kohorteneffekt. Eine Kohorte ist eine Teilpopulation der Bevölkerung, die durch ein gemeinsames Startereignis charakterisiert ist. Je nach Startereignis, z.B. Geburt, Berufseintritt, Heirat usw., spricht man von Geburtskohorte (bzw. Geburtsjahrgang), Berufseintrittskohorte, Heiratskohorte usw.

Nicht zu vergessen ist die einfache Möglichkeit, dass Veränderungen nur durch den Zeitablauf zustande kommen, d.h. schlicht an die Kalenderzeit gebunden sind, wie dies der Ad-hoc-Interpretation jeder Zeitreihe entspricht. In diesem Fall spricht man von einem Periodeneffekt bzw. einem historischen Effekt. Ein Beispiel dafür ist der Einfluss wirtschaftskonjktureller Veränderungen auf das Einkommen oder auf die Beschäftigung.

Die unterschiedliche zeitliche Lagerung verschiedener Einflüsse auf die Sozialstruktur ist in Abbildung 1.2.2 veranschaulicht. Abbil-

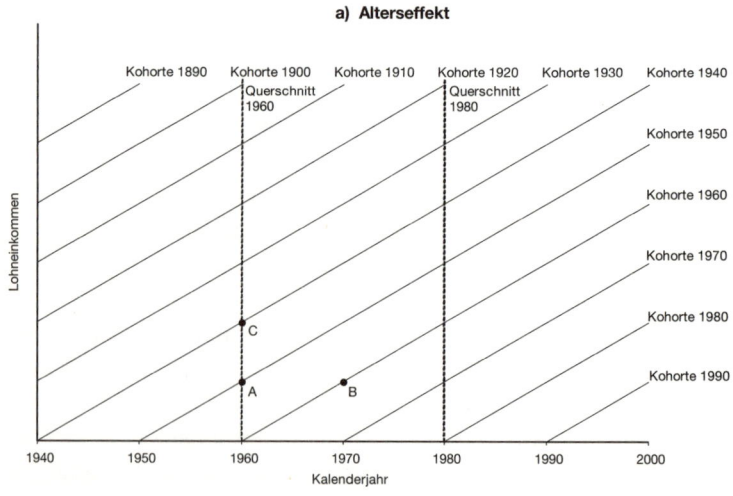

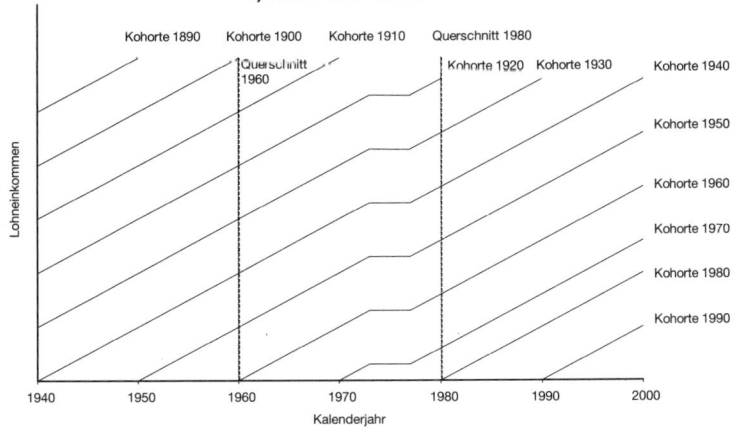

b) Alters- und Periodeneffekt

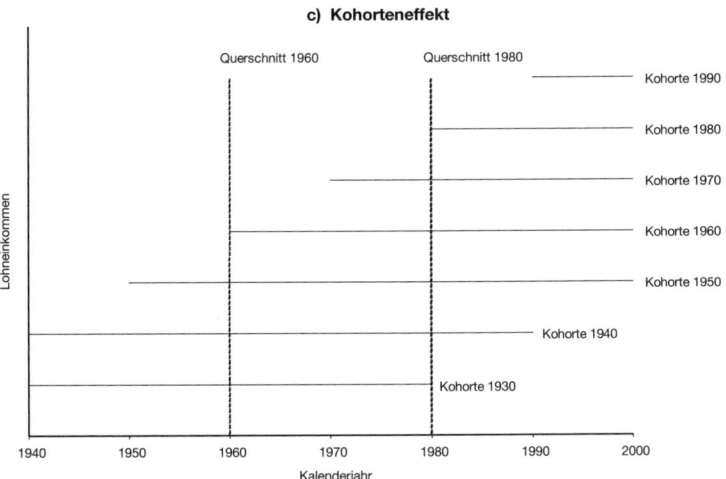

c) Kohorteneffekt

Abbildung 1.2.2: Ein Beispiel für Alters-, Perioden- und Kohorteneffekte auf das Lohneinkommen

dung 1.2.2a zeigt ein Beispiel für einen Alterseffekt auf das Lohneinkommen: Für alle Berufseintrittskohorten steigt das Einkommen mit zunehmendem Alter an – z. B. aufgrund zunehmender Berufserfahrung. Der Anstieg ist für alle Kohorten gleich, und es gibt keine weiteren Unregelmäßigkeiten, es sind also weder kohorten- noch periodenbezogene Einflüsse vorhanden. Alle Kohorten haben in demselben ‹Alter› – bzw. bei derselben Beschäftigungsdauer – dasselbe Einkommensniveau erreicht (vgl. z. B. die Punkte A und B in Abbildung 1.2.2a). Die soziale Strukturierung des Einkommens (die Einkommensverteilung) im Querschnitt kommt in diesem Fall ausschließlich durch unterschiedliche Stadien der Einkommensbiographie zustande, die die verschiedenen Kohorten erreicht haben (vgl. für 1960 z. B. die Punkte A und C).

In Abbildung 1.2.2b kommt Mitte der 1970er Jahre ein Periodeneffekt hinzu – z. B. eine zeitweilige Verschlechterung der Arbeitsmarktlage –, der sich bremsend auf die individuelle Einkommensentwicklung auswirkt. Die verschiedenen Kohorten sind von dem Periodeneffekt in ihrem jeweils aktuellen Stadium der Erwerbsbiographie betroffen. Das Beispiel von Abbildung 1.2.2b geht davon aus, dass der Periodeneffekt für alle Kohorten, d. h. in allen Stadien der Erwerbsbiographie, absolut gleich groß ist, während empirische Studien (z. B. Blossfeld 1989) zeigen, dass sich eine ungünstige Arbeitsmarktsituation vor allem zu Beginn des Erwerbslebens nachteilig auswirkt, die betreffenden Alters- und Periodeneffekte also in ihrem Einfluss auf das Lohneinkommen interagieren. Abbildung 1.2.c präsentiert schließlich ein (unrealistisches) Beispiel dafür, dass das Lohneinkommen ausschließlich von der Kohortenzugehörigkeit abhängt: Die aufeinander folgenden Kohorten bleiben zeitlebens auf derselben Einkommensstufe, aber nachfolgende Kohorten sind in der Einkommenshierarchie höher angesiedelt als vorangegangene.

Zu beachten ist, dass Alter, Kohorte und Kalenderzeit unmittelbar aneinander gekoppelt sind. Der Zusammenhang zwischen den drei Faktoren ist in Abbildung 1.2.3 veranschaulicht. Die Beschreibung dieses Zusammenhangs mit dem ursprünglich in der Demographie entwickelten Lexis-Diagramm (Abbildung 1.2.3) hat auch Eingang in die Soziologie gefunden (vgl. z. B. Esser 1993: 264;

Mayer und Huinink 1990). Ein bestimmtes Geburtsjahr (1960) und ein bestimmtes Alter (30 Jahre) implizieren ein bestimmtes Kalenderjahr (nämlich 1990). Ein bestimmtes Kalenderjahr und ein bestimmtes Alter gehen mit einer bestimmten Kohortenzugehörigkeit einher. Und entsprechend ist mit Periode und Kohorte das Alter festgelegt. Ein Unterschied – z.B. ein Einkommensunterschied –, der zwischen den Zeitpunkten A und B in Abbildung 1.2.3 existiert, kann also (da das Alter konstant ist) Ausdruck von Kohortenunterschieden sein (z.B. von unterschiedlichem Bildungsniveau), gleichzeitig aber auch von kalenderzeitlichen Veränderungen (z.b. von Tarifabschlüssen). Entsprechend unklar ist, ob längsschnittliche Unterschiede zwischen A und C auf Alters- und/oder Periodeneinflüsse zurückzuführen sind. Und ein in der praktischen Forschung

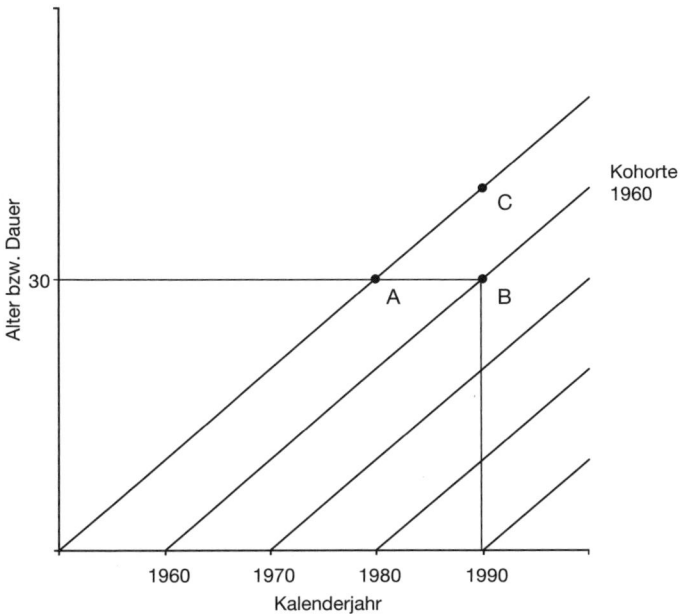

Abbildung 1.2.3: Der Zusammenhang von Alter, Periode und Kohorte: das Lexis-Diagramm

häufiges[1] Problem ist die Frage, ob soziale Unterschiede zwischen den Altersgruppen im Querschnitt (Punkte B und C) mit dem Alter und/oder der Kohortenzugehörigkeit zu erklären sind. Es ist auf jeden Fall erkennbar, dass für manche Fragestellungen, die sich auf den Vergleich zwischen A und C beziehen, nur Längsschnittdaten weiterhelfen (vgl. Kapitel 5.2). Die Effekte lassen sich aber empirisch trotzdem nicht ohne weiteres einfach identifizieren.

Querschnittliche Veränderungen der Sozialstruktur lassen sich im Prinzip mit Alters-, Perioden- und Kohorteneffekten in Verbindung bringen, was jedoch in aller Regel zu sehr unterschiedlichen Schlussfolgerungen führt. Eine simple Schlussfolgerung betrifft das Ausmaß und das Tempo sozialstruktureller Veränderungen (vgl. ausführlich Klein 1991b: 139):

– Auf der Grundlage von Kohorteneffekten kommen sozialstrukturelle Veränderungen nur über den Generationswechsel, d.h. nicht plötzlich, sondern allmählich, zustande. Neuerungen – z.B. eine verbesserte Ausbildung – werden in diesem Fall immer von den jüngeren Altersgruppen getragen. Die Geschwindigkeit des sozialstrukturellen Wandels – z.B. der Ausbildungsstruktur – wird dabei insbesondere von der zurückliegenden Geburtenentwicklung beeinflusst: Starke nachwachsende Generationen fördern sozialstrukturelle Veränderungen, die auf einem Kohorteneffekt beruhen, während abnehmende Kinderzahlen in der Zukunft eine Verlangsamung sozialstruktureller Veränderungen mit sich bringen.

– Periodeneffekte – z.B. ein Anstieg der Arbeitslosigkeit – sind demgegenüber immer auch für abrupte Veränderungen gut. Periodeneinflüsse wirken sich auf alle Generationen gleichzeitig aus und verursachen dadurch ein potenziell schnelleres Tempo sozialstrukturellen Wandels.

– Demgegenüber lassen Alterseffekte allenfalls einen sehr langsamen Wandel aufgrund demographischer Altersstrukturveränderungen zu. So sind z.B. vor dem Hintergrund der zukünftig

---

1   Häufig deshalb, weil oft nur Querschnittdaten zur Verfügung stehen.

stärkeren Besetzung höherer Altersgruppen aufgrund einer alternden Bevölkerung in Deutschland Veränderungen der Erwerbsquote, des Wahlverhaltens und vieles mehr zu erwarten. Die beschriebenen Zeitaspekte der Dynamik sozialstruktureller Veränderung sind ein wichtiges Analyseschema auch im Kontext des zuvor dargestellten Grundmusters der Erklärung sozialer Strukturen (Kapitel 1.2.1). Die Unterscheidung von Alter, Periode und Kohorte ist insbesondere bei der Verbindung von Makro- und Mikroebene bedeutsam (1. und 3. Erklärungsschritt):

– In Bezug auf die soziale Strukturierung der Handlungsalternativen und Restriktionen (Schritt 1 des allgemeinen Erklärungsmodells) ist zu bedenken, ob Querschnittstrukturen oder die Strukturen im Längsschnitt handlungsrelevant sind. So kommt eventuell kohortenbezogenen Strukturen (z. B. unterschiedlichen Jahrgangsstärken oder Ausbildungsunterschieden zwischen den Generationen) größere Bedeutung für die Gestaltung der sozialen Situation des handelnden Individuums zu als den betreffenden querschnittlichen (Alters- oder Bildungs-)Strukturen.

– Und in Bezug auf die Aggregation individueller Handlungen zu sozialen Strukturen (Schritt 3 des allgemeinen Erklärungsmodells) ist oft nicht nur die querschnittliche Struktur zu einem bestimmten Kalenderzeitpunkt interessant, sondern insbesondere die Strukturierung innerhalb von Kohorten und Strukturunterschiede zwischen den Kohorten. Ein Beispiel ist das durchschnittliche Heiratsalter, das im Statistischen Jahrbuch (z. B. Statistisches Bundesamt 2001e: 69) nur kalenderjahresdurchschnittlich ausgewiesen wird, wohingegen für soziologische Analysen in erster Linie Kohortendurchschnitte interessant wären. Und auch das Erwerbsverhalten von Frauen lässt sich nicht nur zur querschnittlichen Frauenerwerbsquote aggregieren, sondern z. B. auch zu einer kohortendurchschnittlichen Gesamterwerbszeit im Lebenslauf.[1]

---

1 Diese wäre z. B. wichtig für Aussagen über die eigenständige Alterssicherung von Frauen.

Vor dem Hintergrund der Mikrofundierung sozialstruktureller Erklärungszusammenhänge ist die Unterscheidung von Alter, Periode und Kohorte außerdem bedeutsam auch im Kontext der Vermeidung von voreiligen empirischen Schlussfolgerungen. Ein wichtiges Beispiel hierfür ist die häufig beobachtete individuelle Veränderung bei gleichzeitig hoher Aggregatstabilität (vgl. Klein 1987c). So sind etwa Wahlergebnisse, Arbeitslosenquoten, Erwerbsquoten und vieles mehr oft recht stabil über die Kalenderzeit hinweg, obwohl im Lebenslauf der Individuen gegensätzliche Verhaltensänderungen in nicht unbeträchtlichem Ausmaß stattfinden: Wählerwanderungen finden in entgegengesetzter Richtung oder zirkulär statt, und Neuzugänge in der Arbeitslosigkeit werden durch Wiedereintritte ins Erwerbsleben kompensiert ebenso wie familienbedingte Erwerbsunterbrechungen bei Frauen durch Wiedereinstiege in den Beruf.[1] Ein Paradebeispiel ist schließlich die relativ stabile soziale Ungleichheit bei einem beträchtlichen Ausmaß gegenläufiger Auf- und Abstiegsmobilität, d. h. zirkulärer Mobilität (vgl. Kapitel 4). Die in der Regel vergleichsweise geringe Variabilität sozialer Strukturen über die Kalenderzeit täuscht oft eine Stabilität vor, die u. U. auf der individuellen Ebene nicht vorhanden ist.

Ein anderer Fall einer voreiligen empirischen Schlussfolgerung ist der schon erläuterte Ökologische Fehlschluss, der zustande kommen kann, wenn zwei Variablen nur auf höherer Aggregatebene miteinander in Beziehung gesetzt werden (vgl. oben Kapitel 1.2.1). Eine besondere Form des Aggregatvergleichs ist dabei der Vergleich zwischen zwei (Kalender-)Zeitpunkten. Beispielsweise kommt eine Veränderung der Bildungsstruktur zwischen zwei Zeitpunkten weitgehend über den Generationswechsel zustande, und eine gleichzeitige Erhöhung der Frauenerwerbsquote wird in Anschauung der parallelen Entwicklung schnell als Ausdruck der ver-

---

1 Manche einander entgegengesetzten Verhaltensänderungen lassen sich trotzdem als Alterseffekte interpretieren – z. B. die zuletzt angesprochenen Veränderungen des Erwerbsverhaltens von Frauen im Rahmen des so genannten Familienzyklus.

änderten Bildungskomposition – d.h. als Kompositionseffekt – interpretiert. Eine parallele Zunahme beider Größen bedeutet jedoch nicht notwendig, dass sich die zusätzlichen Abiturientinnen entsprechend ihrer vor der Bildungsexpansion höheren Erwerbsquote am Erwerbsleben beteiligen. Aufgrund schwindender Bildungsrendite und anderer Faktoren ist vielmehr auch zu beobachten, dass heute gerade gebildete Frauen nach einer Familiengründung besonders viele Kinder bekommen, mit entsprechender Auswirkung auf ihre Erwerbsbeteiligung, während manche Berufspositionen, die mit niedrigeren Bildungsabschlüssen einhergehen, eine relative Verknappung und monetäre Aufwertung erfahren. Das heißt, dass auf der Mikroebene zumindest kein gleich bleibender Zusammenhang zwischen Bildung und Erwerbsbeteiligung existiert. In anderen Situationen (z.B. bei einer gleich gerichteten Entwicklung des Ausländeranteils und der Kriminalität) mag sogar auf der Mikroebene ein entgegengerichteter Zusammenhang bestehen (z.B. zwischen der Staatsangehörigkeit und kriminellem Verhalten, wenn es Deutsche sind, die sich vermehrt kriminell gegenüber Ausländern verhalten). Als Fazit lässt sich vielmehr festhalten: Die oft so beliebten und scheinbar aufschlussreichen Zeitreihen sind nichts anderes als Aggregatvergleiche, sie beherbergen in aller Regel ein hohes Maß an individueller Verhaltensänderung in entgegengesetzter Richtung, und der Vergleich zwischen zwei Zeitreihen zum Zweck der Kausalanalyse unterliegt immer der Gefahr des Ökologischen Fehlschlusses.

Die längsschnittliche Analyse der Dynamik sozialer Prozesse hat deshalb im Verlauf der zurückliegenden zwei bis drei Jahrzehnte zunehmende Verbreitung gefunden. Die betreffenden Studien konzentrieren sich allerdings in aller Regel auf die Untersuchung mikrosoziologischer Handlungstheorien (Schritt 2 des oben beschriebenen Grundmusters). Gelegentlich sind solche Analysen zwar mit dem Label der Sozialstrukturanalyse versehen, de facto handelt es sich aber oft nur darum, dass die beteiligten Variablen (Alter, Bildung, Kinderzahl usw.) eine soziale Strukturierung kennen, und die Verbindungen zwischen Mikro- und Makroebene (Analyseschritte

1 und 3) werden – wenn überhaupt – allenfalls argumentativ hergestellt.[1] Bei der makrosoziologischen Beschreibung und Analyse der Sozialstruktur kommen andererseits Längsschnittaspekte oft zu kurz. Dies betrifft im Besonderen die weit verbreiteten Lehrbücher zur Sozialstruktur. Die Gründe für dieses Defizit sind zum einen die geringere Datenverfügbarkeit von Längsschnittinformationen, weil es u.U. lange dauert, bis Kohortendaten über eine größere Altersspanne zur Verfügung stehen, zum anderen die doch komplizierteren Betrachtungen, die mit der Längsschnittperspektive manchmal verbunden sind.[2]

So weicht sowohl die Sozialstatistik als auch die Beschreibung der Sozialstruktur in gängigen Lehrbüchern in der Regel auf die Fragmente aus, die von sozialen Prozessen kurzfristig übrig bleiben und leicht verständlich sind. Vor diesem Hintergrund wird bei der Beschreibung der Sozialstruktur und ihrer Veränderungen zwischen Zustandsmaßen (bzw. Bestandsmaßen) und Ereignismaßen unterschieden. Während sich Bestandszahlen auf einen bestimmten Kalenderzeit*punkt* beziehen (z.B. die Arbeitslosenquote), sind Ereigniszahlen auf einen Zeit*raum*, zumeist einen Monat oder ein Jahr, bezogen (z.B. die Arbeitslosmeldungen).[3] Beispielsweise basieren in den nachfolgenden Kapiteln alle Maßzahlen zur Geburten- und Sterblichkeitsentwicklung auf Ereignissen (Geburten und Sterbefällen), während die Migration sowohl in Bezug auf Ereignisse (Wanderungen) als auch in Bezug auf Strukturen (Bevölkerung nach Staatsangehörigkeit oder Ethnizität) beschrieben wird. Generell gilt: In Bestandsmaßen wird die soziale Struktur erfasst,

---

1 Zu den bislang noch wenigen Ausnahmen hiervon gehören z.B. die Untersuchungen von Hank (2003) und von Klein (1989a).

2 Hinzu kommen weitere Probleme, die die Erhebung von Längsschnittdaten vergleichsweise schwierig gestalten (vgl. Kapitel 5.2.3).

3 Eine entsprechende Unterscheidung findet sich z.B. auch in der Epidemiologie, wo zwischen der Ausbreitung einer Krankheit in der Bevölkerung (Prävalenz) und den jährlichen, monatlichen oder gar täglichen Neuerkrankungen (Inzidenz) unterschieden wird. Die Ausbreitung einer Krankheit ist u.U. nicht nur mit den Neuerkrankungen, sondern eventuell auch mit einer zunehmenden Krankheitsdauer zu erklären.

während in den Ereignissen – und natürlich auch in ausbleibenden Ereignissen – soziales Handeln zum Ausdruck kommt, das sich in der Gesamtheit zu sozialen Strukturen aggregiert. Ereignisse (bzw. soziales Handeln und dessen Hintergründe) beleuchten deshalb auch den Verursachungsprozess sozialstruktureller Veränderungen. So resultieren z.B. die Bevölkerungsgröße und die Altersstruktur aus den Geburten, den Sterbefällen und den Wanderungen.

Betrachtet man die Unterscheidung zwischen Bestandszahlen und Ereigniszahlen vor dem Hintergrund von Alters-, Perioden- und Kohorteneffekten, so sind Kohorten durch ein gemeinsames Startereignis (z.B. Berufseintritt) definiert, Kohorteneffekte sind an unterschiedliche Zeitpunkte des Startereignisses gebunden, und im weiteren Lebensverlauf der Kohorte sind auf Basis des Kohorten- effekts keine weiteren Einflüsse vorgesehen. Alters- und Perioden- effekte beziehen sich hingegen auf alters- bzw. kalenderzeitglei- che Ereignisse während des Lebenslaufs (z.B. berufliche Auf- und Abstiege). Dabei lassen sich Zustandsänderungen (in Bezug auf den Familienstand ist dies z.B. die Heirat) auch als Startereignis für anderweitig definierte Kohorten (in diesem Fall Heiratskohor- ten) heranziehen. Aus den verschiedenen Startereignissen und Zustandsänderungen resultiert insgesamt die querschnittliche So- zialstruktur – was die Startereignisse betrifft, sind dies die Jahrgangs- stärken (bzw. die Bestände), und was die Ereignisse im Lebenslauf betrifft, sind dies die Zustände, in denen sich die Population (bzw. der Bestand) befindet. Diese Überlegungen verdeutlichen, dass querschnittliche Strukturunterschiede im internationalen oder in- tertemporalen Vergleich auf sehr unterschiedliche Weise zustande kommen können, und die Beschreibung von jährlichen Ereignis- häufigkeiten ist oft weit entfernt von einem Verständnis der dahin- ter stehenden sozialen Prozesse.

1.3 Folgerungen für die Konzeption dieses Lehrbuchs

Entsprechend dem eingangs (Kapitel 1.1) zitierten allgemeinen Verständnis von Sozialstrukturanalyse bietet das vorliegende Lehrbuch sowohl eine Beschreibung als auch eine Analyse sozialer Strukturen. Dabei sind die großen Themenbereiche und die zwischen diesen analysierten Wechselbeziehungen gleichfalls an dem orientiert, was in anderen Lehrbüchern behandelt ist: Bevölkerung, Haushalts- und Familienstrukturen, Bildung, Erwerbstätigkeit und Beruf sowie Einkommensverteilung und Wohlstandsentwicklung. Aus den obigen Ausführungen – insbesondere aus den dargestellten generellen Konstrukten (Kapitel 1.2) – folgt jedoch eine Behandlung des Stoffs, die bislang in Lehrbüchern der Sozialstrukturanalyse nicht anzutreffen ist.

Was die Beschreibung sozialer Strukturen betrifft, ist natürlich mit den genannten Themenbereichen zunächst eine Vorauswahl dahin gehend getroffen, welche Strukturen zumindest potenziell für die Sozialstrukturanalyse relevant sind. Im Hinblick auf die Analyse dieser Wechselbeziehungen, die zum Verständnis sozialstruktureller Entwicklungen beiträgt, bestimmt sich allerdings die Relevanz spezifischer Darstellungen auch aus theoretischen Überlegungen. Je nach Theorieansatz sind unterschiedliche Kategorisierungen und damit einhergehende Strukturierungen von Bedeutung. Hinzu kommt, dass sich zwar der Begriff der Sozialstruktur in erster Linie auf querschnittliche Strukturen bezieht, aber für deren Verständnis und für die Analyse der Wechselbeziehungen zwischen verschiedenen Teilbereichen der Gesellschaft ist in aller Regel auch die Betrachtung längsschnittlicher Strukturen notwendig. Und sowohl die theoretischen Überlegungen bzw. Anforderungen an die Darstellung als auch deren zeitliche Strukturierung unter dem Gesichtspunkt von Alters-, Perioden- und Kohortenzuordnung und -vergleich variieren schließlich je nach Fragestellung und je nach den gesellschaftlichen Teilbereichen, zwischen denen Wechselbeziehungen analysiert werden. Im Hinblick auf die Vielzahl möglicher und potenziell relevanter Sozialstrukturbeschreibungen (bzw. Aggregationsregeln individuellen Handelns) in einem speziellen Themenfeld gibt es kaum eine spezifische Sozialstrukturbeschreibung, die allgemein gültige Relevanz beanspruchen könnte. Gleichzeitig ist aber jedes Sozialstrukturlehrbuch vor die Aufgabe gestellt, ein empirisches Basiswissen über die Sozialstruktur, über sozialstrukturelle Entwicklungen und über sozialstrukturelle Unterschiede zu vermitteln und mit der üblichen Darstellung sozialstruktureller Sachverhalte vertraut zu machen.

In dem vorliegenden Lehrbuch werden in den einzelnen Themenbereichen sowohl die sozialstatistischen Standarddarstellungen als auch vertiefende, vor allem längsschnittliche oder zumindest ereignisbezogene Beschreibungen präsentiert. In Anbetracht der Vielfalt potenziell interessanter Sozialstrukturbeschreibungen und einer gewissen damit verbundenen Willkürlichkeit fast jeder Darstellung werden jedoch nicht umso mehr, sondern umso weniger empirische Daten wiedergegeben. Das Buch beschränkt sich auf die elementaren empirischen Basisinformationen in jedem der Themenfelder und verzichtet auf die Wiedergabe einer Vielzahl von Einzelwerten, wo diese nicht notwendig erscheinen. Für die Beschreibung sozialer Strukturen resultiert daraus unter anderem der Verzicht auf Tabellen, wenn Abbildungen völlig ausreichend sind. Statt eine große und mehr oder weniger willkürliche Datenfülle zusammenzutragen, hat das Buch zum Ziel, die gebotenen Informationen im Detail verständlich zu machen. Dazu gehören zum einen die Darstellung und Diskussion jeweils wichtiger Maßzahlen und deren Aussagekraft, zum anderen eine kritische Diskussion verschiedener Darstellungsformen und Informations- bzw. Datenquellen. Der Leser bzw. die Leserin soll nur sehr ausgewähltes empirisches ‹Fakten›-Wissen vermittelt bekommen, aber stattdessen lernen, sozialstrukturelle Informationen selbst aufzufinden und deren Aussagekraft selbständig zu erfassen.[1]

---

1   Der Hilfe zur Selbsthilfe dient auch Kapitel 5, in dem die wesentlichen der Sozialstrukturanalyse zugrunde liegenden Datenquellen und die wesentlichen regelmäßigen Publikationen dargestellt und besprochen sind.

Die Konsequenz daraus ist, dass sich in dem vorliegenden Buch zwar einiges nachschlagen lässt, nicht nur hinsichtlich sozialstruktureller ‹Fakten›, sondern auch hinsichtlich deren empirischer Erfassung und deren Aussagegehalt. Aber das vorliegende Buch ist ein Lehrbuch und definitiv keine Datensammlung. Ein willkommener Nebeneffekt dieses Konzepts ist allerdings, dass das Buch bzw. das darin vermittelte Wissen nur langsam veraltet.

Was die Analyse der Entwicklung sozialer Strukturen und deren Wechselbeziehungen betrifft, sind mit den behandelten Themenfeldern sehr viele Bereiche der Soziologie angesprochen, für die sich spezielle so genannte Bindestrich-Soziologien etabliert haben: z.B. die Bevölkerungssoziologie, die Familiensoziologie, die Migrationssoziologie, die Bildungssoziologie, die Soziologie sozialer Ungleichheit und weitere spezielle Soziologien, die natürlich in diesem Lehrbuch nicht umfassend behandelt werden können und sollen. Dennoch werden auch allgemeinere Zusammenhänge hergestellt – ungeachtet dessen, dass jeweilige sozialstrukturelle Entwicklungen und vor allem historische Besonderheiten[1] im Kontext ihrer Darstellung erläutert und erklärt sind. Entsprechend dem Verständnis von Sozialstruktur*analyse* als Untersuchung der «Wechselbeziehungen und Wirkungszusammenhänge», die zwischen den verschiedenen Teilbereichen der Gesellschaft bestehen (Geißler 2002: 19, vgl. oben Kapitel 1.1), werden zu jedem Teilbereich zum einen allgemeinere Ursachen und Hintergründe behandelt (die meist in anderen Teilbereichen der Gesellschaft zu suchen sind) und zum anderen die Folgen aus sozialstrukturellen Entwicklungen für wieder andere Teilbereiche. Die betreffenden Unterkapitel geben einen Abriss theoretischer Erklärungszusammenhänge, die in dem jeweiligen Bereich von Bedeutung sind und/oder weite Verbreitung gefunden haben. Entsprechend dem Grundmuster der Erklärung sozialer Strukturen (Kapitel 1.2.1) kommen hierbei auch die für die Erklärung sozialer Strukturen relevanten mikrosoziologischen Handlungstheorien zum Tragen. Auf dieser Grundlage ist

---

1 Z.B. der Geburteneinbruch nach der Wende in den neuen Bundesländern.

es möglich, auch individuelle Variabilität bzw. die neben den allgemeineren Ursachen und Hintergründen sozialstruktureller Entwicklungen manchmal noch wichtigeren sozialen Unterschiede zu beleuchten – denn wie oben ausgeführt, wird unterschiedliches individuelles Verhalten erst auf der Basis mikrosoziologischer Überlegungen verständlich.

Die dargestellte Konzeption – Beschreibung (inklusive Maßzahlen) und Analyse, Letztere unterteilt in Ursachen und Folgen – führt im Folgenden zu einer dreigeteilten Behandlung der einzelnen Themenbereiche. Ausgenommen von dieser Dreiteilung sind lediglich die sozialstrukturellen Entwicklungen, deren Ursachen in anderen Kapiteln behandelt sind. So liegen insbesondere die Ursachen von Veränderungen der Bevölkerungsgröße und der Altersstruktur (Kapitel 2.1 und 2.2) in der Entwicklung von Geburten, Lebenserwartung und Migration (Kapitel 2.3 bis 2.5), und die Ursachen haushaltsstruktureller Veränderungen (Kapitel 3.1) sind auch in der Entwicklung von Partnerwahl, Trennung und dem Auszug von Kindern aus dem Elternhaus zu suchen (Kapitel 3.2 bis 3.4).

Für Darstellung und Analyse der Sozialstruktur sind Querschnitt- und Längsschnittaspekte bedeutsam, wobei letztere häufig auf so genannte Ereigniszahlen reduziert sind. Eintritt oder Nichteintritt von Ereignissen können gleichzeitig als individuelles Handeln interpretiert werden (Schritt 2 des Grundmusters der Erklärung sozialer Strukturen), während die eigentliche Sozialstruktur, nämlich die querschnittliche Bestandsstruktur, aus der ‹Summe› individuellen Handelns (Schritt 3) resultiert. Die Behandlung von Ereigniszahlen dient deshalb auch der Analyse von Bestandszahlen. Eine entsprechende Ordnung der Darstellung (z.B. Altersstruktur und Geburtenentwicklung, Haushaltsstruktur und Partnerwahl oder Bildungsstruktur und Bildungsmobilität) findet sich deshalb im Folgenden auch auf der Gliederungsebene wieder, indem erst die querschnittliche Sozialstruktur, d.h. der Bestand, und anschließend die dafür verantwortlichen Ereignisse behandelt sind.

2 Bevölkerung

2.1 Bevölkerungsgröße

Die Bevölkerung ist die Basis der Gesellschaft. Kennziffern der Bevölkerung und der Dynamik ihrer Veränderung zählen deshalb zu den elementaren Merkmalen der Sozialstruktur. Hierzu gehören die Altersstruktur, Geburten, Sterblichkeit und Wanderungen sowie die Bevölkerungsgröße. Wie die anderen Kennziffern der Bevölkerung und ihrer Entwicklung ist auch der Bevölkerungsumfang nicht nur ein biologischer Faktor, sondern mit verschiedenen Aspekten der Sozialstruktur eng verknüpft. Zum einen sind die Determinanten der Bevölkerungsgröße – Geburten, Lebenserwartung und Migration – stark von sozialen Einflüssen geprägt (vgl. nachfolgend die Kapitel 2.3.2, 2.4.2 und 2.5.2), zum anderen hat schon die Bevölkerungsgröße selbst vielfältige Rückwirkungen auf die Gesellschaft. Sie beeinflusst das wirtschaftliche Wohlergehen einer Gesellschaft, wobei sowohl das Verhältnis der Bevölkerungsgröße zum Nahrungsmittelspielraum als auch das Arbeitskräftepotenzial der Bevölkerung bedeutsam sind (vgl. zum Überblick Felderer und Sauga 1988). Nicht erst seit Spencer (1875: 430f.) und Durkheim (1999: 314ff.) ist außerdem bekannt, dass die Differenzierung der Arbeitsteilung eine gewisse Bevölkerungsgröße und Bevölkerungskonzentration voraussetzt (vgl. ebenfalls Felderer und Sauga 1988: 125ff.). Vermittelt über den Zusammenhang zwischen Bevölkerungsgröße und Siedlungsdichte besteht ferner ein Einfluss auf die regionale Infrastruktur, z.B. auf die regionale Vielfalt von Bildungseinrichtungen oder auf die Versorgung mit Mobilfunk.[1] Unter vielen weiteren Auswirkungen des Bevölkerungsumfangs auf Wirt-

---

[1] So ist z.B. die Mobilfunknutzung in den USA nicht zuletzt auch wegen der geringen Siedlungsdichte weniger verbreitet als in den westeuropäischen EU-Staaten (Europäische Kommission/Eurostat 2001: 44).

schaft und Gesellschaft ist nicht zuletzt erwähnenswert, dass sogar sportliche Spitzenleistungen und die Anzahl olympischer Goldmedaillen einer Nation mit der Bevölkerungsgröße variieren (Singler und Treutlein 2000: 39).[1]

Jahr	Deutschland	Europa	USA	Welt
1800	13 720[1]	187 000	5 308	906 000
1850	18 230[2]	266 000	23 192	1 171 000
1900	29 838	401 000	75 994	1 608 000
1950	49 989[3]	547 000	157 813	2 521 000
2000	82 017	729 000	283 230	6 055 000
Wachstumsrate 2000	0,09	0,3	1,05	1,5

Tabelle 2.1.1: Bevölkerungsentwicklung in ausgewählten Ländern und Regionen (in 1000)
[1] Jahr 1816
[2] Jahr 1852
[3] Westdeutschland
Quellen: Statistisches Bundesamt 2004: 26; U.S. Bureau of the Census 2001

Tabelle 2.1.1 gibt einen Überblick über die Bevölkerungsentwicklung in ausgewählten Ländern und Regionen: In Deutschland wie in Europa insgesamt und in den USA ist die Bevölkerung vor allem im 19. und in der ersten Hälfte des 20. Jahrhunderts beträchtlich angewachsen. Dabei sind in den USA seit jeher und in Deutschland seit dem Zweiten Weltkrieg auch Zuwanderungen von Bedeutung. Das Wachstum der Bevölkerung in Europa fällt im Übrigen in die Phase des so genannten demographischen Übergangs (vgl. Hirschman 1994). Als demographischer Übergang wird die Transforma-

---

1 Ein ausführlicherer Überblick über die Zusammenhänge zwischen der Bevölkerung und gesellschaftlichen Strukturen und Prozessen findet sich bei Esser (1993: 251–320).

tion von traditionell hohen Geburten- und Sterberaten zu niedrigen Geburten- und Sterberaten bezeichnet, die regelmäßig in drei Phasen erfolgt: In der Vor-Übergangsphase sind Geburten- und Sterberaten hoch, in der zweiten Phase sinkt zuerst die Sterberate und erst mit einer gewissen Verzögerung auch die Geburtenrate – woraus ein zum Teil beträchtliches Bevölkerungswachstum resultiert –, und in der dritten Phase sind beide Raten niedrig.

Auch das enorme Wachstum der Weltbevölkerung vor allem seit der zweiten Hälfte des 20. Jahrhunderts beruht in erster Linie auf dem Rückgang der Sterblichkeit (Birg 1996: 51) und lässt sich eventuell als der Beginn eines demographischen Übergangs in den noch weniger entwickelten Ländern interpretieren. Gegenwärtig wächst die Weltbevölkerung mit einer jährlichen Wachstumsrate von 1,5 % (Tabelle 2.1.1). Das erscheint auf den ersten Blick wenig, diese Wachstumsrate bedeutet aber, dass die Weltbevölkerung schon nach 10 Jahren auf das $(1{,}015^{10} =)$ 1,16fache und nach 20 Jahren auf das $(1{,}015^{20} =)$ 1,35fache angewachsen ist. Einige zentralafrikanische Länder mit Wachstumsraten über 3 % wachsen schon in 10 Jahren um über 34 % und in 20 Jahren gar um über 80 %.

Im Deutschland der Nachkriegszeit ist die Bevölkerungsentwicklung von starken Ost-West-Unterschieden geprägt. Während Westdeutschland eine kontinuierliche Zuwanderung zu verzeichnen hatte (s. unten Kapitel 2.5), in deren Folge die Bevölkerung in den westlichen Bundesländern von 46 Millionen im Jahr 1946 auf 67 Millionen im Jahr 2001 angestiegen ist, hat auf dem Gebiet der östlichen Bundesländer eine kontinuierliche Abwanderung stattgefunden – vor allem bis 1961 (Mauerbau) und unmittelbar nach 1989/90 (Wende). Nach der politischen Wende ist zudem die Zahl der Geburten drastisch gesunken. Zusammen mit dem negativen Wanderungssaldo hat der Geburtenausfall in den neuen Bundesländern zu einer merklichen ‹Entleerung› ganzer Landesteile beigetragen.

Die Bedeutung von Geburtenzahlen, Lebenserwartung und Migration für die deutsche Bevölkerungsentwicklung von 1950 bis 1987 geht z.B. aus Berechnungen von Dinkel und Meinl (1991)

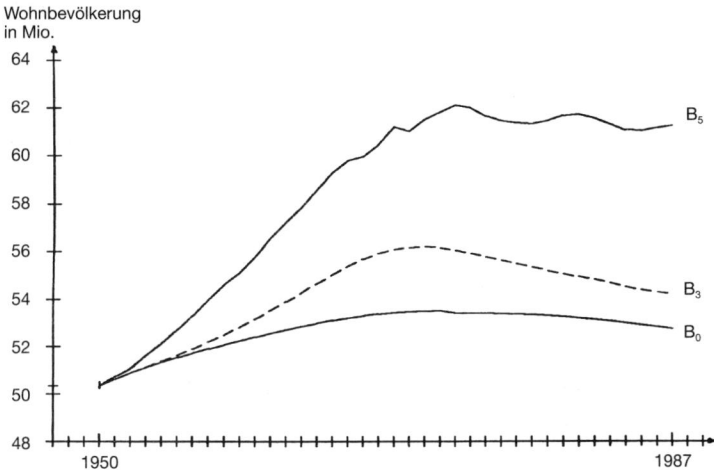

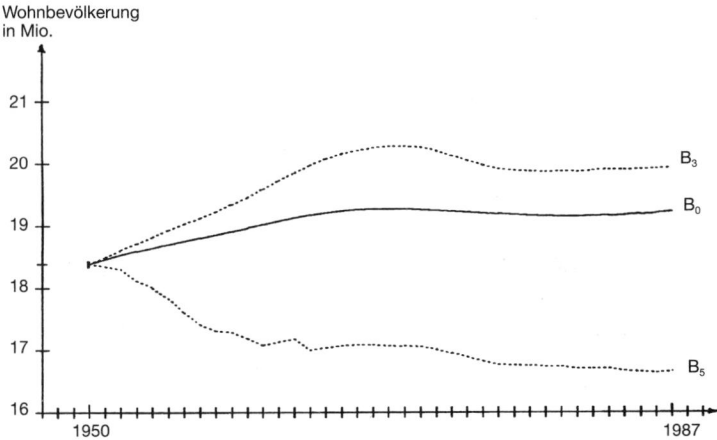

Abbildung 2.1.1: Modellrechnungen für die Bevölkerungsgröße der Bundesrepublik und der DDR

B_0: konstante altersspezifische Geburten- und Sterberaten des Jahres 1950 und ohne Wanderungen

B_3: ohne Wanderungen

B_5: tatsächliche Bevölkerungsentwicklung

Quelle: Dinkel und Meinl 1991: 127

hervor (vgl. Abbildung 2.1.1). Ausgehend von konstanten altersspezifischen Geburten- und Sterberaten des Jahres 1950 und ohne Wanderungen wäre die Bevölkerung in beiden deutschen Staaten leicht angestiegen (Kurve B_0 in Abbildung 2.1.1).[1] Tatsächlich (Kurve B_5) ist jedoch die Bevölkerung im Westen deutlich stärker gewachsen, im Osten hingegen geschrumpft. Berücksichtigt man, dass Geburtenentwicklung und verlängerte Lebenserwartung in beiden Teilen Deutschlands zu einem Anstieg der Bevölkerungsgröße beigetragen haben (Kurve B_3), so wird deutlich, dass die unterschiedliche Entwicklung der Bevölkerungsgröße vor allem auf unterschiedlichen Wanderungssalden beruht. Dabei macht der Wanderungseffekt im Westen zwei Drittel des Bevölkerungswachstums aus.[2] Wendet man allerdings den Blick weiter zurück in die Vorkriegszeit, so hat die Zuwanderung vor allem der ausländischen Bevölkerung im Westen überraschend genau zur Schließung der Lücke in der Alters- und Geschlechtsstruktur beigetragen, die durch den Zweiten Weltkrieg entstanden war (Nauck 1994: 212).

2.2 Altersstruktur

Viele Rückwirkungen von Bevölkerungsparametern auf soziale Prozesse hängen weniger mit der Bevölkerungsgröße als mit der Altersstruktur der Bevölkerung zusammen.

---

1 Dieser Anstieg beruht ausschließlich auf Altersstruktureffekten, denn Fertilität und Mortalität des Jahres 1950 implizieren eine leicht schrumpfende Bevölkerung (Dinkel und Meinl 1991: 123).

2 Berechnungen des Statistischen Bundesamts (1985a) schreiben ‹nur› knapp die Hälfte des westdeutschen Bevölkerungswachstums der Migration zu. Der Unterschied beruht auf der unterschiedlichen Behandlung der Fertilität von Zuwanderern: Diese wird in der Berechnung von Dinkel dem Migrationseffekt zugerechnet, in der Berechnung des Statistischen Bundesamts hingegen dem Fertilitätseffekt. Einen Einblick in die Grundlagen von Bevölkerungsvorausberechnungen gibt im Übrigen Bretz (1986). Vgl. ergänzend auch die Bevölkerungsprognose des Deutschen Instituts für Wirtschaftsforschung (1999).

2.2.1 Beschreibung, Maßzahlen und Hintergründe

Die in Abbildung 2.2.1 dargestellten so genannten Bevölkerungspyramiden beschreiben die Veränderungen der Altersstruktur in
Deutschland während der letzten 100 Jahre und erlauben eine Prognose bis zum Jahr 2050. Allerdings hat nur die Altersstruktur von
1910 wirklich die Form einer Pyramide. Eine solche kommt zustande durch kontinuierlichen Geburtenanstieg und/oder durch kontinuierlichen Rückgang der Sterblichkeit.[1] Ausschlaggebend für die
deutsche Alterspyramide von 1910 war der zurückliegende Sterblichkeitsrückgang vor allem im Säuglingsalter. In dieser Phase des
so genannten demographischen Übergangs war das vorindustrielle
hohe Geburtenniveau noch weitgehend ungebrochen, während die
Sterblichkeit schon lange rückläufig war.

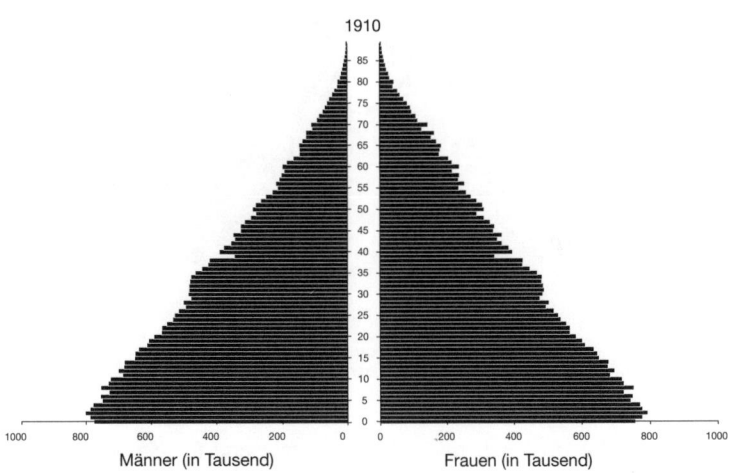

Männer (in Tausend) Frauen (in Tausend)

---

1 Die Altersstruktur steht zudem unter dem Einfluss von Ein- und Auswanderung.
   Zur Entwicklung von Geburten, Sterblichkeit und Wanderungen vgl. unten die
   Kapitel 2.3, 2.4 und 2.5.

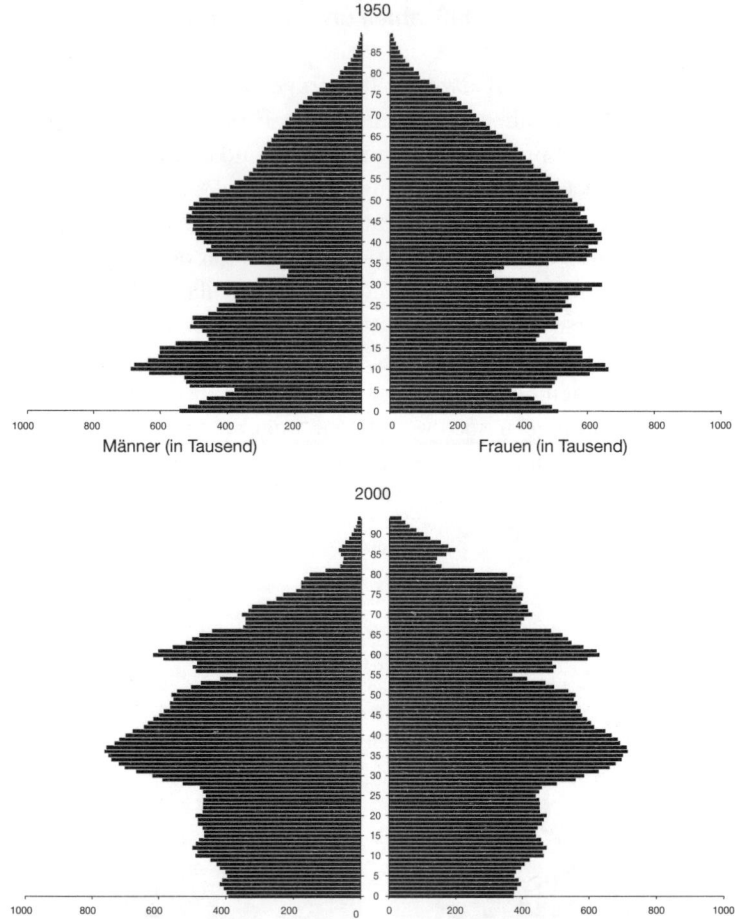

Abbildung 2.2.1: Alterspyramiden für Deutschland für die Jahre 1910, 1950 und 2000
Quellen: Kaiserliches Statistisches Amt 1912: 106, 107; Statistisches Bundesamt 1952: 26, 2002b: 60

Bis 1950 hat sich die Altersstruktur erheblich verändert und die Form einer Pyramide eingebüßt (vgl. Abbildung 2.2.1): Im Altersbereich zwischen 32 und 36 Jahren ist diese nunmehr von dem Einschnitt des Geburtenausfalls und hoher Säuglingssterblichkeit während des Ersten Weltkriegs geprägt. Auch der Geburtenausfall gegen Ende des Zweiten Weltkriegs und in der unmittelbaren Nachkriegszeit ist 1950 im jüngeren Kindesalter deutlich zu erkennen, während bei den etwa 10- bis 15-Jährigen die pronatalistische Bevölkerungspolitik des Dritten Reichs zu Buche schlägt. Gleichzeitig besteht 1950 im gesamten Erwachsenenalter ein beträchtlicher Frauenüberschuss, bedingt vor allem durch die Kriegsmortalität beider Weltkriege. Im Jahr 2000 hat sich die beschriebene Struktur entsprechend nach oben verlagert. Darunter werden der Baby-Boom der 1960er Jahre sowie der anschließende Geburtenrückgang sichtbar. Die Prognose bis zum Jahr 2050 sagt einen sehr ‹kopflastigen› Altersaufbau vorher (Statistisches Bundesamt 2003a: 30). Darin kommt auch zum Ausdruck, dass die Veränderungen der Altersstruktur, die lange Zeit vor allem durch die Geburtenentwicklung und den beträchtlichen Rückgang der Säuglingssterblichkeit bestimmt waren, heute in vielen westlichen Industrienationen immer stärker auch von dem Sterblichkeitsrückgang in mittleren und höheren Altersstufen geprägt werden.

Abbildung 2.2.2 gibt zum Vergleich einen Überblick über die Altersstruktur in ausgewählten Ländern und Regionen. Der Vergleich mit Schweden zeigt einen etwas regelmäßigeren Altersaufbau, der weniger durch die Weltkriegsmortalität und durch extreme Geburtenschwankungen geprägt ist als in Deutschland. Eine ähnliche Bevölkerungsalterung wie in Deutschland ist für die Zukunft gleichfalls absehbar. Ähnlich, aber etwas weniger ‹bauchförmig› ist die Altersstruktur in den USA (vgl. Abbildung 2.2.2). Demgegenüber ist in vielen Entwicklungsländern mit ungebrochen hohen Geburtenraten wie besonders in Zentralafrika eine Bevölkerungspyramide mit sehr ausgeprägtem Sockel anzutreffen (vgl. Abbildung 2.2.2). In der Volksrepublik China ist diese Form auf den oberen Bereich der Alterspyramide beschränkt; die jüngeren Altersgruppen sind hingegen durch die rigide staatliche Geburtenpolitik stark reduziert (Abbildung 2.2.2).

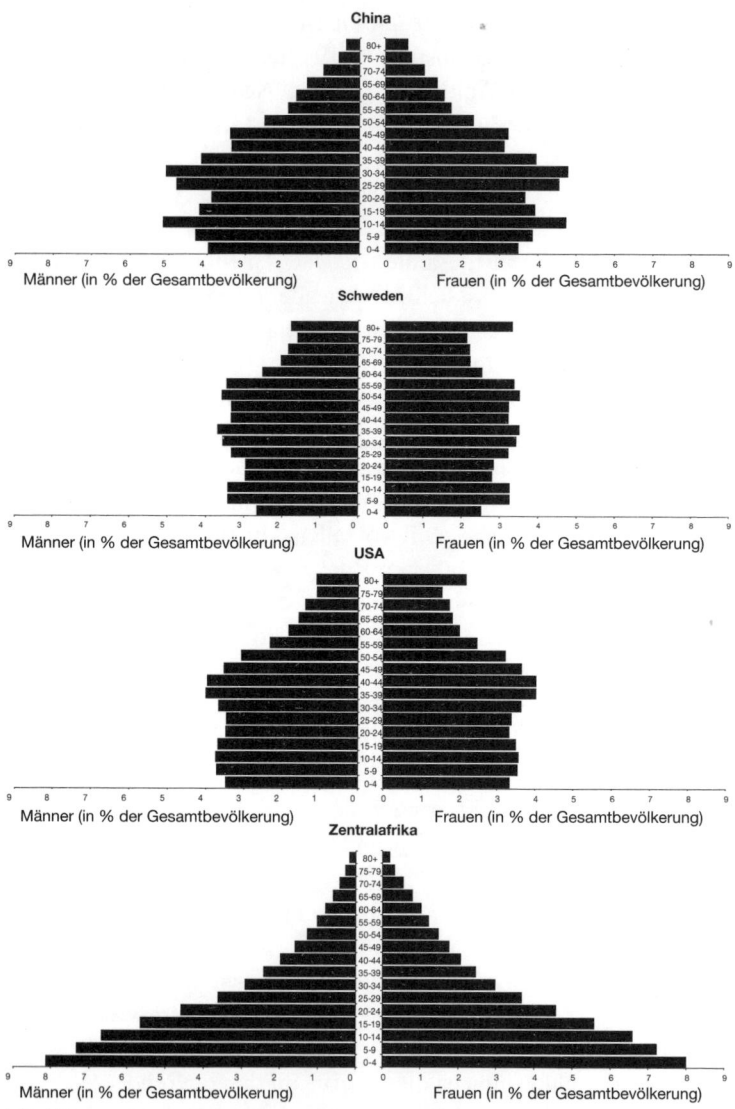

Abbildung 2.2.2: Bevölkerungspyramiden für China, Schweden, USA und Zentralafrika für das Jahr 2000

Quelle: http://www.census.gov/ipc/www/idbpyr.html (27.4.2005)

Eine viel diskutierte Maßzahl der Altersstruktur ist die so genannte Altersabhängigkeitsquote (Mueller 1993: 24 ff.). Diese gibt an, wie viele Menschen im Alter von über 65 Jahren auf jeden 15- bis 65-jährigen, potenziell Erwerbstätigen kommen. Abbildung 2.2.3 zeigt, wie sich diese Kennziffer der Altersstruktur in verschiedenen Ländern und Regionen entwickelt hat. Vergleicht man Deutschland mit den USA, ist die Bevölkerungsalterung hierzulande deutlich höher. In vielen Entwicklungsländern (Abbildung 2.2.3 bezieht sich hierbei auf Angola) hat sich hingegen der Koeffizient über Jahrzehnte hinweg kaum verändert.

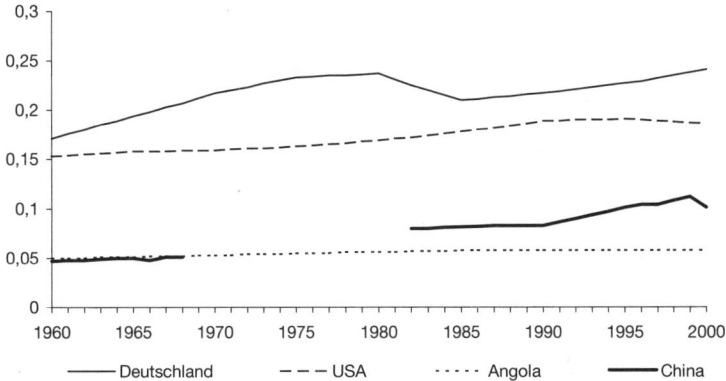

Abbildung 2.2.3: Die Altersbelastungsquote[1] im internationalen Vergleich

[1] Die Altersbelastungsquote gibt an, wie viele Menschen im Alter von über 65 Jahren auf jeden 15- bis 65-jährigen, potenziell Erwerbstätigen kommen.
Quellen: Statistisches Bundesamt (unveröffentlichte Daten), Statistical Office of the United Nations (verschiedene Jahrgänge des Demographic Yearbook); eigene Berechnungen

2.2.2 Gesellschaftliche Bedeutung der Altersstruktur

2.2.2.1 Beispiele

In Anbetracht sehr vielfältiger Implikationen der Altersstruktur und ihrer Veränderung für gesellschaftliche Vorgänge ist kaum verständlich, warum speziell die Altersstruktur in der Soziologie wenig Beachtung findet. Im Folgenden sind einige zum Teil evidente, zum Teil noch wenig untersuchte soziale Folgen altersstruktureller Veränderungen und altersstruktureller Unterschiede zwischen Nationen zusammengestellt. Dabei stehen insbesondere viele sozialstrukturelle Größen unter dem Einfluss der Altersstruktur.

Ein Beispiel hierfür ist die Geburtenentwicklung. Die jährliche Geburtenzahl hängt nicht nur von der Bevölkerungsgröße, sondern auch von der Altersstruktur ab. Ausschlaggebend ist der Anteil der 15- bis 45-Jährigen und unter diesen besonders der Anteil der 20- bis 35-jährigen Frauen, da bei diesen die Geburtenrate am höchsten ist. Dieser Umstand trägt außerdem zu einer Eigendynamik der Bevölkerungsentwicklung bei: Geburtenstarke Jahrgänge tragen nach etwa 20 bis 35 Jahren – wenn sie das Reproduktionsalter erreicht haben – erneut zu einem Geburtenanstieg bei. Umgekehrt resultieren aus geburtenschwachen Jahrgängen wiederum schwache Jahrgänge. So korrespondiert beispielsweise der Geburtenberg der 1960er Jahre in der Bundesrepublik mit einem gewissen Wiederanstieg der jährlichen Geburtenzahlen gegen Ende der 1980er Jahre.

Zahlreiche Auswirkungen altersstruktureller Veränderungen auf die Alterssicherung und den Arbeitsmarkt sind dafür verantwortlich, dass auch Generationenkonflikte im Zusammenhang mit der Altersstruktur einer Gesellschaft gesehen werden müssen. Eine nahe liegende Konsequenz von Altersstrukturveränderungen, die nicht weiter diskutiert werden muss, betrifft das System der Alterssicherung. Folgt man den Vorausrechnungen der Altersstruktur für Deutschland (Statistisches Bundesamt 2003a: 30), dann ist die Alterssicherung für immer mehr ältere Menschen von immer weniger Erwerbstätigen aufzubringen – sofern die Altersgrenze der Erwerbstätigkeit gleich bleibt, der Druck auf eine gesetzliche Verlängerung des Erwerbslebens nimmt allerdings zu. Grundlage der Probleme, die von der Altersstruktur für die Alterssicherung ausgehen, ist das auch als Generationenvertrag bezeichnete Umlageverfahren der Rentenversicherung, bei dem die aktuell erwerbstätige Generation für die aktuellen Rentenbezieher aufkommt. Nur wenige Länder – z.B. Chile – haben sich mit der Einführung eines Kapitaldeckungsverfahrens von demographischen Problemen der Alterssicherung weitgehend befreit.

Viel beachtet sind außerdem die Anpassungsprobleme von Altersstrukturveränderungen für das Bildungssystem und für den Arbeitsmarkt. So hat der Geburtenberg der 1960er Jahre in den 1970er Jahren (zusätzlich zu der damaligen Expansion des Bildungssystems) einen Lehrermangel in der Bundesrepublik hervorgerufen. Und auch der Anstieg der Arbeitslosigkeit in der Bundesrepublik, die 1981 die Millionengrenze und 1983 die Zwei-Millionengrenze überschritten hatte, ging auf denselben Geburtenberg zurück. Das plötzliche Anwachsen der Altersgruppen im Bereich des Erwerbseintrittsalters in den unteren Bildungsschichten macht im Übrigen verständlich, warum damals Lehrstellenmangel und *Jugend*arbeitslosigkeit zu den beherrschenden sozialen Problemen gehörten. Entsprechend später – Ende der 1980er Jahre – begann auch die Arbeitslosigkeit bei Akademikern zuzunehmen.

Demographische Faktoren haben außerdem nachhaltigen Einfluss auf soziale Mobilitätsprozesse (Cantrell und Clark 1982). Betrachtet man die Folgen von Geburtenschwankungen für die Arbeitsmarktsituation im Lebensverlauf der betroffenen Geburtsjahrgänge (d.h. in einer Längsschnittbetrachtung) und vergegenwärtigt man sich, wie die entsprechenden Prägungen der Alterspyramide nach oben wandern, so wird in der Regel davon ausgegangen, dass geburtenstarke Jahrgänge zeitlebens starker Konkurrenz ausgesetzt sind, während relativ schwach besetzte Jahrgänge dauerhaft vergleichsweise günstige berufliche Entwicklungsmöglichkeiten genießen (Easterlin 1980; 1961; Klein 1988a; Sackmann 2001). Die Dauerhaftigkeit der Benachteiligung großer (und der Begünstigung kleiner) Kohorten wird auch dadurch unterstützt, dass verschiedene Altersgruppen durch ein unterschiedliches Maß an beruflich erworbener Qualifikation nur eingeschränkt miteinander in Konkurrenz treten. Gleichzeitig wird allerdings von Keyfitz (1983) darauf hingewiesen, dass die Implikationen der Jahrgangsstärke für Beruf und Einkommen eventuell unterschiedlich ausfallen: Aufgrund von Knappheit würden zwar kleine Kohorten relative Einkommensvorteile genießen, es bestünde aber die Gefahr, dass die Knappheit gleichzeitig eine längere Verweildauer in den einzelnen beruflichen Positionen der Karriereleiter bewirkt. Keyfitz vermutet daher, dass es nicht nur auf die Jahrgangsstärke, sondern auch auf die Reihenfolge ankommt, mit der größere und kleinere Kohorten aufeinander folgen: Eine Beschleunigung der beruflichen Entwicklung wäre in erster Linie dann zu erwarten, wenn eine relativ kleine Kohorte zwischen zwei größeren Kohorten angesiedelt ist. In diesem Fall würde der retardierende Einfluss der Kohortengröße auf die Berufsbiographie von der nachfolgenden Kohorte aufgefangen.

Folgt man einer interessanten These von Easterlin (z.B. Easterlin 1973), so sind die Auswirkungen altersstruktureller Veränderungen auf die Geburtenentwicklung und auf den Arbeitsmarkt nicht voneinander unabhängig: Für kleine Kohorten, die auf dem Arbeitsmarkt begünstigt sind, wird die Familiengründung ökonomisch erleichtert und vice versa für große Kohorten erschwert. Unterstützt wird dieser Zusammenhang durch einen unterschiedlichen Konsumanspruch (Easterlin 1973): Kleine Kohorten sind nicht zuletzt deshalb klein, weil die Elterngeneration groß und ökonomisch benachteiligt war, mit der Implikation, dass die Sozialisation kleiner Kohorten von einem niedrigen Lebensstandard und geringen Konsumansprüchen geprägt ist. Eine günstige ökonomische Lebenssituation und geringe Konsumansprüche kommen also bei kleinen Jahrgangsstärken zusammen. Die als Easterlin-Effekt bekannt gewordene These ist vor dem Hintergrund der Geburtenentwicklung in den USA entstanden: Dort war wegen der geburtenschwachen Jahrgänge der 1920er und 1930er Jahre für die 1950er Jahre altersstrukturbedingt ein Geburtentief erwartet worden – aber das Gegenteil war der Fall: Die kleinen Kohorten der 1930er Jahre waren für den «Baby-Boom» der 1950er Jahre verantwortlich. In späteren Untersuchungen – auch in anderen Ländern – war es allerdings schwierig, die von Easterlin vermuteten Zusammenhänge empirisch nachzuweisen (Pampel 1993; Pampel und Peters 1995).

Was für die Betroffenen gut ist, ist in diesem Fall für die Gesellschaft ungünstig: Kleine Kohorten bremsen die Innovationsfähigkeit der Wirtschaft und den Umschlagprozess neuen Wissens (Keyfitz 1983). Insofern lässt die zuvor beschriebene Alterung der Bevölkerung in vielen westlichen Industrienationen berufliche Weiterbildung zunehmend wichtiger werden. Technischer Fortschritt geht allerdings häufig mit einem grundlegenden Strukturwandel in einzelnen Wirtschaftsbereichen einher, an den sich ältere Arbeitskräfte schlechter anpassen können als junge Berufseinsteiger (Felderer und Sauga 1988: 163 ff.). Hinzu kommt eine höhere geographische Mobilität junger Erwachsener (vgl. auch unten Abbildung 2.5.2), die einer effizienten Arbeitskräfteallokation zugute kommt (Felderer und Sauga 1988: 165 f.). Ein kopflastiger Altersaufbau wird deshalb häufig als Bremse technischen Fortschritts interpretiert.

Die Altersstruktur ist schließlich in fast allen Ländern[1] auch hauptverantwortlich, wenn der Heiratsmarkt aus dem Gleichgewicht gerät, indem in den zueinander ‹passenden› Altersgruppen ein Männer- oder Frauenüberschuss entsteht. Angesichts dessen, dass zwischen (Ehe-)Partnern ein Altersabstand von durchschnittlich zwei bis drei Jahren existiert,[2] kommt ein Heiratsmarktungleichgewicht dadurch zustande, dass aufeinander folgende Geburtsjahrgänge (bedingt durch die zurückliegende Geburtenentwicklung) ungleiche Jahrgangsstärken aufweisen. In der Folge eines lange anhaltenden Ge-

---

[1] Es gibt allerdings auch Ausnahmen, darunter insbesondere China und Indien, in denen ein Überschuss an männlichen Kindern und deren dort höhere Überlebenschancen für einen unausgeglichenen Heiratsmarkt verantwortlich sind.

[2] Der durchschnittliche Altersabstand zwischen (Ehe-)Partnern ist aus verschiedenen Gründen nur sehr wenig flexibel (vgl. Klein 1996b).

burtenrückgangs – und der damit einhergehenden Verschlankung der Alterspyramide – sind nachfolgende (Frauen-)Jahrgänge zu schwach besetzt, mit der Folge eines Frauenmangels auf dem Partnermarkt. Bei Generationen, die in Phasen eines Geburtenanstiegs geboren wurden, ist es umgekehrt. In den westlichen Bundesländern hat der Geburtenrückgang Ende der 1960er Jahre zu einem Männerüberschuss beigetragen, der heute bis in das mittlere Lebensalter fortwirkt (Dinkel, Meinl und Milenovic 1992; Jürgens und Pohl 1985; Klein 1995b; 1993b). Einen besonders krassen Männerüberschuss lässt auch der Geburteneinbruch erwarten, der in den neuen Bundesländern nach 1990 stattgefunden hat. In vielen Entwicklungsländern geht hingegen eine am Sockel breite Alterspyramide mit einem Frauenüberschuss einher.

Besteht zwischen Männern und Frauen im heiratsfähigen Alter ein relevantes numerisches Ungleichgewicht (marriage squeeze), dann hat dies insbesondere Konsequenzen für die Partnerwahl und die Partnerlosigkeit, für die Geburten, für die eheliche Interaktion und nicht zuletzt für die Scheidungsraten in der Gesellschaft. Ein in der Altersstruktur angelegtes und für die betreffenden Generationen deshalb dauerhaftes Heiratsmarktungleichgewicht erhöht die Partnerlosigkeit bei dem Geschlecht, das in der Überzahl ist (Klein 1994b). In diesem Zusammenhang ist in der Bundesrepublik die Kinderzahl von Männern inzwischen geringer als die von Frauen (Dinkel und Milenovic 1992; Klein 2003; vgl. Kapitel 2.3.1.2). Aus zahlreichen Entwicklungsländern ist hingegen eine höhere Reproduktionsrate von Männern als von Frauen bekannt (Schoen 1988: 198; Schoen 1985; Schoen und Baj 1985). In den USA wird zudem eine geschlechtsspezifisch unterschiedliche Strukturierung von Lebensverläufen und eine größere Erwerbsorientierung und Selbständigkeit von Frauen auch mit dem Geburtenanstieg während der 1940er und 50er Jahre und dem daraus resultierenden Heiratsmarktungleichgewicht in Verbindung gebracht (Davis und van den Oever 1982; Guttentag und Secord 1983).

2.2.2.2 Zur Berechnung von Altersstruktureinflüssen: die (Alters-)Standardisierung

Dieser Abschnitt erläutert ein elementares Verfahren, mit dem sich einige Auswirkungen altersstruktureller Veränderungen (oder altersstruktureller Unterschiede im internationalen und interregionalen Vergleich) auf sozialstrukturelle Phänomene untersuchen lassen. Häufig ist die Fragestellung allerdings (auch) anders gelagert: Man will nicht (nur) wissen, welche Auswirkungen altersstrukturelle Veränderungen auf die Entwicklung der Geburten, der Sterbefälle, der Frauenerwerbsbeteiligung und auf anderes hatten, sondern man ist daran interessiert, wie diese Entwicklungen *ohne* Veränderungen der Altersstruktur ausgesehen hätten. Das Forschungsinteresse ist also oft darauf gerichtet, ob weitergehende Veränderungen stattgefunden haben, als durch die Altersstruktur erklärbar sind. Entsprechendes gilt für die Frage, inwieweit sich soziale Phänomene international unterscheiden, wenn man von der meist unterschiedlichen Altersstruktur in verschiedenen Ländern absieht. Unter diesem Aspekt ist man an einer Alters*standardisierung* interessiert. Aus dem Vergleich altersstandardisierter Werte mit den realen Beobachtungswerten wird aber (trotz anders gelagerter Fragestellung) immer auch der Einfluss der Altersstruktur deutlich.

Die Altersstandardisierung beruht auf dem Grundgedanken, dass sich jede sozialstrukturelle Größe F_i (z.B. die Geburtenzahl oder die Erwerbstätigenzahl) einer Gesellschaft (oder eines Zeitpunkts) i aus den jeweiligen Beiträgen aller Altersstufen x zusammensetzt, wobei diese aus dem Produkt der altersspezifischen Beteiligung $f_{i,x}$ (in dem Beispiel der Geburtenzahl ist dies die altersspezifische Geburtenrate) und der Größe der Altersgruppe $p_{i,x}$ resultieren:

$$(2.2.1) \qquad F_i = \sum_x p_{i,x} f_{i,x} \,.$$

Der Unterschied der Geburtenzahl zwischen den zwei Ländern[1] i und j beruht in der Regel auf beiden Faktoren: sowohl darauf, dass sich die altersspezifischen Geburtenraten unterscheiden, als auch darauf, dass die einzelnen Altersgruppen in den jeweiligen Ländern größer oder kleiner sind. Dem entsprechend gibt es zwei Möglichkeiten der Standardisierung. Um den Einfluss des Altersstrukturunterschieds zu erfassen, lässt sich für das Land j mit Gleichung 2.2.1 unterstellen, dass jede altersspezifische Geburtenrate in beiden Ländern gleich sei (so wie in Land i) und nur die Besetzung der Altersstufen verschieden ausfällt:

$$(2.2.2) \qquad F_j = \sum_x p_{j,x} f_{i,x} \, .$$

In diesem Fall spricht man von indirekter Standardisierung. Aus Gleichung 2.2.2 errechnet sich dann eine fiktive Geburtenzahl, die nur auf der unterschiedlichen Altersstruktur und ggf. auf einer unterschiedlichen Bevölkerungsgröße beruht. Dabei lässt sich in beiden Gleichungen von der Bevölkerungsgröße abstrahieren, indem man sowohl die Geburtenzahl als auch die absolute Größe der Altersstufen auf die Bevölkerungsgröße P bezieht:

$$(2.2.3a, b) \qquad \frac{F_{i\,bzw.\,j}}{P_{i\,bzw.\,j}} = \sum_x \frac{p_{i\,bzw.\,j,x}}{P_{i\,bzw.\,j}} f_{i,x} \, .$$

Die Gleichungen 2.2.1 und 2.2.2 beziehen sich also auf die absolute Geburtenzahl, die Gleichungen 2.2.3a, b hingegen auf die Geburten pro Einwohner.

Um den Einfluss der Altersstruktur zu eliminieren und den strukturbereinigten Unterschied zu berechnen, muss man umgekehrt unterstellen, dass nicht die altersspezifischen Geburtenraten (indirekte Standardisierung), sondern die Altersstruktur in beiden Län-

---

1 Entsprechendes gilt für zwei Zeitpunkte innerhalb eines Landes.

dern gleich ist – in diesem Fall spricht man von direkter Standardisierung:

$$(2.2.4) \qquad F_j = \sum_x p_{i,x} f_{j,x}$$

bzw.

$$(2.2.5a, b) \qquad \frac{F_{i\,bzw.\,j}}{P_i} = \sum_x \frac{p_{i,x}}{P_i} f_{i\,bzw.\,j,x} \,,$$

wenn die Angabe in Relation zum Bevölkerungsumfang stehen soll.

Im Prinzip ist beliebig, welches der beiden Länder oder (abhängig von der Fragestellung) welches Drittland als Referenzbevölkerung für die Altersstruktur herangezogen wird.[1] Auch ein internationaler, z.B. europäischer Durchschnitt ist denkbar. Aus den Gleichungen 2.2.4 und 2.2.5b errechnet sich nunmehr eine fiktive, altersstandardisierte Geburtenzahl, die nur aus den unterschiedlichen altersspezifischen Geburtenraten hervorgeht. Der verbleibende (u.U. sogar vergrößerte) Unterschied zwischen den Ländern ist nunmehr von Altersstrukturunterschieden unabhängig interpretierbar.

Tabelle 2.2.1 veranschaulicht das Verfahren an einem weiteren Beispiel: dem der Frauenerwerbstätigkeit. Das Beispiel bezieht sich auf die mit Gleichung 2.2.5 konkretisierte Altersstandardisierung. Aus den Spalten 1 und 2 von Tabelle 2.2.1 geht die Altersstruktur der Frauen in zwei Ländern – hier Deutschland und Frankreich – hervor. Unter Verzicht auf Genauigkeit ist die Altersstruktur hier in Fünf-Jahres-Altersgruppen zusammengefasst. Die Spalten 3 und 4 enthalten die altersgruppenspezifischen Erwerbstätigkeitsquoten. Würde man die Spalten 1 und 3 bzw. 2 und 4 multiplizieren, so würde daraus die Zahl der Frauen resultieren, die insgesamt und

---

1 Wie weiter unten ausgeführt, ist jedoch die Additivität von Struktureffekt und strukturbereinigtem Effekt davon betroffen, welche Referenzbevölkerung zugrunde gelegt wird.

Alter (in Jahren)	Frauen (in 1000)		Frauenerwerbstätigenquote (in % der Frauen des jeweiligen Alters)		Erwerbsbeteiligte Frauen nach Maßgabe der deutschen Altersstruktur und Bevölkerungsgröße (in 1000)
Land	Deutschland	Frankreich	Deutschland	Frankreich	Frankreich
Spalte	(1)	(2)	(3)	(4)	(5) = (1) × (4)
15–20	2 286	1 942	25,6	5,3	121
20–25	2 129	1 869	62,8	44,8	954
25–30	2 491	2 146	69,6	78,3	1 950
30–35	3 238	2 171	70,1	78,0	2 526
35–40	3 247	2 193	70,4	79,4	2 578
40–45	3 004	2 148	72,9	80,4	2 415
45–50	2 856	2 136	71,6	79,5	2 271
50–55	2 359	1 863	63,2	74,6	1 760
55–60	2 923	1 367	45,3	60,0	1 754
60–65	2 880	1 432	11,8	14,5	418
insgesamt	27 413	19 267	56,9	61,8	16 747

Tabelle 2.2.1: Unterschiede der Frauenerwerbstätigenquote zwischen Deutschland und Frankreich unter dem Einfluss von Altersstrukturunterschieden (1999)
Quellen: Statistisches Bundesamt 2000c: 104; Institut National de la Statistique et des Études Économiques 2000: 55, 127; zum Teil eigene Berechnungen

in jeder der Altersstufen am Erwerbsleben teilnimmt. Multipliziert man jedoch Spalten 1 und 4 (siehe Gleichung 2.2.4), so errechnet sich in Spalte 5 für jede Altersstufe eine fiktive Anzahl von erwerbstätigen Frauen, die sich über die Altersstufen auf 16,747 Millionen addiert. Bezogen auf die hierbei zugrunde liegende Bevölkerungsgröße von Frauen im Erwerbsalter (27,413 Millionen) ergibt sich daraus für Frankreich eine altersstandardisierte Frauenerwerbstätigenquote von (16,747 / 27,413 =) 61,1 %. Die Frauenerwerbstätigkeit in Frankreich ist also altersstrukturbereinigt fast so hoch wie der unstandardisierte Wert von 61,8 %. Altersstrukturbereinigt, d.h. unter Zugrundelegung der deutschen Altersstruktur, fällt der Unterschied zwischen den Frauenerwerbstätigenquoten der beiden Länder kaum geringer aus, und man kann somit davon ausgehen, dass im Wesentlichen nicht eine unterschiedliche Altersstruktur für die höhere Frauenerwerbsquote in Frankreich verantwortlich ist.

Im Prinzip ist gleichgültig, welche Altersstruktur bei der Altersstrukturbereinigung zugrunde gelegt wird. Ohnehin sind standardisierte Werte nur im Vergleich – im Vergleich untereinander und im Vergleich mit den Beobachtungswerten – aussagekräftig. Es muss sich auch nicht notwendig um die Altersstruktur aus einem der Vergleichsländer handeln – als Referenzstruktur für obige Berechnung könnte auch beispielsweise die europadurchschnittliche Altersverteilung herhalten. Oft ist es sinnvoll, die Referenzstruktur unter inhaltlichen Gesichtspunkten zu bestimmen. Unter statistisch-methodischem Gesichtspunkt ist allerdings Folgendes zu beachten: Der (Alters-)Struktureffekt wird gelegentlich auch der direkten Standardisierung entnommen, indem die Differenz zwischen dem standardisierten und dem tatsächlich beobachteten Wert als Altersstruktureffekt interpretiert wird. Umgekehrt wird oft der strukturbereinigte Effekt aus der indirekten Standardisierung entnommen, indem die Differenz zwischen dem indirekt standardisierten und dem tatsächlich beobachteten Wert als strukturbereinigter Effekt interpretiert wird (z.B. Schwarz 1979). Dabei wird mit anderen Worten unterstellt, dass sich beide Effekte – der aus der indirekten Standardisierung errechnete Struktureffekt und der aus der direkten Standardisierung errechnete strukturbereinigte Effekt – zu dem real beobachteten Unterschied addieren. Das ist aber in aller Regel falsch! Der Struktureffekt fällt nämlich unterschiedlich aus, je nachdem, wie unterschiedlich die Frauenerwerbstätigkeit zwischen den von dem Strukturunterschied betroffenen Altersgruppen ist. Und der strukturbereinigte Effekt hängt ent sprechend davon ab, wie unterschiedlich groß gerade diejenigen Altersgruppen sind, zwischen denen sich die Frauenerwerbstätigkeit besonders unterscheidet. Additivität ist deshalb an die Voraussetzung gebunden, dass der Struktureffekt mit den durchschnittlichen Quoten $f_{m,x} = \left(f_{i,x} + f_{j,x} \right)/2$ berechnet ist und der strukturbereinigte Effekt mit der durchschnittlichen Größe der Altersgruppen $p_{m,x} = \left(p_{i,x} + p_{j,x} \right)/2$ bzw. $p_{m,x} = \left(p_{i,x}/P_i + p_{j,x}/P_j \right)/2$.

Real beobachtete Unterschiede zwischen sozialstrukturellen Größen im internationalen und intertemporalen Vergleich sind also aus zwei Komponenten zusammengesetzt: einem (Alters-)Struktur- bzw. Kompositionseffekt und einem kompositionsbereinigten Effekt, der in der Literatur gelegentlich als «Verhaltenseffekt» bezeichnet wird, weil er auf einer «Verhaltensänderung in homogenen Teilpopulationen» (hier Altersgruppen) beruht (Huinink 1987: 381). Diese z.B. auch von Schwarz (1979) verbreitete Begrifflichkeit ist jedoch irreführend: Schließlich handelt es sich *insgesamt* um einen Verhaltensunterschied (z.B. des Erwerbsverhaltens), wobei der Kompositionseffekt den durch unterschiedliche Komposition (z.B. unterschiedliche Altersstruktur) erklärbaren Verhaltensunterschied wiedergibt. Es ist meist davon auszugehen, dass anderweitige Kompositionseffekte (z.B. Bildungsstrukturunterschiede) zur weiteren Aufhellung des so genannten Verhaltenseffekts beitragen würden, während eine vorschnelle Stilisierung noch nicht erklärter Unterschiede und Veränderungen zum eigenständigen ‹Verhaltens›-Effekt eher den Blick auf alternative Erklärungen verstellt, ganz abgesehen von dem tautologischen Charakter der Erklärung von Verhaltensunterschieden mit einem ‹Verhaltenseffekt›.

In diesem Zusammenhang ist wichtig, dass sich das Verfahren der Standardisierung natürlich auch mit anderen Variablen bestücken lässt. Auf Seiten der abhängigen Variablen ist insbesondere üblich, Geburten und Sterbefälle altersstandardisiert zu betrachten. Aber auch für andere Themen wie etwa die Frauenerwerbsbeteiligung ist die Altersstandardisierung ein sehr sinnvolles Instrument. Auf Seiten der unabhängigen Variablen lassen sich mit dem Verfahren außerdem auch andere Verursachungszusammenhänge aufarbeiten. Bei der Analyse von Scheidungszahlen ist z.B. eine Ehedauerstandardisierung sinnvoll. Aber auch weitere sozialstrukturelle Standardisierungsmerkmale kommen in Betracht. So analysieren Klein und Lengsfeld (1985) auf die beschriebene Weise den Einfluss berufs- und wirtschaftsstruktureller Veränderungen auf die Geburtenentwicklung. Hierbei ist allerdings angebracht, sich auf gemischte, zumindest zweidimensionale Verteilungen wie die Alters-Berufs-Verteilung zu beziehen. Und auch in vielen anderen Zusammenhängen kann in aller Regel das Alter nicht unberücksichtigt bleiben. Angesichts der Vielzahl von Tabellenfeldern, die aus der Verknüpfung weiterer Variablen mit dem Einzelalter resultiert, und der Anforderungen, die deshalb an die Größe von Datensätzen zu stellen sind, ist indes leicht nachvollziehbar, dass sich die Forschungspraxis mit dem beschriebenen Verfahren meist auf die Untersuchung von Altersstruktureffekten mit sehr großen Datensätzen (etwa dem Mikrozensus) konzentriert. Gerade die Untersuchung von Altersstruktureffekten ist allerdings bei vielen Fragestellungen enorm wichtig.

Trotz vielfältiger Anwendungsmöglichkeiten der Standardisierung hat das Verfahren die mitunter nicht unerhebliche Einschränkung, dass das Verhalten verschiedener Sozialgruppen voneinander unabhängig sein muss. Davon wird in der Regel ausgegangen, etwa bei der Analyse von Geburten, Sterbefällen, Eheschließungen und vielem anderen. Die Unabhängigkeitsannahme ist allerdings nicht immer unbestritten: So basiert beispielsweise der schon erwähnte Easterlin-Effekt gerade darauf, dass sich verschiedene Kohorten (die in der Querschnittbetrachtung mit verschiedenen Altersgruppen korrespondieren) reproduktiv unterschiedlich verhalten in Abhängigkeit von ihrem Größenverhältnis zueinander. Und auch bei dem zuvor diskutierten Beispiel der Frauenerwerbstätigkeit ist in Betracht zu ziehen, dass eine hohe Erwerbstätigkeit in einigen Altersstufen vor dem Hintergrund der Konkurrenz um Arbeitsplätze mit niedriger Erwerbstätigkeit in anderen Altersstufen einhergeht. Andererseits ist davon auszugehen, dass eine Arbeitsplatzkonkurrenz zwischen sehr verschiedenen Altersgruppen allenfalls bei

Unqualifizierten stattfindet, während die Zunahme der Frauenerwerbstätigkeit in Deutschland vor allem von der Zunahme qualifizierter Beschäftigung geprägt ist.

Einhergehend mit dem geringen Interesse vieler Soziologen an Fragen des Altersaufbaus einer Gesellschaft findet das Verfahren der (Alters-)Standardisierung wenig Beachtung, weder in den verschiedenen Lehrbüchern zur Sozialstrukturanalyse noch in guten und bekannten Lehrbüchern der empirischen Sozialforschung (z. B. Diekmann 1995; Schnell, Hill und Esser 1992).[1] Zu Unrecht: Dem beschriebenen Standardisierungsverfahren kommt in der vergleichenden Sozialstrukturanalyse und in der Demographie ein besonders großer Stellenwert zu, und es ist darüber hinaus als ein kausalreflektierendes Verfahren in der empirischen Forschung mindestens ebenso erkenntnisträchtig wie etwa die allseits erläuterten Zusammenhangsmaße.

2.3 Geburten

2.3.1 Geburtenentwicklung und Maßzahlen

2.3.1.1 Standardisierte Geburtenziffern

Abbildung 2.3.1 zeigt die Geburtenentwicklung seit dem 19. Jahrhundert in Deutschland, Italien, Frankreich, Großbritannien und den USA. Wegen der Veränderungen der Bevölkerungsgröße – die neben dem Bevölkerungswachstum während des demographischen

---

[1] Zwei andere Bedeutungsgehalte von «Standardisierung» sind freilich in der empirischen Sozialforschung sehr bedeutsam: zum einen die Standardisierung im Sinne der Vereinheitlichung von Mittelwert und Streuung einer Variablen, zum anderen die Standardisierung im Sinne der Vereinheitlichung von Erhebungsinstrumenten, z. B. der Frageformulierung und der Antwortkategorien.

Übergangs in Deutschland auch auf die zahlreichen Gebietsveränderungen in der deutschen Geschichte zurückgehen – bezieht sich Abbildung 2.3.1 auf die Geburten pro 1000 Einwohner (Rohe Geburtenziffer bzw. Crude Birth Rate). Wie aus der Abbildung ersichtlich, liegt das Geburtenniveau in Deutschland noch bis zum Beginn des 20. Jahrhunderts bei etwa 35 bis 40 Kindern pro 1000 Einwohner. Von etwa 1900 bis 1933 findet ein kontinuierlicher Rückgang der Geburten statt, unterbrochen von einem Geburtenausfall während des Ersten Weltkriegs. Ein kurzzeitiger Wiederanstieg der Geburtenzahlen ist auf die Zeit des Dritten Reichs und auf die späten 1950er und frühen 1960er Jahre beschränkt. Von 1966 bis 1973 – d.h. in nur sieben Jahren – gehen jedoch erneut die Geburtenzahlen drastisch zurück. In diesem Kontext reduziert sich die Zahl der jährlichen Geburten *um* 40%, d.h. *auf* 60%. Ein leichter Wiederanstieg der Geburtenzahl auf dem Gebiet der früheren Bundesrepublik während der 1980er Jahre beruht auf Altersstruktureffekten (Grünheid und Mammey 1997: 402).

Die Geburtenentwicklung ist bis in die Mitte der 1970er Jahre in Ost- und Westdeutschland weitgehend parallel verlaufen (s. Abbildung 2.3.1).[1] Die frühere DDR-Regierung hat allerdings seit Mitte der 1970er Jahre mit bevölkerungspolitischen Maßnahmen – z.B. mit Bevorzugungen bei der Wohnungsvergabe – gegengesteuert. In der Folge dieser Politik war in der DDR ein Wiederanstieg der Geburten zu verzeichnen (Abbildung 2.3.1). Hierbei ist sogar davon auszugehen, dass es sich nicht nur um einen kurzzeitigen Wiederanstieg handelt, der auf biographischen Vorverlagerungen der Familiengründung als Ausdruck von Mitnahmeeffekten beruht (Dinkel 1984a).

Nach 1990 ist in den neuen Bundesländern ein Geburtenausfall zu beobachten, der (vgl. auch unten Kapitel 2.3.1.2) noch weit dramatischer ausfällt als derjenige aus den späten 60er Jahren (Ab-

---

1 Inwieweit für die bis Mitte der 1970er Jahre weitgehend parallele Entwicklung im Osten Deutschlands ähnliche biographische Verlagerungseffekte wie im Westen (vgl. nachfolgend) bedeutsam sind, ist bislang nicht ausreichend untersucht.

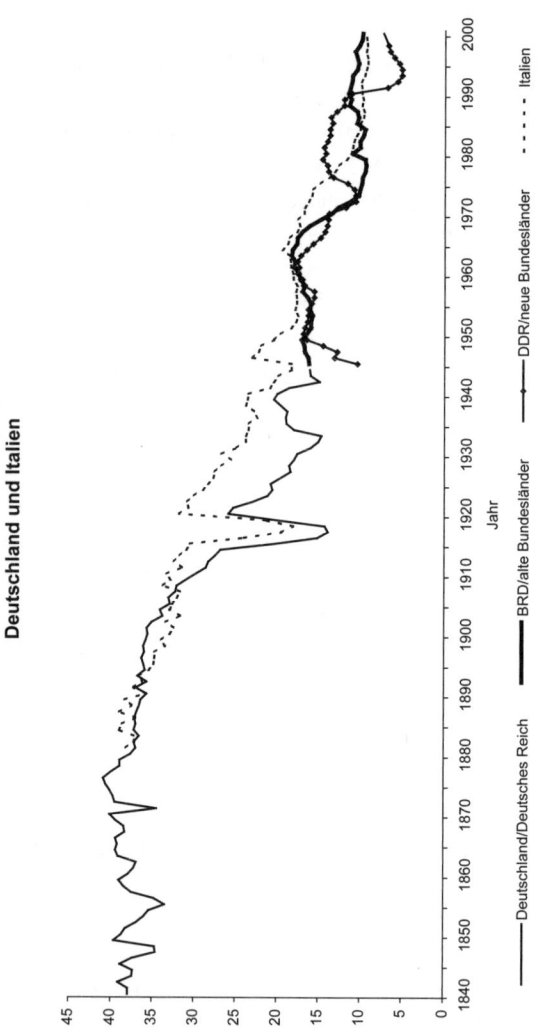

Abbildung 2.3.1: Rohe Geburtenrate (Geburten je 1000 Einwohner)
Quellen: Statistisches Bundesamt (verschiedene Jahrgänge des Statistischen Jahrbuchs für die Bundesrepublik Deutschland); Staatliche Zentralverwaltung für Statistik (verschiedene Jahrgänge des Statistischen Jahrbuchs der DDR); Istituto Centrale di Statistica (verschiedene Jahr-

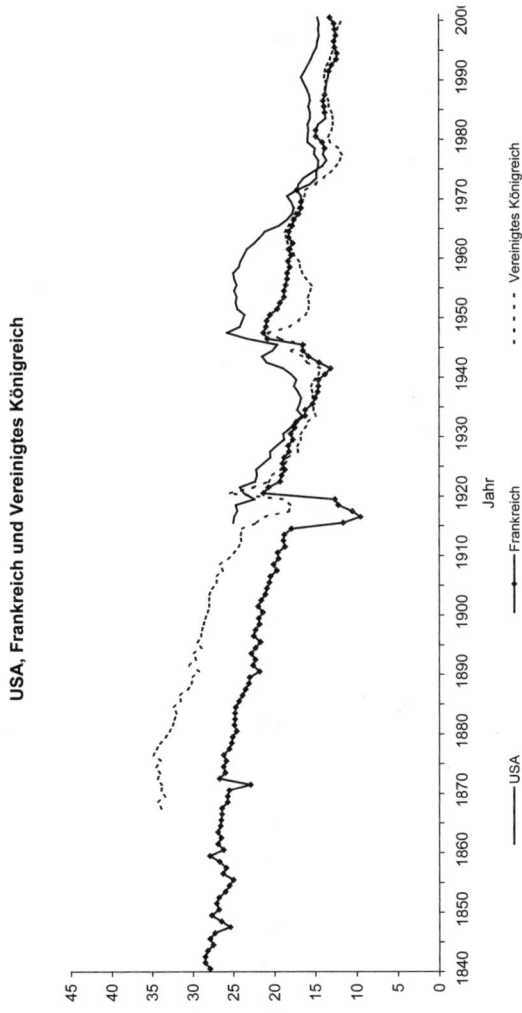

USA, Frankreich und Vereingtes Königreich

Jahr

· · · · · Vereinigtes Königreich

——•—— Frankreich

——— USA

gänge des Annuario Statistico Italiano); U.S. Census Bureau (verschiedene Jahrgänge der Statistical Abstracts of the United States); Institut National de la Statistique et des Études Économiques (verschiedene Jahrgänge der Annuaire Statistique de la France); National Statistics (verschiedene Jahrgänge der Annual Abstracts of Statistics); zum Teil eigene Berechnungen

bildung 2.3.1): In nur zwei bis drei Jahren sind die Geburten *um* 60 % – d.h. *auf* 40 % – gesunken. Dabei handelt es sich um einen klassischen Periodeneffekt, zu dem verschiedene Faktoren beitragen (vgl. im Folgenden auch Klein et al. 1996): (1) Viel diskutiert wurde ein Wertewandel im Hinblick auf die Familie, die im sozialistischen System einen hohen Stellenwert als Ort des Rückzugs aus der Reglementiertheit des öffentlichen Lebens innehatte (Höhn, Mammey und Wendt 1990: 148; Huinink 1995: 39 f.; Nauck 1993) und diese Bedeutung eventuell angesichts der neu gewonnenen Freiheiten verliert. (2) Durch die veränderten institutionellen Rahmenbedingungen nach der Wende kommen veränderte Anreizstrukturen hinzu, die unabhängig von einem Wertewandel bzw. von veränderten Präferenzen einen Wandel des generativen Handelns bewirken (Kirner, Schulz und Roloff 1990; Schulz, Wagner und Witte 1993; Strohmeier und Schulze 1995). (3) Unter einem eher dynamischen Aspekt werden individuelle Anpassungsstrategien an die veränderten Lebensumstände zur Erklärung des Geburteneinbruchs herangezogen (Schulz, Wagner und Witte 1993; Zapf und Mau 1993). Die Zurückstellung generativer Entscheidungen wird mit anderen Worten als rationale Antwort auf erhöhte Unsicherheit und die mangelnde Überschaubarkeit der Konsequenzen generativen Handelns interpretiert. (4) Eher psychologisch ausgerichtet sind hingegen Erklärungen, die den Geburtenausfall als «Schock» und als «Aggregateffekt individueller Schockerfahrungen» (Mau und Zapf 1998; Zapf und Mau 1993: 3) begreifen. (5) Nicht ohne Bedeutung sind schließlich auch demographisch bedingte Altersstruktureffekte, insbesondere eine selektive, von den Jüngeren und den Familien dominierte Abwanderung in die westlichen Bundesländer (Dorbritz 1992: 190; 1993: 413) wie auch die abnehmenden Jahrgangsstärken infolge des Geburtenrückgangs zu Ende der 1960er Jahre.

In Abbildung 2.3.1 ist der historische Rückgang der Geburten auch in weiteren Ländern wiedergegeben. In Italien haben sich die Geburten je 1000 Einwohner vom Ende des 19. Jahrhunderts bis heute ähnlich reduziert wie in Deutschland – die Entwicklung ist jedoch gleichmäßiger verlaufen, und die Geburtenzahlen lagen in der Zwischenzeit (v.a. zwischen 1920 und 1980) auf einem deutlich höheren Niveau. In Großbritannien und besonders in Frankreich war die Geburtenrate schon im 19. Jahrhundert niedriger als in Deutschland, beide Länder sind jedoch heute auf einem etwas höheren Niveau, und der langfristige Rückgang der Geburten fiel entsprechend weniger drastisch aus. In den USA ist die Geburtenrate heute sogar mehr als 1½fach so hoch wie in Deutschland. Alle hier dargestellten Länder haben als Gemeinsamkeit einen mehr oder weniger starken Babyboom zwischen den 1940er und 60er Jahren. Besonders ausgeprägt war der Babyboom in den USA.[1]

Bei der Geburtenzahl pro 1000 Einwohner handelt es sich – im Gegensatz zur absoluten Geburtenzahl – um eine Maßzahl, die in grober Weise hinsichtlich der Bevölkerungsgröße standardisiert ist. Aussagekräftiger ist eine Standardisierung in Bezug auf die Frauen im reproduktionsfähigen Alter, das in der amtlichen Statistik heute auf die Altersspanne zwischen 15 und 45 Jahren festgesetzt ist (Allgemeine Geburtenziffer bzw. Allgemeine Geburtenrate), die hierfür notwendigen Informationen stehen allerdings für den oben betrachteten Zeitraum nicht durchgehend zur Verfügung. Noch genauer als die Allgemeine Geburtenrate ist natürlich die zuvor erläuterte, einzelaltersbezogene Standardisierung (vgl. Kapitel 2.2.2.2).

2.3.1.2 Lebenslaufbezogene Maßzahlen

Die Aussagekraft der genannten Maße kommt insbesondere im internationalen und/oder intertemporalen Vergleich zum Tragen. Größeren Informationsgehalt auch über das individuelle Verhalten hat hingegen die so genannte Zusammengefasste Geburtenziffer

---

1 In den USA wurden die hohen Geburtenzahlen der 1950er Jahre erstaunlicherweise von den geburtenschwachen Jahrgängen der 30er Jahre hervorgebracht (Easterlin-Effekt).

bzw. -rate (Total Fertility Rate, TFR). Diese setzt sich aus den altersspezifischen Geburtenziffern g_x im Alter x gemäß

(2.3.1) $$TFR_{45} = \sum_{x=15}^{45} g_x$$

zusammen und informiert darüber, wie viele Kinder eine Frau im Verlauf ihres Lebens durchschnittlich bekommt. Der Wert liegt in Deutschland gegenwärtig (1999) bei 1,36 (Statistisches Bundesamt 2001e: 71). Für die bestandserhaltende Reproduktion muss der Wert etwas über 2 liegen (in den westlichen Industriegesellschaften bei etwa 2,1), zum einen, weil etwas mehr Jungen als Mädchen geboren werden, zum anderen, weil wegen der Sterblichkeit nicht alle Nachkommen bis in das reproduktionsfähige Alter überleben.

Für die Beschreibung der Geburtenentwicklung ist außerdem die Bruttoreproduktionsrate BRR

(2.3.2) $$BRR_{45} = \sum_{x=15}^{45} m_x$$

von Bedeutung, die sich nur auf die Mädchengeburten m_x bezieht. Sehr gebräuchlich ist schließlich die Nettoreproduktionsrate (Net Reproduction Rate, NRR)

(2.3.3) $$NRR_{45} = \sum_{x=15}^{45} l_x m_x,$$

in der die mädchenbezogene Geburtenrate des Alters x mit der Überlebenswahrscheinlichkeit l_x bis zum Alter x gewichtet wird. Die Nettoreproduktionsrate informiert damit über die Zahl der Töchter, die selbst mindestens so alt werden, wie es ihre Mutter bei ihrer Geburt war. Die Nettoreproduktionsrate sagt daher unter Berücksichtigung der Sterblichkeitsverhältnisse aus, in welcher Relation eine Frauengeneration durch eine Töchtergeneration ersetzt wird. Ein Wert von genau 1 ist der kritische Wert für die Bestandserhaltung einer Bevölkerung, Werte größer als 1 bedeuten eine wachsende, kleiner als 1 eine schrumpfende Bevölkerung.

Land	Geburten pro 1000 Einwohner (Jahr)		Zusammen-gefasste Geburtenziffer (Durchschnitt der Jahre 1995–2000)	Netto-Reproduktionsrate (Durchschnitt der Jahre 1995–2000)
BRD	9,4	(1999)	1,33	0,63
Frankreich	12,6	(1999)	1,73	0,82
Italien	9,3	(1999)	1,20	0,57
Großbritannien	11,8	(1999)	1,70	0,83
USA	14,4	(1999)	2,04	0,96
Brasilien	20,3	(1995)	2,27	1,04
Kenia	42,0	(1995)	4,60	1,75
China	16,2	(1995)	1,80	0,80
Indien	25,4	(1995)	3,32	1,31

Tabelle 2.3.1: Maßzahlen der Fertilität in ausgewählten Ländern
Quellen: Statistisches Bundesamt 2001e: 219 ff., 224; United Nations 2001: 292 ff.

Tabelle 2.3.1 zeigt internationale Unterschiede der Fertilität im Spiegel der beschriebenen Maßzahlen. In Bezug auf alle Maßzahlen gehören die Bundesrepublik und inzwischen auch Italien weltweit zu den Ländern mit der niedrigsten Fertilität. Während in beiden Ländern jährlich weniger als 10 Kinder pro 1000 Einwohner geboren werden, liegt der Wert für die USA bei immerhin 14,4, für Brasilien bei 20 und für Kenia bei 42. Das Beispiel von Kenia verdeutlicht die hohe Fertilität in Zentralafrika, die noch weit über derjenigen in lateinamerikanischen Ländern und in Süd- bzw. Südostasien liegt. Die Zusammengefasste Geburtenrate der hier betrachteten Länderauswahl divergiert zwischen 1,2 (Italien) und 4,6 (Kenia). Die Nettoreproduktionsrate ist in den entwickelten Ländern mit geringer Sterblichkeit fast halb so groß wie die Zusammengefasste

Geburtenrate, weil sie sich nur auf die Mädchen bezieht. In Kenia und den anderen Ländern mit hoher Säuglingssterblichkeit ist sie jedoch deutlich niedriger.

Eine Gefahr bei der Interpretation der Zusammengefassten Geburtenrate wie auch der Reproduktionsraten ergibt sich, wenn die Berechnung – wie in der amtlichen Statistik üblich – auf periodenbezogenen Daten eines Kalenderjahres beruht. Die Berechnung der betreffenden Maßzahl bezieht sich dann nämlich nicht auf den Lebenslauf einer speziellen Kohorte, sondern auf alle Altersgruppen eines Kalenderjahres, d.h. auf einen Kohortenmix. Der Schluss von auf diese Weise berechneten Maßzahlen auf die Fertilität einer einzelnen Kohorte ist folglich nicht möglich. Die Periodenbetrachtung ist mit der Kohortenbetrachtung nur dann identisch, wenn keine Kohortenunterschiede der altersspezifischen Geburtenraten (und, was die Nettoreproduktionsrate betrifft, auch der altersspezifischen Sterberaten) bestehen, wenn also die altersspezifischen Geburten- und Sterberaten konstant sind. In diesem Fall hätten die heute 20-jährigen Frauen in einem Jahr dieselbe altersspezifische Geburtenrate wie die heute 21-jährigen Frauen, in zwei Jahren dieselbe Geburtenrate wie die heute 22-jährigen Frauen usf. Ist diese Voraussetzung nicht gegeben, was normalerweise der Fall ist, sind gewaltige Fehlinterpretationen möglich, besonders wenn sich die Geburtenraten unter dem Einfluss eines Periodeneffekts – z.B. des Ersten Weltkriegs (s. Abbildung 2.3.1) – plötzlich drastisch verändern. Die Übertragung der Geburtenraten der wenigen Kriegsjahre auf den Lebenslauf einer einzelnen Kohorte würde zu einer immensen Unterschätzung der Kohortenfertilität führen.

Abbildung 2.3.2 zeigt, wie sich die altersspezifischen Geburtenzahlen in der Bundesrepublik auch im Kontext des Geburtenbergs der 1960er Jahre verändert haben: Das Maximum war bei den 1935 geborenen Frauen im Alter von 26 Jahren erreicht. Bei den nachfolgenden Jahrgängen hat sich das Maximum immer weiter nach vorn in ein jüngeres Alter verlagert, so haben die 1945 geborenen Frauen ihre höchste Geburtenzahl schon mit 22, die 1950 geborenen Frauen sogar mit 21 Jahren. In der weiteren Kohortenabfolge findet

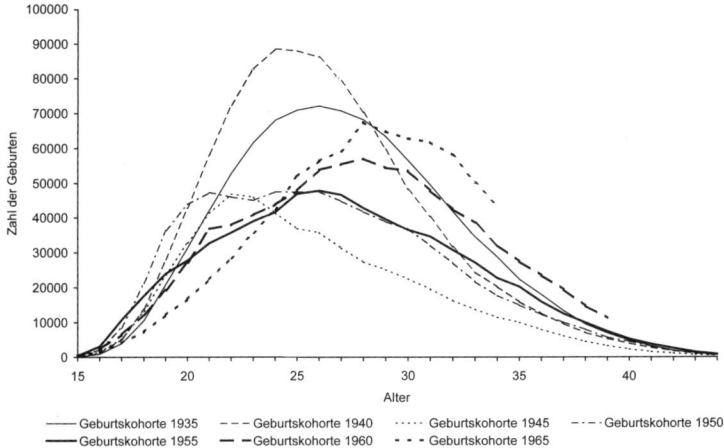

Abbildung 2.3.2: Altersspezifische Geburtenzahlen nach dem Geburtsjahr der Mutter
Quellen: Statistisches Bundesamt (verschiedene Jahrgänge des Statistischen Jahrbuchs für die Bundesrepublik Deutschland)

hingegen ein immer weiterer Aufschub statt, und das Maximum ist beispielsweise bei den Jahrgängen 1960 und 1965 erst mit 28 Jahren erreicht. Gleichzeitig fallen die Geburtenraten niedriger aus und verteilen sich gleichmäßiger über die Altersstufen hinweg.

Was bedeuten die lebensverlaufsbezogenen Verschiebungen für die Entwicklung der jährlichen Geburtenzahl? Die Implikation der beschriebenen Veränderungen des Timings der Geburten im Lebenslauf wird deutlich, wenn man die altersspezifischen Geburtenraten nicht nach dem Alter, sondern nach der Kalenderzeit darstellt (Abbildung 2.3.3). Die jährliche Geburtenzahl resultiert aus allen[1] altersspezifischen Geburtenzahlen der verschiedenen Frauenkohorten in *einem* Kalenderjahr. Die Vorverlagerung der Geburten im

---

1 Abbildung 2.3.3 beschränkt sich nur der Übersichtlichkeit wegen auf die Kohorten im Fünf-Jahres-Abstand. Die jährliche Geburtenzahl resultiert aus allen – auch den dazwischen liegenden, nicht dargestellten – Geburtsjahrgängen.

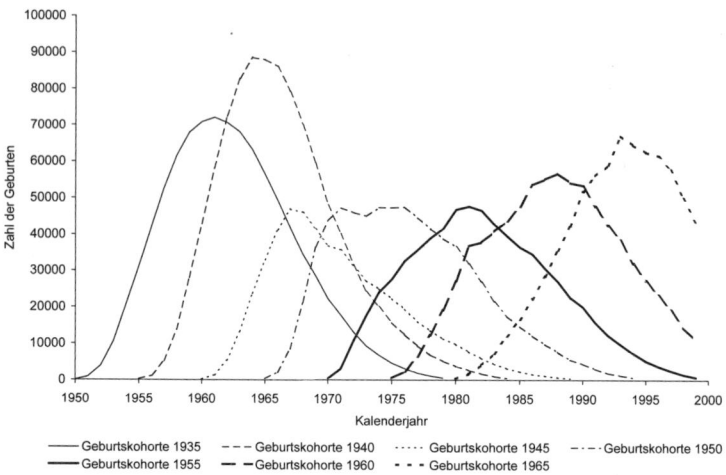

Abbildung 2.3.3: Geburtenentwicklung in Längsschnittbetrachtung: Altersspezifische Geburtenzahlen nach Kohorten und Kalenderjahr
Quellen: Statistisches Bundesamt (verschiedene Jahrgänge des Statistischen Jahrbuchs für die Bundesrepublik Deutschland)

Lebenslauf impliziert, dass nachfolgende Kohorten eine hohe Kinderzahl *schon* in demselben (Kalender-)Jahr realisieren, in dem vorausgehende Kohorten *erst* ihre Kinder bekommen. Die Geburtengipfel der 10 Jahre auseinander liegenden Kohorten 1935 und 1945 beispielsweise haben einen Abstand von nur 6 Jahren (Abbildung 2.3.3). Der Geburtenanstieg von Mitte der 1950er bis Mitte der 60er Jahre geht ausschließlich auf diesen Kompressionseffekt zurück, der mit der Vorverlagerung verbunden ist: Die an der Vorverlagerung beteiligten und für den Geburtenanstieg verantwortlichen Kohorten bekommen im Lebenslauf keineswegs mehr, sondern sogar weniger Kinder als die 1935 geborenen Frauen!

Der Geburten-Boom wird mit unterschiedlichen Faktoren in Verbindung gebracht. Zum einen wird der Geburtenberg als nachgeholte Realisierung von Kinderwünschen interpretiert, die in der unmittelbaren Nachkriegszeit auch aufgrund der prekären Wohnsituation nicht realisierbar erschienen. Aus dieser Perspektive hätten die Kohorten der 1940er Jahre ihre Kinder nicht früher bekommen, sondern die Kohorten der 1930er Jahre ihre Kinder aufgeschoben. Gegen einen reinen Nachholeffekt spricht allerdings, dass die Geburtsjahrgänge der 1930er Jahre eine insgesamt höhere Fertilität aufweisen als ältere und jüngere Jahrgänge.

Zum anderen wird das ‹Wirtschaftswunder› der Nachkriegszeit – d. h. die günstige wirtschaftliche Entwicklung in den 1950er und 1960er Jahren – zur Erklärung herangezogen. Es ist allerdings nicht geklärt, inwieweit hierbei eher ein Kohorteneffekt oder ein historischer (Perioden-)Effekt wirksam ist. In Gestalt eines Kohorteneffekts hätten die Geburtsjahrgänge der 1940er Jahre, die zunächst durch materielle Entbehrungen und anschließend durch die zunehmend prosperierende wirtschaftliche Entwicklung sozialisiert wurden, eine generationale Lagerung erfahren, die für eine frühe Familiengründung günstig ist. Hinzu kommt, dass es sich um kleine Kohorten handelt, die zeitlebens eine günstige ökonomische Situation erleben (Easterlin-Effekt). Für einen Periodeneffekt spricht hingegen, dass alle Kohorten zu Ende der 1950er und Anfang der 60er Jahre in ihrem jeweiligen Alter eine höhere Fertilität hatten als andere Kohorten in diesem Alter. Dies hat für die Geburtsjahrgänge der 1930er Jahre zur Konsequenz, dass die Zusammengefasste Geburtenrate kohortenbezogen größer ausfällt als bei den älteren Jahrgängen des 20. Jahrhunderts (Kopp 2002: 38).

Während der Geburtenanstieg mit einer Vorverlagerung der Geburten einhergeht, hat zu dem Geburtenrückgang von etwa 1966 bis 1973 der bis heute verbreitete Aufschub der Geburten im Lebenslauf nicht unwesentlich beigetragen. Der Aufschub führt zu einer De-Kompression der Geburtenhäufigkeit in der Kalenderzeitperspektive. Zwar ist auch in der Kohortenperspektive der an dem Geburtenrückgang beteiligten Jahrgänge die Fertilität zurückgegangen, aber bei weitem nicht so dramatisch, wie die Kalenderzeitentwicklung suggeriert. Die Zusammengefasste Geburtenziffer ist periodenbezogen zwischen 1966 und 1973 von 2,53 auf 1,54 gesunken (Statistisches Bundesamt 1968: 48; Statistisches Bundesamt 1975: 72), während sie sich kohortenbezogen ‹nur› von 1,97 (Kohorte 1940) auf 1,57 (Kohorte 1960) verringert hat (Engstler 1997: 88).[1] Aus der Kohortenbetrachtung folgt damit eine zutreffendere Beschreibung real existierender Biographien. Außerdem kommen zusätzliche, nämlich kohortenbezogene Erklärungsfaktoren für den Geburtenrückgang ins Blickfeld, wie vor allem die Verlängerung der Zeitspanne biographischer Unsicherheiten, zunächst durch die Bildungsexpansion (vgl. Klein 1989a) und später auch durch den schwieriger gewordenen Einstieg ins Berufsleben als Folge von Arbeitslosigkeit, befristeten Beschäftigungsverhältnissen usw.[2]

Eine eher oberflächliche Betrachtungsweise bestünde hingegen darin, den drastischen Geburtenrückgang schlicht als ‹Pillenknick› zu interpretieren: Die Zahl der Schwangerschaftsabbrüche zeigt zwar, dass nichtintentionales (bzw. nicht am Kinderwunsch orientiertes) Verhalten eine wesentliche Komponente der Geburtenentwicklung darstellt (s. u.). Die verschiedenen Verhütungsmethoden sind aber letztlich nur unterschiedlich geeignete Mittel, regenerative Intentionen und deren Timing im Lebenslauf zu realisieren. Sie erklären jedoch nicht, warum in der Kohortenabfolge plötzlich immer weniger Kinder in einem immer höheren Alter intendiert sind, obwohl unmittelbar zuvor eine in der Kohortenabfolge immer frühere Familiengründung angesagt war, ohne dass die Mittel der ‹Familienplanung› in dieser Zeit schlechter geworden wären.

Näherer Aufschluss über die Geburtenentwicklung ergibt sich aus einer Betrachtung, die nach der Nummerierung der Geburt für das Individuum (oder die Partnerschaft) differenziert (paritätsbezogene Betrachtung). Diese Betrachtung reflektiert notwendigerweise die längsschnittliche Individualperspektive. Da amtliche Daten

---

1 Bei näher zusammenliegenden Kohorten fällt der Rückgang noch geringer aus.
2 Ein ähnlicher Aufschub von Kindern ist bei genau denselben Kohorten übrigens auch in der Schweiz zu beobachten und trägt zur Erklärung des dort fast zeitgleich verlaufenen Geburtenrückgangs bei.

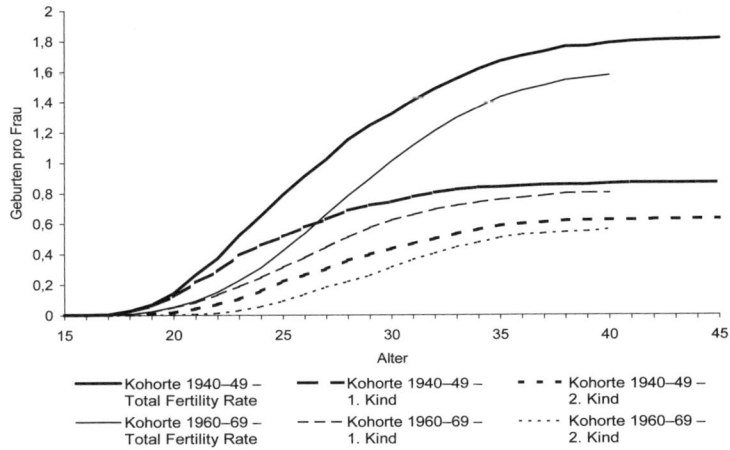

Abbildung 2.3.4: Geburtenentwicklung nach Parität
Quelle: Familiensurvey 2000; eigene Berechnungen

in Deutschland hierüber nur begrenzt Auskunft geben,[1] beruhen paritätsbezogene Analysen in aller Regel auf Umfragedaten – in Abbildung 2.3.4 ist dies der Familiensurvey 2000. Abbildung 2.3.4 gibt für Westdeutschland neben der Zusammengefassten Geburtenziffer auch die Kumulation der paritätsbezogenen Geburtenraten über den Lebensverlauf wieder. Hierbei sind die 1940–49 und die 1960–69 geborenen Frauen gegenübergestellt. Die Abbildung zeigt eine Verringerung der Familiengründungsbereitschaft von knapp 90 auf 80 % bzw. eine Zunahme der dauerhaften Kinderlosigkeit auf 20 %.[2] Zweite und dritte Kinder werden aber interessanterweise nur in etwa demselben Ausmaß seltener geboren. Das bedeutet, dass die seltenere Geburt von zweiten und dritten Kin-

---

1 In der deutschen Geburtenstatistik wird zwar traditionell die Geburtenfolge von Frauen nach der Ehedauer erfasst – aber nur in der derzeitigen Ehe, und nichteheliche Geburten bleiben dabei unberücksichtigt (eine gute Beschreibung der Datenlage und deren Implikationen findet sich bei Birg, Filip und Flöthmann 1990: 15).

2 Andere Berechnungen kommen zumeist zu einer noch stärkeren Zunahme der Kinderlosigkeit.

dern weitgehend darauf beruht, dass die Familiengründung an sich seltener geworden ist. Wenn erst einmal ein erstes Kind geboren wurde, ist die Geburt eines zweiten Kindes hingegen weitgehend gleich wahrscheinlich geblieben, Entsprechendes gilt für das dritte Kind (Huinink 1989; Klein 1989b). Entgegen einer gelegentlich anzutreffenden Auffassung ist daher die Geschwisterlosigkeit in Deutschland nicht weit verbreitet (Klein 1995a). Größere Kinderzahlen, die historisch weit verbreitet waren, sind allerdings bei den heute lebenden Generationen sehr selten geworden.

Demographische Kennziffern zur Geburtenentwicklung beziehen sich ausschließlich auf Frauen, und auch in fast allen Untersuchungen zum Geburtenverhalten und zur Geburtenentwicklung finden Männer nach wie vor nur am Rande oder gar keine Beachtung. Über die Geburt von Kindern im Lebensverlauf von Männern – die Kohortenunterschiede, das Timing und die eventuell unterschiedlichen Entscheidungsfaktoren bei der Geburt aufeinander folgender Kinder im männlichen Lebensverlauf – ist bislang wenig bekannt. Verschiedene Gründe werden traditionellerweise für diese Wissenslücken verantwortlich gemacht, zum Beispiel:

– Die leibliche Elternschaft steht bei Frauen zuverlässiger fest als bei Männern. Jedoch: Ganze soziologische Forschungsgebiete (wie auch die lebensstil- und milieuorientierte Sozialstrukturanalyse) sind auf weit unzuverlässigeren Daten aufgebaut, als dies Angaben über die Vaterschaft sind.
– Die weibliche Reproduktionsphase ist zeitlich enger begrenzt. Jedoch: Für das (traditionelle) Periodendesign in der Demographie ist dieses Argument ohne Bedeutung, erst in der jüngeren Kohortenbetrachtung ist die Reproduktion von Frauen besser analysierbar.
– Kinder leben nach einer Trennung der Eltern häufiger bei der Mutter. Jedoch: Dieses Argument ist eher für die Lebensbedingungen von Kindern bedeutsam. Für den generativen Entscheidungsprozess bedeutet dies im Gegenteil, dass die Entscheidungsrationalität von Männern und Frauen auseinander fällt und Männer eigenständig zu beachten sind.

In Gesellschaften mit stabilen Beziehungen und ausgeglichenem Heiratsmarkt sind Geschlechtsunterschiede der Fertilität kaum zu erwarten. Zweierlei Überlegungen legen jedoch nahe, dass die auf Frauen bezogenen Erkenntnisse zur Geburtenentwicklung zu voreilig und zu pauschal auf Männer übertragen werden: Zum einen ist vor dem Hintergrund der zunehmenden Ausdifferenzierung familiärer Lebensformen, der zunehmenden Instabilität von Partnerschaften und der zunehmenden Verbreitung von Stieffamilien keineswegs selbstverständlich, dass sich die Geburten bei Männern gleichermaßen verteilen wie bei Frauen. Zum anderen ist angesichts des Männerüberschusses in der jüngeren deutschen Bevölkerung nicht davon auszugehen, dass die durchschnittliche Geburtenrate von Männern und Frauen identisch ist, vielmehr ist eine niedrigere Geburtenrate von Männern zu erwarten. In zahlreichen Entwicklungsländern mit einer wachsenden Bevölkerung und einem daraus resultierenden Frauenüberschuss ist die Zusammengefasste Geburtenziffer von Männern (periodenbezogen) hingegen um 20 bis 30 % höher als die von Frauen (Schoen 1988: 198). Auch in Deutschland haben Männer der Geburtsjahrgänge bis etwa 1935 noch durchschnittlich mehr Kinder als Frauen, während bei den später geborenen Kohorten die Fertilität von Frauen höher liegt (Dinkel und Milenovic 1992).

Abbildung 2.3.5 zeigt die unterschiedlich häufige Familiengründung von Männern und Frauen in Westdeutschland. Der kohortenbezogene Rückgang der Familiengründung und der damit einhergehende Anstieg der dauerhaften Kinderlosigkeit ist – bezogen auf Frauen (unterer Teil von Abbildung 2.3.5) – hinlänglich bekannt. Bei Männern (Abbildung 2.3.5, oberer Teil) ist die Familiengründung wegen des Altersabstands zwischen den Partnern etwas nach rechts, d. h. in ein etwas höheres Alter, verschoben. Darüber hinaus ist aus Abbildung 2.3.5 ersichtlich, dass bei Männern der Aufschub der Familiengründung in den jüngeren Kohorten noch deutlicher ausfällt als bei Frauen, und vor allem die dauerhafte Kinderlosigkeit erhöht sich in der Kohortenabfolge noch stärker, weil bei ihnen Partnerlosigkeit weiter verbreitet ist. Dies ist erklärbar mit einem

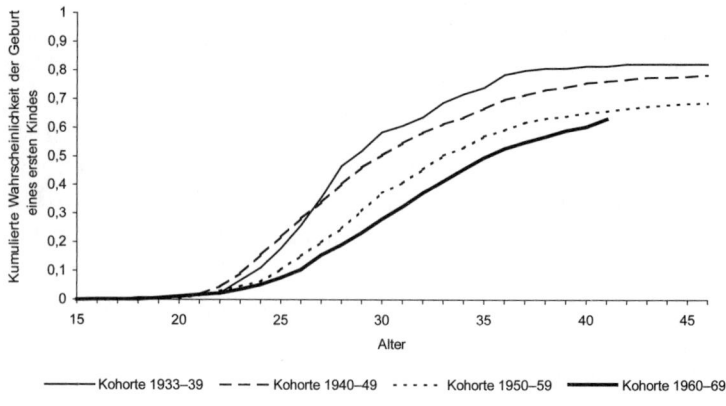

Männer

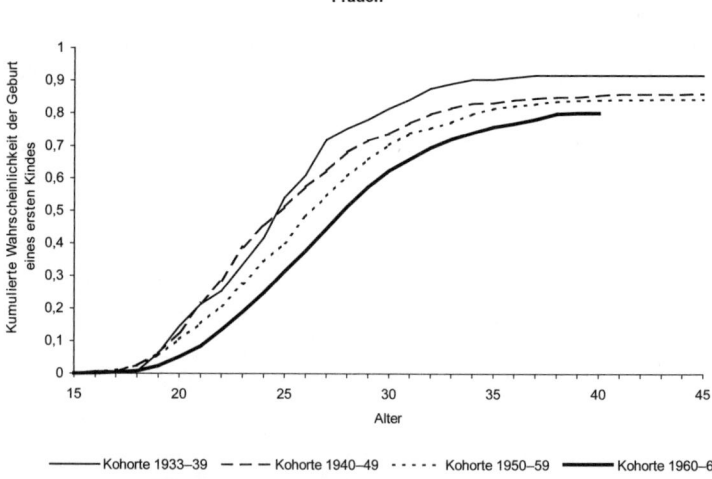

Frauen

Abbildung 2.3.5: Wahrscheinlichkeit, mindestens ein Kind zu haben, nach Alter und Geburtsjahrgang
Quelle: Klein 2003: 513

zunehmenden Männerüberschuss in den jüngeren Kohorten (Dinkel und Milenovic 1992; Jürgens und Pohl 1985). Die Abbildung macht somit auch deutlich, dass die Familiengründung von Partnerwahl, Partnerwahlchancen und Heiratsmarktengpässen überlagert wird, die sich kaum als generatives Handeln interpretieren lassen, sondern eher als dem generativen Handeln vorgelagerte Prozesse anzusehen sind. Neuere Untersuchungen gehen auch deshalb vermehrt dazu über, Geburten nicht auf Individuen (Männer oder Frauen), sondern auf Partnerschaften zu beziehen und den Prozess der Familiengründung und der Familienerweiterung nicht im Lebenslauf, sondern im Partnerschaftsverlauf zu untersuchen (z.B. Hartmann 2001; Klein 2003; Kohlmann und Kopp 1997). Ein erstaunlicher Befund ist in diesem Zusammenhang, dass die dauerhafte Kinderlosigkeit in *Partnerschaften* keineswegs zugenommen hat – für die Zunahme kinderloser *Individuen* scheint daher nicht nur ein verändertes generatives Handeln innerhalb von Partnerschaften und Ehen, sondern auch eine verringerte Beziehungsstabilität verantwortlich (Klein 2003).

Darüber hinaus sorgen biologisch-medizinische Faktoren dafür, dass die Geburtenentwicklung nur eingeschränkt als Ausdruck generativen Handelns interpretierbar ist. Zum einen ist ein Kinderwunsch in sozialstrukturell bedeutsamen Teilgruppen der Gesellschaft aus biologisch-medizinischen Gründen (dauerhaft oder vorübergehend) nicht realisierbar – immerhin 5 bis 15 % der *Partnerschaften* sind (stichtagsbezogen) unfreiwillig kinderlos (Brähler et al. 2001; Winkhaus 1981). Zum anderen sind unfreiwillige Schwangerschaften weit verbreitet – in Deutschland kommen z.B. im Jahr 2000 auf etwa 767 Tausend Geburten 135 Tausend Abtreibungen, und man kann davon ausgehen, dass nur ein mehr oder weniger großer (eher geringer) Teil der unfreiwilligen Schwangerschaften abgetrieben wird. Unter der Voraussetzung, dass ‹nur› jede dritte[1] ungewollte Schwangerschaft mit einer Abtreibung endet, wären immerhin 270 von 767 Tausend Geburten – d.h. mehr

---

1 Nach Berechnungen von Roloff (2003) sind es eher noch weniger.

als ein Drittel – nicht als Ausdruck eines Kinderwunschs interpretierbar.

2.3.2 Verursachungszusammenhänge und soziale Unterschiede der Fertilität

Die zuletzt genannten Fakten machen deutlich, dass generatives Verhalten nicht nur als ein unmittelbar auf den Kinderwunsch gerichtetes generatives Handeln interpretiert werden kann. Kinder stellen sich keineswegs von selbst ein oder bleiben von selbst in dem Maße aus, wie ein (weiterer) Kinderwunsch vorhanden ist oder nicht. Generatives Verhalten hängt vielmehr von zahlreichen Randbedingungen ab – insbesondere von medizinischen Voraussetzungen und von der Existenz eines Partners –, und generatives Handeln schließt auch den Umgang mit Verhütungsmitteln und die Nutzung der Reproduktions- und Abtreibungsmedizin ein. Nach wie vor aktuell ist in diesem Zusammenhang die Zusammenstellung von Davis und Blake (1956), in der auch biologisch-medizinische Parameter und die Faktoren, die die Bildung und Auflösung sexueller Kontakte beeinflussen, explizit aufgeführt sind. Zu den Randbedingungen des generativen Verhaltens gehört nicht zuletzt auch die Säuglings- und Kindersterblichkeit, die darüber bestimmt, wie viele Geburten für eine Realisierung der angestrebten Kinderzahl notwendig sind (Freedman 1979).[1]

Trotz der genannten Einschränkungen ist das unmittelbar auf den Kinderwunsch gerichtete generative Handeln für die Geburtenentwicklung von zentraler Bedeutung (zum Überblick Hill und Kopp 2000b: 738 ff.). Generative Entscheidungen lassen sich im Spannungsfeld zwischen Nutzen und Kosten von Kindern analysieren.

---

1 Damit wird implizit auch eine Kausalität zwischen dem Sterblichkeitsrückgang und dem verzögerten Geburtenrückgang während des demographischen Übergangs unterstellt.

Von Leibenstein (1974; 1957) stammt hierbei die klassische Unterscheidung zwischen Konsum-, Einkommens- und Sicherheitsnutzen. Der Konsumnutzen wird auch als psychologisch-affektiver Nutzen bezeichnet (z.B. Nauck und Kohlmann 1999). Der Einkommensnutzen besteht hingegen in dem Wert von Kindern als Arbeitskraft, und der Sicherheitsnutzen bezieht sich insbesondere auf die Alterssicherung. Während in historischer Zeit und noch heute in wenig entwickelten Ländern der Einkommens- und Sicherheitsnutzen von (v. a. männlichen) Kindern große Bedeutung hat, ist in westlichen Industriegesellschaften der Konsumnutzen für das generative Handeln ausschlaggebend. Im Kontext hoher Scheidungszahlen ist in westlichen Industriegesellschaften zudem die integrative Funktion gemeinsamer Kinder vor allem für die Kernfamilie und für die Stabilisierung der Partnerschaft wichtig.

Ausgehend von Becker (vgl. v.a. Becker 1996: 143) lässt sich annehmen, dass der Nutzen jedes Kindes umso geringer ist, je mehr Kinder schon vorhanden sind bzw. je höher die Parität des Kindes ist (Gesetz des abnehmenden Grenznutzens). Dies gilt vor allem für den Konsumnutzen und den sozial-integrativen Nutzen, da beide im Gegensatz zum Einkommens- und Sicherheitsnutzen von Kindern nicht materieller Art sind und sich somit nicht in vergleichbarer Weise kumulieren lassen. Vor dem Hintergrund des qualitativ unterschiedlichen Werts, den Kinder in vorindustriellen und wenig entwickelten Gesellschaften einerseits und in ‹modernen› Gesellschaften andererseits haben, ist das Grenznutzenargument sowohl für den historischen Geburtenrückgang als auch für die heutigen Fertilitätsunterschiede zwischen entwickelten und weniger entwickelten Ländern bedeutsam.

Was die Kosten von Kindern und ihren Einfluss auf das generative Handeln betrifft, so sind neben den direkten Kosten für die Versorgung und Ausstattung der Kinder in erster Linie die Opportunitätskosten des entgangenen Erwerbseinkommens von Bedeutung.[1]

---

1 Hinzu kommen immaterielle Opportunitätskosten (d.h. entgangene Bedürfnisbefriedigung), die mit dem individuell zugeschriebenen Nutzen einer Erwerbstätig-

Zwischen den Opportunitätskosten von Kindern in modernen und traditionellen Gesellschaften gibt es einen beträchtlichen Unterschied, sodass neben dem unterschiedlichen Nutzen von Kindern auch unterschiedliche Kosten zur Erklärung des Fertilitätsunterschieds beitragen. Nichtsdestotrotz variieren die erwerbsbezogenen Opportunitätskosten auch zwischen den westlichen Industrienationen, und für die besonders niedrigen Geburtenziffern in Deutschland ist auch die vor allem in Westdeutschland besonders geringe Vereinbarkeit von Beruf und Familie ausschlaggebend. Während z.B. in Deutschland und in Italien noch immer das «Ernährermodell» mit einem außerhäuslich erwerbstätigen Mann und einer für Haushalt und Kinder sorgenden Frau gefördert wird, sind in anderen Ländern (v.a. in den skandinavischen Ländern sowie in Frankreich) Bedingungen geschaffen worden, die beiden Elternteilen eine kontinuierliche Berufstätigkeit ermöglichen. Nicht zuletzt sind es damit nationale Familienpolitikprofile, die unterschiedliche Lösungen des Vereinbarkeitsproblems nahe legen und damit über die erwerbsbezogenen Opportunitätskosten entscheiden.

Eine viel beachtete Determinante des generativen Verhaltens ist im Hinblick auf die Opportunitätskosten das Bildungsniveau der Frau. Die Bedeutung des Bildungsniveaus wird in erster Linie von der Familienökonomie thematisiert, die der Frauenerwerbsbeteiligung eine Schlüsselrolle für das generative Verhalten zuschreibt: Geht man davon aus, dass meist Frauen die Kindererziehung übernehmen (weil ihr potenzielles Arbeitseinkommen geringer ist und/oder weil dies ihrer traditionellen Geschlechtsrolle entspricht), und unterstellt man gleichzeitig, dass Erwerbsbeteiligung und Kindererziehung mangels öffentlicher Betreuungseinrichtungen (v.a. in Westdeutschland) nicht hinreichend vereinbar sind, hängen die Opportunitätskosten der Kindererziehung von dem potenziellen Arbeitseinkommen und damit vom Bildungsniveau der Frau ab. Die

---

keit und mit der Reduzierung arbeitsbezogener Sozialkontakte zusammenhängen. Zu den immateriellen Kosten gehören auch Opportunitätskosten in Bezug auf Partnerschaft, Freizeitgestaltung usw.

Opportunitätskosten fallen vor allem bei der Familiengründung ins Gewicht, und empirische Lebensverlaufsanalysen haben vielfach den nachhaltigen Einfluss bestätigt, der vom Bildungsniveau der Frau auf die Familiengründungsrate bzw. auf die dauerhafte Kinderlosigkeit ausgeht (z.B. Klein 1989a). Hinzu kommt, dass längere Bildungswege mit einem Aufschub der Familiengründung einhergehen (Galler 1979; Blossfeld und Huinink 1989). Soziale Unterschiede der Fertilität sind aus den genannten Gründen vor allem mit dem Bildungsniveau der Frau verbunden, und die westdeutsche Bildungsexpansion trägt zur Erklärung der beschriebenen Geburtenentwicklung – besonders zu dem Aufschub der Familiengründung und dem Anstieg der Kinderlosigkeit in den jüngeren Kohorten – wesentlich bei. Neben den im jeweiligen Kontext oben erläuterten historischen Sonderbedingungen (Periodeneffekten) – wie insbesondere den Weltkriegen und der politischen Wende in Ostdeutschland – sind auch mit dem Bildungssystem verknüpfte Kohorteneffekte für die zum Teil drastischen Veränderungen der jährlichen Geburtenzahlen in Deutschland verantwortlich.

2.3.3 Gesellschaftliche Bedeutung der Geburtenentwicklung

Die Geburtenentwicklung hat in erster Linie Folgen für die Altersstruktur und langfristig für die Bevölkerungsgröße. Speziell die (künftige) Kopflastigkeit des Altersaufbaus in Deutschland ist prinzipiell mit der verlängerten Lebenserwartung allein nicht erklärbar (weil die Überlebenskurve immer monoton absinkt, s. Kapitel 2.4), und die altersselektive Zuwanderung (s. Kapitel 2.5) ist längst nicht ausreichend, um die in Bevölkerungsprognosen vorhergesagte Kopflastigkeit des Altersaufbaus zu erklären. Die starken Unregelmäßigkeiten der aktuellen Alterspyramide in Deutschland stehen zusätzlich mit sehr drastischen und plötzlichen Veränderungen der Geburtenzahlen in Zusammenhang. Sie machen sich im Bildungssystem, am Arbeitsmarkt, auf dem Heiratsmarkt und in anderen gesellschaftlichen Bereichen bemerkbar und wirken nicht zuletzt über die Eigendynamik der Bevölkerungsentwicklung auf die Geburtenentwicklung selbst zurück.

Die beschriebenen Veränderungen des generativen Verhaltens haben außerdem vielfältige Konsequenzen für die Familien- und Generationenbeziehungen, die Sozialisation der nachwachsenden Generation, die Verteilung von Wohlstand und Armut in der Gesellschaft, die Erwerbsbeteiligung von Frauen und für anderes mehr. Im Hinblick auf die Familienstruktur lässt insbesondere die jüngste Zunahme der Kinderlosigkeit einen Einfluss auf die soziale Integration und die Lebensgestaltung im mittleren und höheren Alter erwarten. Die fehlenden Familienbeziehungen gehen mit zusätzlichen Anforderungen an den Sozialstaat und das Gesundheits- und Pflegesystem einher. Der historische Rückgang großer Kinderzahlen hat zudem zu einer Verschlankung der Familien- und Verwandtschaftsbeziehungen beigetragen. Mit Blick auf die weitgehend ungebrochene Bereitschaft zu einem zweiten und sogar dritten Kind setzt sich jedoch die aus den USA bekannte «Vertikalisierung von Familienstrukturen» (Bengston, Rosenthal und Burton 1990) in Deutschland nicht weiter fort. Von Bedeutung für die Generationenbeziehungen ist außerdem das Timing der Geburt von Kindern im Lebenslauf. Die beschriebene Vorverlagerung der Familiengründung bei den (Frauen-)Geburtsjahrgängen 1940–50 hat (neben der verlängerten Lebenserwartung, s. unten) zu einer Verlängerung der gemeinsamen Lebenszeit von Familiengenerationen beigetragen (Lauterbach 1995). Verringerte Familiengrößen und ein frühes Familiengründungsalter tragen auch zur Verschlankung von Familien- und Verwandtschaftsbeziehungen in der Weise bei, dass die einzelnen Generationen weniger Geschwister haben, aber dafür drei und mehr Generationen gleichzeitig leben und einander erleben. Der derzeitige Aufschub der Familiengründung in den jüngeren Kohorten hat hingegen einen verkürzenden Effekt auf die Dauer von Verwandtschaftsbeziehungen, der durch die Verlängerung der relevanten Restlebenserwartung kaum aufgefangen wird.

Neben vielen weiteren Konsequenzen der Geburtenentwicklung beeinflussen Kinderzahl und Generationenabstand insbesondere die ökonomische Situation der Familienmitglieder. Kinderarmut ist nicht zuletzt eine Auswirkung großer Kinderzahlen. Die Bedeutung des Generationenabstands resultiert hierbei auch daraus, dass Familien in der Gründungsphase am stärksten belastet sind, weil dem Bedarf der Kinder ein in jungen Jahren noch geringes Arbeitseinkommen gegenübersteht (Schwarz 1980; kritisch: Klein 1991c) – der beobachtete Aufschub der Familiengründung kann deshalb eventuell Verarmungsprozessen entgegenwirken. Auswirkungen des Timings von Kindern auf das wirtschaftliche Wohlergehen bestehen aber nicht nur bezüglich der nachwachsenden Familiengeneration, sondern auch bezüglich der Lebensphase, in der Sorge um die und ggf. Pflege der Eltern notwendig werden.

Von Bedeutung ist schließlich ebenso, dass schichtspezifisch unterschiedliche Kinderzahlen einen Einfluss auf intergenerationale Mobilitätsprozesse haben. Eine geringe Kinderzahl in oberen Sozialschichten impliziert, dass die betreffenden Berufspositionen in der nächsten Generation tendenziell mit den Nachkommen niedrigerer Herkunft besetzt werden. Die allgemeine Erfahrung einer kollektiven intergenerationalen Aufwärtsmobilität, die sich auch als Fahrstuhleffekt bezeichnen lässt (vgl. Kapitel 4), trägt daher trotz hoher Statusvererbung und ungleicher Bildungschancen zur Systemstabilität und zum sozialen Frieden bei. Im Hinblick auf die Vermögensungleichheit hat allerdings eine entsprechende Schichtdifferenzierung der Kinderzahlen zur Folge, dass sich große Erbschaften gerade in den wohlhabenden Gesellschaftsschichten konzentrieren und somit die Wohlstandsungleichheit vergrößern.

2.4 Lebenserwartung

Die Lebenserwartung ist – neben der Geburtenentwicklung und der Migration – ein Bestimmungsfaktor der Bevölkerungsgröße und besonders der Altersstruktur. Sie hat aber nicht nur in dieser Hinsicht vielfältige Bedeutung für die Sozialstruktur der Gesellschaft, sondern ist auch selbst Gegenstand sozialstruktureller Analyse. Schließlich ist die Lebenserwartung ein zentraler Aspekt sozialer Ungleichheit, und ungleiche Lebenschancen im Lebenslauf werden zuvorderst von ungleichen *Über*lebenschancen bestimmt. Keine andere Form der Ungleichheit kann deshalb elementarer sein als die einer unterschiedlichen Lebenserwartung – und die Lebenserwartung kennt enorme soziale Unterschiede. Eine halbwegs verlässlich erwartbare Lebensdauer ist zudem eine (heute selbstverständlich gewordene) Voraussetzung für eine sinnvolle Lebensplanung und insbesondere für die Bereitschaft, in Bildung als Humankapital zu investieren. Die Lebenserwartung ist insofern nicht zuletzt ein zentraler Parameter der Lebenslaufforschung.

2.4.1 Entwicklung der Lebenserwartung und Maßzahlen

Trotz der immensen sozialen Bedeutung der Lebenserwartung gibt es kaum einen Bereich sozialstruktureller Entwicklungen, in dem soziologisches Unverständnis derart weit verbreitet ist. Wohlbekannt ist, dass die Lebenserwartung während des 20. Jahrhunderts – in Deutschland wie auch in vielen anderen westlichen Industrienationen – um beachtliche 30 Jahre zugenommen hat. Sie beträgt inzwischen (im Jahr 1999) in Deutschland für Männer 74,4 und für Frauen 80,6 Jahre, um 1900 waren es noch 44,8 und 48,3 Jahre (Statistisches Bundesamt 2001e: 74). Dabei ist die Säuglingssterblichkeit auf inzwischen weniger als 1 % gesunken, während noch vor 100 Jahren etwa ein Fünftel (!) aller Neugeborenen im ersten Lebensjahr gestorben ist. Im Zuge dieser Entwicklung ist die Wahrscheinlichkeit, 70 Jahre alt zu werden, von 27,1 auf 70,0 % (Männer) bzw. von 34,1 auf 84,3 % (Frauen) gestiegen. Doch wie hängen diese Angaben miteinander zusammen? Sind dies die geeigneten Maßzahlen zur Beschreibung der Sterblichkeit, und was sagen sie eigentlich aus?

2.4.1.1 Standardisierte Sterbeziffern

Eine einfache Maßzahl der Sterblichkeit ist die so genannte Rohe Sterbeziffer. Diese bezieht die Sterbefälle eines Jahres auf die Bevölkerungsgröße (zum Beginn des Jahres, in der Jahresmitte oder im Jahresdurchschnitt). Die Rohe Sterbeziffer ist allerdings im internationalen Vergleich wenig aussagekräftig, weil sie stark von der Altersstruktur des jeweiligen Landes abhängt. In zahlreichen wenig entwickelten Ländern mit einer hohen Geburtenrate – d.h. einer jüngeren Bevölkerung – liegt die Rohe Sterbeziffer trotz geringer Lebenserwartung niedriger als in den westlichen Industrienationen. Gebräuchlicher ist deshalb die Berechnung der altersstandardisierten Mortalitätsrate (Standardized Mortality Rate, SMR).[1] Wie andere Altersstandardisierungen sind auch die standardisierten Mortalitätsraten nur im konkreten internationalen oder intertemporalen Vergleich sinnvoll interpretierbar.

2.4.1.2 Lebenslaufbezogene Maßzahlen: die Sterbetafel

Mit inhaltlich interpretierbaren Aussagen zur Sterblichkeit ist die Sterbetafelanalyse verbunden.[2] Sie informiert (1) über die Lebenserwartung, (2) über die Wahrscheinlichkeit, ein bestimmtes Alter zu erreichen, und (3) über die altersspezifische Sterbewahrscheinlichkeit. Auch die oben berichteten Angaben zur Sterblichkeitsentwicklung sind der Sterbetafel entnommen (vgl. Tabelle 2.4.1). Dabei resultiert die Überlebenswahrscheinlichkeit l_{x+1} bis zum Alter $x+1$

---

1 Vgl. entsprechend die Ausführungen zur Methode der (Alters-)Standardisierung in Kapitel 2.2.2.2.
2 Die Sterbetafelmethode findet klassischerweise auch Anwendung bei der Darstellung und Analyse von Heiraten (in der so genannten Heiratstafel), Scheidungen, Geburten und Wanderungen. In den letzten Jahrzehnten werden zunehmend auch sozialstrukturelle Wandlungsprozesse im Bereich des Arbeitsmarkts, des Berufsverlaufs, der sozialen Ungleichheit und des familiären Lebenslaufs mit der Sterbetafelmethode analysiert und in den Kategorien der Sterbetafel beschrieben (s. Kapitel 3 und 4).

vollendetes Altersjahr	Deutschland 1901/10		Deutschland 1997/99		Japan 1995		Simbabwe[1] 1990	
	Männer	Frauen	Männer	Frauen	Männer	Frauen	Männer	Frauen
Überlebenswahrscheinlichkeit (in %)								
0	100,0	100,0	100,0	100,0	100,0	100,0		
1	79,8	83,0	99,5	99,6	99,5	99,6		
2	76,6	79,8	99,5	99,6	99,4	99,5		
5	74,2	77,3	99,4	99,5	99,4	99,5		
10	72,8	75,9	99,3	99,4	99,3	99,4		
20	70,7	73,6	98,9	99,2	98,9	99,2		
30	67,1	69,9	98,0	98,9	98,2	98,9		
40	62,6	65,3	96,7	98,3	97,2	98,4		
50	55,3	59,8	93,6	96,6	94,9	97,1		
60	43,8	50,8	86,4	92,9	89,0	94,2		
70	27,1	34,1	70,0	84,3	75,2	87,7		
80	9,0	12,4	41,0	62,4	48,2	70,2		
90	0,7	1,1	9,9	22,4	12,8	30,9		
Altersspezifische Sterbewahrscheinlichkeit (in %)								
0	20,23	17,05	0,52	0,41	0,46	0,39		
1	3,99	3,85	0,05	0,04	0,07	0,07		
2								
5	0,53	0,53	0,01	0,01	0,02	0,02		
10	0,24	0,26	0,01	0,01	0,02	0,01		
20	0,50	0,42	0,09	0,03	0,07	0,03		
30	0,56	0,59	0,09	0,04	0,08	0,05		
40	0,92	0,77	0,21	0,11	0,18	0,10		
50	1,69	1,13	0,53	0,27	0,50	0,25		
60	3,26	2,47	1,26	0,59	1,31	0,55		
70	6,94	6,21	3,32	1,65	3,15	1,51		
80	15,79	14,65	8,05	5,14	9,48	5,43		
90	32,00	29,57	20,67	17,07	26,73	19,57		

vollendetes Altersjahr	Deutschland 1901/10		Deutschland 1997/99		Japan 1995		Simbabwe[1] 1990	
	Männer	Frauen	Männer	Frauen	Männer	Frauen	Männer	Frauen
	Lebenserwartung in Jahren							
0	44,8	48,3	74,4	80,6	76,4	82,9	58,0	62,0
1	55,1	57,2	73,8	79,9			61,9	65,1
2								
5	55,1	57,3	69,9	76,0	71,9	78,3	59,9	63,0
10	51,2	53,4	65,0	71,0	66,9	73,3	55,5	58,5
20	42,6	44,8	55,2	61,2	57,2	63,5	46,5	49,5
30	34,6	36,9	45,7	61,2	47,6	53,7	38,1	40,9
40	26,6	29,2	36,2	51,3	37,9	43,9	29,8	32,5
50	19,4	21,4	27,2	41,6	28,8	34,4	21,9	24,3
60	13,1	14,2	19,0	32,3	20,3	25,3	14,9	16,7
70	8,0	8,5	12,1	15,0	12,9	16,8	9,3	10,3
80	4,4	4,7	6,9	8,4	7,1	9,5		
90	2,4	2,6	3,9	4,1	3,6	4,6		

Tabelle 2.4.1: Sterbetafeln im internationalen Vergleich
[1] nur Daten zur Lebenserwartung vorhanden
Quellen: Statistisches Bundesamt 2001d: 74; Statistisches Bundesamt 2001e: 226; Statistics Bureau Japan 2003: 63; zum Teil eigene Berechnungen

aus der Überlebenswahrscheinlichkeit l_x bis zum Alter x und der altersspezifischen Sterbewahrscheinlichkeit q_x gemäß

(2.4.1) $$l_{x+1} = l_x - l_x q_x.$$

Dies ist anhand von Tabelle 2.4.1 (vgl. Deutschland 1901/10, Männer) leicht nachzuvollziehen:[1] Zum Zeitpunkt der Geburt

---

1   Die Tabelle zeigt den üblichen Aufbau einer Sterbetafel. Die Angaben sind zu-

(Alter $x = 0$) beträgt die Überlebenswahrscheinlichkeit l_0 gleich 100 %, und bis zum ersten Geburtstag reduziert sich die Überlebenswahrscheinlichkeit l_1 um $q_0 = 20{,}2$ %, also auf 79,8 %. Bis zum zweiten Geburtstag überleben $0{,}798 - 0{,}798 \times 0{,}0399 = 76{,}6$ % usw. Die Überlebenswahrscheinlichkeit bis zum Alter $x + 1$ lässt sich demnach auch folgendermaßen berechnen:

(2.4.2)
$$l_{x+1} = \prod_{t=0}^{x}(1 - q_t).$$

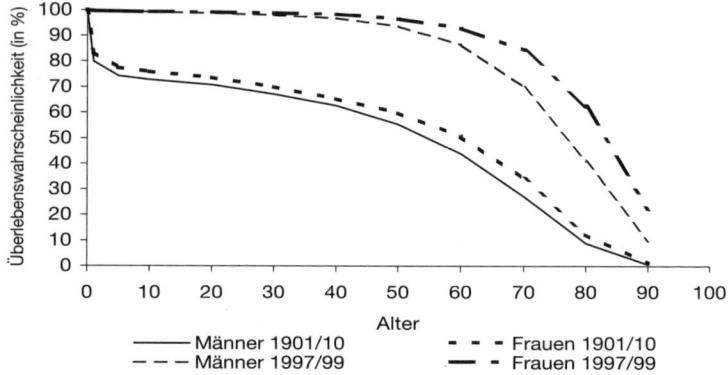

Abbildung 2.4.1: Überlebenswahrscheinlichkeit nach dem Alter (Überlebenskurve)

Quelle: Statistisches Bundesamt 2001e: 74

Für die Berechnung der Lebenserwartung e_x werden zunächst die in allen Altersstufen durchlebten Jahre

(2.4.3)
$$L_x = \frac{(l_x + l_{x+1})}{2}$$

meist für Fünf-Jahres-Altersschritte wiedergegeben. Hierbei handelt es sich jedoch lediglich um eine abgekürzte *Darstellung*, zu unterscheiden von einer abgekürzten *Berechnung*, der klassifizierte Ausgangsdaten zugrunde liegen.

berechnet, kumuliert und auf die Überlebenden des Alters x bezogen:

$$(2.4.4) \qquad e_x = \frac{\sum\limits_{t=x}^{\infty} L_t}{l_x}.$$

Die Lebenserwartung bei Geburt e_0 entspricht demzufolge der Fläche unter der Überlebenskurve l_x (bzw. dem Integral von l_x über x). Abbildung 2.4.1 zeigt, wie sich die Überlebenskurve[1] im Verlauf eines Jahrhunderts verändert hat: Dank der stark abgenommenen Säuglingssterblichkeit (d.h. der altersspezifischen Sterblichkeit q_0; vgl. Tabelle 2.4.1) und dem Rückgang der altersspezifischen Sterblichkeit auch im mittleren Erwachsenenalter ist der Tod heute stärker denn je auf das hohe Alter konzentriert. Man spricht in diesem Zusammenhang auch von einer «Rektangularisierung» der Überlebenskurve, dà diese sich immer mehr der Form eines Rechtecks annähert.

Die Interpretation der Fläche unter l_x als *durchschnittliche* Lebenserwartung bei Geburt lässt sich auch mit Abbildung 2.4.2 verdeutlichen. Die Abbildung geht der Einfachheit wegen von einer Bevölkerung mit nur drei Individuen aus, von denen nur zwei die Säuglingssterblichkeit überleben. Die ‹Kurve› ist entsprechend stufenförmig. Die L_x entsprechen den vertikalen Altersscheiben, in die sich die Fläche unter l_x aufteilt (Abbildung 2.4.2, oberer Teil). Horizontale Scheiben (Abbildung 2.4.2, unterer Teil) repräsentieren hingegen N (in diesem Beispiel drei) Bevölkerungsanteile f_i mit einer bestimmten Lebensdauer A_i, deren durchschnittliche Lebensdauer nach den Regeln der Mittelwertberechnung

$$(2.4.5) \qquad e_0 = \sum_{i=1}^{N} f_i \, A_i$$

gleichfalls durch die Fläche unter l_x dargestellt ist.

---

1 In der amtlichen Statistik wird diese auch als «Absterbeordnung» bezeichnet.

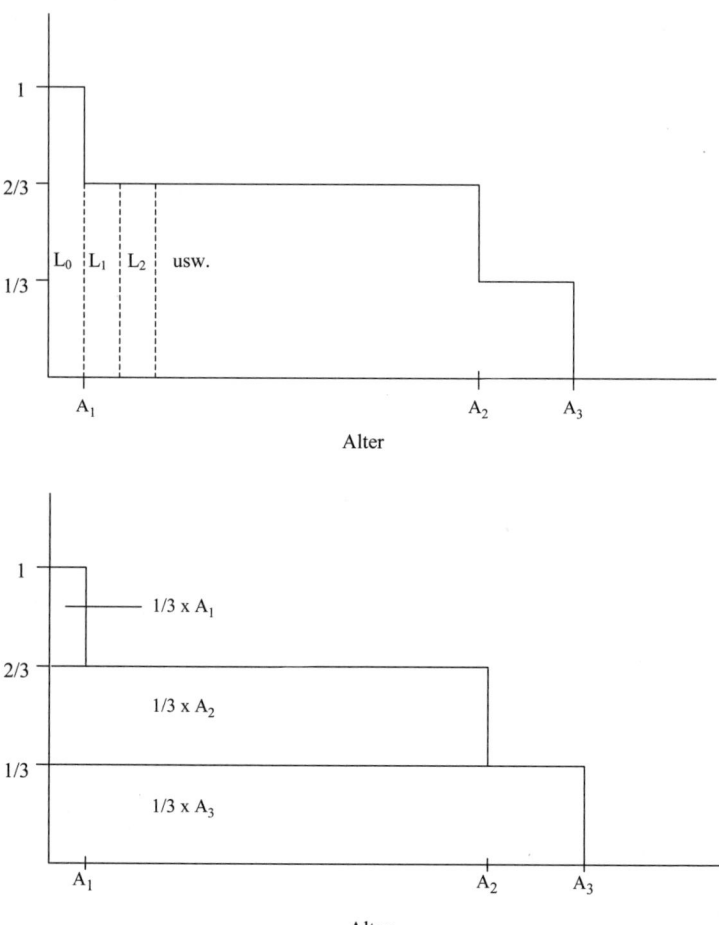

Abbildung 2.4.2: Der Zusammenhang zwischen Überlebenswahrscheinlichkeit und Lebenserwartung (vgl. Text)

Die Abbildungen 2.4.1 und 2.4.2 verdeutlichen auch einen Grundzusammenhang, der für soziologische Interpretationen der verlängerten Lebenserwartung eminent wichtig ist. Die beachtliche Steigerung der Lebenserwartung – d.h. der Fläche unter der Überlebenskurve – beruhte lange Zeit vor allem auf dem Rückgang der Säuglingssterblichkeit, der numerisch weit größere Bedeutung für die Lebenserwartung hat als eine Reduzierung der Alterssterblichkeit. Für viele gesellschaftliche und lebenslaufbezogene Implikationen der Sterblichkeit – z.B. für Humankapitalinvestitionen, für die Verbreitung von Mehrgenerationenfamilien u.a.m. – ist jedoch weniger die Lebenserwartung bei Geburt ausschlaggebend als vielmehr die *Rest*lebenserwartung in höheren Altersstufen, in denen über den Verbleib im Bildungssystem, über eine Familiengründung u. a. m. entschieden wird und in denen die Risiken der Säuglings- und Kindersterblichkeit lange überwunden sind. Anders als bei der Lebenserwartung bei Geburt ist l_x in Gleichung 2.4.4 für die Restlebenserwartung in höheren Altersstufen kleiner als 1, und die Restlebenserwartung übertrifft deshalb, zum Alter addiert, immer die Lebenserwartung bei Geburt. Bei hoher Säuglingssterblichkeit kann sogar die Restlebenserwartung kurzzeitig mit dem Alter ansteigen. In der Sterbetafel 1901/10 ist beispielsweise die Lebenserwartung eines fünfjährigen Jungen mit 55,1 Jahren um mehr als zehn Jahre höher als bei seiner Geburt (vgl. die erste Spalte von Tabelle 2.4.1).

Nicht nur die Lebenserwartung bei Geburt, sondern auch die Restlebenserwartung beispielsweise im Alter von 20 Jahren, in dem wichtige Weichenstellungen getroffen werden, hat sich im Verlauf eines Jahrhunderts um immerhin mehr als 12 (Deutschland, Männer) bzw. mehr als 16 Jahre (Deutschland, Frauen) erhöht (vgl. Tabelle 2.4.1), dennoch ist dieser Anstieg von den eingangs genannten 30 Jahren weit entfernt. Weiterführende Bildungsentscheidungen wurden auch vor 100 Jahren nicht durch eine Lebenserwartung von 44 Jahren in Frage gestellt, und die Alterssicherung hatte auch schon zu Zeiten Bismarcks Bedeutung. Der enorme Anstieg der (Gesamt-)Lebenserwartung ist – soweit er auf dem Rückgang der Säuglingssterblichkeit beruht – für soziologische Fragestellungen von vergleichsweise geringer Bedeutung. Gesellschaftliche Implikationen hängen zumeist davon ab, wie sich die Restlebenserwartung in für soziales Handeln relevanten Altersgruppen verändert hat. Erst in jüngster Zeit beruht die Zunahme der Lebenserwartung immer weniger auf einem Rückgang der Kindersterblichkeit als auf verbesserten Überlebensraten im oberen Altersbereich.

Nicht nur die Entwicklung in Deutschland, sondern auch die internationale Variation der Lebenserwartung ist stark durch Unterschiede der Säuglingssterblichkeit geprägt. Während die Säuglingssterblichkeit im ersten Lebensjahr in Deutschland inzwischen auf 0,52 % (Männer) bzw. 0,41 % (Frauen) gesunken ist, beträgt sie in Japan sogar nur 0,46 bzw. 0,39 %, in weniger entwickelten Ländern ist sie aber wesentlich höher (vgl. Tabelle 2.4.1). Hinzu kommt, dass die medizinisch-statistische Definition einer Lebendgeburt international sehr unterschiedlich weit gefasst ist. In Deutschland zählen als Lebendgeburt alle Kinder, «bei denen nach der Trennung vom Mutterleib entweder das Herz geschlagen, die Nabelschnur pulsiert *oder* die natürliche Lungenatmung eingesetzt hat» (Statistisches Bundesamt 2001e: 42, Hervorhebung nicht im Original). In Ländern, in denen mehrere dieser medizinischen Kriterien erfüllt sein müssen, zählen die besonders kritischen Geburten gar nicht erst als Lebendgeburt und beeinflussen auf diese Weise die Lebenserwartung nach oben. Soziologische Schlussfolgerungen sollten auch deshalb nicht ausschließlich auf der Lebenserwartung – jedenfalls nicht ausschließlich auf der Lebenserwartung bei Geburt – beruhen.

Für soziologische Interpretationen ist weiterhin von Bedeutung, dass auch die Sterbetafelanalyse in aller Regel periodenbezogen durchgeführt wird.[1] Wie die Maßzahlen zur Geburtenentwicklung geht auch die Berechnung der Lebenserwartung von einer Datenbasis aus, die in einem sehr kurzen Zeitraum (z.B. einem Jahr oder dem Durchschnitt von drei Jahren) erhoben wurde. Dennoch werden Lebenserwartung und Überlebenswahrscheinlichkeiten auf den Zeitrahmen der menschlichen Lebensdauer übertragen und im Sinne individueller Lebenserwartung interpretiert. Diese

---

1 Zu den wenigen Ausnahmen gehören z.B. Untersuchungen von Dinkel (1984b; 1992).

Übertragung fußt auf der Annahme gleich bleibender altersspezifischer Sterbewahrscheinlichkeiten. So wird für die heute Neugeborenen angenommen, dass sie in einem Jahr die altersspezifische Sterberate eines heute Einjährigen haben, in zwei Jahren die eines heute Zweijährigen, in 20 Jahren die eines heute 20-Jährigen usf. Eine längsschnittliche Interpretation der Periodensterbetafel kann jedoch zu gewaltigen Fehlschlüssen führen, wenn sich die altersspezifische Mortalität im Zeitverlauf ändert. Dieser Sachverhalt ist in Abbildung 2.4.3 illustriert: Angesichts des Rückgangs der Sterblichkeit wird in der Periodenbetrachtung der Anstieg der Sterblichkeit im Alter überschätzt, und die in der Periodensterbetafel ausgewiesenen Überlebenswahrscheinlichkeiten und Lebenserwartungen sind unterschätzt. Die Entwicklung der Lebenserwartung ist unter diesem Aspekt noch positiver zu beurteilen, als dies in Periodensterbetafeln zum Ausdruck kommt.

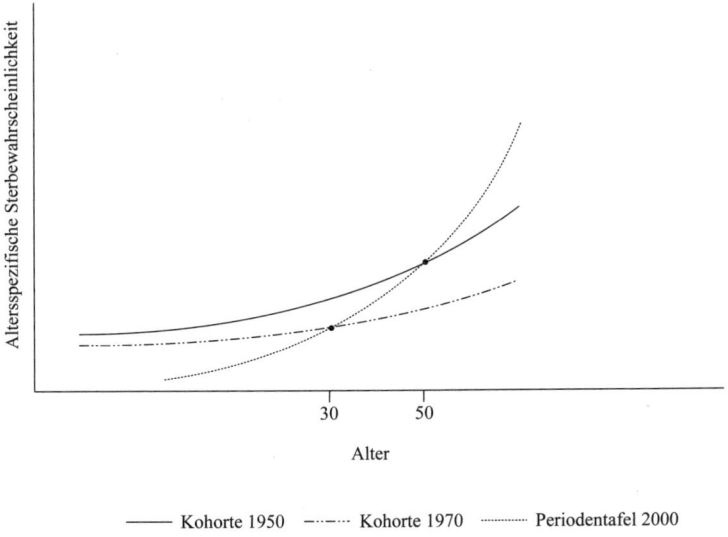

Abbildung 2.4.3: Altersspezifische Sterbewahrscheinlichkeit in Perioden- und Kohortenbetrachtung (fiktive Werte)

Ein anderer Effekt lässt dagegen befürchten, dass die Lebenserwartung faktisch womöglich sogar geringer ist, als in der Sterbetafel angegeben. Die altersspezifische Mortalität ist – bedingt auch durch soziale Faktoren – zwischen den Individuen unterschiedlich (heterogen) ausgeprägt, was bedeutet, dass mit zunehmendem Alter in verstärktem Maße diejenigen mit einem geringen Mortalitätsrisiko übrig bleiben (vgl. Vaupel und Yashin 1985a; 1985b). Dieser auch als Heterogenitätsproblem bezeichnete Selektionseffekt[1] führt dazu, dass die altersspezifischen Sterbewahrscheinlichkeiten – die natürlich immer im Durchschnitt derer berechnet werden, die das jeweilige Alter erreichen – niedriger sind, als es dem Durchschnitt des *Geburtsjahrgangs* entspricht. Die Lebenserwartung bei Geburt wird daher mit zu geringen altersspezifischen Sterbewahrscheinlichkeiten berechnet.[2]

Angesichts einer Überschätzungstendenz der Lebenserwartung wegen Nichtbeachtung der Heterogenität und einer Unterschätzungstendenz durch periodenbezogene Berechnung ist schwer einzuschätzen, wie hoch die durchschnittliche Lebenserwartung bei Geburt im Durchschnitt der Neugeborenen heute wirklich ist und ob der Wert über oder gar unter der amtlich veröffentlichten Lebenserwartung liegt. Dennoch kann man davon ausgehen, dass die Lebenserwartung im Zeitverlauf in der Tat deutlich angestiegen ist, wenn man unterstellt, dass die Heterogenität der Sterblichkeit zwar existiert, aber nicht zugenommen hat, sondern dank des sozialen Sicherungs- und Gesundheitssystems eher zurückgegangen ist. Der internationale Vergleich der Lebenserwartung mit Ländern, in denen größere soziale Unterschiede der Mortalität existieren (v. a. mit einigen Entwicklungsländern), wird aber durch das Heterogenitätsproblem doch erschwert. Obwohl die Aussagekraft der Lebenserwartung durch Periodenbetrachtung und heterogenitäts-

---

1 Der Selektions- bzw. Auswahleffekt tritt sowohl bei Perioden- als auch bei Kohortensterbetafeln auf.
2 Das Problem betrifft natürlich – weniger ausgeprägt – auch die Berechnung der Restlebenserwartung im Lebensverlauf.

bedingte Selektion stark eingeschränkt ist, kann die Perioden-Lebenserwartung im internationalen und intertemporalen Vergleich doch zumindest als eine altersstandardisierte Maßzahl der Sterblichkeit interpretiert werden.

Ein besonderer Selektionseffekt kommt ferner durch die beiden

Alter	Jahr						
	1901/10	1924/26	1932/34	1949/51	1960/62	1970/72	1986/88
0	202,3	115,4	85,4	61,8	35,3	26,0	9,3
1	39,9	16,2	9,3	4,2	2,3	1,6	0,7
2	14,9	6,4	4,5	2,5	1,4	1,0	0,5
5	5,3	2,4	2,3	1,2	0,8	0,7	0,3
10	2,4	1,4	1,3	0,7	0,5	0,5	0,2
15	2,8	1,9	1,6	1,0	0,8	0,8	0,4
20	5,0	4,3	2,8	1,9	1,9	2,0	1,1
25	5,1	4,4	2,9	2,2	1,7	1,6	1,0
30	5,6	4,1	3,2	2,3	1,7	1,7	1,2
35	6,9	4,3	3,9	2,8	2,1	2,1	1,5
40	9,2	5,4	4,8	3,5	2,9	3,2	2,1
45	12,4	7,2	6,6	5,2	4,4	4,8	3,6
50	16,9	10,3	9,4	8,5	7,4	7,7	6,0
55	23,6	15,5	14,2	12,8	12,9	12,1	10,1
60	32,6	23,6	21,7	18,9	22,0	20,4	15,9
65	47,1	36,9	34,0	29,1	34,3	34,6	24,8
70	69,4	58,1	54,0	45,8	50,9	55,9	38,7
75	106,4	93,9	87,4	75,1	78,9	84,2	64,1
80	157,9	141,9	136,7	121,4	122,9	122,9	102,4
85	231,6	212,9	207,7	190,2	188,0	180,9	156,3
90	320,0	284,7	287,7	282,6	279,2	259,7	230,6

Tabelle 2.4.2: Altersspezifische Sterbewahrscheinlichkeiten von Männern aus verschiedenen deutschen Sterbetafeln (in ‰)
Quelle: Statistisches Bundesamt 1990: 68

Weltkriege zustande. In zahlreichen Bevölkerungen wie auch der deutschen, die besonders durch den Zweiten Weltkrieg stark betroffen waren, finden sich Hinweise darauf, dass unter den Männern vor allem diejenigen mit schlechter Gesundheit überlebt und später zu einer erhöhten Mortalität beigetragen haben (Dinkel 1985; Horiuchi 1983). Eingezogen wurden bevorzugt die Gesunden, von denen viele im Krieg gefallen sind. Das kriegsbedingte Mortalitätsrisiko war deshalb bei der gesunden und ‹wehrtüchtigen› Bevölkerung besonders hoch. Dieser negative Zusammenhang zwischen kriegsbedingtem und allgemeinem Mortalitätsrisiko hat sogar zeitweilig in sowjetischen (Perioden-)Sterbetafeln zu einer sinkenden Lebenserwartung geführt (Dinkel 1985). Die Kriegsselektion ist aber auch in deutschen Sterbetafeln deutlich zu erkennen. Wie aus Tabelle 2.4.2 hervorgeht, ist die altersspezifische Sterbewahrscheinlichkeit von Männern gegen den allgemeinen Trend in den Sterbetafeln von 1960/62 und 1970/72 in bestimmten Altersbereichen zeitweilig angestiegen – die Bereiche sind in Tabelle 2.4.2 grau unterlegt. So haben die Altersbereiche von 55 bis 80 Jahren 1960/62 eine höhere Mortalität als 1949/51, und der Mortalitätsanstieg setzt sich zum Teil auch in der Sterbetafel von 1970/72 fort. Die 55- bis 80-Jährigen in der Sterbetafel von 1960/62 entstammen etwa den Geburtsjahrgängen 1880 bis 1905. Diese Kohorten haben zum Großteil beide Weltkriege in wehrpflichtigem Alter erlebt und sind dadurch gesundheitlich negativ selektiert, was später, in höherem Alter, zu einem Anstieg der altersbezogenen Mortalität beiträgt. Bedenkt man, dass der Zweite Weltkrieg noch weit mehr Menschenleben gekostet hat als der Erste, so scheint die Altersspanne von 35 bis 60 Jahren, in der die betreffenden Kohorten den Zweiten Weltkrieg sechs Jahre lang erlebt haben, mit besonders ausgeprägter Selektion verbunden. Das ist nicht erstaunlich, da im jungen Erwachsenenalter weitgehend alle Männer aktiv am Krieg teilgenommen haben, wohingegen im mittleren Erwachsenenalter eher nach dem Gesundheitszustand selektiert wurde. Die beschriebene Kriegsselektion hat zu der Auseinanderentwicklung der Lebenserwartung von Männern und Frauen in den Periodensterbetafeln der Nachkriegszeit beigetragen, und das Aussterben der Kriegsjahrgänge ist mitverantwortlich dafür, dass sich der Unterschied der Lebenserwartung zwischen den Geschlechtern inzwischen wieder (von sieben auf sechs Jahre) verringert hat.

Bei der Interpretation von Mortalitätsunterschieden – insbesondere bei der Interpretation von periodenbezogen berechneten Mortalitätsunterschieden – sind schließlich gesundheitsselektive Wanderungen in Betracht zu ziehen. So ist die geringere Lebenserwartung in der DDR, die trotz einer Annäherung an das Westniveau nach der Wende noch immer fortbesteht, nicht nur mit Unterschieden in den Lebensbedingungen und der medizinischen Versorgung, sondern auch mit gesundheitsselektiver Aus- bzw. Abwanderung bis 1961 und seit 1989 zu erklären. Hinzu kommt, dass der Ost-West-Unterschied vor allem die Mortalität im höheren Alter betrifft – korrespondierend damit, dass Rentnern die Ausreise erlaubt war. Von diesen sind überwiegend die eher gesunden und rüstigen ausgereist, während die kranken zurückgeblieben sind und die Statistik ‹negativ› beeinflusst haben. Auch eine deutlich über dem Bundesdurchschnitt liegende Lebenserwartung der ausländischen Bevölkerungsgruppen in Deutschland beruht – neben einer Reihe von statistischen Effekten[1] – auf gesundheitsabhängiger Migration: zum einen auf dem *healthy migrant effect* und zum anderen darauf, dass Ausländer bei ernsthafter Erkrankung nicht selten in ihr Heimatland zurückkehren.

Im Zuge der gestiegenen Lebenserwartung hat sich auch die Struktur der Todesursachen verändert. An die Stelle der früheren Infektionskrankheiten sind vor allem Herz- und Kreislauferkrankungen sowie bösartige Neubildungen (Krebserkrankungen) getreten. Dies hat in erster Linie nichts damit zu tun, dass schädliche Umwelteinflüsse zugenommen haben, sondern damit, dass die betreffenden Krankheiten bzw. Todesursachen einfach in den höheren

---

1 Hierzu gehört vor allem eine zu große Zahl von Ausländern in der Bevölkerungsstatistik (dem Nenner der Sterberate), die dadurch zustande kommt, dass sich Ausländer, die ins Heimatland zurückziehen, teilweise nicht abmelden.

Altersgruppen vorherrschend sind, die man heute auch dank der seltener gewordenen Infektionskrankheiten erreicht.[1]

Die steigende Lebenserwartung geht gelegentlich mit der Befürchtung einher, dass die zusätzlich gewonnenen Lebensjahre zu einem nicht unbeträchtlichen Teil in Krankheit und Pflegebedürftigkeit verbracht werden. Diese Befürchtung wird auch dadurch genährt, dass die Zunahme der Lebenserwartung in zahlreichen Industrienationen inzwischen immer weniger auf einem Rückgang der Kindersterblichkeit beruht als auf verringerten altersspezifischen Sterbewahrscheinlichkeiten im oberen Altersbereich (Klein 1999e).

Eine statistisch-methodische Begründung dieser Befürchtung beruht auf dem zuvor ausgeführten Heterogenitätsargument (Gruenberg 1977): In jedem gesundheitlich heterogen zusammengesetzten Geburtsjahrgang bleiben mit zunehmendem Alter durch selektive Mortalität in immer stärkerem Maße die relativ Gesunden übrig. Eine Zunahme der Lebenserwartung – so das Argument – vermindert die Selektivität mit der Folge, dass auch die vergleichsweise weniger Gesunden verstärkt bis in ein höheres Alter überleben und dadurch zu einem Anstieg von Krankheit und Pflegebedürftigkeit in den höheren Altersgruppen beitragen.

Ein zuerst von Fries (1980) formuliertes Gegenargument beruht hingegen auf der Vorstellung, dass die menschliche Lebensspanne biologisch begrenzt ist. Die Begrenzung hat zur Konsequenz, dass medizinischer und gesellschaftlicher[2] Fortschritt immer weniger der Lebenserwartung und immer mehr der Gesundheit zugute kommt. Es findet m.a.W. gegen Ende der maximalen menschlichen Lebensspanne eine «Kompression der Morbidität» statt. Das bedeutet, dass die Lebenserwartung in Gesundheit – die so genannte aktive Lebenserwartung – schneller ansteigt als die Gesamtlebenserwartung.[3]

---

1 Zum Einfluss verschiedener Todesursachen auf die Lebenserwartung vgl. auch Kern und Braun (1987; 1985).

2 Von gesellschaftlichem Fortschritt lässt sich in diesem Zusammenhang sprechen, da auch viele soziale Faktoren die Lebenserwartung beeinflussen (s. unten).

3 Berechnungen der aktiven Lebenserwartung beruhen – wenn es die Daten zulassen – auf einer Erweiterung der Sterbetafelanalyse, der Mehrzustands-Sterbe-

Empirische Analysen hierzu haben bislang uneinheitliche Ergebnisse hervorgebracht. Während der Anteil der aktiven Lebenserwartung an der verlängerten Gesamtlebenserwartung beispielsweise in Dänemark und in den Niederlanden zugenommen hat (Bronnum-Hansen 1998; Perenboom, Boshuizen und van de Water 1993), ist er in den USA und in Großbritannien zeitweilig gesunken (Bebbington 1988; Crimmins, Saito und Ingegneri 1997; Klein und Unger 2002). Erste Untersuchungen für Deutschland von Dinkel (1999) sowie von Klein und Unger (2002) ergaben für Westdeutschland eine mit der Kompressionsthese vereinbare Zunahme der aktiven Lebensjahre in höherem Alter.

2.4.2 Soziale Determinanten der Lebenserwartung

In dem Maß, wie die Zunahme der Lebenserwartung nicht mehr von dem Rückgang der Säuglingssterblichkeit, sondern von besseren Überlebensbedingungen in mittleren und höheren Altersstufen geprägt ist, ist hierfür nicht mehr nur der hygienisch-medizinische Fortschritt, sondern auch die Verbesserung der Lebens- und Arbeitsbedingungen, der Ausbau des Sozialstaats u.a.m. verantwortlich. Damit einhergehend gibt es große soziale Unterschiede der Lebenserwartung von mehreren Jahren (für Deutschland Klein 1993c; Wagner und Schepers 1989). Die sozialen Unterschiede der Mortalität betreffen fast alle Todesursachen und korrespondieren weitgehend auch mit Unterschieden der Morbidität[1] und der aktiven Lebenserwartung (Klein 1999e). Viel diskutiert sind vor allem Schichtunterschiede und Familienstandsunterschiede der Lebenserwartung.

---

tafel. Hierbei werden für verschiedene Zustände (z. B. Krankheit und Gesundheit) gesonderte Sterbetafeln berechnet, in denen neben dem Tod auch die Zustandswechsel (Erkrankung bzw. Gesundung) als Zu- und Abgänge Berücksichtigung finden (vgl. z. B. Klein 1999e).

1   Zu den wenigen Ausnahmen gehören z. B. Allergien, die in oberen Sozialschichten weiter verbreitet sind als in unteren.

Merkmale der Sozialschichtzugehörigkeit gehören zu den wichtigsten und international am besten dokumentierten sozialen Determinanten des Mortalitätsrisikos. Dabei haben die Schichtunterschiede der Mortalität in den letzten Jahrzehnten eher zu- als abgenommen (Feldman et al. 1989: 27; Feinstein 1993; Marmot und McDowall 1986). Für den Schichteffekt werden verschiedene Mechanismen verantwortlich gemacht: (1) Eine traditionelle Begründung der Schichtunterschiede von Krankheit und Tod rekurriert auf die materiellen Lebensbedingungen wie Einkommen, Ernährung und Wohnsituation. Dabei wirkt vor allem ein Leben in Armut gesundheitsabträglich und lebensverkürzend. (2) Neben unterschiedlichen Lebensmöglichkeiten werden aber auch unterschiedliche Lebensstile mit dem Schichtgradienten der Mortalität in Verbindung gebracht. So existieren deutliche Schichtunterschiede hinsichtlich der Ernährungsgewohnheiten, der Rauchgewohnheiten, der körperlichen Bewegung und anderer gesundheitsrelevanter Verhaltensweisen. (3) Eine weitere Begründung des Schichteffekts bezieht sich auf die Arbeitsbedingungen. (4) Hinzu kommt ein schichtspezifisch unterschiedlicher Zugang zu guter ärztlicher Versorgung und eine unterschiedliche Inanspruchnahme ärztlicher Vorsorge- und Versorgungsleistungen. (5) Schließlich wird aber auch ein Selektionseffekt diskutiert, dem zufolge die Schichtunterschiede des Mortalitätsrisikos nicht auf den Einfluss der Sozialschicht, sondern umgekehrt darauf zurückzuführen sind, dass Gesündere bessere Aufstiegschancen haben und seltener von sozialem Abstieg bedroht sind (für weitere Hinweise vgl. Klein und Unger 2001; Klein, Schneider und Löwel 2001).

Die in Zusammenhang mit dem Mortalitätsrisiko am häufigsten untersuchten Merkmale der Sozialschichtzugehörigkeit sind die berufliche Stellung, das Einkommen und die Bildung. Dabei reflektiert die berufliche Stellung in erster Linie die Arbeitsbedingungen, Berufskrankheiten und das Arbeitsunfallrisiko. Aber auch die Nichtintegration in das Beschäftigungssystem wegen Arbeitslosigkeit bringt nachhaltige Einschränkungen der Gesundheit mit sich (vgl. z. B. Elkeles und Seifert 1992). Beim Einkommenseffekt stehen hingegen die materiellen Lebensbedingungen im Vordergrund. Der Einkommenseffekt beruht somit darauf, dass die gesundheitliche Qualität von Konsumgütern mit dem Preis korreliert (Feinstein 1993: 306), wobei inferioren Gütern – Gütern also, deren Nachfrage mit sinkendem Einkommen zunimmt – eine geringe gesundheitliche Qualität zugeschrieben wird (Menchik 1993: 429). Während das Einkommen vor allem die ressourcenabhängigen Schichteinflüsse auf die Mortalität akzentuiert, macht sich das Bildungsniveau verstärkt bei den gesundheitsrelevanten Verhaltensweisen bemerkbar (Feinstein 1993: 307; Maas, Grundmann und Edelstein 1997: 95). Schon die Konstanthaltung weniger gesundheitsrelevanter Aspekte des Lebensstils geht mit einer deutlichen Reduzierung von Bildungsunterschieden der Lebenserwartung einher (Klein, Schneider und Löwel 2001).

Ähnlich gut wie der Schichteffekt ist der Einfluss des Familienstands auf die Mortalität dokumentiert. Familienstandsunterschiede der Mortalität sind seit fast zwei Jahrhunderten bekannt und für zahlreiche Länder bestätigt worden (z.B. Cheung 2000; Hemström 1996; Hu und Goldman 1990; Klein 1993a; Lillard und Waite 1995). Zwei Prozesse sind hier wirksam: Zum einen existiert unbestritten ein Protektionseffekt, denn eine Ehe bzw. Partnerschaft bietet emotionale Unterstützung durch den Partner, fördert einen gesünderen Lebensstil, mindert die Risikobereitschaft, puffert kritische Lebensereignisse ab und ergänzt die professionelle Gesundheitsversorgung. Zum anderen weisen einige Studien (insbesondere Goldman 1993a; Goldman 1993b; Goldman, Korenman und Weinstein 1995; Lillard und Panis 1996) wiederum einen Selektionsprozess nach, dem zufolge Gesündere bessere Heiratschancen haben. Beide Mechanismen verursachen zum Teil beträchtliche Familienstandsunterschiede der Mortalität. Dabei bleibt der Protektionseffekt des partnerschaftlichen Zusammenlebens auch erhalten, wenn der Einfluss sozioökonomischer Faktoren kontrolliert wird. Einige Studien kommen außerdem zu dem Ergebnis, dass Männer stärker von der Ehe ‹profitieren› als Frauen (für weitere Hinweise vgl. Brockmann und Klein 2002; 2004).

Auch in Bezug auf soziale Determinanten der Lebenserwartung ist es notwendig, eine längsschnittliche, biographische Perspektive im Auge zu behalten:

– Nur der biographiebezogene Ansatz ermöglicht, Wirkungsmechanismen und Selektionsprozesse zu entwirren.

– Die berufliche Stellung, der Familienstand und andere Faktoren sind erst im Erwachsenenalter von Bedeutung, und die damit verbundenen Einflüsse sind demnach auf die Sterblichkeit im Erwachsenenalter und auf die *Rest*lebenserwartung beschränkt.

– Hinzu kommt, dass die Bedeutsamkeit mancher Faktoren mit dem Alter variiert: In verschiedenen Lebensphasen sind soziale Faktoren unterschiedlich bedeutsam für die Mortalität. Eine verbreitete Beobachtung ist insbesondere die Annäherung der Sterberisiken zwischen verschiedenen Sozialgruppen in höheren Altersstufen, bedingt durch eine soziale Angleichung ihrer Lebensbedingungen, durch eine Adaption an bestehende Lebensumstände und/oder auch nur durch stärkere Selektion in den Hochrisikogruppen.

– Von dem Bildungsniveau und wenigen weiteren Faktoren abgesehen sind außerdem die meisten sozialen Determinanten der Mortalität im Lebenslauf nicht konstant. So sind Einkommen und berufliche Stellung mit dem Stadium der beruflichen Karriere verbunden, und so genannte ‹moderne› Familienbiographien sind heute immer weniger selbstverständlich von einem dauerhaften Familienstand geprägt, sondern durch verschiedene Wechsel, Übergänge und Passagen charakterisiert, die in eine mortalitätsbedeutsame individuelle Biographie eingebettet sind.

Aktuelle Analysen zeigen in der Tat, dass soziale Mechanismen, die auf Krankheit und Tod einwirken, auf komplexe Weise über den Lebensverlauf, d.h. biographisch verbunden sind. Insbesondere wächst die Erkenntnis darüber, dass auch Ereignisse in frühen und mittleren Lebensabschnitten die Mortalität im hohen Alter beeinflussen. Verschiedene Studien weisen insgesamt darauf hin, dass ungeachtet der Ausprägung sozialstruktureller Faktoren auch die Ereignisse und Übergänge im Lebenslauf selbst eine bedeutende

Rolle bei der Erklärung von Mortalitätsunterschieden einnehmen, wobei sowohl Kumulationseffekte – bezüglich (un-)gesunder Lebensumstände – als auch Erholungseffekte – bezüglich kritischer Lebensereignisse – wirksam sind (vgl. zum Überblick Brockmann und Klein 2002).

Auch die Geschlechtsunterschiede der Lebenserwartung stehen in Zusammenhang mit sozialen Faktoren. Interessant (und wenig bekannt) ist, dass die Lebenserwartung von Männern in Europa bis zum 17. oder gar bis zum 19. Jahrhundert über der von Frauen lag (Gehrmann 1984; Stolnitz 1956). Mit Blick auf die altersspezifischen Sterbewahrscheinlichkeiten, aus denen sich die Lebenserwartung zusammensetzt, waren hierfür vor allem die Müttersterblichkeit und die hohe Kinderzahl verantwortlich. Hinzu kam eine höhere Säuglingssterblichkeit von Mädchen, die sich mit einer Präferenz für männliche Nachkommen erklärt, in deren Folge Söhne eine Bevorzugung hinsichtlich ihrer Ernährung und Betreuung erfuhren.

Auch die heute in fast allen Ländern[1] höhere Lebenserwartung von Frauen ist nicht zuletzt vor dem Hintergrund sozialer Faktoren zu interpretieren.[2] Eine Geschlechtspräferenz bei Kindern ist in vielen Industrienationen nahezu verschwunden (Brockmann 2001; Hank und Kohler 2003), und die Müttersterblichkeit hat nicht nur dank des medizinisch-hygienischen Fortschritts, sondern auch aufgrund geringerer Kinderzahlen stark abgenommen. Als ausschlaggebend für die heutige Übersterblichkeit der Männer gelten ein mit den Geschlechtsrollen verknüpftes unterschiedliches Risikoverhalten der Geschlechter – einhergehend auch mit einer (verkehrs-)unfallbezogenen Übersterblichkeit im jungen Erwachsenenalter –, ein geringeres Gesundheitsbewusstsein, gefährlichere Arbeitsplätze und anderes mehr (Eickenberg und Hurrelmann 1997; Luy 2002). Wenngleich bislang nicht geklärt ist, welche Sozialfaktoren den Aus-

---

1 Ausnahmen sind z. B. Afghanistan, Bangladesh, Nepal und Mali.
2 Ein Überblick über soziale und biologische Erklärungsansätze der geschlechtsspezifischen Mortalitätsunterschiede findet sich bei Dinkel und Luy (1999) sowie bei Luy (2002).

schlag geben, geht doch die generelle Bedeutung sozialer Faktoren für den Geschlechtsunterschied der Lebenserwartung auch daraus hervor, dass in der Klosterbevölkerung, d.h. zwischen Nonnen und Mönchen, deren Lebensumstände und ‹Lebensstile› sich kaum unterscheiden, ein deutlich geringerer Geschlechtsunterschied der Lebenserwartung existiert (Dinkel und Luy 1999). Nicht zuletzt trägt aber auch die schon erläuterte ungleiche Selektion durch den Zweiten Weltkrieg in Deutschland und manchen anderen Ländern zu der männlichen Übersterblichkeit in zurückliegenden Sterbetafeln bei.

2.4.3 Gesellschaftliche Bedeutung der Lebenserwartung

Eine sehr elementare Folge der trotz aller statistischen und messtechnischen Vorbehalte doch deutlich gestiegenen Lebenserwartung ist eine weit größere Sicherheit und Planbarkeit des Lebenslaufs. Unter diesem höchst grundsätzlichen Aspekt leben wir heute weniger denn je in einer «Risikogesellschaft». Viel eher kann man von so genannten gewonnenen Jahren sprechen. Die Allgegenwart des Todes über den gesamten Lebensverlauf ist verschwunden, und ein mehr oder weniger hohes Alter ist zu einer relativ verlässlichen Planungsgrundlage geworden. Diese ist Voraussetzung für eine sinnvolle Bildungs-, Berufs- und Lebensplanung. Die starke Verringerung des Mortalitätsrisikos über einen Großteil der Lebensspanne hat gleichzeitig dem Rückzug der Religion und der Säkularisierung der Gesellschaft Vorschub geleistet. Die gestiegene Lebenserwartung hat ferner Auswirkungen auf das Sparverhalten (Börsch-Supan et al. 1999), sie erhöht den Anreiz zu einer besseren Ausbildung, weil sich diese über eine längere Lebenszeit amortisiert (Felderer und Sauga 1988: 165 f.), sie verlangsamt den Generationswechsel und den damit verbundenen Wertewandel (Klein 1991a; 1991b), und sie verlängert die gemeinsame Lebenszeit von Familiengenerationen (Bengston und Robertson 1985; Hagestad 1986; Lauterbach 1995; Watkins, Menken und Bongaarts 1987).

Die gesellschaftlichen Folgen der verlängerten Lebenserwartung beruhen im Übrigen auf dem Einfluss, den die Lebenserwartung auf die Bevölkerungsgröße (vgl. Kapitel 2.1) und vor allem auf die Altersstruktur (vgl. Kapitel 2.2) hat. Hinsichtlich der Bevölkerungsgröße wurde in diesem Zusammenhang schon darauf hingewiesen, dass der Rückgang der Sterblichkeit in der Phase des demographischen Übergangs in Europa zu einem starken Bevölkerungswachstum geführt hat. Auch das enorme Wachstum der Weltbevölkerung beruht in erster Linie auf dem Rückgang der Sterblichkeit (Birg 1996: 51).

Der Einfluss der Lebenserwartung auf den Altersaufbau ist am deutlichsten zu erkennen, wenn man (fiktiv) von einer jährlich gleich bleibenden Geburtenzahl und gleich bleibenden altersspezifischen Sterberaten ausgeht (stationäre Bevölkerung[1]). In diesem Fall wird der Beitrag der Lebenserwartung zur Altersstrukturierung der Gesellschaft aus der oben beschriebenen Überlebenskurve deutlich: Die linke und die rechte Hälfte der Alterspyramide entsprechen dann den um 90 Grad gedrehten Überlebenskurven von Männern und Frauen. Sieht man von der reduzierten Säuglingssterblichkeit – d.h. der Verkleinerung des untersten Sockels der Alterspyramide – ab, so schlagen die Folgen der Lebensverlängerung für die Altersstruktur vor allem in einer Verbreiterung des oberen Altersbereichs zu Buche. Dies entspricht der zuvor erläuterten so genannten Rektangularisierung der Überlebenskurve. Die gesellschaftlichen Konsequenzen eines derart veränderten Altersaufbaus, wie er speziell mit der verlängerten Lebenserwartung verbunden ist, betreffen nicht nur die Alterssicherung, sondern beispielsweise auch die berufliche Mobilität: Die Rektangularisierung der Überlebenskurve hat nicht zuletzt auch zur Folge, dass für Berufspositionen, die typischerweise erst in der zweiten Hälfte der

---

1 Das Modell der stationären Bevölkerung impliziert zudem, dass die konstante jährliche Geburtenzahl auf konstanten altersspezifischen Geburtenraten beruht. Führen diese nicht zu einer konstanten Geburtenzahl, was heißt, dass die Bevölkerung wächst oder schrumpft, spricht man von einer stabilen Bevölkerung. In beiden Bevölkerungsmodellen sind Wanderungen ausgeklammert.

Berufslaufbahn erreicht werden, fast derselbe ‹Andrang› besteht wie beim Berufseinstieg.

Es wird deutlich, dass die Auswirkungen einer gestiegenen Lebenserwartung überwiegend nicht an die Verlängerung der Lebenserwartung bei Geburt, sondern an die Verlängerung der während des Lebensverlaufs noch verbleibenden Restlebenserwartung in späteren Altersstufen gebunden sind. Der Rückgang der Säuglingssterblichkeit, dem der Zugewinn an Lebenserwartung in den vergangenen 100 Jahren hauptsächlich zu verdanken ist, hat hingegen eine vergleichsweise geringe soziologische Bedeutung. Allerdings hat auch die verbleibende Restlebenserwartung in mittleren und höheren Altersgruppen inzwischen in einem solchen Maße zugenommen, dass man von nachhaltigen gesellschaftlichen Auswirkungen der verlängerten Lebenserwartung ausgehen kann.

Gesellschaftlich große Bedeutung hat schließlich nicht nur die Verlängerung der durchschnittlichen (Rest-)Lebenserwartung, sondern auch die Unterschiedlichkeit der Lebenserwartung. Sie bedeutet, dass sich soziale Strukturen mit zunehmendem Alter selektiv zugunsten der Sozialgruppen verändern, die eine hohe Lebenserwartung haben. Von Bedeutung sind in dieser Hinsicht vor allem die Einkommensunterschiede der Lebenserwartung. Ein selektives Überleben höherer Einkommensgruppen hat Einfluss auf den Wohlstands- bzw. Einkommensvergleich zwischen verschiedenen Altersgruppen – insbesondere auf die Altersabstufung der Armutsbetroffenheit (z.B. Hauser, Cremer-Schäfer und Nouvertne 1981: 45ff.; Hauser, Fischer und Klein 1985: 240; Klein 2001a) – sowie auf die Analyse von Lebens-Einkommens-Profilen (Klein 2001a; McDermed, Clark und Allen 1989; Mirer 1979). Die Beobachtung einer Konstanz oder gar einer Verbesserung der Einkommenssituation im höheren Alter (vgl. z.B. Ross, Danziger und Smolensky 1987) ist deshalb mit Vorsicht zu interpretieren. Hinzu kommt, dass Einkommensunterschiede der Mortalität auch Umverteilungseffekte der Rentenversicherung von unten nach oben begünstigen (Garret 1995; Menchik 1993: 428). Der Einfluss der Lebenserwartung und ihrer Unterschiedlichkeit auf sozialstrukturelle Analysen ist mithin kaum zu überschätzen.

2.5 Migration

Wanderungen bestimmen zusammen mit der Geburtenentwicklung und der Sterblichkeit die Bevölkerungsgröße und die Altersstruktur der Gesellschaft. Darüber hinaus beeinflussen Migranten auf vielfältige Art und Weise die Sozialstruktur und die wirtschaftliche und soziale Entwicklung.

2.5.1 Wanderungsströme und Maßzahlen

2.5.1.1 Außenwanderungen

Als Außenwanderung bezeichnet man die Wanderung über die Außengrenzen – gemeint sind zumeist die von Nationalstaaten – hinweg. Allseits bekannt sind die Wanderungsströme des 19. und frühen 20. Jahrhunderts aus Europa in die klassischen Einwanderungsländer: vor allem in die USA, aber auch nach Kanada und Australien (vgl. Hoffmeyer-Zlotnik 2000: 934 f.). Die ersten Auswanderungswellen gehen von Großbritannien und von Irland aus, gefolgt von deutschen, dann südeuropäischen und später osteuropäischen, vor allem polnischen Auswanderern (besonders aus den jüdischen Bevölkerungsgruppen). Ursache für diese Auswanderungswellen ist die mit der Auflösung der Feudalstrukturen und mit der Industrialisierung einhergehende Freisetzung und Verarmung breiter Bevölkerungsgruppen. Diese Verursachung trägt auch zur Erklärung der Reihenfolge der von Auswanderung betroffenen Länder bei, da die Industrialisierung in England begann und in Osteuropa erst vergleichsweise spät eingesetzt hat.[1] Die deutsche Auswanderung konzentriert sich auf die zweite Hälfte des 19. Jahrhunderts und ist erst mit fortschreitender Industrialisierung versiegt.

---

1 Für die Auswanderung aus Irland in der Mitte des 19. Jahrhunderts ist abweichend von dieser Regel eine Hungersnot ausschlaggebend.

2.5.1.1.1 Absolutzahlen

Für die Bundesrepublik hat Auswanderung nur eine untergeordnete Bedeutung. Die Nachkriegs-Auswanderung von Deutschen ist auf die ersten Jahre nach dem Zweiten Weltkrieg beschränkt. In dieser Zeit gibt es eine Auswanderungswelle nach Übersee (v. a. in die USA), und von 1950 bis 1961 siedeln auch immerhin 400 Tausend Personen in die DDR über (Wendt 1991: 388). Spätestens seit den 1960er Jahren ist jedoch nur noch die Auswanderung von Ausländern – vor allem die Rückkehr von Gastarbeitern in ihre jeweiligen Herkunftsländer – quantitativ bedeutsam.

Im Übrigen ist die Bundesrepublik seit dem Zweiten Weltkrieg von zahlreichen Zuwanderungsströmen geprägt. Ohne die Zuwanderung wäre die Einwohnerzahl in den westlichen Bundesländern heute um ein Drittel niedriger (s. oben Kapitel 2.1), und die Bundesrepublik gehört im internationalen Vergleich zu den wichtigsten Einwanderungsländern. Abbildung 2.5.1 zeigt die verschiedenen Zuzugswellen. Die größten jährlichen Zuwanderungszahlen gehen zu Kriegsende auf die Flüchtlinge und Vertriebenen[1] zurück. Allein im Jahr 1946 erreichen 2,5 Millionen Flüchtlinge und Vertriebene das Gebiet der alten Bundesrepublik, und auch in den nachfolgenden Jahren ebbt der Zustrom nur allmählich ab. Seit 1951 werden «deutsche Staatsangehörige und Volkszugehörige» (z. B. Statistisches Bundesamt 2000c: 43), die aus Osteuropa einwandern, im politischen und statistischen Sprachgebrauch als Aussiedler bezeichnet. Aus Abbildung 2.5.1 geht hervor, dass deren Zuwanderung in den 1980er und 1990er Jahren erneut stark angewachsen ist. Während die Zuwanderung bis Ende der 1980er Jahre von Aussiedlern aus dem heutigen Polen – d. h. aus früheren deutschen Ostgebieten – dominiert wird, kommen die Betreffenden in den 1990er Jahren vor

---

1 Das Bundesvertriebenengesetz bezeichnet als Flüchtlinge (im späteren politischen Sprachgebrauch sind dies Übersiedler) ausschließlich die Zuwanderer aus der Sowjetischen Besatzungszone und der späteren DDR, als Vertriebene diejenigen aus den deutschen Ostgebieten.

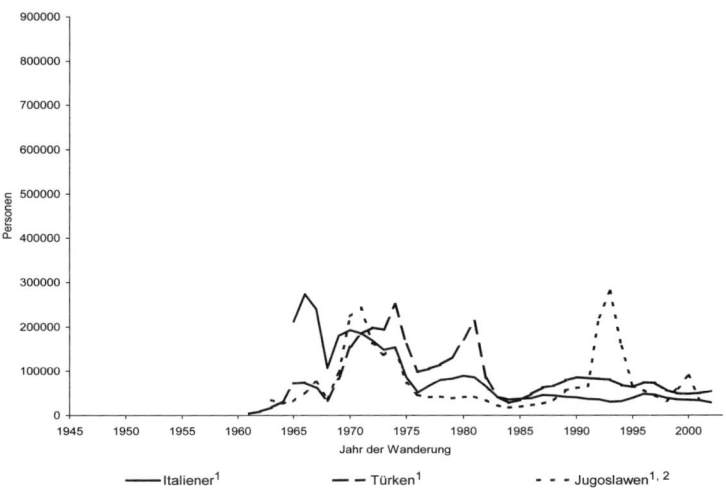

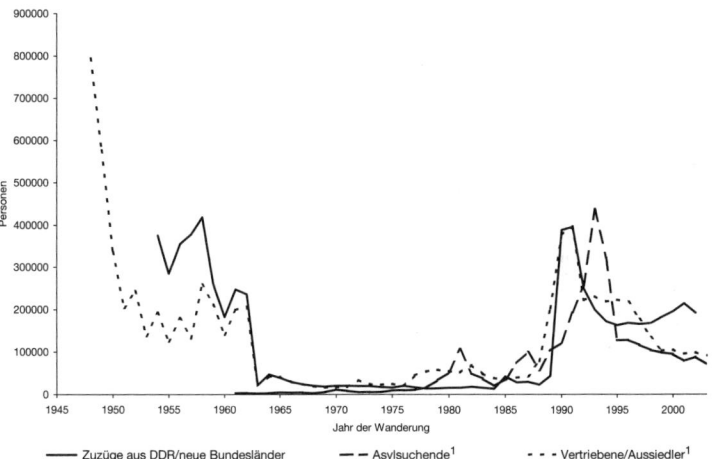

Abbildung 2.5.1: Zuwanderungsströme in die Bundesrepublik Deutschland bzw. in die alten Bundesländer

[1] nach 1991 für Gesamtdeutschland

[2] einschließlich Nachfolgestaaten

Quellen: Statistisches Bundesamt (verschiedene Jahrgänge des Statistischen Jahrbuchs für die Bundesrepublik Deutschland)

allem aus den UdSSR-Nachfolgestaaten. Weitgehend parallel mit den Vertriebenen respektive Aussiedlern erfolgt die Zuwanderung der so genannten Flüchtlinge respektive Übersiedler aus der DDR bzw. die spätere Ost-West-Binnenwanderung (s. Abbildung 2.5.1).

Mit dem Mauerbau 1961 beginnt die verstärkte Zuwanderung der ausländischen Arbeitsmigranten aus südeuropäischen Ländern, der so genannten Gastarbeiter: zunächst der Italiener, dann der Jugoslawen und Griechen und schließlich der Türken (Abbildung 2.5.1).[1] Dabei zeigt Abbildung 2.5.1 zwei Einschnitte des Einwanderungsstroms: zur Zeit der Wirtschafts-‹Krise› 1967 und in der Folgezeit des 1973 eingeleiteten Anwerbestopps. Der Wiederanstieg gegen Ende der 1970er Jahre basiert vor allem auf dem Familiennachzug.

Die jüngste Einwanderungswelle ist neben den Spätaussiedlern den Asylbewerbern zuzuordnen, deren Zahl erstmals um 1980 und dann in der zweiten Hälfte der 80er Jahre zugenommen hat. Der beträchtliche Anstieg von Asylbewerbern zu Beginn der 90er Jahre kommt durch die Zuwanderung aus Jugoslawien bzw. den jugoslawischen Nachfolgestaaten zustande und geht auf den dortigen Krieg zurück (Abbildung 2.5.1).

Die Wanderungsstatistik ist vor allem mit drei Problemen behaftet:[2]

– Die Qualität von Wanderungsdaten ist in aller Regel schlechter als diejenige von Daten über Geburten und Sterbefälle. In Ländern ohne Einwohnermeldewesen beruhen alle Erkenntnisse über die Migration auf (mehr oder weniger seltenen) Volkszählungen und auf Stichprobenerhebungen, in denen gerade die mobilen Bevölkerungsgruppen untererfasst sind. In Wanderungsstatistiken, die wie die deutsche Statistik auf einem Einwohnermeldewesen basieren, werden hingegen speziell Rückwanderungen unterschätzt, weil sich Ausländer, die in ihr Heimatland zurückziehen,[3]

---

1 Andere Gastarbeiternationen waren quantitativ weniger bedeutsam.
2 Weitere Probleme sind u. a. bei Mueller (1993: 171ff.) zusammengestellt.
3 Dies findet in Deutschland verstärkt bei Erreichen des Rentenalters und bei Migranten ohne Ehepartner statt (Jankowitsch, Klein und Weick 2000: 105).

teilweise nicht abmelden. In der Folge davon ist von einer zu großen Zahl von Ausländern in der Bevölkerungsstatistik auszugehen.

– Keine Beachtung findet in der deutschen Statistik die geplante Aufenthaltsdauer, die oft in anderen Ländern erhoben wird und für die sozialen Folgen von Wanderungsbewegungen sowie für sozialstrukturelle Zusammenhänge enorm wichtig ist. Immerhin findet in der Bundesrepublik eine zunehmende Differenzierung und Abstufung des Aufenthaltsstatus statt (Wenzel und Bös 1997). Nicht als Wanderung gewertet wird allerdings auch hierzulande eine zeitlich begrenzte räumliche Mobilität ohne Wechsel des Wohnorts wie bei Pendlern, Wehrpflichtigen usw.

– Ein drittes Problem speziell der deutschen Statistik besteht darin, dass zwar in der Wanderungs- und Einbürgerungsstatistik – d.h. bei den Ereigniszahlen – nach Staatsangehörigkeit und Herkunftsland unterschieden wird, dass aber Bevölkerungsstrukturdaten – d.h. die Bestandszahlen – nur die Staatsangehörigkeit erfassen. Herkunft, Ethnizität und individueller oder familiärer Wanderungshintergrund der Wohnbevölkerung bleiben unberücksichtigt. Die Untersuchung ethnischer Minderheiten gestaltet sich dadurch in Deutschland als Ausländerforschung. Die damit verbundenen Unzulänglichkeiten sind je nach Einwanderergruppe unterschiedlich gravierend: Bei den Arbeitsmigranten aus Südeuropa und der Türkei sowie den Asylsuchenden gab es bis einschließlich 1999 eher nur wenige Einbürgerungen, und auch deren hier geborene Kinder der zweiten und dritten Generation erhielten nach dem Abstammungsprinzip die ausländische Staatsangehörigkeit der Eltern. Im internationalen Vergleich hat Deutschland zumindest bis 1999 eine niedrige Einbürgerungsquote. Im Hinblick auf die Arbeitsmigranten konnte daher bislang davon ausgegangen werden, dass die Staatsangehörigkeit recht gut über die ethnische Zugehörigkeit informiert. Bei den Aus- und Übersiedlern bleibt dagegen der Wanderungshintergrund im Dunkeln. Mit dieser Einbürgerungspraxis erklärt sich einerseits der hohe Ausländeranteil von knapp 9 % der Wohnbevölkerung im Jahr 2002 in Deutschland,[1] der nur in wenigen Ländern – z. B. in der Schweiz – höher liegt. Andererseits tauchen Zuwanderer mit deutscher Staatsangehörigkeit in der Bestandsstatistik nicht als solche auf.

2.5.1.1.2 Wanderungsraten

Unter den (Ereignis-)Maßen der Wanderungen ist neben den absoluten Wanderungszahlen und dem Wanderungssaldo für den internationalen Vergleich insbesondere die Wanderungsrate

$$(2.5.1) \qquad WR = W/P$$

von Bedeutung, die die Wanderungen W in Beziehung zum Bevölkerungsumfang P setzt. Dabei misst nur die Wanderungsrate in Bezug auf Aus- und Binnenwanderung den Eintritt des Wanderungs-‹Risikos› in der Bevölkerung, die diesem Wanderungsrisiko unterliegt (analog zu Geburten- und Sterberaten, s. o.). Die Auswanderungsrate ist damit ein Maßstab für das Wanderungsverhalten. Die Einwanderungsrate muss man hingegen eher als ‹Betroffenheitsrate› interpretieren, denn sie informiert darüber, in welchem Maße eine Gesellschaft in Relation zur Bevölkerungsgröße von Einwanderung betroffen ist. Zu den manchmal wenig beachteten Trivialitäten bei der Interpretation der Wanderungsrate gehört, dass ein Wanderungsstrom W in der Zuwanderungs- und der Abwanderungsgesellschaft zu sehr unterschiedlichen Zu- und Abwanderungsraten WR führt, wenn die Bevölkerungsgrößen P hinreichend unterschiedlich sind. Gelegentlich findet sich auch die Angabe der Nettowanderungsrate, wobei im Zähler von Gleichung

---

1 Der Ausländeranteil ist allerdings in Deutschland sehr unterschiedlich verteilt: Während er in den westlichen Bundesländern durchschnittlich 10,3 % beträgt und einige Großstädte wie Frankfurt a. M., Mannheim, Stuttgart oder München einen Ausländeranteil von deutlich über 20 % haben, liegt er in den neuen Bundesländern bei nur 2,4 %.

2.5.1 der Wanderungssaldo (d.h. die Differenz von Zu- und Abwanderung) steht. Die Nettowanderungsrate lässt sich auch als wanderungsbedingte Wachstumsrate einer Bevölkerung interpretieren. Alle drei Wachstumsraten wie auch ausgefeiltere Maßzahlen[1] gehen davon aus, dass im Nenner die für die Definition von Auswanderung bzw. Einwanderung relevante Bevölkerung steht. Nicht unüblich ist aber auch, kleinräumiger definierte Wanderungen auf größere Bevölkerungsmengen zu beziehen: z.B. die Binnenwanderungen auf die gesamte Bevölkerungsgröße einer Gesellschaft (s. u.).

2.5.1.2 Binnenwanderungen

Die zuvor geschilderten, grenzüberschreitenden Wanderungen werden auch als Außenwanderung bezeichnet – im Gegensatz zur Binnenwanderung innerhalb der Grenzen eines Nationalstaats. Statt nationalstaatlicher Grenzen sind auch supranationale oder rein statistische Grenzziehungen gebräuchlich, ersichtlich etwa am Beispiel der «europäischen Binnenwanderung». Die Zurechnung zur Außen- versus Binnenwanderung hängt natürlich von der Grenzziehung ab, und veränderte Grenzziehungen wie die der deutschen Vereinigung machen beispielsweise die frühere Außenwanderung zwischen der DDR und der Bundesrepublik seit 1990 zur Binnenwanderung.

Bei der Erfassung der Binnenwanderung ist die Definition von Grenzen, Gebieten und relevanten Wanderungsdistanzen weit willkürlicher als bei der Außenwanderung. Wanderungsdistanzen sind in amtlichen Statistiken nur selten dargestellt, und auch in der amtlichen Binnenwanderungsstatistik sind Wanderungen durchgehend als grenzüberschreitender Wohnungswechsel definiert. In der deut-

---

1 Ausgefeiltere Maßzahlen – wie Migrationstafeln, die analog der (Mehrzustands-) Sterbetafel berechnet werden (vgl. u. a. Rogers 1975: 57 ff.) – sind bei der Analyse der Migration weniger gebräuchlich als bei der Analyse von Geburtenentwicklung und Lebenserwartung.

schen Binnenwanderungsstatistik gelten dabei Umzüge innerhalb der politischen Gemeinde nicht als Wanderung (z.B. Statistisches Bundesamt 2000c: 78 f.). Kleinräumige Wanderungen werden daher je nachdem entweder gar nicht oder als Wanderung über Gemeindegrenzen, über Bundeslandgrenzen oder gar über Staatsgrenzen erfasst.[1] Während kleine Gebietseinheiten eine unübersichtliche Vielzahl von Abwanderungs- und Zuwanderungsgebieten zur Folge haben, lassen große Gebietseinheiten (v. a., wenn sie benachbart sind) die für alle sozialen Implikationen wichtige Frage nach der Wanderungsdistanz unbeantwortet. Insbesondere die auch im Statistischen Jahrbuch veröffentlichten Wanderungen zwischen den Bundesländern sind daher wenig informativ.

Einen Anhaltspunkt für das Ausmaß der Binnenwanderung in Deutschland liefert dennoch die Information, dass jährlich etwa vier Millionen Umzüge über die Gemeindegrenze hinweg – d.h. als Wanderung – stattfinden, darunter 1,1 Millionen zwischen den Bundesländern (Statistisches Bundesamt 2001e: 78 f.). Bezogen auf die Wohnbevölkerung von etwa 80 Millionen ergibt sich daraus eine jährliche Binnenwanderungsrate in der Größenordnung von 5 %.[2] Dabei sind wie gesagt innerörtliche Umzüge und Segregationsprozesse[3] nicht berücksichtigt, und besonders bei den Fernwanderungen handelt es sich zum Teil auch um Rückwanderungen. Bei der Interpretation ist außerdem zu beachten, dass es sich um eine personenbezogene Betrachtung handelt – z.B. gehen längst nicht alle Wanderungen mit einer Wohnungsauflösung einher.

Umzugsgründe und Wanderungsdistanzen sind nur aus der Umfrageforschung und nur ansatzweise bekannt. Überregionale Wanderungen sind vor allem beruflich und durch Familiennachzug bedingt (vgl. zum Überblick Wagner 1989). Viele Wanderungen finden

---

1 Ergebnisse zur Entwicklung der kleinräumigen Wanderungen sind zudem in Deutschland wegen der kommunalen Gebietsreform kaum vergleichbar.

2 In dieser Kalkulation sind allerdings auch Mehrfachwanderungen innerhalb eines Jahres enthalten.

3 Unter Segregation versteht man die Tendenz, in eine ethnisch oder sozio-ökonomisch homogene Nachbarschaft zu ziehen.

im Übrigen zwischen ländlichen und städtischen Gebieten statt. ‹Tradition› hat dabei die Land-Stadt-Wanderung, ausgelöst durch die Industrialisierung im 19. Jahrhundert (vgl. im Folgenden auch Hoffmeyer-Zlotnik 2000: 934f.). Während die feudale agrarische Produktionsstruktur mit einer relativ einheitlichen Siedlungsdichte einherging (weil sich der Ernteertrag kaum durch zusätzliche Arbeitskräfte steigern ließ und diese auch nicht ernährte), machte die Industrialisierung eine räumliche Konzentration von Arbeitskräften erforderlich. Die vorindustriellen Städte als Handelszentren und Märkte wurden zu Industriestädten. Im Zuge dieser Entwicklung sind viele Städte in Europa und in den USA gegen Ende des 19. und zu Beginn des 20. Jahrhunderts auf ein Mehrfaches ihrer früheren Einwohnerzahl angewachsen. Während des 20. Jahrhunderts ist ein zusätzlicher Motor der Land-Stadt-Wanderung auch der weitere Rückgang des Agrarsektors (s. Kapitel 4.2.1) und die höhere Kinderzahl in ländlichen Gebieten. In vielen weniger entwickelten Ländern ist seit der zweiten Hälfte des 20. Jahrhunderts gleichfalls eine Abwanderung aus den ländlichen Regionen und ein zum Teil immenses Wachstum zentraler Städte zu beobachten, wofür aber weniger der Sog des Arbeitskräftebedarfs in den städtischen Industriestandorten verantwortlich ist als die im Vergleich zur städtischen noch weit höhere ländliche Geburtenrate in Verbindung mit einer stagnierenden landwirtschaftlichen Produktion, welche die Landbevölkerung kaum ernährt.

Seit dem 20. Jahrhundert gehören zur Binnenwanderung auch die Prozesse der Suburbanisierung, d.h. der Abwanderung aus dem Stadtkern in das stadtnahe (mit der Zeit ähnlich hoch verdichtete) Umland.[1] In der Folge dieser Entwicklung haben die Großstädte schrumpfende Einwohnerzahlen zu verzeichnen, während die des Umlands zunehmen. Die mit dieser Wanderungsbewegung ein-

---

1 Inwieweit es sich jeweils um Wanderungen im Sinne der deutschen Statistik – also um gemeindegrenzenüberschreitende Umzüge – handelt, hängt von den politisch definierten Gemeindegrenzen und von den jeweiligen Eingemeindungen ab.

hergehende Vergrößerung der Distanz zwischen Arbeitsplatz und Wohnung setzt den Ausbau der Transportmöglichkeiten voraus. In der Bundesrepublik ist in diesem Zusammenhang die allgemeine Motorisierung in den 1950er und 60er Jahren bedeutsam. Damit ist verbunden, dass der Suburbanisierungsprozess zunächst überproportional von den sozial besser gestellten Schichten getragen wird. Argumente des Wohnungsmarkts und der Grundstückspreise tragen außerdem dazu bei, dass vor allem besser gestellte jüngere Familien – d.h. eher große Haushalte – in das stadtnahe Umland ziehen (vgl. Friedrich 1995).

Soziologisch bedeutsam sind ferner Segregationsprozesse – sie bezeichnen die zumeist innerstädtische sozialräumliche Differenzierung nach sozio-ökonomischen Merkmalen, insbesondere nach Ethnizität und Sozialschicht. Der Grad der Segregation zwischen unterschiedlichen Sozialgruppen ist – neben anderen Indikatoren wie den Heiratsbeziehungen – ein guter Maßstab für das Ausmaß der sozialen Ungleichheit in der Gesellschaft, wobei Segregation versus Integration die Sozialbeziehungen prägen (Esser 1985; Hoffmeyer-Zlotnik 2000: 955).

In der vorindustriellen Zeit war die ganze Familie (Teil einer) Produktionseinheit, und erst die Industrialisierung hat eine Trennung von Wohnung und Arbeitsplatz mit sich gebracht. Die frühe Industrialisierung ist allerdings noch davon geprägt, dass Wohnung und Arbeitsplatz nur eine geringe Distanz aufweisen. So waren Werkswohnungen weit verbreitet. Die beschriebenen Wanderungen – vor allem die Suburbanisierung und die Segregation – vergrößern jedoch die Entfernung zwischen Wohnung und Arbeitsplatz und machen Pendeln erforderlich. Hinzu kommt eine größer gewordene berufliche Arbeitsplatzmobilität, die vor allem in höheren Bildungsschichten die Entfernung zwischen Wohnung und Arbeitsplatz erhöht und – als Alternative zur Wanderung im eigentlichen Sinn – ein (nicht selten auch wöchentliches) Pendeln nach sich zieht. Schließlich entsteht eine Zunahme von Pendlern und Pendeldistanzen auch aus der vermehrten qualifizierten Berufstätigkeit beider (Ehe-)Partner. Die amtliche Statistik unterscheidet nicht nach diesen Ursachen – allerdings lässt sich Folgendes sagen: Etwa ein Drittel aller Erwerbstätigen, Schüler und Studenten pendelt über die Gemeindegrenzen hinweg (Statistisches Bundesamt 1991a: 16, 116).[1] Der Anteil ist natürlich in größeren Gemeinden geringer als in kleineren und im jüngeren Erwerbsalter höher als in der zweiten Hälfte des Erwerbslebens (Statistisches Bundesamt 1991a: 42, 118f.). Zu etwa 80 % sind die Berufspendler über die Gemeindegrenzen hinweg mit dem Auto unterwegs, und selbst innerhalb der Gemeinde sind es über 50 % (Statistisches Bundesamt 1991b: 14). Für immerhin über 10 % der Erwerbstätigen liegen aber Arbeitsstätte und Wohnung sogar auf demselben Grundstück (Statistisches Bundesamt 1991a: 114). Aufgrund angestiegener regionaler Miet- und Wohnungspreisunterschiede, aufgrund der schon genannten Zunahme einer qualifizierten Berufstätigkeit beider (Ehe-)Partner und nicht zuletzt aufgrund verkürzter Reisezeiten ist die Binnenmigration in der Bundesrepublik eher rückläufig, während die Zahl der Pendler und vor allem das Ausmaß der Pendeldistanzen zugenommen haben. Diese Entwicklung hat nachhaltige Bedeutung für die Flexibilität der Wirtschaft, für die Siedlungsstruktur wie auch für die Verkehrs- und Infrastruktur.

Sieht man von den kleinräumigen Wanderungen und dem Berufspendeln ab, die sich vor allem im Kontext von Suburbanisierungs- und Segregationsprozessen vollziehen, sind Wanderungen stark auf das Kleinkindalter und auf das junge Erwachsenenalter konzentriert (s. Abbildung 2.5.2), bedingt durch den Auszug aus dem Elternhaus, durch die Ausbildung und den Einstieg ins Erwerbsleben. Diese Altersselektivität betrifft sowohl die Ost-West-Binnenwanderung in Deutschland als auch die Außenwanderung. Während die Aus- und Übersiedler und die sich anschließende Ost-West-Binnenwanderung ein weitgehend ausgeglichenes Zahlenverhältnis zwischen den Geschlechtern aufweisen, ist vor allem die Arbeitsmigration aus Südeuropa in den 1960er und frühen 70er Jahren stark von Männern dominiert.

---

1   Alle Angaben sind Ergebnisse der Volkszählung 1987 (altes Bundesgebiet).

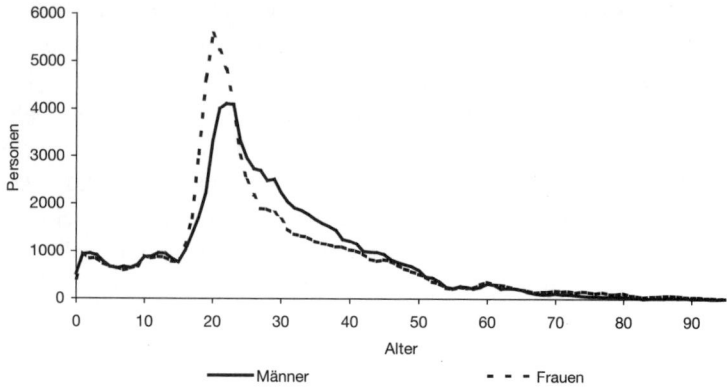

Abbildung 2.5.2: Altersspezifische Wanderungen ostdeutscher Männer und Frauen nach Westdeutschland im Jahr 2000 (ohne Berlin)
Quelle: Statistisches Bundesamt (unveröffentlichte Daten); eigene Berechnungen

2.5.2 Hintergründe und Determinanten der Wanderungsbereitschaft

Die theoretischen Erklärungsansätze von Wanderungsbewegungen sind – trotz eines großen und fast unüberschaubaren Literaturbestands und zahlreicher Übersichtsbeiträge zu dieser Thematik – deutlich weniger entwickelt als beispielsweise die des generativen Verhaltens (vgl. im Folgenden insbesondere Kalter 2000). Dies rührt nicht nur daher, dass Wanderungen weltweit auch durch politische Ereignisse, Kriege, Verfolgung und Vertreibung erzwungen werden. Vielmehr ist sogar das ‹freiwillige› Wanderungsverhalten theoretisch noch vergleichsweise wenig reflektiert. Dennoch lassen sich zentrale Faktoren benennen, die mit dem Umfang und/oder der Richtung von (‹freiwilligen›) Wanderungsströmen in engem Zusammenhang stehen. Hierzu gehören insbesondere die Wanderungsdistanz, die Bevölkerungsgröße sowie Unterschiede des Lohnniveaus und der Arbeitslosenquote.

Der Einfluss der Distanz ist im Rahmen so genannter Gravitationsmodelle der Migration (z.B. Zipf 1946) vielfach beschrieben, aber nicht wirklich erklärt worden. Diesen Modellen zufolge sind die Wanderungsströme desto kleiner, je größer die Wanderungsdistanz. Zur Erklärung kommen verschiedene Mechanismen in Betracht. Zum einen hängen die Kosten von der Wanderungsdistanz ab: Hierzu gehören nicht nur die monetären Umzugskosten, sondern auch soziale Kosten, die Möglichkeit von Besuchen in/aus der Heimat usw. Zum anderen spielen «intervening opportunities» (Stouffer 1940) eine Rolle – das sind alternative Attraktionen, die näher an der Heimat liegen und umso zahlreicher sind, je größer die Wanderungsdistanz ist. Im Hinblick auf die Distanz ist ungeachtet des zugrunde liegenden Erklärungszusammenhangs wenig erstaunlich, dass die Binnenwanderungsströme – auch die zwischen den Bundesländern – wesentlich größer ausfallen als die der Außenwanderung.

Die Gravitationstheorie macht außerdem die Bevölkerungsgröße von zwei Gebieten für den Wanderungsumfang zwischen diesen Gebieten verantwortlich. In aller Regel wird dabei das Wanderungsvolumen als proportional abhängig von dem Produkt beider Bevölkerungsgrößen angesehen (z.B. Zipf 1946). Bei gegebener Gesamtgröße beider Bevölkerungen zusammen bedeutet dies, dass der Wanderungsumfang dann am größten ist, wenn beide Bevölkerungen gleich groß sind. Im Hinblick auf die Binnenwanderung innerhalb eines Gebiets mit gegebener Gesamtbevölkerung ist daher ein hohes Wanderungsvolumen über große Distanzen dann zu erwarten, wenn die Siedlungsstruktur – wie in der Bundesrepublik – nicht durch eine dominierende Metropole, sondern durch mehrere etwa gleich große Städte und Ballungszentren geprägt ist.

Die Richtung von Wanderungsbewegungen lässt sich im Spannungsfeld von Push- und Pull-Faktoren analysieren. Hierbei sind Unterschiede des Lohnniveaus und der Arbeitslosenquote von großer Bedeutung. In der Perspektive der Makroökonomie bildet sich das regionale Lohnniveau als Gleichgewicht zwischen Angebot und Nachfrage auf dem regionalen Arbeitsmarkt, und über

Wanderungen wird ein überregionaler Gleichgewichtsprozess ausgelöst.

Aus einer Untersuchung von Birg, Flöthmann, Heins und Reiter (1998) geht hervor, dass die Binnenwanderung in Deutschland mit den beschriebenen Faktoren gut in Einklang zu bringen ist. Inwieweit die genannten Faktoren auch zur Erklärung der Außenwanderung beitragen, ist hingegen nicht einfach zu beantworten: Zum einen wird die Außenwanderung – im Unterschied zur Binnenwanderung – auch von Kulturunterschieden, Einwanderungsbestimmungen und anderen Faktoren gesteuert, die zwischen den Einwanderungsgruppen sehr unterschiedlich ausfallen. Zum anderen ist die relevante Risikopopulation, auf die sich die Auswanderungsrate des Wanderungs*verhaltens* bezieht, oft schwierig zu bestimmen. Sie ist sicher selten mit der gesamten Herkunftsnation gleichzusetzen, sondern in aller Regel kleinräumiger zu definieren als bei den süditalienischen Arbeitsmigranten. Sieht man von den Flüchtlingen und Vertriebenen in den unmittelbaren Nachkriegsjahren ab, sind nichtsdestotrotz die oben beschriebenen Außenwanderungen in augenfälliger Weise durch ein beträchtliches Wohlstandsgefälle gekennzeichnet. Dies betrifft sowohl die Übersiedler und Spätaussiedler als auch die Arbeitsmigranten aus Südeuropa: Sie kommen aus Regionen, die im jeweiligen Heimatland als benachteiligt anzusehen sind. Speziell bei den Asylsuchenden kommen aber neben dem Wohlstandsgefälle in besonderem Maße auch Kulturexport, Kriege und andere Faktoren hinzu.

Die ausgeführten, eher makrosoziologisch angelegten Erklärungen reichen allerdings nicht aus, um individuell unterschiedliches Wanderungsverhalten und die häufig beobachtete Gleichzeitigkeit von (unterschiedlich starken) Wanderungsströmen in entgegengesetzter Richtung zu erklären. Zu berücksichtigen ist vielmehr, dass die Push- und Pull-Faktoren nicht nur mit regionalen Merkmalen (z.B. Lohnniveau, Arbeitslosenquote) verbunden, sondern individuell (z.B. je nach Beruf, familiären Bindungen usw.) unterschiedlich ausgestaltet sind. Hinsichtlich der Pull-Faktoren hängen z.B. geeignete Arbeitsplätze von der Berufsausbildung ab, geeignete Wohnungen von der Familiengröße und vom Einkommen usw. Entsprechend sind die Push-Faktoren individuell unterschiedlich gelagert. In zunehmendem Maße finden deshalb in theoretischen Überlegungen auch die handlungstheoretischen Grundlagen der Migration Beachtung. Das Wanderungsverhalten lässt sich auch als Abwägung von Nutzen und Kosten interpretieren. In der mikroökonomischen Variante dieses Ansatzes stellt sich die Wanderung als Humankapitalinvestition dar. Der Orts- und Arbeitsplatzwechsel ist aus dieser Sicht eine Maßnahme zur Erhöhung der Arbeitsproduktivität und des Einkommens, die je nach Alter, Berufsgruppe usw. unterschiedlich zu Buche schlägt und unterschiedliche Kosten verursacht. Zu den Kosten zählt auch ein Verlust der mit der Wohndauer an einem Ort verknüpften lokalen Bindungen, ein Verlust des lokalspezifischen Kapitals im Hinblick auf soziale Netzwerke, ein Verlust der Ortskenntnisse über die Nutzung von Konsumangeboten usw. Die zuvor beschriebene Konzentration der Migranten auf das junge Erwachsenenalter lässt sich vor diesem Hintergrund damit erklären, dass Humankapitalinvestitionen zu Beginn des Erwerbslebens den größten Ertrag erbringen und die Wanderung im jungen Erwachsenenalter die geringsten Kosten verursacht hinsichtlich der Berufsbiographie und der familiären Bindungen.

2.5.3 Gesellschaftliche Konsequenzen der Zuwanderung

2.5.3.1 Demographische Folgen

Gesellschaftliche Konsequenzen der Wanderung entstehen sowohl in der Abwanderungs- als auch in der Zuwanderungsregion. Die augenscheinlichsten Folgen der Migration sind mit der Außenwanderung verbunden. Diese hat Einfluss auf den Bevölkerungsumfang, und sie beeinflusst vor allem die Größe der Altersgruppe zwischen etwa 20 Jahren und Mitte 30. Da dies genau die Altersgruppe ist, in der die Familienentwicklung stattfindet, sind Wanderungsbewegungen in aller Regel mit einem Fertilitätseffekt verbunden, der in den alten Bundesländern – zusätzlich zu den Zuwanderern selbst – zu der heutigen Bevölkerungszahl wesentlich beigetragen hat (vgl. auch oben Anm. 2 auf Seite 44) und gegenwärtig den demographischen Entlastungseffekt noch vergrößert.

Zu den unmittelbaren Folgen der Zuwanderung gehört schließlich, dass ein Bevölkerungsanteil mit Migrationshintergrund existiert, der sich in der Zuwanderungsgesellschaft hinsichtlich Status und anderer sozialstruktureller Merkmale oft erheblich von der einheimischen Bevölkerung unterscheidet und in unterschiedlichem Maße integriert ist. Je nach Ausgestaltung des Staatsangehörigkeitsrechts spiegelt sich der Migrationshintergrund mehr oder weniger gut in der Staatszugehörigkeit wider, während die ‹deutschen› Zuwanderer (vor allem Aussiedler, von denen inzwischen im Jahr 2000 drei Viertel ihre Aufnahmeberechtigung nur aus Verwandtschaftsbeziehungen ableiten!) in der amtlichen Bevölkerungsstatistik weitgehend unsichtbar bleiben. In den klassischen Einwanderungsländern mit einer ausgebildeten Einbürgerungspraxis wie den USA wird in der Statistik weniger nach der Staatsangehörigkeit als zwischen Weißen, Schwarzen, Hispanics und in jüngerer Zeit den asiatischen Einwanderern unterschieden. In Deutschland ist hingegen der Ausländerstatus vor allem für die Zuwanderungsgruppen aus Südeuropa (einschließlich der Türkei) und aus dem außereuropäischen Ausland – d.h. vor allem für die so genannten Gastarbeiter und die Asylsuchenden – ein guter Indikator für den Migrationshintergrund (zumindest bislang). Deutschland hat im Jahr 2000 einen Ausländeranteil von etwa 9 % (z.B. Schweiz 20 %, Frankreich 6 % und Großbritannien knapp 4 %). Etwa 80 % der Ausländer in der Bundesrepublik haben eine europäische Staatsangehörigkeit (darunter allein 27 % die türkische), knapp 5 % kommen aus Afrika und 12 % aus Asien. Es besteht eine starke räumliche Konzentration der Ausländer auf Nordrhein-Westfalen, Baden-Württemberg, Bayern, Hessen und Berlin. Fast 30 % der Ausländer sind in Deutschland geboren, und weitere über

40 % leben seit mindestens 10 Jahren hier (vgl. auch Statistisches Bundesamt 2001c; 2001e).

2.5.3.2 Wirtschaftliche Folgen

Nach dem Zweiten Weltkrieg hatten die Wanderungsströme große Bedeutung für die wirtschaftliche Entwicklung sowohl in der Bundesrepublik als auch in der DDR. Während die Abwanderung aus der Sowjetischen Besatzungszone und der späteren DDR für die dortige wirtschaftliche und soziale Entwicklung hinderlich war, hat die Zuwanderung im Westen nach Überwindung der Arbeitslosigkeit zum Wirtschaftsaufschwung wesentlich beigetragen. Der Effekt wurde jeweils noch dadurch verstärkt, dass vorwiegend junge und qualifizierte Arbeitskräfte in den Westen gegangen sind (Lüttinger 1986: 30). Unterstützt wurde diese Entwicklung durch die Vertriebenen bzw. Aussiedler der 1940er und 50er Jahre und abgelöst durch die so genannten Gastarbeiter. Letztere hatten auch – bedingt durch den hohen Männeranteil und den ggf. erst späten Familiennachzug – mit einer zunächst hohen Erwerbsquote zur wirtschaftlichen Entwicklung der Bundesrepublik beigetragen. Die Erwerbsquote hat sich aber längst durch Familiennachzug, eine längere Aufenthaltsdauer und durch die Probleme der Migrantenkinder beim Übergang ins Berufsleben derjenigen der deutschen Bevölkerung deutlich angenähert.

Spätestens seit den 1980er Jahren sind positive Effekte der Zuwanderung auf die Wirtschaftsentwicklung durch verschiedene Faktoren in Frage gestellt: Sowohl die Polendeutschen der 80er Jahre als auch die Spätaussiedler aus der früheren Sowjetunion in den 90er Jahren haben oft immense Sprachprobleme, nur wenig anschlussfähige Berufsqualifikationen und sind folglich hierzulande von einer hohen Arbeitslosigkeit betroffen. Die Asylsuchenden haben zudem keine Arbeitserlaubnis.

In diesem Zusammenhang ist auch der überproportional häufige Sozialhilfebezug von Zuwanderern erwähnenswert. Studien aus

Deutschland (Riphahn 1998) wie aus den USA (Blau 1984) zeigen allerdings, dass die erhöhte Armutsbetroffenheit von Zuwanderern mit deren Bildungsniveau und anderen Merkmalen leicht erklärbar ist, sich also nicht von vergleichbaren einheimischen Bevölkerungs-gruppen unterscheidet. Vor allem Nichterwerbstätigkeit, insbeson-dere Arbeitslosigkeit, ist – bei Zuwanderern stärker als bei Einhei-mischen – mit einer hohen Verarmungsgefahr verbunden (Riphahn 2004), nicht zuletzt deshalb, weil – abhängig von der Aufenthalts-dauer – sozialstaatliche Ansprüche oft erst auf niedrigem Niveau erworben wurden.

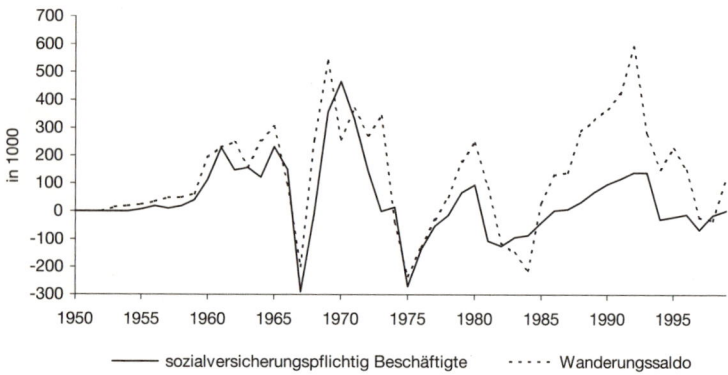

Abbildung 2.5.3: Sozialversicherungspflichtig Beschäftigte und Saldo der Wanderungen (bei den sozialversicherungspflichtig Beschäftigten: Veränderung gegenüber dem Vorjahr)
Quelle: Deutsches Institut für Wirtschaftsforschung, internes Papier

Eine Schlüsselgröße für die wirtschaftlichen Folgen der Zuwan-derung ist somit die Beschäftigung. Die Zahl der Beschäftigten und der Außenwanderungssaldo haben sich nur bis zum Ende der 1970er Jahre völlig gleich gerichtet entwickelt – seither findet durch den Familiennachzug der ‹Gastarbeiter›-Familien, durch die schwer in den Arbeitsmarkt integrierbaren Spätaussiedler und durch die Asylsuchenden, die generell keiner Erwerbstätigkeit nachgehen, eine zunehmende Entkopplung von Zuwanderung und Beschäftigung statt (Deutsches Institut für Wirtschaftsforschung 2000: 809 ff. sowie Abbildung 2.5.3).[1] Nichtsdestotrotz bleibt die Einwanderung auch in Zukunft für den Arbeitsmarkt bedeutsam. Allerdings ist davon auszugehen, dass auch eine weitere jährliche Zuwanderung in einem Umfang, wie sie dem Durchschnitt der Jahre 1970 bis 1999 entspricht, die Erwerbspersonenzahl nur bis etwa zum Jahr 2020 stabilisieren kann, während anschließend ein drastischer Rückgang abzusehen ist (Deutsches Institut für Wirtschaftsforschung 2000).

2.5.3.3 Sozial(strukturell)e Bedeutung der Zuwanderung

Sozialstrukturelle Konsequenzen der Zuwanderung entstehen zum einen aus selektiven Wanderungsbewegungen (bzw. einer unterschiedlichen sozialen Strukturierung in den Abwanderungsgebieten), zum anderen aus sozialen Prozessen, die mit der Einwanderung hierzulande verbunden sind.

Im Hinblick auf (individuell weitgehend konstante) Selektionsmerkmale ist z. B. bei den Arbeitsmigranten aus Südeuropa und der Türkei das Übergewicht junger Männer mit vergleichsweise niedriger Berufsqualifikation (gemessen an der der deutschen Bevölkerung) zu nennen. Bei den Nachkriegsflüchtlingen aus der DDR ist hingegen die Berufsqualifikation für die betreffenden Generationen überdurchschnittlich.

Zu den sozialen Prozessen, die mit Wanderungen häufig in Verbindung gebracht werden (aber natürlich nicht unabhängig sind von

---

1   Die Interpretation des Zusammenhangs zwischen den zwei Zeitreihen steht natürlich unter dem Vorbehalt, dass nicht gleichzeitig mit einem Einwanderungsüberschuss entsprechend mehr (bzw. mit einem Einwanderungsdefizit entsprechend weniger) Einheimische erwerbstätig sind, während an Zu- und Abwanderung nur die nichterwerbstätige Bevölkerung beteiligt ist (Ökologischer Fehlschluss; vgl. Kapitel 1.2.1). Ein Stück weit ist in der Tat nicht auszuschließen, dass Ein- und Auswanderung auch mit einem gewissen Auf und Ab der Beschäftigung bei der einheimischen Bevölkerung einhergehen, da beide Entwicklungen (Migration und Beschäftigung) von der Konjunktur beeinflusst werden.

den genannten Selektionsmerkmalen), gehört eine Stabilisierung der beteiligten Sozialsysteme. In der Abwanderungsgesellschaft vermindert sich der Reformdruck, indem gesellschaftskritische und/oder ökonomisch unzufriedene Teile der Bevölkerung auswandern. Vor diesem Hintergrund hatte die Ost-West-Wanderung bis zum Mauerbau im Jahr 1961 einen stabilisierenden Effekt auf das DDR-System. Zumindest hinsichtlich der ökonomischen Unzufriedenheit ist auch davon auszugehen, dass die Arbeitsmigration aus Südeuropa zur Stabilisierung der dortigen Systeme beigetragen hat.

Auch in der Zuwanderungsgesellschaft werden tendenziell – zumindest durch ökonomisch motivierte Wanderungen (wie die ‹Gastarbeiter›-Migration oder die europäische Einwanderung in die USA) – bestimmte Bedarfe gedeckt, die sich den Wanderern zuvor vermitteln, als Pull-Faktoren wirken und ihnen eine ökonomische Verbesserung bzw. einen Abbau der ökonomischen Deprivation im Herkunftsland versprechen und in der Regel auch bewirken. Ein systemstabilisierender Effekt sowohl für das Aufnahme- als auch für das Abgabesystem resultiert somit aus den oben dargestellten Migrationstheorien und lässt sich auch handlungstheoretisch auf die Wanderungsanreize – Push- und Pull-Faktoren – zurückführen (vgl. Esser 1978). Die betreffenden Wanderungen bewirken einen Spannungsausgleich zwischen verfügbaren und beanspruchten Ressourcen (Hoffmann-Nowotny 1973; Saunders 1956) und transformieren Systemkonflikte zu individuellen Konflikten, z.B. zu Anomie in der fremden Lebenssituation.

Der systemstabilisierende Effekt in der Zuwanderungsgesellschaft hängt demnach davon ab, ob (1) ein Bedarf an den Zuwanderern besteht und (2) ob sich diese dem Bedarf entsprechend integrieren. Bei der Arbeitsmigration in die Bundesrepublik waren beide Bedingungen tendenziell am besten gegeben.

1. Ausschlaggebend für den Bedarf sind insbesondere die Auswirkungen auf den Status, die Mobilität und ggf. eine vertikale soziale Umschichtung der Einheimischen. Diese hängen wesentlich von der Arbeitsmarktlage und davon ab, in welche beruflichen Positionen die Zuwanderer eintreten. Besonders die Arbeitsmigranten aus

Südeuropa und der Türkei haben zunächst Berufe im untersten Bereich der Positionsstruktur eingenommen[1] – es fand mit anderen Worten eine Unterschichtung der deutschen Gesellschaft statt. Diese entspricht dem Bildungsniveau der betreffenden ausländischen Beschäftigten in Deutschland, die weit überdurchschnittlich häufig keine Ausbildung und nur vergleichsweise selten Abitur haben (Bender und Seifert 2000: 62). Im Kontext einer schrumpfenden einheimischen Bevölkerung wie der deutschen und einem Überangebot an Arbeitsplätzen, das mit dem Generationswechsel einhergeht, ermöglicht die Unterschichtung durch Zuwanderung für die nachwachsende Generation einen kollektiven Aufstieg, «… ohne daß hierfür ein ökonomisches Wachstum oder ein Verdrängungswettbewerb notwendig wäre» (Nauck 1994: 208). Nauck (1994: 209) spricht in diesem Zusammenhang von einem «Kamin- bzw. Fahrstuhleffekt». Indem die Zuwanderung (zumindest in den ersten Jahrzehnten nach dem Zweiten Weltkrieg) allen Beteiligten – Einheimischen und Immigranten – Vorteile verschafft hat, hat sie zur Stabilisierung der westdeutschen Wohlstandsgesellschaft wesentlich beigetragen (Nauck 1994: 208 ff.).

Umgekehrt stellt sich die Situation dar, die nach der Wende in den 1990er Jahren mit der West-Ost-Wanderung in die neuen Bundesländer einhergeht: Überwiegend hoch qualifizierte Spezialisten aus dem Westen haben im Osten hochrangige Positionen eingenommen und berufliche Entwicklungsmöglichkeiten für die dortige Bevölkerung blockiert. Die damit verbundene Überschichtung ist potenziell konfliktträchtiger, was auch in einem angespannteren Verhältnis zwischen Ost- und Westdeutschen gerade in den neuen Bundesländern zum Ausdruck kommt.

2. Die Stabilisierung der Aufnahmegesellschaft hängt außerdem von der Integration der Zuwanderer und einer Reihe von Phänomenen ab, die mit ihrer Integration oder Nichtintegration einherge-

---

1 Auch die überdurchschnittlich qualifizierten Zuwanderer aus der DDR wurden beruflich niedriger platziert, als es ihrer Qualifikation entsprach (Lüttinger 1986: 33 f.).

hen. Während die zuvor skizzierten Zusammenhänge vor allem auf theoretischen Überlegungen beruhen, ist die Integration der Zuwanderer (insbesondere die der Arbeitsmigranten aus Südeuropa und der Türkei) empirisch vielfältig untersucht. Hierzu ist allerdings anzumerken, dass der sozialstrukturelle Wandel der zugewanderten Bevölkerung nur wenig über den Integrationsprozess aussagt, weil weitere Zuwanderung und zum Teil Rückwanderung deren Bevölkerungszusammensetzung verändern. Sozialstrukturelle Veränderungen der Migrantenbevölkerung sind deshalb in erster Linie auch als Folge selektiver Zu- und Rückwanderung zu interpretieren. Dies gilt in besonderem Maße für die nicht eingebürgerten Migranten, die sich allein zwischen 1961 und 1985 um ein Mehrfaches ihres Bestands ausgetauscht haben (Nauck 1988: 282). Hinzu kommt, dass einige Merkmale (z.B. die Kinderzahl) zumindest teilweise auf (generativen) Verhaltensweisen *vor* der Einwanderung beruhen. Ein verbreiteter Maßstab der Integration ist deshalb der Unterschied, den die zweite Generation der hier Geborenen gegenüber den Einwanderern zeigt – man geht gewöhnlich davon aus, dass die zweite Generation besser integriert ist, weil sie unter den kulturellen Bedingungen der Einwanderungsgesellschaft aufgewachsen ist. Bei den ‹Gastarbeiter›-Gruppen, die sich überwiegend zunächst nicht im Familienverband, sondern als männliche Pionierwanderer in der Bundesrepublik niedergelassen haben, waren jedoch derartige Untersuchungen bislang noch kaum möglich.

Ein weiterer Maßstab für die Integration sind insbesondere die sprachliche und kulturelle Eingliederung, die Eingliederung in das Beschäftigungssystem, die interethnischen Beziehungen (s.u.) und – bei der zweiten Generation – der Schulerfolg und die Bildungszertifikate. Ausschlaggebend für die Integration sind jeweils – neben weiteren Faktoren – die kulturelle Distanz bzw. Nähe zur einheimischen Bevölkerung, die Aufenthaltsdauer und die damit verbundenen Prozesse der Sozialisation und der Situationsveränderung (vgl. auch Esser 1981) sowie die politisch-historischen Kontextbedingungen in der Aufnahmegesellschaft (vor allem die Arbeitsmarktsituation, die Existenz einer entsprechenden ethnischen

Gruppe und der Aufenthalts- und Staatsangehörigkeitsstatus, der den Zuwanderern und deren Familien gewährt wird).

Vor diesem Hintergrund sind einige Integrationsunterschiede zwischen den Zuwanderergruppen leicht erklärbar. Die Flüchtlinge aus dem Gebiet der heutigen neuen Bundesländer und die Nachkriegsvertriebenen hatten im Hinblick auf ihre kulturelle Nähe und ihren legalen Status günstige Integrationsbedingungen. Dennoch sind beide Gruppen bei der Integration in den westdeutschen Arbeitsmarkt von Dequalifizierungsprozessen betroffen (Lüttinger 1986: 34): Diejenigen mit Lehre sind häufiger als die Einheimischen mit entsprechender Ausbildung als unqualifizierte Arbeiter beschäftigt und diejenigen mit mittlerer Ausbildung häufiger in einer Arbeiterposition. Beide Gruppen befinden sich auch seltener in Selbständigenpositionen als Einheimische, denen diesbezüglich die Vererbung von (v. a. auch Betriebs-)Eigentum zugute kommt. Lediglich die zugewanderten Abiturienten, Fachhochschul- und Hochschulabsolventen wurden gut in den Arbeitsmarkt integriert. Benachteiligungen bei der Wahrnehmung von Bildungschancen der Kinder sind auf die Vertriebenen konzentriert, weil diese in der Notsituation der unmittelbaren Nachkriegsjahre (historischer Kontext) eine schnelle Erwerbstätigkeit der Kinder vorgezogen haben, während bei den DDR-Flüchtlingskindern die Migrationsbenachteiligung durch den Herkunftseffekt überdurchschnittlich qualifizierter Eltern wettgemacht wurde (Lüttinger 1986: 30 f.).

Im Vergleich zu den Flüchtlingen und Vertriebenen haben die Polendeutschen und die Spätaussiedler aus den UdSSR-Nachfolgestaaten schlechte Integrationsvoraussetzungen: Sprachprobleme und kaum anschlussfähige Berufsqualifikationen stoßen auf einen gesättigten Arbeitsmarkt. Besonders bei den Spätaussiedlern aus dem Gebiet der ehemaligen UdSSR ist die räumliche Segregation bzw. die Bildung von Kolonien in abgeschlossenen Wohnkomplexen ähnlich ausgeprägt wie bei den großen Ausländergruppen. Ihre Arbeitslosigkeit liegt noch über der von Ausländern, und unter den Jugendlichen ist die Kriminalität hoch (Bundesministerium für Familie 2000: 60 f.).

Was die Arbeitsmigranten der 1960er und 70er Jahre betrifft, haben die Türken den «extremsten Kontextwechsel» hinter sich, wobei Nauck (1988: 279, 281) die im Vergleich zu Italienern zunächst größere Distanzierung in der Aufnahmegesellschaft in erster Linie dem geschlossenen Arbeitsmarkt und geringeren Eingliederungsmöglichkeiten – d.h. sozial-historischen Kontextbedingungen – zuschreibt. Bei beiden Nationalitäten geht er außerdem davon aus, dass die Geschwindigkeit der Angleichung familiärer Lebensverläufe kaum als Ergebnis akkulturativen Wertewandels denn als Ausdruck von Selektion zu interpretieren ist (Nauck 1988: 290). Zu berücksichtigen ist, dass die unterschiedliche Integration der verschiedenen Zuwanderungsgruppen und eine geringe Integration der ‹Gastarbeiter› zunächst politisch gewollt war.

Ein Maßstab der Integration wie auch gleichzeitig der Systemstabilität sind schließlich die interethnischen Beziehungen. Ein Konfliktpotenzial für die interethnischen Beziehungen sind Wohlstandsunterschiede zwischen einheimischer und zugewanderter Bevölkerung – d.h. insbesondere Über- oder Unterschichtung – sowie deren Bewertung. Esser (1978: 184) sieht (wohl mit Blick auf die Unterschichtung durch die ‹Gastarbeiter›-Bevölkerung) zunächst eine assimilative Eingliederung in den Arbeitsmarktbedarf, weil die Zuwanderung «… mit nur partiellen Ansprüchen und Handlungsbereitschaften beginnt». Neben der individuellen Einwanderungskarriere und Aufenthaltsdauer ist aber auch die Größe der jeweiligen Zuwanderungsgruppe für die interethnischen Beziehungen relevant: Ein hoher Assimilationsdruck besteht bei den Pionierwanderern, die noch keine entsprechende Gruppe im Aufnahmeland vorfinden. Im Zuge der weiteren Einwanderung fördert die ethnische Gruppierung möglicherweise einen Prozess der Re-Ethnisierung. Für die zweite Generation ist hingegen anzunehmen, dass die Bindungen zur Herkunftsgesellschaft der Eltern geringer sind – allerdings auch mit der Folge, dass diese für soziale Vergleichsprozesse mit der Bevölkerungsmehrheit geringeres Gewicht hat, «was zu einer deutlichen Zunahme der Unzufriedenheit gegenüber der zumeist mit der Arbeits-, Wohn- und Familiensituation recht zufriedenen Migrantengeneration führen muss» (Nauck 1988: 292).

Zugunsten einer zunehmenden Integration spricht allerdings eine Intensivierung der Sozialbeziehungen zwischen Deutschen und Ausländern zumindest in der zweiten Generation (Seifert 2000: 577). Gemessen an einem härteren Indikator, nämlich dem der interethnischen Heiratsbeziehungen, ist die Integration schwieriger zu beurteilen (vgl. insbesondere Klein 2000a; 2001b; Roloff 1998; Straßburger 2000; Vetter 2001). Nauck (1988: 287) geht hinsichtlich der ältesten ‹Gastarbeiter›-Nation, den Italienern, aufgrund der Zunahme innerethnischer Eheschließungen von einer «segregativen Ausdifferenzierung einer ethnischen Minorität» aus. Selbst eine starke ethnische Separation und sogar interethnische Konflikte deuten aber nicht notwendig auf eine Destabilisierung des politischen Systems hin – schließlich bewirken sie auch eine «Brechung von Konfliktfronten durch askriptive Solidaritäten mit einheimischen Machtträgern» (Esser 1978: 197) im Zuwanderungsland.

3 Haushalt und Familie

3.1 Haushaltskomposition und private Lebensformen

3.1.1 Beschreibung und Entwicklung

Veränderungen und internationale Unterschiede der Haushaltskomposition und der Verteilung privater Lebensformen sind eine Folge der demographischen Entwicklungen sowie der Veränderungen von Partnerwahl und Beziehungsstabilität und des Auszugs von Kindern aus dem Elternhaus. Als (Privat-)Haushalt bezeichnet man jede zusammen wohnende und zusammen wirtschaftende Gemeinschaft. Eine Wohnung kann mehrere Haushalte beherbergen (z.B. bei einem Untermietverhältnis), und in einem Haushalt können mehrere Familien leben.[1]

Eine weitere Ausdifferenzierung von privaten Beziehungen innerhalb des Haushalts und über die Grenzen des Haushalts hinweg führt zu dem – allgemeineren – Begriff der privaten Lebensform, der der erhöhten Vielfalt privater Beziehungsformen besser gerecht wird. Die Ausgestaltung der privaten Lebensform hat vielfältige Folgen für die soziale Sicherung, die Erwerbsbeteiligung, die Geburtenentwicklung, die Sozialisation der nachwachsenden Generation und für anderes mehr. Trotz der größer gewordenen Differenzierung privater Lebensformen ist jedoch für viele dieser sozialen Konsequenzen nach wie vor die Existenz eines gemein-

---

[1] Die zum Haushalt gehörigen Personen müssen nicht miteinander verwandt sein. Die Familie ist hingegen durch Ehe oder direkte Abstammung definiert. Als Familie zählen somit Ehepaare oder Elternteile zusammen mit den Kindern, aber – im Sinne der amtlichen Statistik – auch Ehepartner ohne Kinder (Statistisches Bundesamt 2001e: 42). In der Soziologie gelten dagegen Kinder zumeist als ein elementares Merkmal von Familie.

samen Haushalts von entscheidender Bedeutung, weswegen die Haushaltskomposition in einer Gesellschaft besondere Beachtung verdient.

3.1.1.1 Haushalts- und Familienstrukturen

3.1.1.1.1 Erwachsene

Der Haushaltskontext, in dem man lebt, ist an die Lebensphase, insbesondere an den familiären Lebenszusammenhang, und damit letztlich an das Alter gebunden: Als Kind wächst man in aller Regel bei den Eltern auf (oder zumindest bei einem Elternteil), und es folgen ggf. der Zusammenzug mit dem Lebenspartner, eine Familiengründung, der Auszug von Kindern aus dem Elternhaus und die Trennung oder das Zurückbleiben nach dem Tod des Partners. Veränderungen der Haushaltskomposition und der Verteilung privater Lebensformen in der Gesellschaft unterliegen deshalb dem Einfluss der Altersstruktur.

Zudem sind einzelne Haushaltskonstellationen, die in sehr verschiedenen Lebensabschnitten vorkommen, je nach Alter mit sehr unterschiedlichen Implikationen verbunden: So resultiert z.B. das Alleinleben im frühen Erwachsenenalter aus anderen Zusammenhängen und ist mit anderen Konsequenzen verbunden als das Alleinleben in höherem Alter, und das Zusammenleben mit Kindern hat in mittlerem Alter gleichfalls andere Bedeutung als in höherem Alter, wenn die Kinder längst erwachsen sind.

Aus beiden Gründen ist es sinnvoll, den Haushaltskontext differenziert nach dem Lebensalter zu betrachten. Abbildung 3.1.1 bezieht sich hierbei auf diejenigen Haushaltstypen, die durch das Zusammenleben mit einem Partner und ggf. Kindern definiert sind. Im Unterschied zu vielen meist amtlichen (und häufig fehlinterpretierten) Statistiken ist in Abbildung 3.1.1 nicht die Strukturierung *der Haushalte* nach Haushaltstypen dargestellt, sondern die Verteilung *der Bevölkerung* auf Haushaltstypen. Beispielsweise zählen zwei Erwachsene (in derselben Altersgruppe), die zusammenleben, auf diese Weise als *zwei* Personen, während sie in der haushaltsbezogenen Auswertung nur als *ein* Haushalt zu Buche schlagen. Die in der amtlichen Statistik weit verbreitete Analyse von Haushaltsstrukturen ist nur für wenige (z.B. wohnungsmarktbezogene) Fragestellungen wirklich interessant. Insbesondere viele soziologische Fragestellungen sind hingegen nur unter Bezug auf Individuen sinnvoll zu beantworten: Zum einen sind es Personen, die – vor allem anlässlich von Partnerwahl und Trennung – über die Gründung eines gemeinsamen Haushalts und über den Auszug aus einem gemeinsamen Haushalt beschließen und an denen deshalb handlungstheoretische Erklärungen von Haushaltsstrukturveränderungen ansetzen müssen. Zum anderen sind von den Folgen, die die Haushaltskonstellation und ihre Veränderung haben – z.B. für das Armutsrisiko (Kapitel 4.3.2) –, letztendlich Personen betroffen

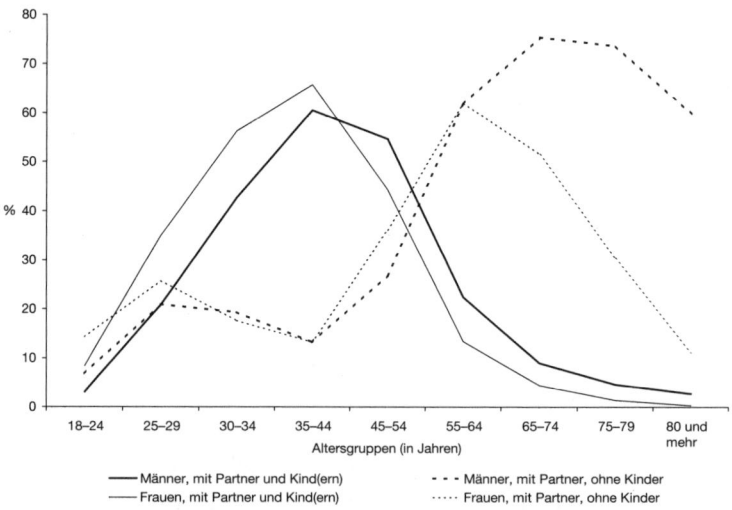

Abbildung 3.1.1: Häufigkeit des Zusammenlebens von Erwachsenen mit Kind(ern) und Partner, 2000 (in % der Bevölkerung gleichen Alters in Privathaushalten)
Quelle: Engstler und Menning 2003: 204; eigene Berechnungen

(vgl. auch Hauser 1992: 41 f.). Personen in sich verändernden Haushaltskontexten sind daher besonders auch für die längsschnittliche Analyse weit interessanter als Haushalte und ihre sich verändernde personelle Zusammensetzung.

Abbildung 3.1.1 zeigt, dass das Zusammenleben mit Partner und Kindern vor allem in den Altersgruppen des mittleren Erwachsenenalters häufig ist, während sich das Zusammenleben nur mit einem Partner auf die Altersgruppen der zweiten Lebenshälfte konzentriert. Dabei sind beide Kurven für Männer wegen des Altersabstands von zwei bis drei Jahren zwischen den Partnern etwas nach rechts verschoben. Männer in der zweiten Lebenshälfte leben deutlich häufiger mit einer Partnerin zusammen als umgekehrt Frauen mit einem Partner. Dieser Unterschied basiert neben dem Altersabstand auf einem Frauenüberschuss in dem betreffenden Altersbereich, der zum einen auf die höhere Lebenserwartung von Frauen und bei den Hochaltrigen des Jahres 2000, zum anderen immer noch auf die Kriegstoten des Zweiten Weltkriegs zurückgeht. Das Beispiel zeigt, dass die Altersdifferenzierung eines Querschnitts wie in Abbildung 3.1.1 nicht vorschnell im Sinne von Lebensphasen interpretiert werden sollte: Zum einen lässt der Haushaltskontext der zukünftig Alten einen geringeren Geschlechtsunterschied erwarten, wenn die Kriegsgeneration ausgestorben und der derzeitige Männerüberschuss im jüngeren und mittleren Erwachsenenalter in höhere Altersgruppen vorgewandert ist. Zum anderen wird die Haushaltsbiographie der derzeit Alten nicht unbedingt durch die in Abbildung 3.1.1 dargestellten jüngeren Kohorten adäquat wiedergegeben.

Aus Abbildung 3.1.2 gehen die entsprechenden Anteile der Alleinlebenden und der Alleinerziehenden hervor. Im Altersbereich von Mitte 20 bis Mitte 50 leben 1½- bis 2-mal so viele Männer wie Frauen alleine. In den darüber liegenden Altersgruppen ist es wegen des schon angesprochenen Frauenüberschusses umgekehrt. Insgesamt (d.h. über alle Altersgruppen hinweg) ist die Quote der Alleinlebenden seit Beginn der 1970er Jahre deutlich angestiegen (Engstler und Menning 2003: 24). Dabei weist Deutschland unter den westeuropäischen EU-Staaten den höchsten Anteil von Einpersonenhaushalten an allen *Haushalten* auf (Engstler und Menning 2003: 61), und wegen der geringen durchschnittlichen Haushaltsgröße fällt diese Spitzenposition *personenbezogen* noch drastischer aus (vgl. das Beispiel in Kapitel 1.2.1).

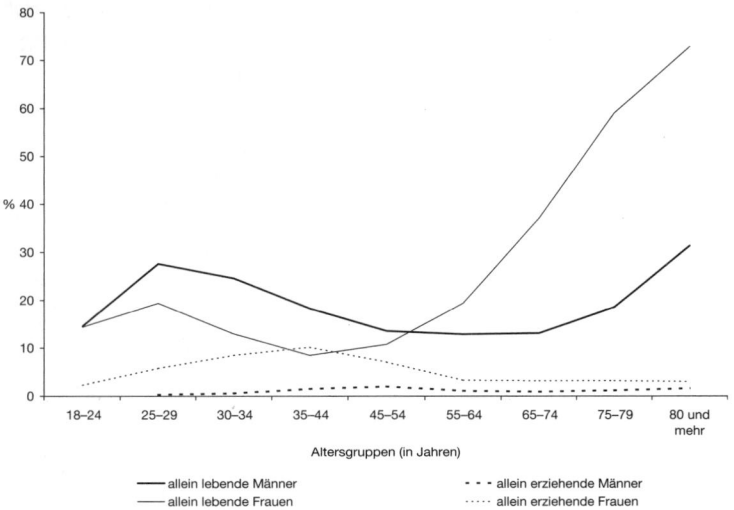

Abbildung 3.1.2: Häufigkeit allein lebender und allein erziehender Erwachsener, 2000 (in % der Bevölkerung gleichen Alters in Privathaushalten)
Quelle: Engstler und Menning 2003: 204; zum Teil eigene Berechnungen

Der höhere Anteil allein lebender Männer im jüngeren und mittleren Erwachsenenalter korrespondiert in dem betreffenden Altersbereich mit dem fast völligen Ausschluss von Männern aus der Gruppe der Alleinerziehenden. Während diese Haushaltsform bei Männern nahezu nicht vorkommt (!), sind Frauen im Alter zwischen 35 und 44 Jahren zu 10 % allein erziehend (vgl. Abbildung 3.1.2). Insgesamt leben in Deutschland im Jahr 2000 1,77 Millionen Alleinerziehende, darunter nur 14,5 % allein erziehende Väter (Engstler und Menning 2003: 40). Als allein erziehend zählen hierbei Eltern mit Kindern (unter 27 Jahren) ohne Partner im Haushalt.[1] Die Definition von Alleinerziehenden nur über den Haushaltskontext ist aber irreführend: Viele ‹Alleinerziehende› haben durchaus einen festen Partner, der zwar (auch) einen eigenen Haushalt hat, aber für das Kind oft eine elterliche Rolle einnimmt und sich womöglich stärker an den Erziehungsaufgaben beteiligt als manch leiblicher Vater im traditionellen Familiensetting. Nach Berechnungen von Teubner (2002: 45) auf Basis des Familiensurvey 2000 leben immerhin zusätzlich 245 Tausend zu den 1,77 Millionen ‹Alleinerziehenden› in einer solchen Partnerschaft ohne gemeinsamen Haushalt.[2]

3.1.1.1.2 Kinder

In Tabelle 3.1.1 sind nicht alle Personen, sondern nur Kinder betrachtet. Tabelle 3.1.1 zeigt die Verteilung von Kindern auf verschiedene *Familien*typen. Die Kategorisierung der Familientypen geschieht unabhängig davon, ob noch weitere Personen im Haushalt leben. Wie aus der Tabelle ersichtlich, hat der Anteil der Kinder, der mit verheirateten Erwachsenen zusammenlebt, innerhalb von fast 30 Jahren von 93,4 auf 83,9 % abgenommen und liegt in den neuen Bundesländern mit 69,0 % noch wesentlich niedriger. Stark gestiegen (von 2,9 auf 8,9 %) ist hingegen der Anteil der Kinder mit geschiedener oder getrennt lebender Mutter. Angestiegen ist auch der Anteil von Kindern mit lediger Mutter. Bei der Interpretation von Tabelle 3.1.1 ist allerdings Verschiedenes zu beachten:
– Die nicht verheirateten Mütter leben u. U. mit einem Lebenspartner im Haushalt zusammen. Insbesondere bei den ledigen Müt-

---

1   Abweichend hiervon zählte das Statistische Bundesamt (2000b: 14) lange Zeit zu den Alleinerziehenden auch die Mütter bzw. Väter, die in einer nichtehelichen Lebensgemeinschaft leben.
2   Als Partnerschaft wurden hierbei alle mindestens einjährigen Beziehungen gezählt sowie alle aktuell (zum Befragungszeitpunkt) bestehenden Partnerschaften, unabhängig von ihrer bisherigen Dauer und unabhängig vom Familienstand.

tern ist dies oft der Vater des Kindes bzw. der Kinder. Bei den verschiedenen Kategorien der Nichtverheirateten ist also offen, ob es sich um Alleinerziehende handelt.

– Lebt ein Kind mit beiden nicht verheirateten Elternteilen, ist es in Tabelle 3.1.1 nur bei der Mutter gezählt.
– In allen aufgeführten Kategorien sind auch Stieffamilien enthalten. Besonders bei den Kindern, die mit «Ehepaar» leben, ist nicht gesagt, ob es mit beiden leiblichen Elternteilen zusammenlebt.

Kind lebt bei …	früheres Bundesgebiet				neue Länder/ Berlin-Ost
	1972	1981	1991	2000	2000
… Ehepaar	93,4	90,6	88,6	83,9	69,0
… geschiedener/getrennt lebender Mutter	2,9	5,0	6,2	8,9	12,7
… verwitweter Mutter	2,3	2,1	1,1	1,0	1,4
… lediger Mutter	0,7	0,9	2,4	3,6	12,6
… geschiedenem/getrennt lebendem Vater	0,5	0,9	1,0	1,4	2,0
… verwitwetem Vater	0,3	0,5	0,3	0,3	0,3
… ledigem Vater	0,0	0,1	0,3	0,9	1,9
Zahl der Kinder in Tsd.	16 588	14 047	11 711	12 612	2 580

Tabelle 3.1.1: Familientypen, in denen Kinder unter 18 Jahren leben, 1972–2000 (Anteile in %)
Quelle: Engstler und Menning 2003: 25

Die in Tabelle 3.1.1 berichteten Werte sind mithin nur begrenzt informativ,[1] und sie zeigen eher, wie inadäquat sich die realen Lebensformen in der amtlichen Statistik widerspiegeln.

---

1 Dies ist nicht den Autoren der Tabelle (Engstler und Menning 2003), sondern der amtlichen Statistik anzulasten, auf deren Datenmaterial die Tabelle beruht.

Angesichts der gestiegenen Scheidungszahlen und der gleichzeitig gestiegenen Wiederheiratschancen von Frauen (s. u.) finden Stieffamilien zunehmende Verbreitung. Besonders im Hinblick auf die Erfassung von Stieffamilien ist die amtliche Statistik in Deutschland unzureichend. Vor allem in der zentralen Haushaltserhebung, dem Mikrozensus[1], werden die Eltern- und Kindschaftsverhältnisse nicht hinreichend differenziert erfasst (vgl. Stauder 2002). Die derzeit aktuellste Berechnung zur Verbreitung von Stieffamilien beruht deshalb auf dem Familiensurvey 2000. Im Jahr 1999 sind in den alten Bundesländern 6 % *der Familien* Stieffamilien mit Stiefkindern unter 18 Jahren, in den neuen Bundesländern sind es 11,5 % (Teubner 2002: 40). Bezogen auf Kinder sind es 4,5 % (Westdeutschland) bzw. 10,5 % (Ostdeutschland) *der Kinder*, die *als Stiefkinder*[2] in Stieffamilien leben (Teubner 2002: 29). Wie wichtig es ist, bei der Erfassung von Stieffamilien auch nichteheliche Lebensgemeinschaften zu berücksichtigen, zeigt sich daran, dass in den alten Bundesländern fast die Hälfte der Stiefkinder im Kontext einer nichtehelichen Lebensgemeinschaft lebt. Hinzu kommen zahlreiche Kinder von ‹Alleinerziehenden› mit einem festen Partner. Unter Berücksichtigung dieser Stiefkinder im weiteren, aber realitätsnahen Sinn erhöht sich der Anteil der Stiefkinder unter allen Kindern auf 6,5 % in Westdeutschland bzw. 12,5 % in Ostdeutschland (Teubner 2002: 36). Die weit überwiegende Mehrheit von etwa 90 % lebt dabei in Stiefvaterfamilien, der Rest in Stiefmutter- und doppelten Stieffamilien, in denen beide Partner zu einem der Kinder in einem Stiefelternverhältnis stehen. Weit verbreitet ist, dass zu den Stiefkindern sehr bald noch zumindest ein gemeinsames Kind hinzukommt (Klein und Eckhard 2004).

---

1 Der Mikrozensus ist eine jährlich durchgeführte 1 %-Volkszählung (vgl. Kapitel 5.3.1).
2 In vielen Stieffamilien leben auch gemeinsame Kinder von beiden Partnern (Klein und Eckhard 2004).

3.1.1.1.3 Ältere

Neben den familiären Lebensbedingungen von Kindern ist der Haushaltskontext der älteren Bevölkerung von besonderem Interesse. Mit zunehmendem Alter wächst der Anteil derer, die nicht in Privathaushalten, sondern in Anstaltshaushalten bzw. Gemeinschaftsunterkünften (Altenwohnstifte, Pflegeheime etc.) leben. Während noch die 70- bis 74-Jährigen nur zu 1 % ‹institutionalisiert› leben und die 75- bis 79-Jährigen zu 3 %, sind es bei den Menschen im Alter von 80 und mehr Jahren bereits 12 % (Engstler und Menning 2003: 29).[1] Frauen sind im Querschnitt mehr oder weniger doppelt so häufig betroffen wie Männer. Dies liegt zum einen in deren höherer Lebenserwartung begründet, da diese mit stärker besetzten höheren Altersklassen einhergeht. Zum anderen haben Frauen eine höhere Eintrittsrate in die betreffenden Einrichtungen, weil sie häufiger von Verwitwung betroffen sind – beruhend sowohl auf dem Altersabstand zwischen den Ehepartnern als auch wiederum auf der höheren Lebenserwartung.

Bezogen auf die Gesamtheit der Bevölkerung ab 60 Jahren lebt ein Anteil von 2,8 % in Gemeinschaftsunterkünften (Engstler und Menning 2003: 29). Dieser recht geringe Anteil verleitet gelegentlich zu dem Trugschluss, dass das Institutionalisierungsrisiko im Lebenslauf eher gering ist. In den USA, wo eine entsprechende Quote zeitweilig bei 4 % lag, spricht man auch von dem 4 %-Trugschluss («The 4 % Fallacy», Kastenbaum und Candy 1973). Die Wahrscheinlichkeit, *jemals* im Lebenslauf in eine entsprechende Einrichtung zu gelangen, ist hingegen wesentlich höher (Kastenbaum und Candy 1973). Berechnungen von Klein und Salaske (Klein 1994a; Klein und Salaske 1994; Klein 1996a; 1998) für die Bundesrepublik lassen vermuten, dass die diesbezügliche Größenordnung hierzulande bei 50 % liegt!

---

[1] Dieser Querschnittbefund aus dem Jahr 2000 beschreibt auch durchaus adäquat, in welcher Größenordnung der Alters*anstieg* vonstatten geht. Die Quoten erklären sich im Wesentlichen durch die stationäre Pflegebedürftigkeit (Engstler und Menning 2003: 30).

Die in Privathaushalten verbleibende Bevölkerung lebt umso häufiger allein, je höher die Altersgruppe (s. zuvor Abbildung 3.1.2).

Haus- haltsform	Länder												EU- 15
	D	B	UK	NL	F	A	I	L	IRL	GR	P	E	
lebt allein	37,5	34,6	37,6	37,9	34,4	33,3	29,8	27,0	32,3	23,0	20,3	17,3	32,1
lebt mit Partner	50,2	48,3	49,3	55,9	51,8	41,9	38,2	39,9	31,9	45,4	44,5	39,2	46,4
lebt mit Partner und Kindern	4,7	2,2	4,5	2,6	5,2	7,9	15,7	10,9	12,6	15,1	14,8	19,4	9,1
lebt mit Partner und anderen Personen	0,3	0,3	0,2	0,0	0,5	0,4	0,4	0,0	0,0	0,7	0,0	1,1	0,4
lebt ohne Partner und mit Kindern	2,2	1,2	3,4	2,0	2,5	4,3	7,1	4,4	7,7	3,8	7,5	8,1	4,3
lebt im Haushalt des Sohnes/ der Tochter	3,4	9,0	2,6	0,4	3,1	9,3	3,6	12,5	6,2	9,2	3,1	8,3	4,2
andere Haushalts- typen	1,7	4,4	2,4	1,2	2,5	3,1	5,4	4,5	9,0	2,6	9,4	6,5	3,5

Tabelle 3.1.2: Private Haushaltstypen der über 64-Jährigen, EU 1999
D: Deutschland, B: Belgien, UK: Vereinigtes Königreich, NL: Niederlande, F: Frankreich, A: Österreich, I: Italien, L: Luxemburg, IRL: Irland, GR: Griechenland, P: Portugal, E: Spanien
Quelle: Engstler und Menning 2003: 62

Die Unterschiede zwischen den Altersgruppen sind bei Frauen noch wesentlich größer als bei Männern. Bei einer längsschnittlichen Interpretation ist jedoch Vorsicht geboten: Der Alters*anstieg* des Alleinlebens wird von Kohortenunterschieden überlagert. Es lässt sich keineswegs sagen, dass «Männer mit deutlich höherer Wahrscheinlichkeit damit rechnen (können, T. K.), ihren Lebensabend in einer Partnerschaft zu verbringen» als Frauen (Engstler und Menning 2003: 31). Das trifft wohl für die gegenwärtige Altenbevölkerung noch zu. Für zukünftige Generationen ist jedoch davon auszugehen, (1) dass Männer nicht mehr durch den Zweiten Weltkrieg dezimiert sind, (2) dass sich die Lebenserwartung von Männern und Frauen wieder etwas annähert (nicht zuletzt, weil die negative Kriegsselektion entfällt; vgl. Kapitel 2.4) und (3) dass sich der derzeitige Männerüberschuss im jungen und mittleren Erwachsenenalter in höhere Altersgruppen verlagert. All dies hat zur Konsequenz, dass allein lebende Männer in fortgeschrittenen Altersgruppen zukünftig deutlich zahlreicher werden.

Im Vergleich zu anderen EU-Staaten ist der Anteil allein lebender Älterer in Deutschland, Belgien, den Niederlanden und Großbritannien besonders hoch – vor allem in Spanien und Portugal ist er deutlich geringer (Tabelle 3.1.2). Dort und in vielen weiteren EU-Staaten liegt dagegen der Anteil der Älteren, die in verschiedenen Varianten mit Kindern im Haushalt leben, wesentlich höher als in Deutschland.

3.1.1.1.4 Mehrgenerationenhaushalte und Wohngemeinschaften

Nach der Konzentration auf Kinder und Ältere ist ein Blick auf die Mehrgenerationenhaushalte interessant. In zwei Drittel aller Haushalte[1] lebt nur eine (Familien-)Generation, das sind vor allem Paare ohne Kinder und Alleinlebende. In einem Drittel leben zwei Gene-

---

1 In diesem Zusammenhang ist eine haushaltsbezogene Darstellung der personenbezogenen Darstellung vorzuziehen.

rationen – Eltern (bzw. Elternteil) und Kind(er) – zusammen. Nur etwa 1 % aller Haushalte in Deutschland sind Haushalte mit drei oder mehr Generationen, in denen Kinder, Eltern und Großeltern zusammenleben (vgl. Engstler und Menning 2003: 33).

Nicht viel häufiger sind die Haushalte, deren Mitglieder (zumindest teilweise) nicht verwandt sind und auch nicht in einer nichtehelichen Lebensgemeinschaft leben – die so genannten Wohngemeinschaften. Wohngemeinschaften sind allerdings in der amtlichen Statistik nur rudimentär erfasst. Hinzu kommt, dass die Abgrenzung zu den Alleinlebenden von dem Kriterium des gemeinsamen Wirtschaftens abhängt, das bei den betreffenden Wohnformen wenn überhaupt, dann nur in recht eingeschränkter Weise existiert, sodass die Einordnung de facto weitgehend dem Befragten überlassen ist. Beides führt dazu, dass die Zahl der Wohngemeinschaften recht unterschiedlich eingeschätzt wird, jedoch ist trotz eines Anstiegs in den 1970er und 80er Jahren nicht davon auszugehen, dass die Wohngemeinschaften wesentlich mehr als 1 % aller Haushalte ausmachen (Peuckert 1996: 98; Peuckert 2002: 102 f.).

3.1.1.1.5 Ausländer

Ausländer leben in Haushalten, die durchschnittlich größer sind als die der deutschen Bevölkerung,[1] und es existieren insbesondere mehr Kinder in diesen Haushalten, während partnerschaftliches Zusammenleben ohne Kind seltener ist. Viele der diesbezüglichen Analysen (vgl. v. a. Statistisches Bundesamt 1995b) sind jedoch eher nur begrenzt aussagekräftig: Erstens beziehen sie sich sehr oft nur auf Haushalte, deren «Haushaltsvorstand» bzw. «Bezugsperson» (z.B. Statistisches Bundesamt 1995b: 49) Ausländer ist. Noch gra-

---

1 Wegen völlig unterschiedlicher Haushaltstypen, die sich hinter derselben Haushaltsgröße verbergen, und wegen der unterschiedlichen Verteilung der Haushaltsgrößen sind allerdings Angaben zur durchschnittlichen Haushaltsgröße in der Regel wenig informativ.

vierender wiegt zweitens, dass die Ausländereigenschaft nur für einige Zuwanderungsgruppen, denen der Erwerb der deutschen Staatsangehörigkeit bis 1999 sehr erschwert war (v. a. ‹Gastarbeiter› und Asylsuchende), halbwegs validen Aufschluss über den Migrationshintergrund *in der Familie* gibt. Und drittens ist in vielen Zusammenhängen nicht hinreichend unterschieden, ob der/die Betreffende selbst zugewandert ist oder der nachgewachsenen Generation angehört.

3.1.1.2 Partnerschaftliche Lebensformen

Partnerschaftliche Lebensformen werden in zunehmendem Maße unabhängig vom Haushaltskontext diskutiert, und Haushaltstypen werden außerdem mit anderen Merkmalen – in erster Linie mit dem Familienstand – kombiniert. Vor dem Hintergrund der Debatte um Individualisierung und Pluralisierung (z.B. Bertram und Borrmann-Müller 1988) sind partnerschaftliche Lebensformen zu einem Kristallisationspunkt gesellschaftlicher Deutungsmuster avanciert. Im Kontext der «Risikogesellschaft» (Beck 1986) und anderer viel diskutierter und gut verkaufter Gesellschaftsthesen werden Neuerungen, Veränderungen und Umwälzungen im Bereich privater Lebensformen postuliert, für deren empirische Grundlage oftmals «Beispiele» (Beck und Beck-Gernsheim 1993: 180) oder selektiv wahrgenommene (und nicht selten fehlinterpretierte) ‹Statistiken› herhalten müssen.

Statt empirischer Analysen sind nach wie vor Begriffsexplikationen und daran anschließende Gesellschaftsspekulationen weit verbreitet. Stichworte sind «zunehmende Bindungslosigkeit» (Beck-Gernsheim 1994: 131), «neue Beziehungsmuster» (Beck-Gernsheim 1983: 329) und vieles mehr. Bereits die – zusammen mit der Ehe – vermeintlich am klarsten definierte Beziehungsform der nichtehelichen Lebensgemeinschaft (bzw. des Konkubinats usw.) gibt zu umfangreichen Begriffsdiskussionen Anlass (Burkart 1991: 29 f.). Weit unterschiedlicher noch sind die Begrifflichkeiten für die Partnerschaften ohne gemeinsamen Haushalt. Statt von Partnerschaften ohne gemeinsamen Haushalt ist in der Literatur auch die Rede von nicht zusammenlebenden Paaren (eigentlich sind es die Partner, die nicht zusammenleben), von getrennt Zusammenlebenden, von der Lebensform des «living apart together» (beliebt ist die Abkürzung «LAT») oder von «nichteheliche(n) Lebensgemeinschaften ohne gemeinsamen Haushalt» (Emnid-Institut 1985: 12) usw.[1] Völlig unterschiedlich wird schließlich der Begriff des Single gebraucht: Zum einen werden damit Personen ohne (feste) Partnerschaft bezeichnet – der Begriff wird also im Sinne von Beziehungslosigkeit gebraucht. Zum anderen findet eine Gleichsetzung von Singles mit Einpersonenhaushalten bzw. Alleinlebenden statt (z.B. Bayer und Bauereiß 1995). Und nicht selten ist zwar die Partnerlosigkeit gemeint, mangels besserer Daten wird aber empirisch mit Einpersonenhaushalten, d.h. mit der haushaltskontextuell definierten Beziehungsform argumentiert. Darüber hinaus werden Singles gelegentlich unabhängig von Partnerlosigkeit und Haushaltskontext über den Familienstand definiert (vgl. zum Überblick Bien und Bender 1995; Nave-Herz und Sander 1998).

Die Pluralisierung der Begrifflichkeiten lässt sich kaum bestreiten, aber erst in der jüngsten Zeit haben einige Autoren (Brüderl 2004; Brüderl und Klein 2003; Klein 1999d; Klein, Lengerer und Uzelac 2002; Wagner, Franzmann und Stauder 2001; Wagner und Franzmann 2000) den Versuch unternommen, die Pluralisierungsdiskussion mit einer national repräsentativen, empirischen Bestandsaufnahme partnerschaftlicher Lebensformen zu konfrontie-

---

1 Da sich die Unterscheidung zu den nichtehelichen Lebensgemeinschaften auf den fehlenden gemeinsamen Haushalt bezieht, ist die Bezeichnung dieser Partnerschaftsform als Partnerschaft ohne gemeinsamen Haushalt am zutreffendsten (vgl. auch Schneider 1996). Der Übergang zur nichtehelichen Lebensgemeinschaft ist natürlich durchaus fließend: Oft wird auch ohne gemeinsamen Haushalt die freie Zeit gemeinsam verbracht, dabei ‹deponiert› ein Partner seine Dinge nach und nach in der Wohnung des anderen (oder dies geschieht wechselseitig), und die gemeinsame Haushaltsgründung besteht weniger in der Gründung eines neuen Haushalts als in der Aufgabe eines alten.

ren. Im Hinblick auf die Beantwortung der Pluralisierungsthese sind die Ergebnisse uneinheitlich:

– Zum einen deuten einige Befunde über die zurückliegenden Jahrzehnte auf eine Zunahme der Heterogenität partnerschaftlicher Lebensformen hin. Gleichzeitig ist jedoch davon auszugehen, dass eine hohe Vielfalt der Lebensformen auch in früheren Jahrhunderten üblich war und erst im 20. Jahrhundert abgenommen hatte (Huinink und Wagner 1998) – es handelt sich somit eher um einen *Wieder*anstieg der Heterogenität unter veränderten Bedingungskonstellationen.

– Zum anderen hängt das Ausmaß der Pluralisierung nicht zuletzt von der Klassifizierung der Lebensformen ab, und in großen empirischen Studien ist oft nur eine sehr begrenzte Zahl von Lebensformen unterscheidbar (Wagner und Franzmann 2000). Es wäre allerdings ein Fehler, daraus die Devise abzuleiten, möglichst viele Lebensformen zu differenzieren (was immer die Daten hergeben). Alle empirischen Aussagen zur Pluralisierung sind nicht nur davon abhängig, welche Lebensformen ggf. vernachlässigt werden, sondern natürlich auch davon, welche Lebensformen unterschieden werden, ohne dass deren Differenzierung sozial relevant oder soziologisch interessant wäre. Beispielsweise kommt der Unterscheidung zwischen Ehen und nichtehelichen Lebensgemeinschaften, auf der auch die Aussage zunehmender Pluralisierung nicht unwesentlich beruht, immer weniger Bedeutung zu. Und welche Bedeutung die Unterscheidung zwischen verschiedenen Familienständen ohne Partner (ledig, geschieden, verwitwet) für die Lebensform hat, ist gleichfalls kaum diskutiert.

Trotz der uneinheitlichen Stellungnahmen dazu, inwieweit eine Pluralisierung der Lebensformen zu beobachten ist, liegen doch die zentralen Veränderungen klar zutage. Abbildung 3.1.3 zeigt die Verteilung partnerschaftlicher Lebensformen *in der Bevölkerung*[1] und deren Veränderung in der Kalenderzeit für verschiedene Län-

---

[1] D.h. unter Bezug auf Personen, nicht auf Haushalte.

der. Die Abbildung bezieht sich auf die 18- bis 30-Jährigen, d.h. auf das junge Erwachsenenalter, in dem sich die partnerschaftliche Lebensform ausprägt und in dem auch heute nach wie vor häufig *der* Lebenspartner gefunden oder zumindest eine länger währende Partnerschaft eingegangen wird. Für Ost- und Westdeutschland ist aus Abbildung 3.1.3 gut ersichtlich, wie der Anteil von Personen, die in einer nichtehelichen Lebensgemeinschaft leben, beträchtlich zugenommen hat. Während dieser Anteil Mitte der 1970er Jahre noch sehr gering war, sind es im Jahr 2000 im Westen Deutschlands über 10 % und im Osten sogar fast 20 % der 18- bis 30-Jährigen, die in einer nichtehelichen Lebensgemeinschaft leben.[1] Demgegenüber ist der Anteil derer, die in Ehe leben, gesunken. Betrachtet man beide Entwicklungen zusammen, so wird die Abnahme der Ehen bis zum Beginn der 1990er Jahre durch die Zunahme der nichtehelichen Lebensgemeinschaften weitgehend kompensiert (vgl. für den weiter zurückliegenden Zeitraum auch Klein 1999d). Erst in den 90er Jahren wird die Haushaltsgemeinschaft in Ehe oder nichtehelicher Lebensgemeinschaft unter den jüngeren Erwachsenen seltener (dazu auch Schwarz 2001: 24).

Der Anteil derer, die in einer halbwegs stabilen, mindestens einjährigen Partnerschaft ohne gemeinsamen Haushalt leben, ist besonders im Westen – trotz der gerade dort viel diskutierten alternativen Lebensformen – nur moderat angestiegen (Abbildung 3.1.3). Addiert man alle drei Anteile partnerschaftlicher Lebensformen, so ist der Anteil der in Partnerschaft Gebundenen (die Bindungsquote) über einen sehr langen Zeitraum hinweg fast unverändert geblieben: Etwa 60 % der 18- bis 30-Jährigen leben in einer weitgehend stabilen Partnerschaft mit oder ohne gemeinsamen Haushalt,

---

1 Die Quote derer, die in einer nichtehelichen Lebensgemeinschaft leben, liegt fast durchgehend höher, als in der amtlichen Statistik ausgegeben. Diese erfasst nichteheliche Lebensgemeinschaften erst ab 1996 und beruht bis dahin auf der Erfassung von zwei zusammenlebenden, nicht-verwandten Erwachsenen unterschiedlichen Geschlechts, die zusammen wirtschaften (d.h. einen Haushalt bilden). Erst ab 1996 werden in der Bundesrepublik nichteheliche Lebensgemeinschaften explizit erhoben.

und etwa 40 % leben ohne Partner oder in einer kürzer während
Partnerschaft. Die Bindungsquote ist natürlich (auch innerhalb der
hier betrachteten Altersgruppe) stark altersabhängig, sie beträgt
beispielsweise bei den 18- bis 25-Jährigen ‹nur› etwa 55 % und bei
den 26- bis 35-Jährigen etwa 85 % (Klein 1999d: 479). Erst gegen
Ende der 1990er Jahre ist eine etwas reduzierte Partnerbindung
auszumachen, bei Männern stärker als bei Frauen (für Ehen plus
nichteheliche Lebensgemeinschaften vgl. auch Schwarz 2001: 24),
wobei die geschlechtsunterschiedliche Entwicklung auf einem zu-
genommenen Männerüberschuss im jungen Erwachsenenalter beruht. Festzuhalten ist aber, dass sich die Bindungsquote auf dem

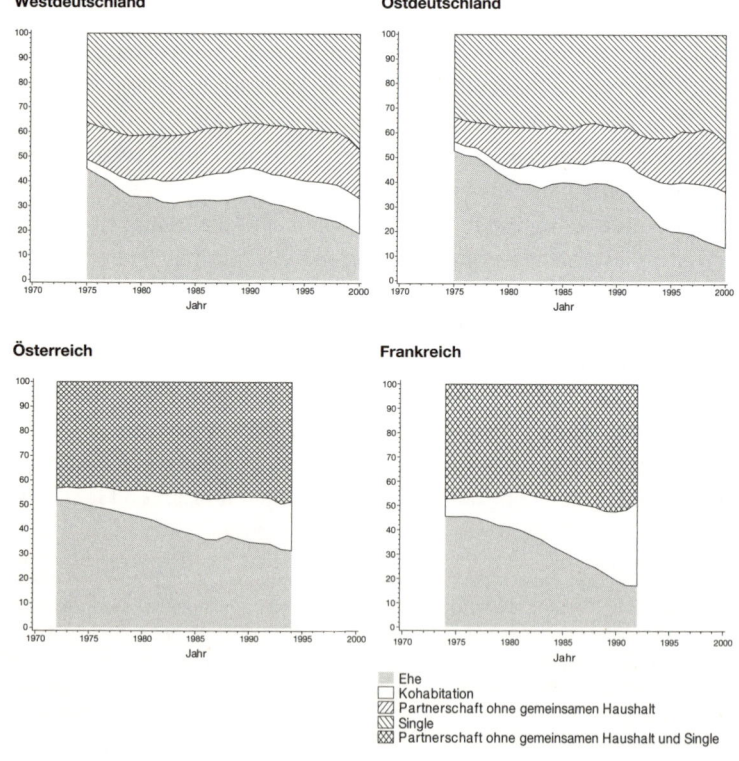

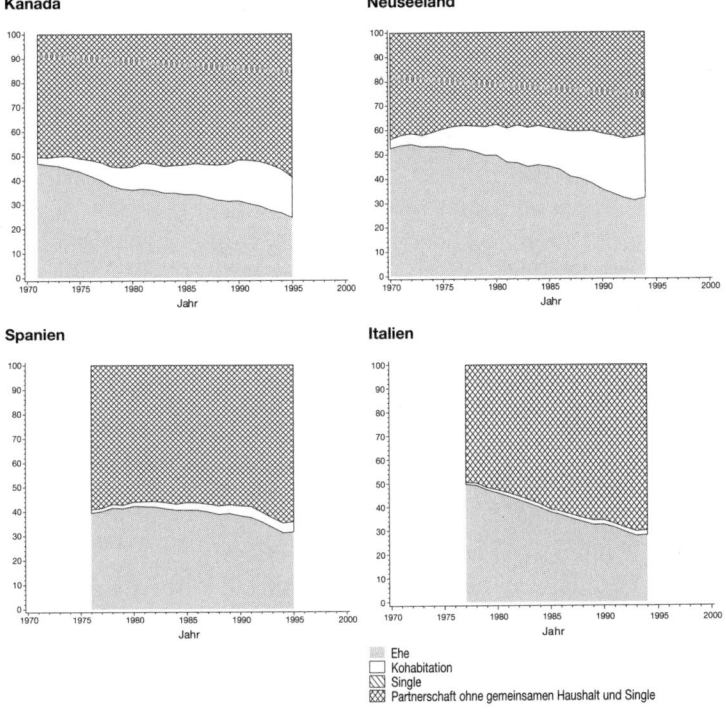

Abbildung 3.1.3: Partnerschaftsformen 18- bis 30-Jähriger (in %)
Quelle: Klein, Lengerer und Uzelac 2002: 369–370

altersspezifischen Niveau während des vermeintlichen «Individualisierungsschubs» der Nach-68er-Zeit (Beck-Gernsheim 1983: 309)
nicht verändert hat. Der Anteil der Singles – verstanden als Personen ohne feste Partnerbeziehung – hat ausgerechnet in der jüngeren Bevölkerung keineswegs drastisch zugenommen – von einer
«zunehmende(n) Bindungslosigkeit» (Beck-Gernsheim 1994: 131)
kann demnach nicht die Rede sein.

In Bezug auf Singles und Partnerschaften ohne gemeinsamen
Haushalt zeigt sich kaum eine Vergleichbarkeit mit der amtlichen
Statistik: Die Alleinlebenden in Einpersonenhaushalten sind im

jungen Erwachsenenalter seltener als die Singles, verstanden als diejenigen ohne feste Partnerschaft (vgl. Abbildungen 3.1.2 und 3.1.3), und sie sind erst recht weit weniger als die Singles zusammen mit den Partnern ohne gemeinsamen Haushalt. Zum einen ist das Alleinleben also nicht unbedingt gleichbedeutend mit Partnerlosigkeit (Bertram 1994: 23), zum anderen lässt vor allem das Zusammenwohnen mit anderen Erwachsenen in einem Haushalt – meist nämlich den Eltern – offenbar nicht auf die Einbindung in eine feste Partnerschaft schließen. Die viel zitierten Einpersonenhaushalte geben mithin über den Wandel partnerschaftlicher Lebensformen nur sehr beschränkt Auskunft: Während der Anteil der allein lebenden jüngeren Erwachsenen in der Tat angestiegen ist, hat sich der Anteil der Personen, die ohne feste Partnerschaft leben, nicht wesentlich verändert. Es wird zudem deutlich, dass partnerschaftliche Lebensformen nur sehr unvollständig über die Haushaltsgemeinschaft erfasst werden.

Aus Abbildung 3.1.3 ist im Übrigen gut ersichtlich, dass die Kohabitation auch in weiteren Ländern zunehmend Verbreitung gefunden hat, neben Deutschland z. B. in Österreich, Frankreich, Kanada und Neuseeland. In diesen Ländern hat der Anteil derer, die in Ehe leben, gleichermaßen wie in der Bundesrepublik abgenommen (Abbildung 3.1.3). In den betreffenden Ländern reicht es aus, beide Partnerschaftsformen zusammenzunehmen, um festzuhalten, dass sich die Verbreitung von verbindlichen Formen der Partnerschaft, wie sie durch das Zusammenleben in einem gemeinsamen Haushalt zum Ausdruck gebracht werden, über die Jahrzehnte hinweg kaum verändert hat. Korrespondierend damit ist der Anteil der weniger verbindlichen Partnerschaftsformen ohne gemeinsamen Haushalt und der Singles – zusammengenommen – auf demselben Niveau geblieben.

Andere Muster sind in den süd- und osteuropäischen Ländern anzutreffen (in Abbildung 3.1.3 sind nur Italien und Spanien wiedergegeben). In Italien ist wie in der Mehrzahl anderer westlicher Industrienationen ein monotoner Rückgang der Ehen zu beobachten, der aber nicht durch eine Zunahme der Kohabitation kompensiert wird. Spanien, Portugal und Ungarn verzeichnen hingegen eine gewisse Zunahme nichtehelicher Lebensgemeinschaften, sie sind aber nach wie vor vergleichsweise selten.

3.1.2 Historische Hintergründe heutiger Haushalts- und Familienformen

Die beschriebenen Verteilungen und Veränderungen der Haushalts- komposition, der Familienstruktur und der privaten Lebensform lassen sich als Folge demographischer Entwicklungen verstehen (insbesondere der Geburtenentwicklung und der Lebenserwar- tung) sowie als Folge von Partnerwahl und Heirat, Trennung und Auszug aus dem Elternhaus (s. unten Kapitel 3.2 bis 3.4). Ein besse- res Verständnis heutiger Haushalts- und Familienformen erschließt sich jedoch erst vor dem Hintergrund historischer Entwicklungen, in deren Kontext die Familie ihre vorindustrielle Bedeutung als Produktionsgemeinschaft weitgehend eingebüßt hat.

Vor Beginn der Industrialisierung war der Familienhaushalt zumeist auch Produktionsstätte: Sowohl für Bauern- als auch für Handwerkerfamilien gehörte die Produktion zum Familienalltag.[1] Die Familienmitglieder waren zugleich Arbeitskräfte im häuslichen Produktionsprozess, und die Beziehungen zwischen den Familien- mitgliedern – sowohl zwischen den Partnern als auch zu den Kin- dern – waren weit weniger affektiv geprägt als heutzutage. Für die Partnerwahl waren ökonomische Momente ausschlaggebend, unter anderen die Eignung für den häuslichen Produktionsprozess, und auch Kinder waren als Arbeitskräfte bedeutsam. Bedingt durch diese Arbeitsorganisation gehörten auch nicht verwandte Per- sonen zum Familienhaushalt bzw. zum «ganzen Haus» (Brunner 1978) – Knechte und Mägde bei den Bauernfamilien bzw. Gesellen

---

1 Vgl. im Folgenden auch Mitterauer (1989; 1976; 1991; 1977), Rosenbaum (1982; 1992) und Shorter (1978; 1983).

und Lehrlinge bei den Handwerkerfamilien –, die stark in das Familienleben integriert waren.

Diese Produktions- und Lebensweise implizierte, dass gleichzeitig große Teile der Bevölkerung (Knechte, Mägde, Lehrlinge und Gesellen) lange Zeit oder dauerhaft ohne eigene Familie gelebt haben, mangels der materiellen Voraussetzungen für eine Familiengründung und wegen der damit verbundenen Heiratsverbote (Möhle 1999; 2001). Eine Scheidung oder Trennung war äußerst selten, da in den Bauern- und Handwerkerfamilien beide Partner in den jeweiligen Produktionsprozess eingebunden waren, und nach Verwitwung war eine baldige Wiederverheiratung ökonomisch notwendig. Unvollständige Familien waren auf städtische Gebiete beschränkt, in denen Frauen mit Tagelohnarbeit außer Haus auch ohne Vater oder Ehemann existieren konnten (Mitterauer 1976: 68 f., 77). Festhalten lässt sich dennoch, dass in vorindustrieller Zeit Lebensformen ohne eigene Familie im Hinblick auf die nicht verwandten Haushaltsmitglieder keineswegs selten und auch die (vollständigen) «Familientypen» – bedingt durch die hauswirtschaftliche Produktion – vielfältiger ausdifferenziert waren als in der Gegenwart (Mitterauer 1989: 179).

Im Zuge der Industrialisierung wird der gesellschaftliche Produktionsprozess aus den Familienhaushalten ausgelagert, und die Haushaltsproduktion konzentriert sich nunmehr stärker auf den Dienstleistungsbereich. Die Trennung von Wohnung und Arbeitsstätte, die ‹Entlassung› der Familienmitglieder aus dem gemeinsamen Produktionsprozess und die Abwesenheit nicht verwandter Personen im Haushalt sind maßgeblich dafür, dass sich eine Privatheit und Emotionalisierung der Familienbeziehungen entwickelt hat. Bei der Partnerwahl wird Liebe bedeutsam, und auch die Beziehung zwischen Eltern und Kindern erfährt eine zunehmende Emotionalisierung. Im Geschlechterverhältnis entfällt der strikte «Zwang zur Rollenergänzung» (Hill und Kopp 2004: 40) im häuslichen Produktionsprozess. In den bürgerlichen, wohlhabenden Familien werden Frauen und Kinder von der Erwerbsarbeit freigestellt, und in der Arbeiterfamilie gehen die Familienmitglieder (während der frühen

Industrialisierung auch die Kinder) einer gesonderten Lohnarbeit außer Haus nach. Lohnarbeit ist zugleich die arbeitsorganisatorische Voraussetzung für Trennung, Scheidung und unvollständige Familienformen (Mitterauer 1976) wie auch dafür, dass breiten Bevölkerungsschichten nun die materiellen Grundlagen für eine Familiengründung zugänglich sind.

Weit verbreitet ist die (nicht zutreffende) Vorstellung, mit dem Prozess der Industrialisierung hätte sich die Familiengröße auf die heutige so genannte Kleinfamilie bzw. Kernfamilie reduziert. Zutreffend ist in erster Linie eine Reduzierung der durchschnittlichen *Haushalts*größe durch den Wegfall familienfremder Arbeitskräfte. Die vorindustrielle Großfamilie mit drei Generationen und zahlreichen Kindern entsprach zwar der gesellschaftlichen Organisation der Alterssicherung, sie war aber dennoch aus demographischen Gründen nicht sehr weit verbreitet:

- Die Geburtenzahlen waren zwar hoch, gleichzeitig aber auch die Kindersterblichkeit. Noch zu Beginn des 20. Jahrhunderts starb im Deutschen Reich fast ein Fünftel der Kinder noch im ersten Lebensjahr (s. o. Kapitel 2.4). In vorindustrieller Zeit fand daher kein ausgeprägtes Bevölkerungswachstum statt.
- Die Drei-Generationen-Familie war wegen der deutlich kürzeren Lebenserwartung keineswegs typisch (Lauterbach 1995).
- Zudem wurde die gemeinsame Lebenszeit von Großeltern und Enkeln auch dadurch limitiert, dass die materiellen Voraussetzungen für eine Familiengründung erst in einem vergleichsweise hohen Alter gegeben waren.

Es handelt sich somit eher um einen «Mythos der vorindustriellen Großfamilie» (Mitterauer 1977). Die Drei-Generationen-Familie ist vielmehr erst ein «neuzeitliches soziales Phänomen» (Nave-Herz 2003: 75), wobei aber die heutigen ‹Großfamilien› nur selten unter einem Dach wohnen.

3.1.3 Soziale Implikationen des Haushaltskontexts und der Lebensform

Die (Nicht-)Einbindung des Individuums in ein haushaltskontextuelles Zusammenleben mit anderen hat (auch in modernen Industriegesellschaften) vielfältige soziale Implikationen. Zu den Implikationen des Haushaltskontexts gehören z.B. gegenseitige Hilfeleistung, das ressourcensparende gemeinsame Wirtschaften, die Haushaltsproduktion, die Sozialisations- und Erziehungsbedingungen von Kindern, zahlreiche soziokulturelle Funktionen und nicht zuletzt die Integration des Einzelnen in die Gesellschaft.

Im Mittelpunkt der sozio-ökonomischen Bedeutung des Haushaltszusammenhangs stehen
– das Pooling von Ressourcen,
– die von der Haushaltszusammensetzung abhängigen Bedarfsunterschiede und
– die Einsparungen durch gemeinsames Wirtschaften.
Einerseits werden über den Haushalts- und Familienzusammenhang unterschiedliche Individualeinkommen und damit unterschiedliche Berufsbiographien miteinander verknüpft. Für einen Großteil der nichterwerbstätigen Bevölkerung werden zudem soziale Ungleichheiten auf dem Arbeitsmarkt erst über den gemeinsamen Haushaltskontext vermittelt. Andererseits können Haushaltsgröße und -zusammensetzung gemeinsam mit den daran gekoppelten Einsparungsmöglichkeiten als zentrale Determinanten des Bedarfs angesehen werden, der aus dem Haushaltseinkommen befriedigt werden muss. Vor diesem Hintergrund sind manche Sozialleistungen vom *Haushalts*einkommen und von der Haushaltszusammensetzung abhängig, und auch die Analyse der Verteilung von Wohlstand und Armut in der Gesellschaft (vgl. Kapitel 4.3) muss auf beide Faktoren Bezug nehmen. Es entscheiden deshalb im Rahmen des familiären Lebenszusammenhangs sowohl Einkommens- als auch Bedarfsgesichtspunkte über den individuellen Wohlstand und die Gefahr von Armut. Für die Entstehung von Armut können Ein-

kommens- und Bedarfsveränderungen im Haushaltskontext gleichermaßen ausschlaggebend sein.

Zu den Ereignissen, die die Einkommenssituation oft drastisch verändern, gehört vor allem Arbeitslosigkeit, von der (weit häufiger als z.B. von Krankheit) Individuen auch in einem Lebensabschnitt betroffen sind, in dem die Familiengründung und die Versorgung von Kindern große Bedeutung haben. Dadurch werden einerseits individuelle Schicksalsschläge wie Arbeitslosigkeit auch an Dritte und auch an Kinder weitergereicht. Andererseits werden die Auswirkungen der individuellen Stellung im Beschäftigungssystem bzw. ihr Verlust durch Arbeitslosigkeit durch den Haushaltskontext moderiert und ggf. durch einen zweiten Verdienst im Haushalt abgemildert (Klein 1987d; 1987b).

Zu den (familiären) Ereignissen, die die Bedarfssituation ändern, zählen Aus- und Einzug von Personen aus bzw. in den Haushalt, die Geburt von Kindern, Beginn und Ende einer Lebensgemeinschaft usw. Während Arbeitslosigkeit nur die Einkommenssituation ändert, berühren familiäre Ereignisse meist Einkommen und Bedarf gleichermaßen. Vergleicht man Armutsquoten vor und nach familiären Ereignissen, so führen vor allem die Geburt eines Kindes, das Ende einer Lebensgemeinschaft und der Tod eines Haushaltsmitglieds zu einer Erhöhung der Armutsbetroffenheit (Andreß 1996; Hauser 1990; Klein und Zimmermann 1991).

3.2 Partnerwahl und Heirat

Die Verteilung von Haushaltstypen und privaten Lebensformen ist das Ergebnis demographischer Ereignisse wie Geburt und Tod, Partnerwahl und Trennung sowie Auszug aus dem Elternhaus. Während die erstgenannten Ereignisse (Geburt und Tod) im Rahmen der demographischen Entwicklung (Kapitel 2) behandelt wurden, setzen sich die folgenden Kapitel mit den weiteren Ereignissen auseinander und zeigen Kohortenunterschiede auf.

Das Partnerwahl- und Heiratsverhalten ist allerdings nicht nur für die Verteilung von Haushaltstypen und privaten Lebensformen verantwortlich. Von sozialstruktureller Bedeutung ist vielmehr auch, wie die Partnerwahl ausfällt in Bezug auf sozialstrukturell relevante Merkmale der Partner, beispielsweise Sozialstatus, Nationalität und Ethnizität, Alter usw.

3.2.1 Entwicklungen und Maßzahlen

3.2.1.1 Heirat und die Begründung partnerschaftlicher Lebensformen

3.2.1.1.1 Heirat

Die Wahl eines Lebenspartners und die Entscheidung über die partnerschaftliche Lebensform sind die Basis der Generation von Haushaltsstrukturen und Verwandtschaftsbeziehungen. Sozialstrukturelle Analysen zu diesem Thema sind traditionell auf Eheschließungen und Familienstände konzentriert, zum einen, weil die Existenz eines Partners im gemeinsamen Haushalt lange Zeit mit der Existenz eines Ehepartners gleichzusetzen war, zum anderen, weil amtliche Daten zur Begründung von Partnerschaften und zur Wahl partnerschaftlicher Lebensformen fast ausschließlich auf Eheschließungen und Familienstände beschränkt sind. Die große Dominanz der verheirateten Paare ist zwar mittlerweile in zahlreichen Industrienationen stark zurückgegangen, aber die bessere Datenverfügbarkeit über Eheschließungen und Familienstände ist geblieben.

3.2.1.1.1.1 Eheschließungen je 1000 Einwohner
Abbildung 3.2.1 zeigt die langfristige Entwicklung der Eheschließungen (inklusive der von Ausländern) je 1000 Einwohner in verschiedenen Ländern. In Deutschland ist die Heiratsneigung jeweils

nach den beiden Weltkriegen besonders ausgeprägt. Dies erklärt sich zum einen mit nachgeholten Eheschließungen und zum anderen mit der Wiederheirat von Kriegsverwitweten und zahlreichen Nachkriegs-Geschiedenen (s. unten). In der Bundesrepublik findet außerdem ab Mitte der 1950er bis Anfang der 60er Jahre – parallel zu der Zunahme der Geburten – ein Anstieg der Eheschließungen statt. Danach ist die Zahl der Eheschließungen rückläufig, und nur in den 80er Jahren ist zeitweilig ein (geringerer) Wiederanstieg zu beobachten, der sowohl auf geburtenstarken Jahrgängen als auch auf der wachsenden Bedeutung von Folgeehen nach Scheidung beruht. In den neuen Bundesländern ist nach der Wende bei den Eheschließungen ein ähnlicher Einbruch zu verzeichnen wie bei den Geburten. Neben den schon im Zusammenhang mit der Geburtenentwicklung genannten Faktoren (Kapitel 2.3.1.1.1) ist der drastische Rückgang der Eheschließungen auch auf die institutionellen und verwaltungstechnischen Umstrukturierungen in Ostdeutschland und die dadurch ausgelösten Verzögerungen zurückzuführen. In anderen westeuropäischen Ländern wie Frankreich, Italien und Großbritannien ist die Entwicklung in zwei Punkten ähnlich verlaufen: zum einen bezüglich des Heiratsbooms nach beiden Weltkriegen, zum anderen bezüglich der insgesamt in der zweiten Hälfte des 20. Jahrhunderts deutlich zurückgegangenen Eheschließungen.

3.2.1.1.1.2 Altersspezifische Heiratsraten und durchschnittliches Heiratsalter

Die Eheschließungen je 1000 Einwohner sind natürlich nur ein sehr grober Indikator für die Heiratsneigung: erstens, weil sie nicht altersstandardisiert sind und somit dem Einfluss altersstruktureller Veränderungen unterliegen (vgl. Kapitel 2.2.2.2), zweitens, weil sie sich auf die Gesamtbevölkerung (inklusive der schon Verheirateten) beziehen,[1] drittens, weil sie nicht nach Erst- und Wiederheirat

---

1 Eine niedrige Zahl von Eheschließungen kann deshalb auch darauf beruhen, dass ein Großteil der Bevölkerung schon verheiratet ist.

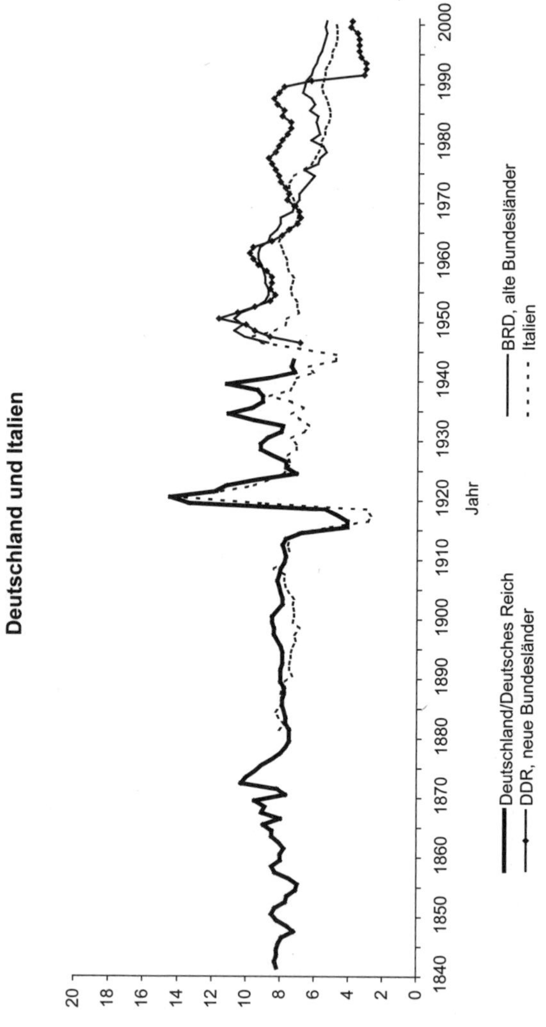

Deutschland und Italien

Abbildung 3.2.1: Eheschließungen je 1000 Einwohner

Quellen: Statistisches Bundesamt (verschiedene Jahrgänge des Statistischen Jahrbuchs für die Bundesrepublik Deutschland); Staatliche Zentralverwaltung für Statistik (verschiedene Jahrgänge des Statistischen Jahrbuchs der DDR); Istituto Centrale di Statistica (verschiedene Jahr-

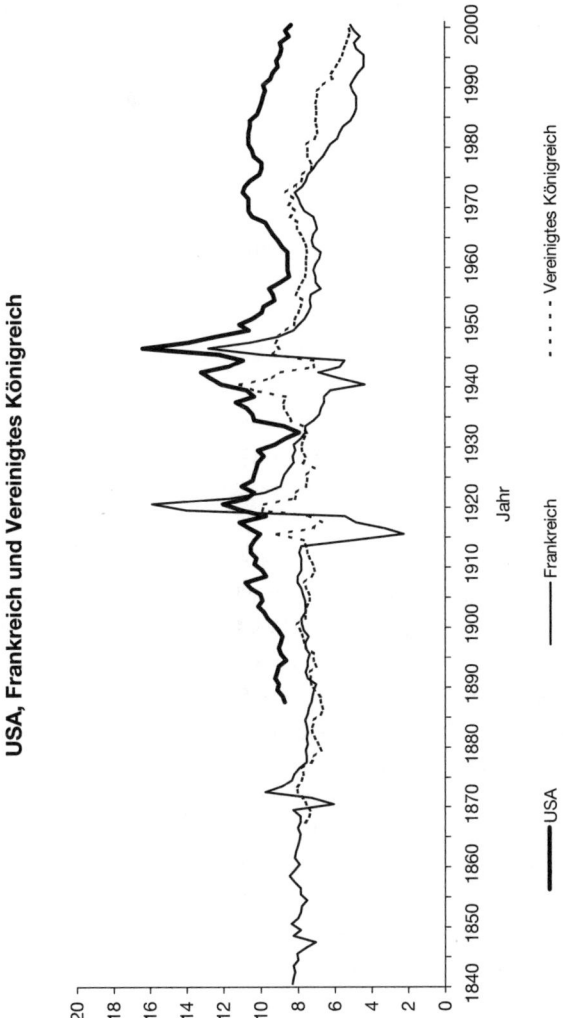

USA, Frankreich und Vereinigtes Königreich

——— USA   ——— Frankreich   ····· Vereinigtes Königreich

gänge des Annuario Statistico Italiano); U.S. Census Bureau (verschiedene Jahrgänge der Statistical Abstracts of the United States); Institut National de la Statistique et des Études Économiques (verschiedene Jahrgänge der Annuaire Statistique de la France); National Statistics (verschiedene Jahrgänge der Annual Abstracts of Statistics); zum Teil eigene Berechnungen

differenzieren, und viertens, weil sie nicht für eine längsschnittliche Lebenslaufanalyse zugänglich sind.[1] Ausgangspunkt für differenziertere Maßzahlen und für eine lebenslaufbezogene Analyse sind altersspezifische Heiratsraten

(3.2.1) $HR_x = H_x / l_x$,

mit denen die Heiratenden H_x während eines bestimmten Altersjahres x auf die unverheiratete Bevölkerung l_x mit dem exakten Alter x bezogen werden.[2] Dabei wird in aller Regel geschlechtsspezifisch und familienstandsspezifisch gerechnet: Für die Erstheiratsrate von Männern heißt dies beispielsweise, dass die erstheiratenden Männer eines bestimmten Alters auf die noch ledigen Männer desselben Alters bezogen werden, und Entsprechendes gilt für die altersspezifische Wiederheiratsrate von Verwitweten und Geschiedenen.

Unter Bezug auf die altersspezifischen Erstheiratsraten lassen sich ähnliche Verlagerungen der Eheschließung im Lebenslauf feststellen, wie oben (Kapitel 2.3.1) für die Geburt von Kindern dargestellt: Nach einer Phase der Vorverlagerung der (ersten) Eheschließung in ein immer jüngeres Alter ist das Erstheiratsalter bis heute kontinuierlich angestiegen. In diesem Zusammenhang ist bei Männern das *Kalenderjahres*durchschnittsalter der ersten Eheschließung von über 28 Jahren im Jahr 1950 auf 25,3 Jahre im Jahr 1975 gefallen und bis heute (1999, früheres Bundesgebiet) auf 31,1 Jahre angestiegen.[3] Bei Frauen liegen die Altersdurchschnitte jeweils etwa drei Jahre niedriger. In der DDR ist die Entwicklung weitgehend parallel verlaufen, allerdings mit einem noch niedrigeren Heiratsalter, das für Männer in den 1970er Jahren sogar unter 24, für Frauen unter 22

---

1 Eine ausführliche Darstellung der Probleme von periodenbezogenen Heiratsanalysen findet sich z. B. bei Braun und Proebsting (1985: 921ff.).

2 Gebräuchlich ist auch, die Eheschließenden H_x auf die unverheiratete Bevölkerung L_x im Durchschnitt des betreffenden Altersjahres zu beziehen.

3 Vgl. das Statistische Jahrbuch für die Bundesrepublik Deutschland, verschiedene Jahrgänge, sowie unten Abbildung 3.2.6.

Jahren lag. In den 90er Jahren hat sich das Heiratsalter in den neuen Bundesländern dem des Westens stark angenähert.

3.2.1.1.1.3 Die (Erst-)Heiratstafel

Aufbauend auf den altersspezifischen Erstheiratsraten lässt sich nach der Sterbetafelmethode (vgl. Kapitel 2.4.1.2) eine Heiratstafel für Ledige konstruieren, aus der unter anderem die altersabhängige (‹Überlebens-›)Wahrscheinlichkeit hervorgeht, bis in das jeweilige Alter ledig zu bleiben, bzw. die Gegenwahrscheinlichkeit, nicht ledig zu bleiben (z.B. Schwarz 2001: 18ff., 20). Ausgefeilter ist die Analyse, wenn Eheschließungen und Sterbefälle – d.h. zwei Abgänge aus der Überlebenskurve – gleichzeitig berücksichtigt werden (vgl. z.B. Braun und Proebsting 1985: 928). In diesem Fall gibt die Überlebenskurve nicht die altersabhängige Ledigenquote wieder, sondern die (kleinere) Wahrscheinlichkeit, bis in das jeweilige Alter nicht zu heiraten *und* nicht ledig zu sterben. Die altersabhängige Ledigenquote ist hingegen höher, weil sie sich nur auf die bis zu dem jeweiligen Alter noch nicht Gestorbenen, d.h. auf einen kleineren Nenner, bezieht. Bei den Heiratstafeln für Verwitwete und Geschiedene sind zudem (im Sinne der Mehrzustands-Sterbetafel) neben den Abgängen auch Zugänge aus der Gruppe der Verheirateten (und ggf. nach dem Familienstand differenzierte Sterberaten) zu beachten (vgl. z.B. für die Bundesrepublik die Berechnungen von Braun und Proebsting 1986).

Das Ergebnis einer kohortenbezogenen Anwendung der Erstheiratstafel für Deutsche ist in Abbildung 3.2.2 dargestellt. Abbildung 3.2.2 gibt den altersabhängigen, kumulierten Anteil der jemals Verheirateten in ausgewählten Geburtsjahrgängen wieder – der Rest ist jeweils entweder noch ledig oder ledig gestorben.[1] Aus der Abbildung sind zum einen die Vorverlagerungen der Erstheirat in ein immer jüngeres Alter zu erkennen (v. a. bei Frauen): Im Alter von Anfang 20 haben beispielsweise die 1945 Geborenen zu

---

[1] Die noch ledig Überlebenden (Überlebenskurve), der kumulierte Anteil der jemals Verheirateten und die ledig Gestorbenen ergänzen sich zu 100%.

Männer

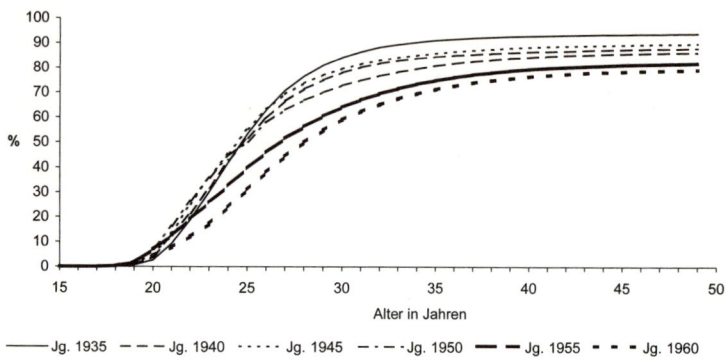

Frauen

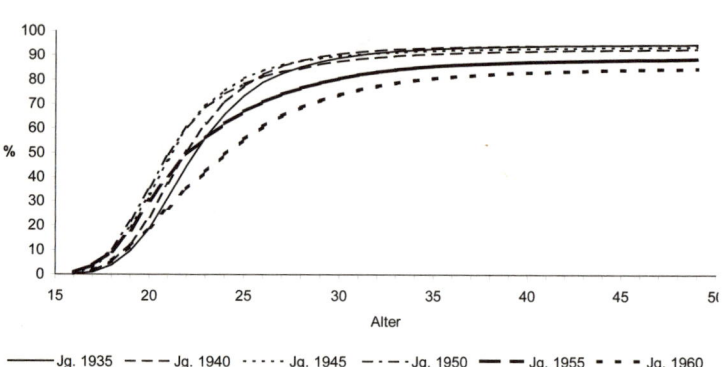

Abbildung 3.2.2: Umfang der Verheiratung ausgewählter Geburtsjahrgänge (Deutsche)
Quelle: Braun und Proebsting 1985: 500

einem größeren Teil erstmals geheiratet als die 1935 Geborenen. Die Abbildung zeigt zum anderen, dass – parallel zum Aufschub der Eheschließung in jüngeren Kohorten – die Wahrscheinlichkeit, jemals zu heiraten, in der Kohortenabfolge deutlich gesunken ist.

Dabei setzt die Reduktion bei Männern früher (beginnend schon mit der Kohorte 1940) ein und ist wesentlich ausgeprägter. Für die 1960 geborenen Männer prognostiziert[1] Abbildung 3.2.2 eine dauerhafte Ledigenquote (das ist der Anteil derer, die aus einer Kohorte niemals heiraten) von über 20 %.[2] Die Auseinanderentwicklung des Verheiratungsprozesses zwischen Männern und Frauen hat verschiedene heiratsmarktbezogene Ursachen:

– Die betreffenden Kohorten sind von einem zunehmenden Männerüberschuss geprägt (s. unten Kapitel 3.2.2.1.4).

– Der Männerüberschuss ist zudem in den ausländischen Bevölkerungsgruppen besonders groß, sodass mehr deutsche Frauen einen Ausländer heiraten als deutsche Männer eine Ausländerin.

– Schließlich ist in Betracht zu ziehen, dass sich Erst- und Wiederheiraten unterschiedlich auf die Geschlechter verteilen. Gerade in den jüngeren Kohorten ist allerdings davon auszugehen, dass die Wiederheirat nach Scheidung bei Frauen häufiger geworden ist als bei Männern (Sommer 1998: 233) – ohne diese Entwicklung würde die Wahrscheinlichkeit von Männern, jemals zu heiraten, noch stärker hinter der von Frauen zurückbleiben.

3.2.1.1.1.4 Die Zusammengefasste Erstheiratsziffer

Die Zusammengefasste Erstheiratsziffer ist zwar der Erstheiratstafel unterlegen,[3] hat aber dennoch eine gewisse Verbreitung gefunden (z.B. Engstler 1997: 71; Engstler und Menning 2003: 65; Meyer 2002: 407) und ist vor allem beim Bundesinstitut für Bevölkerungs-

---

1 Die Prognose (genau genommen handelt es sich um eine Trendfortschreibung) beruht für die noch nicht gelebten Altersjahre auf Querschnittergebnissen von 1980/83.

2 Eine aktuellere Berechnung (Engstler und Menning 2003: 68) beziffert den Anteil der dauerhaft Ledigen des Jahrgangs 1960 sogar auf 28 % (Männer) bzw. 19 % (Frauen). Die Werte liegen aus verschiedenen Gründen höher als in Abbildung 3.2.2, zum einen, weil sie den aktuellen Rückgang der altersspezifischen Heiratsraten nach 1980/83 berücksichtigen, zum anderen, weil Sterblichkeit nicht in die Berechnung einbezogen ist.

3 Zum einen wegen des (fehlenden) Umgangs mit Mortalität und zum anderen wegen der nachfolgend dargestellten Probleme bei periodenbezogenen Daten.

forschung sehr beliebt (Dorbritz 1994: 398; Dorbritz und Gärtner 1995: 345; 1998: 380; Grünheid und Mammey 1997: 386ff.; Höhn, Mammey und Wendt 1990: 140ff.; Hullen und Schulz 1993: 8; Pohl, Sörtzbach und Wendt 1992: 8). Die «zusammengefaßte Erstheiratsziffer … wird als Summe von altersspezifischen Erstheiratsziffern (ledige Eheschließende des Alters a bezogen auf die Bevölkerung des gleichen Alters und Geschlechts) gewonnen» (Höhn, Mammey und Wendt 1990: 140):

$$(3.2.2) \qquad HE = \sum_{x=16}^{\infty} H_x / B_x,$$

wobei H_x die Erstheiratsereignisse und B_x die Bevölkerung im Alter x bezeichnet.[1] Interpretiert wird diese Ziffer dahin gehend, «daß unter den Bedingungen des Beobachtungsjahres von 100 ursprünglich ledigen Männern und Frauen so und so viel Prozent heiraten würden» (Höhn, Mammey und Wendt 1990: 140).

Diese Information ist natürlich auch in der Erstheiratstafel enthalten. Lässt man die Sterblichkeit außer Acht, so entspricht die Kumulation der Erstheiratsereignisse über den Lebenslauf der Gegenwahrscheinlichkeit zur ‹Überlebens›-Kurve im Zustand ledig:

$$(3.2.3) \qquad h = 1 - \prod_{x=16}^{\infty} (1 - HR_x),$$

---

1 Davon abweichend findet sich fälschlicherweise auch die folgende Definition: Die «zusammengefaßte Erstheiratsziffer … ergibt sich aus der Summe der altersspezifischen Erstheiratsziffern, die aus der Zahl der ledigen Eheschließenden je 1.000 *Ledigen* gleichen Alters und Geschlechts ermittelt werden» (Dorbritz und Gärtner 1998: 379, Hervorhebung T. K.). Die altersspezifischen Heiratsraten beziehen sich jedoch mit zunehmendem Alter auf einen immer kleiner werdenden Nenner der noch Ledigen und haben deshalb die Tendenz, auch bei vergleichsweise wenigen Eheschließungen immer größer zu werden. Eine Addition ist deshalb nicht sinnvoll. Nicht ohne Grund weist auch das Statistische Bundesamt (2001e: 70) keine Summierung der altersspezifischen Erstheiratsraten aus.

wobei *h* angibt, wie viel Prozent jemals heiraten. Natürlich lässt sich der betreffende Wert der jemals Heiratenden auch im Kontext der Heiratstafel als Kumulation von Erstheiratsereignissen definieren, die sich für jedes Alter aus der Überlebenskurve l_x im Zustand ledig und den altersspezifischen Heiratsraten HR_x ableiten:

$$(3.2.4) \qquad HE = \sum_{x=16}^{\infty} HR_x l_x .$$

Im Vergleich zur Erstheiratstafel hat die Zusammengefasste Erstheiratsziffer zwei Nachteile: Zum einen werden die altersspezifischen Erstheiratsraten faktisch auf die *überlebende* Bevölkerung des betreffenden Alters bezogen. Nur wenn keine Mortalität stattfände, wäre die Bevölkerung in allen Altersstufen so groß wie der betreffende Geburtsjahrgang. Andernfalls ist sie kleiner, d. h., die Heiratsereignisse werden auf einen zu kleinen Nenner bezogen, und der Anteil der jemals Heiratenden wird überschätzt. Das Problem würde vermieden, wenn man die Eheschließungen auf die Stärke des betreffenden Geburtsjahrgangs beziehen würde.[1] Mortalität findet aber auch hierbei nur implizit Berücksichtigung. Je nachdem, in welcher Variante die Zusammengefasste Erstheiratsziffer berechnet wird, ist Mortalität implizit ein- oder ausgeschlossen.

Ein gravierenderes Problem kann zum anderen aus der periodenbezogenen Berechnung der Zusammengefassten Erstheiratsziffer resultieren. Tabelle 3.2.1 zeigt Zusammengefasste Erstheiratsziffern für die Jahre 1950 bis 1996. Während die vergleichsweise aktuellen Werte erstaunlich niedrig ausfallen, liegen die Werte aus den 1950er und 60er Jahren teilweise sogar über 100 %. Dies ist natürlich Unsinn – doch wie kommt dieser zustande? Die Antwort ist einfach: Während im Lebenslauf, d. h. im Längsschnitt, in jeder

---

1 Auf diese Weise sind in der Bundesrepublik die Zusammengefassten Scheidungsziffern berechnet, bei denen die ehedauerspezifischen Scheidungen in Relation zur Größe des Eheschließungsjahrgangs gesetzt und addiert werden (s. unten Kapitel 3.3.1.1).

Jahr	Zusammengefasste Erstheiratsziffer: Von 100 Ledigen heiraten ...			
	Männer		Frauen	
	früheres Bundesgebiet	neue Bundesländer und Ostberlin	früheres Bundesgebiet	neue Bundesländer und Ostberlin
1950	135		112	
1955	107	105	105	96
1960	106	101	106	105
1965	91	86	110	105
1970	90	101	97	98
1975	73	88	76	92
1980	64	79	66	81
1985	58	70	60	74
1986	58	73	60	78
1987	59	74	61	81
1988	61	71	63	78
1989	60	68	63	76
1990	60	58	64	64
1991	57	28	62	31
1992	56	28	62	32
1993	54	29	61	34
1994	54	32	60	38
1995	53	33	60	40
1996	57	33	61	41

Tabelle 3.2.1: Indikatoren der Heiratshäufigkeit 1950–1996
Quelle: Dorbritz und Gärtner 1998: 380

nachfolgenden Altersstufe nicht mehr Personen erstmals heiraten können, als bis dahin noch ledig sind (über alle Altersstufen zusammen maximal 100 % des Jahrgangs), werden im Querschnitt die Erstheiraten ganz verschiedener Jahrgänge aggregiert, deren Anteile an den *jeweiligen* Jahrgängen zusammen u. U. auch über 100 % liegen. Wenn z. B. aus nur zwei aufeinander folgenden Jahrgängen in demselben Kalenderjahr jeweils 60 % des betreffenden Jahrgangs ein erstes Mal heiraten, liegt die Zusammengefasste Erstheiratsziffer schon bei 120 %. Während des Zweiten Weltkriegs und in den ersten Nachkriegsjahren wurden viele Eheschließungen aufgeschoben und in den 1950er Jahren nachgeholt – mit dem Ergebnis, dass sich die Anteile der Ersteheschließungen aus den verschiedenen Jahrgängen auf über 100 % addieren.

3.2.1.1.2 Beziehungsbeginn, Zusammenzug und die Begründung partnerschaftlicher Lebensformen

Die Heiratstafelanalyse macht nicht zuletzt deutlich, dass eine querschnittliche Beschreibung der Familienstandsstruktur ohne Altersbezug wenig sinnvoll ist. Familienstand und Haushaltskontext variieren mit dem Alter, wobei die Altersvariation große Ko-

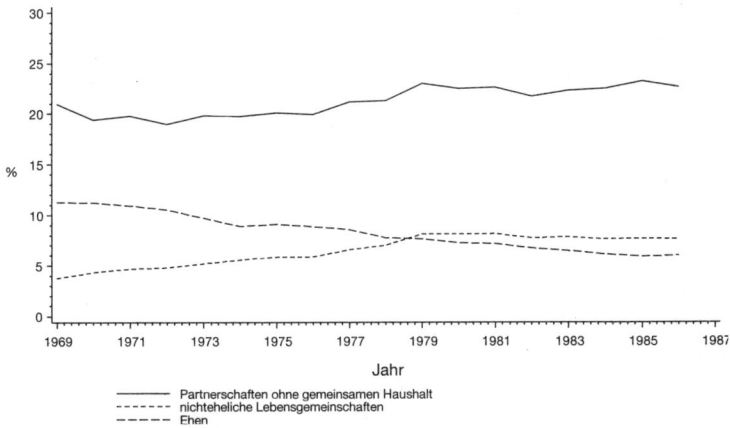

Abbildung 3.2.3: Rate des Neubeginns verschiedener Partnerschaftsformen unter 18- bis 35-Jährigen nach Kalenderjahr (in %)
Quelle: Klein 1999f: 78

hortenunterschiede aufweist. Dies gilt gleichermaßen für andere partnerschaftliche Lebensformen und deren Übergänge – besonders den Beziehungsbeginn und die Gründung eines gemeinsamen Haushalts in nichtehelicher Lebensgemeinschaft.

Abbildung 3.2.3 nimmt Bezug auf die Altersgruppe der 18- bis 35-Jährigen und gibt (analog zu den Eheschließungen in Abbildung 3.2.1) die Ereignisse des (Neu-)Beginns einer Partnerschaft je 100 Einwohner der betreffenden Altersgruppe wieder, differenziert nach der Partnerschaftsform, die mit dem Ereignis gegründet wird. Die Abbildung zeigt die Dynamik hinter der oben (Kapitel 3.1.1.2) beschriebenen Verteilung der partnerschaftlichen Lebensform. Abbildung 3.2.3 zeigt klar die rückläufige Zahl der Eheschließungen, nunmehr unter den jungen Erwachsenen. Die Werte liegen natürlich höher als oben in Abbildung 3.2.1, die sich auf alle Altersgruppen bezieht, auch auf diejenigen, in denen Eheschließungen kaum vorkommen. Korrespondierend mit dem Rückgang der Heiratsneigung steigt die Anzahl neu gegründeter nichtehelicher Lebensgemeinschaften und übersteigt seit Ende der 1970er Jahre die Zahl der neu geschlossenen Ehen (vgl. Abbildung 3.2.3). Deutlich häufiger ist der (Neu-)Beginn einer (weniger stabilen) Partnerschaft ohne gemeinsamen Haushalt: Gut 20 % der 18- bis 35-Jährigen beginnen jährlich eine Partnerschaft (zunächst) ohne gemeinsamen Haushalt. Die Tendenz ist von Ende der 1960er bis Ende der 80er Jahre nur leicht ansteigend.

Abbildung 3.2.4 beschreibt die Verbreitung nichtehelicher Lebensgemeinschaften in verschiedenen Ländern im Lebenslauf, differenziert nach Geburtsjahrgang. Wie aus Abbildung 3.2.4 ersichtlich, korrespondiert in Westdeutschland wie auch in Österreich der Aufschub der Heirat in dem entsprechenden Altersbereich zwischen 20 und Anfang 30 mit einer zunehmenden Verbreitung nichtehelicher Lebensgemeinschaften (vgl. im Folgenden Klein, Lengerer und Uzelac 2002). Ab einem Alter von Mitte 30 ist hingegen in beiden Ländern in der Kohortenabfolge nur noch ein sehr geringer Anstieg nichtehelicher Lebensgemeinschaften festzustellen. Diesem Muster folgen – weniger ausgeprägt – auch die USA und

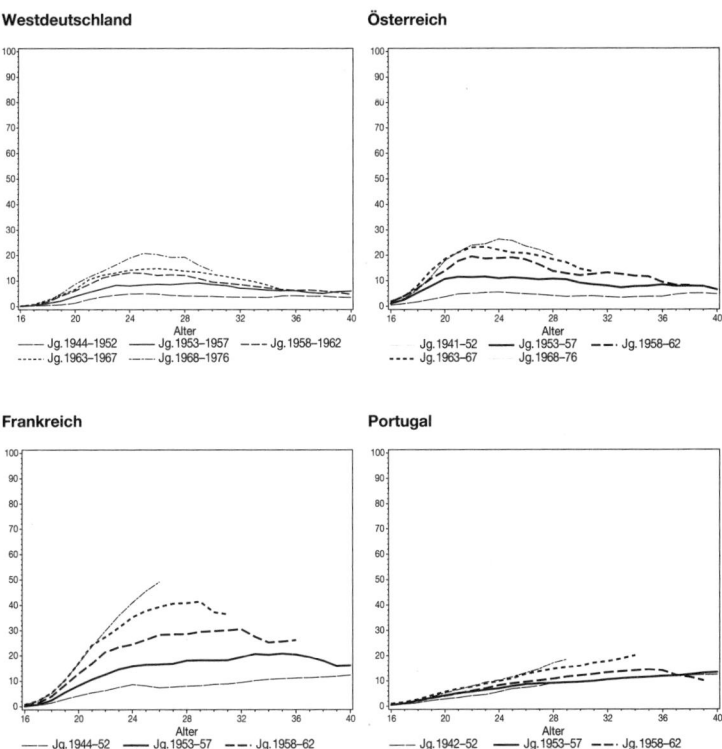

Abbildung 3.2.4: Anteil der Kohabitierenden nach Alter und Geburtsjahrgang (in %)
Quelle: Klein, Lengerer und Uzelac 2002: 373

einige westeuropäische Länder (graphisch nicht dargestellt). Demgegenüber zeichnen sich insbesondere Frankreich und die skandinavischen Länder (letztere wiederum graphisch nicht dargestellt) dadurch aus, dass nichteheliche Lebensgemeinschaften besonders im mittleren Erwachsenenalter zunehmende Verbreitung finden, also verstärkt nicht nur als Vorphase der Ehe, sondern auch als Alternative hierzu gelebt werden.

Die Verbreitung von Partnerschaften ohne gemeinsamen Haus-

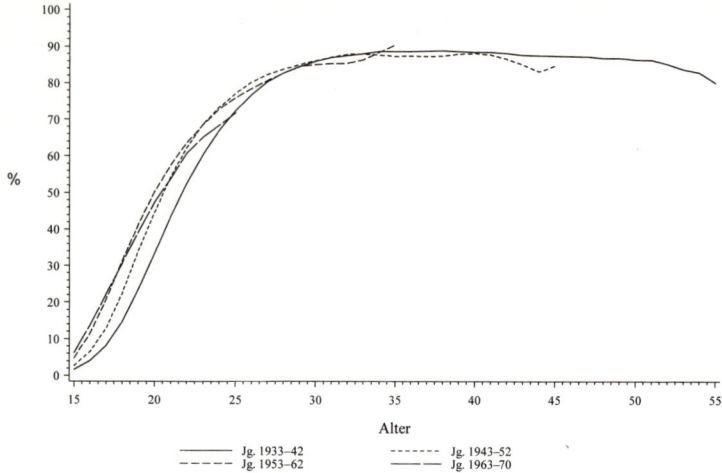

Abbildung 3.2.5: Bindungsquote nach Alter und Geburtsjahrgang (in %)
Quelle: Klein 1999f: 87

halt ist der von nichtehelichen Lebensgemeinschaften biographisch
noch etwas vorgelagert (Klein 1999a: 85). Betrachtet man – wie in
Abbildung 3.2.5 dargestellt – alle drei Partnerschaftsformen zusammen, wird erstaunlicherweise im jungen Erwachsenenalter eine
zunehmende Bindungsquote über die Generationen hinweg sichtbar. Statt einer zunehmenden Bindungslosigkeit existiert im jungen
Erwachsenenalter sogar eine *abnehmende* Bindungslosigkeit, und
in mittleren Altersgruppen ist immerhin von einer über die Generationen hinweg weitgehend konstanten Bindungsquote auszugehen. Zwar hat die Ehe an Dominanz eingebüßt, und die Zahl der
Lebensformwechsel im Lebenslauf ist sicher gestiegen, aber die
Verbreitung des Zusammenlebens in einer Partnerschaft ist keineswegs rückläufig.

3.2.1.2 Wer mit wem? Die Auswahl des Partners

Hinsichtlich der Auswahl des Partners ist aus sozialstruktureller Perspektive vor allem die Partnerwahl nach dem Alter der Partner, ihrem Sozialstatus und ihrer geographischen, ethnischen und nationalen Herkunft von Interesse. Als ein Paradebeispiel für den Einfluss sozialstruktureller Faktoren verdient außerdem die konfessionelle Partnerwahl Erwähnung.

Auch für die Partnerauswahl gilt, dass sich zumindest amtliche Daten zumeist auf Eheschließungen bzw. auf Ehen beschränken. In sozialstrukturellen Analysen der Partnerwahl sind zudem drei Probleme weit verbreitet:

- Ein Hauptproblem vieler Untersuchungen besteht darin, dass sie auf realisierte Partnerwahlkonfigurationen bzw. Eheschließungen beschränkt sind, während Personen, die (noch) nicht geheiratet bzw. keinen Partner gefunden haben, unberücksichtigt bleiben (Qian und Preston 1993: 483; Schoen 1986: 51; Ziegler 1985: 103). Doch gerade die ‹Singles› sind in Bezug auf nicht realisierbare Partnerwahlpräferenzen von besonderem Interesse, und durch die Beschränkung auf realisierte Partnerschaften bleiben Heiratsmarktungleichgewichte von der Betrachtung ausgespart (Guttentag und Secord 1983). Zumindest ein über die bloße Beschreibung hinausgehendes Erklärungskonzept der Partnerwahl muss daher als eine der ‹Wahl›-Alternativen auch den (vorläufigen) Verzicht auf Partnerschaft berücksichtigen.
- Einhergehend mit der Beschränkung auf realisierte Partnerwahlkonfigurationen ist nach wie vor die große Mehrzahl sozialstruktureller Analysen zur Partnerwahl auf die zum Befragungszeitpunkt bestehenden Partnerschaften bzw. Ehen – d.h. auf Bestandsdaten und nicht auf Ereignisdaten – bezogen. Dadurch entsteht ein (Selektions-)Problem, weil die Beziehungsstabilität bzw. die Ehestabilität nicht zuletzt auch von der Partnerwahl abhängt. Infolge dieser Selektion sind in den Bestandsdaten die stabilen Partnerwahlkonfigurationen überrepräsentiert.
- Unabhängig davon, ob sich die Analyse auf realisierte Partner-

wahlkonstellationen beschränkt, bereiten zudem alle Partnerwahlmerkmale ein Problem, das sich im Lebenslauf oder im Partnerschaftsverlauf ändern kann. Soweit eine Untersuchung an zum Befragungszeitpunkt realisierten Partnerwahlkonstellationen ansetzt, haben sich die betreffenden Merkmale u.U. seit der Partnerwahl bis zum Befragungszeitpunkt verändert. Konzentriert sich eine Untersuchung hingegen auf die Partnerwahlereignisse (mit oder ohne Beachtung nicht realisierter Partnerwahlpräferenzen), bleibt ungeklärt, inwieweit die Partnerwahl im Hinblick auf antizipierte Veränderungen getroffen wurde. Hiervon betroffen ist insbesondere die Partnerwahl nach Bildung und Sozialstatus, wenn die Partnerwahl noch während der Ausbildung und vor der Integration in das Erwerbssystem stattfindet. Von geringer Bedeutung sind hingegen Konfessionswechsel für die konfessionelle Homogamie, und unverändert bleiben natürlich der Migrationshintergrund und der Altersabstand zwischen den Partnern.

Die beiden letztgenannten Probleme sind somit in den amtlichen Eheschließungsdaten für die altersbezogene Auswahl des Ehepartners ohne Bedeutung. Aus Abbildung 3.2.6 ist ersichtlich, wie sich das (kalenderjahres-)durchschnittliche Heiratsalter beider Geschlechter bis Anfang der 1970er Jahre deutlich reduziert hat und seitdem wieder angestiegen ist. Trotzdem hat sich der durchschnittliche *Altersabstand* kaum verändert: Er variiert in der Bundesrepublik über 40 Jahre hinweg zwischen 3 und 3,6 Jahren, ist also weitgehend konstant geblieben.[1] In der ehemaligen DDR ist

---

1 Gelegentlich werden ähnliche Berechnungen unzutreffenderweise auch für das Erstheiratsalter durchgeführt. Allgemein gilt zwar: Die Differenz zweier Durchschnitte entspricht dem Durchschnitt der Differenz. Dabei müssen aber natürlich dieselben Beobachtungen Verwendung finden. In das durchschnittliche Erstheiratsalter von Männern fließen jedoch auch die Ehen ein, bei denen die Frau schon verheiratet war. Entsprechendes gilt für das durchschnittliche Erstheiratsalter von Frauen. Beiden Berechnungen liegen somit nicht dieselben Ehen zugrunde. Aus den amtlichen Angaben zum durchschnittlichen Erstheiratsalter lassen sich deshalb keine Folgerungen zum Altersabstand bei Erstheirat ziehen.

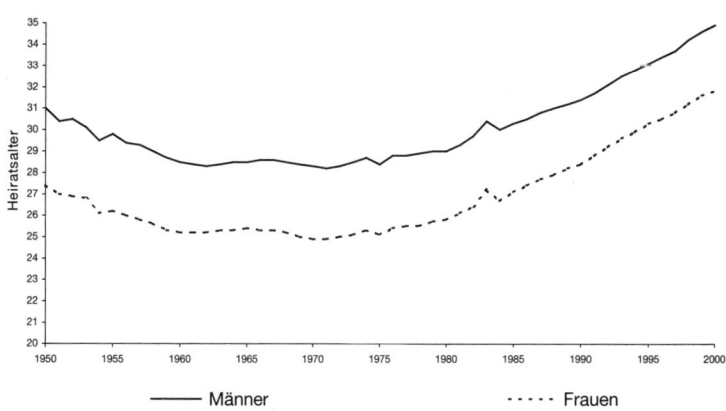

Bundesrepublik/alte Bundesländer

——— Männer   - - - - - Frauen

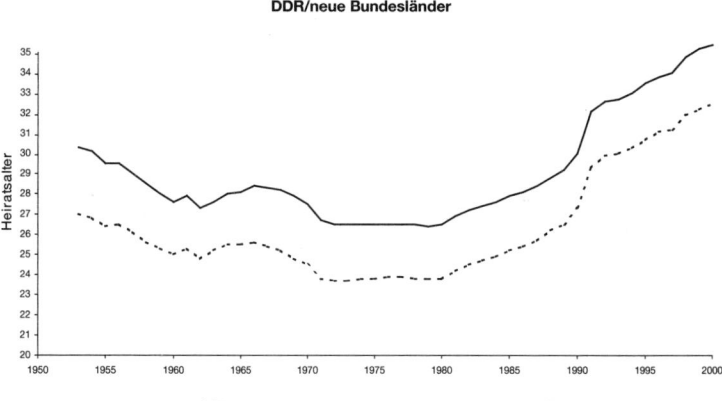

DDR/neue Bundesländer

——— Männer   - - - - - Frauen

Abbildung 3.2.6: Entwicklung des durchschnittlichen Heiratsalters in Deutschland

Quellen: Statistisches Bundesamt (verschiedene Jahrgänge des Statistischen Jahrbuchs für die Bundesrepublik Deutschland); Statistisches Amt der DDR (verschiedene Jahrgänge des Statistischen Jahrbuchs für die DDR)

die Entwicklung mehr oder weniger parallel verlaufen, jedoch mit niedrigerem Heiratsalter und geringerem Altersunterschied.[1]

Hinsichtlich der Partnerwahl in Bezug auf den Sozialstatus verdient die *bildungsbezogene Partnerwahl* besonderes Interesse. Im Unterschied zum Erwerbsstatus, zur beruflichen Stellung und zum Einkommen bleibt in der Regel das Bildungsniveau nach Abschluss der Ausbildung unverändert und ist gleichzeitig der beste Prädiktor, wenn es um die Einschätzung der zukünftigen Karriere- und Einkommenschancen geht. Andere Schichtmerkmale wie Erwerbsstatus, Beruf und individuelles Einkommen sind außerdem im Verlauf der Partnerschaft oft als Konsequenz der familiären Arbeitsteilung zu betrachten, die nicht zuletzt vor dem Hintergrund der beruflichen, vor allem im Bildungsniveau begründeten Möglichkeiten zu interpretieren ist. Das Bildungsniveau der Partner ist überdies eng mit deren sozialer Herkunft, d. h. mit der herkunftsbezogenen Partnerwahl verbunden, hat aber gegenüber der sozialen Herkunft an Bedeutung gewonnen (Kalmijn 1991; Klein 1997). Darüber hinaus ist die statusbezogene Partnerwahl auch aus datentechnischen und forschungspraktischen Gründen mit am besten unter Bezug auf die Bildungshomogamie zu erfassen. Denn anders als z.B. die Berufsposition oder das Erwerbseinkommen erlaubt das Bildungsniveau eine Statuseingruppierung auch der Nichterwerbstätigen. Zudem ist das Bildungsniveau leichter als andere Statusdimensionen auch retrospektiv für den Zeitpunkt der Partnerwahl erfragbar.[2]

Im Unterschied zu der Vielzahl von Altersstufen sind bei der bildungsbezogenen Partnerwahl nur vergleichsweise wenige Bildungsstufen zu berücksichtigen, und die Bildungshomogamie hängt in hohem Maße davon ab, welche Bildungsstufen dabei unterschieden werden und wie sich Männer und Frauen auf die Bildungsabschlüsse verteilen (vgl. z.B. Blossfeld und Timm 1997:

---

1 Für eine eingehendere Interpretation der Ost-West-Unterschiede vgl. Klein (1996b: 355).
2 Vgl. z.B. den Familiensurvey oder die Lebensverlaufsstudie (Kapitel 5.3).

472).[1] Obwohl das Bildungsniveau, verglichen mit anderen Dimensionen des Sozialstatus, im Lebenslauf relativ stabil ist, werden alle Ergebnisse auch zur Bildungshomogamie dennoch davon beeinflusst, ob man sich auf den bei der Partnerwahl erreichten Bildungsabschluss bezieht, auf den zu diesem Zeitpunkt angestrebten oder auf einen späteren Abschluss. Die Bildungshomogamie kann sich in eine bildungsungleiche Partnerwahl verwandeln, wenn zwar bei der Partnerwahl beide Partner dasselbe Bildungsniveau haben, aber eine(r) noch in Ausbildung ist und einen weiteren Abschluss anstrebt, oder wenn zwar beide noch in Ausbildung sind, aber nur eine(r) den angestrebten Abschluss erreicht. Angesichts der hohen Studienabbruchquoten und angesichts dessen, dass die Universitäten heute für die Partnerwahl zunehmend Bedeutung erlangt haben (Blossfeld und Timm 2003), fällt die in der Partnerschaft gelebte Homogamiequote eher geringer aus als unter Bezug auf den Zeitpunkt der Partnerwahl festgestellt. Vorbehaltlich der genannten Einschränkungen lässt sich dennoch festhalten, dass die bildungshomogame Wahl des Ehepartners in Deutschland wie auch in einigen anderen europäischen Ländern und den USA tendenziell zugenommen hat und Auf- und Abwärtsheiraten im Zuge der Bildungsangleichung zwischen den Geschlechtern deutlich abgenommen haben (Blossfeld und Timm 2003).

Was die *konfessionelle Partnerwahl* angeht, sind die Bundesrepublik wie auch die Niederlande (vgl. Hendrickx, Schreuder und Ultee 1994) in verschiedener Hinsicht von besonderem Interesse: Zum einen gibt es in beiden Gesellschaften heute ein mehr oder weniger ausgeglichenes Zahlenverhältnis zwischen Protestanten und Katholiken – d. h., es gibt keine stark dominierende Konfession, durch die die Mitglieder der anderen Konfession(en) in eine Minderheitenrolle (Diaspora) gedrängt würden. Das Phänomen der konfessionellen Mischehe lässt sich daher mehr oder weniger frei von Minderheitenproblemen untersuchen. Zum anderen ist die

---

1 Vgl. auch analog hierzu die Ausführungen zur Mobilitätsanalyse in Kapitel 4.1.1.2.

Konfessionszugehörigkeit in beiden Ländern weitgehend unabhängig von anderen Gruppenzugehörigkeiten wie Sprachgruppen (die z.B. in der Schweiz mit Konfessionsgrenzen verknüpft sind) oder Ethnizitäten (die z.B. in den USA stark mit Konfessionszugehörigkeiten einhergehen).

Wie aus Abbildung 3.2.7 ersichtlich, haben gleichkonfessionelle Eheschließungen in Deutschland nach wie vor große Bedeutung (vgl. im Folgenden Klein und Wunder 1996). Die Abbildung bezieht sich auf den Anteil gleichkonfessioneller Eheschließungen an der Gesamtzahl der Eheschließungen mit mindestens einem Partner der betreffenden Konfession bzw. Religion. Die Entwicklung dieses Anteils ist für verschiedene Konfessionen und Religionen dargestellt. Katholiken und Protestanten verzeichnen einen durch das 20. Jahrhundert abnehmenden, aber durchgehend sehr hohen Anteil homogamer Eheschließungen, der auch heute noch bei etwa 50 % liegt (Abbildung 3.2.7). Bis Anfang der 1970er Jahre ist die Homogamie bei Protestanten häufiger als bei Katholiken, danach ist es umgekehrt. Auffällig ist die Reduzierung des Anteils protestantisch homogamer Eheschließungen nach dem Zweiten Weltkrieg in der Bundesrepublik. Diese Veränderung lässt sich mit dem Wegfall überwiegend protestantischer Gebiete erklären, in denen protestantisch homogame Eheschließungen schon durch die lokale Konfessionsstruktur erzwungen wurden. Zusätzlich haben die Nachkriegszuwanderungen aus früheren deutschen Ostgebieten und (bis 1961) aus dem Gebiet der früheren DDR zu einer stärkeren konfessionellen Durchmischung der Bevölkerung beigetragen. Auch die Reduzierung der konfessionellen Homogamie während des Ersten Weltkriegs steht mit einer erhöhten geographischen Mobilität in Zusammenhang.

Das nach dem Zweiten Weltkrieg niedrigere Niveau der Homogamie bei Juden (Abbildung 3.2.7) lässt sich auf die durch Holocaust und Emigration verringerte Gruppengröße zurückführen. Denn die so genannte Out-Marriage-Rate bzw. Exogamierate ist in kleinen Gruppen immer größer als in großen Gruppen. Dies folgt daraus, dass der Zähler der gemischten Partnerschaften identisch ist und nur

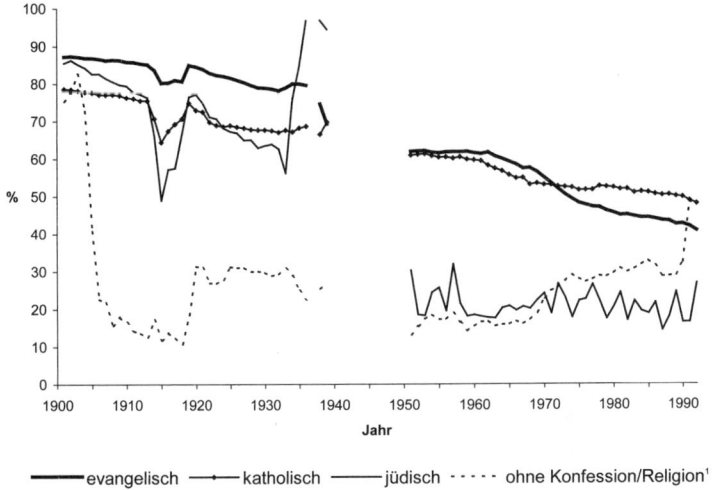

Abbildung 3.2.7: Der Anteil gleichkonfessioneller Eheschließungen an der Gesamtzahl der Eheschließungen

[1] In Anbetracht von statistischen Definitionsveränderungen sind hierbei Konfessionslose zum Teil mit «Gottgläubigen», «sonstigen oder unbestimmten Konfessionen/Religionen» und der Kategorie «keine Angaben» zusammengefasst.

Quelle: Klein und Wunder 1996: 104

der Nenner – d.h. die Bezugsgröße – wechselt: Die Anzahl gemischt-religiöser Ehen fällt bei der großen Zahl von Eheschließungen mit zumindest einem christlichen Partner kaum ins Gewicht, während sich unter Bezug auf die geringe Zahl der Eheschließungen von Juden eine wesentlich höhere Exogamierate errechnet. Trotz dieses Größeneffekts und der auch vor dem Zweiten Weltkrieg vergleichsweise geringen Größe der jüdischen Religionsgemeinschaft bewegt sich der Anteil homogamer Eheschließungen unter Juden noch im ersten Drittel des 20. Jahrhunderts in einer ähnlichen Größenordnung wie der der christlichen Konfessionen (Abbildung 3.2.7). Es existiert und existierte bekanntermaßen eine starke Ausgrenzung (aus der Restbevölkerung) und Abgrenzung (der Juden selbst).

Diese gipfelte in der Judengesetzgebung im Dritten Reich, welche die Homogamie der Juden nochmals verstärkt nach oben schnellen ließ (Abbildung 3.2.7).

Im Hinblick auf den Migrationshintergrund[1] ist die amtliche Eheschließungsstatistik nur nach der (aktuellen) Nationalität der Partner aufgegliedert. Bei Einbürgerung vor der Eheschließung und insbesondere bei Aussiedlern geht hingegen der Wanderungshintergrund aus den amtlichen Eheschließungsdaten nicht hervor. Die *binationale Partnerwahl* erfasst somit vor allem das Heiratsverhalten der Zuwanderer aus den so genannten Gastarbeiternationen. Ein gravierendes Problem der amtlichen Statistik besteht außerdem darin, dass die amtliche Eheschließungsstatistik nur die vor deutschen Standesämtern (oder vor deutschen Konsulatsbeamten im Ausland) geschlossenen Ehen erfasst. Deutsch-ausländische Eheschließungen finden jedoch in schwer bezifferbarer Anzahl auch im Heimatland des ausländischen Partners bzw. der ausländischen Partnerin statt. In noch größerem Umfang stellt sich dieses Problem hinsichtlich der Eheschließungen, bei denen beide Partner eine ausländische Staatsangehörigkeit haben. Das statistische Problem wird vor allem in Bezug auf die Eheschließungen unter Ausländern, die in der Bundesrepublik leben, noch dadurch verschärft, dass einige Länder seit 1947 die Möglichkeit der Konsulatseheschließung kennen bzw. eingeführt haben, wenn beide Partner hierzulande Ausländer sind (Griechenland erst seit 1984, Portugal seit 1972). Seit 1986 müssen außerdem Konsulatseheschließungen nicht mehr von deutschen Standesämtern registriert werden. Die amtliche Eheschließungsstatistik lässt somit beträchtliche Untererfassungen vor allem derjenigen Eheschließungen vermuten, bei denen beide Partner dieselbe ausländische Staatsangehörigkeit haben.

Trotz der genannten Einschränkungen wird aus Tabelle 3.2.2 deutlich, dass verschiedene Nationalitäten in sehr unterschiedlichem Umfang in die deutsche Bevölkerung einheiraten. Aus Tabelle 3.2.2

---

[1] Gemeint ist hierbei die so genannte Außenwanderung. Zu geographischen Aspekten der Partnerwahl innerhalb Deutschlands vgl. Lengerer (2001).

Eheschließungen mit deutschem Mann		Eheschließungen mit deutscher Frau	
Land der Staatsangehörigkeit der Frau	Anzahl	Land der Staatsangehörigkeit des Mannes	Anzahl
Polen	5230	ehemaliges Jugoslawien	5848
asiatische Staaten	4539	Türkei	3934
Russische Föderation	1886	afrikanische Staaten	2805
amerikanische Staaten[1]	1793	asiatische Staaten	2701
Thailand	1617	Italien	1772
Rumänien	1533	USA	1220
ehemaliges Jugoslawien	1260	Österreich	934
Türkei	1073	Polen	780
Ukraine	956	Großbritannien	776
afrikanische Staaten	943	Niederlande	730
Österreich	919	Marokko	677
Italien	815	Russische Föderation	560

Tabelle 3.2.2: Die zwölf häufigsten Nationalitäten deutsch-ausländischer Eheschließungen im Jahr 1997
[1] ohne Kanada und USA
Quelle: Statistisches Bundesamt 1997: 254

gehen die dominierenden Nationalitäten deutsch-ausländischer Eheschließungen des Jahres 1997 hervor. Bei deutschen Männern wird die ‹Hitliste› der häufigst gewählten Ausländerin von Polinnen angeführt, gefolgt von Frauen verschiedener asiatischer und süd- und mittelamerikanischer Nationalitäten, Thailand und Rumänien. Türkinnen machen erst die fünfthäufigste Einzelnation aus. Bei deutschen Frauen dominieren hingegen Türken, gefolgt von verschiedenen afrikanischen und asiatischen Nationalitäten sowie Italien. Es kristallisiert sich somit heraus, dass die deutsch-ausländische Partnerwahl deutscher Männer tendenziell durch ein starkes wirtschaftliches Gefälle zu den beteiligten Nationen geprägt ist, die obendrein keine nennenswerte Bevölkerungsgruppe in Deutschland stellen. Die großen, in der Bundesrepublik lebenden Gastarbeiternationen

Türkei und Italien haben hingegen bei der Partnerwahl deutscher Männer nur nachgeordnete Bedeutung. Bei der binationalen Eheschließung deutscher Frauen gehört umgekehrt die Ehe mit Türken und Italienern zur häufigsten Partnerwahlkonfiguration.

3.2.2 Hintergründe abnehmender Heiratsneigung und (un-)veränderter Muster der Partnerwahl

3.2.2.1 Erklärungsansätze der abnehmenden Heiratsneigung und der Ausbreitung nichtehelicher Lebensgemeinschaften[1]

3.2.2.1.1 Individualisierung

Veränderungen partnerschaftlicher Lebensformen werden häufig als Ausdruck von Individualisierung und Pluralisierung interpretiert. Individualisierung meint als Folge der Entstehung moderner Gesellschaften «das *Zerbrechen traditioneller Lebensformen und die damit verbundene Herauslösung des Menschen aus normativen Bindungen, sozialen Abhängigkeiten, materiellen Versorgungsbezügen ...* (und, T. K.) *die damit einhergehenden sozialen Konflikte, Chancen, Reintegrationsprobleme»* (Beck-Gernsheim 1994: 136). Der Mensch wird zum Zentrum seiner Lebensplanung (Beck 1986: 116). Bei der Ausgestaltung der Partnerschaft herrscht größere Selbstbestimmung (Lucke 1995: 13), und im «neuen Heiratssystem dürfen die Partner nicht nur, nein: sie *müssen* auch ihre Gemeinsamkeit selbst entwerfen» (Beck-Gernsheim 1989: 109). Damit einhergehend wird eine Pluralisierung privater Lebensformen behauptet, in die sich nicht zuletzt die Zunahme nichtehelicher Lebensgemeinschaften einreiht (Beck-Gernsheim 1983: 329, 333), zu der aber auch «eine zunehmende Bindungslosigkeit» (Beck-Gernsheim 1994: 131) gehört.

---

1 Vgl. ergänzend auch Hill und Kopp (2000a: 967–979).

Anhaltspunkte für eine nachhaltige Zunahme der Bindungslosigkeit lassen sich allerdings weder im Querschnitt (Kapitel 3.1.1) noch in Bezug auf den Lebenslauf (Kapitel 3.2.1) und weder in Deutschland noch in vielen anderen westlichen Industriestaaten finden. Diesbezügliche ‹Beobachtungen› beruhen entweder auf fehlinterpretierten Statistiken (vgl. Kapitel 1.2.2), auf «Beispielen» (Beck und Beck-Gernsheim 1993: 180), oder sie sind – wie die Zunahme der Einpersonenhaushalte unter Männern – mit Heiratsmarktungleichgewichten recht trivial erklärbar.

Demgegenüber steht die Zunahme nichtehelicher Lebensgemeinschaften außer Frage. In Bezug auf nichteheliche Lebensgemeinschaften werden zusätzlich auch die Spannungen moderner Partnerschaften, die aus der Einbindung der Partner in jeweils individuelle Lebensverläufe resultieren und in zunehmende Scheidungszahlen münden, für die Verbreitung von Lebensformen verantwortlich gemacht, «die die *Möglichkeit eines späteren Alleinlebens vorgängig offen halten*» (Beck-Gernsheim 1983: 333). Hinzu kommt, dass der Zwang zur Gestaltung der partnerschaftlichen Gemeinsamkeit Entscheidungen und damit verbundene Unsicherheiten mitbringt, die (vermeintlich) eine geringere Festlegung begünstigen. Im Kontext der Diskussion um Geschlechterbeziehungen werden zudem «neue Formen des Zusammenlebens von Männern und Frauen» (Beck-Gernsheim 1989: 105) in Zusammenhang gesetzt mit dem «Übergang zur Moderne» (Beck-Gernsheim 1994: 125) und der «Herauslösung des einzelnen aus traditionellen Bindungen und Bezügen» (Beck-Gernsheim 1989: 105).

Die Individualisierungsthese lässt sich verallgemeinert in zwei Richtungen interpretieren (vgl. auch Schnell und Kohler 1997): Sie postuliert zum einen eine größere Vielfalt partnerschaftlicher Lebensformen. Dieser Bedeutungsgehalt findet auch in dem Begriff der Pluralisierung Ausdruck. Zum anderen ist die Individualisierungsthese mit dem Postulat abnehmender Erklärbarkeit individuellen Handelns verknüpft. Nach der Entlassung aus «traditionellen Bindungen» werden anderweitige, neue Steuerungsmechanismen sozialen Handelns allenfalls vage angesprochen, es bleibt mehr oder weniger dem Belieben der ‹individualisierten› Individuen überlassen, wie sie «ihre Gemeinsamkeit selbst entwerfen», und der Eindruck drängt sich gelegentlich auf, dass einige Autoren diese Beliebigkeit auch zum Leitfaden ihrer eigenen Aussagen machen.

3.2.2.1.2 Wertewandel

Nicht viel erhellender ist es, die Veränderungen partnerschaftlicher Lebensformen mit dem Wertewandel in Beziehung zu bringen. Völlig ungeklärt ist nämlich die Kausalitätsfrage, inwieweit die Verbreitung nichtehelicher Lebensgemeinschaften auf den Wertewandel zurückgeht (was im Übrigen auch impliziert, dass Wertrationalität über andere Handlungsrationalitäten dominiert) und inwieweit umgekehrt häufigeres Vorkommen eine gewisse Normalität erzeugt. Im Hinblick auf den zweifellos vonstatten gegangenen Wandel gesellschaftlicher Werte lässt sich allenfalls von einer *wechselseitigen* Verstärkung ausgehen: Zunehmende Verbreitung impliziert eine neue Normalität, die soziale Kosten wie die der Stigmatisierung verringert und auf diesem Wege die Gründung nichtehelicher Lebensgemeinschaften weiter fördert.

3.2.2.1.3 Familienökonomische Überlegungen

Eine konkretere Erklärung für die abnehmende Heiratsneigung und die Zunahme nichtehelicher Lebensgemeinschaften resultiert aus einer an ökonomischen Kategorien orientierten Analyse sozialen Handelns. Die vor allem von Becker (1981) entwickelte Familienökonomie nimmt allerdings von der Unterschiedlichkeit partnerschaftlicher Lebensformen nur am Rande Notiz (vgl. im Folgenden insbesondere Klein 1999d: 473f.). Soziales Handeln erscheint aus familienökonomischer Perspektive durch Bedürfnisbefriedigung motiviert, wobei die Bedürfnisbefriedigung im Hinblick auf die familiäre (eigentlich partnerschaftliche) Arbeitsteilung und die Spezialisierung innerhalb des Haushalts analysiert wird. In der familienökonomischen Literatur ist zwar überwiegend von Ehen die Rede, alle Arbeitsteilungsargumente beziehen sich aber auf den gemeinsamen Haushalt und sind daher auch weitgehend auf nichteheliche Lebensgemeinschaften übertragbar. Als Motiv für die Gründung eines gemeinsamen Haushalts werden somit die Arbeitsteilungs- und Spezialisierungsvorteile angeführt. Dabei bleibt jedoch zum einen die Wahl zwischen Ehe und nichtehelicher Lebensgemeinschaft unerklärt, zum anderen werden andere Partnerschaftsformen ohne gemeinsamen Haushalt nicht thematisiert.

Wie Hill und Kopp (1999) aufgezeigt haben, liefert aber die Familienökonomie dennoch eine gute Erklärung für die Zunahme nichtehelicher Lebensgemeinschaften, wenn man bedenkt, dass die verschiedenen Partnerschaftsformen spezifische Vor- und Nachteile aufweisen: Im Vergleich einerseits zu Paaren ohne gemeinsamen Haushalt entstehen – wenn eine gewisse Interaktionsverdichtung erreicht ist – durch einen gemeinsamen Haushalt beträchtliche Vorteile, nicht nur wegen der (besseren) Möglichkeiten der Arbeitsteilung zwischen den Partnern, sondern auch wegen der reduzierten Kosten der Haushaltsführung, wegen der Einsparung von Zeit und wegen der besseren Verfügbarkeit des Partners. Im Vergleich zur Ehe andererseits sind nichteheliche Lebensgemeinschaften durch geringere Trennungskosten und eine geringere Absicherung von gemeinsamen Investitionen[1] gekennzeichnet.

Auf der Basis dieser Eigenschaften führen Hill und Kopp die Verbreitung nichtehelicher Lebensgemeinschaften auf zwei Entwicklungen zurück: auf die Zunahme der Frauenerwerbsbeteiligung (v.a. in qualifizierten Berufen) und auf die allgemeine Bildungsexpansion. Denn für Frauen steigen durch verbesserte Erwerbsmöglichkeiten die Opportunitätskosten der traditionellen ehelichen Arbeitsteilung (Diekmann 1990).

Darüber hinaus ist von Bedeutung, dass durch verlängerte (Aus-) Bildungszeiten ein geringes Einkommen und eine hohe berufliche

---

1 Als solche werden auch Kinder gesehen.

Unsicherheit – auch zu verstehen als Unsicherheit über relevante Eigenschaften des Partners – bis in ein höheres Lebensalter verlängert werden. Angesichts hoher Arbeitslosigkeit und zunehmender Verbreitung befristeter Beschäftigungsverhältnisse bleibt die berufliche Unsicherheit vermehrt auch über das Ausbildungsende hinaus bestehen. Die Verlängerung biographischer Unsicherheiten fördert die Verbreitung nichtehelicher Lebensgemeinschaften in zweifacher Weise:

– Zum einen hält geringes Einkommen während der Ausbildungszeit die Investitionen in die Partnerschaft auf niedrigem Niveau.

– Zum anderen hat der verzögerte Übergang in eine stabile Berufskarriere einen aufschiebenden Einfluss auf die Heirat (Oppenheimer 1988: 565), nicht zuletzt deshalb, weil die verlängerten biographischen Unsicherheiten auch den Partner betreffen, und die Unsicherheit der Partnerwahl begründet zusätzlich ein Interesse an niedrigen Trennungskosten. In diesem Zusammenhang wird die nichteheliche Lebensgemeinschaft in der Familienökonomie als Phase des Suchprozesses auf dem Heiratsmarkt interpretiert: Im Anschluss an die «extensive Suche» eines potenziellen Partners stellt die Probeehe mit ihren geringeren Trennungskosten eine «intensive Suche» zum besseren Kennenlernen, zur Ermittlung der Möglichkeiten des Zusammenlebens mit dem speziellen Partner und zur Absicherung der Partnerwahl dar (Becker, Landes und Michael 1977: 1147 ff.).[1]

Beides macht in der betreffenden Lebensphase – der verlängerten Ausbildungs- und Berufseinstiegsphase – die Ehe relativ unattraktiv, während aber die Anreize zur Gründung eines gemeinsamen Haushalts unverändert fortbestehen. Fasst man die familienökonomischen Argumente zusammen, so scheinen für die Ausbreitung nichtehelicher Lebensgemeinschaften sehr konkrete Veränderun-

---

1 Dem widerspricht nicht, dass die Ehen, die aus einer nichtehelichen Lebensgemeinschaft hervorgegangen sind, ein erhöhtes Scheidungsrisiko haben, denn neuere Untersuchungen (Brüderl, Diekmann und Engelhardt 1997; Klein 1999b) zeigen, dass hierfür andere Gründe ausschlaggebend sind.

gen gesellschaftlicher Rahmenbedingungen des partnerschaftlichen Zusammenlebens verantwortlich zu sein.

3.2.2.1.4 Der demographische Kontext

Im Hinblick auf demographische Veränderungen ist ein häufig thematisierter Zusammenhang der zwischen zunehmenden Scheidungszahlen und der Ausbreitung nichtehelicher Lebensgemeinschaften. Im Kontext der Individualisierungsdiskussion werden häufige Scheidungen für die Verbreitung von Lebensformen wie den nichtehelichen Lebensgemeinschaften verantwortlich gemacht, die diese Risiken schon «einplanen» (Beck-Gernsheim 1983: 333). Eine sehr viel trivialere Erklärung dafür, dass zunehmende Scheidungszahlen auch die Verbreitung nichtehelicher Lebensgemeinschaften begünstigen, besteht allerdings schlicht darin, dass auch Zweitehen zu einem gewissen Anteil erst als Probeehen geführt werden.

Im Rahmen demographischer Faktoren verdient außerdem die Bevölkerungsgröße – verbunden mit der Siedlungsstruktur – einer Erwähnung. Die Bevölkerungsgröße hat Einfluss auf die Effizienz und die Transparenz des Heiratsmarkts und damit auf die in der Familienökonomie thematisierten so genannten Suchkosten der Partnersuche (vgl. Oppenheimer 1988). Hierbei lassen sich verschiedene Partnerschaftsformen und insbesondere nichteheliche Lebensgemeinschaften, so genannte Probeehen, als Phasen des Partnersuchprozesses interpretieren (Becker, Landes und Michael 1977; Klein 1999b). Vor diesem Hintergrund steht die Ausbreitung nichtehelicher Lebensgemeinschaften auch aus demographischen Gründen in Zusammenhang mit dem Anwachsen der Bevölkerung und dem Prozess der Verstädterung.

Zu den demographischen bzw. strukturellen Rahmenbedingungen, die auf die Bindungsquote bzw. auf die Partnerlosigkeit einwirken, gehören auch numerische Unausgewogenheiten des Heiratsmarkts bzw. des Partnermarkts. Diese haben einen großen Einfluss auf die Chance, überhaupt einen Partner zu finden. In der

Bundesrepublik sind beispielsweise die jüngeren Kohorten von einem Männerüberschuss geprägt, bedingt zum einen durch den langfristigen Geburtenrückgang und die dadurch tendenziell geringere Jahrgangsstärke der in der Partnerschaft durchschnittlich jüngeren Frau und zum anderen durch den Umstand, dass etwa 5 bis 6 % mehr Jungen als Mädchen geboren werden. Dank der zurückgegangenen Säuglingssterblichkeit, von der Jungen inzwischen nicht mehr sehr viel häufiger betroffen sind als Mädchen, bekommt die Überzahl der Geburt von Jungen heute zunehmendes Gewicht.

3.2.2.1.5 Internationale Unterschiede

Nicht angesprochen ist bisher die unterschiedliche Ausbreitung nichtehelicher Lebensgemeinschaften in westlichen Industriegesellschaften. Internationale Unterschiede familiendemographischer Befunde werden in der Perspektive der so genannten Konvergenzthese (Van de Kaa 1987; Lesthaeghe 1992) vielfach als unterschiedliche Stadien eines einheitlichen, gleichlaufenden Entwicklungsprozesses interpretiert. Im Hinblick auf das Nord-Süd-Gefälle in Europa wird dabei den skandinavischen Ländern – und darunter besonders Schweden – eine Vorreiterfunktion zugesprochen (Lesthaeghe 1992: 314). In zunehmendem Maße gewinnen aber inzwischen auch unterschiedliche Entwicklungspfade einzelner Länder Beachtung, die mit ökonomischen, kulturellen und politischen Besonderheiten in Zusammenhang stehen. Mit Blick auf die politischen und gesellschaftlichen Besonderheiten ist der internationale Vergleich nicht zuletzt auch für die Evaluation familienpolitischer ‹Regime› von besonderem Interesse. Unterschiede und Gemeinsamkeiten zwischen den Ländern sind allerdings in der Regel schwierig zu interpretieren, und eine theoretisch wirklich befriedigende Verknüpfung zwischen den gesellschaftlichen Lebensbedingungen und der familiären Lebensplanung ist bislang nicht gelungen (vgl. hierzu und im Folgenden Klein, Lengerer und Uzelac 2002; Lengerer 2004).

Die dargestellten Querschnittbefunde erwecken durchaus den Eindruck einer konvergierenden Entwicklung in den verschiedenen Ländern. Dahinter verbergen sich allerdings in der Lebenslaufperspektive unterschiedliche Entwicklungen, die vor allem zwei Muster erkennen lassen: das der Kohabitation als Vorphase der Ehe und das der dauerhaften, eventuell lebenslangen Kohabitation. Ausschlaggebend erscheinen unterschiedliche Rahmenbedingungen: Während die nichteheliche Lebensgemeinschaft als Vorphase besonders ausgeprägt in Ländern mit dem traditionellen Ernährermodell und einer geringen Vereinbarkeit von Beruf und Familie anzutreffen ist (so auch in Deutschland), werden nichteheliche Lebensgemeinschaften in Ländern, die das Doppelverdienermodell fördern (z. B. Frankreich), tendenziell über das junge Erwachsenenalter hinaus auch im weiteren Lebensverlauf aufrechterhalten. So zählen zu den Ursachen einer weiten Verbreitung der dauerhaften Kohabitation in Frankreich wie auch in den skandinavischen Ländern eine hohe Frauenerwerbsbeteiligung und eine familienpolitische Begünstigung des Doppelverdienermodells.

Vergleichsweise wenig verbreitet ist die Kohabitation hingegen in südeuropäischen Ländern, wo Frauen in den Bereichen Beschäftigung und Einkommen vergleichsweise benachteiligt sind, wo familienpolitische Maßnahmen weder zum Ausgleich familiärer Lasten noch zur Verbesserung der Vereinbarkeit von Familie und Beruf besonders ausgebaut sind und wo sich stattdessen die ausgeprägtere Familiensolidarität nicht zuletzt darin äußert, dass die Kinder heute länger im Elternhaus wohnen bleiben, vor allem angesichts eines knappen Wohnungsangebots.

Sieht man von den südeuropäischen Ländern – insbesondere von Italien – ab, so ist festzuhalten, dass verbindliche Formen der Partnerschaft, wie sie durch das Zusammenleben in einem gemeinsamen Haushalt zum Ausdruck gebracht werden – egal, ob verheiratet oder unverheiratet –, in zahlreichen Ländern keineswegs abgenommen haben. Der Rückgang der Ehen und die mehr oder weniger kompensierende Zunahme nichtehelicher Lebensgemeinschaften lässt sich eher als eine Strukturverschiebung in Bezug auf formale Gesichtspunkte des Zusammenlebens bezeichnen denn als eine gravierende Umwälzung real praktizierter Lebensformen.

3.2.2.2 Determinanten der Partner(aus)wahl

3.2.2.2.1 Das Heiratsregime

Im vorindustriellen Familienhaushalt, in dem zugleich die gesellschaftliche Produktion stattfand, waren für die Partnerwahl in erster Linie ökonomische Momente ausschlaggebend, nämlich die Geeignetheit für den häuslichen, handwerklichen oder bäuerlichen Produktionsprozess (vgl. Kapitel 3.1.2). Unter dem Schlagwort der Individualisierung haben sich aber die ökonomischen wie auch die normativen Handlungsspielräume der Partnerwahl bis heute wesentlich vergrößert. Familiäre, kirchliche und staatliche Bevormundungen hinsichtlich der Passung von Stand und Besitz sind weitgehend emotionalen Kriterien gewichen.

Trotz formal freier Partnerwahl bestehen spezifische, weit überzufällig häufige Muster der Partnerwahl auch heute noch in allen Industriegesellschaften weiter. Verantwortlich hierfür sind nach wie vor nicht zuletzt die gesellschaftlichen Steuerungsmechanismen der Partnerwahl. Die verschiedenen sozialen Steuerungsmechanismen der Partnerwahl und der damit verbundenen Prozesse sozialer Schließung lassen sich – in Anlehnung an die entsprechende Terminologie aus der Mobilitätsforschung (vgl. Kapitel 4.2.2.1) – als das Heiratsregime bezeichnen. In diesem Zusammenhang wird regelmäßig auf normative Regeln als die vermeintlich maßgeblichen Steuerungsgrößen des Partnerwahlverhaltens hingewiesen (z.B. Handl 1988; Jäckel 1980: 9ff.; Rückert, Lengsfeld und Henke 1979). Diese Regeln bestehen zwar heute und hierzulande nicht mehr in Form von gesetzlich verankerten Heiratsverboten oder starren Klassenschranken, aber doch als intersubjektiv geteilte Vorstellung über die ‹passende› Partnerwahl. Im Verlauf der Sozialisation werden Normen und Werte internalisiert, sodass individuelle Präferenzen «in hohem Ausmaß gesellschaftliche Wertvorstellungen über die Angemessenheit bestimmter Paarbeziehungen» (Handl 1988: 106) widerspiegeln.

Gesellschaftliche Steuerungsmechanismen der Partnerwahl beruhen aber auch auf der sozialen Strukturierung der Begegnungsmöglichkeiten bzw. auf der Abschottung von Teilheiratsmärkten. Als ein Ausdruck von Individualisierung wird zwar die These vertreten, dass sich soziale Verkehrskreise kaum mehr über Herkunft, Sozialschicht, Ethnizität oder Religion definieren, sondern durch frei gewählte, selbst hergestellte Sozialbeziehungen (Beck 1986; 1993). Die Individuen sind aber über den Arbeitsplatz und andere kurzfristig nicht frei wählbare Aktivitäten in verschiedene Handlungskontexte eingebunden, die als «Brennpunkte» der Begegnung verstanden werden können und durch die soziale Interaktionsgelegenheiten vorstrukturiert sind (Feld 1981, ausgehend von Simmel 1955; Granovetter 1973). In Bezug auf die Partnerwahl lassen sich die Brennpunkte der Begegnung als Teilheiratsmärkte begreifen, wobei homogene Teilheiratsmärkte die Wahrscheinlichkeit erhöhen, einem ähnlichen Partner zu begegnen. Dieser Effekt wird noch verstärkt, wenn die Teilheiratsmärkte durch Segregation auch räumlich voneinander abgegrenzt sind.

3.2.2.2.2 Quantitative Gelegenheitsstrukturen

Im Hinblick auf die gesellschaftlichen Rahmenbedingungen der Partnerwahl ist neben dem Heiratsregime die soziale Strukturierung der Bevölkerung von Bedeutung. So bestimmen auch die Altersverteilung, die Bildungsverteilung, die Konfessionsverteilung usw. über die Chance, einen potenziellen Partner mit den betreffenden Merkmalen überhaupt kennen zu lernen. Die Sozialstruktur prägt insofern die quantitativen Gelegenheiten bzw. Opportunitäten einer so oder so gearteten Partnerwahl (Blau 1977; Blau, Blum und Schwartz 1982; vgl. für eine komprimierte Darstellung auch Klein 2000b). Sie strukturiert den gesamtgesellschaftlichen Heiratsmarkt, der gleichfalls der individuellen Entscheidungsautonomie mehr oder weniger enge Grenzen setzt. Zur Beurteilung intentionaler Faktoren der Partnerwahl wie auch der relativen Offenheit oder Geschlossenheit des Heiratsregimes einer Gesellschaft ist es notwendig, die beobachtbaren Heiratsmuster mit geeigneten Methoden[1] in Relation zur Gelegenheitsstruktur und deren Veränderung zu betrachten.

Einige rein quantitative Verteilungseffekte sind leicht nachzuvollziehen. Sie führen beispielsweise dazu, dass ungleiche Partnerwahl (Heterogamie) sozialstrukturell ‹erzwungen› ist, wenn die Verteilung sozialstrukturell bedeutsamer Merkmale – wie etwa die des Bildungsniveaus – bei Männern und Frauen unterschiedlich ausfällt. Dies ist in Tabelle 3.2.3 (links oben) anhand einer Beispielberechnung verdeutlicht, die im Interesse der Übersichtlichkeit von nur zwei Bildungsstufen ausgeht, nämlich mit und ohne Abitur.

Für die Erklärung weiterer Struktureinflüsse sind in Tabelle 3.2.3 zusätzliche Beispielsberechnungen durchgeführt, die sich auf Änderungen der Bildungsverteilung beziehen, wie sie im Rahmen der Bildungsexpansion stattgefunden haben. Die Tabelle beruht auch hierbei auf fiktiven, aber realitätsnahen Zahlen, deren Verrechnung leicht nachzuvollziehen ist. Im linken unteren Teil der Tabelle ist unterstellt, dass die Abiturientenquote der Männer zunächst 20 % und die der Frauen 10 % beträgt. Die zusätzlichen Beispielberechnungen der Tabelle 3.2.3 gehen außerdem der Einfachheit halber von dem unrealistischen Fall aus, dass keinerlei soziale Steuerungsmechanismen oder individuelle Präferenzen auf die Partnerwahl einwirken, sodass die Partnerwahl nur vom Zufall gelenkt wird.

Im Fall rein zufälliger Partnerwahl ist die bildungsgleiche Partnerwahl (Bildungshomogamie) nur von der Bildungsverteilung bei Männern und Frauen – den beiden Randverteilungen der Tabelle – abhängig. Dabei resultiert in Ermangelung sozialer Steuerung und individueller Präferenzen unter dem Regime des Zufalls jede

---

1 Vgl. insbesondere Klein (1996b) und einige auf dem Ansatz von Schoen (1986) basierende Studien.

Partnerkonfiguration aus dem Produkt der Randverteilungen: Der Anteil der Partnerschaften, in denen beide Partner Abitur haben, ist beispielsweise (0,10 × 0,20 =) 2 % (vgl. Tabelle 3.2.3, links unten). Der Anteil, in denen beide kein Abitur haben, ist dementsprechend (0,90 × 0,80 =) 72 %, und die Homogamiequote in der betreffenden Gesellschaft beträgt (0,02 + 0,72 =) 74 %.

Bildung des Mannes	Bildung der Frau			Bildung der Frau		
	mit Abitur	ohne Abitur	zusammen	mit Abitur	ohne Abitur	zusammen
	erzwungene Heterogamie			*Bildungsexpansion: Zeitpunkt II*		
mit Abitur	0,1	0,1	0,2	0,04	0,16	0,2
ohne Abitur	0	0,8	0,8	0,16	0,64	0,8
zusammen	0,1	0,9	1	0,2	0,8	1
	maximal mögliche Homogamiequote = 90 %			Homogamiequote = 68 %		
	Bildungsexpansion: Zeitpunkt I			*Bildungsexpansion: Zeitpunkt III*		
mit Abitur	0,02	0,18	0,2	0,09	0,21	0,3
ohne Abitur	0,08	0,72	0,8	0,21	0,49	0,7
zusammen	0,1	0,9	1	0,3	0,7	1
	Homogamiequote = 74 %			Homogamiequote = 58 %		

Tabelle 3.2.3: Beispiele für sozialstrukturelle Einflüsse auf die Partnerwahl (fiktive Werte)

Dies ist auch gleichzeitig für das Individuum die durchschnittliche Chance einer bildungshomogamen Partnerwahl: So haben Männer mit Abitur eine Chance von (0,02 / 0,20 =) 10 %, eine Frau mit Abitur zu finden, und für Männer ohne Abitur ist die Chance der homogamen Partnerwahl immerhin (0,72 / 0,80 =) 90 %. Die Männer mit Abitur machen jedoch nur 20 % der männlichen Bevölkerung aus, die Männer ohne Abitur 80 %, sodass sich nach den Regeln der Durchschnittsbildung eine durchschnittliche Chance homogamer Partnerwahl von (0,10 × 0,20 + 0,90 × 0,80 =) 74 % errechnet. Natürlich sieht die Berechnung für Frauen entsprechend aus: Die Homogamiechance von Frauen mit Abitur beträgt (0,20 / 0,10 =) 20 %, die von Frauen ohne Abitur (0,72 / 0,90 =) 80 %, und im Durchschnitt sind es ebenfalls (0,20 × 0,10 + 0,80 × 0,90 =) 74 %.

Für das einzelne Individuum hängt somit die Chance homogamer Partnerwahl von der Gruppengröße, d. h. hier vom Bildungsniveau ab.

Geht man nun im Zuge der Bildungsexpansion davon aus, dass sich die Bildungsverteilung der Frauen an die der Männer angeglichen hat (Tabelle 3.2.3, rechts oben), führt dies erstaunlicherweise nicht zu einer Erhöhung, sondern zu einer Reduzierung der Homogamiequote bzw. der Chancen homogamer Partnerwahl auf nur noch 68 %. Erstaunlich ist dies deshalb, weil erzwungene Ungleichheit der Partnerwahl entfällt. Lediglich für Männer mit Abitur sind die Chancen homogamer Partnerwahl größer geworden. Und berücksichtigt man, dass letztlich beide Geschlechter von der Bildungsexpansion profitiert haben, fällt die Homogamiequote noch niedriger aus (vgl. Tabelle 3.2.3, rechts unten).

Die beschriebenen Randverteilungseffekte, die natürlich nicht nur auf die bildungsbezogene Partnerwahl einwirken, sind intuitiv nicht leicht zu erfassen, sie sind zum Teil sogar kontra-intuitiv, und der Einfluss des Heiratsregimes und individueller Präferenzen auf die Partnerwahl ist kaum zu ermitteln, ohne gesellschaftliche Verteilungsparameter des Heiratsmarkts angemessen zu berücksichtigen.[1] Die beschriebenen Verteilungseffekte sind natürlich nicht nur in der Gesamtgesellschaft, sondern auch in enger umgrenzten Handlungskontexten wirksam, und ihre Vernachlässigung kann zu gravierenden Fehlinterpretationen führen.

---

1 Vgl. die entsprechenden Probleme bei der Analyse sozialer Mobilität (insbesondere Kapitel 4.1.1.2).

3.2.2.2.3 Individuelle Faktoren

Neben dem Heiratsregime und den quantitativ bestimmbaren Gelegenheitsstrukturen hängt natürlich die Partnerwahl von individuellen Präferenzen ab, die nicht ausschließlich als Ausdruck eines normativen Heiratsregimes zu interpretieren sind. Die Partnerwahl ist aus dieser Perspektive das Ergebnis eines individuellen Handelns, das sich auch an Bedürfnisbefriedigung orientiert. Dabei thematisiert die Austauschtheorie (Winch 1955) die Verträglichkeit von Bedürfnissen und Erwartungen. Der familienökonomische Ansatz (Becker 1981; 1986) akzentuiert dagegen den materiellen Nutzen des Zusammenlebens mit einem bestimmten Partner, der auf der Arbeitsteilung zwischen Haus- und Erwerbsarbeit und den damit verbundenen Spezialisierungsvorteilen beruht.

Im Hinblick auf die Muster der Partnerwahl sind die Präferenzen, die auf homogame Partnerwahl abzielen, zu unterscheiden von Präferenzen, deren maximale Bedürfnisbefriedigung in der Wahl eines möglichst attraktiven Partners bzw. einer möglichst attraktiven Partnerin besteht, mehr oder weniger unabhängig von der eigenen Attraktivität (Klein 2000b; Klein und Rüffer 2001). Aspekte der Partnerwahl, in Bezug auf die wohl Homogamiestreben vorherrscht, sind beispielsweise die konfessionelle Partnerwahl oder die regionale Partnerwahl. Merkmale, die eher dem Maximierungsprinzip unterliegen, sind etwa der Sozialstatus oder die physische Attraktivität. Auch in Bezug auf viele Maximierungsmerkmale dominiert allerdings homogame Partnerwahl. Verantwortlich hierfür ist die Konkurrenz auf dem Heiratsmarkt. Unter der Annahme, dass bei vielen Merkmalen der Partnerwahl doch die Vorstellungen, was ein attraktiver Partner ist, allgemein geteilt werden, entsteht Knappheit und somit Konkurrenz um den attraktivsten Partner. Das Ergebnis des Wettbewerbs auf dem Heiratsmarkt ist gleichfalls Homogamie, weil jede(r) die Partnerschaft mit denjenigen ablehnt, die weniger attraktiv sind. Die homogame Partnerwahl stellt sich somit als die am Markt *realisierbare* Bedürfnisbefriedigung dar – Homogamie entspricht in diesem Fall nicht den individuellen Präferenzen, sondern ist eine Konsequenz des Marktprozesses.

Im Hinblick auf das Homogamiestreben gehen u. U. individuelle Bedürfnisbefriedigung und normative Regeln Hand in Hand, während beim Maximierungsstreben individuelle Bedürfnisbefriedigung im Vordergrund steht. Auf den ersten Blick scheinen somit Endogamienormen und individuelle Bedürfnisbefriedigung lediglich alternative Erklärungsmodelle für dasselbe Phänomen, nämlich die in Bezug auf sehr viele Aspekte der Partnerwahl weit verbreitete Homogamie. Die Unterscheidung der zwei Typen von Präferenzen ist jedoch wichtig, wenn man das skizzierte Wettbewerbsmodell in zwei Richtungen verallgemeinern will (vgl. Klein 1996b; 2000b). Eine erste Verallgemeinerung betrifft die sozialstrukturellen Rahmenbedingungen der Partnerwahl. Als Resultat des Wettbewerbs auf dem Heiratsmarkt haben zwar Personen mit gleicher Attraktivität die größte Chance auf eine Partnerschaft – Voraussetzung hierfür ist aber, dass die Partnereigenschaften bei beiden Geschlechtern gleichermaßen verteilt sind. Bei geschlechtsspezifisch unterschiedlicher Verteilung (z. B. unterschiedlicher Bildungsverteilung) wird hingegen deutlich, dass nicht der Ausgleich der absoluten Attraktivität, sondern der der relativen Attraktivität auf dem Heiratsmarkt ausschlaggebend ist. So findet der *relativ* attraktivste Mann die *relativ* attraktivste Frau, der Zweitattraktivste die Zweitattraktivste usw., selbst wenn sich in jeder Partnerschaft die Attraktivität der Partner deutlich unterscheidet. Die Realisierung von Maximierungspräferenzen bei geschlechtsspezifisch unterschiedlichen sozialstrukturellen Rahmenbedingungen ist in Abbildung 3.2.8 (linker Teil) veranschaulicht. Die Realisierung von Homogamiepräferenzen (Abbildung 3.2.8, rechter Teil) ist demgegenüber bei geschlechtsspezifisch unterschiedlicher Verteilung des betreffenden Partnerwahlkriteriums mit der Folge verbunden, dass ein Teil der Bevölkerung ‹single› bleibt oder umso unterschiedlicher zusammenlebt.

Eine zweite Verallgemeinerung des Wettbewerbsmodells geht auf Schoen und Wooldredge (1989: 466) zurück, die das beschriebene Marktprinzip dahin gehend verallgemeinern, dass es sich nicht

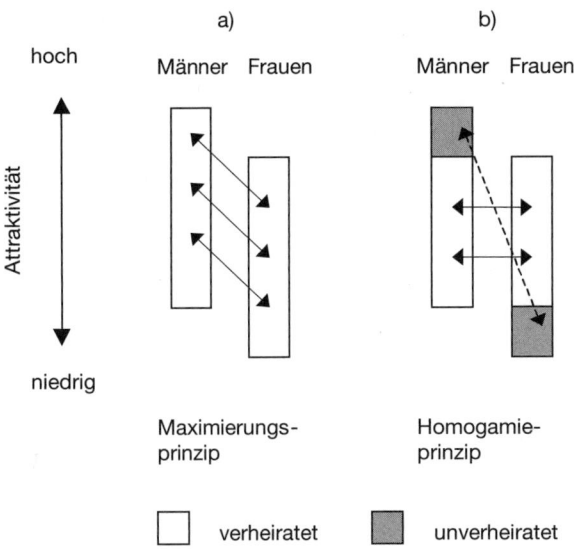

Abbildung 3.2.8: Heiratsmarkt-Einflüsse auf die Partnerwahl
Quelle: Klein und Rüffer 2001: 173

auf jedes einzelne Merkmal der Partnerwahl bezieht, sondern auf die Gesamtattraktivität einer Person, die sich an mehreren oder gar sehr vielen Merkmalen bemisst. Folgen dabei alle partnerwahlrelevanten Kriterien dem Maximierungsprinzip, so impliziert der Ausgleich der (relativen) Gesamt-Attraktivitäten, dass die (relative) Attraktivität in Bezug auf einzelne Merkmale der Partnerwahl durchaus unterschiedlich sein kann. Ein solcher Ausgleich zwischen Vor- und Nachteilen eines potenziellen Partners wäre aber ohne Bedeutung, wenn alle partnerwahlrelevanten Kriterien an Homogamie orientiert sind. Ausschlaggebend für die Partnerwahl ist dann eine Übereinstimmung in hinreichend vielen Punkten. Die in einer Dimension heterogame Partnerwahl wäre in diesem Fall nicht durch eine kompensierende heterogame Partnerwahl in anderen Dimensionen auszugleichen, sondern allenfalls durch eine Übereinstimmung in anderen Dimensionen abzumildern.

Natürlich sind beide Modellannahmen unrealistisch. In der Realität ist eher davon auszugehen, dass Maximierungspräferenzen und Homogamiepräferenzen bei der Partnerwahl zusammenkommen. Für heterogame Partnerwahl sind dabei vor allem Maximierungspräferenzen in Zusammenhang mit strukturell unausgeglichenen Heiratsmärkten und in Zusammenhang mit dem Ausgleich der Gesamtattraktivität verantwortlich.

3.2.2.2.4 Die Muster der Partnerwahl im Spiegel unterschiedlicher Einflussfaktoren

Die Muster der Partnerwahl lassen sich im Spannungsfeld zwischen sozialen, vor allem normativen Steuerungsmechanismen, sozialstrukturellen Rahmenbedingungen und individuellen Präferenzen analysieren. Für die real existierenden Muster der Partnerwahl und deren Veränderung geben allerdings unterschiedliche Einflussfaktoren den Ausschlag. Elemente eines normativen Heiratsregimes sind wohl mit am ehesten in Bezug auf die *altersspezifische Partnerwahl* bedeutsam. Insbesondere das Alter ist neben dem Verwandtschaftsgrad das einzige Merkmal, hinsichtlich dessen die Partnerwahl legal begrenzt ist. Zudem werden oft normative Begründungen herangezogen, wenn es um die Erklärung des im Durchschnitt höheren Alters von Männern in Partnerschaften geht. So wird der Altersunterschied mit der Machtstruktur in der Familie (z.B. Bumpass und Sweet 1972: 760) und mit dem «de facto»-Status von Frauen (Veevers 1984: 18) in Zusammenhang gebracht, und er gilt als Indikator für «… (un-)gleiche Handlungschancen von Mann und Frau in einer Partnerschaft» (Tölke 1991: 127) wie auch für die gesellschaftliche Prägung von Bedürfnisstrukturen und Rollenorientierungen.

Solche rein normativen Begründungen erscheinen allerdings vorschnell. Man kann zwar davon ausgehen, dass die (normativ oder wie immer begründeten) Präferenzen der Partnerwahl an Homogamie oder einem jedenfalls nicht zu großen Altersunterschied zwischen den Partnern orientiert sind. Allerdings hat sich der durchschnittliche Altersabstand trotz des grundlegenden Wertewandels und eines vermeintlichen «Individualisierungsschubs» in der Nach-68er-Zeit über mindestens ein halbes Jahrhundert hinweg kaum verändert (vgl. Abbildung 3.2.6). Außerdem übersehen solche ausschließlich normativen und motivationalen Interpretationsmuster, dass ja der durchschnittliche Altersabstand zu einem Heiratsmarktungleichgewicht führt, das gleichzeitig eine Erklärung dieses Altersunterschieds liefert (vgl. Klein 1996b: 351 f.): Der existierende Altersabstand bedingt nämlich, dass in jedem Alter der Anteil der noch ungebundenen Frauen geringer ist als der der noch ungebundenen Männer. Auf dem Heiratsmarkt existiert somit eine unterschiedliche Altersstruktur ‹wählbarer› Männer und Frauen – die natürlich nicht nur nach dem Kriterium des Alters zusammenfinden. Insoweit wie diese Altersstrukturierung des Heiratsmarkts erneut zu entsprechenden Altersunterschieden beiträgt, wird der Altersunterschied stetig von Generation zu Generation weitergegeben. Man kann in diesem Sinn von einer in der Heiratsmarktdynamik angelegten historischen Perpetuierung des durchschnittlichen Altersunterschieds zwischen Partnern sprechen. Natürlich ist damit nicht geklärt, warum der durchschnittliche Altersunterschied gerade drei Jahre beträgt und wie diese ‹ursprünglich› zustande gekommen sind. Aber die Heiratsmarktdynamik macht verständlich, warum sich veränderte Werte und veränderte Partnerschaftsvorstellungen nur sehr langsam auf den durchschnittlichen Altersunterschied der Partner auswirken können.

Verschiedene Faktoren wirken auch bei der Frage zusammen, wie sich die Bildungsexpansion auf die *bildungsbezogene Partnerwahl* ausgewirkt hat. Unter dem Aspekt des Heiratsregimes sind die Bildungsinstitutionen ein nicht unwichtiger Heiratsmarkt (Blossfeld und Timm 2003). Dabei sind die jeweiligen bildungsinstitutionellen Heiratsmärkte natürlich ausgesprochen bildungshomogen vorstrukturiert, und der längere Verbleib in Schule und Berufsausbildung verlängert die Gelegenheit, einen gleich gebildeten Partner kennen zu lernen. Die verlängerten Bildungswege tragen dazu bei, dass die beobachtbaren Homogamiequoten in einigen Ländern zunehmend über den Quoten liegen, die angesichts der jeweiligen Bildungsverteilung zu erwarten sind (Blossfeld und Timm 2003).

Unter dem Aspekt der quantitativen Gelegenheiten ist aber zu berücksichtigen, dass die Bildungsexpansion die gesamtgesellschaftliche Bildungsverteilung unter Männern und Frauen verändert hat. In der Folge der Bildungsexpansion ist der Anteil der Bevölkerung mit höheren Bildungsabschlüssen gestiegen, und die Bildungsverteilung unter Männern und Frauen hat sich in den jüngeren Geburtsjahrgängen weitgehend angeglichen. Wie die Beispiele von Tabelle 3.2.3 zeigen, wirkt dies auf eine Reduzierung der Chancen zu einer bildungshomogamen Partnerwahl hin. Die Gegenläufigkeit beider Effekte[1] trägt dazu bei, dass in empirischen Untersuchungen zum Teil unterschiedliche Entwicklungstendenzen der beobachtbaren Bildungshomogamie zutage treten, wenngleich die Entwicklung in einigen Ländern in Richtung erhöhter Bildungshomogamie geht (Blossfeld und Timm 2003). In der angeglichenen Bildungsverteilung zwischen den Geschlechtern liegt außerdem der Hauptgrund dafür, dass die Aufwärtsheirat von Frauen sehr viel seltener geworden ist.

Ungeklärt ist allerdings, wie sich die Bildungsexpansion auf die individuellen Motive der bildungsbezogenen Partnerwahl ausgewirkt hat. Je höher das Bildungsniveau, desto höher ist zwar der Sozialstatus. Die bildungsbezogene Partnerwahl ist insofern auch am Maximierungsprinzip orientiert. Es ist aber weder theoretisch noch empirisch geklärt, ob die Bildungsexpansion zu einer Entkopplung von Bildungs- und Beschäftigungssystem oder zu einer noch stärkeren Verzahnung geführt hat (vgl. ausführlich Kapitel 4.1.3.2). Je nachdem hat Bildung als Kriterium für eine statusbezogene Partnerwahl an Bedeutung verloren oder gewonnen.

Ein Paradebeispiel für Heiratsmarkteinflüsse auf die Partnerwahl

---

1 Hinzu kommen zahlreiche oben bei der Deskription (vgl. Kapitel 3.2.1.2) und unten im Zusammenhang mit Mobilitätstabellen besprochene Probleme (vgl. Kapitel 4.1.1.2).

ist das der *konfessionellen Homogamie*. Gleichkonfessionelle Ehe-schließungen sind in der Bundesrepublik nach wie vor dominant (vgl. Abbildung 3.2.7). Dies ist in zweifacher Hinsicht erstaunlich. Zum einen widerspricht die Dominanz der konfessionellen Homo-gamie der allseits postulierten Individualisierung und Pluralisierung von Lebensstilen, in deren Folge die Partnerwahl auch als frei ge-rade von kirchlicher Bevormundung gesehen wird. Zum anderen scheint sie der Vorstellung einer zunehmenden Säkularisierung der Gesellschaft zu widersprechen. So steht der konfessionellen Misch-ehe heute kaum mehr Ablehnung gegenüber. Zudem haben sich die sozio-ökonomischen und kulturellen Unterschiede zwischen Pro-testanten und Katholiken weitgehend eingeebnet, und es erscheint heute zunehmend als fraglich, ob die (oft rein nominelle) Konfes-sionszugehörigkeit überhaupt noch Wesentliches über religiöse und andere Werthaltungen aussagt. Gerade bei der konfessionellen Part-nerwahl sind dementsprechend gelegenheitsstrukturelle Determi-nanten von Bedeutung (Hendrickx, Schreuder und Ultee 1994: 623). In der Bundesrepublik lässt sich sogar die Dominanz konfessioneller Homogamie fast vollständig auf die regionale Strukturierung von Heiratsmärkten zurückführen (Klein und Wunder 1996). Für eine Interpretation der Vielzahl gleichkonfessioneller Eheschließungen als Ausdruck von konfessionellen «Endogamieregeln» (Jäckel 1980: 20) bleibt hingegen kaum Spielraum. Die Konfessionszugehörigkeit ist heute in Deutschland für die Partnerwahl quasi irrelevant.

Eine für die familiäre Integration von Zuwanderern wichtige Fra-ge ist allerdings die der *Partnerwahl nach Nationalität* bzw. Ethnizi-tät, Sprachgruppenzugehörigkeit und Wanderungshintergrund. Die diesbezüglichen Muster der Partnerwahl stehen im Spannungsfeld zwischen kulturellen Unterschieden und heiratsmarktstrukturellen Einflüssen. Was den Heiratsmarkt betrifft, so zeichnen sich in der Bundesrepublik alle Bevölkerungsgruppen ausländischer Herkunft durch einen im Vergleich zur deutschen Bevölkerung sehr kleinen Heiratsmarkt aus, der außerdem bei manchen Nationalitäten stark von Männern dominiert ist (Klein 2000a; Straßburger 2000).

Was kulturelle Faktoren betrifft, so hat zum einen das soziale

Prestige der ausländischen Bevölkerungsgruppe eine Auswirkung auf die binationale Partnerwahl (Heer 1985: 180; Lee 1988). Zum anderen wird die binationale Partnerwahl in Abhängigkeit von der kulturellen Nähe bzw. Distanz gesehen, die zur eigenen Kultur besteht (Heer 1985: 180; Pagnini und Morgan 1990). Diese betrifft die Sprache sowie Sitten und Werthaltungen. Die soziale und kulturelle Distanz wirkt sich auf den «kulturellen Zwang» (Lautmann 1973) aus, innerhalb der eigenen Gruppe zu heiraten, wobei eine (positive) Korrelation zwischen der kulturellen Unterschiedlichkeit und der Abneigung gegenüber bikulturellen Ehen postuliert wird (Heer 1985: 180). Zudem hat kulturelle Nähe bzw. Distanz Auswirkungen auf das Kennenlernen und das Zusammenleben der Partner. Sprachschwierigkeiten, unterschiedliche Muster der Konfliktbewältigung, unterschiedliche Bindungsnähe und zu große Unterschiede im Wertesystem stehen tendenziell einer bikulturellen Partnerwahl entgegen (Elschenbroich 1988: 199 f.; Müller-Dincu 1981: 62).

Das Zusammenwirken von Heiratsmarkt und kulturellen Faktoren kommt in Abbildung 3.2.9 am Beispiel der spanischen Gastarbeiter zum Ausdruck. Die Abbildung zeigt, wie sich der Anteil von hier lebenden Spaniern und Spanierinnen entwickelt hat, die eine Deutsche/einen Deutschen heiraten. Die Kurve beginnt in den 1960er Jahren mit einem zunächst hohen Anteil von Spaniern und Spanierinnen, die in die deutsche Bevölkerung einheiraten. Beide Kurven sinken dann zunächst ab und zeigen schließlich einen moderaten Wiederanstieg. Dabei ist der zunächst mit dem Beginn der Einwanderungswelle hohe Anteil von Einheiraten in die deutsche Bevölkerung mit der anfänglich noch geringen Größe der ausländischen Bevölkerungsgruppe zu erklären. Eine kleine ausländische Bevölkerungsgruppe – die womöglich über die gesamte Bundesrepublik verteilt ist – geht mit einem ineffizienten internen Heiratsmarkt einher. Die Möglichkeiten, einen Partner gleicher Nationalität zu finden, sind vor diesem Hintergrund stark eingeschränkt. Mit zunehmender Einwanderung werden jedoch die Möglichkeiten zahlreicher und erklären dadurch die absinkende Einheiratsquote in die deutsche Bevölkerung, während der Wiederanstieg mit zunehmender Assimilation in Zusammenhang steht (Kane und Stephen 1988). Es geben somit in der Anfangsphase der Zuwanderung Heiratsmarktmechanismen und später kulturelle Annäherung und Integration den Ausschlag für die Häufigkeit binationaler Partnerwahl. Dieser auch aus klassischen Einwanderungsländern bekannte U-förmige Verlauf (vgl. z.B. Price 1982) ist für alle so genannten Gastarbeitergruppen in der Bundesrepublik typisch.

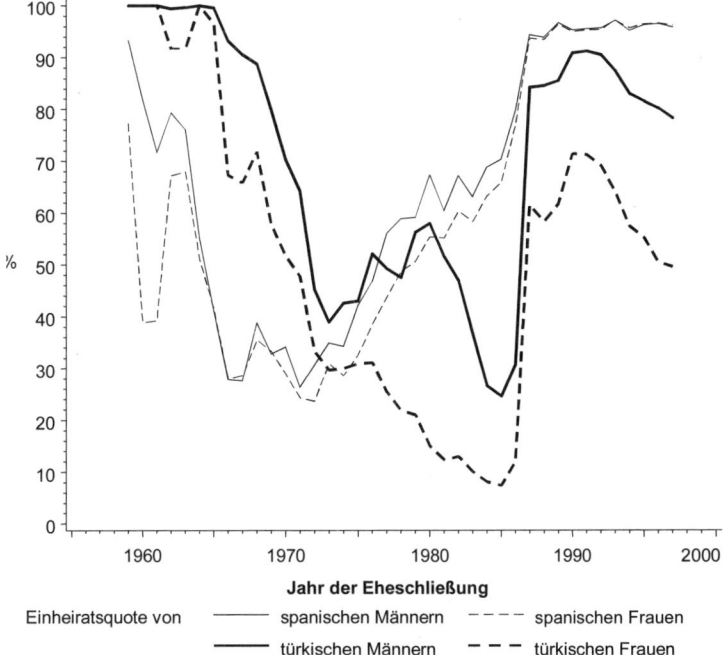

Abbildung 3.2.9: Die Entwicklung der Exogamierate von Spaniern und Türken in die deutsche Bevölkerung seit 1959
Quelle: Klein 2000b: 239

Aus Abbildung 3.2.9 ist außerdem für Türken eine höhere Exogamierate der Männer zu ersehen, während für Spanier fast kein Geschlechtsunterschied besteht. Dabei ist es ein allgemeiner Befund, dass Männer aus Minoritäten eine höhere Einheiratsrate in die dominierende Bevölkerung haben als Frauen (Merton 1941; Trommer und Köhler 1981: 54).

Zur Erklärung kommen auf der einen Seite geschlechtsspezifisch unterschiedliche Normen der Partnerwahl in den verschiedenen Kulturen in Betracht. Hierbei ist zu unterscheiden zwischen den von außen an die Partner herangetragenen Verhaltensnormen bzw. ‹kulturellen Zwängen› und den Verhaltensnormen und -erwartungen, die die Partner aneinander haben. Berücksichtigt man, dass die große Mehrzahl der Ausländer in der Bundesrepublik aus Ländern mit einem eher traditionellen Familienbild kommt, so entspricht die größere Exogamierate ausländischer Männer einer geschlechtsspezifisch unterschiedlichen Verbindlichkeit von Endogamienormen in der ausländischen Bevölkerung, während die ‹individualisierte› deutsche Bevölkerung eine vergleichsweise freie Partnerwahl für Männer und Frauen gleichermaßen zulässt. Die Erwartungen der Partner aneinander stehen jedoch im Hinblick auf Emanzipation versus traditionellem Familienbild der größeren Exogamierate ausländischer Männer eher entgegen.

Die höhere Exogamierate türkischer Männer (im Vergleich zu türkischen Frauen) korrespondiert auf der anderen Seite mit einem Männerüberschuss in der türkischen Bevölkerung der Bundesrepublik, während die geringen Unterschiede der Exogamierate von Spaniern und Spanierinnen vor dem Hintergrund eines weit ausgeglicheneren Heiratsmarkts zu interpretieren sind. Zwar lässt sich aus dem Vergleich von Türken und Spaniern nicht abschließend über die Bedeutung geschlechtsspezifisch unterschiedlicher kultureller Normen im Vergleich zu Heiratsmarkteinflüssen entscheiden, die höhere Exogamierate ausländischer Männer variiert aber eng mit der (Un-)Ausgeglichenheit des betreffenden Heiratsmarkts (Klein 2000a). Unter Türken ist außerdem die Partnerwahl im Heimatland weit verbreitet (vgl. Nauck 2001).

Geht man schließlich der Frage nach, welche Merkmale eine homogame versus heterogame Partnerwahl begünstigen, lässt sich festhalten, dass sich die Partnerwahl in Ehen kaum von der in nichtehelichen Lebensgemeinschaften unterscheidet (vgl. Frenzel 1995; Klein 1999c). Dies ist zumindest in Bezug auf die Gelegenheiten des Kennenlernens nicht erstaunlich, denn diese sind weitgehend unabhängig davon, in welche Beziehungsform entstehende Partnerschaften letztlich einmünden.

Eine universale Beobachtung ist hingegen, dass die Merkmale der Partner in fast jeder Hinsicht umso unterschiedlicher ausfallen, je höher das Alter bei der Partnerwahl. Der vorläufige freiwillige oder unfreiwillige Verzicht auf Partnerschaft führt also zu einer Verringerung der Homogamie. So ist die Homogamiequote umso geringer, je höher das Heiratsalter oder das Alter bei Zusammenzug. Ein Hauptgrund dafür ist, dass sich der Partnermarkt mit zunehmendem Lebensalter verändert, wenn die Präferenzen auf einen altersnahen Bereich potenzieller Partner konzentriert sind. Dabei stehen zumindest vier systematische Veränderungen des Partnermarkts einer homogamen Partnerwahl zunehmend im Weg:

– Mit zunehmendem Alter ist eine wachsende Zahl potenzieller Partner in demselben Altersbereich bereits verheiratet oder in einer stabilen Partnerschaft gebunden, sodass der Partnermarkt kleiner und ineffizienter wird. Der oft gewünschte homogame Partner ist in zunehmendem Maß entweder schon ‹vergeben› oder so selten geworden, dass er über geographische Distanzen und andere Hindernisse hinweg kaum noch kennen zu lernen ist.

– Mit der Verkleinerung des Partnermarkts ist zudem eine ‹Verschlechterung› (in den Augen der Beteiligten) verbunden; schließlich bleiben ja nicht nur diejenigen mit einer geringen Bindungsneigung auf dem Markt, sondern insbesondere diejenigen, die keiner (mehr) haben wollte. In Bezug auf Homogamiepräferenzen dürfte diese Entwicklung eine zunehmende Kompromissbereitschaft mit sich bringen.

– Mit der Verkleinerung des Partnermarkts ist außerdem eine Verschärfung numerischer Ungleichgewichte verbunden. Dies wird mit einem an reale Zahlen angelehnten Beispiel leicht einsichtig: Im Jahr 1995 beispielsweise stehen sich in der Bundesrepublik im Alter von 20 Jahren 435 600 Männer und 413 500 Frauen unverheiratet gegenüber. Dies klingt zunächst nicht sehr dramatisch. Wenn aber nach einigen Jahren jeweils 400 000 von ihnen ‹vergeben› sind, hat sich das Missverhältnis auf dem Partnermarkt von dann 35 600 Männern zu nur noch 13 500 Frauen drastisch verschärft. In der Konkurrenz um den attraktivsten Partner können sich die verbliebenen Frauen einen Mann mit ‹besseren› Eigenschaften aussuchen, als sie selbst bieten, während die verbliebenen Männer zu größerer Kompromissbereitschaft gezwungen sind. Eine heterogame Partnerwahl wird damit zusätzlich begünstigt.

– Und die genannten Mechanismen numerischer Ungleichgewichte bei der Erzeugung zunehmend heterogamer Partnerschaften im Lebensverlauf werden nochmals drastisch verstärkt, wenn man sich vergegenwärtigt, dass diese Ungleichgewichte unter potenziellen Partnern mit gleichen Eigenschaften oft noch weit ausgeprägter sind. Gerade die strukturellen Ungleichgewichte des Partnermarkts spitzen sich im Lebensverlauf so weit zu, dass eine homogame Partnerwahl oft kaum noch möglich ist.

Die aufgeführten Mechanismen wirken darauf hin, dass der in aller Regel auch in den Präferenzen begründete Aufschub der Partnerwahl in eine Heiratsmarktsituation mündet, die der Verwirklichung von Partnerwahlpräferenzen jedweder Art zunehmend im Wege steht.

3.2.3 Gesellschaftliche Bedeutung der Partnerwahl

Die Wahl des Lebenspartners ist zum einen eine zentrale Determinante der eingangs beschriebenen Haushalts- und Familienstrukturen (vgl. Kapitel 3.1). Sie fördert damit die Integration des Individuums in die Gesellschaft, sie ist die Basis generativen Handelns (Klein 2003), sie schafft wegen der Einsparungen durch gemeinsames Wirtschaften beträchtliche Wohlstandsgewinne (vgl. Kapitel 3.1.3), und sie vermittelt die Ungleichheiten im Beschäftigungssystem auch an nichterwerbstätige Haushaltsmitglieder (Kapitel 4.2.3.3).

Betrachtet man die Partnerwahl zum anderen unter dem Aspekt, wie diese Wahl ausfällt, so betrifft die Wahl des (Ehe-)Partners nicht nur die private Lebensführung. Die Partnerwahl hat vielmehr auch weitreichende soziale Konsequenzen, wenn man dabei den Sozialstatus, die Konfession, die Nationalität und andere Merkmale berücksichtigt (Handl 1988; Klein 1997): So können ungleiche soziale Herkunft oder ungleicher Sozialstatus der Partner zu sozialen Auf- und Abstiegsprozessen führen, die beruflichen Auf- und Abstiegen in nichts nachstehen. An einer Dominanz statusgleicher Partnerwahl kann man außerdem die Abgeschlossenheit sozialer Schichten erkennen. Gemischtkonfessionelle Eheschließungen sind ein nicht unwesentlicher Motor der Säkularisierung. Und die Heiratsbeziehungen zwischen Deutschen und (hier lebenden) Ausländern sind schließlich ein wichtiger Aspekt der (familiären) Integration von Ausländern in die Bundesrepublik. Die Liste sozialer Konsequenzen höchst privater Partnerwahlentscheidungen ließe sich fast beliebig fortsetzen. Allgemein lässt sich sagen, dass die Reproduktion sozialer Strukturen von den Mustern der Partnerwahl abhängt (Bourdieu 1976): Eine rein zufällige Partnerwahl würde über kurz oder lang viele wohl bekannte soziale Strukturen zum Verschwinden bringen, Schichtunterschiede und schichtspezifische Erziehungsstile würden nivelliert, Konfessionen und Religionen wären in Frage gestellt und vieles mehr.

3.3 Scheidung und Wiederheirat

3.3.1 Entwicklungen und Maßzahlen

3.3.1.1 Scheidungen

Partnerschaften und Ehen sind heute zunehmend instabiler, und der Lebenspartner wird zunehmend zum ‹Lebensabschnittspartner›. Sozialstrukturelle Analysen zur Beziehungsstabilität beziehen sich – nicht zuletzt wegen der Datenlage – zumeist auf Ehescheidungen. Angesichts der zunehmenden Verbreitung nichtehelicher Lebensgemeinschaften spiegelt sich natürlich in den Scheidungszahlen ein immer kleiner werdendes Fragment der Stabilität von Partnerschaften wider. Man kann allerdings davon ausgehen, dass im Kontext der häufiger gewordenen Lebensformwechsel auch die Instabilität nichtehelicher Partnerschaftsformen zugenommen hat (Brüderl und Klein 2003: 207). Trotz der in einigen Ländern weit verbreiteten und auch in der Bundesrepublik zunehmenden Anzahl nichtehelicher Lebensgemeinschaften sind Scheidungen nach wie vor ein guter Indikator für die Stabilität von Partnerschaften. Zu beachten ist allerdings, dass Ehen (mehr als andere Partnerschaftsformen) immer noch weit häufiger durch den Tod des Partners ‹getrennt› werden als durch eine Scheidung. Nur gut ein Drittel der so genannten Ehelösungen beruht heute in der Bundesrepublik auf Scheidungen.

Abbildung 3.3.1 informiert über die langfristigen Veränderungen der Scheidungshäufigkeit je 10 000 Einwohner in verschiedenen Ländern. In Deutschland wie in anderen Ländern sind Scheidungen erst im Verlauf des 20. Jahrhunderts sehr viel häufiger geworden. Der über mehr als 100 Jahre ansteigende Trend ist von nur drei Unregelmäßigkeiten unterbrochen: Während des Ersten Weltkriegs sind Scheidungen seltener, danach aber umso häufiger. Noch drastischer ist der Anstieg der Scheidungszahlen nach dem Zweiten Weltkrieg. Neben den im Krieg erschwerten Bedingungen der Partnerwahl ist hierfür auch der durch die Kriegstoten unausgeglichene

Heiratsmarkt verantwortlich. Eine dritte Unregelmäßigkeit betrifft den Einbruch der Scheidungszahlen anlässlich der Umstellung des Scheidungsrechts und der Einführung eines Trennungsjahrs im Jahr 1977. Während der Zweiteilung Deutschlands waren Scheidungen in der DDR (wie auch in den osteuropäischen Ländern) relativ häufiger als in der Bundesrepublik. Nach der Wende sind allerdings die Scheidungen in den neuen Bundesländern (wie ebenfalls in den osteuropäischen Ländern) stark zurückgegangen – dafür sind ähnliche Faktoren verantwortlich wie für den Einbruch der Geburten und der Eheschließungen (s. o.).

Abbildung 3.3.1 zeigt auch die Entwicklung in Frankreich, Italien, England/Wales und den USA. Auch Frankreich, England/Wales und die USA haben nach dem Zweiten Weltkrieg einen beachtlichen Scheidungsboom und seit den 1960er Jahren einen deutlichen Anstieg der Scheidungszahlen erlebt. Seit Mitte der 1980er Jahre scheint allerdings in den dargestellten Ländern (außer in Ost-Deutschland) eine Art Plateau erreicht: Die Scheidungszahlen je 10 000 Einwohner zeigen seither einen verlangsamten Anstieg und sind in den USA sogar rückläufig. Zu beachten ist natürlich, dass auch die Heiratsneigung in diesem Zeitraum in den genannten Ländern rückläufig ist.

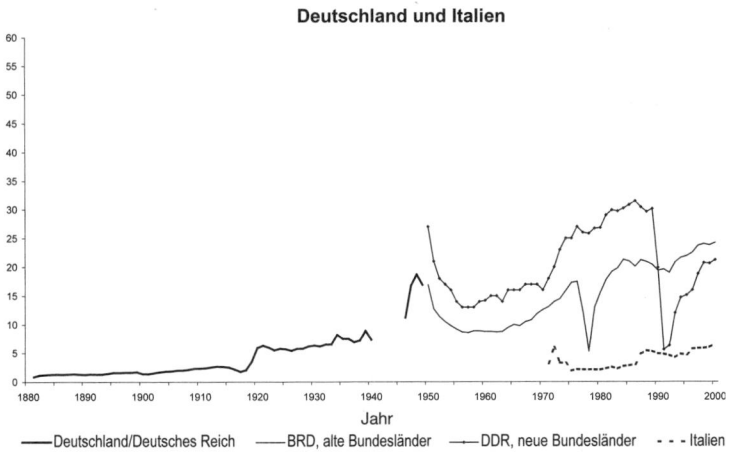

Deutschland und Italien

Jahr

——Deutschland/Deutsches Reich ——BRD, alte Bundesländer ——DDR, neue Bundesländer - - - Italien

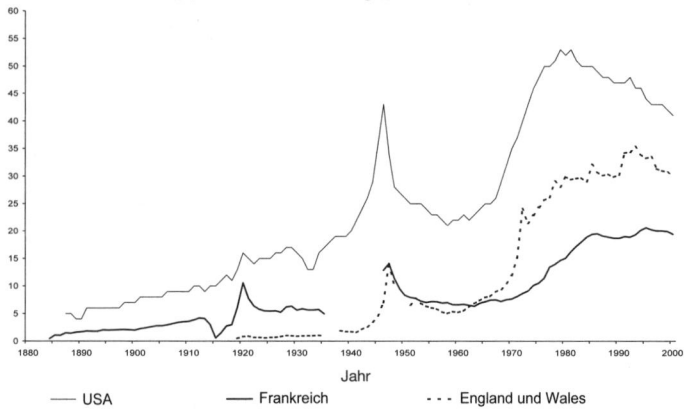

USA, Frankreich und England und Wales

— USA   — Frankreich   - - - England und Wales

Abbildung 3.3.1: Ehescheidungen je 10000 Einwohner
Quellen: Statistisches Bundesamt (verschiedene Jahrgänge des Statistischen Jahrbuchs für die Bundesrepublik Deutschland); Staatliche Zentralverwaltung für Statistik (verschiedene Jahrgänge des Statistischen Jahrbuchs der DDR); Istituto Centrale di Statistica (verschiedene Jahrgänge des Annuario Statistico Italiano); U.S. Census Bureau (verschiedene Jahrgänge der Statistical Abstracts of the United States); Institut National de la Statistique et des Études Économiques (verschiedene Jahrgänge der Annuaire Statistique de la France); National Statistics (verschiedene Jahrgänge der Annual Abstracts of Statistics); zum Teil eigene Berechnungen

Die Scheidungen je 10000 Einwohner werden als Rohe Scheidungsziffer (Crude Divorce Rate) bezeichnet. Diese lässt sich historisch vergleichsweise weit zurückverfolgen, und obwohl sie nur ein grober Indikator des Scheidungsgeschehens ist (v. a. deshalb, weil sie sich auch auf die nichtverheiratete Bevölkerung bezieht), ergibt die Entwicklung der Scheidungen je 10000 bestehender Ehen zumindest in Deutschland kein wirklich anderes Bild. Wie in anderen Zusammenhängen ist man jedoch auch an längsschnittlicher Information interessiert: Wie viele Ehen werden letztendlich geschieden?

Eine Annäherung an diese Information besteht darin, die Scheidungen nicht auf bestehende Ehen zu beziehen, sondern auf die geschlossenen Ehen desselben Jahres. Die Relation liegt z.B. in den alten Bundesländern bei 0,45 und in den neuen Bundesländern sowie in den USA (jeweils schon seit Mitte der 1970er Jahre) bei 0,5. Diese einfache Maßzahl informiert bereits darüber, wie viele Ehen wieder geschieden werden (d.h. 45 bzw. 50 %), sofern die Zahl der jährlichen Eheschließungen über sehr lange Zeit konstant bleibt.[1] Weil jedoch die Kohortenstärke der Heiratsjahrgänge real nicht konstant ist, werden in der Regel die Scheidungen ehedauerspezifisch auf die Kohortenstärke des zugehörigen Heiratsjahrgangs bezogen und die daraus resultierenden Ergebnisse zu einer Zusammengefassten Scheidungsziffer aggregiert (z.B. Dorbritz und Gärtner 1995: 353ff.; Emmerling 2001: 256f.).[2] Für das Jahr 1999 beispielsweise beträgt deren Wert 3621 Scheidungen je 10000 geschlossener Ehen (Statistisches Bundesamt 2001e: 77), was (bei konstanten ehedauerspezifischen Scheidungsraten und ohne Sterblichkeit) heißt, dass 36 % der Ehen wieder geschieden werden.

Wie bei anderen demographischen Maßzahlen geschieht die Aggregation oft kalenderjahresbezogen – mit allen schon beschriebenen Nachteilen (vgl. z.B. Kapitel 2.3.1) –, aussagekräftiger ist hingegen eine kohortenbezogene Aggregation. In Abbildung 3.3.2 ist dargestellt, wie sich die Scheidungshäufigkeit über die Ehedauer ausgewählter Heiratskohorten kumuliert. Für die 1955 geschlossenen Ehen beträgt die Zusammengefasste Scheidungsziffer nach 25 Jahren knapp 12 % (Abbildung 3.3.2). In den jüngeren Kohorten liegt hingegen die Scheidungsbetroffenheit wesentlich höher.[3] Der

---

1 Zudem müssen die ehedauerspezifischen Scheidungsraten lange konstant bleiben (s. u.).

2 Zu den Problemen dieser Vorgehensweise vgl. oben (Kapitel 3.2.1.1.1.4) die Ausführungen zur Zusammengefassten Erstheiratsziffer.

3 Für die jüngeren Kohorten sind die Kurven wegen der inzwischen 20 Jahre zurückliegenden Berechnung teilweise mit Querschnitt- bzw. Periodenergebnissen des Jahres 1982 geschätzt und deshalb zu niedrig angesetzt. Eine aktuellere Berechnung von Schwarz (2001: 25) weist beispielsweise für den Heiratsjahrgang 1970 nach 25 Ehejahren eine Scheidungsbetroffenheit von 24,5 % aus – der

Anteil der letztlich geschiedenen Ehen hängt somit vom Heiratsjahrgang ab, und Querschnittbefunde führen tendenziell zu einer Überschätzung der Scheidungsbetroffenheit zurückliegender Heiratskohorten, weil die ehedauerspezifischen Scheidungsraten angestiegen sind.[1]

Erwähnenswert ist außerdem, dass der Anstieg der Kurven über die Ehedauer in allen hier betrachteten Kohorten zeitweilig abflacht, bei dem Heiratsjahrgang 1955 nach 22 Ehejahren, bei dem Jahrgang 1960 nach 17 Jahren, bei dem Jahrgang 1965 nach 12 Jahren usf. Die Abflachung korrespondiert mit dem Rückgang der

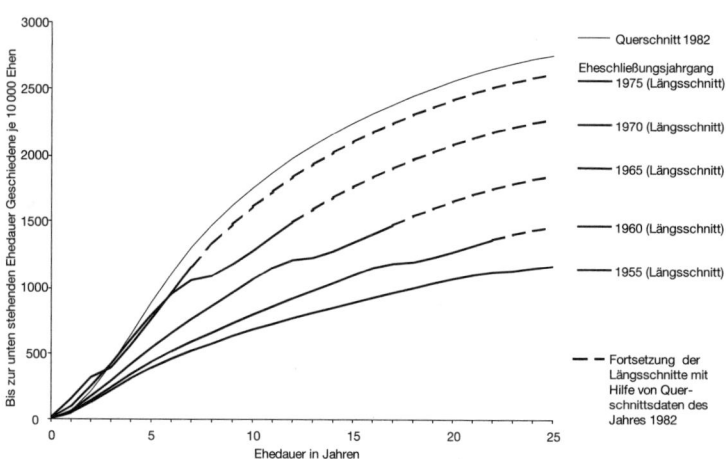

Abbildung 3.3.2: Scheidungen ausgewählter Eheschließungsjahrgänge sowie Querschnitt 1982
Quelle: Braun 1984: 48*

etwas niedrigere Wert in Abbildung 3.3.2 kommt dadurch zustande, dass Periodenergebnisse bei einem Anstieg der ehedauerspezifischen Scheidungsraten zu einer Unterschätzung zukünftiger Scheidungsraten führen.

1 Aus Umfragedaten (z.B. Diekmann und Klein 1991) resultieren allerdings oft niedrigere Werte als aus amtlichen Daten, da Scheidungsbiographien in der Regel mit überproportionalen Ausfallquoten verbunden sind.

Scheidungszahlen nach der Neuregelung des Scheidungsrechts im Jahr 1977.

Gemessen an der Zusammengefassten Scheidungsziffer[1] aufeinander folgender Heiratsjahrgänge nach zehn Ehejahren hat sich die Scheidungsbetroffenheit in zahlreichen europäischen Ländern ähnlich erhöht wie in der Bundesrepublik (vgl. Klein und Kopp 2002). Noch höher als hierzulande sind dabei die Ziffern in Ungarn, in der DDR, in Österreich und in Schweden (nicht aber in Norwegen oder Finnland). Auf niedrigerem Niveau verläuft die Erhöhung in Frankreich, Belgien und Schottland. Die Schweiz unterscheidet sich kaum von Deutschland, und die Niederlande haben mit den Eheschließungsjahrgängen um 1980 an das deutsche Niveau angeschlossen. Lediglich in Griechenland und Portugal ist bislang kein nennenswerter Anstieg der Scheidungszahlen zu verzeichnen.

3.3.1.2 Wiederheiraten

Analog zu der Zusammengefassten Scheidungsziffer spiegelt sich das Wiederheiratsgeschehen in der Zusammengefassten Wiederheiratsziffer wider. Die Zusammengefasste Wiederheiratsziffer beruht idealerweise auf der Kumulation der dauerspezifischen Wiederheiratszahlen von Geschiedenen bzw. Verwitweten, die sich auf die Zahl der Scheidungen bzw. Verwitwungen in dem Jahr beziehen, in dem die Scheidung bzw. Verwitwung stattgefunden hat. Anders als beispielsweise in der Schweiz ist jedoch in Deutschland die Dauer seit der Scheidung bzw. Verwitwung in den amtlichen Daten nicht enthalten, weshalb die Wiederheiratsziffer ersatzweise auf die Zahl der Scheidungen bzw. Verwitwungen im Durchschnitt der zurück-

---

[1] Weitere Maßzahlen der längsschnittlichen Beschreibung des Scheidungsgeschehens beruhen auf der Ehedauertafel. Analog der Sterbetafel informiert diese unter anderem auch über die ehedauerspezifischen Scheidungsraten und den Anteil der bis in ein bestimmtes Ehejahr ‹überlebenden› Ehen. Wie bei der Heiratstafel (s. o.) lassen sich Ehedauertafeln mit und ohne Berücksichtigung der Sterblichkeit berechnen (Braun 1984; versus Braun 1982; Schwarz 2001).

liegenden Jahre bezogen wird (vgl. zur Diskussion unterschiedlicher Varianten dieser Vorgehensweise Dorbritz 1997: 254).

Die Zusammengefassten Wiederheiratsziffern nach Scheidung liegen 1994 im früheren Bundesgebiet bei 65 (Frauen) und 58 % (Männer) und sind im Verlauf der vorangegangenen Jahrzehnte tendenziell gesunken (Dorbritz und Gärtner 1995: 350). Die sinkende Tendenz korrespondiert zum einen mit der Zunahme anderer partnerschaftlicher Lebensformen auch nach einer ersten Ehe und zum anderen mit der Zunahme des Alters bei Scheidung (wofür das zunehmende Erstheiratsalter verantwortlich ist). Die Entwicklung verlief jedoch unregelmäßig und sollte wegen der genannten Berechnungsprobleme nicht überinterpretiert werden. Festhalten lässt sich jedoch,

– dass die in den 1950er und 60er Jahren noch höhere Wiederheiratsziffer von Männern inzwischen niedriger ausfällt als bei Frauen (auch als Reflex auf veränderte Heiratsmarktungleichgewichte) und

– dass die Wiederheiratsziffer in der DDR gegen Ende der 1980er Jahre höher war als in der Bundesrepublik und nach der Wende in den neuen Bundesländern dann drastisch gesunken ist.

Eine gesicherte Erkenntnis ist außerdem, dass die altersspezifischen Wiederheiratsraten nach Scheidung mit zunehmendem Alter stark zurückgehen, und zwar bei Frauen noch mehr als bei Männern (z.B. Braun und Proebsting 1986: 110). Dies hängt auch damit zusammen, dass die Heiratsmarktungleichgewichte in mittleren und höheren Altersgruppen zuungunsten von Frauen verschoben sind.

Wiederheirat nach Verwitwung ist seltener als nach Scheidung, zum einen wegen des zumeist höheren Alters, zum anderen wegen des Frauenüberschusses in der älteren Bevölkerung (der sowohl mit den Kriegstoten als auch mit der längeren Lebenserwartung von Frauen zu erklären ist). Die altersspezifischen Wiederheiratsraten von geschiedenen und verwitweten Männern sind auf ähnlichem Niveau, die von geschiedenen Frauen liegt jedoch sehr viel höher als die von verwitweten (Braun und Proebsting 1986: 110).

3.3.2 Ursachen steigender Scheidungszahlen und soziale Unterschiede der Ehestabilität

Betrachtet man den Anstieg der Scheidungszahlen in historischer Perspektive, tragen natürlich der Wegfall ökonomischer Funktionen der Familie und die zunehmende Emotionalisierung von Partnerschaften (vgl. Kapitel 3.1.2) zu der heutigen, im historischen Vergleich sehr hohen Instabilität von Paarbeziehungen bei.

Für eine eingehendere Analyse aktueller Entwicklungen und internationaler Unterschiede ist zwischen Faktoren, die die Verbreitung von Ehen beeinflussen, und Änderungen des Scheidungs- und Trennungs*verhaltens* zu unterscheiden. Die Entwicklung der jährlichen Scheidungszahlen resultiert auf der einen Seite aus strukturellen Rahmenbedingungen, die sich auf die Zahl der bestehenden Ehen auswirken, z.B. aus abnehmenden Jahrgangsstärken und dem Rückgang der Heiratsneigung. Beide Faktoren haben sich bremsend auf den Anstieg der absoluten Scheidungszahlen ausgewirkt. Zu den strukturellen Rahmenbedingungen zählen auch das Heiratsalter und die Lebenserwartung, die zusammen über die Dauer bestimmen, die man dem Scheidungsrisiko ausgesetzt ist.

Auf der anderen Seite wird die Entwicklung der Scheidungszahlen durch eine Erhöhung des Scheidungsrisikos, d.h. durch Verhaltensänderungen, verursacht, die mit institutionellen Rahmenbedingungen und sozialstrukturellen Entwicklungen einhergehen.[1] Zu den institutionellen Rahmenbedingungen zählen z.B. die Umstellung des Scheidungsrechts – die allerdings nur einen kurzzeitigen Einfluss auf die Scheidungszahlen hatte (vgl. Abbildung 3.3.1) – und sozialstaatliche Regelungen, die die öffentliche Unterstützung von Familien in verschiedenen Lebenslagen kanalisieren

---

1 Empirische Untersuchungen zur (In-)Stabilität von Partnerschaften beziehen sich (vor allem aus Datengründen) fast ausschließlich auf Ehen bzw. auf das Scheidungsrisiko. Es ist allerdings davon auszugehen, dass die meisten im Folgenden aufgeführten Faktoren auch auf die Stabilität nichtehelicher Beziehungsformen einwirken und zudem für die (Nicht-)Ehelichkeit der Beziehung verantwortlich sind.

und auf diese Weise das Scheidungsverhalten beeinflussen (Blossfeld et al. 1995).

Im Hinblick auf sozialstrukturelle Entwicklungen existieren gegenläufige Effekte auf das Scheidungsrisiko. Zu den risikosenkenden Entwicklungen gehören Veränderungen der Ehedauerstruktur und der Anstieg des Heiratsalters. Die wegen der abnehmenden Heiratsneigung im Querschnitt tendenziell längere Ehedauer hat einen dämpfenden Effekt auf die Scheidungsrate: Es findet in der Regel ein Anpassungsprozess der Partner aneinander statt, der in den meisten Ländern dazu beiträgt, dass die Scheidungsrate nach längerer Ehedauer zurückgeht (Klein und Kopp 2002). Noch deutlicher ist der Einfluss des gestiegenen Heiratsalters auf die Ehestabilität: Eine Senkung des Scheidungsrisikos durch den Anstieg des Heiratsalters erklärt sich einerseits durch den Abbau biographischer Unsicherheiten (insbesondere über die berufliche Platzierung), andererseits durch die Verbesserung der Fähigkeiten und Lebensbedingungen, von denen die Führung einer befriedigenden Paarbeziehung abhängt, namentlich durch die zunehmende Reife und Erfahrung der Partner, durch verbesserte Rollen-Performance, größere Unterstützung von Eltern und Freunden und durch die Verbesserung der wirtschaftlichen Situation, die vor allem in Frühehen einen Belastungsfaktor darstellt (Becker, Landes und Michael 1977; Blumel 1992; Booth und Edwards 1985; Heaton 1991; Lee 1977; Morgan und Rindfuss 1985; South 1995).

Die niedrigere Zahl von Ehen und einige ehestabilisierende Einflüsse (v.a. das höhere Heiratsalter) werden aber durch andere Entwicklungen offensichtlich in den Schatten gestellt. Für die heutige Instabilität von Ehen sind verschiedene sozialstrukturelle Entwicklungen mitverantwortlich: insbesondere das gestiegene Bildungsniveau der Frauen, die damit verbundene steigende Erwerbstätigkeit auch verheirateter Frauen (welche den Nutzen ehelicher Arbeitsteilung verringert und Frauen das Alleinleben ermöglicht), eine verringerte Kinderzahl und zunehmende Kinderlosigkeit (welche die ehespezifischen Investitionen reduziert) sowie wachsende Urbanisierung und abnehmende soziale Integration (vgl. z.B. Blossfeld und Müller 2003; Diekmann und Klein 1991; Hill und Kopp 2004: 261 ff.; Klein und Kopp 1999b).

Es gehört allerdings inzwischen zu einer gesicherten Erkenntnis, dass die geringer gewordene Stabilität von Ehen nur teilweise mit sozialstrukturellen Entwicklungen in Zusammenhang gebracht werden kann. Die Zunahme der Scheidungszahlen hat darüber hinaus eine Eigendynamik, für die der Begriff der Scheidungsspirale gebräuchlich ist. Diese Eigendynamik beruht auf verschiedenen makrosoziologischen und mikrosoziologischen Rückkopplungsprozessen (vgl. Kapitel 1.2.1):

– Hohe Scheidungszahlen erleichtern nach der Trennung die Suche eines neuen Partners, und sie erhöhen die Zahl der so genannten «spousal alternatives» (South 1995; South und Lloyd 1995).

– Hohe Scheidungszahlen tragen zum Abbau von Stigmatisierung und zur sozialen Akzeptanz von weiteren Scheidungen bei.

– Die Beobachtung hoher Scheidungszahlen kann für die eigene Beziehung zu einer sich selbst erfüllenden Prognose werden, wenn deshalb so genannte ehespezifische und ehestabilisierende Investitionen (insbesondere Kinder oder der Erwerb von Wohnungseigentum) ausbleiben und ‹Absicherungsstrategien› (wie eine Erwerbstätigkeit der Frau) bevorzugt werden.

– Längerfristig führt ein Anstieg der Scheidungszahlen dazu, dass ein wachsender Bevölkerungsteil in einer Scheidungsfamilie aufwächst. Die Betreffenden haben selbst ein erhöhtes Scheidungsrisiko, unter anderem, weil sie mit einer distanzierteren Haltung gegenüber Ehe und Familie sozialisiert sind und weil sie früher aus dem Elternhaus ausziehen und selbst heiraten – mit den oben genannten Nachteilen einer frühen Eheschließung (Amato 1996; Diekmann und Engelhardt 1995).

– Von Bedeutung für die Scheidungsspirale ist schließlich auch die aus der Scheidungsentwicklung selbst resultierende Zunahme von Zweitehen. Diese sind im Durchschnitt weniger stabil, weil die psychischen und sozialen Barrieren gegenüber einer Scheidung reduziert sind, weil sich bestimmte Lebensumstände systematisch verändern (etwa durch Stieffelternschaft, vgl. auch Eckhard 2002) und weil die Zweiteheschließenden eine Selektion von Personen darstellen, bei denen sich scheidungsrisikoerhöhende Eigenschaften konzentrieren (Klein 1992).

3.3.3 Gesellschaftliche Bedeutung der Beziehungsstabilität

Im Rahmen der vielfältigen Folgen von Trennung und Scheidung sind insbesondere die ökonomischen Konsequenzen für die betroffenen Partner und ggf. deren Kinder bedeutsam. Wegen der Einsparungen (economies of scale), die vor der Trennung durch den gemeinsamen Haushalt und durch gemeinsames Wirtschaften erzielt wurden (vgl. Kapitel 4.3.1.1.1.1), ist die Auflösung des gemeinsamen Haushalts der Partner im Durchschnitt mit einem Wohlstandsverlust verbunden, wenn nicht andere Einkommensquellen – insbesondere Sozialleistungen – hinzukommen. Die Wohlstandseinbußen hängen aber im Einzelfall vom Einkommensniveau, von dem jeweiligen Erwerbsstatus, von der Existenz von Kindern, vom Alter und nicht zuletzt von der Existenz eines neuen Partners ab (vgl. Andreß und Lohmann 2001). Zudem ist ein Geschlechtsunterschied wohlstandsbezogener Auswirkungen von Trennung und Scheidung nicht ohne weiteres zu ermitteln: Er hängt insbesondere davon ab, (1) wie vor der Trennung die Nutzung des Haushaltseinkommens geregelt war (Ludwig-Mayerhofer 1995; Ludwig-Mayerhofer und Allmendinger 2004), (2) welche Bedarfsabstufungen für die scale economies und die individuellen Bedarfsunterschiede angenommen werden und (3) ob ein neuer Partner – u.U. auch außerhalb des eigenen Haushalts[1] – vorhanden ist.

Trennung und Scheidung sind außerdem mit dem Verlust von sozialen Kontakten verbunden, vor allem für Männer, der allerdings in

---

[1] So werden 15 % der Kinder von ‹Alleinerziehenden› nicht wirklich allein erzogen, weil die Mutter in einer festen Partnerschaft lebt, wenngleich der Partner einen eigenen Haushalt hat (Teubner 2002: 37).

verschiedenen Ländern unterschiedlich groß ausfällt. Geschlechtsunterschiede der Reduzierung von Sozialkontakten lassen sich unter anderem auf geschlechtsspezifisch unterschiedliche Investitionen in so genanntes Sozialkapital zurückführen, Länderunterschiede auch auf unterschiedliche Stigmatisierung (Kalmijn und Uunk 2003). Die sozialen, ökonomischen und auch gesundheitlichen Konsequenzen einer Scheidung sind in einer Reihe von Studien analysiert (vgl. zum Überblick Amato 2000; Hill und Kopp 2004: 292 ff.; Kitson und Morgan 1990).

Sind Kinder vorhanden,[1] so sind auch deren Sozialisationsbedingungen betroffen. Die Trennung der Eltern führt insbesondere zu einer beträchtlichen und dauerhaften Einschränkung des Kontakts zwischen Vätern und ihren Kindern, vor allem Töchtern (vgl. im Folgenden Fokkema und de Graaf 2003). Dies betrifft auch den Kontakt von später erwachsenen Kindern mit ihrem Vater (d.h. die Generationenbeziehungen), wobei das Bildungsniveau des Vaters, sein Gesundheitszustand und die Wohnortentfernung weniger Einfluss auf die Kontakthäufigkeit haben als bei nicht von der Mutter geschiedenen Vätern. Die geringere Kontakthäufigkeit lässt sich zu einem großen Teil mit nur einem einzigen Faktor erklären: der Sorgerechtsregelung.

Zu den Konsequenzen von Trennung und Scheidung für Kinder gehören ferner Nachteile beim Erwerb weiterführender Schulabschlüsse. Die Bildungsbenachteiligung von Scheidungskindern ist auch mit einer Vielzahl individueller Merkmale der Kinder und der Eltern – insbesondere deren Bildungsniveau, der Berufsposition des Vaters und dem Haushaltseinkommen – nicht erklärbar (Albertini und Dronkers 2003; Fischer 2003; Pong, Dronkers und Hampden-Thompson 2003), und sie ist besonders ausgeprägt, wenn Kinder im Alter zwischen 11 und 14 Jahren eine Scheidung der Eltern miterleben und wenn sie nicht in einer stabilen Stieffamilie, sondern mit der Mutter allein oder in instabilen Familienbeziehungen

---

1 Im Jahr 1999 waren in Deutschland 144 000 Kinder von Scheidung betroffen (Emmerling 2001: 259).

leben (Fischer 2003). Die Bildungsbenachteiligung der Kinder von Alleinerziehenden variiert zwischen den Nationen und korreliert positiv mit dem Anteil der Alleinerziehenden an allen Familien (Pong, Dronkers und Hampden-Thompson 2003). Garib, Garcia und Dronkers (2003) ziehen daraus den Schluss, dass «a less laissez-faire policy towards the formation of single-parent families can diminish the negative academic outcomes of single-motherhood».

3.4 Der Auszug von Kindern aus dem Elternhaus

So wie die Lebensarrangements zwischen Erwachsenen durch die Paarbildungs- und -lösungsprozesse bestimmt werden (letztere inklusive der Sterblichkeit), sind die Strukturen des Zusammenlebens von Erwachsenen und Kindern von der Fertilität und dem Auszugsverhalten der Kinder aus dem Elternhaus geprägt.[1]

3.4.1 Beschreibung

Das Auszugsalter hat sich in Deutschland zunächst reduziert bis etwa zu den Geburtsjahrgängen der 1940er und 1950er Jahre und ist anschließend vor allem bei Männern in Westdeutschland wieder beträchtlich angestiegen, während der Wiederanstieg bei Frauen erheblich geringer ausfällt und später einsetzt (vgl. Abbildung 3.4.1 sowie Weick 1993: 89; 2002: 11).[2] Diese u-förmige Entwicklung ist

---

[1] Die Auszugsereignisse haben in amtlich-demographischen Analysen bislang kaum Beachtung gefunden, sodass die hierzu vorliegenden Befunde in erster Linie auf Umfragedaten beruhen, die von vornherein in einer längsschnittlichen Perspektive angelegt sind.

[2] Abweichend hierzu errechnet Schwarz (1989) mit Mikrozensusdaten einen kontinuierlichen Anstieg des Auszugsalters schon ab den Geburtsjahrgängen 1937

in Westdeutschland besonders ausgeprägt: Bei westdeutschen Männern ist das Alter des Auszugs aus dem Elternhaus von über 25 Jahren bis zu den Geburtsjahrgängen der 1940er Jahre auf 22 Jahre ge-

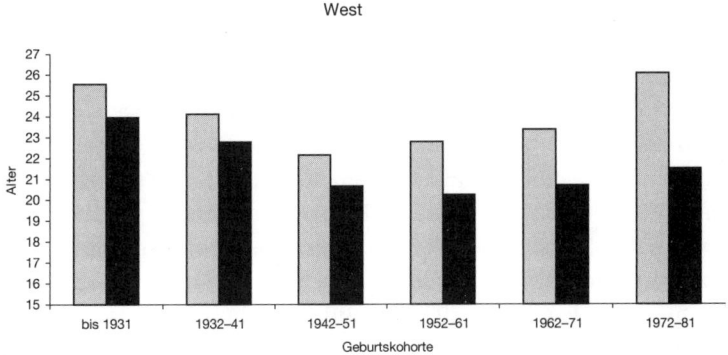

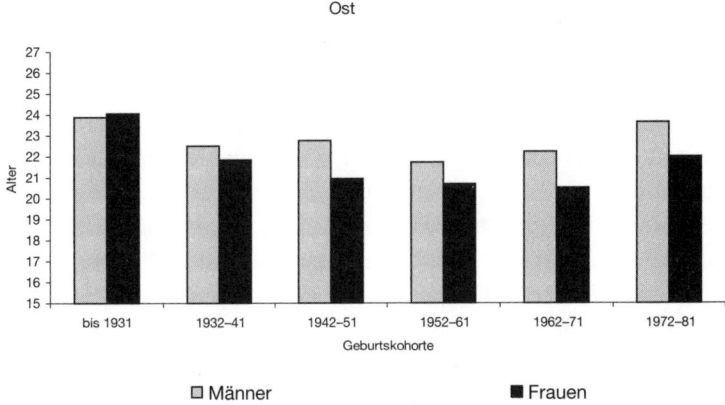

☐ Männer   ■ Frauen

Abbildung 3.4.1: Alter beim Auszug aus der elterlichen Wohnung in West- und Ostdeutschland (Medianalter)
Quelle: Weick 2002: 11

bis 1941. Mikrozensusdaten sind jedoch für diese Analyse nur eingeschränkt tauglich (vgl. Wagner und Huinink 1991: 41 f.).

sunken und bis zu den Jahrgängen der 1970er Jahre wieder auf über 26 Jahre angestiegen. Bei westdeutschen Frauen vollzieht sich ein Rückgang von knapp 24 auf gut 20 Jahre (Jahrgänge 1952 bis 1961), aber es findet ein Wiederanstieg auf nur etwa 21,5 Jahre (Jahrgänge 1972 bis 1981) statt.

Ein Anstieg des Auszugsalters lässt sich in zahlreichen westeuropäischen Ländern beobachten, allerdings auf sehr unterschiedlichem Niveau: Nur in wenigen Ländern – z.B. in Schweden, Finnland und der Schweiz – liegt das Auszugsalter niedriger, und es lebt ein geringerer Teil der Jugendlichen bei den Eltern als in Deutschland. Vor allem in den südeuropäischen Ländern, aber auch in Ungarn und Polen ist das Alter bei Auszug – und somit auch der Anteil der Jugendlichen, die bei den Eltern wohnen – wesentlich höher als hierzulande (Bendit 1999: 23; Billari, Philipov und Baizán 2001: 28f.).

3.4.2 Bestimmungsgründe und soziale Unterschiede

Die Bestimmungsgründe des Auszugsverhaltens differieren teilweise zwischen den Ländern, und sie haben sich im Zeitverlauf geändert. In vorindustriellen Gesellschaften waren die jeweiligen Anforderungen der hauswirtschaftichen Produktionsweise (vgl. Kapitel 3.1.2) für das Auszugsverhalten ausschlaggebend (vgl. im Folgenden Sieder 1977). Kinder blieben im elterlichen Haushalt, solange sie gebraucht wurden, und sie wurden in den Dienst Anderer geschickt, wenn sie ökonomisch zur Last wurden. Dies hieß auf der einen Seite, dass einige Kinder das Elternhaus überhaupt nicht verlassen haben, z.B. der bäuerliche Erbfolger oder eine Tochter, die die Eltern im Alter zu versorgen hatte. Auf der anderen Seite waren Lebensphasen der Wanderarbeit und die Lehre bei einem fremden Lehrmeister weit verbreitet, und Männer mussten sich für Lohnarbeit verdingen, um die rechtlich erforderlichen ökonomischen Voraussetzungen für eine Heirat und die Gründung eines eigenen Haushalts zu schaffen. Vor diesem Hintergrund gab es eine breite Streuung des Auszugsalters, und die institutionellen Anlässe des Auszugs waren allenfalls für die hauswirtschaftliche Produktionsweise spezifisch (Wall 1978: 182 ff.). Kennzeichnend für das vorindustrielle Auszugsverhalten war außerdem, dass vor allem für Männer der Auszug oft (noch) nicht mit der Gründung eines eigenen Haushalts einherging. Ähnliches galt noch im Zuge der Industrialisierung für die meist weiblichen Bediensteten in bürgerlichen Familien.

Ausschlaggebend für das heutige Auszugsalter ist hingegen kaum mehr die ökonomische Situation der Eltern, jedenfalls ist der ökonomische Nutzen von Kindern als Arbeitskraft im hauswirtschaftlichen Produktionsprozess nur noch in Ausnahmefällen von Bedeutung. Dennoch ist in Deutschland wegen kriegsbedingter Wohnungsknappheit für einige Jahrgänge der Auszug aus dem Elternhaus häufig zunächst lediglich in einen fremden Haushalt erfolgt (vgl. hierzu Mayer und Wagner 1989). So haben beispielsweise die Geburtsjahrgänge 1929 bis 1931 schon mit Beginn des zweiten Lebensjahrzehnts, d.h. mit Beginn der Bombardements während des Zweiten Weltkriegs, vermehrt in einem fremden Haushalt gelebt. Die zehn Jahre später Geborenen haben einen entsprechenden ‹Auszug› aus dem Elternhaus oft sogar schon in früher Kindheit durchlebt.

Erst in den jüngeren Kohorten bestimmen die zentralen Ereignisse des beruflichen und des familiären Lebensverlaufs der Kinder ihr Auszugsverhalten, und in historischer Erstmaligkeit ist mit dem Auszug heute in aller Regel die Gründung eines eigenen Haushalts verbunden. Das jüngere Auszugsalter von Frauen entspricht dem Geschlechtsunterschied des Heiratsalters, und auch die in Abbildung 3.4.1 beschriebene Entwicklung des Auszugsalters über die Kohortenabfolge hinweg korrespondiert weitgehend mit der Reduktion und dem Wiederanstieg des Heiratsalters. Dabei ist die Verminderung des Auszugsalters durchaus mit einem frühen Heiratsalter erklärbar (obwohl es in älteren Kohorten bei geringem Wohlstand und angespanntem Wohnungsmarkt nicht unüblich war, dass Ehepartner eine Zeit lang noch bei den Eltern gelebt haben, vgl. Weick 2002: 13). Demgegenüber lässt sich der Wiederanstieg des Auszugsalters in vielen westlichen Industrienationen nicht (oder jedenfalls nicht nur) auf ein spätes Heiratsalter (so für Deutschland z. B. Schwarz 1989) zurückführen: Zum einen haben nichteheliche Lebensgemeinschaften im jungen Erwachsenenalter zunehmende Verbreitung gefunden – sie sind ein Stück weit an die Stelle einer frühen Eheschließung getreten (Klein 1999a; Klein, Lengerer und Uzelac 2002) und haben zu einer Entkopplung des Auszugs aus dem Elternhaus und der Heirat beigetragen (vgl. Weick 2002). Zum anderen betrifft diese Entkopplung jedwede Haushaltsgründung mit einem Partner, also auch nichteheliche Lebensgemeinschaften, denn ein zunehmender Anteil der Auszüge findet ohne Partner statt (Mulder, Clark und Wagner 2002: 578 f.).[1]

Ebenso wie der Aufschub von Heirat und Familiengründung kann auch die Bildungsexpansion nur bedingt erklären, warum Jugendliche heute später von zu Hause ausziehen: Häufig ist zwar der Ausbildungsbeginn (wie auch der Berufsbeginn) ein Auszugsgrund, ein langer Bildungsweg verlängert aber auch die Dauer der Abhängigkeit von den Eltern und reduziert die Auszugswahrscheinlichkeit bei denjenigen, die nach Ausbildungsbeginn bei den Eltern geblieben sind. Dementsprechend uneinheitlich sind auch die empirischen Befunde zu den Bildungseinflüssen auf das Auszugsalter (z. B. Ott 1986 versus Wagner und Huinink 1991). Man kann jedoch davon ausgehen, dass ein hohes Bildungsniveau die Wahrscheinlichkeit erhöht, ohne Partner aus der elterlichen Wohnung auszuziehen (Mayer und Wagner 1986; Mulder, Clark und Wagner 2002: 579, 580).

Neben dem Anstieg des Heiratsalters und der Bildungsexpansion sind in erster Linie zwei Faktoren für den späten Auszug aus dem Elternhaus verantwortlich: Zum einen haben sich die Eintrittsbedingungen in den Arbeitsmarkt spätestens in den 1980er Jahren in

---

1 Die genannte Studie bezieht sich hierbei auf Deutschland, die USA und die Niederlande.

zahlreichen EU-Staaten erheblich verschlechtert, wodurch sich der Auszug aus dem Elternhaus ökonomisch schwieriger gestaltet, zum anderen haben sich im Zuge des Wertewandels der Erziehungsstil geändert und die Generationenbeziehungen zwischen Eltern und Kindern verbessert (Bendit 1999: 23). In den neuen Bundesländern steht zudem der Aufschub des Auszugs aus der elterlichen Wohnung auch im Kontext all der Faktoren, die zu einem Rückgang von Heirat und Geburten beigetragen haben (vgl. Kapitel 3.2.1.1.1.1 und 2.3.1.1). Daneben sind im Einzelfall weitere Faktoren für das Auszugsverhalten von Bedeutung: die Ereignisse des beruflichen Lebenslaufs und damit verbundene Mobilitätserfordernisse, die Konfession, die Geschwisterzahl, das Einkommen der Eltern und der Jugendlichen, die Wohnsituation des Jugendlichen bei den Eltern (Lauterbach und Lüscher 1999), der Wohnungsmarkt, sozialstaatliche Regelungen usw. (Avery, Goldscheider und Speare 1992; Billari, Philipov und Baizán 2001; Mayer und Wagner 1986; Mulder, Clark und Wagner 2002; Wagner und Huinink 1991; Ziegler und Schladt 1993). Im Unterschied zu den oben beschriebenen Bedingungen des Auszugsverhaltens in der vorindustriellen Gesellschaft spielen bei den genannten Faktoren heute die Merkmale der Jugendlichen tendenziell eine größere Rolle als die der Eltern.

3.4.3 Gesellschaftliche Bedeutung

Der Auszug aus dem Elternhaus ist heute immer seltener als ein Übergang zwischen zwei Familien – der Herkunfts- und der eigenen Familie – zu interpretieren. Die Entkopplung von Heirat und Auszug aus dem Elternhaus gibt dem Auszugsverhalten und der Gründung des eigenen Haushalts eine eigenständige Bedeutung. Diese Entkopplung und die zumindest für einige Kohorten damit verbundene Ausdehnung der Phase zwischen dem Verlassen der Herkunftsfamilie und der Gründung einer eigenen Familie sind Voraussetzung für die Zunahme ‹alternativer› Wohn- und Lebensformen ohne Familienintegration und werden deshalb als Ausdruck von Individualisierung interpretiert. Mit dem Wiederanstieg des Auszugsalters vor allem bei Männern erhält die Herkunftsfamilie im frühen Erwachsenenalter allerdings wieder größere Bedeutung für die Reduktion von Unsicherheiten und Risiken in Bezug auf Ausbildung und Arbeitsmarkt.

Ungeachtet der Individualisierungsdiskussion sind die Veränderungen des Auszugsalters aus dem elterlichen Haushalt Ausdruck eines Wandels der Generationenbeziehungen, und sie haben (zusammen mit der Wohnortentfernung nach dem Auszug) Einfluss auf die Intensität und die Qualität der Generationenbeziehungen und der intergenerationalen Familiensolidarität. Zudem ist der Auszug aus dem Elternhaus ein wichtiges Ereignis im Lebenslauf sowohl der Jugendlichen als auch der Eltern.

4 Soziale Ungleichheit und Soziale Mobilität

Die soziale Strukturierung der Bevölkerung nach Geschlecht, Alter, Kinderzahl, Migrationshintergrund, Haushaltstyp und Familienstand, Konfession, Bildung, Beruf, Einkommen und weiteren Merkmalen bestimmt zum Teil erheblich über die gesellschaftliche Verteilung von Lebensumständen und Lebenschancen. Soweit bei einzelnen Merkmalen mit der Zugehörigkeit zu einer bestimmten Sozialkategorie eine Besser- oder Schlechterstellung gegenüber anderen Kategorien verbunden und die betreffende Gruppenzugehörigkeit nicht relativ kurzfristig und vergleichsweise frei wählbar ist, handelt es sich um *soziale Ungleichheit*. Gelegentlich spricht man auch von vertikaler sozialer Ungleichheit – im Unterschied zu den horizontalen «Disparitäten», die nicht mit allgemein wahrgenommenen Vor- und Nachteilen verbunden und in der Regel im Rahmen der Lebensform und des Lebensstils frei bestimmbar sind (z.B. Müller 1992: 355 ff.; Noll und Habich 1990). Lebensstile und Lebenschancen waren zwar in historischen Epochen durch Bekleidungsvorschriften und andere Regelungen fast immer eng aneinander gebunden und haben sich erst im Verlauf des 20. Jahrhunderts zunehmend entkoppelt. Ausschlaggebend für die soziale Ungleichheit und damit verbundene Fragen der (Leistungs-)Gerechtigkeit (vgl. z.B. Meulemann 2004; Neckel, Dröge und Somm 2004) sind jedoch die Lebenschancen, nicht die Lebensstile.

Kennzeichnend für die soziale Ungleichheit sind also sozialgruppenspezifische Vor- und Nachteile in der Gesellschaft. Die betreffenden Gruppierungsmerkmale müssen somit wichtig sein für die Realisierung weit verbreiteter Zielvorstellungen über die Lebensgestaltung. Diese Zielvorstellungen betreffen zwar in erster Linie die materielle Versorgung, aber auch die Arbeitsbedingungen, die soziale Integration, die körperliche und psychische Gesundheit und vieles mehr. Die Relevanz einzelner Gruppierungsmerkmale für die Analyse sozialer Ungleichheit variiert zwischen den Gesellschaften und in der historischen Zeit. So war beispielsweise Geldbesitz in der DDR weniger bedeutsam für die Gestaltung der materiellen Lebensumstände als in der Bundesrepublik, weil in Anbetracht einer knappen Versorgungslage manche Versorgungsgüter vorwiegend über die Einbindung in Tauschbeziehungen beschafft wurden. Ein anderes Beispiel sind hohe Bildungszertifikate, die in vorindustrieller Zeit für den Großteil der Bevölkerung ziemlich unerheblich waren.[1]

In heutigen westlichen Industriegesellschaften sind in erster Linie die drei im Folgenden (Kapitel 4.1 bis 4.3) behandelten Dimensionen für die Analyse sozialer Ungleichheit von Bedeutung, nämlich Bildung, Beruf und materieller Wohlstand. Dies sind zugleich – nicht ohne Grund – die drei ‹klassischen› Schichtindikatoren. In Bezug auf die historische Relevanz in heutigen Industriegesellschaften werden sie von Kreckel (1992: 94) auch als die «Realabstraktionen der Leistungsgesellschaft» bezeichnet. Alle drei Dimensionen sozialer Ungleichheit sind zum einen je für sich mit einer allgemein für erstrebenswert erachteten Lebensgestaltung verbunden. Zum anderen ist Bildung ein zentraler Mechanismus der Verteilung von Berufspositionen und der Integration in den Arbeitsmarkt, und hiervon wiederum wird der materielle Wohlstand nicht unwesentlich beeinflusst.

Die verschiedenen Ungleichheitsdimensionen sind eng miteinander verbunden: Geringe Bildung beispielsweise geht tendenziell mit einer schlechten beruflichen Stellung, niedrigem Einkommen usw. einher. Hat hingegen ein Individuum in den verschiedenen Ungleichheitsdimensionen einen sehr unterschiedlichen Status, spricht man von Statusinkonsistenz. Bei hoher Korrelation zwischen den verschiedenen Dimensionen sozialer Ungleichheit liegt also Statusinkonsistenz vor, wenn ein Individuum in diesen Dimensionen so-

---

1 Auch das so genannte Bildungsbürgertum war im 19. Jahrhundert eher als «Schnittmenge von Bildungsstatus und Berufspositionen» (Best 1989: 62) anzusehen, und «es bleibt fraglich, wie viel soziale Realität sich hinter diesem Begriff verbirgt» (Kocka 1989: 9).

zialer Ungleichheit sehr unterschiedlich positioniert ist. Beispiele sind der promovierte Taxifahrer oder der wenig gebildete, aber gut verdienende Unternehmer.

Die große Bedeutung der drei ‹klassischen› Ungleichheitsdimensionen wird allerdings im Kontext der Individualisierungsdiskussion angezweifelt, weil sich Bildungs- und Beschäftigungssystem vermeintlich entkoppelt haben, aber auch, weil die Entstehungszusammenhänge sozialer Ungleichheit und die Verteilungsprozesse gesellschaftlichen Wohlstands zunehmend komplexer geworden sind und von weiteren Faktoren – z.B. den familiären Lebensverhältnissen und dem Wohnort – moderiert werden. Welche Gruppierungsmerkmale für die Realisierung ‹angenehmer› Lebensumstände und insbesondere für die materielle Versorgung wichtig sind, hängt von gesellschaftlichen Produktions- und Verteilungsprozessen ab und ist letztendlich eine empirische Frage.

Bei der Analyse der Ursachen sozialer Ungleichheit spielen *soziale Mobilität* und Mobilitätsbarrieren eine zentrale Rolle. Mit sozialer Mobilität bezeichnet man die Bewegung zwischen den Sozialkategorien. Für gewöhnlich ist damit die Bewegung von Individuen zwischen den Sozialkategorien gemeint, aber auch Gruppen – z.B. Berufsgruppen in der Einkommenshierarchie (vgl. unten Tabelle 4.2.8) – und sogar die gesamte Gesellschaft können u.U. mobil sein (kollektive Mobilität). Während die Beschreibung sozialer Ungleichheit oft eine statische Perspektive einnimmt, richtet die Mobilitätsforschung den Blick auf die Dynamik der Veränderung sozialer Ungleichheit.

Das Ausmaß sozialer Mobilität ist ein Maßstab für die Offenheit einer Gesellschaft und wichtig für die Herstellung sozialer Gerechtigkeit (vgl. hierzu Hradil 2001: 380): Definiert man soziale Gerechtigkeit aus der liberalen Perspektive als Leistungsgerechtigkeit, dann sind gleiche – bzw. der Leistung entsprechende – Auf- und Abstiegschancen der Inbegriff sozialer Gerechtigkeit, ungeachtet dessen, ob dadurch die Verteilungsgleichheit gar verringert wird. Aus der Perspektive des sozialen Ideals der Verteilungsgerechtigkeit ist hingegen die Offenheit einer Gesellschaft nur eine Grundbedingung für die Herstellung von mehr Verteilungsgerechtigkeit. Je nach politischer Orientierung ist also soziale Mobilität selbst Maßstab für soziale Gerechtigkeit oder doch zumindest ein wichtiges Mittel für ihre Verwirklichung.

Abgeleitet aus der Unterscheidung zwischen vertikaler und horizontaler Ungleichheit spricht man auch von vertikaler und horizontaler Mobilität, wobei mit sozialer Mobilität gewöhnlich die vertikale soziale Mobilität gemeint ist, d.h. die individuelle Bewegung zwischen den ungleichheitsrelevanten Sozialkategorien. Je nach Ungleichheitsdimension handelt es sich um Bildungsmobilität, Berufsmobilität, Einkommensmobilität usw. Soziale Mobilität besteht dabei jeweils aus sozialen Aufstiegen und sozialen Abstiegen. Die wichtigsten Kategorien für «eine dynamische Analyse der sozialen Mobilität» (Geiger 1962a: 100 ff.) wurden schon von Sorokin (1964) und von Geiger (1962b: 114 ff.; 1949: 149 ff.) entwickelt.[1]

Soweit sich die individuellen sozialen Auf- und Abstiege kompensieren und die soziale Ungleichheit auf der Makroebene damit unverändert bleibt, spricht man von zirkulärer Mobilität. Soweit hingegen Auf- oder Abstiege durch eine Veränderung der Ungleichheitsstruktur (z.B. der Positionsstruktur) erforderlich bzw. ‹erzwungen› sind, handelt es sich um Strukturmobilität bzw. erzwungene Mobilität.[2] Im Hinblick auf die Makro-Mikro-Makro-Erklärung sozialstruktureller Entwicklungen (vgl. Kapitel 1.2.1) wirken sich ungleichheitsrelevante Strukturveränderungen wie die Bildungsexpansion oder der wirtschaftliche Tertiarisierungsprozess auf das individuelle Mobilitätsverhalten aus, und die Veränderung sozialer Ungleichheitsstrukturen kommt durch die Aggregation individueller Mobilitätsprozesse zustande.

Eine andere, gleichfalls wichtige Unterscheidung ist die zwischen Karrieremobilität und Generationenmobilität (bzw. gleichbedeu-

---

1 Ein Überblick über die Schichtungs- und Mobilitätsanalyse von Geiger findet sich bei Geißler (1985).
2 Die Begriffe werden auch unten (Kapitel 4.1.1.2) anhand einer Mobilitätsmatrix nochmals verdeutlicht.

tend zwischen intragenerationaler und intergenerationaler Mobilität). Erstere meint die Mobilität im Lebensverlauf, letztere die Mobilität, die zwischen den Familiengenerationen – d.h. zwischen Eltern und Kindern – stattfindet. Im Hinblick auf die Grundbegriffe der Dynamik sozialstruktureller Entwicklung (vgl. Kapitel 1.2.2) ist für die Karrieremobilität in erster Linie die Ausformung von Alterseffekten verantwortlich, für die Generationenmobilität sind es hingegen Kohortenunterschiede bzw. Kohorteneffekte. Damit finden sich die Kategorien des Lexis-Diagramms (vgl. ebenfalls Kapitel 1.2.2) auch bei der Analyse sozialer Ungleichheit und sozialer Mobilität wieder.

Die verschiedenen Formen sozialer Mobilität sind für die im Folgenden behandelten Dimensionen sozialer Ungleichheit – nämlich Bildung, Beruf und materieller Wohlstand – in unterschiedlicher Weise bedeutsam. So ist Karrieremobilität in der Bildungsstruktur nahezu[1] ohne Bedeutung – die Mobilität in der Bildungshierarchie findet fast ausschließlich über die Generationen hinweg statt. Für die berufliche Platzierung sind sowohl karriere- als auch generationenbezogene Mobilitätsprozesse von Bedeutung. Veränderungen in der Wohlstandsposition sind hingegen eng an die Ereignisse des beruflichen und des familiären Lebenslaufs gebunden, d.h. weitgehend als Karrieremobilität ausgeformt.

Abgesehen höchstens von der Bildungsungleichheit ist somit «unbestritten, daß soziale Ungleichheit in einem lebenszeitlichen Bezugsrahmen zu sehen ist: als Prozeß statt als dauerhafte Struktur. … Das bedeutet, daß Ungleichheitsforschung und Mobilitätsforschung zusammengehören» (Kohli 1990: 391), und auch die heutige Soziologie sozialer Ungleichheit hat sich in den letzten Jahrzehnten zunehmend auf die Erforschung von ungleichheitsrelevanten Statusübergängen im Lebenslauf konzentriert, insbesondere auf die Erlangung und den Verlust von Berufspositionen und Einkommenssituationen. Zudem lassen sich auch «Stabili-

---

1 Allenfalls Weiterbildung und so genannte Zweite Bildungswege rechtfertigen hier, ggf. von Karrieremobilität zu sprechen.

tät und Instabilität als Aspekte ungleicher Lebenslagen» (Berger 1990) begreifen.

Die längsschnittliche Perspektive, die zur Untersuchung lebenslaufbezogener Mobilitätsprozesse erforderlich ist, ist allerdings auch im Bereich sozialer Ungleichheit in empirischen Datenaufbereitungen (v. a. denen der amtlichen Quellen) nur unzureichend vertreten. Auch bei der Analyse sozialer Ungleichheit finden deshalb neben Bestandszahlen bzw. Strukturdaten vor allem Ereigniszahlen (z.B. Absolventenzahlen oder Zu- und Abgänge in/aus Arbeitslosigkeit) Beachtung, in denen sich soziale Prozesse nur rudimentär widerspiegeln (vgl. Kapitel 1.2.2). Die Unterscheidung zwischen Bestands- und Ereigniszahlen ist in diesem Zusammenhang auch gleichbedeutend mit der Unterscheidung zwischen sozialen Ungleichheitsstrukturen und den Mobilitäts-Ereignissen, die für die vorgefundenen Strukturen verantwortlich sind. Die Darstellungsform der vorangegangenen Kapitel, nach der zunächst querschnittliche (Ungleichheits-)Strukturen und anschließend die erklärenden (Mobilitäts-)Ereignisse behandelt werden, findet sich somit auch in den folgenden Kapitel wieder.

Soziale Ungleichheit und soziale Mobilitätsprozesse sind im Übrigen insgesamt eng verbunden mit der Dynamik bevölkerungsstruktureller Veränderungen, z.B. der Jahrgangsstärkenabfolge und vielen anderen Faktoren (vgl. Kapitel 2, insbesondere 2.2.2.1). Ähnlich enge Bezüge existieren zu Haushalts- und Familienstrukturen (Kapitel 3), was an vielen Beispielen deutlich wird: So ist die Generationenmobilität gewöhnlich über die Familiengenerationen definiert, Eltern bestimmen über den Bildungsweg der Kinder, und die lebenslaufbezogenen Veränderungen in der Wohlstandsposition hängen nicht nur von beruflichen, sondern auch von familiären Entwicklungen ab.

4.1 Bildung

In modernen Industriegesellschaften sind technische, wirtschaftliche, gesellschaftliche und politische Zusammenhänge zunehmend komplexer geworden. Damit einher ging auch eine Akademisierung vieler Berufsfelder. Vor diesem Hintergrund kommt der Bildung in modernen Gesellschaften, in denen der soziale Status überwiegend nicht mehr direkt vererbt, sondern im Verlauf des Lebens erworben wird, eine wichtige soziale Platzierungsfunktion zu.

4.1.1 Bildungsstruktur, Bildungsexpansion und intergenerationale Bildungsmobilität

4.1.1.1 Beschreibung und Maßzahlen

Der Begriff der Bildungsexpansion bezieht sich zumeist auf die forcierte Ausweitung der Bildungsbeteiligung in der Nachkriegszeit – in der Bundesrepublik vor allem in den 1970er und 80er Jahren. Die zunehmende Bildung der Bevölkerung war aber ein weit längerfristiger Prozess, und der Begriff der Bildungsexpansion lässt sich zu Recht auf den gesamten Zeitraum «von der Alphabetisierung des Volkes bis zur weiten Verbreitung von Hochschulstudien» (Müller, Steinmann und Schneider 1997: 179) beziehen. Vor Beginn der Industrialisierung war formale Bildung nur einer kleinen Minderheit kirchlicher und staatlicher Funktionsträger vorbehalten, und noch in der Mitte des 19. Jahrhunderts konnte in den mitteleuropäischen Ländern zum Teil kaum mehr als die Hälfte der Bevölkerung lesen und schreiben (Flora 1974: 148). Erst die Einführung und Durchsetzung der Schulpflicht und die Verstaatlichung des zuvor weitgehend kirchlich getragenen Schulwesens[1] führte dazu, dass mit Beginn des 20. Jahrhunderts nahezu alle Kinder eine elementare Schulbildung

---

1   Vgl. zur Entwicklung des Bildungswesens in Deutschland auch Herrlitz (1981).

erhielten und der Analphabetismus weitgehend überwunden wurde. Der Anteil der Studierenden an den 20- bis 24-Jährigen betrug
aber zu dieser Zeit in vielen Ländern Mitteleuropas noch weniger
als 1 % (vgl. Kaelble 1983: 200).

Die Bildungsstruktur der Bevölkerung ist in der amtlichen Statistik und anderen Publikationen zumeist nach Altersgruppen aufgegliedert, sodass auch die Ausweitung des Bildungssystems sichtbar
wird. So haben z.B. im Jahr 2000 unter den 60- bis unter 65-jährigen
Männern noch 69 % nur einen Haupt- bzw. Volksschulabschluss,
während es unter den 30- bis unter 35-Jährigen nur 33 % sind.[1]
Bei den Frauen ist der Bildungsunterschied zwischen den beiden
Altersgruppen mit 74 versus 26 % noch größer. Einen Hochschulabschluss (ohne Fachhochschulabschluss, aber einschließlich Leh-
rerausbildung) haben hingegen in den hier beispielhaft ausgewählten Altersgruppen 5 versus 9 % der Männer und 3 versus 8 % der
Frauen.[2]

Da nach dem Ende der Schul- und Ausbildungszeit (und ggf. den
ersten Berufsjahren) im weiteren Lebensverlauf nur noch selten
weitere Bildungsabschlüsse erworben werden[3] und sich die querschnittliche Bildungsstruktur aller Altersgruppen infolge der Bildungsexpansion ständig verändert, empfiehlt sich, die Veränderung
der Bildungsstruktur nicht nach Kalenderjahr, sondern nach Geburtsjahrgang bzw. Kohorte aufzugliedern (vgl. Abbildung 4.1.1).
Im Hinblick auf höhere Abschlüsse ist natürlich die Bildungsstruktur erst ab einem entsprechenden Alter sinnvoll interpretierbar.
Für die jüngsten Kohorten, die sich bis zum Erhebungsjahr noch
teilweise in Ausbildung befinden, lässt sich dagegen über die end-

---

1   Berechnet auf Basis des Statistischen Jahrbuchs 2001 (Statistisches Bundes-
    amt 2001e: 377).
2   Berechnet auf Basis des Statistischen Jahrbuchs 2001 (Statistisches Bundes-
    amt 2001e: 378).
3   Im Zuge der Bevölkerungsalterung und des technischen Fortschritts bekommen
    zwar Weiterbildungsaktivitäten zunehmende Bedeutung (Becker 1991), diese
    finden aber zumeist innerhalb des ausgeübten Berufs statt und dienen nur ver-
    gleichsweise selten dem Erwerb einer höheren Qualifikationsstufe.

Männer

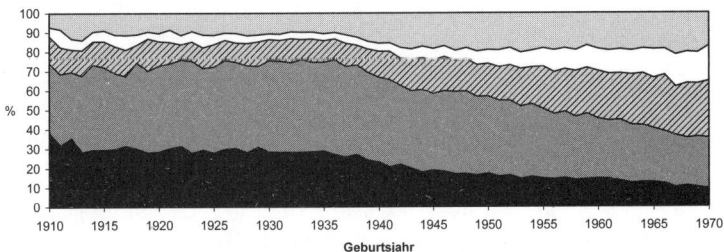

Frauen

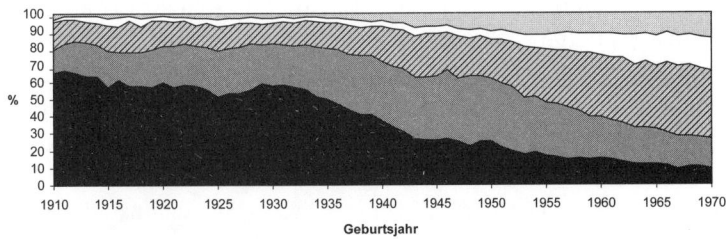

☐ (Fach-)Hochschulabschluss
☐ (Fach-)Abitur (ohne Hochschulabschluss)
☐ mittlere Reife
▨ Volks-/Hauptschulabschluss (mit Lehre)
■ Volks-/Hauptschulabschluss (ohne Lehre)

Abbildung 4.1.1: Höchster Bildungsabschluss westdeutscher Männer und Frauen[1] nach Geburtsjahrgang[2,3]

[1] nur Deutsche

[2] Beantwortung der Frage nach dem Bildungsabschluss freiwillig für Personen im Alter von 51 Jahren und mehr (betrifft Geburtsjahrgänge 1949 und früher)

[3] berechnet für im Jahr 2000 in den alten Bundesländern lebende Männer bzw. Frauen (ohne Berlin)

Quelle: Mikrozensus 2000 (scientific use file); eigene Berechnungen

gültige Bildungsstruktur noch nichts aussagen – Abbildung 4.1.1, basierend auf dem Mikrozensus 2000,[1] endet deshalb mit dem Jahrgang 1970.

Die Abbildung zeigt eine beträchtliche Höherqualifizierung sowohl für Männer als auch für Frauen. Bei Männern ist der Anteil der Volks- bzw. Hauptschulabsolventen ohne Lehre von über 30 % (Jahrgang 1910) auf nur noch etwa 10 % (Jahrgang 1970) gesunken, bei Frauen sogar von über 60 % auf 10 % (vgl. Abbildung 4.1.1). Der Anteil hat sich bei beiden Geschlechtern insbesondere vom Jahrgang 1935 bis zum Jahrgang 1945 deutlich reduziert. Bei Frauen fand die Bildungsexpansion nicht nur zugunsten höherwertigerer Schulabschlüsse statt, sondern zunächst vor allem zugunsten einer qualifizierten Berufsausbildung nach der Volksschule. Etwa ab dem Jahrgang um 1935 nehmen jedoch höherwertige Abschlüsse (mittlere Reife, Abitur und Hochschulabschluss) auch bei Frauen deutlich zu. Mit demselben Jahrgang begann auch der Kohortenanteil mit Abitur, aber ohne Hochschulabschluss zuzunehmen. Während der Anteil mit Hochschulabschluss seit etwa dem Jahrgang 1945 (Männer) bzw. dem Jahrgang 1955 (Frauen) weitgehend konstant geblieben ist, haben sich die Abiturienten ohne Hochschulabschluss stark vermehrt.

Speziellere Analysen des Bildungssystems beziehen sich oft nicht auf die Bevölkerung, sondern auf die Schüler und deren Verteilung nach Schularten (z. B. Statistisches Bundesamt 2001e: 380), wobei hin und wieder auf einzelne Altersstufen (z. B. 13-Jährige; Baumert 1991: 338) oder einzelne Schuljahre (z. B. die 8. Klasse, Avenarius et al. 2003: 204) Bezug genommen wird. Der Anteil der Hauptschüler in den genannten Altersstufen bzw. Schuljahren betrug Anfang der 1950er Jahre noch über 80 % und ist inzwischen im Zuge der Bildungsexpansion auf unter 30 % gesunken (jeweils bezogen auf die alten Bundesländer). In den neuen Bundesländern ist der Anteil noch wesentlich niedriger, nicht zuletzt deshalb, weil dort einige

---

1 Die entsprechende Verrechnung dieser querschnittlichen Datenquelle ignoriert natürlich Wanderungen und selektive Mortalität.

Bundesländer die Hauptschule abgeschafft haben. Betrachtet man die absoluten Schülerzahlen, machen sich zudem Jahrgangsstärkeneffekte bemerkbar.

Neben den Bestandszahlen der Bevölkerung nach Bildungsniveau und der Schüler nach Schularten spiegelt sich die Bildungsexpansion auch in verschiedenen Ereigniszahlen[1] wider, insbesondere den Absolventenzahlen verschiedener Qualifikationsstufen und den Studienanfängerzahlen an Hochschulen (z. B. Statistisches Bundesamt 2001e: 381, 390). Auch hier sind Jahrgangsstärkeneffekte von Bedeutung, die vor dem Hintergrund des Geburtenbergs der 1960er Jahre vor allem in den 80er Jahren zusätzlich zu einem Anstieg der Studienanfänger beigetragen haben, während der Geburtenrückgang Ende der 60er und Anfang der 70er Jahre die Zahl der Studienanfänger in den 90er Jahren gedrosselt hat. Was die Größenordnung betrifft: Im Wintersemester 2000/01 beispielsweise gab es 166 Tausend Studienanfänger an Universitäten und Kunsthochschulen (Statistisches Bundesamt 2001e: 390) und (einschließlich des darauf folgenden Sommersemesters) 91 Tausend bestandene Abschlussprüfungen (Statistisches Bundesamt 2003b: 144).

Aus der Relation zwischen Studienanfängern und Absolventen wird gelegentlich die Quote der Studienabbrecher berechnet – in Bezug auf die genannten Zahlen sind dies immerhin annähernd 45 %. Klemm und Weegen (2000: 149) sprechen in diesem Zusammenhang davon, dass «der Expansionsertrag im Bereich der allgemeinen Hochschulreife wieder ‹verpufft›». Bei dieser Interpretation wird allerdings vernachlässigt, dass die Studienanfänger nicht in dem betreffenden Studienjahr bereits einen Abschluss machen, sondern sich erst einige Jahre später je nach Studiendauer auf verschiedene Absolventenjahrgänge verteilen. Entsprechend resultieren die Absolventen eines Studienjahrs aus unterschiedlichen zurückliegenden Anfängerkohorten. Die Querschnittrelation zwischen Studienanfängern und Absolventen ist deshalb nur sinnvoll

---

1 Zu den Begriffen vgl. oben Kapitel 1.2.2.

interpretierbar, wenn sich die Jahrgangsstärken der Studienanfänger und die studiendauerspezifischen Abbruchquoten über einen längeren Zeitraum nicht verändern. In Zeiten zunehmender Bildungsbeteiligung und/oder zunehmender Geburtsjahrgangsstärken führt hingegen die Querschnittrelation zu einer Überschätzung der Abbruchquote.[1]

Eine mehr oder weniger große Ausweitung der Bildungsbeteiligung ist in fast allen Industrieländern zu beobachten. In der DDR verlief die Bildungsexpansion zunächst schneller als in der Bundesrepublik, fiel aber in den 1970er und 1980er Jahren hinter den Stand der Bundesrepublik zurück. Beim internationalen Vergleich ist zu berücksichtigen, dass die Bildungssysteme zum Teil sehr unterschiedlich ausgestaltet sind.[2] Die Unterschiede beruhen insbesondere auf einer unterschiedlichen Unterteilung der Schultypen, auf einem unterschiedlichen Alter der Einschulung und des institutionalisierten Wechsels zu weiterführenden Schulen, auf einer unterschiedlichen Bedeutung privater Schulen und auf einem unterschiedlichen Maß der Integration allgemein bildender Schulung und beruflicher Ausbildung. Dementsprechend unterschiedlich sind die Kategorien der Bildungsabschlüsse in verschiedenen Ländern, und ein vergleichbarer Maßstab für das Bildungsniveau ist schwierig zu definieren (Braun und Müller 1997). Noch am besten vergleichbar sind zum einen der unterste, so genannte Primarbereich (in Deutschland gleichbedeutend mit der Grundschule) sowie der daran anschließende unterste Pflichtschulabschluss (Sekundarstufe I), zum anderen der so genannte Tertiärbereich, insbesondere die Hochschulbildung. Eine gebräuchliche Klassifizierung – die International Standard Classification of Education, ISCED (www.oecd.org/edu/eag2003 vom 20. 4. 2005) – wurde von der OECD entwickelt.

---

1 Eine gegenläufige Tendenz zur Unterschätzung kommt allerdings dadurch zustande, dass einige Studiengänge Studienanfänger auch im Sommersemester zulassen, sodass den Absolventen eine noch größere Anfängerzahl gegenübersteht.

2 Einen guten Überblick über die Bildungs- und Ausbildungssysteme in Westeuropa geben Müller, Steinmann und Schneider (1997: 185–199).

Land	Altersgruppe			
	25 bis unter 35	35 bis unter 45	45 bis unter 55	55 bis unter 65
Norwegen	35	28	25	19
Vereinigte Staaten	30	28	30	24
Kanada	25	20	20	15
Korea	25	20	11	8
Japan	24	25	17	10
Niederlande	24	21	21	16
Australien	24	19	19	12
Spanien	24	18	13	8
Dänemark	22	23	23	17
Island	21	21	19	11
Vereinigtes Königreich	21	18	18	12
Schweden	20	16	17	15
Irland	20	14	11	8
Finnland	18	16	13	11
Belgien	18	13	11	8
Frankreich	18	11	10	8
Neuseeland	17	15	14	7
Griechenland	17	14	12	6
Schweiz	16	18	15	13
Ungarn	15	15	14	12
Mexiko	15	15	11	7
Polen	15	11	11	10
Luxemburg	15	11	10	8
Deutschland	14	15	15	10
Italien	12	11	10	6
Tschechische Republik	11	13	11	9
Slowakische Republik	11	11	10	8
Portugal	11	7	5	3
Türkei	10	8	9	6
Österreich	7	8	7	5

Tabelle 4.1.1: Akademikerquoten[1] in den Ländern der OECD (2001, in %)

[1] Entspricht der Kategorie ISCED 5A der Internationalen Standardklassifikation des Bildungswesens (vgl. www.oecd.org/edu/eag2003, 20. 4. 2005), für Deutschland weitgehend identisch mit Universitäts- und Fachhochschulabsolventen.

Quelle: OECD 2003: 64

Ein internationaler Vergleich der Akademikerquoten[1] in den OECD-Ländern geht aus Tabelle 4.1.1 hervor. In der Altersgruppe von 25 bis unter 35 Jahren (korrespondierend in etwa mit den Geburtsjahrgängen 1967 bis 1976) variiert der Bevölkerungsanteil mit einem Abschluss im Tertiärbereich A – zumeist einem Hochschulabschluss – zwischen 7 und weit über 20 %. Die geringsten Anteile finden sich in Österreich, der Türkei, Portugal und Italien, mit die höchsten in den USA, Kanada, Japan, Korea, Norwegen und den Niederlanden. Deutschland nimmt nur einen der hinteren Plätze ein, was trotz der jungen Altersgruppe nur zum Teil mit den in Deutschland besonders langen Studienzeiten zu erklären ist. Im Vergleich mit der Altersgruppe von 55 bis unter 65 Jahren (bzw. den Geburtsjahrgängen von etwa 1937 bis 1946) haben in Europa vor allem Frankreich, Belgien und Spanien und ansonsten Japan und Korea eine starke Expansion des Bildungssystems hinter sich.

4.1.1.2 Zur Analyse intergenerationaler (Bildungs-)Mobilität: die Mobilitätsmatrix

Ein ‹klassisches› Instrument der Mobilitätsanalyse ist die Mobilitätsmatrix. Die Mobilitätsmatrix hat zwar traditionell vor allem bei der Analyse intergenerationaler Berufsmobilität Verbreitung gefunden,[2] ist aber für die Untersuchung jedweder Mobilitätsprozesse nützlich. Bezogen auf die Analyse intergenerationaler Bildungsmobilität werden in der Mobilitätsmatrix die Bildungsabschlüsse von

---

1 Die Angaben beziehen sich auf den Tertiärbereich A, d. h. auf die Kategorie 5A des ISCED (vgl. www.oecd.org/edu/eag2003 vom 20. 4. 2005). Für Deutschland ist diese Kategorie weitgehend identisch mit der Gruppe der Universitäts- und Fachhochschulabsolventen.

2 Eine ‹klassische› Anwendung auf die Analyse der intergenerationalen Berufsmobilität findet sich z. B. bei Bolte (1959: 171 ff.). Für die berufliche Platzierung ist jedoch auch Karrieremobilität von großer Bedeutung, sodass die Aussagekraft der Mobilitätsmatrix gerade in diesem Anwendungsfeld oft stark eingeschränkt ist.

Eltern und Kindern – zumeist nur Vater und Sohn – miteinander in Beziehung gesetzt. Tabelle 4.1.2 zeigt ein Beispiel einer Mobilitätsmatrix für die Bildungsmobilität zwischen den Generationen in der westdeutschen Gesellschaft – das Beispiel bezieht sich dabei auf die Geburtsjahrgänge der Söhne von 1935 bis 1949.

Abschluss des Vaters	eigener Bildungsabschluss				gesamt	
	maximal Hauptschule	mittlere Reife	Abitur[1] (ohne Uni/FH)	Universität/ FH	%	Fallzahl
maximal Hauptschule	53	11	3	10	77	408
mittlere Reife	4	3	1	4	12	62
Abitur[1] (ohne Uni/FH)	1	1	0	2	4	22
Universität/FH	1	2	1	4	7	39
gesamt: %	60	16	5	19	100	
Fallzahl	317	86	27	101		531

Tabelle 4.1.2: Westdeutsche Männer der Kohorte 1935 bis 1949 nach dem Bildungsabschluss und dem des Vaters (Tabellenprozent)
[1] inklusive Fachhochschulreife
Quelle: Sozio-oekonomisches Panel (1. Welle); Berechnung: Ute Mons

Die Bildungsexpansion impliziert eine strukturelle (bzw. ‹erzwungene›) Aufwärtsmobilität in der Bildungshierarchie zwischen den Generationen. Die Bildungsexpansion zeigt sich in dem Beispiel von Tabelle 4.1.2 unter anderem darin, dass Hochschulabschlüsse zwischen den Familiengenerationen von 7 auf 19 % angestiegen sind.[1] Die strukturelle Aufwärtsmobilität kommt darin zum Ausdruck, dass der rechte obere Teil der Tabelle stärker besetzt ist als

---

1 Die im Vergleich zu amtlichen Daten und zu den zuvor berichteten OECD-Angaben höhere Akademikerquote beruht auf einem Akademiker-Bias des Sozio-oekonomischen Panels (wie auch vieler anderer Umfragen), der durch eine überdurchschnittliche Beteiligung in höheren Bildungsschichten zustande kommt.

der linke untere Teil – es gibt also mehr Auf- als Abstiege. In nicht unbedeutendem Ausmaß kompensieren sich allerdings Auf- und Abstiege gegenseitig (zirkuläre Mobilität). Je größer die zirkuläre Mobilität, desto geringer ist der Einfluss der sozialen Herkunft auf den Bildungsweg der nachwachsenden Generation.

Zur Analyse von Mobilitätschancen bezieht man sich auf die so genannten Abstromquoten – diese resultieren in der vorgenannten Tabelle aus der horizontalen bzw. zeilenbezogenen Prozentuierung und sind in Tabelle 4.1.3 wiedergegeben. Die Abstromquoten geben in Abhängigkeit vom Bildungsniveau des Vaters an, welcher Anteil der Kinder einen jeweiligen Bildungsabschluss erreicht, d.h. entweder auf demselben Bildungsniveau landet oder in andere Bildungsgruppen ‹abströmt›. Abstromquoten berichten somit über die Auf- und Abstiegschancen in einer Gesellschaft. Im Vergleich zwischen den (hier beispielhaft ausgewählten) Geburtsjahrgangsgruppen 1935 bis 1949 einerseits und 1955 bis 1969 andererseits wird aus Tabelle 4.1.3 deutlich, dass auch die Aufstiegschancen von Kindern aus unteren Bildungsschichten in höhere Bildungsschichten zugenommen haben. Die Aufstiegschancen von Kindern aus einem Hauptschul-Elternhaus sind beispielsweise in der hier wiedergegebenen Berechnung von (100 – 70 =) 30 % auf (100 – 47 =) 53 % angestiegen (Tabelle 4.1.3). Die Abstromquoten zeigen aber in beiden Kohorten eine beträchtliche Chancendifferenzierung in Abhängigkeit von der sozialen Herkunft (vgl. dazu ausführlich unten Kapitel 4.1.2.2).

Neben den Abstromquoten sind auch die so genannten Zustromquoten interessant. Diese resultieren aus einer vertikalen bzw. spaltenbezogenen Prozentuierung und informieren über das aggregierte Ergebnis gesellschaftlicher Mobilitätsprozesse. Die Zustromquoten – auch Herkunftsquoten genannt – geben an, aus welcher Herkunftsschicht sich eine Schicht rekrutiert bzw. aus welcher Herkunftsschicht die Mitglieder einer Schicht ‹zuströmen›. Zustromquoten sind damit ein Maßstab für die (In-)Homogenität und für die Offenheit bzw. Abgeschlossenheit einer Sozialschicht. Gleichzeitig informieren Zustromquoten über die Verbreitung

Abschluss des Vaters	eigener Bildungsabschluss				gesamt	
	maximal Haupt- schule	mittlere Reife	Abitur[1] (ohne Uni/FH)	Univer- sität/ FH	%	Fallzahl
Kohorte 1935–49						
maximal Hauptschule	70	14	4	13	100	408
mittlere Reife	35	27	6	31	100	62
Abitur[1] (ohne Uni/FH)	27	14	9	50	100	22
Universität/FH	13	23	15	49	100	39
gesamt	60	16	5	19	100	531
Kohorte 1955–69						
maximal Hauptschule	47	25	12	16	100	624
mittlere Reife	16	36	17	32	100	95
Abitur[1] (ohne Uni/FH)	0	11	39	50	100	28
Universität/FH	2	13	17	67	100	82
gesamt	38	25	14	24	100	829

Tabelle 4.1.3: Westdeutsche Männer nach dem Bildungsabschluss und dem Bildungsabschluss des Vaters (Abstromprozent)
[1] inklusive Fachhochschulreife
Quelle: Sozio-oekonomisches Panel (Kohorte 1935–49: 1. Welle, Kohorte 1955–69: 18. Welle); Berechnung: Ute Mons

individueller Mobilitätserfahrung in der Gesellschaft und in den einzelnen Sozialschichten. Sie sind somit auch Grundlage für die Wahrnehmung sozialer Mobilität in der sozialen Umgebung (Breen und Rottmann 1995: 104). Tabelle 4.1.4 zeigt, dass im Zuge der Bildungsexpansion die Selbstrekrutierungsquoten sowohl der untersten als auch der obersten Bildungsschicht zugenommen haben. In Bezug auf die Hauptschulabsolventen erklärt sich die gestiegene Selbstrekrutierung unter anderem mit den strukturell gestiegenen Aufstiegschancen, die implizieren, dass es sich um eine schrumpfende Bildungsschicht handelt, in der sich verstärkt diejenigen wiederfinden, die schon aus einem entsprechenden Elternhaus kommen.

In Bezug auf die Akademiker steht die erhöhte Selbstrekrutierung in Zusammenhang damit, dass trotz gestiegener Aufstiegschancen aus unteren Bildungsschichten doch die oberste Bildungsschicht absolut am stärksten von der Bildungsexpansion profitiert hat (vgl. genauer unten Kapitel 4.1.3.1). Die Bildungsexpansion impliziert somit eine geringere Offenheit der oberen Bildungsschichten in Bezug auf die soziale Herkunft.

An der grundsätzlichen Interpretation, die mit der jeweiligen Prozentuierungsrichtung verbunden ist, ändert sich nichts, wenn

Abschluss des Vaters	eigener Bildungsabschluss				gesamt
	maximal Hauptschule	mittlere Reife	Abitur[1] (ohne Uni/FH)	Universität/ FH	gesamt
Kohorte 1935–49					
maximal Hauptschule	90	66	56	51	
mittlere Reife	7	20	15	19	
Abitur[1] (ohne Uni/FH)	2	3	7	11	
Universität/FH	2	10	22	19	
gesamt: %	100	100	100	100	
Fallzahl	317	86	27	101	531
Kohorte 1955–69					
maximal Hauptschule	95	77	64	50	
mittlere Reife	5	17	14	15	
Abitur[1] (ohne Uni/FH)	0	1	10	7	
Universität/FH	1	5	12	28	
gesamt: %	100	100	100	100	
Fallzahl	311	206	114	198	829

Tabelle 4.1.4: Westdeutsche Männer nach dem Bildungsabschluss und dem Bildungsabschluss des Vaters (Zustromprozent)
[1] inklusive Fachhochschulreife
Quelle: Sozio-oekonomisches Panel (Kohorte 1935–49: 1. Welle, Kohorte 1955–69: 18. Welle); Berechnung: Ute Mons

unterschiedliche Merkmale miteinander in Beziehung gesetzt werden, etwa das Bildungsniveau von Männern und Frauen mit der beruflichen Stellung des Vaters (vgl. unten Tabelle 4.1.7) oder (zur Analyse intragenerationaler Karrieremobilität) die eigene berufliche Stellung mit dem eigenen Bildungsniveau. Allerdings handelt es sich hierbei nicht um Mobilitätstabellen zur Untersuchung von Bildungs- bzw. Berufsmobilität innerhalb des Bildungs- respektive Beschäftigungssystems, sondern es werden damit die gleichfalls mobilitätsrelevanten Übergänge vom Bildungs- in das Beschäftigungssystem oder andere Zusammenhänge thematisiert. Während jeweils die Abstromquoten (bzw. die den Abstromquoten entsprechenden Prozentuierungen) über die Chancenstruktur Auskunft geben, informieren die Zustromquoten (bzw. die den Zustromquoten entsprechenden Prozentuierungen) über die soziale Zusammensetzung (die Sozialstruktur) einer Gruppe, wie sie für eine zielgruppenorientierte Bedarfsplanung, ein zielgruppenorientiertes Marketingkonzept oder was immer notwendig ist.

Erwähnenswert ist, dass Aussagen über Chancen, Chancenunterschiede und Benachteiligung nicht selten auch auf der Basis von Zustromquoten bzw. auf der Basis der sozialen Zusammensetzung einer Gruppe getroffen werden (z.B. Schnapp 1997). In diesem Kontext steht etwa eine Aufschlüsselung von Studierenden nach der beruflichen Stellung des Vaters bei Kaelble (1983: 130), und es gibt viele andere Beispiele. In der Tat sind auch die Zustromquoten (bzw. «Sozialprofile», Geißler 2002: 351) Ausdruck von Chancen, wenn man sie mit den betreffenden Zustromquoten in anderen (für die Erfassung von Chancenunterschieden relevanten) Teilgruppen der Gesellschaft oder (je nach Fragestellung) mit der Verteilung des betreffenden Merkmals in der Gesamtbevölkerung vergleicht. So deutet eine Unterrepräsentation von Arbeiterkindern unter den Studierenden auch auf deren geringere Bildungschancen hin. Aber es stellen sich bei dieser Herangehensweise an die Analyse von Chancenungleichheit doch zwei Probleme:

– Zustromquoten bzw. Sozialprofile sind ungeeignet, um Auf- und Abstiegschancen zu quantifizieren, und Chancenunterschiede kommen nur indirekt und ohne Quantifizierung im Vergleich mit der richtigen Referenzgruppe zum Ausdruck.

– Oft genug wird eine falsche Referenzgruppe herangezogen, oder eine Referenzgruppe wird gar nicht explizit genannt, sondern nur diffus mitgedacht. In vielen Zusammenhängen ist dies ein Problem der Datenverfügbarkeit. In dem Beispiel der Benachteiligung von Arbeiterkindern beim Zugang zum Studium beruhen die Zustromquoten möglicherweise auf der Studierendenstatistik, während eine Berechnung der Abstromquoten die Kenntnis der beruflichen Stellung aller Väter – auch der Väter, deren Kinder nicht studieren – voraussetzt. Die betreffenden Väter tauchen natürlich in einer Studierendenstatistik nirgends auf, und eine ergänzende Datenquelle, aus der die Zahl der Väter in den einzelnen Berufsstellungen hervorgeht, deren Kinder nicht studieren, aber ansonsten, was das Alter der Kinder betrifft, in der Studierendenstatistik erscheinen müssten, ist mühsam zu beschaffen, wenn sie denn überhaupt existiert. Ohne eine ergänzende Datenquelle lassen sich aber auch die Zustromquoten in der Referenzgruppe oft gar nicht berechnen. Empirische Aussagen über Chancen und Benachteiligungen stützen sich daher des Öfteren auf das Sozialprofil nur einer Gruppe, die Referenzverteilung spielt ja letztlich ‹nur› argumentativ eine Rolle und erscheint damit fälschlicherweise vernachlässigbar.

Für eine aus den genannten Gründen womöglich verzerrte Beschreibung gesellschaftlicher Chancenstrukturen gibt es viele Beispiele. Auch die (im Wissenschaftsbetrieb) viel diskutierte Frauenquote in der Professorenschaft wird oft genug auf die beschriebene Weise fehlinterpretiert: Die Frauenquote beschreibt das Sozialprofil – in diesem Fall das Geschlechtsprofil – einer Berufsgruppe, nicht aber die geschlechtsspezifischen Aufstiegschancen. Für die Berechnung der Aufstiegschancen muss man nämlich auch wissen, wie vielen der Aufstieg eben nicht gelingt. Und um aus der Frauenquote wenigstens indirekt auf unterschiedliche Chancen von Männern und Frauen zu schließen, muss man gleichfalls die Geschlechtsverteilung der Nicht-Aufsteiger kennen und gegenüberstellen. Die Referenzgruppe der Nicht-Aufsteiger (wie auch die Gesamtgruppe der potenziellen Aufsteiger, die so genannte Population unter Risiko) ist aber konzeptionell wie auch empirisch oft nicht ganz einfach zu bestimmen – jedenfalls kann man diese in dem vorliegenden Fall nicht ‹einfach› mit den aktuell Studierenden gleichsetzen, denn die Studierquote ist im Zuge der Bildungsbeteiligung besonders unter Frauen stark angestiegen, und die Geschlechtsverteilung ist heute sehr viel ausgewogener als in der Studentenschaft, aus der die heutige Professorenschaft hervorgegangen ist. In diesem wie in manch anderen Zusammenhängen machen sich Autoren oft nicht die Mühe, die jeweils relevante ‹Population unter Risiko› bzw. eine geeignete Referenzgruppe genauer zu reflektieren, nach geeigneten Daten – die nicht selten aus unterschiedlichen Quellen kommen – zu suchen und ggf. mangels Verfügbarkeit geeigneter Daten auf wissenschaftlich unzulässige Aussagen über Benachteiligungen zu verzichten.

Neben dem häufigen Problem der Datenverfügbarkeit sei schließlich auf vier allgemeine Probleme verwiesen, die sich bei der Analyse und Interpretation von inter- oder intragenerationaler Mobilität mit Hilfe von Mobilitätsmatrizen stellen:

1. Zunächst muss man festhalten, dass natürlich das Ausmaß der Mobilität bzw. Immobilität in einer Gesellschaft auch von der Zahl der Statuskategorien abhängt. Je ausdifferenzierter ein Schichtmodell bzw., was die Tabellen 4.1.2 bis 4.1.4 betrifft, je differenzierter zwischen den verschiedenen Schul- und Ausbildungsabschlüssen und -kombinationen unterschieden wird, desto höher fällt die Mobilität aus. Würde man beispielsweise in Tabelle 4.1.2 alle Bildungsabschlüsse bis zur mittleren Reife zusammenfassen, dann würde die Mobilität zwischen Haupt- und Realschulabschluss ‹verschwinden›. Von der Kategorienzahl ist außerdem das Ausmaß zufälliger Mobilität abhängig. Dieser Effekt ist in Tabelle 4.1.5 demonstriert. Wird beispielsweise zwischen zwei Bildungsschichten unterschieden (und ist die Bevölkerung gleich über beide Bildungskategorien verteilt), so macht der Anteil der rein zufälligen Mobilität wie auch der der Immobilität 50 % aus (vgl. Tabelle 4.1.5, linker Teil). Bei drei Kategorien (und Gleichverteilung)

sind hingegen 67 % mobil (vgl. Tabelle 4.1.5, rechter Teil), und jede weitere Kategorie ‹erhöht› die zufällige Mobilität. Um die Mobilitätschancen und die Offenheit bzw. soziale Schließung in einer Gesellschaft zu beurteilen, ist es deshalb im Hinblick auf die Zahl der Kategorien angebracht, sich auch das Ausmaß zufälliger, meist überwiegend zirkulärer Mobilität anzuschauen. Im Einzelfall ist die sinnvolle Kategorienanzahl von der Fragestellung abhängig. Bei der Schichtdifferenzierung ist natürlich in erster Linie wichtig, dass die je nach Fragestellung relevante (Im-)Mobilität sichtbar wird.

2. Ein zweites statistisch-methodisches Problem, das bei der Interpretation von Mobilitätsmatrizen zu berücksichtigen ist, hängt mit der Verteilung der Bevölkerung auf die Sozialschichten zusammen. Diese definiert nämlich zum einen, welcher Spielraum für zirkuläre Mobilität überhaupt zur Verfügung steht: Während bei Gleichverteilung denkbar ist, dass sich die Schichtzugehörigkeiten gänzlich austauschen (Tabelle 4.1.6, links oben), führt eine Ungleichverteilung von 10 zu 90 dazu, dass nur noch maximal 20 % der Bevölkerung mobil sein können (Tabelle 4.1.6, rechts oben). Zum anderen hängt auch die zufällige Mobilität nicht nur von der Kategorienzahl, sondern ebenfalls von der Verteilung der Bevölkerung auf die Kategorien ab. Eine Gleichverteilung führt (Tabelle 4.1.6, links unten) zu einer zufälligen Mobilität von 50 %. Eine Verteilung von 10 zu 90 ‹verringert› die zufällige Mobilität auf $(2 \times 0{,}9 =)$ 18 % (vgl. Tabelle 4.1.6, rechts unten). Bei starker Ungleichverteilung wird allerdings der reduzierte Mobilitätsspielraum durch zufällige Mobilität weitgehend ausgefüllt. Auch wegen des Verteilungseffekts ist es sinnvoll, das beobachtete Ausmaß von Mobilität nur in Referenz zu der zufällig erwartbaren Mobilität zu interpretieren. Das zugrunde liegende Schichtmodell ist daher für jede Mobilitätsanalyse von entscheidender Bedeutung, und viele Aussagen, die beispielsweise auf dem marxistischen Klassenmodell beruhen, sind auch im Hinblick auf die geringe Kategorienzahl dieses Modells und die große Ungleichverteilung zwischen den Kategorien zu bewerten. Beide Phänomene – der Kategorien- und der Verteilungseffekt – haben außerdem zur Folge, dass Mobilitäts-

chancen und (Selbst-)Rekrutierungsquoten weder international noch im Zeitverlauf ohne weiteres vergleichbar sind: «observed mobility rates are a function of the marginal distributions[1] and therefore cannot be used for comparative analyses» (Ganzeboom, Treiman und Ultee 1991: 280).[2]

3. Was die Interpretation von Mobilitätsmatrizen angeht, ist schließlich auch der Zeitbezug nicht ganz einfach. Manche Daten beziehen sich nur auf die Bevölkerung in einzelnen Zielpositionen (z.B. die Studierenden), und es ist mitunter schwierig oder gar nicht möglich, die zugehörige Vätergeneration genau einzugrenzen. Einfacher ist die Situation, wenn die soziale Position und die der Väter in einer einzigen Studie erhoben wurden. Aber auch daraus resultiert zunächst eine kaum interpretierbare Mischung aus unterschiedlichen Kohortenzugehörigkeiten von Eltern und Kindern und unterschiedlichen Stadien des Karriereprozesses im Lebenslauf.[3] Zu wirklich gehaltvollen Aussagen kommt man erst dadurch, dass man die nachwachsende Generation auf eine spezielle Kohortenzugehörigkeit begrenzt.

4. Eine Zuspitzung des Problems ergibt sich aus der Anwendung von Mobilitätsmatrizen auf die Analyse intergenerationaler Berufsmobilität. Anders als die Mobilität in der Bildungshierarchie ist die Mobilität in der Berufshierarchie einem Karriereprozess unterworfen, der einen mehr oder weniger großen Teil des Erwerbslebens andauert. Die Information zur beruflichen Position der zugehörigen Vätergeneration(en) in genau den entsprechenden Stadien ihres Karriereprozesses (oder zumindest dem entsprechenden Alter) ist nicht wirklich zugänglich. Empirische Analysen zur intergenera-

---

1 Zu Deutsch Randverteilungen. Darunter versteht man die eindimensionalen Verteilungen (z.B. die Bildungsverteilung), die am Rand einer Tabelle stehen (vgl. z.B. Tabelle 4.1.6).

2 Elementare Maßzahlen, mit denen sich Randverteilungseffekte ausblenden lassen, sind z.B. kappa (Cohen 1960; Lienert 1978: 636) und odds ratios, auf denen seit den 1970er Jahren die log-lineare Analyse sozialer Mobilität aufbaut (Goodman 1979).

3 Vgl. hierzu das eingangs (Kapitel 1.2.2) beschriebene Lexis-Diagramm.

tionalen Berufsmobilität (z. B. Bolte 1959: 171; Geißler 2002: 317) beruhen deshalb häufig auf Querschnittstudien zur Berufsposition von Vätern und Söhnen. Dabei ist natürlich unvermeidbar, dass die Väter in ihrem Karriereprozess tendenziell bereits weiter vorangekommen sind als ihre Söhne, sodass die intergenerationale Berufsmobilität zugunsten der Abwärtsmobilität verzerrt wird.

Bei der Anwendung und Interpretation von Mobilitätstabellen ist somit Vorsicht geboten, aber die Mobilitätsmatrix ist nichtsdestotrotz ein Standardschema der Analyse vertikaler Mobilität. Dabei lässt sie sich auch für die Analyse von Karriereprozessen heranziehen.

Sozial-	Sozialschicht des Sohnes							
schicht des Vaters	Schicht I	Schicht II	Schicht III	zusammen	Schicht I	Schicht II	Schicht III	zusammen
	Mobilität = 50 %				*Mobilität = 67 %*			
Schicht I	1/4	1/4		1/2	1/9	1/9	1/9	1/3
Schicht II	1/4	1/4		1/2	1/9	1/9	1/9	1/3
Schicht III					1/9	1/9	1/9	1/3
zusammen	1/2	1/2		1	1/3	1/3	1/3	1

Tabelle 4.1.5: Kategorieneffekte auf die Mobilitätschance (fiktive Werte)

Sozialschicht des Vaters	Sozialschicht des Sohnes					
	Schicht I	Schicht II	zusammen	Schicht I	Schicht II	zusammen
	maximale Mobilität = 100 %			*maximale Mobilität = 18 %*		
Schicht I	0	0,5	0,5	0	0,1	0,1
Schicht II	0,5	0	0,5	0,1	0,8	0,9
zusammen	0,5	0,5	1	0,1	0,9	1
	zufällige Mobilität = 50 %			*zufällige Mobilität = 18 %*		
Schicht I	0,25	0,25	0,5	0,01	0,09	0,1
Schicht II	0,25	0,25	0,5	0,09	0,81	0,9
zusammen	0,5	0,5	1	0,1	0,9	1

Tabelle 4.1.6: Verteilungseffekte auf die Mobilitätschance (fiktive Werte)

4.1.2 Ursachen der Bildungsexpansion und soziale Unterschiede der Bildungsbeteiligung

4.1.2.1 Ursachen der Bildungsexpansion

Eine wichtige Voraussetzung für die gestiegene Bildungsbeteiligung sind *die institutionellen Veränderungen des Bildungssystems*. In der zweiten Hälfte des 19. Jahrhunderts hat zunächst die Etablierung nationalstaatlicher Bildungssysteme[1] und die Einführung der Schulpflicht zur Reduzierung des Analphabetismus geführt. Nach dem Ersten Weltkrieg wurde der Besuch weiterführender Schulen vor allem dadurch gefördert, dass die zuvor parallelen Bildungswege der Volksschule und des Gymnasiums institutionell hintereinander geschaltet wurden.

Nach dem Zweiten Weltkrieg bestanden in den 1950er und 60er Jahren noch große Defizite im deutschen Bildungssystem (ein beträchtlicher Lehrermangel, eine schlechte Ausstattung vieler Schulen, eine im internationalen Vergleich geringe Bildungsbeteiligung usw.), die als «Bildungsnotstand» und als «deutsche Bildungskatastrophe» (Picht 1964) kritisiert wurden. Die Kritik hatte zwei Stoßrichtungen: Zum einen ging es um die Beeinträchtigung der Chancengleichheit (Dahrendorf 1965; basierend auch auf einer Analyse von Schelsky 1956)[2], und zum anderen um die Befürchtung, dass das Wirtschaftswachstum durch unzureichende Ausschöpfung der Bildungsreserven gefährdet würde (Edding 1963; Picht 1964).[3] Eine gewisse Harmonie der wirtschaftlichen und sozialen Zielsetzungen in der Bildungspolitik war die Basis für einen breiten bildungspolitischen Konsens, für eine öffentliche Bildungswerbung und für Bil-

---

1 Zuvor waren in vielen europäischen Ländern die Kirchen die wichtigsten Träger von Bildungseinrichtungen.

2 Schelsky (1956: 17) spricht von der Schule als einer «*zentralen sozialen Dirigierungsstelle* ... für den künftigen sozialen Rang».

3 Der Bildungsnotstand war in wirtschaftlicher Hinsicht in den 1950er Jahren vor allem durch die Zuwanderung qualifizierter Arbeitskräfte abgemildert worden (vgl. Kapitel 2.5.3.3).

dungsreformen, die eine Ausweitung des Bildungssystems gefördert haben. Zu erwähnen sind insbesondere Maßnahmen zur Erleichterung des Übergangs auf weiterführende Schulen[1] sowie die Einführung von Stipendien für Schüler und Studenten. Von Bedeutung ist in diesem Zusammenhang auch die Verlängerung der Schulpflicht bis zum neunten Hauptschuljahr, denn je weniger sich die Pflichtschulzeit von der Schuldauer unterscheidet, die nötig ist, um einen höherwertigen Abschluss zu erreichen, desto größer ist der Anreiz für den Besuch weiterführender Schulen auch in den Schichten, in denen die Schulzeit ein gewichtiger Kostenfaktor ist (Müller und Haun 1994: 6f.).

Neben den bildungspolitischen Maßnahmen ist die Erhöhung des Bildungsstands der Bevölkerung auch eine Folge der wirtschaftlichen, sozialen und politischen Entwicklung. So sind seit Beginn des 20. Jahrhunderts die Alphabetisierung und eine minimale Grundbildung zentrale Voraussetzungen für die Teilnahme am wirtschaftlichen, sozialen und politischen Leben sowie für die Wahrnehmung staatsbürgerlicher Rechte und damit auch für die *Herausbildung moderner Demokratien*. Erst mit der Auflösung der vorindustriellen landwirtschaftlichen und handwerklichen Produktionsweise, mit der fortschreitenden Industrialisierung und mit dem damit verbundenen Übergang von herkunftsbezogenen zu universellen Leistungskriterien bekam der Bildungsabschluss außerdem die schon von Weber (1972: 556, 576f.) thematisierte *Schlüsselfunktion im Prozess der Statuszuweisung*.

Nach dem Zweiten Weltkrieg trug zunächst die allgemeine *Verbesserung der materiellen Lebensbedingungen* dazu bei, dass ein weiterführender Schulbesuch auch in schlechter gestellten Familien finanzierbar wurde. Im Hinblick auf den trade-off zwischen Quantität und «Qualität» der Kinder (Blake 1981) wurde dieser Effekt noch durch

---

[1] Hierzu gehören vor allem die Abschaffung von generellen Aufnahmeprüfungen und des Schulgelds in den 1950er und 60er Jahren, die so genannte Lehrmittelfreiheit und eine höhere Durchlässigkeit zwischen den Schultypen.

geringere Familiengrößen unterstützt.[1] Hinzu kam ein *wirtschafts-strukureller Wandel* (der Tertiarisierungsprozess, eine Schrumpfung der traditionell bildungsfernen Arbeiterschaft zugunsten einer Vermehrung der Angestelltenberufe, eine ‹Verwissenschaftlichung› vieler Arbeitsfelder u.a.m.), in dessen Kontext höherwertige Berufsqualifikationen auf dem Arbeitsmarkt nötig wurden und den Nutzen von Bildung auch für Arbeiter- und Bauernkinder erhöht haben. Die Geburtsjahrgänge seit Ende der 1960er Jahre profitieren zudem wegen *abnehmender Jahrgangsstärken* von freien Schul- und vor allem Ausbildungskapazitäten. Ein weiterer Mechanismus ist schließlich die zunehmende *Verbreitung bildungsnaher Herkunfts-milieus* und des «Wissens über Struktur und Funktionsweise des Bildungssystems» (Becker 2000a: 452), die der Bildungsexpansion eine als Bildungsspirale bezeichnete Eigendynamik gibt.

Ausschlaggebend für die individuelle Bildungsbeteiligung ist nicht zuletzt der (erwartete) Ertrag des erreichten Bildungsabschlusses im Statuszuweisungsprozess, d.h. auf dem Arbeitsmarkt (Kapitel 4.2) und in Bezug auf den materiellen Wohlstand (Kapitel 4.3). Über die Bedeutung der Bildung für Berufsverlauf und Einkommen bestehen allerdings unterschiedliche Theorien: Während die Humankapitaltheorie (beruhend auf Becker 1964; für die Soziologie auch Bourdieu 1983) von einer wichtigen Qualifizierungsfunktion der Bildung ausgeht, sehen strukturalistische Arbeitsmarkttheorien (beruhend v. a. auf Thurow 1975; 1978) in dem erreichten Bildungsabschluss mehr oder weniger nur eine Selektionsfunktion für den Arbeitsmarkt.[2]

Der seit Mitte der 1960er Jahre entwickelten Humankapitaltheorie liegt die Vorstellung zugrunde, dass der Berufserfolg in erster Linie von den individuellen Ressourcen bestimmt wird. In diesem Kontext werden Bildungsabschlüsse als Investition in das Human-

---

1 Umgekehrt trägt ein hohes Bildungsniveau zur Verringerung der Familiengrößen bei.
2 Eine gute Übersicht über die wichtigsten Theorieansätze findet sich bei Sesselmeier und Blauermel (1998) sowie bei Franz (1996a) und über den Humankapitalansatz auch bei Timmermann (2002).

kapital interpretiert, da eine höhere individuelle Berufsqualifikation zu höherer Arbeitsproduktivität und darauf beruhend zu höherem Lohneinkommen führt.[1] Die Bildungsbeteiligung ist also vor diesem Hintergrund gleichbedeutend mit der Bereitschaft, in Humankapital zu investieren, und sie ist deshalb abhängig von den (Grenz-)Kosten und den erwarteten (Grenz-)Erträgen zusätzlicher Bildungsanstrengungen. Damit erlaubt die humankapitaltheoretische Perspektive eine Systematisierung vieler der oben genannten Verursachungszusammenhänge zunehmender Bildungsbeteiligung: Zahlreiche bildungspolitische Maßnahmen (weiterführende Schulen am Wohnort, Stipendien u.v.m.), die zunehmende Verbreitung bildungsnaher Herkunftsmilieus und geringere Familiengrößen schlagen kostenreduzierend zu Buche, während die mit fortschreitender Industrialisierung entstandene Schlüsselfunktion der Bildung im Prozess der Statuszuweisung und spätere wirtschaftsstrukturelle Wandlungsprozesse (Vermehrung der Angestelltenberufe, Tertiarisierung, ‹Verwissenschaftlichung› usw.) – und allerdings auch abnehmende Bildungsrenditen – ertragsrelevant sind.

Im Unterschied zur Humankapitaltheorie gehen strukturalistische Arbeitsmarkttheorien (Thurow 1975; 1978) davon aus, dass Schul- und Ausbildungsabschlüsse nicht der Qualifizierung, sondern vielmehr der Selektion dienen.[2] Statt von Selektion lässt sich auch von einem Sortiermodell in den Arbeitsmarkt sprechen (Weiss 1995).

---

1 Abweichend hiervon wird die Bildungsnachfrage gelegentlich nicht als Investitionsentscheidung (in das Humankapital) interpretiert, sondern als Konsumentscheidung. Beck (1986: 128) spricht beispielsweise von einem «Massenkonsum höherer Bildung». Bildung wird in diesem Zusammenhang auch als Teil des Konsums von Kulturgütern aufgefasst. Bildung zählt dabei zur Befriedigung von (Bildungs-)Bedürfnissen, und eine Zunahme der Bildungsbeteiligung wird demzufolge als Ausdruck verbesserter materieller Lebensverhältnisse und eines allgemein gestiegenen Konsumniveaus gesehen. Konsumaspekte stehen allerdings bei der Schul- und Ausbildung weit weniger im Vordergrund als z.B. beim Seniorenstudium oder bei vielen Volkshochschulkursen und sind deshalb für die Analyse sozialer Ungleichheit ohne große Bedeutung.

2 Für verschiedene Anwendungen dieser theoretischen Perspektive in empirischen Untersuchungen vgl. Breiger (1990).

Formale Bildungszertifikate werden vor allem beim Berufseinstieg als Indikator für Lernfähigkeit und geringe Einarbeitungskosten interpretiert, sie dienen als ‹Eintrittskarte› in berufliche Mobilitätspfade, wohingegen die eigentliche Berufsqualifikation ‹on-the-job› erworben wird. Ausschlaggebend für die Arbeitsproduktivität ist aus dieser Perspektive weniger der formale Bildungsabschluss als vielmehr die Ausstattung des Arbeitsplatzes (Theorie der Arbeitsplatzkonkurrenz). Der Wettbewerb auf dem Arbeitsmarkt findet in erster Linie nicht um Lohn, sondern um Arbeitsplätze statt, die – wegen der arbeitsplatzinhärenten Produktivität und wegen tariforganisatorischer Erfordernisse – in einer sehr inflexiblen Entlohnungsrelation zueinender stehen. Der Selektionsprozess kommt bildlich in dem Modell der «Arbeitskräftewarteschlange» (Thurow 1978) zum Ausdruck, deren Teilnehmer in der Reihenfolge der Bildungsabschlüsse Eintritt finden in berufliche Mobilitätspfade. Verantwortlich für die individuelle Statuszuweisung ist somit nicht nur die individuelle Qualifikation, sondern auch die Qualifikationsstruktur der anderen Bewerber bzw. ein Vorsprung vor den Mitkonkurrenten. Eine zunehmende Bildungsbeteiligung folgt deshalb in dieser Theorietradition auch aus der Notwendigkeit, in der Konkurrenz um Arbeitsplätze mithalten zu können.

Beide Theorietraditionen geben mithin wichtige Anhaltspunkte für die Erklärung der Bildungsexpansion. Dabei ist auf Basis der Theorie des Humankapitals und des Lohnwettbewerbs wegen des größeren Angebots höherer Bildungsabschlüsse von sinkenden Bildungsrenditen[1] auszugehen, die sich bremsend auf die weitere Bildungsbeteiligung auswirken und u.U. zu einem stabilen Gleichgewicht der Bildungsbeteiligung führen. Auf Basis des Arbeitsplatzkonkurrenzmodells sinken zwar gleichfalls die Renditen für Bildungsinvestitionen, solange in der Positionsstruktur keine ent-

---

1 Abnehmende Bildungsrenditen sind für zahlreiche Länder empirisch nachzuweisen und machen sich z.B. darin bemerkbar, dass die Alters-Einkommens-Unterschiede über die Kalenderjahre hinweg weitgehend konstant bleiben (Lorenz und Wagner 1993), d.h., einzelne Altersgruppen bleiben trotz Bildungsexpansion auf demselben Niveau.

sprechende Ausweitung der zuvor ‹bildungsadäquaten› Beschäftigungsmöglichkeiten stattfindet, aber die Entlohnungsunterschiede zwischen den Bildungsgruppen bleiben mehr oder weniger erhalten. Mit der Theorie der Arbeitsplatzkonkurrenz ist deshalb die Vorstellung eines permanenten Wettlaufs um höhere Bildung und einer Beschleunigung der Bildungsspirale verbunden (ähnlich auch Boudon 1974). Denselben Effekt bezeichnet Geißler (2002: 341) als «Eigendynamik durch Statuskonkurrenz».

Hinsichtlich zahlreicher Einflüsse auf die Bildungsbeteiligung beruht die Bildungsexpansion letztlich auf einer Zunahme gesellschaftlicher Gruppen mit hoher Bildungsbeteiligung (der Angestellten und Beamten, der bildungsnahen Elternhäuser usw.), die betreffenden Einflüsse lassen sich somit als Kompositions- bzw. Struktureffekte begreifen, während einige weitere Einflussfaktoren, die nicht mit sozialen Gruppierungen und/oder analytischen Gruppierungsmöglichkeiten in Zusammenhang stehen (z.B. der permanente Wettlauf um höhere Bildung), als reine Verhaltenseffekte zu bezeichnen sind. Anfang der 1970er Jahre – d.h. eher zu Beginn der besonders starken Ausweitung des Bildungssystems in der Bundesrepublik – ist die erhöhte Studierwilligkeit weniger auf die Zunahme der Angestellten- und Beamtenschaft zurückzuführen als auf anderweitige Struktur- und reine Verhaltensänderungen innerhalb dieser Sozialschicht (Diekmann 1982: 370). Neben den Einflüssen auf die Bildungsbeteiligung beruhten zunehmende Schüler- und Studentenzahlen zeitweilig auch auf den von Mitte der 1950er bis Mitte der 1960er Jahre zunehmenden Jahrgangsstärken, die entsprechend zeitversetzt in die verschiedenen Schul- und Ausbildungsinstitutionen vorrücken und ab Ende der 1970er Jahre auch in den Universitäten ankommen. Kompositions-, Verhaltens- und Jahrgangsstärkeneffekte lassen sich auch mit der Methode der (Alters-)Standardisierung (Kapitel 2.2.2.2) analysieren.[1]

---

1 Aufbauend auf den Grundgedanken der Altersstandardisierung hat Diekmann (1982) ein differenzierteres Analyseschema entwickelt und auf die Zunahme der Studienanfängerzahlen zwischen 1969 und 1975 angewandt.

4.1.2.2 Ursachen unterschiedlicher Bildungsbeteiligung

Trotz der allgemeinen Ausweitung des Bildungssystems bestanden und bestehen nach wie vor erhebliche soziale Unterschiede in der Bildungsbeteiligung. Die oben beschriebene intergenerationale Bildungsmobilität ist gleichzeitig auch Ausdruck unterschiedlicher Bildungsbeteiligung je nach dem *Bildungsniveau des Elternhauses*. Die Chancenstruktur – d.h. die Struktur der Abstromquoten – in den zuvor dargestellten Mobilitätstabellen zeigt eine beträchtliche Differenzierung der Bildungsbeteiligung nach dem Bildungsniveau des Vaters (vgl. Tabelle 4.1.3). Eng damit verbunden ist eine Differenzierung der Bildungsbeteiligung auch nach der beruflichen Stellung des Vaters. Wie aus Tabelle 4.1.7 hervorgeht, erreichen z.B. Arbeiterkinder (hier Jungen und Mädchen) der schon zuvor betrachteten Geburtsjahrgänge 1955 bis 1969 nur zu 7 % einen Universitäts- oder Fachhochschulabschluss, Beamtenkinder hingegen zu 41 %.[1] Diese mit der beruflichen Stellung des Vaters verbundenen Unterschiede der Bildungsbeteiligung sind als besonders gravierend anzusehen, denn – vermittelt durch die Bedeutung der Bildung für die Platzierung im Beschäftigungssystem – Vor- und Nachteile bezüglich der beruflichen Stellung und des daraus resultierenden Einkommens werden an die nächste Generation weitergegeben. Die in Tabelle 4.1.7 beschriebenen Zusammenhänge sorgen deshalb nach wie vor für eine «Reproduktion sozialer Ungleichheit» (z.B. Mansel 1993) bzw. für eine «Reproduktion der bestehenden Schicht- und Klassenstrukturen» (Krais 1996: 126).

---

[1] Zwischen der beruflichen Stellung des Vaters und dem Bildungsweg der Kinder finden gelegentlich auch Prozentuierungen nach dem Muster von Zustromprozenten statt, z.B. werden vom Bundesministerium für Bildung (1998: 191) die Studierenden nach der beruflichen Stellung des Vaters aufgeschlüsselt (ähnlich auch Kaelble 1983: 130 und viele andere). Die betreffenden Tabellen geben nota bene keine Auskunft über Chancenunterschiede und höchstens indirekt Hinweise auf die Benachteiligung einzelner Gruppen, wenn man sie der kaum bekannten Verteilung der beruflichen Stellung von Vätern gegenüberstellt (vgl. oben Kapitel 4.1.1.2).

Stellung im Beruf des Vaters	eigener Bildungsabschluss				gesamt	
	maximal Haupt- schule	mittlere Reife	Abitur[2] (ohne Uni/FH)	Universi- tät/ FH	%	Fallzahl
Kohorte 1935–49						
Landwirt	77	17	0	6	100	48
Arbeiter	78	13	3	6	100	403
Angestellter	37	29	8	27	100	161
Beamter	41	30	4	25	100	97
Selbständiger	39	38	4	20	100	122
gesamt	60	22	4	14	100	831
Kohorte 1955–69						
Landwirt	57	24	10	8	100	49
Arbeiter	52	33	8	7	100	546
Angestellter	22	31	18	29	100	240
Beamter	14	25	20	41	100	133
Selbständiger	17	35	19	28	100	116
gesamt	37	31	13	18	100	1084

Tabelle 4.1.7: Westdeutsche Frauen und Männer nach dem Bildungs-abschluss und der Stellung im Beruf des Vaters[1] (Abstromprozent)
[1] zum Zeitpunkt, als der/die Befragte 15 Jahre alt war
[2] inklusive Fachhochschulreife
Quelle: Sozio-oekonomisches Panel (Kohorte 1935–49: 1. Welle, Kohorte 1955–69: 18. Welle, jeweils in Verbindung mit der 3. Welle); Berechnung: Ute Mons

Für die herkunftsspezifisch unterschiedlichen Bildungschancen ist eine Vielfalt sozial-kultureller und ökonomischer Faktoren verant-wortlich. Im Hinblick auf die vor allem in den 1970er Jahren the-matisierten sozial-kulturellen Faktoren wird die unterschiedliche Bildungsbeteiligung zum einen mit einer unterschiedlichen Nähe sozialer Schichten zu den in der Schule relevanten Werten und Bildungsanforderungen begründet (z.B. Bourdieu 1977), zum anderen mit der Bedeutung, die die familiären Lebensverhältnisse für die kulturellen und sozialen Ressourcen des Kindes haben (z.B. Baumert und Schümer 2002). Bildungsferne Elternhäuser sind dadurch gekennzeichnet, dass sie die in der Schule erforderlichen Wertorientierungen und die sprachlichen Fähigkeiten und andere Grundlagen schulischer Bildung in vergleichsweise geringem Maße vermitteln. Nach Auffassung des Wissenschaftlichen Beirats für Familienfragen (2002: 11) stellt nach wie vor «das in der Familie vermittelte und angeeignete Humanvermögen ... die wichtigste Voraussetzung und wirksamste Grundlage der lebenslangen Bildungsprozesse dar».

Die in den letzten Jahrzehnten zunehmend analysierten ökonomischen Faktoren unterschiedlicher Bildungsbeteiligung (z.B. Becker 2000a; 2000b; Breen und Goldthorpe 1997; Boudon 1974; Ditton 1992: insbes. 21 ff.; Erikson und Jonsson 1996; Goldthorpe 1996) beziehen sich hingegen auf die materiellen und sozialen Ressourcen, die für die Investition in das Humankapital notwendig sind, sowie auf die Ertragserwartungen der Bildungsinvestitionen. Beide Faktoren sind Gegenstand der oben geschilderten Humankapitaltheorie. Zumindest die materiellen und sozialen Ressourcen variieren erheblich zwischen den sozialen Schichten und erklären vor allem die Benachteiligung von Arbeiterkindern. Aber auch unterschiedliche Ertragserwartungen tragen zur Erklärung der Bildungsdifferenzierung nach der beruflichen Stellung des Vaters bei: So werden Arbeiterkinder bei schlechten schulischen Leistungen eher wieder von einer weiterführenden Schule genommen, weil der Erfolg unsicherer geworden ist als bei schlechten Schülern aus ‹gutem› Elternhaus, denen Nachhilfestunden und eine größere kulturelle Affinität zur Schule zu Hilfe kommen. Auch die außerordentlich hohe Bildungsbeteiligung gerade von Beamtenkindern lässt sich nicht zuletzt mit Ertragserwartungen, nämlich mit der zentralen Bedeutung des Bildungsabschlusses für die Laufbahn im öffentlichen Dienst, in Verbindung bringen (vgl. Esser 2000: 220f.). Für die Kinder von Selbständigen hängt die Schulwahl sowohl von Kosten- als auch von Ertragsaspekten ab: Unter dem Aspekt der Opportunitätskosten ermöglicht eine kurze Ausbildungsdauer die frühe Mithilfe im elterlichen Betrieb. Im Hinblick auf den Humankapitalansatz ist dennoch erstaunlich, warum die Kinder von Selbständigen nur eine mehr oder weniger durchschnittliche Bildungsbeteiligung aufweisen, die jedenfalls deutlich unter der von Beamtenkindern liegt, da doch die durch höhere Berufsqualifikation erhöhte Arbeitsproduktivität dem später oft ebenfalls Selbständigen gänzlich zugute kommt. Dass die Bildungsbeteiligung der Kinder aus Selbständigenhaushalten dennoch hinter der der Kinder von Beamten und höheren Angestellten zurückbleibt, ist eventuell ein Ausdruck davon, dass für die Statusvererbung von Selbständigen der Aspekt der Arbeitsplatzkonkurrenz ohne Bedeutung ist. Selbständige sind außerdem sehr heterogen hinsichtlich ihrer Bildungsnähe.

Weitere Ungleichheiten der Bildungsbeteiligung sind bzw. waren mit Stadt-Land-Unterschieden, mit der Konfession, mit dem Geschlecht und mit der Nationalität bzw. Ethnizität verbunden. Die Stadt-Land-Unterschiede der Bildungsbeteiligung lassen sich gleichfalls mit den schon angesprochenen ökonomischen Faktoren – den Kosten und den Ertragserwartungen der Bildungsinvestitionen – in Verbindung bringen. Die Bildungsbenachteiligung der ländlichen Bevölkerung beruht zum einen auch auf der geringeren Versorgungsdichte mit weiterführenden Bildungseinrichtungen in ländlichen Gebieten, also auf den finanziellen, den Organisations- und den Zeitkosten eines längeren Schulwegs. Je nach Region, Wirtschaftsstruktur und insbesondere der Größe des landwirtschaftlichen Sektors kommen zum anderen geringere Ertragserwartungen von Bildungsinvestitionen hinzu.

Die einst weit verbreitete Bildungsbenachteiligung von Frauen hatte zumindest in Deutschland auch in den älteren Generationen bei weitem nicht das Ausmaß der herkunftspezifischen Bildungsungleichheit (Müller, Steinmann und Schneider 1997: 219). In Bezug auf die Konfessionszugehörigkeit ist unklar, inwieweit eine Bildungsungleichheit jemals bestanden hat, wenn man die Schichtzugehörigkeit des Elternhauses und die regionale Lage in Rechnung stellt.[1] Zu den neueren Bildungsungleichheiten gehört hingegen in erster Linie die Bildungsbenachteiligung von Zuwanderern. So ist der Anteil ausländischer Kinder, der das Gymnasium besucht, nur etwa halb so groß wie der von deutschen (Avenarius, Ditton, Döbert et al. 2003: 214). Von erheblicher Bedeutung ist dabei die Sprachkompetenz: Beispielsweise wird im Durchschnitt nur in der Hälfte der Familien von 15-jährigen Jugendlichen aller sehr unterschiedlichen Zuwanderergruppen Deutsch als Umgangssprache gesprochen (Baumert und Schümer 2001: 343).

4.1.3 Folgen der Bildungsexpansion

4.1.3.1 Auswirkungen der Bildungsexpansion auf Chancengleichheit und Chancengerechtigkeit

Eng verbunden mit der Bedeutung des Bildungsniveaus für die soziale Platzierung und Statuszuweisung hat das Bildungssystem eine zentrale Funktion bei der Herstellung von Chancengleichheit. Als Folgen der Bildungsexpansion werden deshalb in erster Linie die Auswirkungen auf Chancengleichheit bzw. Chancengerechtigkeit hinsichtlich der Bildungsbeteiligung diskutiert (z.B. Handl 1985; Henz und Maas 1995; Meulemann und Wiese 1984; 1992; Müller 1998a; Müller und Haun 1993). Einige der zuvor beschriebenen Ungleichheiten der Bildungsbeteiligung haben sich im Zuge der Bildungsexpansion zweifelsohne abgebaut oder sind ganz verschwunden:

1. Im Hinblick auf die traditionellen Stadt-Land-Unterschiede ist von einer Verringerung der Chancenungleichheit auszugehen (Henz und Maas 1995). Hierfür ist insbesondere die Zunahme von

---

1 In vielen Ländern Europas ist die Frage der konfessionellen Bildungsbenachteiligung ohne große Bedeutung, da die jeweilige Bevölkerung fast ausschließlich einer Konfession angehört.

Bildungseinrichtungen in ländlichen Regionen und deren bessere Erreichbarkeit verantwortlich sowie nicht zuletzt die Durchsetzung des Jahrgangs-Klassensystems[1] auch in ländlichen Volks- bzw. Grund- und Hauptschulen.

2. Ausländische Jugendliche haben ebenfalls deutlich aufgeholt (Klemm 1987), was nicht nur auf der Bildungsexpansion, sondern nicht zuletzt darauf beruht, dass ausländische Jugendliche zunehmend in Deutschland geboren sind.

3. Die Bildungsbenachteiligung von Frauen bzw. Mädchen ist inzwischen völlig verschwunden. In den allgemein bildenden Schulen sind sogar Jungen mittlerweile deutlich benachteiligt. Beispielsweise besuchen im 8. Schuljahr 2001/02 nur 26 % der Jungen, aber 33 % der Mädchen das Gymnasium (Avenarius, Ditton, Döbert et al. 2003: 204).[2] Die relative Verbesserung der Bildungschancen von Frauen ist aber nicht notwendig eine Folge der Bildungsexpansion: Das veränderte Rollenverständnis der Frau könnte auch «eher Ursache denn Folge» der Bildungsexpansion sein, und eine Angleichung der geschlechtsspezifischen Bildungschancen hätte eventuell auch ohne Expansion des Bildungssystems stattgefunden (Müller 1998a: 91). Dessen ungeachtet gibt es nach wie vor eine ausgeprägte fachliche Segregation der Bildungsbeteiligung nach Geschlecht.

4. In Bezug auf die soziale Herkunft besteht Einigkeit darüber, dass die Ungleichheit der Bildungsbeteiligung keineswegs verschwunden ist (z.B. Avenarius, Ditton, Döbert et al. 2003: 211) und in Deutschland vergleichsweise größer ausfällt als in vielen anderen westeuropäischen Ländern (vgl. z.B. Baumert et al. 2001). Über die Veränderung der herkunftsspezifischen Bildungsungleichheit sind die empirischen Befunde allerdings uneinheitlich, und die Auswirkungen der Bildungsexpansion werden in dieser Hinsicht kontrovers diskutiert. Während zahlreiche Befunde für Deutschland (z.B.

---

1 Bis in die 1970er Jahre hinein wurden in kleineren Gemeinden zum Teil mehrere Jahrgänge in einer Klasse unterrichtet.

2 Details zu den geschlechtsspezifischen Unterschieden der Bildungsbeteiligung finden sich bei Avenarius und Koautoren (Avenarius, Ditton, Döbert et al. 2003: 203–208).

Blossfeld 1993; Köhler 1992; Mayer, Henz und Maas 1991; Meulemann 1992) wie auch für viele andere Länder (Blossfeld und Shavit 1993a; 1993b) eine unveränderte Ungleichheit der Bildungsbeteiligung aufzeigen, kommen einige Untersuchungen[1] zu dem Ergebnis einer verringerten Schichtabhängigkeit der Bildungsbeteiligung. In diesem Zusammenhang zeigen beispielsweise Müller und Haun (1993), dass sich die herkunftsbedingte Bildungsungleichheit zwar zwischen den Vorkriegs-Geburtsjahrgängen kaum unterscheidet, aber schon bei den seit 1940 Geborenen ein Rückgang der Bildungsungleichheit erfolgt ist.

Die Inkonsistenz der empirischen Untersuchungsergebnisse zur Veränderung von Herkunftseffekten der Bildungsbeteiligung hängt mit verschiedenen datentechnischen und methodischen Umständen zusammen:

– Hierzu gehört, dass erst seit den 1990er Jahren überhaupt feststeht und analysiert werden kann, welche Schul- und Ausbildungsabschlüsse die Schüler letztendlich erreicht haben, die im Kontext einer deutlichen Ausweitung der Bildungsbeteiligung in das Bildungssystem eingetreten sind. Empirische Untersuchungen waren zuvor lange Zeit ausschließlich auf die Geburtsjahrgänge bis etwa 1950 bezogen, die noch kaum von der Bildungsexpansion profitiert haben.

– Eine weitere Ursache von inkonsistenten Ergebnissen besteht darin, dass den vorliegenden Untersuchungen zum Teil unterschiedliche Herkunftsmerkmale zugrunde liegen und, soweit es sich um dieselben Merkmale handelt, unterschiedliche Kategorisierungen Anwendung gefunden haben. Hinsichtlich der Herkunftsmerkmale werden ungleiche Bildungschancen in aller Regel vor dem Hintergrund der beruflichen Stellung des Vaters analysiert (z.B. Handl 1985), zunehmend findet aber zusätzlich das Bildungsniveau der Eltern Berücksichtigung (z.B. Henz und

---

1 Vgl. für Deutschland Henz (1996), Henz und Maas (1995), Müller und Haun (1993; 1994) und Schimpl-Neimanns (2000), für Schweden und die Niederlande Blossfeld und Shavit (1993a; 1993b) und für die USA Mare (1981: 77).

Maas 1995; Müller und Haun 1994). Während das Bildungsniveau der Eltern vor allem auf die Generierungsmechanismen ungleicher Bildungsbeteiligung rekurriert, die mit unterschiedlicher Bildungsnähe verbunden sind, akzentuiert die berufliche Stellung des Vaters stärker den materiellen Hintergrund ungleicher Bildungschancen.

– Unterschiedliche Ergebnisse über die (Nicht-)Annäherung von Bildungschancen kommen außerdem dadurch zustande, dass die verschiedenen Untersuchungen zum Teil ein unterschiedliches Bildungsniveau im Blick haben. Während manche sozialen Unterschiede auf einigen Bildungsstufen geringer geworden sind, haben womöglich die Unterschiede auf anderen Stufen gleichzeitig zugenommen, sodass das Gesamtresultat u. U. schwierig zu beurteilen ist. Was den Besuch einer weiterführenden Schule statt der Hauptschule betrifft, ist die Ungleichheit der Bildungschancen eher zurückgegangen, bei der Wahl zwischen Gymnasium und Realschule besteht sie jedoch unverändert fort (Schimpl-Neimanns 2000). Man kann allerdings in Deutschland (z. B. Müller und Haun 1994) wie in anderen Ländern (vgl. für die USA z. B. Mare 1980) davon ausgehen, dass der Herkunftseinfluss auf die Schulwahlentscheidung im Verlauf der Bildungskarriere im weiterführenden Schulwesen immer geringer wird.

– Eng verbunden mit dem Aspekt eines unterschiedlichen Bildungsniveaus, an dem die Bildungsbeteiligung gemessen wird, ist der Umstand, dass sich viele Untersuchungen auf den zuletzt erreichten, höchsten Bildungsabschluss beziehen, während in den letzten Jahrzehnten (ausgehend von Mare 1980) zunehmend üblich geworden ist, die aufeinander folgenden Schulwahlentscheidungen zu analysieren (z. B. Becker 2000b; Büchel und Weißhuhn 1995: 54 ff.). Die Rekonstruktion der Bildungsübergänge in der Schullaufbahn des Kindes geben nicht zuletzt[1] ein besseres Verständnis von den real aufeinander aufbauenden Bildungsentscheidungen und werden dem Umstand besser gerecht, dass die

---

[1] Dieser Ansatz ist zudem wichtig für die Analyse der Chancengerechtigkeit (s. u.).

Wechsel zwischen den Schularten zwar selten sind, aber doch zugenommen haben. Generell kann man davon ausgehen, dass höhere Abschlüsse sozial unterschiedlicher verteilt sind als mittlere Abschlüsse, wenn alle sukzessiven Bildungsentscheidungen in dieselbe Richtung sozial gesteuert sind. Es ist jedoch kein Widerspruch, wenn trotzdem die soziale Selektivität in den aufeinander folgenden Bildungsentscheidungen immer geringer wird und die soziale Herkunft beim Übergang vom Gymnasium auf die Universität inzwischen nur noch eine geringe Rolle spielt (Müller und Haun 1994; 1993).

– Ein methodisches (und zugleich bildungspolitisch-normatives) Problem ist schließlich die statistische Definition ungleicher Bildungsbeteiligung (vgl. im Folgenden Handl 1985). Es ist weit verbreitet, Chancenunterschiede mit der Prozentsatzdifferenz zu erfassen. Dies lässt sich anhand der oben wiedergegebenen Tabelle 4.1.7 verdeutlichen. In den Geburtsjahrgängen 1935 bis 1949 haben Arbeiterkinder nur zu 6 % einen Universitätsabschluss erreicht, Kinder aus Angestelltenfamilien hingegen zu 27 %. Die Prozentsatzdifferenz beträgt (27 − 6 =) 21 Prozentpunkte. Bis zu den Geburtsjahrgängen 1955 bis 1969 haben beide Gruppen von der Bildungsexpansion profitiert, aber die Prozentsatzdifferenz ist auf (29 − 7 =) 22 Prozentpunkte angewachsen (vgl. Tabelle 4.1.7). Die Entwicklung der Prozentsatzdifferenz suggeriert also, dass die Bildungsexpansion tendenziell den Gruppen mit schon zuvor hoher Bildungsbeteiligung zugute kam. Die Vergrößerung der Prozentsatzdifferenz ist aber zugleich auch Ausdruck der Bildungsexpansion, d.h. des vergrößerten Anteils an Hochschulabsolventen. Verdreifacht sich der Umfang einer bestimmten Bildungskategorie in allen Sozialgruppen, so verdreifacht sich auch die Prozentsatz*differenz*, obwohl das Chancenverhältnis bzw. das Prozentsatz*verhältnis* unverändert geblieben ist. Nur in dem Prozentsatzverhältnis kommt also die Entwicklung der Chancenungleichheit unabhängig davon zur Geltung, wie sich die Gesamtstruktur des Bildungssystems verändert hat. Und das Chancenverhältnis von Arbeiter- zu Angestelltenkindern hat sich

nicht verschlechtert, sondern geringfügig von (6 / 27 =) 0,22 auf
(7 / 29 =) 0,24 verbessert (Tabelle 4.1.7). Handl (1985: 709) folgert
aus einer entsprechenden Berechnung, «daß es unhaltbar ist, weiterhin aus der Größenveränderung von Prozentsatzdifferenzen
auf Erfolg oder Mißerfolg bildungspolitischer Bemühungen zu
schließen. Dies wäre nur dann möglich, wenn strukturelle Veränderungen des Bildungssystems selbst ausgeblieben wären» – also
eine Bildungsexpansion nicht stattgefunden hätte. In der Veränderung der Prozentsatzdifferenzen vermischt sich hingegen die
Veränderung der Chancenstruktur und die der Bildungsstruktur.
Die Ausführungen machen insofern deutlich, dass das liberale
Ideal der Chancengleichheit und das soziale Ideal der Ergebnis-
gleichheit in der bildungspolitischen Zielsetzung auseinander zu
halten sind: «… die Hoffnung, durch größere Chancengleichheit
im Zugang zu einzelnen Bildungsabschlüssen unmittelbar größere
Gleichheit der Ergebnisse zu erhalten, (ist, T.K.) nicht begründet,
da der Strukturwandel im Bildungssystem diese positiven Veränderungen unterlaufen und zu gegenteiligen Resultaten führen
kann» (Handl 1985: 104, 709).
Eine zum Teil offene Frage bleibt schließlich, wie die sozialgrup-
penspezifisch unterschiedliche Bildungsbeteiligung im Hinblick auf
Chancengleichheit und Chancengerechtigkeit zu bewerten ist. In
dem aktuelleren Begriff der Chancengerechtigkeit klingt (stärker
als in dem der Chancengleichheit) die Überzeugung an, dass auch
Begabungen für die Bildungsbeteiligung bedeutsam oder sogar ausschlaggebend sind und dass diese von Natur aus ungleich verteilt
sind. Inwieweit deren Verteilung mit sozialen Merkmalen einhergeht,
ist allerdings Gegenstand zum Teil heftiger Kontroversen. Weitge-
hende Einigkeit besteht zwar darüber, dass beispielsweise mit dem
Geschlecht, der Wohnortgröße oder dem Bundesland im Durchschnitt keine Begabungsunterschiede einhergehen und die mit diesen Merkmalen verknüpften Unterschiede der Bildungsbeteiligung[1]

---

1   Zu den beträchtlichen regionalen Bildungsungleichheiten in den 1960er Jahren
     vgl. Edding (1963: 336ff.) und Peisert (1967: 24ff.).

deshalb als Beeinträchtigung der Chancengerechtigkeit zu interpretieren sind. In Bezug auf die oben angesprochene Benachteiligung von Jungen im allgemein bildenden Schulwesen kommt dies auch darin zum Ausdruck, dass Jungen zumindest «in Hamburg für eine Empfehlung zum Gymnasium einen etwas besseren Leistungsdurchschnitt als Mädchen» benötigen (Avenarius, Ditton, Döbert et al. 2003: 204, beruhend auf Lehmann, Peek und Gänsfuß 1997).

Im Hinblick auf die soziale Herkunft hat sich jedoch die Auffassung diesbezüglich gewandelt: Während noch in den 1950er Jahren Müller (1956) der Ansicht war, dass die empirisch beobachteten Bildungsunterschiede keineswegs auf eine Beeinträchtigung der Chancengleichheit hindeuten, hat sich seit den 60er Jahren (Peisert 1967) die Auffassung durchgesetzt, dass die nach sozialer Herkunft ungleiche Bildung auch das Resultat unterschiedlicher Bildungschancen darstellt (vgl. zum Überblick auch Handl 1985: 700 ff.). In welchem Ausmaß aber die Ergebnisungleichheit mit einer Chancengerechtigkeit in Einklang steht, ist höchst ungewiss, da «die in der Bildungsforschung relevanten erklärenden Variablen für eine Messung überhaupt nicht oder in nur sehr begrenztem Umfang zur Verfügung stehen» (Handl 1985: 703).

Allerdings sind die zuvor umrissenen datentechnischen und methodischen Herangehensweisen doch in unterschiedlichem Maß für die Erfassung veränderter Chancengerechtigkeit aussagekräftig:
– So ist die Wahl des Schultyps und der Ausbildungsart stärker Ausdruck der sozialen Herkunft als der spätere Abschluss, in dem sich auch unterschiedlicher Schul- und Ausbildungserfolg widerspiegelt. Dies gilt in erster Linie für die Bildungseinrichtungen, in denen die Absolventenzahlen weit hinter den Anfängerzahlen zurückbleiben, nämlich die Universitäten.
– Gleichzeitig sind die frühen Bildungsentscheidungen stärker durch das Elternhaus geprägt als nachfolgende Bildungsentscheidungen und deshalb als Maßstab für die Erfassung von Chancengerechtigkeit am ehesten geeignet. Dies betrifft insbesondere die Wahl des Schultyps im Anschluss an die Grundschule (bzw. an die ersten vier bis fünf Volksschuljahre). Diese für die Bildungskarriere be-

sonders folgenreiche Bildungsentscheidung hängt vergleichsweise stark von dem Willen der Eltern ab, während auf dem weiteren Bildungsweg die Begabung und Motivation des Kindes zunehmend wichtiger werden. Daher verwundert nicht, dass die Herkunftseffekte bei der Wahl des Schultyps nach der Grundschule am größten sind (Müller und Haun 1994; 1993). Bei der Interpretation der auf höheren Bildungsstufen abnehmenden Herkunftseffekte darf allerdings auch ein Selektionseffekt nicht übersehen werden: Je höher die Bildungsstufe, über die eine Entscheidung ansteht, desto stärker bezieht sie sich auf eine Vorauswahl der Begabtesten, und diese Begabungsselektion ist naturgemäß in den benachteiligten Gruppen besonders ausgeprägt. Einflüsse des Elternhauses sind deshalb auf höheren Bildungsstufen von Selektionseinflüssen überlagert, die (da diese für die Begabungsunterschiede nicht kontrolliert werden können) zu der Beobachtung abnehmender Herkunftseffekte ebenfalls beitragen.

Trotz der unklaren Befundlage über die Auswirkungen der Bildungsexpansion auf Chancengleichheit und Chancengerechtigkeit lassen sich doch einige Faktoren aus dem Kontext der Bildungsexpansion benennen, die vermutlich nicht ohne Auswirkung auf die Chancengleichheit geblieben sind (vgl. im Folgenden auch Müller und Haun 1994: 6ff.). Zum einen lassen die verschiedenen Entwicklungen, die zur Erhöhung der Bildungsbeteiligung beigetragen haben (s. o. Kapitel 4.1.2.1), auch Auswirkungen auf die Chancengleichheit erwarten. Durch die *allgemeine Verbesserung der Lebensverhältnisse* haben sich vor allem für untere Einkommensgruppen die Möglichkeiten der Finanzierung weiterführender Bildung erweitert. Auch der *wirtschaftsstrukturelle Wandel* hat den instrumentellen Wert der Bildung auf dem Arbeitsmarkt vor allem in den bildungsfernen Schichten erhöht. Desgleichen kommen viele *Bildungsreformen* (z. B. Stipendien und das neunte Pflichtschuljahr), die zur Ausweitung des Bildungssystems beigetragen haben, in erster Linie den benachteiligten Gruppen zugute.

Zum anderen hat die Bildungsexpansion selbst eine Reihe von Effekten ausgelöst, die für die Chancengleichheit von Bedeutung sind. Eine Annäherung der Bildungschancen wird vor allem von dem so genannten *ceiling-Effekt* erwartet (z.B. Hout, Raftery und Bell 1993; Lutz 1983): Dieser basiert auf der Vorstellung, dass sich im Zuge der Bildungsexpansion die Bildungspotenziale in den bildungsnahen Schichten früher erschöpfen, sodass die weitere Ausweitung des Bildungssystems in zunehmendem Maße den bildungsfernen Schichten zugute kommt. Müller und Haun (1994: 7) sehen beim Übergang auf weiterführende Schulen diese Obergrenze in «den bildungsfreudigsten sozialen Herkunftsgruppen» bereits in den 1960er Jahren erreicht. Andere Effekte, die auf die Bildungsexpansion zurückgehen, stehen allerdings einer Realisierung von Chancengleichheit eher im Weg: So hat die allgemeine Zunahme der Bildungsbeteiligung den *Konkurrenzdruck*[1] um freie Schul- und Ausbildungsplätze erhöht und die Lernbedingungen verschlechtert (Hansen und Rolff 1990), was vor allem die Kinder aus bildungsfernen Milieus benachteiligt, die nicht auf häusliche Ressourcen zurückgreifen können. Zudem geht mit der Bildungsexpansion eine *sinkende Bildungsrendite* einher, die die Bildungsbereitschaft besonders in den bildungsfernen Elternhäusern beeinträchtigt.

Soweit die vorliegenden Untersuchungen eine gewisse Annäherung der Bildungschancen aufzeigen, wird diese weniger den Bildungsreformen und der Ausweitung des Bildungssystems als vielmehr den verbesserten Lebensverhältnissen und dem erhöhten Wert der Bildung auf dem Arbeitsmarkt auch in den bildungsfernen Schichten zugeschrieben, da die Reduktion des Herkunftseffekts schon bei den Geburtsjahrgängen festzustellen ist, die noch nicht von den Bildungsreformen profitiert haben (Müller und Haun 1993: 336). Auch in anderen Ländern wie Schweden und den Niederlanden ist die Reduktion der herkunftsbezogenen Ungleichheit nicht vorwiegend als Folge von Bildungsreformen anzusehen (Blossfeld und Shavit 1993a; 1993b).

---

1 Eine Verschärfung von Konkurrenz infolge der Bildungsexpansion mag ergänzend auch darauf beruhen, dass gleiche Startchancen das Leistungsprinzip als Norm verabsolutieren (Krais 1996: 129).

4.1.3.2 Folgen der Bildungsexpansion für die soziale Ungleichheit im Beschäftigungssystem und für die Wohlstandsverteilung

Von noch größerem Interesse als die Chancengleichheit bzw. Chancengerechtigkeit innerhalb des Bildungssystems sind allerdings die Folgen der Bildungsexpansion und der Bildungsungleichheit für die soziale Ungleichheit und die soziale Mobilität im Beschäftigungssystem (Kapitel 4.2) und in Bezug auf die Wohlstandsunterschiede in der Gesellschaft (Kapitel 4.3). Die betreffenden Folgen sind abhängig vom Einfluss des Bildungsniveaus auf die berufliche Platzierung und von den Lohneinkommensunterschieden zwischen den Bildungsgruppen. Eine hohe Korrelation des Bildungsniveaus mit der beruflichen Stellung wie auch mit dem Arbeitseinkommen ist natürlich empirisch vielfach bestätigt und jedermann geläufig. Doch bewirkt die kollektive intergenerationale Aufwärtsmobilität in der Bildungshierarchie auch eine kollektive Aufwärtsmobilität in der Berufshierarchie und auf der Wohlstandsskala, und inwieweit findet dabei ggf. eine Reduzierung sozialer Ungleichheit statt?

Die Beantwortung dieser Fragen hängt weitgehend davon ab, wie die Korrelation des Bildungsniveaus mit der beruflichen und sozialen Stellung inhaltlich zustande kommt bzw. wie sie mikrosoziologisch[1] zu erklären ist. Die diesbezüglichen Theorien – die Humankapitaltheorie und die Theorie der Arbeitsplatzkonkurrenz (vgl. Kapitel 4.1.2) – liefern zwar beide plausible (wenngleich unterschiedliche) Begründungen für die Erhöhung der Bildungsbeteiligung. Je nachdem aber, ob der Zusammenhang zwischen Bildungsniveau und Sozialstatus auf einer Verbesserung des Humankapitals – d.h. auf Qualifikation – beruht oder aber auf Wettbewerbsvorteilen bei der Konkurrenz um Arbeitsplätze – d.h. auf Selektion –, sind sehr unterschiedliche Folgen der Bildungsexpansion für Beschäftigung und materiellen Wohlstand zu erwarten.

---

1 Dies entspricht dem zweiten Schritt des Grundmusters bei der Erklärung sozialer Strukturen (vgl. eingangs Kapitel 1.2.1).

Insoweit, wie mit der Bildungsexpansion eine allgemeine (arbeitsmarktrelevante) Höherqualifizierung der Bevölkerung stattgefunden hat, postuliert die Humankapitaltheorie eine Erhöhung der Arbeitsproduktivität und eine kollektive intergenerationale Aufwärtsmobilität in Bezug auf materiellen Wohlstand. Das der Humankapitaltheorie inhärente Lohnwettbewerbsmodell impliziert außerdem eine gewisse Lohnannäherung zwischen den Bildungsgruppen (d.h. eine sinkende Bildungsrendite), da im Zuge der Bildungsexpansion das Angebot höherer Abschlüsse zu- und das niedrigerer Abschlüsse abgenommen hat.

Sofern allerdings Bildungszertifikate nur die Selektion bei der Besetzung beruflicher Positionen regeln (Theorie der Arbeitsplatzkonkurrenz), ist eine kollektive berufliche Aufwärtsmobilität nicht zu erwarten, wenn sich nicht auch die Positionsstruktur entsprechend verändert. Desgleichen ist unter dieser Voraussetzung nicht davon auszugehen, dass sich die Ungleichheit beruflicher Vor- und Nachteile in irgendeiner Weise verringert. Das gilt insbesondere für die an die berufliche Positionsstruktur gekoppelte Verteilung der Lohneinkommen. Das Prinzip der Arbeitsplatzkonkurrenz lässt sich mit Abbildung 4.1.2 verdeutlichen: Verändert sich im Zuge der Bildungsexpansion die Bildungsstruktur bei unveränderter Struktur der beruflichen Positionen, ergeben sich andere Zuordnungen von Bildungsabschlüssen zu den beruflichen Positionen. In dem Beispiel von Abbildung 4.1.2 rücken Akademiker vor der Bildungsexpansion ausschließlich in Leitungspositionen ein, nach einer Ausweitung des Bildungssystems und der damit verbundenen Zunahme von Akademikern hingegen auch in Positionen unterhalb der Leitungsebene. Auf dieser und allen weiteren Ebenen findet dadurch ein Verdrängungswettbewerb statt, in dessen Folge z.B. Positionen, die zuvor von Haupt- und Realschulabsolventen besetzt wurden, nunmehr fast nur noch den Abiturienten vorbehalten sind.

Neben dem (qualifikations- und/oder selektionsbedingten) Bildungseinfluss sind natürlich weitere Faktoren für die berufliche Positionierung von Bedeutung – z.B. die Studiendauer, der Familienstand, die Kinderzahl usw. (Meulemann 1990) –, wobei u.U. «die

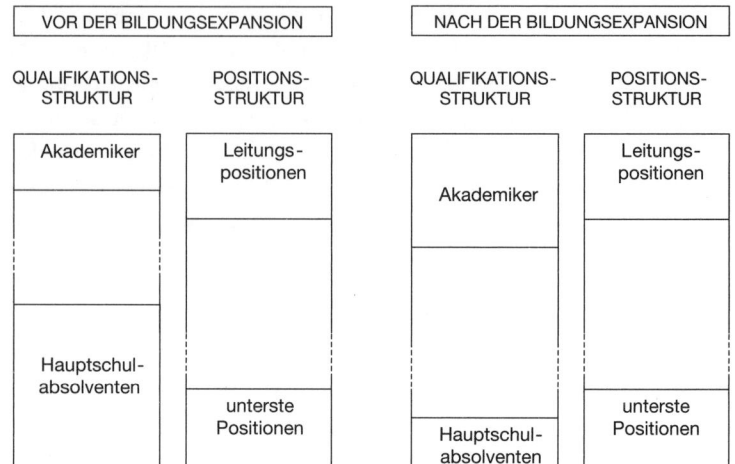

VOR DER BILDUNGSEXPANSION		NACH DER BILDUNGSEXPANSION	
QUALIFIKATIONS-STRUKTUR	POSITIONS-STRUKTUR	QUALIFIKATIONS-STRUKTUR	POSITIONS-STRUKTUR
Akademiker	Leitungs-positionen	Akademiker	Leitungs-positionen
Hauptschul-absolventen	unterste Positionen	Hauptschul-absolventen	unterste Positionen

Abbildung 4.1.2: Bildungs- und Beschäftigungssystem vor und nach der Bildungsexpansion

Bedingungen der sozialen und familiären Herkunft … insgesamt deutlich gewichtiger sind als der davon unabhängige und eigenständige Effekt der Bildung» (Müller 1998a: 88). Beispielsweise ist die soziale Herkunft selbst auf höchstem Bildungsniveau, nämlich bei den Promovierten, ein gewichtiger eigenständiger Faktor für den Zugang in die deutsche Wirtschaftselite (Hartmann und Kopp 2001).

Insgesamt wird kontrovers diskutiert, ob die Verknüpfung von Bildungs- und Beschäftigungssystem im Zeitverlauf eher zu- oder abgenommen hat. Mit der zeitgenössischen Individualisierungsdiskussion ist die Vorstellung verbunden, dass sich die traditionellen Muster vertikaler Ungleichheit, die auch auf der engen Verknüpfung von Bildung und Beruf basieren, allmählich auflösen zugunsten individualisierter Aufstiegschancen und Abstiegsrisiken, die – ohne, dass die Bedingungen genauer benannt werden – mehr oder weniger jeden treffen können.[1] Nach Auffassung von Beck (1986:

---

1 Im Zuge der Entstehung moderner Gesellschaften postuliert die Individualisie-

244) «*hat das Bildungssystem in den siebziger Jahren seine status-verteilende Funktion eingebüßt*». In diesem Zusammenhang sind Studenten «nicht mehr in der Lage ..., langfristige Karriereplanung zu betreiben», der Abschluss ist «*immer weniger hinreichend*», «hinzukommen müssen ‹Auftreten›, ‹Beziehungen›, ‹Sprachfähigkeit›, ‹Loyalität› – alles *extra*funktionale Hintergrundkriterien einer Zugehörigkeit zu ‹sozialen Kreisen›, die durch die Bildungsexpansion gerade überwunden werden sollte» (Beck 1986: 139, 244, 247). Zugleich würde aber der «*Gang durch die Hauptschule ... zur Einbahnstraße in die berufliche Chancenlosigkeit*» (Beck 1986: 245, Hervorhebungen im Original). Qualifizierende Ausbildungsabschlüsse seien «*immer notwendiger*» geworden, speziell ein hoher «Bildungsabschluß verheißt nichts mehr; aber er ist immer noch oder sogar mehr denn je Voraussetzung» (Beck 1986: 244, 247) für einen erfolgreichen Einstieg in den Arbeitsmarkt.

Ähnlich war[1] auch die Argumentation von Geißler (1978: 482 f.), der zufolge «das große Angebot an gut qualifizierten Arbeitskräften die Bedeutung des Bildungs*niveaus* als Zuordnungskriterium abschwächen wird. ... Was viele besitzen, kann nicht das ausschlaggebende Kriterium für die Verteilung von Privilegien an wenige sein. Andere Faktoren, die bei der Auswahl aus dem Überangebot an Personen mit gleichrangiger Ausbildung eine Rolle spielen, werden an Bedeutung gewinnen. Dazu gehören Qualifikationsnachweise aus dem Bildungssystem (Abschlußnoten, Spezialausbildungen, Weiterbildungszertifikate) genauso wie Herkunftsfaktoren (Vererbung von Betriebsmitteln, persönliche Beziehungen) und Kriterien, deren Entstehung weder eindeutig dem Bildungssystem noch

---

rungsthese einen Abbau sozialer Strukturierung von Ungleichheit, eine «*Freisetzung des Individuums* aus sozialen Klassenbindungen», verbunden damit, dass die Individuen «zum Zentrum ihrer eigenen Lebensplanungen» werden (Beck 1986: 116, Hervorhebung im Original). Vgl. im Übrigen auch die Diskussion der Individualisierungsthese im Kontext des ‹Wandels der Familie› (insbesondere Kapitel 3.2.2.1).

1 In einer neueren Publikation (Geißler 2002: 341) spricht er hingegen angesichts «der Vermehrung der höheren Bildungsabschlüsse» von einer «Aufwertung der Bildungszertifikate für den zukünftigen Sozialstatus».

der Herkunft zuzuschreiben ist (‹Leistung› im Beruf in den Augen derer, die über beruflichen Aufstieg entscheiden; Loyalität und Anpassungsbereitschaft; gesellschaftliche und politische Einstellungen, Gebet- und Parteibücher). Ein bestimmtes Ausbildungsniveau wird stärker als bisher *Voraussetzung*, aber weniger als bisher *Garantie* für den Erwerb von gesellschaftlichen Privilegien sein.»

Der scheinbare Widerspruch zwischen immer mehr «Voraussetzung», aber immer weniger «Garantie» – bzw. zwischen «immer weniger hinreichend» und «immer notwendiger» – löst sich auf, wenn man die Auswirkungen der Bildungsexpansion mit dem Modell der Arbeitsplatzkonkurrenz analysiert: Der Gang durch die Hauptschule wird schlicht deshalb zur Einbahnstraße in die Chancenlosigkeit, weil sich die nach der Bildungsexpansion kleinere Zahl von Hauptschulabsolventen auf einen kleinen Bereich am unteren Ende der beruflichen Positionsskala konzentriert (vgl. Abbildung 4.1.2). Die Karriereplanung von Akademikern wird einfach deshalb schwieriger – bzw. die Berufswege werden vielfältiger –, weil die Akademiker aufgrund ihrer größeren Anzahl nicht mehr alle auf den Zugangspfaden zu den obersten Positionen Platz haben (vgl. ebenfalls Abbildung 4.1.2). Dabei ist es gleichermaßen Ausdruck des Arbeitsplatzwettbewerbs, wenn speziell auf den oberen Positionsebenen bei einem Überangebot formal hoch qualifizierter Bewerber zusätzliche Auswahlkriterien zur Anwendung kommen, während auf den mittleren Positionsebenen vor allem ein Verdrängungswettbewerb durch jeweils besser Gebildete stattfindet.

Die von Beck als Individualisierung bezeichneten Entwicklungen lassen sich somit schlicht als Ausdruck einer veränderten Bildungsstruktur interpretieren – vor dem Hintergrund einer unverändert großen Bedeutung, die dem Bildungsniveau im Arbeitsplatzwettbewerb zukommt. Die von Beck angesprochenen Entwicklungen sind als Begründung insbesondere unzureichend dafür, dass das Bildungssystem seine statusverteilende Funktion eingebüßt hätte. Es trifft zwar zu, dass auf der einen Seite der Karriereeinstieg von Hochqualifizierten nach unten vielfältiger geworden ist und ein Universitätsabschluss inzwischen nicht mehr ausreicht für die Erlangung der obersten Positionen, während auf der anderen Seite ein Universitätsabschluss in der Rekrutierungs-praxis für die betreffenden Positionen fast unabdingbar geworden ist. Beides wird aber auch aus Abbildung 4.1.2 unmittelbar deut-lich, und diese macht zudem klar, dass der scheinbare Widerspruch nur auf unterschiedlichen Bezugsgrößen beruht: Bezieht man die akademisch besetzten Leitungspositionen auf alle Akademiker, ist der Anteil klein, weil Akademiker auch in andere Positionen ein-rücken. Bezieht man hingegen die akademisch besetzten Leitungs-positionen auf alle Leitungspositionen, wird der Anteil größer und nähert sich bei den jüngeren Jahrgängen der deutschen Wirtschaft inzwischen 100 % an. Beide Entwicklungen lassen sich als Folge der Bildungsexpansion begreifen und belegen, dass das Bildungs-system seine statusverteilende Funktion eben gerade nicht völlig eingebüßt hat.

Inwieweit sich die Bedeutung der Bildung für die berufliche Po-sitionierung dennoch verringert hat und eine gewisse Entkopplung oder zumindest Lockerung von Bildungs- und Beschäftigungssystem eingetreten ist, ist umstritten, und die empirischen Ergebnisse sind widersprüchlich. Beispielsweise kommt eine Untersuchung von Handl (1996) zu dem Ergebnis, dass sich die «Verwertungschancen» schulischer Bildungsabschlüsse in den 1980er Jahren verringert ha-ben. Andere empirische Befunde widersprechen aber der Entkopp-lungsthese: So hat einer Untersuchung von Müller (2001) zufolge der Anteil der durch Bildung erklärten Varianz des ersten Berufs nicht ab-, sondern zugenommen, und auch im weiteren Erwerbs-leben hat sich der Zusammenhang zwischen Ausbildungsabschluss und Berufschancen keineswegs aufgelöst (vgl. Konietzka 1999: dort Kapitel 10). Im internationalen Vergleich betrachtet, besteht in Deutschland obendrein nach wie vor eine sehr enge Verbindung zwischen der Ausbildung und der ersten Berufsposition.

Einen Einblick in die Probleme, die sich bei der empirischen Analyse des Zusammenhangs von Bildungsungleichheit und un-gleichen Beschäftigungschancen stellen, gewinnt man anhand einer

Bildungsabschluss des Sohnes relativ zu dem des Vaters	sozialer Status des Sohnes relativ zu dem des Vaters			gesamt	
	höher	gleich	niedriger	%[1]	Fallzahl
USA *					
höher	46	33	21	70	291
gleich	29	41	30	19	80
niedriger	16	36	49	11	45
gesamt	39	35	26	100	416
Westdeutschland, Kohorte 1955–69 **					
höher	61	31	8	52	248
gleich	35	42	23	39	186
niedriger	16	40	44	9	45
gesamt	47	36	17	100	479

Tabelle 4.1.8: Männer nach sozialem Status relativ zu dem des Vaters und dem selbst erreichten Bildungsabschluss relativ zu dem des Vaters (ohne Landwirte und mithelfende Familienangehörige, Zeilenprozent)
Folgende Statusgruppen liegen der Tabelle zugrunde:
1. ungelernte und angelernte Arbeiter, angestellte Industrie- und Werkmeister, Angestellte ohne Ausbildung, Beamte im einfachen Dienst
2. gelernte Arbeiter und Facharbeiter, Angestellte mit Ausbildung, Beamte im mittleren Dienst
3. Vorarbeiter, Meister, Poliere, Angestellte mit qualifizierter Tätigkeit, Beamte im gehobenen Dienst, Selbständige mit bis zu neun Mitarbeitern
4. Angestellte mit hochqualifizierter Tätigkeit oder mit Führungsaufgaben, Beamte im höheren Dienst, Selbständige mit mehr als neun Mitarbeitern, freie Berufe

Folgende Bildungsgruppen wurden gebildet: Hauptschule ohne Lehre, Hauptschule mit Lehre, mittlere Reife, Abitur (ohne Hochschulabschluss), akademischer Abschluss an Universität oder Fachhochschule
[1] Spaltenprozent
Quellen: * Centers 1949: 144
         ** Sozio-oekonomisches Panel (18. Welle in Verbindung mit der 3. Welle); Berechnung: Ute Mons

Beobachtung, die für verschiedene Länder[1] schon aus den 1950er und 1960er Jahren – d.h. aus einer jeweils mehr oder weniger frühen Phase der Bildungsexpansion – bekannt ist. Diese Beobachtung bezieht sich auf den Zusammenhang zwischen intergenerationaler Bildungs- und Berufsmobilität, wie er für Deutschland (in den schon zuvor betrachteten Jahrgängen 1955 bis 1969) und für die USA mit Tabelle 4.1.8 wiedergegeben ist. Diese zeigt die berufliche Stellung von Söhnen in Relation zu der ihrer Väter in Abhängigkeit vom Bildungsniveau der Söhne (auch in Relation zu dem der Väter). Aus den Randverteilungen geht hervor, dass in der nachwachsenden Generation ein höherer Bildungsabschluss als der des Vaters häufiger ist als eine höhere berufliche Stellung. Dies ist zum einen ein Hinweis[2] darauf, dass sich die Berufsstruktur weniger schnell verändert hat als die Bildungsstruktur.

Zum anderen unterliegt das empirische Muster der Tabelle einem Einfluss, der deutlich zutage tritt, wenn man die berufliche Mobilität in Abhängigkeit vom absoluten Bildungsniveau der nachwachsenden Generation betrachtet. Eine von Anderson (1961: 563; 1969: 168) aufgefundene und in Tabelle 4.1.9 (oberer Teil) für Schweden wiedergegebene Datenstruktur besagt, dass Mobilitätschancen vom Bildungsniveau weitgehend unabhängig sind. «Anderson's paradox» (Boudon 1974: 6) beruht darauf, dass wegen der ungleichen Bildungschancen differenziert nach der beruflichen Stellung des Vaters die Väter der Bessergebildeten tendenziell eine berufliche Position innehaben bzw. hatten, die vergleichsweise schwer zu toppen ist. Es wäre also falsch, auf Basis von Tabelle 4.1.9 (oberer Teil) davon auszugehen, dass Bildung in Schweden

---

1 Für die USA, Großbritannien und Schweden vgl. Centers (1949) und Anderson (1961; 1969).

2 Das Ergebnis hängt nicht zuletzt auch von einer Reihe methodischer Aspekte ab, unter anderen von der Zahl der Bildungsabschlüsse und der Berufsstellungen, die bei der Berechnung von Tabelle 4.1.8 (und auch nachfolgend Tabelle 4.1.9) unterschieden wurden (vgl. Kapitel 4.1.1.2). Da weniger Berufs- als Bildungskategorien berücksichtigt wurden, kommt die berufliche Mobilität tendenziell schwächer zum Ausdruck.

(wie auch in einer Reihe anderer Länder) keinen Einfluss auf die beruflichen Mobilitätschancen hätte. Der in Tabelle 4.1.9 berichtete ‹Einfluss› des Bildungsniveaus auf die berufliche Generationenmobilität ist eher als Maßstab dafür geeignet, ob der Bildungseffekt auf die Berufsposition oder der Herkunftseffekt auf den erlangten Bildungsabschluss überwiegt. Ein positiver Einfluss der Bildung auf die berufliche Mobilität ist in Tabelle 4.1.9 nur zu erwarten, wenn die herkunftsbezogene Ungleichheit der Bildungschancen vergleichsweise (d.h. verglichen mit dem Bildungseffekt auf die

Bildungsabschluss des Sohnes	sozialer Status des Sohnes relativ zu dem des Vaters			gesamt	
	höher	gleich	niedriger	%[1]	Fallzahl
Schweden *					
hoch	36	49	15	34	751
niedrig	32	55	13	66	1440
gesamt	34	53	13	100	2191
Westdeutschland, Kohorte 1955–69 **					
hoch	56	36	8	39	188
niedrig	41	36	23	61	291
gesamt	47	36	17	100	479

Tabelle 4.1.9: Männer nach sozialem Status relativ zu dem des Vaters und dem selbst erreichten Bildungsabschluss (ohne Landwirte und mithelfende Familienangehörige, Zeilenprozent)
Statusgruppen entsprechend wie in Tabelle 4.1.8, niedriger Bildungsabschluss umfasst Hauptschule und Realschule, hoher Bildungsabschluss entspricht mindestens Abitur
[1] Spaltenprozent
Quellen: * Anderson 1961: 563
    ** Sozio-oekonomisches Panel (18. Welle in Verbindung mit der
    3. Welle); Berechnung: Ute Mons

Berufsposition) klein ist.[1] Wie aus dem unteren Teil von Tabelle 4.1.9 hervorgeht, ist dies in (West-)Deutschland der Fall. Trotz der in Deutschland im Vergleich mit anderen Ländern großen Differenzierung des Bildungswegs nach der sozialen Herkunft scheint letztlich doch der Bildungseffekt auf die Berufsposition den Ausschlag zu geben.

Abseits der zum Teil widersprüchlichen und nicht immer einfach interpretierbaren empirischen Ergebnisse lässt sich theoretisch vermuten, dass die Verbindung von Bildungs- und Beschäftigungssystem eher enger denn lockerer geworden ist, da in der beruflichen Positionshierarchie die Bereiche kleiner geworden sind, in denen Bildung nur einen geringen Stellenwert hat (Müller 1998a: 88). Die Verringerung der Beschäftigung betrifft vor allem die Landwirtschaft, verschiedene Formen kleiner Selbständigkeit und die inzwischen stark automatisierten großindustriellen Produktionsprozesse. Hinzu kommt die steigende Professionalisierung vieler Berufsfelder. Nicht als Folge der Bildungsexpansion, sondern eher als Konsequenz des wirtschaftsstrukturellen Wandels kann man deshalb davon ausgehen, dass die Ungleichheit der Berufschancen heute eher noch stärker an die Ungleichheit der Bildungsabschlüsse gebunden ist.

Die Bedeutung der Bildung für die berufliche Positionierung variiert zudem nicht nur in (zeit-)historischer Perspektive, sondern auch zwischen den Gesellschaften, zum einen, weil die gerade angesprochenen wirtschaftsstrukturellen Entwicklungen u. U. sehr unterschiedlich weit gediehen sind, und zum anderen, weil unterschiedliche nationale Regelungen den Zugang zu bestimmten Positionen in unterschiedlicher Weise an spezifische Ausbildungserfordernisse binden (Müller 1994: 123). Die Auswirkungen der Bildungsexpansion für die soziale Ungleichheit und die soziale Mobilität im Beschäftigungssystem sind deshalb nicht zuletzt auch von institutionellen Regelungen des Zugangs zum Arbeitsmarkt abhängig.

---

1   Für eine genauere Analyse der beschriebenen Zusammenhänge siehe Boudon (1974: 3 ff.).

4.1.3.3 Auswirkungen auf den gesellschaftlichen Wohlstand

Während die Folgen der Bildungsexpansion für die Ungleichheits-
problematik keineswegs geklärt sind, müssen die Auswirkungen
auf das gesamtgesellschaftliche Wohlstandsniveau als «noch unge-
sicherter» (Müller 1998a: 83) angesehen werden. Weit verbreitet ist
zwar die Auffassung, dass Bildung «zur wichtigsten Grundlage für
den materiellen Wohlstand moderner Gesellschaften geworden»
(Hradil 2001: 149) ist. Empirische Studien belegen zudem eine positive Korrelation zwischen Bildung und wirtschaftlicher Entwicklung. Aber die zugrunde liegenden Wirkungszusammenhänge sind
bislang nur wenig geklärt (vgl. zum Stand der Forschung Graff 1996:
274–82). Dessen ungeachtet ist bei der Analyse von Wohlstands-
effekten der Bildungsexpansion schließlich auch die verlängerte
Dauer zu berücksichtigen, die die jüngeren Generationen in Bildungseinrichtungen verbringen und während der sie dem Produktionsprozess nicht (voll) zur Verfügung stehen.

Reflektiert man die Bedeutung der Bildungsexpansion für das
Sozialprodukt vor dem Hintergrund der dargestellten Arbeitsmarkttheorien, kommt man je nach Theorieansatz zu unterschiedlichen Schlussfolgerungen. Im Hinblick auf die strukturelle Theorie der Arbeitsplatzkonkurrenz stellt sich die Frage, ob überhaupt
nennenswerte Wohlstandseffekte ausschließlich auf die Bildungsexpansion zurückgehen oder vielmehr mit dem technischen Fortschritt, dem Strukturwandel der Wirtschaft und anderen Faktoren
zu erklären sind. In dem strukturalistischen Argumentationszusam-
menhang beruhen Wohlstandseffekte allenfalls auf einer verbesserten Allokation von Arbeitskräften zu Arbeitsplätzen – Kritiker
der Bildungsreformen sprechen aber in dieser Hinsicht auch von
Qualifikationsüberhängen.

Positive Auswirkungen der Bildungsexpansion auf das Sozialprodukt hängen daher stark von der Gültigkeit humankapitaltheoretischer Zusammenhänge ab. Im Hinblick auf das Humankapital
der Bevölkerung lässt sich aber bezweifeln, dass «das Leistungs-
niveau mit der quantitativen Vermehrung der gehobenen Bildungs-

abschlüsse ... Schritt gehalten» hat (Handl 1985: 700). In diese Richtung weisen auch die Ergebnisse der viel diskutierten PISA-Studie[1] (Baumert, Klieme, Neubrand et al. 2001), der zufolge deutsche Jugendliche im OECD-Vergleich nur unterdurchschnittliche Kompetenzen besitzen (vgl. zudem Avenarius, Ditton, Döbert et al. 2003: 187ff.). Für den Wohlstandseffekt ist aber die Qualität der (Aus-)Bildung sehr viel wichtiger als die formalen Bildungszertifikate (Barro 2001: 16f.). Geschmälert werden die Wohlstandseffekte der Bildungsexpansion auch dadurch, dass Frauen als die Hauptgewinner der Bildungsexpansion in vielen Ländern nicht hinreichend produktiv in den Arbeitsmarkt integriert sind, um zwischen dem Bildungsniveau von Frauen und dem Sozialprodukt einen Zusammenhang herstellen zu können (Barro 2001). Zugunsten einer Steigerung des Sozialprodukts durch höhere Bildung spricht allerdings, dass die Bildung von Männern in besonderem Maß mit dem Wirtschaftswachstum zusammenhängt, vermutlich weil sie die Diffusion neuer Technologien erleichtert (Barro 2001), und es ist nicht auszuschließen, dass auch ärmere Länder von Bildung auf höherem Niveau profitieren (so ein Ergebnis von Graff 1996).

4.1.3.4 Weitere Folgen der Bildungsexpansion

Die Bildungsexpansion geht im Übrigen mit zahlreichen gesellschaftlichen Entwicklungen einher, die oft als Folgen der Bildungsexpansion verstanden werden. Hierzu gehören die Säkularisierung, die Veränderungen der Frauenrolle in der Gesellschaft sowie eine Verminderung der sozialen Ungleichheit zwischen Männern und Frauen, der vermeintliche «Abschied von den klassenkulturellen Bindungen und Vorgaben des Herkunftsmilieus», verbunden mit einer Verbreitung ‹individualisierter› Denkweisen und Lebensstile (Beck 1986: 128), eine Entstandardisierung des Lebenslaufs (Meyer 1992a; 1992b), veränderte Formen der politischen Partizipation, der

---

[1] PISA steht für «Programme For International Student Assessment».

politische Wertewandel, der Wandel der Familie und der partnerschaftlichen Lebensform und vieles mehr.[1]

In Bezug auf den Wandel der Familie haben vor allem die verbesserten Verdienstchancen von Frauen und die Verlängerung biographischer Unsicherheiten durch verlängerte Bildungswege zu dem Aufschub von Heirat (Diekmann 1990) und Familiengründung (Klein 1989a) und zur Ausbreitung nichtehelicher Lebensgemeinschaften (Hill und Kopp 1999) beigetragen. In diesem Zusammenhang erfolgt eine Verstärkung der Bildungsspirale (Kapitel 4.1.2) auch dadurch, dass verlängerte Bildungswege und ein Aufschub der Familiengründung mit kleineren Familiengrößen einhergehen, in denen mehr in die Bildung der nächsten Generation investiert werden kann.

In Bezug auf den Wandel politischer Werte ist in der Bundesrepublik spätestens seit den 1970er Jahren vor allem ein Übergang von «alten Werten» wie Recht und Ordnung zu «neuen Werten» wie Gleichheit, Gerechtigkeit und Partizipation zu beobachten. Dabei werden die sozio-politischen Werte auch über das Bildungssystem vermittelt (vgl. insbesondere Herz 1987; Klein 1991a). Die Sozialisation durch das Bildungssystem ist umso nachhaltiger, je länger der Schulbesuch andauert. Darüber hinaus ist anzunehmen, dass (konforme) normative Wertorientierungen in höheren Bildungsschichten das ganze Leben hindurch eine vergleichsweise hohe Bedeutung für den Berufsverlauf haben. Auf dieser Basis lässt sich argumentieren, dass verlängerte Bildungswege und höhere Bildungsabschlüsse den Wertewandel intensivieren, der mit dem Generationswechsel verbunden ist.

Die Formulierung mancher der oben genannten, auf den ersten Blick plausiblen und scheinbar offensichtlichen ‹Folgen› der Bildungsexpansion basiert allerdings auf einem sehr unzureichenden empirischen Kenntnisstand. So bleibt die Frage offen, inwieweit einige Phänomene – z.B. der «Abschied von den klassenkulturellen

---

1 Zu den vielfältigen monetären und nichtmonetären Erträgen schulischer Bildung vgl. Avenarius und Koautoren (2003: 243–253).

Bindungen» – überhaupt zutreffen, inwieweit diese und andere Phänomene als Folge oder eher als Ursache der Bildungsexpansion zu betrachten sind und inwieweit es sich einfach um mehr oder weniger zufällige historische Parallelentwicklungen handelt.

4.2 Berufsstruktur und Beschäftigung

Die (Nicht-)Integration in das Beschäftigungssystem und die berufliche Stellung sind wohl die zentralen Determinanten sozialer Ungleichheit. Die Ungleichheit im Bildungssystem wird in erster Linie nur deshalb so viel beachtet, weil Bildung eine wichtige Voraussetzung für die Integration in das Erwerbsleben und für die Erlangung beruflicher Positionen darstellt. Die Erwerbstätigkeit – die eigene und/oder die von Angehörigen – ist hingegen für den weitaus größten Teil der Bevölkerung nicht nur die wichtigste Quelle materiellen Wohlstands (auch sozialstaatliche Transferleistungen wie Rentenzahlungen und Arbeitslosengeld hängen von der früheren Erwerbstätigkeit ab), sondern auch die weiteren Lebensbedingungen werden von der (Nicht-)Integration in das Beschäftigungssystem und von dem ausgeübten Beruf nachhaltig geprägt.

Das Beschäftigungssystem ist für die soziale Ungleichheit in zweierlei Weise bedeutsam: zum einen hinsichtlich der beruflichen Stellung, zum anderen hinsichtlich der Integration in das Erwerbssystem. Während die berufliche Position vor allem über das Arbeitseinkommen und die Arbeitsbedingungen bestimmt, hängen Sozialkontakte, individuelle Autonomie, Selbstbestätigung und anderes mehr davon ab, überhaupt in das Erwerbssystem integriert zu sein. Je höher die (potenzielle) Berufsposition, desto mehr ist in Bezug auf die Integration in das Erwerbssystem zu gewinnen, aber auch zu verlieren. Es wiegt damit im Hinblick auf die Verursachung sozialer Ungleichheit der Faktor der (Nicht-)Integration umso schwerer, je höher die (potenzielle) Berufsposition, und diese wiederum ist natürlich nur bei den Beschäftigten für den Sozialstatus relevant.

Beide Faktoren interagieren[1] also im Verursachungsprozess sozialer Ungleichheit.

4.2.1 Entwicklung von Berufsstruktur und Beschäftigung

4.2.1.1 Kategorisierungen und Entwicklungen

4.2.1.1.1 Berufsstruktur

Für die berufliche Stellung und die Berufsstruktur sind verschiedene Kategorisierungen gebräuchlich, die zum Teil als Klassenschema bezeichnet werden. Mit dem Begriff der Klasse ist seit Marx die Vorstellung verbunden, dass die gesellschaftliche Organisation der Produktion für die soziale Strukturierung von Lebenschancen verantwortlich ist, die sich mit der Klassenzugehörigkeit bzw. mit der individuellen Stellung im Produktionsprozess verbinden. Die bekanntermaßen von Marx analysierte Polarisierung der Gesellschaft in Arbeiter und Kapitalisten hat natürlich an offensichtlicher Gültigkeit in dem Maß verloren, wie eine Differenzierung der abhängigen Beschäftigung und insbesondere ein Anwachsen der Angestelltenschaft stattgefunden hat. Offen ist aber, ob der Klassenbegriff damit für die Analyse sozialer Ungleichheit obsolet geworden ist, ob das Klassenschema von Marx nach wie vor dahin gehend gültig ist, dass auch die Angestelltenberufe langfristig eine Proletarisierung erfahren, oder ob heute andere Klassenlagen relevant geworden sind.

Im Hinblick auf die zuletzt angesprochene Modernisierung der Klassenanalyse unterscheidet beispielsweise Weber (1972: 177)

---

[1] Von einem Interaktionseffekt spricht man, wenn der Einfluss einer Größe (Berufsposition) auf eine andere (soziale Stellung) davon abhängt, wie es um eine dritte Größe (Integration in das Beschäftigungssystem) bestellt ist. Entsprechend ist z. B. der Einfluss von Arbeitslosigkeit auf das Abstiegsrisiko von der (früheren) Berufsposition abhängig.

zwischen «Besitzklassen» und verschiedenen «Erwerbsklassen», die sich auch durch Qualifikation unterscheiden. In den empirischen Studien der letzten Jahrzehnte finden unterschiedliche Klassenschemata Verwendung,[1] und je nach den gesellschaftlichen Verhältnissen erscheinen in der Tat unterschiedlich definierte Klassenlagen für eine Analyse sozial ungleicher Verteilung von Lebenschancen angebracht. Selbst in der ‹klassenlosen› Gesellschaft der DDR erschließt sich die Ungleichheit der Lebenschancen über die «Widersprüchlichkeit der ‹sozialistischen Eigentumsverhältnisse›» (Solga 1996: 19), aus denen sich spezifische Klassen ableiten: Denn trotz weitgehender Abschaffung privaten Eigentums an Produktionsmitteln war die dem Eigentum äquivalente Verfügungsgewalt über den Produktions- und Verteilungsprozess auf eine kleine Gruppe – die Parteielite – konzentriert, und andere Klassenlagen – z.B. die der «administrativen Dienstklasse» und die der «sozialistischen Arbeiterklasse» (Solga 1996: 21) – definierten sich über unterschiedliche bzw. nichtvorhandene Teilhabe an der Verfügungsmacht über die Produktionsmittel. Bei der Analyse moderner Wohlfahrtsstaaten wurden vereinzelt auch die Lebenslagen von Nichterwerbstätigen mit dem Begriff der «Versorgungsklassen» erfasst (z.B. Alber 1984; Lepsius 1979: 179), die sich dadurch definieren, dass «Unterschiede in sozialpolitischen Transfereinkommen und Unterschiede in der Zugänglichkeit zu öffentlichen Gütern und Dienstleistungen die Klassenlage, d.h. die Güterversorgung, die äußere Lebensstellung und das innere Lebensschicksal bestimmen» (Lepsius 1979: 179).

In der amtlichen Statistik ist eine Kategorisierung gebräuchlich, die sich als «Stellung im Beruf» bezeichnet (vgl. z.B. Statistisches Bundesamt 2001e: 101). Die «Stellung im Beruf» findet in vielen empirischen Untersuchungen Berücksichtigung (Handl 1988; 1991;

---

1 Für den internationalen Vergleich ist insbesondere das Klassenschema von Goldthorpe und Kollegen (Erikson, Goldthorpe und Portocarero 1979; Evans 1992) gebräuchlich sowie der International Socio-Economic Index of Occupational Status, ISEI, der auf der International Standard Classification of Occupations, ISCO, beruht (vgl. für die deutsche Umsetzung Schimpl-Neimanns 2004).

Tegtmeyer 1979). Sie ist außerdem Ausgangspunkt für die Operationalisierung verschiedener Klassenschemata, so auch für die deutsche Operationalisierung des Klassenschemas von Goldthorpe (vgl. z. B. Mayer 1991: 88 f.). Die folgende Darstellung des berufsstrukturellen Wandels bezieht sich auf die in der quantitativen Entwicklung am besten dokumentierte «Stellung im Beruf».

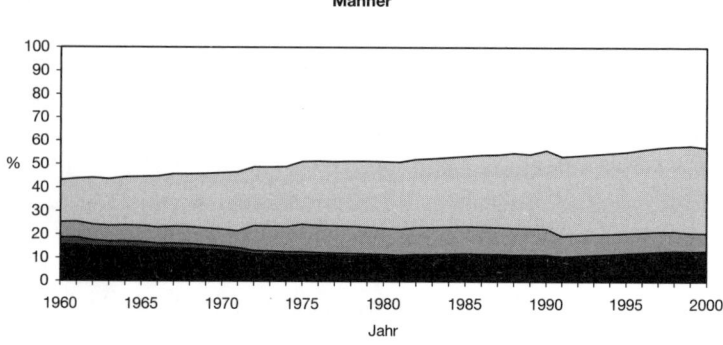

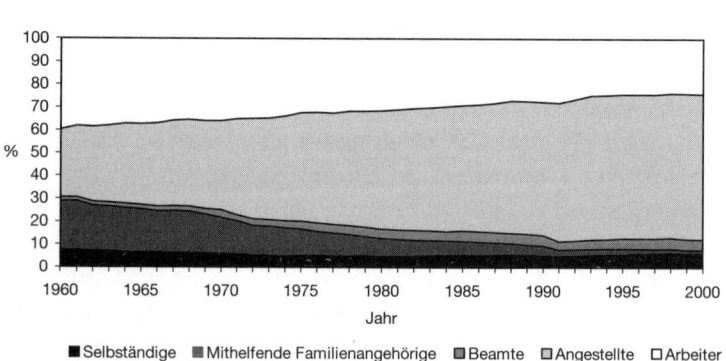

■ Selbständige ■ Mithelfende Familienangehörige ■ Beamte ▨ Angestellte □ Arbeiter

Abbildung 4.2.1: Veränderungen der Berufsstellungsstruktur der Erwerbstätigen in Deutschland seit 1960
Quellen: Statistisches Bundesamt 1966: 50; 1976: 87; 1985b: 115; 1991c: 259; 2000a: 254

In Abbildung 4.2.1 sind zunächst die Veränderungen der Berufsstellungsstruktur bis 2000 wiedergegeben. Die Abbildungen unterscheiden den regelmäßig amtlich publizierten Grobkategorien der «Stellung im Beruf» entsprechend zwischen Arbeitern, Angestellten, Beamten, mithelfenden Familienangehörigen und Selbständigen (inklusive der Selbständigen in der Landwirtschaft). Bei den Männern (Abbildung 4.2.1, oberer Teil) ist in dem betrachteten Zeitraum der Anteil der Arbeiter von fast 60 auf etwa 40 % im Jahr 2000 zurückgegangen, vor allem zugunsten der Angestelltenschaft, die von etwa 15 auf ebenfalls 40 % angewachsen ist. Bei den weiblichen Erwerbstätigen verlief die Entwicklung in dieselbe Richtung, wobei aber Angestelltenberufe (inklusive der Hausangestellten) bei ihnen seit jeher ein stärkeres Gewicht hatten.

Die Zahl der Beamten ist vor allem zu Beginn der 1970er Jahre deutlich angewachsen, bei den Männern gehörten über fast zwei Jahrzehnte hinweg etwa 10 % der Erwerbstätigen zu den Beamten, und erst im gesamtdeutschen Durchschnitt hat sich ihr Anteil nach 1990 wieder reduziert. Der bis in die 80er Jahre anhaltende Rückgang der Selbständigen beruht bei den Männern auch auf einem Rückgang der Selbständigen in der Landwirtschaft, d.h. der Bauern. Entsprechend ist der lange Zeit vor allem bei Frauen sehr verbreitete Status des Mithelfenden Familienangehörigen stark geschrumpft (vgl. Abbildung 4.2.1).

4.2.1.1.2 Beschäftigung

Hinsichtlich der Integration in das Erwerbssystem sind unterschiedliche Kategorisierungen des Erwerbsstatus verbreitet, die des Statistischen Bundesamts, die der Arbeitsverwaltung, und besonders in Umfragedaten werden auch verschiedene Formen der Nichterwerbstätigkeit genauer unterschieden (z.B. im Sozio-oekonomischen Panel, vgl. Kapitel 5.3.1). Die international gebräuchliche und hierzulande vom Statistischen Bundesamt realisierte ILO-Klassifikation der International Labour Organisation (Labour-

Force-Konzept) ist in Abbildung 4.2.2 dargestellt und der Begriffs-systematik der deutschen Arbeitsverwaltung gegenübergestellt.

Das Labour-Force-Konzept unterscheidet zwischen Erwerbs*personen* und Nichterwerbspersonen, wobei die Erwerbspersonen die Erwerbs*tätigen* und die Erwerbs*losen* umfassen (vgl. Abbildung 4.2.2). Gleichzeitig wird zwischen Erwerbstätigen und Nichter-werbstätigen unterschieden, wobei die Erwerbslosen zu den Nicht-erwerbstätigen zählen. Die Kategorisierung hängt somit im Detail davon ab, wie die Erwerbslosen auf der einen Seite von den Er-werbstätigen und auf der anderen Seite von den Nichterwerbsper-sonen abgegrenzt sind (vgl. im Folgenden auch Riede und Sacher 2004; Seifert 2003). Im Hinblick auf die Abgrenzung gegenüber der Erwerbstätigkeit macht sich Erwerbslosigkeit daran fest, dass der Betreffende nicht (d.h. weniger als eine Stunde pro Woche) arbeitet. Im Hinblick auf die Abgrenzung gegenüber der Nicht-erwerbsbeteiligung ist Erwerbslosigkeit definiert durch (1) aktive Arbeitssuche in den zurückliegenden vier Wochen und durch (2) sofortige Verfügbarkeit für eine Beschäftigung innerhalb von zwei Wochen. Als erwerbslos gelten dabei auch diejenigen, die eine Arbeitssuche abgeschlossen haben und eine Erwerbstätigkeit in-nerhalb der nächsten drei Monate aufnehmen (Riede und Sacher 2004: 150).

Im Unterschied zur Erwerbslosigkeit ist Arbeitslosigkeit auch mit einer geringfügigen Beschäftigung vereinbar, die weniger als 15 Stunden pro Woche in Anspruch nimmt (vgl. Abbildung 4.2.2). Auf der anderen Seite zählen als arbeitslos nur diejenigen, die arbeitslos gemeldet sind und der Arbeitsvermittlung zur Verfügung stehen.[1] Natürlich haben Arbeitslosigkeit und Erwerbslosigkeit eine hohe Überschneidung: Bezogen auf das Jahr 2002 gelten 77,5 % der Ar-beitslosen auch als erwerbslos (Seifert 2003: 15). Aber 7,9 % der Ar-beitslosen gelten nach dem Labour-Force-Konzept als erwerbstätig, weil sie einer geringfügigen Beschäftigung nachgehen, und 14,6 %

---

[1] Erwerbslose sind ferner auf die 15- bis 75-Jährigen begrenzt, Arbeitslose hinge-gen auf die 15- bis 65-Jährigen.

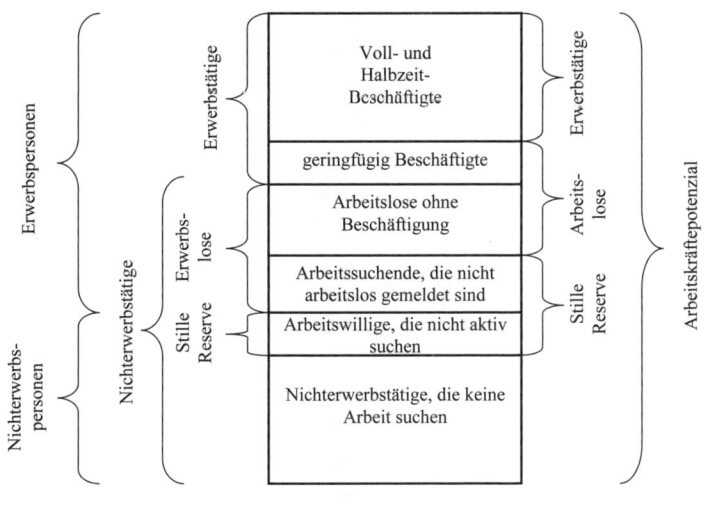

Labour-Force-Konzept
(ILO, Statistisches Bundesamt)

Arbeitslosen-Konzept
(Arbeitsverwaltung)

Abbildung 4.2.2: Arbeitsmarkt und Beschäftigung – Begriffssystematik

gelten nicht als erwerbslos, weil sie dem Arbeitsmarkt nicht unmittelbar zur Verfügung stehen (Seifert 2003: 15).[1] Andererseits zählen die Erwerbslosen, die nicht arbeitslos gemeldet sind, nicht als arbeitslos (vgl. Abbildung 4.2.2). Summa summarum existieren im Jahr 2002 bei gut 4 Millionen Arbeitslosen 3,4 Millionen Erwerbslose (Riede und Sacher 2004: 151).

Beiden Begriffen ist gemeinsam, dass sie eine Gruppe von Nichterwerbstätigen nicht erfassen, die zwar den Wunsch nach Arbeit hat, aber insbesondere wegen mangelnder Erfolgsaussichten nicht durch Arbeitslosmeldung und/oder durch eigene Suche aktiv wird. Diese so genannte Stille Reserve (vgl. Abbildung 4.2.2) drängt bei verbesserter Wirtschaftslage wieder auf den Arbeitsmarkt und ist bei der Bestimmung der Beschäftigungslücke zu berücksichtigen.

---

1 Letzteres kommt in Abbildung 4.2.2 nicht zum Ausdruck.

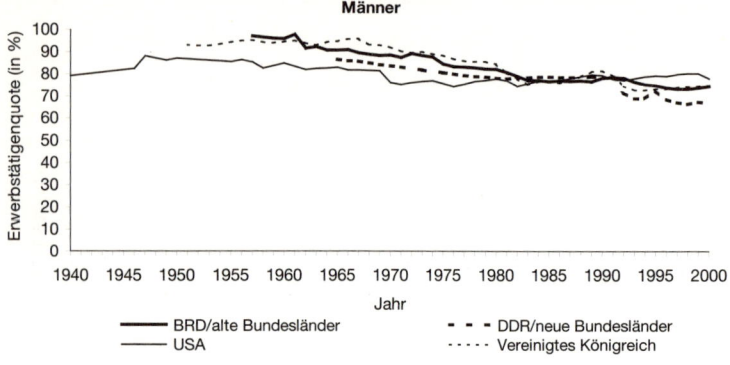

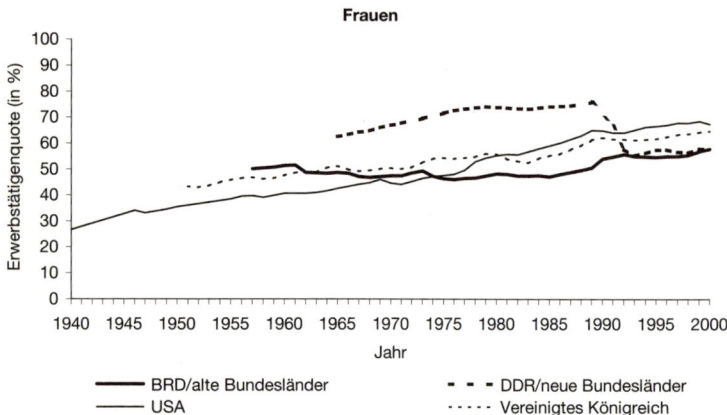

Abbildung 4.2.3: Die Erwerbstätigenquote[1] von Männern und Frauen seit 1940 im internationalen Vergleich

[1] im Alter von 15 bis 65 Jahren

Quellen: Statistisches Bundesamt (verschiedene Jahrgänge des Statistischen Jahrbuchs für die Bundesrepublik Deutschland); Staatliche Zentralverwaltung für Statistik (verschiedene Jahrgänge des Statistischen Jahrbuchs der DDR); U.S. Census Bureau (verschiedene Jahrbücher der Statistical Abstracts of the United States); National Statistics (verschiedene Jahrgänge der Annual Abstracts of Statistics); zum Teil eigene Berechnungen

Die wichtigsten Größen der Beschäftigungsentwicklung sind die Erwerbstätigen und die Arbeits- respektive Erwerbslosen. Abbildung 4.2.3 bezieht sich zunächst auf die Erwerbstätigkeit. Während die Erwerbstätigenquote von Männern in vielen westlichen Industrieländern im Verlauf der zurückliegenden Jahrzehnte leicht abgenommen hat, ist die von Frauen überall gestiegen. Abbildung 4.2.3 zeigt diesen Sachverhalt für Deutschland, Großbritannien (Vereinigtes Königreich) und die USA. Eine Sonderentwicklung zeigt sich lediglich in der DDR bzw. in den neuen Bundesländern, wo sich die Erwerbstätigenquote von Frauen nach 1990 auf das westdeutsche Niveau reduziert hat und die von Männern wegen der hohen Arbeitslosigkeit unter das westdeutsche Niveau gefallen ist.

Verantwortlich für die allgemein rückläufige Erwerbstätigenquote von Männern sind drei Faktoren: die verlängerten Schul- und Ausbildungszeiten, der frühere Übergang in den Ruhestand und die Zunahme der Arbeitslosigkeit. Die Frauenerwerbstätigkeit hat hingegen in allen Ländern – trotz Arbeitslosigkeit, verlängerter Ausbildung und vorgezogenem Ruhestand – deutlich zugenommen. Sowohl das Niveau als auch die Anstiege differieren jedoch nicht unerheblich. Die zugenommene Erwerbstätigkeit von Frauen steht insbesondere mit höheren Ausbildungsabschlüssen sowie mit einem Rückgang der Fertilität in Zusammenhang. Höhere Frauenerwerbsquoten als in Deutschland erklären sich in den betreffenden Ländern teilweise mit einer weiter fortgeschrittenen Entwicklung zur Dienstleistungsgesellschaft (vgl. Kapitel 4.2.2.1.1) und teilweise mit familienpolitischen Rahmenbedingungen, welche die Frauenerwerbstätigkeit in unterschiedlichem Maß fördern (vgl. Kapitel 4.2.2.2).

In Bezug auf die Länderunterschiede des Niveaus und des Anstiegs der Frauenerwerbstätigkeit ist allerdings zu berücksichtigen, dass sich die Länder stark unterscheiden im Hinblick auf das Ausmaß, das dabei der Teilzeitarbeit zukommt. Diese Unterschiede betreffen sowohl den internationalen Vergleich als auch die zeitliche Entwicklung in einzelnen Ländern. Ausschlaggebend für den Anstieg der Frauenerwerbstätigenquote sind zwar verbesserte

Jahr	Frauen insgesamt	mit Kindern unter 18 J.	mit Kindern unter 15 J.	mit Kindern unter 6 J.	mit Kindern unter 3 J.
1957	46,1	32,1[1]	32,6[1]	30,3[1]	–
1961	47,0	35,2	34,6[1]	31,3[1]	29,7
1965	44,6	35,0	–	29,6[1]	–
1970	46,0	36,5	34,8[1]	31,2[1]	27,8
1975	46,4	40,8	39,9	34,0	31,3
1980	48,2	43,5	42,3	36,0	33,5
1985	47,1	42,8	40,6	35,0	32,4
1990	53,9	50,0	48,6	41,1	37,1
1995	55,2	57,6	55,9	45,1	39,7
2000	57,8	63,3	61,5	51,8	48,3

Tabelle 4.2.1: Erwerbstätigenquote von Frauen im Alter von 15 bis unter 65 Jahren, insgesamt und nach dem Alter der im Haushalt lebenden Kinder

[1] Einschließlich der Frauen im Alter von 65 Jahren und mehr. Bei Frauen mit Kindern unter 18 Jahren ist dieser Unterschied in der Erwerbstätigenquote jedoch zu vernachlässigen.

Quellen: Statistisches Bundesamt 1977: 86; 1987: 235; 1992: 118; 2001a: 328ff.; Bundesministerium für Arbeit und Sozialordnung 1991; 2001a: jeweils Kap. 2.3

Beschäftigungs- und Karrierechancen für Frauen, ein Aufschub der Familiengründung und vermehrte dauerhafte Kinderlosigkeit. Hinzu kommt aber auch, dass vor allem die Erwerbstätigkeit von Frauen mit Kindern erheblich zugenommen hat. Aus Tabelle 4.2.1 ist ersichtlich, dass die Erwerbstätigkeit von Frauen mit Kindern unter 18 Jahren seit Mitte der 1990er Jahre sogar über dem Niveau der Erwerbstätigkeit aller Frauen (auch der ohne Kinder) rangiert, was an der inzwischen auch bei Frauen hohen Erwerbsquote im mittleren Erwachsenenalter liegt, in dem sich die betreffenden Mütter befinden (vgl. auch unten Abbildung 4.2.5). Darüber hinaus zeigt sich eine mit dem Alter der Kinder deutlich steigende Erwerbstätigenquote von Müttern.

Abbildung 4.2.4 zeigt schließlich die Entwicklung der Arbeitslosigkeit und die der Langzeitarbeitslosigkeit für Deutschland. Die hohe Arbeitslosigkeit nach dem Zweiten Weltkrieg – bedingt durch

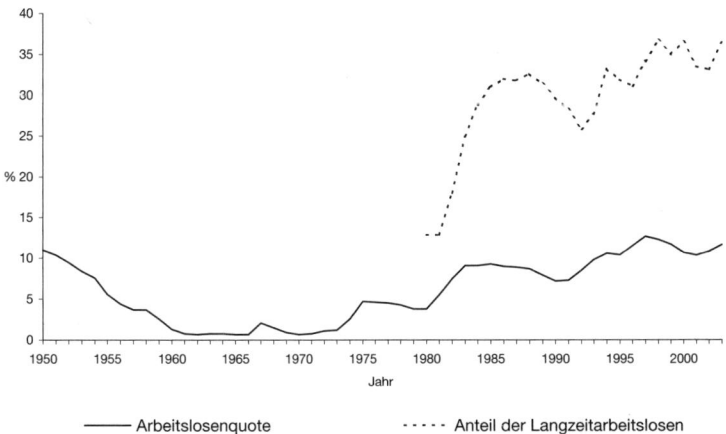

Abbildung 4.2.4: Arbeitslosenquote und Anteil der Langzeitarbeitslosen
(1 Jahr und länger arbeitslos) für Deutschland[1] (in %)
[1] von 1950 bis 1958 ohne das Saarland
Quellen: Bundesanstalt für Arbeit (http://www.pub.arbeitsamt.de/hst/ser-
vices/statistik/detail/d.html, 4.5.2005); Bundesanstalt für Arbeit 1995:
36; eigene Berechnungen

Kriegszerstörung und Zuwanderung – ist während der 1950er Jahre im Zusammenhang mit der prosperierenden wirtschaftlichen
Entwicklung stark gesunken und bleibt bis Mitte der 1970er Jahre
auf einem historisch niedrigen Niveau von zumeist unter 1 %. Die
sprunghaften Anstiege Mitte der 1970er und Anfang der 1980er
Jahre erklären sich mit wirtschaftlichen Rezessionen (den so genannten Ölkrisen) und Anfang der 1980er Jahre auch mit geburtenstarken Jahrgängen, die in dieser Zeit auf den Arbeitsmarkt
gedrängt sind und zu einem Anstieg vor allem der Jugendarbeits-
losigkeit geführt haben. Zu Beginn der 1980er Jahre hat zudem der
Anteil der Langzeitarbeitslosen unter den Arbeitslosen sprunghaft
zugenommen.

4.2.1.2 Intergenerationale und intragenerationale Berufs- und Beschäftigungsmobilität

Die bisher beschriebenen arbeitsmarkt- und berufsstrukturellen Entwicklungen sind das Ergebnis von beruflichen Auf- und Abstiegsprozessen zwischen den Generationen und über den Lebensverlauf, von Arbeitslosigkeitsrisiken und Wiederbeschäftigungschancen sowie von anderweitigen, vor allem familiär bedingten Erwerbsunterbrechungen. Es ist deshalb angebracht, auch die verschiedenen Kategorien der Nichterwerbstätigkeit in eine umfassende Betrachtung der Berufsmobilität einzubeziehen. Ein traditionell[1] beliebtes Instrument der Analyse beruflicher Auf- und Abstiegsprozesse ist die schon im Kontext der Bildungsmobilität vorgestellte Mobilitätsmatrix (Kapitel 4.1.1.2). Die Anwendung der Mobilitätsmatrix ist nicht notwendigerweise auf Mobilitätsprozesse innerhalb des Beschäftigungssystems beschränkt. In Zeiten hoher Arbeitslosigkeit ist im Hinblick auf die Karrieremobilität u. U. besonders interessant, auch die Ausgrenzungsrisiken aus verschiedenen Berufspositionen und die Wiederaufnahme einer Erwerbstätigkeit mit zu betrachten (z. B. Bulmahn 1996: 37).

4.2.1.2.1 Berufsmobilität

Die Mobilitätstabellen 4.2.2 und 4.2.3, die auf Berechnungen von Hartmann beruhen, geben zunächst einen Einblick in die intergenerationalen Mobilitätsmuster zwischen Berufspositionen (vgl. im Folgenden Hartmann 1998).[2] Beide Tabellen beziehen sich nur auf die Mobilität zwischen Vätern und Söhnen, entsprechen also der traditionell männerzentrierten Klassenanalyse mit einer zunehmend

---

1 Vgl. z. B. Bolte (1959: 156f., 163), Janowitz (1958: 11, 15), Müller (1975: 56, 61) und Lepsius (1979: 184).
2 Zahlreiche Analysen von anderen Autoren ergeben ein weitgehend ähnliches Bild.

überholten Zuweisung der Klassenzugehörigkeit allein über die berufliche Stellung des Mannes.[1] Tabelle 4.2.2 analysiert, wie sich die einzelnen, zu sozialen Klassen zusammengefassten Berufsgruppen selbst und aus anderen Klassen rekrutieren. Die Tabelle gibt mit anderen Worten ein Bild der intergenerationalen Durchmischung in der bestehenden Klassenstruktur. In Westdeutschland (oberer Teil von Tabelle 4.2.2) erfolgt eine hohe Selbstrekrutierung nicht nur in der oberen Dienstklasse[2] (33 % der Männer dieser Klasse entstammen einem entsprechenden Elternhaus), sondern auch bei Facharbeitern/Technikern (56 %), bei Selbständigen (29 %) und bei landwirtschaftlichen Berufen (88 %). Bezieht man auch Daten aus den 1980er Jahren in die Analyse ein (Hartmann 1998: 49), liegt die Selbstrekrutierung von Selbständigen sogar über 40 % (tabellarisch nicht wiedergegeben).

Die hohe Selbstrekrutierung bei Selbständigen und vor allem bei Landwirten erklärt sich mit hohen Voraussetzungen an ökonomisches Kapital, das in der Regel nicht innerhalb einer Generation erworben werden kann. Die von 40 auf 29 % zurückgegangene Selbstrekrutierung bei den westdeutschen Selbständigen außerhalb der Landwirtschaft steht möglicherweise in Zusammenhang mit sinkenden Kapitalvoraussetzungen aufgrund des fortschreitenden Tertiarisierungsprozesses der Wirtschaft (vgl. Kapitel 4.2.2.1.1). Selbständige rekrutieren sich ansonsten vor allem aus Facharbei-

---

1   Zur Kritik dieser Vorgehensweise und zu alternativen Ansätzen vgl. unten Kapitel 4.2.3.3.

2   Zur oberen Dienstklasse sind hier vor allem die Berufsstellungen der Angestellten und Beamten zusammengefasst. Die Bezeichnung von Angestellten und Beamten als Dienstklasse leitet sich aus einer marxistischen Perspektive her, nach der beide Gruppen im Dienst einer eigentlich herrschenden, bürgerlichen und politischen Klasse Herrschaft über die Arbeiterklasse ausüben. Die Arbeits(markt)situation der Angestellten und Beamten unterscheidet sich vor diesem Hintergrund im Hinblick auf Arbeitsplatzsicherheit, Karrierechancen und andere Privilegien traditionell von der der Arbeiterklasse (vgl. z.B. Herz 1990). Der Begriff der Dienstklasse ist allerdings in empirischen Untersuchungen unterschiedlich abgegrenzt, zum Teil werden sogar Selbständige zur Dienstklasse gerechnet (z.B. Müller 1986: 348).

Väter[1]	Söhne[1]					
	obere Dienst-klasse[2]	untere Dienst-klasse[3]	Fach-arb./Techni-ker	sonsti-ge Arbeiter	Selb-stän-dige[4]	landw. Berufe
	Westdeutschland					
obere Dienstklasse[2]	33	11	4	(5)	10	(0)
untere Dienstklasse[3]	15	21	8	(4)	9	(1)
Facharbeiter/Techniker	26	39	56	44	29	(4)
sonstige Arbeiter	4	9	16	15	7	(4)
Selbständige[4]	11	12	6	7	29	(3)
landwirtschaftl. Berufe	11	7	10	25	16	88
gesamt: %	100	100	100	100	100	100
Fallzahl	240	315	696	148	117	76
	Ostdeutschland					
obere Dienstklasse[2]	15	11	7	(5)	(11)	(0)
untere Dienstklasse[3]	20	18	6	(11)	(8)	(16)
Facharbeiter/Techniker	39	43	54	53	48	(21)
sonstige Arbeiter	(5)	9	12	15	(6)	(11)
Selbständige[4]	8	8	6	(3)	22	(3)
landwirtschaftl. Berufe	13	11	16	15	(5)	50
gesamt: %	100	100	100	100	100	100
Fallzahl	145	152	541	76	63	38

Tabelle 4.2.2: Männer nach der beruflichen Stellung und der des Vaters (Zustromquoten in %)
[1] Bei nicht (mehr) Erwerbstätigen bezieht sich die Zuordnung auf den letzten Beruf.
[2] obere und mittlere Ränge der Dienstklasse
[3] niedrige Ränge der Dienstklasse
[4] außerhalb der Landwirtschaft
Quelle: Hartmann 1998: 51

ter- und Technikerfamilien – besonders in Ostdeutschland in den ersten Jahren nach der Wende.

Bei Landwirten kommt eine hohe Selbstrekrutierung zudem auch dadurch zustande, dass es sich bei der Landwirtschaft um einen schrumpfenden Sektor handelt, sodass erzwungene Zustrom-

Väter[1]		Söhne[1]					gesamt	
	obere Dienst- klasse[2]	untere Dienst- klasse[3]	Fach- arb./ Techn.	sons- tige Ar- beiter	Selb- stän- dige[4]	landw. Berufe	%	Fallzahl
Westdeutschland								
obere Dienstklasse[2]	49	21	19	(4)	7	(0)	100	162
untere Dienstklasse[3]	20	38	33	(3)	6	(1)	100	177
Facharbeiter/Techniker	9	18	57	10	5	(0)	100	675
sonstige Arbeiter	(5)	16	61	12	(4)	(2)	100	186
Selbständige[4]	18	26	26	7	22	(1)	100	153
landwirtschaftl. Berufe	11	10	28	16	8	28	100	239
Ostdeutschland								
obere Dienstklasse[2]	26	20	42	(5)	(8)	(0)	100	86
untere Dienstklasse[3]	27	26	29	(8)	(5)	(6)	100	107
Facharbeiter/Techniker	11	13	59	8	6	(2)	100	491
sonstige Arbeiter	(7)	13	63	11	(4)	(4)	100	104
Selbständige[4]	17	17	42	(3)	20	(1)	100	71
landwirtschaftl. Berufe	13	10	56	7	(2)	12	100	156

Tabelle 4.2.3: Männer nach der beruflichen Stellung und der des Vaters (Abstromquoten in %)
[1] Bei nicht (mehr) Erwerbstätigen bezieht sich die Zuordnung auf den letzten Beruf.
[2] obere und mittlere Ränge der Dienstklasse
[3] niedrige Ränge der Dienstklasse
[4] außerhalb der Landwirtschaft
Quelle: Hartmann 1998: 51

mobilität entfällt und die Angehörigen dieses Sektors besonders häufig aus diesem Bereich kommen. Es entspricht aus den genannten Gründen einer internationalen Regelmäßigkeit, dass die Selbstrekrutierung im landwirtschaftlichen Sektor größer ist als bei anderen Selbständigen und bei diesen wiederum größer als bei abhängig Beschäftigten. Dabei ist unter den westdeutschen Lohn- und Gehaltsempfängern die Selbstrekrutierung in der oberen Dienstleistungsklasse, d.h. ‹ganz oben›, wesentlich höher als ‹ganz unten›, nämlich unter («sonstigen») Arbeitern. Bei Facharbeitern/Technikern beruht die hohe Selbstrekrutierung vor allem darauf, dass diese Gruppe sehr groß ist, was dazu führt, dass sich auch die anderen Gruppen zu einem großen Anteil aus dieser Gruppe rekrutieren (vgl. Tabelle 4.2.2).

Dies wird auch deutlich, wenn man die Mobilitätschancen betrachtet. Die obere Dienstklasse beispielsweise rekrutiert sich zu 26 % – in Ostdeutschland sogar zu 39 % – aus Facharbeiter- und Technikerfamilien (vgl. Tabelle 4.2.2), während die Aufstiegschance der Söhne von Facharbeitern und Technikern in die obere Dienstklasse nur bei 9 bzw. 11 % liegt (Tabelle 4.2.3). Die Chance, sich in der oberen Dienstklasse zu platzieren, ist hingegen mit 49 % (Westdeutschland) besonders hoch, wenn schon der Vater dieser Gruppe angehört(e). Die Ungleichheit der Aufstiegschancen nach ‹ganz oben› ist aber in unterschiedlichen Bereichen der Gesellschaft verschieden stark ausgeprägt. Wie aus Elitestudien (z.B. Schnapp 1997: 77) hervorgeht, rekrutieren sich vor allem hohe FDP-Politiker sowie die Eliten in Kultur und Wirtschaft aus einem sozial hoch gestellten Elternhaus. Allerdings ist auch in der Gewerkschaftselite und unter hohen PDS-Politikern eine soziale Herkunft aus der oberen Dienstklasse überrepräsentiert. Man kann somit von einer hohen Immobilität ‹ganz oben› sprechen. Am unteren Ende der Skala beruflicher Stellungen haben hingegen Arbeitersöhne gute Chancen, zumindest Facharbeiter oder Techniker zu werden.

Geringe Abstiegsrisiken der obersten Klasse und gute Aufstiegschancen ‹ganz unten› kennzeichnen eine kollektive Aufwärtsmobilität (vgl. auch Pollak 2004: 619). Diese beruht zum einen auf einer Verschiebung der Positionsstruktur von der Landwirtschaft (dem primären Sektor) über den industriellen zum Dienstleistungssektor (Tertiarisierungsprozess), in deren Kontext die Arbeiterschaft zugunsten der Angestelltenschaft stark geschrumpft ist und auch Arbeiterkinder häufiger in die Dienstklassen aufgestiegen sind, als das jemals zuvor der Fall war.[1] Wenngleich die zirkuläre Mobilität

---

1 Für eine ausführliche Darstellung dieser Verursachungszusammenhänge vgl. unten Kapitel 4.2.2.1.

zumeist größer ist als die Strukturmobilität (Herz 1983: 199), so ist in den zuvor wiedergegebenen Mobilitätstabellen doch immerhin mehr als ein Viertel der Mobilität durch den Wandel der Positionsstruktur, d.h. strukturell bedingt (Hartmann 1998: 59). Zum anderen tragen zu der kollektiven Aufwärtsmobilität in der Geschichte der Bundesrepublik auch demographische Effekte bei: eine Unterschichtung durch Zuwanderung, ein größerer Kinderreichtum in unteren Sozialschichten und Vakanzen in der Positionsstruktur, die durch die Kriegsmortalität entstanden sind (Müller 1986: 343).

Eine Mobilitätsbarriere existiert allerdings zwischen manuellen und nicht-manuellen Berufen. Selbst Männer aus Facharbeiter-/Technikerfamilien haben nur vergleichsweise geringe Chancen, sich als Angestellte oder Beamte zu etablieren (Tabelle 4.2.3). Lediglich in der Anfangsphase der DDR hatten Arbeiterkinder vergleichsweise gute Aufstiegschancen (auch durch die Bevorzugung von Arbeiterkindern im Bildungssystem). Ausschlaggebend für die ansonsten hohe Barriere zwischen Arbeiter- und Angestelltenschaft sind zum einen ausgeprägte kulturelle Unterschiede zwischen manuellen und nicht-manuellen Berufen. Die Mobilitätsbarrieren zwischen Angestellten und Beamten einerseits und Arbeitern andererseits sind zum anderen in Deutschland besonders ausgeprägt, weil das Beamtentum hier weit verbreitet ist und sich die Angestelltenschaft ähnliche Privilegien sichern konnte.[1]

---

1 Vergleicht man die berufliche Stellung von Frauen mit der ihrer Väter, zeigen sich ähnliche Strukturen klassenunterschiedlicher Mobilitätschancen wie bei Männern (vgl. zusätzlich auch Marshall 1996: 405f.), jedoch gelingt Frauen mit ihrer eigenen Berufsposition seltener der Klassenerhalt: Sie steigen häufiger von der oberen Dienstklasse, in der der Vater war, in die untere Dienstklasse ab, von Facharbeiter- und Technikerfamilien zu sonstigen Arbeitern und von Selbständigenhaushalten zu eigener Nichtselbständigkeit (Hartmann 1998: 55). Generell ist auch in anderen Ländern die intergenerationale Mobilität von Frauen größer als die von Männern, wenn man sich jeweils auf den Beruf des Vaters bezieht (Portocarero 1983a; 1983b; 1985; Roos 1985). Im Hinblick auf die Geschlechtssegregation des Arbeitsmarkts ist allerdings zu berücksichtigen, dass die Generationenmobilität zwischen Vätern und Töchtern auch den Charakter erzwungener Mobilität aufweist. Dementsprechend zurückhaltend sind auch einige Ergebnisse zu interpretieren, wonach Frauen in Relation zum Vater bessere

	Nicht- Dienstklasse	Untere Dienstklasse	Obere Dienstklasse
Bevölkerung	73	21	6
Gesamtelite	35	31	35
Gewerkschaften	69	21	10
CDU/CSU-Politiker	40	29	31
B 90/Grüne-Politiker	39	36	25
Wirtschaftsverbände	36	25	39
Wirtschaft	35	25	40
Wissenschaft	35	31	35
SPD-Politiker	34	31	35
Verwaltung	31	35	35
Massenmedien	31	35	35
Sonstige Elite	31	36	33
Kultur	35	16	49
Militär	28	34	38
PDS-Politiker	25	63	13
FDP-Politiker	23	28	49

Tabelle 4.2.4: Soziale Zusammensetzung von Eliten und Bevölkerung Westdeutschlands nach der beruflichen Stellung des Vaters, 1995 (in %) Quelle: Bürklin et al. 1997: 77

Diese deutsche Besonderheit stellt in noch verstärktem Maße eine Barriere für die Karrieremobilität dar. Negative Auswirkungen auf die Karrieremobilität hat zudem die speziell in Deutschland hohe Institutionalisierung beruflicher Ausbildungsabschlüsse, besonders der Lehre und des Meisterabschlusses. Aus den genannten Grün-

---

Aufstiegschancen haben als Männer, denn viele detailliertere Klassenschemata sind an Männerberufen orientiert, und die Analyse bezieht sich notwendigerweise immer auf eine Vorselektion erwerbstätiger Frauen mit überdurchschnittlichen Berufsaussichten (Blishen und Carroll 1978; Boyd 1982). Eine höhere Generationenmobilität von Frauen steht außerdem in gewissem Widerspruch dazu, dass ihre Karrieremobilität geringer ist (Mayer 1991: 60).

den ist in Deutschland die Generationenmobilität (vgl. z.B. Janowitz 1958: 11; Kappelhoff und Teckenberg 1987; Müller 1986: 350f.) und erst recht die Karrieremobilität (vgl. z.B. Allmendinger und Hinz 1997: 271ff.; Kappelhoff und Teckenberg 1987: 319) geringer als in zahlreichen anderen Ländern.

Die Mobilität ist allerdings in verschiedenen Bereichen der Gesellschaft höchst unterschiedlich. Wie für Deutschland aus Tabelle 4.2.4 hervorgeht, rekrutiert sich beispielsweise die Elite[1] der FDP-Politiker und die Kulturelite fast zur Hälfte aus Familien der oberen Dienstklasse. Hoch sind die Anteile auch in der Wirtschaft und beim Militär. Vergleichsweise selten – aber trotzdem weit überdurchschnittlich – ist eine Herkunft aus der oberen Dienstklasse bei der Gewerkschaftselite und bei PDS-Politikern (Tabelle 4.2.4).

In der deutschen Geschichte sind ansonsten historische Ereignisse – der Zweite Weltkrieg, die Etablierung des DDR-Staats und die Wende in Ostdeutschland – für Mobilitätsprozesse von Bedeutung gewesen. In Westdeutschland dominieren insgesamt im Vergleich zwischen 1939 und 1955 berufliche Karriereaufstiege über die Abstiege (Janowitz 1958: 11, Tabelle 4).[2] Berufliche Mobilitätsprozesse sind aber nach dem Zweiten Weltkrieg auch durch Flucht und Vertreibung entstanden, in deren Folge insbesondere die überdurchschnittlich qualifizierten Zuwanderer aus der DDR im Westen beruflich niedriger platziert wurden, als es in dieser Zeit ihrer Qualifikation entsprach (Lüttinger 1986: 33f.).

In Ostdeutschland war nach dem Zweiten Weltkrieg zunächst der Umbau in eine «sozialistische Klassenstruktur» (Solga 1996: 23f.) für strukturelle Mobilität verantwortlich: eine Marginalisierung der bürgerlichen Dienstklasse und der Selbständigen zugunsten einer neuen administrativen sozialistischen Dienstklasse. Hinzu kam im weiteren Verlauf ein Anwachsen der Arbeiterklasse zu Lasten der

---

1 Für die zugrunde liegende Definition vgl. Machatzke (1997: 37ff.; 1995) und Hoffmann-Lange (1992: 90ff.).
2 Allerdings ist die Analyse von Janowitz leider nicht trennscharf auf intragenerationale Mobilität bezogen.

Bauern und in den 1970er Jahren ein zusätzlicher Bedarf an hoch qualifiziertem Leitungs- und Verwaltungspersonal (Solga 1996: 24).

Das Ende der DDR und die Transformation nach der Wende war in Ostdeutschland mit einem hohen Ausmaß von ‹Karriere›-Mobilität verbunden. In Tabelle 4.2.5 (beruhend auf Berechnungen von Bulmahn 1996: 37) hat in den ersten vier Jahren des Transformationsprozesses – d.h. zwischen 1990 und 1994 – die Mehrzahl der Beschäftigten ihre berufliche Stellung verloren. Am stärksten sind die leitenden Angestellten betroffen, die nach vier Jahren nur noch zu 8 % in ihrer (oder einer anderen) Führungsposition beschäftigt waren. Ein hoher Anteil von (32 + 19 =) 51 % wurden zu hoch qualifizierten oder qualifizierten Angestellten, 12 % wurden selbständig, und 23 % wurden aus dem Erwerbsleben freigesetzt, zumeist in die Arbeitslosigkeit oder in den Vorruhestand (Tabelle 4.2.5). Eine Ursache für die hohe Abstiegsmobilität der leitenden Angestellten ist ein bei diesen häufiges Qualifikationsdefizit: Politische Loyalität war in den DDR-Führungspositionen wichtiger als berufliche Qualifikation (Bulmahn 1996: 31, 37). Zudem sind auch die leitenden Angestellten Opfer strukturell erzwungener Mobilität, da DDR-spezifische Führungspositionen abgeschafft wurden. Eine hohe Verbleibsquote in ihrer beruflichen Position hatte lediglich die kleine Gruppe der Selbständigen. Bei allen anderen Berufsgruppen dominieren Abstiege über Aufstiege, wobei einfache Angestellte und un- und angelernte Arbeiter überdurchschnittlich häufig auch von Freisetzung in Arbeitslosigkeit betroffen sind (Tabelle 4.2.5).

Anwendungen der Mobilitätsmatrix auf Biographieabschnitte, die sich durch historische Epochen (z.B. Bulmahn 1996: 37; Janowitz 1958: 11) oder durch Phasen des Lebenslaufs (z.B. Blossfeld 1989: 96ff.; Mayer 1991; Noll 1987: 456) abgrenzen, sind vergleichsweise selten. Aber zumindest das zuvor skizzierte Bild intergenerationaler Mobilitätsmuster findet sich weitgehend auch in anderen Analysen wieder (z.B. Handl 1991: 707; Pollak 2004: 614ff.). Allerdings divergieren die jeweils berichteten Werte über Selbstrekrutierungsquoten, Aufstiegschancen und Abstiegsrisiken und über das gesamte Ausmaß der Mobilität zum Teil doch beträchtlich. Die Ursachen

| | | 1994 | | | | | | | darunter | | |
	lei-tende Ange-stellte	Selb-stän-dige	hoch qual. Ange-stellte	Arbei-ter-elite	quali-fizierte Ange-stellte	Fach-arbei-ter	ein-fache Ange-stellte	Un- und Ange-lernte	Nicht-er-werbs-tätige[1]	Ar-beits-lose	Vor-ruhe-ständ-ler	gesamt
leitende Angestellte	8	12	32	0	19	3	2	0	23	7	11	100
Selbständige	0	71	2	2	3	6	2	1	13	10	1	100
hoch qual. Angestellte	4	8	40	0	20	1	6	0	21	9	8	100
Arbeiterelite	0	5	4	21	12	23	3	3	29	9	16	100
qualifizierte Ange-stellte	0	3	8	1	48	4	8	1	27	14	6	100
Facharbeiter	0	3	1	4	5	41	4	12	30	14	9	100
einfache Angestellte	0	1	2	0	14	12	23	10	37	26	3	100
Un- und Angelernte	0	0	0	1	1	14	5	26	54	34	8	100
Nichterwerbstätige[1]	0	4	5	2	11	10	12	5	52	21	0	100
gesamt	1	6	9	3	16	18	7	7	33	16	7	100

Tabelle 4.2.5: Intragenerationale Mobilität in Ostdeutschland im Zeitraum von 1990 bis 1994 (Abstromquoten in %)

[1] Nichterwerbstätige unterhalb des Rentenalters

Quelle: Bulmahn 1996: 37

hierfür sind vielfältig. Zum einen geben unterschiedlich differenzierte Klassifizierungen ein unterschiedlich differenziertes Bild der sozialen Mobilitätsprozesse. Mit der Zahl der Klassen und der Verteilung der Bevölkerung auf die Klassen ist außerdem auch ein u. U. sehr unterschiedliches Ausmaß rein zufälliger Mobilität verbunden (vgl. Kapitel 4.1.1.2).[1] So ist z. B. das international viel verwendete Klassenschema von Goldthorpe und Kollegen (z. B. Erikson, Goldthorpe und Portocarero 1979; Goldthorpe 1980: 60 f.) weit differenzierter als das von Marx, das mit nur zwei sehr ungleich besetzten Klassen kaum Spielraum für Mobilität zulässt. Bevor man auch im internationalen Vergleich Aussagen über die relative Offenheit und Durchlässigkeit des jeweiligen Beschäftigungssystems treffen kann, sind unterschiedliche Klassengrößen und deren unterschiedliche Veränderung über die Zeit zu standardisieren.

Eine zentrale Ursache für die jedenfalls numerisch sehr unterschiedlichen Ergebnisse verschiedener Mobilitätsanalysen ist zum anderen der Zeitbezug. In den zuvor geschilderten Ergebnissen kommen ganz unterschiedliche Stadien des Karriereprozesses im Lebenslauf zum Tragen. Für eine bessere Interpretierbarkeit ist deshalb eine Beschränkung auf einzelne Geburtsjahrgänge sinnvoll (z. B. Hartmann 1998: 65; Noll 1987: 452 f.), die allerdings schnell in ein Fallzahlproblem mündet, wenn der Datensatz nicht sehr groß ist. Und was die Ergebnisse zur Generationenmobilität betrifft, so besteht die Gefahr, dass die Väter bei der Erhebung in ihrem Karriereprozess jeweils bereits tendenziell weiter vorangekommen sind als ihre Söhne.[2] Letztendlich handelt es sich aber bei vielen Er-

---

1 Diese so genannten Randverteilungseffekte werden seit den 1970er Jahren auch mit der log-linearen Modelltechnik bereinigt (Goodman 1979; Sobel 1983; Sobel, Hout und Duncan 1985). Unter Kontrolle von Randverteilungseffekten müssen u. U. früher gewonnene Ergebnisse zum Teil revidiert werden (z. B. Erikson, Goldthorpe und Portocarero 1979; Grusky und Hauser 1994).

2 Einige Analysen beziehen sich wohl auch aus diesem Grund auf die berufliche Stellung des Vaters, als der Sohn 15 Jahre alt war (z. B. Noll 1987: 452; Pollak 2004: 615), wobei aber auch hierbei der Karriereprozess – je nach dem Alter des Vaters bei Geburt des Sohns – sehr unterschiedlich weit vorangeschritten sein kann und auf jeden Fall dem des Sohns voraus ist.

gebnissen doch um eine kaum interpretierbare Mischung aus unterschiedlichen Kohortenzugehörigkeiten und/oder Karrierephasen.

Wegen der eingeschränkten Aussagekraft vieler Mobilitätstabellen gehört die lebenslauf- bzw. berufsverlaufbezogene Analyse heute zum Standard der beruflichen Mobilitätsforschung. In zunehmendem Maße werden deshalb berufliche Mobilitätsprozesse mit der Methode der Sterbetafel (vgl. Kapitel 2.4.1.2) und anderen ereignisanalytischen Methoden (Blossfeld, Hamerle und Mayer 1986; Blossfeld und Rohwer 1995; Diekmann und Mitter 1993) analysiert.[1] Anstatt der altersspezifischen Sterbewahrscheinlichkeit liegt der Analyse dabei die Wahrscheinlichkeit des Eintritts von Ereignissen des beruflichen Lebenslaufs zugrunde: die beschäftigungsdauerabhängige Wahrscheinlichkeit der Erlangung einer bestimmten beruflichen Position (z.B. Mayer und Carroll 1987), die gleichfalls beschäftigungsdauerabhängige Wahrscheinlichkeit eines Arbeitsplatzwechsels (z.B. Mayer und Carroll 1987) oder des Eintritts von Arbeitslosigkeit (z.B. Klein 1990a), die arbeitslosigkeitsdauerabhängige Wiederbeschäftigungschance (z.B. Klein 1990a; Schneider 1990) usw. Analog zur Sterbetafelberechnung kommt man zu Aussagen über die ‹Überlebens›-Wahrscheinlichkeit, nach einer bestimmten Zeit keinen Aufstieg erreicht bzw. den Arbeitsplatz nicht gewechselt zu haben, von Arbeitslosigkeit verschont geblieben oder noch arbeitslos zu sein. Zum Gegenstand der Analyse wird hierdurch auch die Verweildauer in einzelnen Statuspositionen sowie die Geschwindigkeit und die Abfolge von Statuspositionen im Lebenslauf (z.B. Mayer 1991: 71). Differenziert man dabei die Erwerbsprofile nach der sozialen Herkunft, wird auch die Generationenmobilität sichtbar, wobei sich die erreichten Berufspositionen von Vätern und Söhnen lebensalter- oder beschäftigungsdauerspezifisch und daher besser vergleichen lassen als in Mobilitätstabellen. Die ein-

---

1 Eine gute Zusammenstellung verschiedener Methoden der beruflichen Mobilitätsforschung findet sich bei Henz (1996: 129 ff.). Für einen guten Überblick über die Entwicklung und die Etappen der beruflichen Mobilitätsforschung siehe insbesondere Ganzeboom (1991), Handl (1991: 697–700) und Hradil (2001: 383–385).

gangs beschriebenen Querschnittstrukturen von Arbeitsmarkt und Beschäftigung erscheinen damit als Resultat sehr komplexer inter- und intragenerationaler Mobilitätsprozesse.

4.2.1.2.2 Beschäftigungsmobilität

Ein spezieller Aspekt der Karrieremobilität ist die Beschäftigungsmobilität. Diese betrifft sowohl die erste Aufnahme einer Berufstätigkeit als auch nachfolgende Erwerbsunterbrechungen und schließlich die Beendigung des Erwerbslebens. Der Saldo beruflicher Ein- und Ausstiege spiegelt sich in der Entwicklung der Erwerbsquote über den Lebenslauf wider. Zudem sind die zentralen Determinanten der Erwerbstätigenquote stark an das Lebensalter gekoppelt, sodass eine Darstellung nach dem Alter aufschlussreich ist (vgl. Abbildung 4.2.5). Im Vergleich zum Jahr 1960 hat die Erwerbstätigenquote des Jahres 2000 im jungen Erwachsenenalter aufgrund der Bildungsexpansion stark abgenommen. Dies gilt sowohl für Männer als auch für Frauen. Auch der frühere Übergang in den Ruhestand drückt sich im Altersbereich zwischen 60 und 65 Jahren in deutlich verminderten Erwerbstätigenquoten aus. Im mittleren Altersbereich ist hingegen die Erwerbstätigkeit von Männern zurückgegangen, während die von Frauen stark zugenommen hat.

Die verminderte Erwerbstätigkeit von Männern im mittleren Erwachsenenalter geht insbesondere auf den Anstieg der Arbeitslosigkeit zurück. Unter den Arbeitslosen besteht jedoch eine hohe Fluktuation. Um die Größenordnung zu verdeutlichen: Im Jahr 2000 gab es bei einem Arbeitslosenbestand von – grob gesprochen – vier Millionen Arbeitslosen Zu- und Abgänge von jeweils etwa sieben Millionen (Statistisches Bundesamt 2001e: 126). Der enorme Anstieg der Langzeitarbeitslosigkeit (vgl. Abbildung 4.2.4) legt allerdings nahe, dass die Fluktuation unter den Arbeitslosen seit den 1980er Jahren zurückgegangen ist. Außerdem sind es nicht immer neue Bevölkerungsteile, die eine Phase der Arbeitslosigkeit durchleben, diese ist vielmehr oft ein Bestandteil von instabilen Erwerbskarrieren und Mehrfacharbeitslosigkeit (Andreß 1989; Ludwig-Mayerhofer 1996).

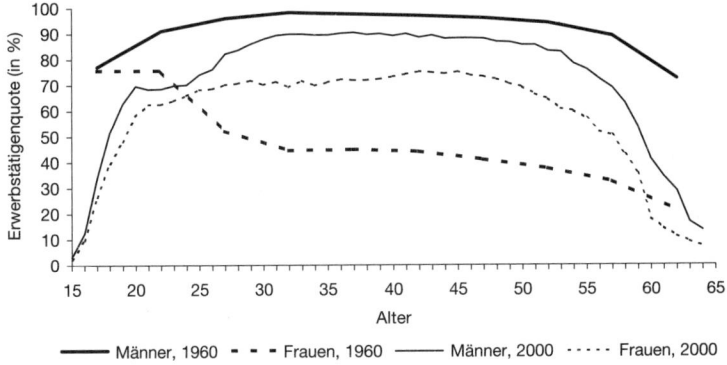

Abbildung 4.2.5: Altersspezifische Erwerbstätigenquoten[1] in Deutschland nach Geschlecht, 1960 und 2000

[1] Für das Jahr 1960 sind Erwerbspersonenquoten abgebildet. Aufgrund der damals geringen Erwerbslosigkeit weichen jedoch diese nur geringfügig von den Erwerbstätigenquoten ab.

Quellen: Statistisches Bundesamt 1962: 44; 1965: 20; Statistisches Bundesamt 2000c: 39–40; eigene Berechnungen

Die trotz Arbeitslosigkeit stark angestiegene Erwerbstätigenquote von Frauen im mittleren Erwachsenenalter hat verschiedene Gründe: Sie ist nicht zuletzt Folge eines zusätzlichen Arbeitsangebots von Familienmitgliedern, mit dem die Arbeitslosigkeit eines anderen Familienmitglieds ausgeglichen werden soll – ein Zusammenhang, der seit Voytinski (1940) als Additional-Worker-Effekt bzw. als Zusatzarbeitereffekt bezeichnet wird. Aufgrund der höheren Erwerbsquote von Männern sind die Zusatzarbeiter meist Frauen, sodass in Zeiten hoher Arbeitslosigkeit auch Zusatzarbeitereffekte zur Erklärung eines höheren weiblichen Arbeitsangebots beitragen.

Ausschlaggebend für den Anstieg der Frauenerwerbsquote im mittleren Erwachsenenalter sind allerdings verbesserte Karriereperspektiven, der Aufschub von Heirat und Familiengründung, die vermehrte Ehe- und Kinderlosigkeit und die erhöhte Erwerbsorientierung auch von Müttern. Die aufgeführten Faktoren tragen dazu bei, dass die Erwerbstätigkeit von Frauen im Altersbereich zwischen 20 und 30 heute ‹zunimmt›[1], während sie 1960 gerade in diesem Altersbereich stark ‹abgenommen› hatte. Diese Veränderung steht im Kontext eines veränderten erwerbsbiographischen Musters von Frauen: In den ersten Jahrzehnten nach dem Zweiten Weltkrieg war das so genannte Familienzyklusmodell vorherrschend, das geprägt ist von hoher Erwerbsbeteiligung im jungen Erwachsenenalter, einer familienbedingten Erwerbsunterbrechung und ggf. einem Wiedereinstieg in einen oft gering qualifizierten Beruf nach der Familienphase. Vor dem Hintergrund der hohen dauerhaften Kinderlosigkeit, verbesserter Karriereaussichten von Frauen und einer starken Erwerbsorientierung nach später Mutterschaft hat aber in der Zwischenzeit eine Polarisierung weiblicher Erwerbsbiographien dahin gehend stattgefunden, dass sich bei einem Teil der Frauen die Erwerbsbiographie an die der Männer angeglichen hat, während bei dem anderen Teil das Familienzyklusmodell fortdauert.

4.2.2 Allgemeine Determinanten der beruflichen Mobilität und der Beschäftigungschancen

4.2.2.1 Berufliche Mobilität

4.2.2.1.1 Quantitative Gelegenheitsstrukturen

Die berufliche Platzierung ist das Ergebnis beruflicher Mobilität bzw. Immobilität. Eine zentrale Determinante gesellschaftlicher Mobilitätsmuster und individueller Mobilitätschancen ist die Po-

---

1 Die Kurven in Abbildung 4.2.5 beziehen sich auf zwei Kalenderjahre, nicht auf zwei Kohorten, und sind deshalb nicht wirklich lebensverlaufsbezogen interpretierbar. Die für 1960 wiedergegebene Altersabhängigkeit existiert jedoch weitgehend auch im Lebenslauf der betreffenden Kohorten (Lauterbach 1994: 50).

sitionsstruktur bzw. deren Wandel. Besonders deutlich wird der Einfluss der Positions- bzw. Organisationsstruktur auf die Berufskarriere innerhalb von Organisationen (vgl. z.B. Gaertner 1990; Müller 1985; Marsden und Campbell 1990), aber auch auf gesamtgesellschaftlicher Ebene werden Mobilitätsprozesse durch die Positionsstruktur gestaltet (Blau und Duncan 1967). Länderunterschiede der Mobilität beruhen nicht zuletzt auf Unterschieden der gesamtgesellschaftlichen Positionsstruktur und dem Wandel, den diese zwischen den Generationen (Generationenmobilität) und während des Lebenslaufs (Karrieremobilität) erfahren hat. Die Positionsstruktur einerseits begünstigt ein umso größeres Ausmaß an zirkulärer Mobilität, je stärker die Verteilung der Beschäftigten auf die Berufspositionen einer Gleichverteilung entspricht (vgl. Kapitel 4.1.1.2, insbesondere Tabelle 4.1.6). Der Wandel der Positionsstruktur andererseits gibt vor, in welchem Maße Berufsmobilität strukturell erzwungen ist. Unterschiedliche Strukturen und unterschiedlicher Wandel bilden auf diese Weise «unterschiedliche *Gelegenheitsstrukturen* für Mobilitätsprozesse» (Müller 1986: 341). Je schneller berufsstruktureller Wandel vonstatten geht, desto stärker schlägt er nicht nur bei der Generationenmobilität, sondern auch bei der Karrieremobilität zu Buche.

Mit einem schnellen Wandel der Positionsstruktur ist in Westdeutschland vor allem der rasche Wiederaufbau nach dem Zweiten Weltkrieg verbunden. Entsprechende Ereignisse sind in Ostdeutschland der Umbau in ein sozialistisches System, aber auch die Wende nach 1990. Im Hinblick auf die langfristigen Veränderungen der Positionsstruktur sind ansonsten Mobilitätsprozesse in allen westlichen Industrieländern von einem Tertiarisierungsprozess geprägt, der durch drei Stationen gekennzeichnet ist (vgl. Fourastié 1954; Müller 1983): Ausgehend von der vorindustriellen Agrargesellschaft mit einer landwirtschaftlich dominierten ‹Beschäftigungs›-Struktur fand im Zuge der Industrialisierung zunächst eine Proletarisierung (und Verarmung) großer Bevölkerungsteile statt, die fortan in der Industrie bzw. im produzierenden Gewerbe (sekundärer Sektor) tätig waren. Während in Deutschland 1882 noch

43 % der Erwerbstätigen in der Landwirtschaft (d.h. im primären Sektor) beschäftigt waren, sind es im Jahr 2003 nur noch 2,4 % (Statistisches Bundesamt 2004: 257). Der sekundäre Sektor, in dem 1882 ein Drittel der Erwerbstätigen beschäftigt war, ist bis 1970 auf die Hälfte angewachsen (Statistisches Bundesamt 2004: 103), aber seither stark rückläufig zugunsten eines beschleunigten Tertiarisierungsprozesses, in dessen Folge mittlerweile mehr als zwei Drittel der Beschäftigten im Bereich Handel, Verkehr und Dienstleistungen (tertiärer Sektor) tätig sind (Statistisches Bundesamt 2004: 257). Ursache dieses wirtschaftsstrukturellen Wandels ist keineswegs nur eine Verschiebung der Nachfrage, sondern auch technischer Fortschritt, Rationalisierung und damit eine enorme Erhöhung der Arbeitsproduktivität in Landwirtschaft und Industrie (Fourastié 1954).[1] Der mit dem Tertiarisierungsprozess einhergehende berufsstrukturelle Wandel ist in erster Linie durch einen Rückgang manueller Berufe und all der Beschäftigungen gekennzeichnet, in denen formale Qualifikation nur einen geringen Stellenwert hat (vgl. z.B. Cornelsen 1994: 81). Der wirtschaftsstrukturelle Wandel ist somit in der Phase der Industrialisierung für ein Anwachsen der Arbeiterschaft verantwortlich, und er begünstigt in der Phase der Tertiarisierung eine Zunahme des Angestelltenanteils an den Beschäftigten. Internationale Unterschiede der Mobilitätsmuster kommen zum Teil dadurch zustande, dass die Gesellschaften im Tertiarisierungsprozess unterschiedlich weit vorangeschritten sind. Das kann z.B. bedeuten, dass der Anteil der Industriebeschäftigten in einigen Ländern noch zunimmt, während er in anderen bereits zurückgeht. Die im internationalen Vergleich geringen Mobilitätsraten in Deutschland korrespondieren beispielsweise mit einem (noch) kleinen Dienstleistungssektor (Statistisches Bundesamt 2004: 104). Die lange Zeit hohen Mobilitätschancen in den USA erklären sich hingegen mit einem vergleichsweise frühen und schnellen Wandel

---

1 Einige neuere Entwicklungen vergrößern allerdings den tertiären Sektor nur in der Statistik, z.B. Ausgliederungen von dienstleistungsorientierten Unternehmensbereichen im produzierenden Gewerbe.

hin zu einer Berufsstruktur, die durch Dienstleistungen geprägt ist (Erikson und Goldthorpe 1985). Auch der schon angesprochene wirtschaftsstrukturelle Wandel nach 1990 in Ostdeutschland lässt sich als verspäteter Tertiarisierungsschritt interpretieren (Bender und Meyer 1993; Geißler 1991).

Die Gelegenheitsstrukturen für berufliche Mobilitätsprozesse werden allerdings nicht nur durch die Positionsstruktur – d.h. durch die Arbeitsnachfrage – geprägt, sondern gleichfalls auch durch die Struktur des Arbeitsangebots. Intergenerationale Aufstiegsmobilität wird beispielsweise in dieser Hinsicht auch gefördert, soweit niedrigere Klassen höhere Kinderzahlen haben. Ein anderes Beispiel sind Über- und Unterschichtungsprozesse infolge von Zuwanderung. Während die Bundesrepublik in den 1960er und 70er Jahren eine Unterschichtung durch Zuwanderung erfahren hat, durch die für Einheimische die Aufstiegsmobilität erleichtert wurde, hat in Ostdeutschland nach 1990 in einigen Bereichen eine Überschichtung durch Westdeutsche stattgefunden.

4.2.2.1.2 Das Mobilitätsregime

Zu unterscheiden von den ausgeführten, quantitativ definierten Gelegenheitsstrukturen sind Einflüsse auf die Mobilitätschancen und die berufliche Platzierung, die durch Zugangsregelungen und anderweitige Mechanismen sozialer Schließung zustande kommen. Diese gesellschaftlichen Steuerungsprozesse sozialer Mobilität, die oft im Mittelpunkt soziologischer Mobilitätsforschung stehen, lassen sich in Anlehnung z.B. an Featherman, Lancaster und Hauser (1975) oder an Esping-Andersen (1993a) auch als das Mobilitätsregime einer Gesellschaft bezeichnen.[1] Zur Beurteilung der relativen Offenheit oder Geschlossenheit einer Gesellschaft ist es sinnvoll, die auch durch quantitative Gelegenheitsstrukturen geprägten Mo-

---

1 Ähnliches ist auch mit anderen Begriffen gemeint, z.B. mit dem der Arbeitsmarktpraktiken (Brittain und Wholey 1990).

bilitätsmuster in Relation zur jeweiligen Positionsstruktur und deren Veränderung und damit zugespitzt auf das Mobilitätsregime hin zu betrachten.

Im Hinblick auf die intergenerationale Mobilität umschließt das Mobilitätsregime alle sozialen Prozesse, die die berufliche Platzierung – direkt oder indirekt – von der sozialen Herkunft abhängig machen. Was beispielsweise die Selbstrekrutierung von Selbständigen betrifft, gehört zum Mobilitätsregime einerseits die Möglichkeit der Vererbung von Betriebseigentum (die in sozialistischen Staaten weitgehend ausgeschlossen war), andererseits das Ausmaß, in dem in der betreffenden Gesellschaft eine Existenzgründung von vererbtem Betriebskapital abhängt oder aufgrund der Wirtschaftsstruktur, aufgrund von Existenzgründungsunterstützungen und anderen Faktoren auch für andere Herkunftsklassen möglich ist. Die Statusvererbung der oberen Dienstklasse funktioniert hingegen eher indirekt, nämlich vermittelt über das Bildungssystem. Das Bildungssystem stellte auch in der DDR einen wesentlichen Mechanismus der Statusvererbung dar. Zum Mobilitätsregime gehören dabei einerseits alle Faktoren, die den Zugang zu höherer Bildung für untere Schichten erleichtern oder erschweren (vgl. Kapitel 4.1.2.2), andererseits das Ausmaß, in dem Bildung und berufliche Platzierung in der jeweiligen Gesellschaft aneinander gekoppelt sind (vgl. Kapitel 4.1.3.2). Die Verkoppelung von Bildungs- und Beschäftigungssystem ist zudem auch für die Karrieremobilität entscheidend.

Zwei zum Teil schon angesprochene institutionelle Besonderheiten, die das Mobilitätsregime betreffen, sind in Deutschland für vergleichsweise niedrige Mobilitätsraten mitverantwortlich. Alle deutschsprachigen Länder haben zum einen die Tradition, dass eine stark formalisierte Ausbildung vor den Beginn des Erwerbslebens gestellt und Voraussetzung dafür ist, dass qualifizierte Karrierewege offen stehen, während in anderen Ländern die berufliche Qualifizierung stärker während des Berufslebens stattfindet. Elemente der hohen Institutionalisierung beruflicher Ausbildungsabschlüsse sind sowohl die Lehre als auch die Akademisierung einiger

Berufsfelder. Die Steuerungsfunktion des Bildungssystems für die Besetzung beruflicher Positionen ist daher in Deutschland besonders ausgeprägt.

Zum andern leidet traditionell in den deutschsprachigen Ländern speziell die Karrieremobilität an der Differenzierung zwischen Arbeitern, Angestellten und Beamten (vgl. im Folgenden Kocka 1990; 1981). Einzigartig ist in Deutschland die nach wie vor große Zahl öffentlich Bediensteter im Beamtenverhältnis auch in Bereichen ohne hoheitliche Aufgaben. Die privilegierte Stellung der Beamten ist durch lebenslange Beschäftigung und Besitzstandswahrung gekennzeichnet. Auch die Angestellten in der Privatwirtschaft und vor allem diejenigen im öffentlichen Dienst konnten sich zum Teil ähnliche Sonderrechte gegenüber der Arbeiterschaft sichern. Arbeiter, Angestellte und Beamte sind in Deutschland außerdem durch unterschiedliche Regelungen und sogar durch unterschiedliche Einrichtungen sozial sehr verschieden abgesichert (Lederer 1912: 224ff., 266ff.). All dies schafft in Deutschland beträchtliche Mobilitätsbarrieren zwischen den drei Gruppen, die besonders für die Karrieremobilität hinderlich sind (z.B. Becker 1994; Keller und Klein 1994), während in anderen Ländern die Zahl der Beamten wesentlich kleiner ist und eine Annäherung der Arbeitsbedingungen immerhin zwischen den manuellen und den unteren nicht-manuellen Berufen zu beobachten ist (z.B. Gallie 1996).

Im Rahmen des Mobilitätsregimes ist außerdem in vielen westlichen Industrienationen eine Segmentierung des Arbeitsmarkts von Bedeutung. Diesbezügliche Analysen (ein guter Überblick findet sich bei Keller 1997: 325ff.) stehen in der Tradition der Theorie des Dualen Arbeitsmarkts (Doeringer und Piore 1971). Zentrale These der Theorie des Dualen Arbeitsmarkts ist die Spaltung des Arbeitsmarkts in ein primäres und ein sekundäres Segment. Beide Segmente unterscheiden sich durch völlig konträre Arbeitsbedingungen hinsichtlich Bezahlung, Beschäftigungsstabilität und vor allem Aufstiegschancen. Während diese Dualisierung in den USA mit einer entsprechenden Gliederung des Gütermarkts in Verbindung gebracht wird, einem großindustriellen, wenig konjunkturempfindlichen Bereich mit standardisierter Massenproduktion und einem stark konjunkturabhängigen Bereich von Klein- und Mittelbetrieben, ist in der Bundesrepublik eher eine Segmentierung auf der Basis von Einzelbetrieben, ein Bereich der Stammbelegschaften und ein Bereich der fluktuierenden Randbelegschaften, festzustellen (Sengenberger 1987; 1978). Die Segmentierung in der Bundesrepublik wird vor allem mit dem betrieblichen Rationalitätsprinzip erklärt, angesichts schwankender Nachfrage die Austauschbarkeit der Arbeitskräfte möglichst groß und die Anlernkosten möglichst gering zu halten. Ausgehend von der Vorstellung strukturalistischer Arbeitsmarkttheorien, nach der die Produktivität eines Arbeitnehmers stärker von der Ausgestaltung des Arbeitsplatzes als von seiner formalen Qualifikation abhängt, wird dieses Prinzip einerseits – bei den Arbeitsplätzen des sekundären Segments – durch niedrige Qualifikationsanforderungen und die Schaffung von «Jedermann-Arbeitsplätzen» verwirklicht. Bei den Arbeitsplätzen des primären Segments erfolgt andererseits entweder eine Bindung des Arbeitnehmers an den Betrieb – nicht zuletzt durch die Eröffnung von Mobilitätschancen –, wenn der von ihm ausgefüllte Arbeitsplatz hohe Anlernkosten verursacht (betriebsinterne Teilarbeitsmärkte), oder eine hohe Qualifikation ist durch Ausbildung so standardisiert, dass die betreffenden Arbeitnehmer ohne großen Verlust zwischen den Betrieben austauschbar sind (berufsfachlicher Teilarbeitsmarkt). Vor allem im primären Arbeitsmarktsegment existieren gute Mobilitätschancen, während für die Beschäftigten im sekundären Segment kaum Karriereaussichten bestehen, weder innerhalb des sekundären Segments noch durch Wechsel in das primäre Segment. Wegen der geringen Qualifikationsanforderungen im sekundären Arbeitsmarktsegment lassen sich die Arbeitsmarktbarrieren auch als «Qualifikationsbarrieren» (Blossfeld und Mayer 1988: 281) bezeichnen.

4.2.2.1.3 Individuelle Faktoren

Neben den quantitativ definierten Gelegenheitsstrukturen und den verschiedenen Komponenten des Mobilitätsregimes hängen berufliche Platzierung und berufliche Mobilität natürlich auch von individuellen Merkmalen ab. Dabei knüpfen verschiedene Komponenten des Mobilitätsregimes an individuelle Merkmale an. So avancieren Bildungszertifikate erst durch enge Verknüpfung von Bildungs- und Beschäftigungssystem zu einer wichtigen Determinante der beruflichen Platzierung. Niedrig-Qualifizierte und Frauen sind dabei im sekundären Arbeitsmarktsegment konzentriert – Frauen deshalb, weil wegen der familienbedingt geringeren Beschäftigungsstabilität arbeitsplatzspezifische Anlernkosten stärker ins Gewicht fallen als bei Männern.

Mobilitätschancen und -risiken resultieren letztendlich aus dem Zusammenwirken von beschäftigungsstrukturellen Gegebenheiten und Veränderungen, von all den Faktoren, die das Mobilitätsregime ausmachen, und von individuellen Merkmalen:

– Die Gelegenheitsstrukturen bestimmen zum einen darüber, in welchem Ausmaß soziale Mobilität gegebenenfalls erzwungen ist. Zum anderen definieren sie das Ausmaß, in dem zirkuläre Mobilität zu erwarten ist, wenn sie nicht durch das Mobilitätsregime sozial gesteuert wird.

– Das Mobilitätsregime ist gegebenenfalls für soziale Schließungsmechanismen und dafür verantwortlich, wenn die beobachtete Mobilität von der Zufallsverteilung abweicht.

– Individuelle Merkmale beeinflussen schließlich, wer von Auf- und Abstiegsprozessen betroffen ist.

Die betreffenden Determinanten finden sich in vielen Mobilitätsprozessen und deren Analyse wieder. So greifen z.B. auch bei den Auswirkungen der ostdeutschen Transformation auf die Karrieremobilität nach 1990 entsprechende Mechanismen ineinander, nämlich die Modernisierung, die Wiedervereinigung und die noch zu DDR-Zeiten erworbenen Qualifikationen und Berufserfahrungen (vgl. Diewald und Sørensen 1996): Unter dem Aspekt der Modernisierung ist die Umstrukturierung der Wirtschaft und damit der Gelegenheitsstrukturen für die Mobilität von Bedeutung, unter dem Aspekt der Wiedervereinigung ist es die Veränderung des Mobilitätsregimes, und im Hinblick auf Qualifikationen und Berufserfahrungen sind es individuelle Unterschiede, die für die Auswirkungen der Transformation auf die individuelle Karrieremobilität relevant sind. Zu den allgemeinen Regeln des Ineinandergreifens der verschiedenen Aspekte gehört beispielsweise diese: Je stärker das Mobilitätsregime die Karrieremobilität reglementiert, desto stärker findet ein Wandel der Beschäftigungsstruktur über die Generationenmobilität statt.

4.2.2.2 Beschäftigungschancen und Frauenerwerbstätigkeit

4.2.2.2.1 Quantitative Gelegenheitsstrukturen

Analog zu den Determinanten beruflicher Mobilitätsmuster innerhalb des Beschäftigungssystems stehen auch die Eingliederungschancen *in* das Beschäftigungssystem, die Freisetzungsrisiken und die Erwerbstätigkeit von Frauen unter dem Einfluss von drei Faktoren: (1) den eher quantitativ bestimmbaren Gelegenheitsstrukturen, (2) einer Art Mobilitätsregime und (3) individuellen Merkmalen. Stärker als die Mobilität innerhalb des Beschäftigungssystems werden die quantitativen Gelegenheiten der Beschäftigung nicht nur von der Arbeitsnachfrage, sondern auch vom Arbeitsangebot – insbesondere von demographischen Entwicklungen – bestimmt. Wichtige Maßstäbe der Gelegenheitsstruktur sind hierbei die Arbeitslosenquote und das Verhältnis von offenen Stellen zu Arbeitssuchenden – wie immer die Arbeitssuchenden hierbei genau definiert sind (vgl. Kapitel 4.2.1.1.2). Die oben beschriebene Entwicklung der Arbeitslosenquote seit Gründung der Bundesrepublik (Abbildung 4.2.4) ist zu einem guten Teil Ausdruck quantitativer Veränderungen sowohl auf der Arbeitsangebots- als auch auf der Arbeitsnachfrageseite. So geht insbesondere die sukzessive

Zunahme der Arbeitslosigkeit seit den 1970er Jahren sowohl auf den Geburtenberg und die erhöhte Frauenerwerbsbeteiligung zurück als auch auf Konjunkturschwächen und eine Steigerung der Arbeitsproduktivität vor allem im produzierenden Gewerbe.

Soweit Arbeitslosigkeit darauf beruht, dass Arbeitsangebot und Arbeitsnachfrage nur deshalb nicht zusammenkommen, weil die Struktur der Qualifikationen und die der Qualifikationsanforderungen divergieren, spricht man von struktureller Arbeitslosigkeit. Entsprechendes gilt für regionale Diskrepanzen von Arbeitsangebot und Arbeitsnachfrage. Neben Ausweitung und Schrumpfung der Beschäftigung sind deshalb die Gelegenheitsstrukturen der Beschäftigungschancen und der Freisetzungsrisiken auch von dem Wandel der Qualifikationsanforderungen – z.B. durch den Tertiarisierungsprozess oder durch technologische Entwicklungen – und von Weiterbildungs- und Umschulungsprogrammen abhängig sowie von regionalen Unterschieden der Arbeitslosenquote und der Wanderungsbereitschaft.

4.2.2.2.2 Das Mobilitätsregime

Aspekte dessen, was in Bezug auf die berufliche Mobilität innerhalb des Beschäftigungssystems als Mobilitätsregime bezeichnet wird, sind in Bezug auf Arbeitslosigkeit alle *institutionellen Rahmenbedingungen*, die sich sowohl auf die Freisetzungs- als auch auf die (Wieder-)Einstellungschancen auswirken. Ein Beispiel hierfür ist die Ausgestaltung von Regelungen zum Kündigungsschutz. Ein anderes Beispiel betrifft die Allokation von Arbeitsangebot und Arbeitsnachfrage, denn friktionelle Arbeitslosigkeit bzw. Sucharbeitslosigkeit entsteht auch durch unvollständige Information beim Berufseinstieg und beim Arbeitsplatzwechsel. Hinsichtlich des Berufseinstiegs von Hochschulabsolventen wird dies auch daran deutlich, dass ein Job während des Studiums die spätere Stellensuche erheblich verkürzt, wenn dieser einen inhaltlichen Bezug zum Studium aufweist (Franzen und Hecken 2002). Teil der institutionellen

Rahmenbedingungen, die das Niveau der Arbeitslosigkeit mitbe-
stimmen, ist deshalb auch die Transparenz auf dem (jeweiligen) Arbeitsmarkt.

Im Kontext des Mobilitätsregimes werden Arbeitslosigkeitsrisiken und Beschäftigungschancen auch von der schon angesprochenen Segmentierung des Arbeitsmarkts gesteuert: Die Senkung
von Qualifikationsanforderungen hat einen Teilarbeitsmarkt entstehen lassen, in dem hohe Fluktuation zu für den Arbeitgeber
reduzierten Kosten möglich ist. Hohe Fluktuationskosten durch
Entlassungs-, Einstellungs- und Einarbeitungskosten sind auch das
zentrale Argument der Insider-Outsider-Ansätze zur Erklärung an-
haltend hoher Massenarbeitslosigkeit (Lindbeck und Snower 1988;
Solow 1985): Gestützt auf die Rahmenbedingungen hoher Fluktuationskosten und unterstützt durch die Gewerkschaften – so die
These – nutzen die nach jeder Rezession verbliebenen «Insider»
einen Konjunkturaufschwung, um Lohnerhöhungen zu Lasten der
Einstellung von «Outsidern» durchzusetzen.[1]

4.2.2.2.3 Individuelle Faktoren

Die Beschäftigungschancen und Freisetzungsrisiken werden im
Einzelfall schließlich auch durch individuelle Charakteristika beeinflusst. Eine Schlüsselfunktion für die Erklärung unterschiedlicher
Betroffenheit von Arbeitslosigkeit kommt dem Bildungsniveau
zu. In allen westlichen Industrienationen ist die Arbeitslosenquote
stark nach dem Bildungsniveau differenziert (Müller, Steinmann
und Schneider 1997: 227). Ausgehend von der Segmentierungstheorie erklärt sich ein überdurchschnittliches Arbeitslosigkeits-
risiko niedrig Gebildeter mit deren Konzentration im sekundären
Arbeitsmarktsegment. Und auch im Fall von Arbeitslosigkeit haben
besser Gebildete höhere Wiederbeschäftigungschancen: Folgt man

---

1 Ein guter Überblick über die verschiedenen Theorieansätze zur Erklärung von
Arbeitslosigkeit findet sich bei Franz (1996b).

der Humankapitaltheorie, ist zwar anzunehmen, dass hoch Qualifizierte aufgrund von Arbeitslosigkeit (wie übrigens auch aufgrund von familiärer Erwerbsunterbrechung) eine stärkere Dequalifizierung erfahren als niedrig Qualifizierte. Nichtsdestotrotz sind hoch Qualifizierte auch nach einer Dequalifizierungsphase immer noch besser qualifiziert als niedrig Qualifizierte und versprechen deshalb eine höhere Produktivität, verbunden mit höheren Wiederbeschäftigungschancen.

Der Einfluss, den die Dauer der Arbeitslosigkeit auf die Wiederbeschäftigungschance hat, wird allerdings von den verschiedenen Arbeitsmarkttheorien unterschiedlich beurteilt. Die Humankapitaltheorie postuliert, dass die Chance der Wiederbeschäftigung kontinuierlich abnimmt, da im Zuge eines Dequalifizierungsprozesses formales Wissen und berufspraktische Fertigkeiten sukzessive verloren gehen bzw. in Vergessenheit geraten. Auf der Basis der Segmentierungstheorie ist hingegen von einer Wiederbeschäftigungschance auszugehen, die weitgehend unabhängig von der Dauer der Arbeitslosigkeit ist, da diese ohnehin auf das sekundäre Segment beschränkt bleibt, wo berufliche Qualifikation und entsprechende Qualifikationsverluste eine geringe Bedeutung haben.

Darüber hinaus hat das Alter einen negativen Einfluss auf die Beschäftigungschancen. Interpretiert man die Humankapitaltheorie im Hinblick auf Berufserfahrung, so bewirkt Arbeitslosigkeit oder eine anderweitige Erwerbsunterbrechung eine umso stärkere Dequalifizierung, je größer das beruflich erworbene Wissen bzw. je später die Erwerbsunterbrechung im Erwerbsverlauf angesiedelt ist. Noch gravierender ist eventuell der Aspekt, dass sich arbeitsplatzspezifische Anlernkosten mit zunehmendem Alter immer weniger und insbesondere gegen Ende des Erwerbslebens kaum noch lohnen.

In den genannten Kategorien – den Gelegenheiten, dem Mobilitätsregime und den individuellen Merkmalen – lassen sich auch Unterschiede der Frauenerwerbstätigkeit analysieren. Die *quantitativen Gelegenheiten der Frauenerwerbstätigkeit* ergeben sich zum einen aus dem Tertiarisierungsprozess: In Verbindung mit der Geschlechtssegregation des Arbeitsmarkts schafft eine fortgeschrittene Entwicklung zur Dienstleistungsgesellschaft (wie in den skandinavischen Ländern und den USA) vor allem für Frauen vermehrte Beschäftigungsgelegenheiten, wohingegen die niedrigere Frauenerwerbsquote in Deutschland auch in Zusammenhang mit einem im internationalen Vergleich schmalen Dienstleistungssektor zu sehen ist (Schmidt 1993). Zum anderen geht eine hohe Frauenerwerbsquote in den betreffenden Ländern zumeist mit einer allgemein hohen Beschäftigung einher, die sich nicht nur als Folge hoher Frauenerwerbsbeteiligung interpretieren lässt, sondern auch als Ausdruck großer Arbeitsnachfrage, die geschlechtsunabhängig die Integration in den Arbeitsmarkt erleichtert.

Hinsichtlich des *Mobilitätsregimes der Frauenerwerbsbeteiligung* handelt es sich um einen «komplexen Zusammenhang von kulturellen und institutionellen Rahmenbedingungen» (Pfau-Effinger 1996: 462), der auf die Frauenerwerbsquote einwirkt. Dabei sind im internationalen Vergleich unterschiedliche kulturelle Leitbilder und Geschlechtsrollen vorherrschend (Haller und Höllinger 1994; Höllinger 1991; Lengerer 2004). Hinzu kommen unterschiedliche Wohlfahrtsregime (Esping-Andersen 1993b; 1990), welche sehr verschiedene Kontextbedingungen und Anreizstrukturen für die Frauenerwerbsbeteiligung festlegen (Künzler, Schulze und van Hekken 1999). Maßgeblich für die Erklärung unterschiedlicher Frauenerwerbsquoten sind in dieser Hinsicht die länderspezifischen Familienpolitikprofile bzw. «family patterns», die eng mit soziokulturellen Traditionen korrelieren (Strohmeier und Schulze 1995). Je nach politischer Orientierung werden unterschiedliche Vorstellungen von Familienleben und Geschlechtsrollen zur Normalität erhoben und durch politische Maßnahmen gestützt. Gegenstand unterschiedlicher politischer Bewertung ist dabei in erster Linie die Erwerbstätigkeit von Frauen und Müttern. Während in einigen Ländern das so genannte Ernährermodell mit einem außerhäuslich erwerbstätigen Mann und einer für Haushalt und Kinder sorgenden Frau gefördert wird – z.B. in Deutschland und in Italien –, sind in anderen Ländern Bedingungen geschaffen worden, die sowohl Vä-

tern als auch Müttern eine kontinuierliche Berufstätigkeit ermöglichen – vor allem in den skandinavischen Ländern und in Frankreich
(vgl. auch Klein, Lengerer und Uzelac 2002). Zu den Rahmenbedingungen der Frauenerwerbsbeteiligung gehören natürlich vor diesem Hintergrund zuvorderst die Kinderbetreuungsmöglichkeiten.
Von Bedeutung sind aber auch die Rückkehrmöglichkeiten in den
Beruf – abhängig vor allem von Arbeitsplatzgarantien und von der
Arbeitslosenquote –, die sich nicht nur auf die Rückkehrchancen,
sondern diese antizipierend auch auf die Bereitschaft auswirken,
eine Familie mit oder ohne Erwerbsunterbrechung zu gründen
(Lauterbach und Klein 1995: 222).

Individuelle Unterschiede der Frauenerwerbstätigkeit stehen im
Übrigen mit *individuellen Merkmalen* in Zusammenhang. Vielfach
dokumentiert und international bestätigt sind in erster Linie die
Bildungsunterschiede der Frauenerwerbsbeteiligung (Müller, Steinmann und Schneider 1997: 225). Die Bedeutung des Bildungsniveaus
für Frauenerwerbsbeteiligung und Fertilität ist im Rahmen der familienökonomischen Theorie eingehend analysiert (Becker 1981;
1986; Oppenheimer 1994): Geben Frauen bei einer Familiengründung die Erwerbstätigkeit auf, so entstehen Opportunitätskosten
in Form des ausfallenden Arbeitseinkommens. Der Umstand, dass
zumeist die Frau eine Erwerbstätigkeit aufgibt, während der Mann
weiter erwerbstätig bleibt, ist nicht notwendigerweise nur ein Ausdruck überkommener Rollenorientierung, sondern lässt sich auch
als rationale Entscheidung über die innerfamiliäre Arbeitsteilung
interpretieren, nach der der Partner mit dem niedrigeren Verdienst
und demzufolge den geringeren Opportunitätskosten die Kindererziehung vorrangig übernimmt (Ott 1992). Voraussetzung für die
Entstehung von Opportunitätskosten ist eine Unvereinbarkeit von
Familie und Beruf. Die Höhe der Opportunitätskosten hängt vom
(potenziellen) Arbeitseinkommen ab (vgl. erstmals Mincer 1963;
kritisch Klein und Eckhard 2005). Auf der Basis dessen, dass sich
das Bildungsniveau auf Einkommen und Beschäftigungschancen
auswirkt, postuliert die familienökonomische Theorie eine negative Korrelation zwischen dem Bildungsniveau der Frau und der

Fertilität, weil hohe Opportunitätskosten eher vermieden werden, wohingegen die Korrelation zwischen dem Bildungsniveau und der Erwerbsbeteiligung positiv ist. Die positive Korrelation zwischen Bildungsniveau und Erwerbsbeteiligung basiert jedoch nicht nur auf der hohen Kinderlosigkeit hochgebildeter Frauen, sondern auch darauf, dass diese die Berufstätigkeit bei Familiengründung seltener unterbrechen und ggf. eher wieder in den Beruf zurückkehren (Huinink und Lauterbach 1991: 77; Klein und Braun 1995: 65; Lauterbach und Klein 1995: 222).

Was weitere individuelle Determinanten der Frauenerwerbsbeteiligung angeht, ist insbesondere die Dauer einer Erwerbsunterbrechung von Bedeutung. Ähnlich wie bei Arbeitslosigkeit ist auch die familienbedingte Erwerbsunterbrechung mit Dequalifizierungseffekten verbunden. Der durch Dequalifizierung sinkenden Wiederbeschäftigungschance nach familienbedingter Erwerbsunterbrechung steht allerdings wegen des abnehmenden Betreuungsaufwands eine in etwa gleichem Ausmaß zunehmende Bereitschaft gegenüber, eine Erwerbstätigkeit (eventuell auch unter ungünstigeren Bedingungen) wieder aufzunehmen (Klein und Braun 1995).

4.2.3 Konsequenzen der Klassenstrukturierung, der beruflichen Platzierung und der vertikalen Mobilität

Die Einflüsse der Klassenstruktur, der Klassenzugehörigkeit und der vertikalen Mobilität im Beschäftigungssystem sind vielfältig. Sie beziehen sich auf die Fertilität (vgl. Sobel 1985 sowie die oben in Kapitel 2.2.2.1 dargestellte Easterlin-Hypothese), auf Ausländerfeindlichkeit und Rassismus (z.B. Hodge und Treiman 1966) und anderes mehr. Die meistuntersuchten und/oder wichtigsten Effekte betreffen allerdings das Klassenbewusstsein und das politische Handeln (Kapitel 4.2.3.1) sowie Einkommen und Wohlstand (Kapitel 4.2.3.2), wobei beide Effekte in immer stärkerem Maße durch die zugenommene und qualitativ veränderte Frauenerwerbstätigkeit moderiert werden (Kapitel 4.2.3.3).

4.2.3.1 Klassenlage, Klassenbewusstsein und politisches Handeln

Nach der Theorie von Marx schafft die Klassenzugehörigkeit (bzw. die Stellung im Produktionsprozess) und die mit ihr verbundene Lebenslage eine objektive Interessenlage, die der Interessenlage anderer Klassen in der Rivalität um gesellschaftlichen Wohlstand entgegensteht. In der frühen Industrialisierungsphase schuf hiernach die zunehmende Verelendung der Arbeiterklasse und die Kapitalakkumulation bei der «Bourgeoisie» einen wachsenden Interessenantagonismus in Bezug auf Beibehaltung versus Abschaffung der bestehenden Produktionsverhältnisse, in denen damals allein der (Nicht-)Besitz von Produktionsmitteln über die Lebenschancen entschied. Angesichts sich zuspitzender Klassengegensätze – und unter dem Einfluss weiterer Faktoren – hat Marx eine Bewusstwerdung der Klassenzugehörigkeit bzw. der objektiven Interessenlage und in der Folge davon einen Klassenkampf und eine Arbeiterrevolution vorausgesagt.

Dass es nicht so gekommen ist, hängt unter anderem mit zwei Faktoren zusammen: zum einen damit, dass die Klassenlagen unzweifelhaft vielfältiger geworden sind (woraus sich ein komplexes Bild von Interessenlagen ergibt), zum anderen – davon nicht unbeeinflusst – damit, dass sich eventuell ein Klassenbewusstsein nicht hinreichend herausgebildet und in solidarische Aktionen umgesetzt hat. Was die Differenzierung der Klassenlagen betrifft, fand in den ersten Dekaden des 20. Jahrhunderts sowohl ein Anwachsen der Angestelltenschaft als auch die Etablierung eines selbständigen Mittelstands (interpretiert als «Puffer» zur Arbeiterschaft) statt. In der weiteren Entwicklung haben sich mit dem Klassenbegriff vergleichbare Lebenslagen auch im Hinblick auf unterschiedliche sozialstaatliche Absicherung zunehmend differenziert und zur Formulierung des Begriffs der «Versorgungsklassen» (Lepsius 1979: 179) beigetragen. Weitere Differenzierungen kommen durch unterschiedliche Vermögensverhältnisse zustande, die in zunehmendem Maß nicht auf der Stellung im Produktionsprozess, sondern auf Erbschaft beruhen. Und zusätzliche Differenzierungen der Lebenslage resultieren ferner aus den partnerschaftlichen Lebensverhältnissen und aus der statusbezogenen Partnerwahl. Dabei ist der Partnerwahleffekt auf die Lebenslage angesichts der Zunahme qualifizierter Frauenerwerbstätigkeit heute auch für Männer kaum weniger bedeutsam als für Frauen.

Was die Entwicklung eines Klassenbewusstseins betrifft, so hat zum Beginn der Industrialisierung vor allem die Arbeiterschaft eine ausgeprägte (Arbeiter-)Kultur entwickelt (Ruppert 1986b; 1986a). Aber auch im industriegesellschaftlichen Mittelstand sind zunächst Bewusstseinsformen entstanden, die sich mit dessen spezifischer Klassenlage in Verbindung bringen lassen. So steht in der frühen Industrialisierungsphase das bürgerliche Bewusstsein der Angestellten in Zusammenhang mit ihrer Arbeitgeberfunktion (als verlängerter Arm des Unternehmers, Kocka 1981: 14) gegenüber der Arbeiterschaft. Gleichzeitig lassen sich Aufstiegsstreben und Abstiegsängste der Angestellten im Hinblick darauf interpretieren, dass diese besser gestellt sind als Arbeiter und bessere Aufstiegschancen haben, aber gleichfalls lohn- bzw. gehaltsabhängig und von einem potenziellen Entlassungsrisiko bedroht sind (Kocka 1981: 7 f., 133 f.). Die im Prozess des gesellschaftlichen Wandels differenzierter gewordene Erwerbs- und Klassenstruktur in Verbindung mit vielfältigen Fraktionierungen und Partikularisierungen von Interessenlagen – von Beck (1983) auch als Ausdruck von Individualisierung verstanden – hat aber heute die traditionell mit der Stellung im Produktionsprozess verknüpften Identitäten stark zurückgedrängt und die Herausbildung eines neuen Klassenbewusstseins behindert.

Eine Voraussetzung für die Entwicklung und Aufrechterhaltung kollektiver Identitäten sind im Übrigen dauerhafte Gruppenzugehörigkeiten (vgl. z.B. Goldthorpe 1985). Neben der Partikularisierung von Interessenlagen ist deshalb auch soziale Mobilität der Entwicklung eines Klassenbewusstseins abträglich. Im Hinblick auf die Generationenmobilität liegt der Grund in der Herauslösung

sozioökonomischer Status	subjektive Schichtzugehörigkeit				
	Arbeiter- schicht	Mittel- schicht	obere Mittel- schicht, Ober- schicht	keine der Schichten	insgesamt
Selbständige und mithelfende Familienangehörige	11	73	15	1	100
Beamte	7	71	22	0	100
gehobene, höhere Angestellte	9	69	20	2	100
einfache, mittlere Angestellte	16	71	12	1	100
qualifizierte Arbeiter, Meister	56	39	4	0	100
un-, angelernte Arbeiter	64	35	0	1	100
Rentner – ehemalige Arbeiter	71	28	0	1	100
Rentner – sonstige	20	66	13	1	100
Hausfrauen bis 59 Jahre	34	57	7	2	100
Hausfrauen 60 Jahre und älter	46	48	5	1	100
Schüler, Studenten, Auszubildende	21	51	21	7	100
Arbeitslose	42	42	3	12	100
insgesamt	32	56	11	2	100

Tabelle 4.2.6: Subjektive Schichtzugehörigkeit nach sozioökonomischem Status (Zeilenprozent)
Quelle: Noll 1987: 450

aus den sozialisationsrelevanten Prägungen durch die Klassenzugehörigkeit des Elternhauses. Im Hinblick auf die Karrieremobilität bewirken individuelle Mobilitätserfahrungen im Lebenslauf eine zeitliche Befristung von Klassenzugehörigkeiten und einen Wandel von prägenden Einflüssen, die das Denken und Handeln jeweils unterschiedlich bestimmen. Hinzu kommt, dass wohl auch die Mobilitätsprozesse selbst – der Kontrast zwischen sozialer Herkunft und eigener Stellung sowie die biographischen Mobilitätserfahrungen – eigenständige Spuren im Denken und Handeln hinterlassen. Vor diesem Hintergrund werden auch die theoretisch noch weitgehend unreflektierten Instabilitäten politischer Einstellungen interessant (Klein und Schilling 1994).

Die empirischen Befunde zum Einfluss der Klassenlage auf das Bewusstsein und gar auf die daraus resultierende politische Entwicklung sind schwierig zusammenzufassen. Die vorhandenen Erkenntnisse beziehen sich fast ausschließlich auf den Einfluss der aktuellen Klassenlage, während die Auswirkungen von Auf- und Abstiegsprozessen auf das Bewusstsein empirisch kaum untersucht sind. Eine interessante Gegenüberstellung von objektiver und subjektiver Klassenzugehörigkeit ist in Tabelle 4.2.6 wiedergegeben. Sie zeigt insbesondere, dass sich die kollektiven Identitäten von Arbeitern und Angestellten nach wie vor stark unterscheiden: Während sich selbst einfache und mittlere Angestellte ganz überwiegend der Mittelschicht zurechnen (und nicht selten sogar der «oberen Mittelschicht» bzw. der «Oberschicht»), empfindet sich die gehobene Arbeiterschaft (qualifizierte Arbeiter und Meister) mehr als zur Hälfte der «Arbeiterschicht» zugehörig. Aus Tabelle 4.2.6 ist außerdem ein immer noch elitäres Bewusstsein der Beamten erkennbar, die sich in ihrer Gesamtheit subjektiv etwa so klassifizieren wie die gehobenen und höheren Angestellten.

Zu den weiteren Erkenntnissen aus Tabelle 4.2.6 gehört schließlich, dass eine vorübergehende Nichtintegration in das Beschäftigungssystem besonders bei Arbeitslosen dazu beiträgt, dass sich die Betreffenden keiner Schicht zurechnen. Vor allem bei lange anhaltender Arbeitslosigkeit – mehr als ein Drittel der aktuell Arbeitslosen ist bereits länger als ein Jahr arbeitslos (vgl. oben Abbildung 4.2.4) – entwickeln sich spezifische Bewusstseinsformen heraus, die auch als Subkultur der Armut bezeichnet werden (Jahoda, Lazarsfeld und Zeisel 1960; Lewis 1969: 4). Die mit Arbeitslosigkeit verbundenen alltäglichen Erfahrungen der Erfolglosigkeit eigenen Bemühens steigern eine Misserfolgserwartung und verringern Leistungsmotivation und eigene Initiative. Mit ausschlaggebend hierfür ist die Entkopplung von Arbeit und Einkommen und das subjektive Erleben, dass nicht das eigene Bemühen, sondern die fremde Hilfe staatlicher und privater Stellen über die eigene wirtschaftliche Situation bestimmt (Schäuble 1984: 276).

Berufs- gruppe	SPD	CDU/CSU	Bündnis 90/ Die Grünen	FDP	PDS
Arbeiter	43	37	4	7	4
Angestellte u. Beamte	39	36	11	7	4
Selbstän- dige	21	50	11	13	3
Arbeitslose	40	27	9	6	10
gesamt	38	38	9	7	4

Tabelle 4.2.7: Der Einfluss der beruflichen Stellung auf das Wahlverhalten in der Bundestagswahl 2002 (in %)
Quelle: Forschungsgruppe Wahlen (http://www.forschungsgruppe.de/Ergebnisse/Wahlanalysen/, 4.5.2005)

Zu den meistuntersuchten Effekten der Klassenlage auf das Bewusstsein gehören ansonsten seit Jahrzehnten die Einflüsse der beruflichen Stellung auf die Parteipräferenz und auf das Wahlverhalten (z.B. De Graaf und Ultee 1990; Müller 1998b; Pappi 1977). Wie aus Tabelle 4.2.7 ersichtlich, neigen beispielsweise Arbeiter stärker zur SPD als andere Berufsstellungen und Selbständige stärker als andere zur FDP. Die im Kontext der Individualisierungsdiskussion weit verbreitete These, dass die Bedeutung sozialstruktureller

Merkmale wie der Klassenzugehörigkeit für politische Einstellungen und politisches Handeln stark abgenommen hat, wird allerdings (wieder) kontrovers diskutiert (z.B. Brettschneider, van Deth und Roller 2002; Müller 1998b). Wie nicht zuletzt auch aus Tabelle 4.2.7 deutlich wird, ist aber die zentrale Konfliktlinie westlicher Industriegesellschaften, nämlich der Klassenkonflikt – insbesondere die Klassenspaltung zwischen Arbeitern und Selbständigen –, zumindest im Bereich des Wahlverhaltens nach wie vor sichtbar. Im internationalen Vergleich gibt es allerdings Unterschiede (vgl. Elff 2002; Nieuwbeerta und Manza 2002), und die Bewertung sozialer Ungleichheit wird auch kulturell überlagert (Haller 1989; 1996).

Wenngleich die Klassengegensätze der objektiven Interessenlagen nicht wie von Marx vorhergesagt zu einem Klassenkampf geführt haben, werden dennoch die Interessengegensätze und Konfliktlinien zwischen gesellschaftlichen Gruppen – so genannte cleavages (Lipset und Rokkan 1967) – nach wie vor für die Erklärung politischer Entwicklungen herangezogen. Im Mittelpunkt zahlreicher theoretischer[1] und empirischer Analysen stehen die Interessengegensätze, die sich vor allem zwischen Erwerbstätigen und Nichterwerbstätigen bezüglich moderner Wohlfahrtsstaaten auftun und gegebenenfalls auf die wohlfahrtsstaatliche Entwicklung Einfluss nehmen. Diese konfliktgruppentheoretische Argumentation lässt sich dahin gehend zusammenfassen, dass der Wohlfahrtsstaat vor allem von den Gruppen befürwortet wird, die von ihm profitieren, wohingegen Ablehnung bei denjenigen vorherrscht, die ihn finanzieren. Die wohlfahrtsstaatliche Entwicklung ist allerdings nicht nur direkt von der relativen Stärke der konkurrierenden gesellschaftlichen Gruppen abhängig, sondern auch von einer Eigendynamik geprägt, die sich z.B. aus der Perspektive der neokonservativen Unregierbarkeitstheorien folgendermaßen darstellt: Die prinzipielle Offenheit des politischen Systems für alle

---

1 Einen guten Überblick über die Theorieansätze vermittelt Alber (1987: 73–118), eine Kurzzusammenfassung davon findet sich auch bei Klein und Schilling (1994: 608–612).

konfliktfähigen Interessen, gepaart mit der Abhängigkeit der politischen Eliten vom Wählerwillen, führt zu einer starken Ausweitung staatlicher Aufgaben und Ausgaben. Daraus ergeben sich komplexe Abhängigkeiten zwischen Staat, gesellschaftlichen Gruppen und Individuen, die autonomes staatliches Handeln unmöglich machen (Unregierbarkeit). In dieser Situation hat der Staat einen erhöhten Bedarf an Legitimierung und Zustimmung. Umso sensibler reagiert er auf die Forderung unterprivilegierter Gruppen nach mehr wohlfahrtsstaatlichen Leistungen. Angesichts der undurchschaubaren Vielfalt staatlicher Vergünstigungen für unterschiedliche Gruppen verweist Weede (1988) zusätzlich auf eine rationale Ignoranz der Bürger, der gemäß die individuelle Aufmerksamkeit vor allem auf Regelungen gerichtet ist, die sich auf die eigene Gruppe beziehen. Eine Ausdehnung sozialstaatlicher Leistungen lässt demzufolge mehr Zustimmung bei den Unterprivilegierten erwarten als Ablehnung bei den Bessergestellten.

Die Interessen der verschiedenen Klassenlagen werden allerdings im politischen Willensbildungsprozess in sehr unterschiedlichem Ausmaß artikuliert. So ist der Anteil der Nichtwähler gerade bei den unterprivilegierten Gruppen – vor allem bei an- und ungelernten Arbeitern, Arbeitslosen, anderen Nichterwerbstätigen und Niedrigeinkommensbeziehern – überdurchschnittlich hoch (Schaub 1998: 62). Entsprechendes gilt für die Mitgliedschaft in einer Partei und für nichtinstitutionalisierte Formen politischen Handelns wie die Beteiligung an Unterschriftenaktionen, Demonstrationen, Bürgerinitiativen und Boykottmaßnahmen (Geißler 1996: 329).

4.2.3.2 Berufliche Stellung und Einkommen

Abgesehen davon, ob der Produktionsprozess so gestaltet ist, dass sich objektive Interessenlagen typisieren lassen, die sich eventuell antagonistisch gegenüberstehen und zu einen Klassenbewusstsein führen, das politikrelevant wird, hat die individuelle Stellung im Produktionsprozess und die (Nicht-)Erlangung einer beruflichen

Position nachhaltigen Einfluss auf die Lebenschancen – nicht nur auf das Einkommen, sondern auch auf die Arbeitsbedingungen, auf Macht und Prestige und auf andere ungleichheitsrelevante Lebensbedingungen (vgl. Kapitel 4.4).

Die Einflüsse der Berufsstellung auf das Einkommen werden im Kontext unterschiedlicher Theorietraditionen unterschiedlich erklärt: Während aus der marxistischen Perspektive die Stellung im Produktionsprozess und die daran gekoppelte Kontrolle über den Verteilungsprozess für die Wohlstandsunterschiede in der Gesellschaft verantwortlich sind, sind hierfür aus der funktionalistischen Perspektive (Davis und Moore 1967) unterschiedliche Leistungsanreize für gesellschaftlich unterschiedlich wichtige Aufgaben ausschlaggebend.

Einige mit der Berufsstellung verbundene Unterschiede des (Brutto-)Arbeitseinkommens und deren Entwicklung sind in Tabelle 4.2.8 wiedergegeben.[1] Beispielsweise beträgt die Entlohnung von Unternehmern und Geschäftsführern im Durchschnitt mehr als das Dreifache derjenigen von einfachen Arbeitern, hier den Oberbekleidungsnähern. Des Weiteren hat sich von 1995 bis 2001 die Kluft zwischen Arbeitern und Angestellten noch weiter vergrößert, gleichbedeutend mit einer kollektiven Auf- bzw. Abwärtsmobilität der jeweiligen Berufsgruppe in der Einkommenshierarchie.

Von den Einflüssen der Berufsposition abgesehen ist natürlich der individuelle Wohlstand zuvorderst von der (Nicht-) Integration in das Beschäftigungssystem abhängig (vgl. auch Kapitel 4.3.2.3). Vor allem der Eintritt von Arbeitslosigkeit ist in aller Regel mit einem Wohlstandsverlust und einem Verarmungsrisiko verbunden (Frick und Müller 1996; Hauser und Berntsen 1992; Klein und Zimmermann 1991), und auch nach Beendigung einer Phase der Arbeitslosigkeit ist das weitere Arbeitseinkommen hiervon beeinträchtigt (Klein und Hocke 1991).

---

1 Der Wert von 1,5 in der ersten Spalte von Tabelle 4.2.8 besagt z. B., dass Bergleute das 1,5fache Bruttoeinkommen von Oberbekleidungsnähern haben.

	1995		2001	
	alte BL	neue BL und Berlin-Ost	alte BL	neue BL und Berlin-Ost
Arbeiter				
Oberbekleidungsnäher	1[1]	1[1]	1[1]	1[1]
Bergleute	1,5	1,9	1,4	2,1
Fliesenleger	1,8	1,8	1,6	1,8
Angestellte				
Diätassistenten, Pharmazeutisch-technische Assistenten	1,2	1,6	1,3	1,7
Bankfachleute	1,9	2,1	2,0	2,6
Unternehmer, Geschäftsführer, Geschäftsbereichsleiter	3,3	3,2	3,5	3,8

Tabelle 4.2.8: Mit der Berufsstellung verbundene Unterschiede des (Brutto-)Arbeitseinkommens und deren Entwicklung (vgl. Text)
[1] Referenz-Kategorie
Quellen: Statistisches Bundesamt 1995a: 134–136, 392/393, 516–518, 670/671; 2001b: 70–72, 126–128, 180–182, 218–220; eigene Berechnungen

4.2.3.3 Frauenerwerbstätigkeit und soziale Ungleichheit

Der Einfluss der individuellen beruflichen Stellung sowohl auf den Wohlstand als auch auf das Klassenbewusstsein wird in modernen Gesellschaften vor allem durch zwei Faktoren abgeschwächt: zum einen durch sozialstaatliche Umverteilung und zum anderen durch Partnerschafts- und Familienbeziehungen. Dabei resultiert eine zunehmende Bedeutung von Partnerschafts- und Familienbeziehungen für die Analyse sozialer Ungleichheit insbesondere – neben anderen Faktoren (s.u.) – auch aus den Veränderungen der Frauenerwerbstätigkeit.

In den traditionellen Theorien sozialer Ungleichheit sind Frauen allerdings systematisch ausgeblendet.[1] Wenn man von einigen neueren Erweiterungen – z. B. den Versorgungsklassen – absieht, werden die Verursachungsmechanismen sozialer Ungleichheit und sozialer Mobilität traditionellerweise ausschließlich bei den primären Verteilungsmechanismen im Beschäftigungssystem und auf dem Arbeitsmarkt verortet. Für einen Großteil der Bevölkerung – insbesondere für die nichterwerbstätigen Frauen – vermitteln sich jedoch soziale Ungleichheiten im Beschäftigungssystem und auf dem Arbeitsmarkt erst über den familiären Lebenszusammenhang. Basierend auf der lange Zeit überwiegend zutreffenden Voraussetzung, dass Frauen entweder nicht erwerbstätig sind oder die Lebenschancen der Familienmitglieder trotzdem von der beruflichen Stellung des Mannes bestimmt werden, wurde (und wird zum Teil nach wie vor) der Ausschluss von Frauen aus der Ungleichheitsforschung damit begründet, dass der Sozialstatus von Männern direkt in ihrer beruflichen Stellung verankert ist, während sich der von Frauen nur indirekt über den des männlichen Familienvorstands ableitet (Goldthorpe 1983: 468). Traditionelle klassen- und schichtungstheoretische Analysen unterstellen somit vergleichsweise stabile und in sich homogene Großgruppen der Gesellschaft und damit verknüpfte Milieus von jeweils entsprechend homogenen und vor allem stabilen Familien mit schichtspezifischen Lebenslagen sowie schichtspezifischer Sozialisation und Kultur.

Eine Implikation dieser traditionellen Perspektive (bzw. «of the conventional view», Goldthorpe 1983) ist, dass sich Ungleichheitsforschung häufig auf Familien bzw. Haushalte statt auf Individuen bezieht, die letztlich von den verschiedensten ungleichheitsstiftenden Mechanismen betroffen sind und bei denen handlungstheoretische Erklärungen ansetzen müssten. Trotz einer inzwischen weit verbreiteten Berücksichtigung von Frauen in der empirischen

---

[1] Zur umfangreichen Kritik an dieser Theorietradition vgl. Acker (1973), Bechhofer (1986), Crompton und Mann (1986), Kreckel (1989), Mann (1986) und Walby (1986).

Mobilitätsforschung (vgl. zum Überblick Haller 1981) ist eine haushaltsbezogene Aufbereitung sozialer Strukturen vertikaler Ungleichheit immer noch weit verbreitet, und soweit dabei Individualmerkmale wie die Stellung im Beruf von Bedeutung sind, beziehen sich sozialstatistische Angaben nach wie vor häufig auf den so genannten Haushaltsvorstand bzw. – in neuerer Terminologie – den Haupteinkommensbezieher (z.B. Statistisches Bundesamt 2001e: 566 ff.). Die vermeintliche Problematik des Einbezugs von Frauen in die Analyse sozialer Ungleichheit wird zum Teil als Problem der Exklusion von Frauen und zum Teil als Problem der Analyseeinheit diskutiert (Acker 1973; Ganzeboom, Treiman und Ultee 1991: 293 f.; Haller 1986; Hoerning 1984; Kreckel 1989; Safilios-Rothschild 1975; Watson und Barth 1964).

Die Grenzen der traditionellen ‹Methode› sind leicht ersichtlich: Auf der einen Seite werden Ungleichheiten des Beschäftigungssystems u.U. vorschnell auf Bevölkerungsteile übertragen, die in der Tat ‹nur› indirekt, nämlich über den Familienzusammenhang, davon betroffen sind, ohne dass der familiäre Umverteilungsprozess und unterschiedliche Einkommensquellen der verschiedenen Familienmitglieder näher beleuchtet werden. Auf der anderen Seite werden die Ungleichheiten des Beschäftigungssystems und die Implikationen der Positionsstruktur für die soziale Mobilität nur unzureichend erfasst, wenn man einen Teil der Erwerbstätigen, nämlich die erwerbstätigen Frauen und deren Positionen, aus der Betrachtung ausschließt. Der letztgenannte Nachteil ist umso schwerwiegender, als einige Berufsfelder stark von Frauen dominiert sind (Esping-Andersen 1993a: 229; Hoerning 1984: 116 ff.). Dabei werden die betreffenden Berufsfelder durch den Ausschluss von Frauen in zweifacher Hinsicht nicht adäquat berücksichtigt: Einerseits werden Frauen nicht mitgezählt, andererseits finden sich deren Positionen in den oft männerzentrierten Klassenschemata nur unzureichend wieder.

Vor dem Hintergrund der geschilderten Grenzen haben verschiedene Entwicklungen zusätzlich dazu beigetragen, dass die traditionelle Ungleichheitsanalyse zunehmend obsolet geworden ist:

– Die gestiegene Frauenerwerbstätigkeit hat zur Folge, dass die bei Beschränkung auf Männer nicht erfassten Teile des Beschäftigungssystems größer geworden sind.

– Mit der vermehrten Beschäftigung von Frauen in qualifizierten Berufen, mit der Polarisierung weiblicher Lebensläufe in ein familienorientiertes und in ein erwerbsorientiertes Muster (Berger und Sopp 1992) und mit der Angleichung des Lebensverlaufsmusters erwerbstätiger Frauen an das der Männer (Oppenheimer 1988) steigt die Notwendigkeit, die berufliche Stellung beider Partner und die daraus resultierende Einkommenssituation im gesamten Familienzusammenhang genauer zu betrachten. Die größere Vielfalt bei der familiären Kombination unterschiedlicher Klassenzugehörigkeiten im Produktionsprozess bleibt wohl zudem auch nicht ohne Einfluss auf das Klassenbewusstsein.

– Und von eminenter Bedeutung ist schließlich die immer größer werdende Unterschiedlichkeit des familiären Lebenszusammenhangs, beruhend auf später Heirat, hohen dauerhaften Ledigenquoten von Männern und Frauen, divergierenden Familiengrößen und gestiegenen Scheidungszahlen (vgl. Kapitel 3). Die Vielfalt häufiger Abweichungen von der traditionell unterstellten ‹Normalfamilie› bedingt zum einen, dass Schlussfolgerungen von der beruflichen Stellung auf die Lebenschancen brüchiger geworden sind, und zum anderen, dass sich Frauen mit einer Karriere- und Lebensplanung unabhängig von einem (festen) Partner vermehrt nicht mehr indirekt über den Familienzusammenhang in die Ungleichheitsanalyse einbeziehen lassen.

Die aufgeführten Entwicklungen haben also einerseits zur Folge, dass das Beschäftigungssystem immer unvollständiger analysiert wird, wenn erwerbstätige Frauen ausgespart bleiben, und andererseits, dass die Berufsstellung immer weniger über die Lebenschancen der Betreffenden geschweige denn anderer Haushaltsmitglieder aussagt. Die Analyse der primären Verteilungsmechanismen im Beschäftigungssystem und die Analyse von Lebenschancen, die auch aus dem familiären Lebenszusammenhang resultieren, sollten deshalb nicht länger in einen Topf geworfen werden. Kreckel (1989: 312) formuliert dies folgendermaßen: «Was spräche dagegen, sich auf die empirische Erforschung individueller Ungleichheiten in der Erwerbsbevölkerung zu beschränken und gewagte Rückschlüsse auf die Gesamtbevölkerung zu vermeiden? Und warum sollte man, wenn man sich für die soziale Lage von Familienhaushalten interessiert, die Erwerbstätigkeit von Ehefrauen und Kindern außer Betracht lassen?» In Bezug auf das Beschäftigungssystem können und sollten somit alle Erwerbstätigen und in Bezug auf die soziale Lage alle Einflussfaktoren – insbesondere die Erwerbstätigkeit von Angehörigen – Berücksichtigung finden. Allerdings gibt es auch keinen Grund, die soziale Lage haushaltsbezogen statt individuell zu betrachten (vgl. z.B. Klein 1987b), denn es sind nicht nur «Individuen, nicht Haushalte», die «angestellt oder entlassen, … befördert oder versetzt» (Kreckel 1989: 311) werden, sondern es sind gleichfalls Individuen, die zusammenziehen oder sich trennen und deren soziale Lage sowohl aus individuellen Ressourcen als auch aus innerfamiliärer Umverteilung resultiert.

Vor diesem Hintergrund hängt der Einfluss der Frauenerwerbsbeteiligung auf die Verteilung von Lebenschancen – der betreffenden Frauen und eventuell weiterer Haushaltsmitglieder – stark vom Familien- bzw. Haushaltskontext ab. Angesichts allgemein schrumpfender Entlohnungsunterschiede zwischen vielen Berufsgruppen wird der Effekt eines zweiten Einkommens auf die soziale Lage immer wichtiger. Zwei Erwerbseinkommen im Haushalt bewirken zudem, dass sich die Verarmungsgefahr infolge von Arbeitslosigkeit erheblich reduziert (Klein 1987b; 1987d).

4.3 Wohlstand und Armut

Materieller Wohlstand ist die wichtigste Dimension sozialer Ungleichheit. Ungleichheiten im Bildungs- und Beschäftigungssystem sind für die Ungleichheitsfrage vor allem deshalb von Bedeutung, weil sie nachhaltigen Einfluss auf die materielle Lebenssituation haben.

4.3.1 Entwicklung der Wohlstandsungleichheit

4.3.1.1 Maßzahlen und Entwicklung der Wohlstandsverteilung

Obwohl materieller Wohlstand zweifelsfrei die wichtigste Dimension sozialer Ungleichheit ist, sind bei der empirischen Erfassung unterschiedliche Aspekte des Wohlstands und unterschiedliche Wohlstandskonzepte von Bedeutung. Zu den zahlreichen Wohlstands- und Wohlfahrtsindikatoren zählen neben Einkommen und Vermögen auch die Einkommenserzielungsmöglichkeiten (Garfinkel und Haveman 1977b), die Versorgung mit Konsumgütern, die Mietbelastung und anderes mehr (Habich und Zapf 1999).

Im Hinblick auf das Einkommen ist die Unterscheidung zwischen funktioneller und personeller Einkommensverteilung gebräuchlich. Erstere bezieht sich auf die Einkommensverteilung nach den Produktionsfaktoren Arbeit, Kapital und Boden. Vor dem Hintergrund der marxistischen Klassenanalyse (vgl. Kapitel 4.2.1.1) ist dabei insbesondere der Anteil des Einkommens aus nichtselbständiger Arbeit am Volkseinkommen – die so genannte Lohnquote – interessant, die in der Bundesrepublik in der Größenordnung von gut 70 % liegt (Statistisches Bundesamt 2004: 260). Für die Analyse sozialer Ungleichheit ist hingegen eher die Verteilung des Einkommens (und anderer Wohlstandskomponenten) auf Personen und Haushalte – d.h. die personelle Einkommensverteilung[1] – von Interesse. Auf der Ebene von Personen und Haushalten fließen dabei zumeist Einkommen aus verschiedenen Quellen zusammen – u.U.

---

1 Von personeller Einkommensverteilung spricht man gelegentlich (in Unterscheidung zur funktionellen Einkommensverteilung) auch dann, wenn Haushalte die Bezugseinheit darstellen.

auch Einkommen aus nichtselbständiger Arbeit sowie zusätzlich aus selbständiger Arbeit bzw. Besitz am Produktivvermögen.

4.3.1.1.1 Die ressourcenbezogene Wohlstandsverteilung: Einkommen und Vermögen

Die Analyse der personellen Wohlstandsverteilung kennt zwei Grundkonzepte der Definition von Wohlstand, nämlich ressourcenbezogene und versorgungs- bzw. verbrauchsbezogene Wohlstandsdefinitionen. Ressourcen lassen sich auch als Konsum- und Versorgungs-Möglichkeiten bzw. als Anrecht auf Konsum interpretieren. Der Ansatz wird deshalb als «opportunity approach», als «rights approach» (Atkinson 1985: 13) oder als «entitlement approach» (Sen 1981: 45) bezeichnet.

4.3.1.1.1.1 Einkommenskonzepte

Im Mittelpunkt ressourcenbezogener Wohlstandsdefinitionen steht die Einkommensverteilung, wobei unterschiedliche Begriffe von Einkommen Verwendung finden. Diese differieren zum einen dahin gehend, welche Wohlstandsaspekte sie ein- und ausschließen. Ein Bestandteil mancher Einkommenskonzepte ist auch der Geldwert der im Haushalt selbst produzierten Güter und Dienstleistungen.[1] Ein noch weiter gefasster Einkommensbegriff liegt beispielsweise dem von Garfinkel und Haveman (1974; 1977b; 1977a) vorgeschlagenen Konzept der «earnings capacity» zugrunde, das auch nicht realisierte Einkommenserzielungsmöglichkeiten respektive Freizeit als Komponente von Wohlstand einbezieht.

---

1 Für die monetäre Bewertung der so genannten Haushaltsproduktion sind zwei Methoden gebräuchlich: entweder eine Bewertung anhand der Marktpreise für entsprechende Güter und Dienstleistungen oder eine Bewertung anhand der Opportunitätskosten des alternativ erzielbaren Arbeitseinkommens (Schettkat 1985). Die letztgenannte Methode impliziert eine größere Ungleichheit, weil ein höheres Arbeitseinkommen mit einer höheren Bewertung der Haushaltsproduktion einhergeht.

Zum anderen unterscheiden sich verschiedene Einkommensbegriffe dadurch, ob sie sich auf das Einkommen insgesamt oder auf einzelne Einkommensquellen und an diese gekoppelte Verursachungszusammenhänge der Wohlstandsverteilung beziehen. Das wohlstandsrelevante Gesamteinkommen (bzw. je nach Einkommensbegriff die doch bei weitem wichtigste Komponente davon) ist das für den Konsum verfügbare Nettoeinkommen. Zu den wichtigsten Quellen des Nettoeinkommens gehört das Markteinkommen aus den Produktivfaktoren, vor allem aus selbständiger und nichtselbständiger Arbeit. Die Verteilung der Markteinkommen wird auch als primäre oder als Brutto-Einkommensverteilung bezeichnet. Nach Abzug von (direkten) Steuern und Sozialabgaben und nach Hinzufügung von sozialen und privaten Transferleistungen resultiert daraus die Verteilung des Nettoeinkommens, die so genannte sekundäre Einkommensverteilung. Kraus (1995: 187) spricht in diesem Zusammenhang von «producer inequality» versus «consumer inequality». Die primäre Einkommensverteilung rekurriert auf den Entstehungszusammenhang sozialer Ungleichheit im Produktionsprozess, und der Vergleich zwischen primärer und sekundärer Einkommensverteilung beleuchtet die Wirksamkeit sozialer Umverteilung (vgl. Kapitel 4.3.2).

Ausschlaggebend für den individuellen Wohlstand ist allerdings die individuelle Partizipation an den Wohlstandsquellen des Haushalts, insbesondere am Haushaltsnettoeinkommen. Dabei hängt der Wohlstand nicht nur davon ab, welche Ressourcen im Haushalt zusammenfließen, sondern auch davon, welcher Bedarf – insbesondere welche Personenzahl – den Ressourcen des Haushalts gegenübersteht. Zu berücksichtigen sind hierbei die Einsparungsmöglichkeiten (economies of scale), die durch gemeinsames Wirtschaften entstehen:

– durch breitere Verteilung von Fixkosten (z.B. die gemeinsame Nutzung von Bad und Küche in der Wohnung, Einsparungen beim täglichen Einkauf und der Nahrungszubereitung, ggf. gemeinsame Nutzung eines Autos usf.),
– durch geringere, in der Unteilbarkeit mancher Konsumgüter an-

gelegte Überschusskapazitäten (z.B. bei einer Gefriertruhe) sowie

– durch Güter, die in den Grenzen des gemeinsamen Haushalts den Charakter öffentlicher Güter haben, weil sie von mehreren parallel konsumiert werden können, ohne dass sich deren Konsum gegenseitig beeinträchtigt (Beispiele sind Licht, Heizung usw.).

Hinzu kommen Bedarfsunterschiede zwischen den Individuen, vor allem zwischen Kindern und Erwachsenen. Die Einkommensrelationen, die zwischen Haushalten mit unterschiedlichem Bedarf bestehen müssen, damit deren Haushaltsmitglieder auf demselben Wohlstandsniveau leben, finden in so genannten Äquivalenzskalen Ausdruck. Die Relation zwischen einem Ein- und einem Zweipersonenhaushalt ist beispielsweise 1 zu 1,5, sofern zwei Personen im Haushalt unter Berücksichtigung der Bedarfsunterschiede nur das 1,5fache Einkommen benötigen. Da die economies of scale in verschiedenen Lebensbereichen recht unterschiedlich ausfallen und in ihrer Gesamtheit auch vom Lebensstil abhängen und da die individuellen Unterschiede des Bedarfs nicht nur graduell vom Alter, sondern auch von anderweitigen Lebensumständen (Erwerbstätigkeit, Gesundheitszustand usw.) beeinflusst werden, ist die empirische Ermittlung wohlstandsäquivalenter Einkommensrelationen keineswegs einfach.[1] In der Praxis behilft man sich zumeist mit Annahmen. Gebräuchlich sind Skalen, die entweder sozialstaatlichen Regelungen entnommen sind – z.B. in Deutschland den Sozialhilferegelungen (vgl. Faik 1997; 1995; Klein 1990b) – oder von der OECD vorgeschlagen werden (z.B. Hauser und Becker 1996).[2] Die aktuell von der OECD vorgeschlagene Skala sieht für jedes weitere Haushaltsmitglied ab dem Alter von 15 Jahren ein Gewicht von 0,5 vor, unter 15 Jahre ein Gewicht von 0,3. Dividiert man das Nettohaushaltseinkommen durch die Summe der Bedarfsgewichte,

---

1 Die diesbezügliche Forschung kennt verschiedene Ausgangspunkte bzw. Methoden (vgl. zum Überblick Hauser 1996: 25 ff.; Klein 1987e: 177 ff.; 1988b).

2 Ein Überblick über weitere Skalen findet sich auch bei Buhmann, Rainwater, Schmaus und Smeeding (1988: 120) und bei Klein (1988b: 214 ff.).

erhält man ein bedarfsgewichtetes Pro-Kopf-Einkommen, das so genannte Äquivalenzeinkommen. Natürlich hat die zugrunde gelegte Äquivalenzskala nachhaltige Auswirkungen auf die Verteilung und die sozialen Unterschiede von Wohlstand und Armut. Die Zurechnung des Äquivalenzeinkommens zu den Individuen eines Haushalts beruht außerdem auf der Annahme einer den individuellen Bedarfsunterschieden entsprechenden, d.h. bedarfsgerechten Partizipation der Haushaltsmitglieder am Haushaltseinkommen.[1]

Eine weitere Differenzierung verschiedener Einkommenskonzepte – in erster Linie der primären und der sekundären Einkommensverteilung wie auch derjenigen des Äquivalenzeinkommens – bezieht sich auf den zugrunde gelegten Zeitraum. Zu unterscheiden ist insbesondere zwischen Monats- und Jahreseinkommen. Ein noch längerer Zeitraum unterliegt dem Konzept des Lebenseinkommens (Schmähl 1983). Letzteres ist auch in Bezug auf die Generationenmobilität interessant, Monats- und Jahreseinkommen sind hingegen in Bezug auf Karrieremobilität von Interesse. Da im Jahreseinkommen auch seltener als monatlich erfolgende Einkommensbezüge enthalten sind, ist dessen Veränderung und die mit ihm verbundene Mobilität geringer als die des Monatseinkommens.[2] Generell hängen Armutsquote und Dauer der Armutsbetroffenheit sehr stark von den betrachteten Zeiträumen ab (vgl. ausführlich Buhr 1995: 44 ff.).

Bei zeitlichen und internationalen Vergleichen des Einkommensniveaus und der Einkommensverteilung sind ferner Inflation und Kaufkraftunterschiede zu berücksichtigen, deren Ermittlung auf einem hypothetischen Warenkorb beruht. Dieser ist allerdings immer auch durch nationale Konsumgewohnheiten geprägt und meist

---

1 Diese Annahme ist notwendig, weil die Ressourcenverteilung innerhalb des Haushalts im Einzelfall nicht bekannt ist. Weitere Annahmen, die einer Zurechnung des Äquivalenzeinkommens zu den Individuen zugrunde liegen, sind die Gleichheit individueller Präferenzen und die Exogenität der Haushaltszusammensetzung (Klein 1987e: 174–76).

2 Gelegentlich wird allerdings in das Monatseinkommen ein Zwölftel der einmaligen Jahreszahlungen eingerechnet (z.B. Hauser 1997c; Klein 1987d).

in dem Land, in dem der spezifische Warenkorb entwickelt wurde, am billigsten einzukaufen. So ist beispielsweise nicht verwunderlich, dass der so genannte Big-Mac-Index (vgl. z. B. Diekmann 1995: 200 f.) dem US-Dollar eine relativ hohe Kaufkraft bescheinigt. Im Hinblick auf nationale Kaufkraftungleichheiten ist im internationalen Vergleich auch Subventionierung von Bedeutung: Da eine Subventionierung von Grundbedarfsgütern vor allem den unteren Schichten zugute kommt, führt sie dazu, dass die Kaufkraft weniger ungleich verteilt ist als das Nettoeinkommen (Hauser 1992: 63).[1]

Index EU-25 = 100

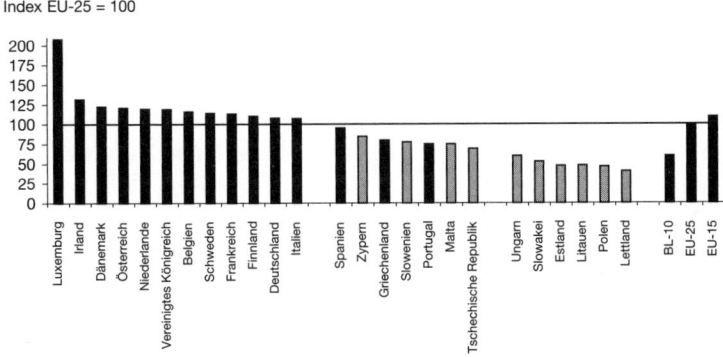

Abbildung 4.3.1: Kaufkraftbereinigte Pro-Kopf-Einkommensunterschiede zwischen den EU-Ländern (in Relation zum EU-Durchschnitt)
Quelle: Eurostat 2004: 118; eigene Berechnungen, angelehnt an Mau 2004: 42

Abbildung 4.3.1 gibt einen Überblick über die kaufkraftbereinigten Pro-Kopf-Einkommensunterschiede[2] zwischen den EU-Ländern. In der Gruppe der zwölf reichsten Länder rangiert Deutschland

---

1 Hinzu kommt, dass der Warenkorb für den unteren Einkommensbereich in der Regel anders bestückt sein muss als im Durchschnitt der Bevölkerung (Institut für Sozialstudien 1990: 17 f.).

2 Äquivalenzskalengewichtete Werte stehen nicht zur Verfügung und wären wegen der sehr unterschiedlichen Lebensbedingungen ebenfalls nur eingeschränkt vergleichbar.

inzwischen nur noch knapp vor Italien an elfter Stelle (Abbildung 4.3.1). Unter den etwas einkommensschwächeren Mittelmeerländern hat hingegen Spanien den Durchschnitt der 25 EU-Staaten fast erreicht. Auch Tschechien und Slowenien sind etwa auf dem Niveau der Mittelmeerländer. In den anderen osteuropäischen EU-Staaten ist der Wohlstand allerdings gering.

4.3.1.1.1.2 Die Einkommensverteilung im Spiegel perzentilbezogener Verteilungsmaße

Maßzahlen der Wohlstandsverteilung und der Wohlstandsungleichheit sind in erster Linie auf ressourcenorientierte Wohlstandsdefinitionen wie das Einkommen bezogen. Ein Ausgangspunkt verschiedener Maßzahlen der Ungleichverteilung ist die Perzentildarstellung. Diese beruht auf einer Einteilung der Bevölkerung in gleich große Teile (Perzentile), sortiert nach der Höhe des Einkommens.[1] Häufig anzutreffen ist eine Einteilung in zehn Teile (Dezile).[2] In diesem Fall ist im untersten Dezil das Bevölkerungszehntel mit den geringsten Einkommen, im nächsten Dezil das mit den nächstgeringsten Einkommen usw. Das oberste Dezil enthält dementsprechend das Zehntel mit den höchsten Einkommen. Gibt man zusätzlich an, welcher Anteil des Volkseinkommens in den einzelnen Dezilen zusammenkommt, so erhält man eine Darstellung der Ungleichverteilung, wie sie aus Tabelle 4.3.1 hervorgeht. Die Tabelle bezieht sich auf das Nettoäquivalenzeinkommen.[3]

Wie Tabelle 4.3.1 zu entnehmen, bezieht das (einkommens-)ärmste Zehntel der Bevölkerung in Westdeutschland im Jahr 1998 nur 3,9 % des gesamten Nettoäquivalenzeinkommens, das reichste Zehntel hingegen 21,7 %. Dabei ist der Anteil des ärmsten Bevölkerungszehntels am gesellschaftlichen Wohlstand kontinuierlich (von 4,6 auf 3,9 %) zurückgegangen, während der des reichsten

---

1 wahlweise auch des Vermögens oder anderer Ressourcen
2 Weniger differenzierte Angaben beziehen sich auf fünf Quintile (z. B. Becker 1997: 47).
3 Die Berechnungen basieren auf der oben genannten OECD-Äquivalenzskala.

	West						Ost	
	1973	1978	1983	1988	1993	1998	1993	1998
1. Dezil	4,6	4,6	4,2	4,1	4,0	3,9	5,2	4,9
2. Dezil	6,0	6,0	5,9	5,8	5,6	5,6	6,6	6,3
3. Dezil	6,9	6,9	6,8	6,8	6,6	6,6	7,4	7,2
4. Dezil	7,7	7,7	7,7	7,7	7,5	7,5	8,2	8,0
5. Dezil	8,5	8,5	8,6	8,6	8,4	8,4	8,9	8,8
6. Dezil	9,4	9,4	9,5	9,5	9,4	9,4	9,7	9,7
7. Dezil	10,4	10,5	10,6	1,1	10,5	10,6	10,6	10,5
8. Dezil	11,7	11,8	11,9	11,9	12,0	12,0	11,6	11,7
9. Dezil	13,8	13,8	14,0	14,1	14,3	14,3	13,1	13,4
10. Dezil	21,1	21,0	20,9	21,0	21,7	21,7	18,7	19,5

Tabelle 4.3.1: Entwicklung der Verteilung der Nettoäquivalenzeinkommen[1] von 1973 bis 1998 in Ost- und Westdeutschland: Dezilanteile (in % des Gesamtnettoäquivalenzeinkommens)
[1] OECD-Skala
Quelle: Bundesministerium für Arbeit und Sozialordnung 2001b: 47–48

Zehntels noch gestiegen ist. Steigerungen finden sich auch im 7. bis 9. Dezil, Einbußen oder allenfalls Statuserhalt in den ersten 6 Dezilen (Tabelle 4.3.1). Dabei ist exakt der Übergang vom 6. zum 7. Dezil in vielen Ländern (zusammenfassend Kraus 1995: 195) mit einem Überschreiten der 10%-Grenze verbunden, bei der ein Bevölkerungszehntel gerade zu einem Zehntel am gesellschaftlichen Wohlstand teilhat. Eine 10%-Teilhabe in allen Dezilen würde Gleichverteilung implizieren, die Abweichungen von der Gleichverteilung sind somit über alle Dezile hinweg größer geworden. Daraus ergibt sich für Westdeutschland das insgesamt homogene Bild einer nicht sehr ausgeprägten, aber doch gleich gerichteten graduellen Vergrößerung der Einkommensungleichheit über einen langen Zeitraum hinweg. In dieselbe Richtung ging die Entwicklung in den 1990er Jahren auch in Ostdeutschland, wo aber sowohl die Besserstellung in den obersten Dezilen als auch die Schlechterstellung in den untersten deutlich geringer ist als im Westen.

Die beschriebenen Perzentilinformationen lassen sich auch zur Berechnung stärker zusammengefasster Maßzahlen heranziehen. Ein Ungleichheitsindikator ist beispielsweise die Relation, die zwischen dem Einkommen des obersten Perzentils zu dem des untersten besteht (z. B. Mau 2004: 40). Bezogen auf die in Tabelle 4.3.1 wiedergegebenen Werte für Westdeutschland übertrifft das Einkommen des obersten Dezils das des untersten 1973 noch um das 4,6fache, 1998 hingegen um das 5,6fache. Bezogen auf Quintile hat sich die Relation von 3,3 auf 3,8 erhöht.

Kumuliert man die Anteile am Volkseinkommen und präsentiert man die Information mit Hilfe von Koordinaten, ergibt sich daraus die so genannte Lorenzkurve (Abbildung 4.3.2). Sie informiert über den Anteil am gesellschaftlichen Wohlstand, der dem am schlechtesten gestellten Bevölkerungsteil zukommt, dessen Größe in der Abbildung variabel definiert ist. Das am schlechtesten gestellte Dezil bezieht im Jahr 1998 wie schon erwähnt 3,9 % des gesamten Nettoäquivalenzeinkommens (Westdeutschland), das am schlechtesten gestellte Quintil (3,9 + 5,6 =) 9,5 % usf. Die Zunahme der Ungleichheit kommt in einer stärkeren Ausbuchtung der Lorenzkurve nach rechts unten zum Ausdruck. Die Ungleichheit wäre maximal, wenn die Lorenzkurve zunächst horizontal verläuft und erst beim letzten Individuum senkrecht auf 100 % ansteigt, was hieße, dass sich das gesamte Einkommen auf eine Person konzentriert. Gleichverteilung, bei der das unterste Zehntel 10 % bezieht, das unterste Fünftel 20 % usw., würde hingegen mit einer Lorenzkurve wiedergegeben, die der 45°-Linie entspricht. Die Steigung von 1 wird von den in Abbildung 4.3.2 wiedergegebenen Lorenzkurven etwa bei dem 60 %-Bevölkerungsanteil überschritten – eine Einkommensverbesserung links davon führt zu geringerer, rechts davon zu größerer Ungleichheit. Kraus (1995: 195) bezeichnet diese 60 %-Marke als hypothetische Gleichheitslinie.

Basierend auf der Lorenzkurve ist die am weitesten verbreitete Standardmaßzahl der Ungleichverteilung definiert, nämlich der

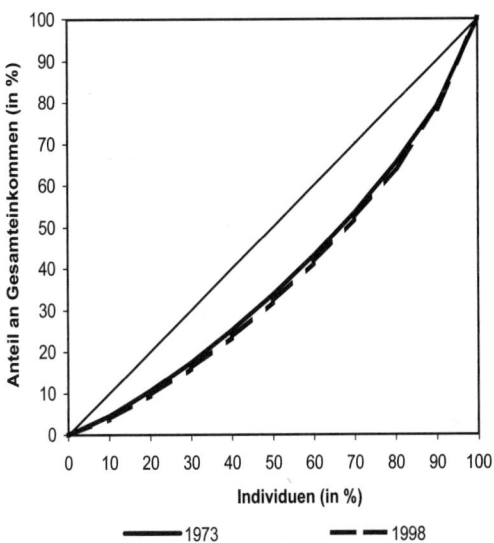

Abbildung 4.3.2: Lorenzkurven des Nettoäquivalenzeinkommens für Westdeutschland, 1973 und 1998

Quelle: Bundesministerium für Arbeit und Sozialordnung 2001b: 47; eigene Berechnungen

Gini-Koeffizient. Dieser gibt den Anteil der realisierten Ungleichheit an der maximal möglichen Ungleichheit an. In Abbildung 4.3.2 repräsentiert der Gini-Koeffizient deshalb den Anteil, den die Fläche zwischen der 45°-Linie und der Lorenzkurve an dem gesamten Dreieck unter der 45°-Linie ausmacht. Der Gini-Koeffizient lässt sich somit folgendermaßen berechnen:

$$G = \left(\frac{1}{2} - \sum_{i=1}^{n} \frac{(L_i + L_{i-1})}{2n} \right) \bigg/ \frac{1}{2}$$

bzw. vereinfacht

(4.3.1) $$G = 1 - \sum_{i=1}^{n} \frac{(L_i + L_{i-1})}{n}.$$

Dabei steht L_i für den Wert der Lorenzkurve am Ende des i-ten Perzentils, L_{i-1} für den Wert am Anfang, und n repräsentiert die Zahl der 1/n großen Perzentile. Der Gini-Koeffizient kann Werte zwischen 0 (Gleichverteilung) und 1 (maximale Ungleichverteilung) annehmen.

Der Gini-Koeffizient fasst wichtige Informationen der Lorenzkurve in einer einzigen Maßzahl zusammen, und er trifft gerade auch in dem Fall, dass sich zwei Lorenzkurven überschneiden, eine Aussage darüber, welche Verteilung größere Ungleichheit impliziert. Er lässt aber offen, in welchem Einkommensbereich die Unterschiede bestehen, die für einen unterschiedlichen Gini-Koeffizienten verantwortlich sind. Besonders ausgeprägt reagiert der Gini-Koeffizient auf Unterschiede im mittleren Einkommensbereich.[1]

Die in Tabelle 4.3.1 wiedergegebene Zunahme der Nettoäquivalenzeinkommens-Ungleichheit zwischen 1973 und 1998 in Westdeutschland korrespondiert mit einer Zunahme des Gini-Koeffizienten von 0,242 auf 0,264 (Bundesministerium für Arbeit und Sozialordnung 2001b: 47). In Ostdeutschland ist er allein zwischen 1993 und 1998 von 0,199 auf 0,216 (Bundesministerium für Arbeit und Sozialordnung 2001b: 48) und bis 2003 auf 0,226 (Bundesministerium für Arbeit und Sozialordnung 2005: 18) angestiegen. Für Gesamtdeutschland liegt der Wert des Gini-Koeffizienten (mit 0,263 im Jahr 1998) sehr nahe an dem des Westens. Im internationalen Vergleich haben vor allem Österreich und Dänemark einen niedrigeren Gini-Koeffizienten als Deutschland. Höher (deutlich über 0,3)[2] ist er hingegen in Großbritannien, Irland, Italien, Spanien und Portugal (Europäische Kommission/Eurostat 2001: 46), d.h. auch gerade in den Mittelmeerländern, in denen das durchschnittliche Wohlstandsniveau vergleichsweise niedrig ist. Eine ähnliche Zunahme der Nettoäquivalenzeinkommens-Ungleichheit,

---

[1] Ein alternatives, von Atkinson (1983) entwickeltes Verteilungsmaß ist sensibler für Unterschiede im unteren Einkommensbereich.

[2] Die exakten, hier nicht wiedergegebenen Werte sind wegen unterschiedlicher Äquivalenzskalen mit den zuvor für Deutschland genannten Werten nur bedingt vergleichbar.

wie zuvor für Deutschland dargestellt, ist während der 1980er und 90er Jahre in vielen westeuropäischen EU-Staaten zu beobachten (Smeeding und Gottschalk 1998).

4.3.1.1.1.3 Die Einkommensverteilung im Spiegel niveaubezogener Verteilungsmaße

Ein anderer Ausgangspunkt der Ungleichheitsmessung ist das durchschnittliche Einkommensniveau. Eine bekannte Methode der Durchschnittsberechnung ist insbesondere das arithmetische Mittel, bestehend aus der Addition aller Einkommen, dividiert durch die Zahl der Personen. Ein einfaches Maß der Ungleichverteilung, basierend auf dem arithmetischen Mittel, ist die Varianz – das ist der arithmetische Durchschnitt der quadrierten individuellen Abweichungen vom arithmetischen Mittel. Will man die Varianz für Unterschiede im unteren Einkommensbereich sensibler gestalten, lässt sich natürlich auch das logarithmierte Einkommen zugrunde legen (z. B. Karoly 1992).

Zu unterscheiden vom arithmetischen Mittel ist das Medianeinkommen. Darunter versteht man den Einkommenswert, bei dem die Hälfte der Bevölkerung mehr, die andere weniger bekommt. In Relation zum arithmetischen Mittel wie auch zum Medianeinkommen lassen sich relative Einkommenspositionen als Vielfache des betreffenden Durchschnittseinkommens definieren. So beziehen beispielsweise 1995 in Westdeutschland 15,1 % weniger als das 0,6fache Medianeinkommen, in Ostdeutschland sind es 10,3 % (s. u. Tabelle 4.3.4). 9,1 bzw. 3,8 % liegen jeweils über dem doppelten Medianeinkommen.

Abhängig davon, welches Durchschnittseinkommen zugrunde liegt, fällt die Verteilung der Bevölkerung auf die relativen Wohlstandsklassen sehr unterschiedlich aus. Zum einen ist der Median kleiner als das arithmetische Mittel, weil der obere Einkommensbereich dünner besiedelt ist als der untere.[1] Die Differenz liegt in

---

1 Eine entsprechende Einkommensverteilung wird deshalb als linkssteil bezeichnet, da der linke Bereich steiler ansteigt, als der rechte abfällt.

der Größenordnung von 10 % des arithmetischen Mittels (vgl. z.B. Bundesministerium für Arbeit und Sozialordnung 2001b: 47; Bundesministerium für Arbeit und Sozialordnung 2005: 18). Der Bevölkerungsanteil über dem doppelten arithmetischen Mittel ist daher natürlich kleiner als der über dem doppelten Median, der unter dem 0,6fachen arithmetischen Mittel hingegen größer.

Zum anderen ist das Medianeinkommen tendenziell stabiler als der arithmetische Durchschnitt, weil es unempfindlich ist gegenüber extremen Werten (v. a. im obersten Einkommensbereich) und z.B. auch gegenüber Einkommenszuwächsen nur in der reicheren Hälfte der Bevölkerung bzw. Einkommensverlusten nur in der ärmeren. Die größere Stabilität des Medians gegenüber dem arithmetischen Mittel hat zur Folge, dass individuelle Mobilität in der Einkommensverteilung besser sichtbar wird, weil der Maßstab weniger (oder u.U. gar nicht) ‹mitwandert› (vgl. Kapitel 4.3.1.2).

Im Hinblick auf den West-Ost-Vergleich in Tabelle 4.3.4 ist außerdem relevant, ob die Betrachtung von einem gesamtdeutschen Durchschnittseinkommen ausgeht oder von west- und ostspezifischen Durchschnitten. So wäre beispielsweise der ostdeutsche Bevölkerungsanteil unter dem 0,6fachen Gesamtdurchschnitt sicher größer, als in Tabelle 4.3.4 für den ostspezifischen Durchschnitt ausgewiesen. Und es wäre auch unter Bezug auf den Gesamtdurchschnitt kaum denkbar, dass die Zahl der Niedrigeinkommensbezieher im Osten Deutschlands kleiner ist als im Westen (vgl. Tabelle 4.3.4). Welcher Durchschnitt (gesamt versus regional) der ‹richtige› ist, hängt wie so oft von der Fragestellung ab: Während mit dem Gesamtdurchschnitt das Wohlstandsgefälle zwischen den beiden Landesteilen deutlich würde, beleuchtet die Berechnung mit Regionaldurchschnitten die Einkommensungleichheiten jeweils innerhalb der Regionen. In der empirischen Ungleichheitsforschung der 1990er Jahre in Deutschland sind beide Durchschnitte gebräuchlich (z.B. Hauser 1997c versus Hanesch 1994). Im internationalen Vergleich – auch im EU-Vergleich (z.B. Europäische Kommission/Eurostat 2001: 49) – wird fast immer auf die nationalen Durchschnittseinkommen Bezug genommen.

| | jeweilige Mittelwerte | | gesamtdeutsche Mittelwerte | | |
	West	Ost	gesamt	West	Ost
50%/arithm. Mittel	10,6	4,8	10,2	9,1	14,7
50%/Median	7,1	2,9	6,2	5,6	8,5
60%/arithm. Mittel	18,9	11,9	18,7	16,3	28,9
60%/Median	13,1	8,4	12,5	11,0	18,7

Tabelle 4.3.2: Armutsquoten für alternative Armutsgrenzen 1998[1] in Ost-, West- und Gesamtdeutschland (in %)

[1] OECD-Skala

Quelle: Bundesministerium für Arbeit und Sozialordnung 2001b: 60

Dem unteren Einkommensbereich unter der 50 %- oder der 60 %-Grenze des arithmetischen Mittels oder des Medians als Armutsgrenze kommt besondere Aufmerksamkeit zu. Auf Basis der Ergebnisse von Tabelle 4.3.4 wären in Westdeutschland 15 %, in Ostdeutschland 10 % der Bevölkerung als arm zu betrachten. Diese Werte stellen Armutsquoten dar. Die Höhe der Armutsquote hängt aber natürlich von allen oben erörterten methodischen Entscheidungen ab: von der letztlich willkürlichen Grenzziehung bei z.B. 50 oder 60 % des Durchschnittseinkommens, von der Methode der Durchschnittsberechnung, von der Äquivalenzskala, von dem zugrunde liegenden Einkommenszeitraum usw. Um die Auswirkungen methodischer Entscheidungen auf Umfang und Struktur der Armut einzuschätzen, empfiehlt es sich, die Ergebnisse alternativer Armutsgrenzen und anderweitiger Analyseentscheidungen parallel zu betrachten.[1] Tabelle 4.3.2 zeigt, wie enorm unterschied-

---

1 Hinzu kommen Armutsdefinitionen, die nicht auf das tatsächlich vorhandene Einkommen, sondern auf den Bezug von sozialstaatlichen Leistungen (Sozialhilfe) abheben (z. B. Buhr 1995; Hauser 1997a: 536; Ludwig, Leisering und Buhr 1995; Olk und Rentzsch 1997). Dabei spricht man auch von «bekämpfter Armut», im Gegensatz zu der Armut, die trotz eines Einkommens unter der sozialstaatlich fixierten Armutsgrenze existiert, aber wegen fehlenden Leistungsbezugs nicht

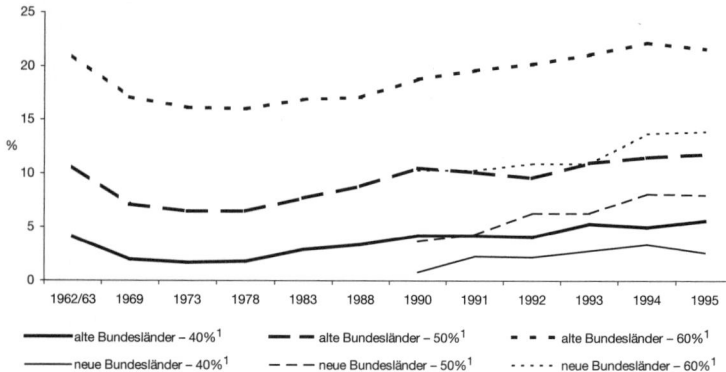

Abbildung 4.3.3: Relative Einkommensarmut in den alten und neuen Bundesländern 1962/63–1995 bzw. 1990–1995 bei alternativen Armutsgrenzen (arme Personen in % der jeweiligen Gesamtbevölkerung)
[1] bezogen auf das arithmetische Mittel
Anmerkungen: Die Berechnungen beruhen auf dem Nettoäquivalenzeinkommen. Es wurde mit Hilfe einer älteren OECD-Skala gewichtet: Der Haushaltsvorstand erhält dabei ein Gewicht von 1,0, weitere Haushaltsmitglieder ab einem Alter von 15 Jahren ein Gewicht von 0,7, Kinder ein Gewicht von 0,5. Die Ergebnisse 1962/63–1988 basieren auf Jahreseinkommen (einschließlich Mietwert von eigengenutztem Wohneigentum) und beziehen sich auf Haushalte mit deutschem Haushaltsvorstand. Die vom Statistischen Bundesamt zur Verfügung gestellten EVS-Daten können geringe Verzerrungen enthalten. Die Berechnungen 1990–1995 basieren auf Monatseinkommen (ohne Mietwert von eigengenutztem Wohneigentum) zuzüglich einem Zwölftel von unregelmäßigen Zahlungen. Es sind Haushalte mit deutschem und ausländischem Haushaltsvorstand enthalten.
Quelle: Hauser 1997a: 532

lich die Armutsquote ausfällt, je nachdem, welche Grenzziehung und welche Durchschnittsberechnung herangezogen wird. Dies heißt auch, dass die relativen Wohlstandspositionen knapp über den

---

evident ist und deshalb als «Dunkelziffer der Armut» bzw. als «verdeckte Armut» bezeichnet wird. Die Dunkelziffer hat u. U. dasselbe Ausmaß wie die bekämpfte Armut (Neumann 1999: 29).

unteren Grenzziehungen – wie bei einer linkssteilen Einkommensverteilung nicht anders zu erwarten – stark besetzt sind. Trotz der je nach Grenzziehung sehr unterschiedlichen Armutsquoten kann man jedoch (auf dem jeweiligen Niveau) von einer mehr oder weniger gleich gerichteten Gesamtentwicklung ausgehen. Abbildung 4.3.3 veranschaulicht die Entwicklung der Armutsquote von 1963 bis 1995, bezogen auf alternative Armutsgrenzen.[1]

Die Ansätze zur Definition von Armutsgrenzen lassen sich in zwei Gruppen aufteilen: die relativen und die absoluten Armutsdefinitionen, die sich durch gänzlich unterschiedliche Blickrichtungen unterscheiden. Bei der 50 %- und der 60 %-Grenze des Durchschnittseinkommens handelt es sich um relative Armutsdefinitionen. Als relative Armut wird das Unterschreiten bestimmter Fixpunkte der gesamtgesellschaftlichen Einkommensverteilung bezeichnet. Relative Armutsmaße informieren über die Ungleichheit in einer Gesellschaft, wobei der Blick auf den unteren Einkommensbereich gerichtet ist. Eine relative Armutsquote gibt an, welcher Bevölkerungsteil unterhalb einer Armutsgrenze lebt, die in Relation zur Restverteilung, zur Gesamtverteilung (wie im Fall des Durchschnittseinkommens) oder zum Wohlstand bestimmter gesellschaftlicher Bezugsgruppen definiert ist.

Davon zu unterscheiden sind Armutsgrenzen, die nicht unter Bezug auf den Wohlstand anderer Gruppen der Gesellschaft, sondern aus anderen Überlegungen heraus definiert sind. Diese Überlegungen bestehen insbesondere aus einer Abschätzung dessen[2], was zum physischen Überleben und eventuell für eine minimale kulturelle Teilhabe am gesellschaftlichen Leben notwendig ist, und werden – soweit die Armutsgrenzen in sozialstaatlichen Regelungen institutionalisiert sind – auch überlagert von politisch-normativen Vorgaben. Eine in diesem Sinn definierte Armutsgrenze kommt etwa durch die Zusammenstellung eines für lebenswichtig erach-

---

1 Zu den weiteren dieser Darstellung zugrunde liegenden Analyseentscheidungen vgl. Hauser (1997a).
2 der Ressourcen oder ggf. auch der Versorgung (vgl. Kapitel 4.3.1.1.2)

teten Warenkorbs zustande. Ein Beispiel ist die lange Zeit in vielen Untersuchungen gebräuchliche Sozialhilfeschwelle (z.B. Hauser 1997b; Klein 1987a).[1] In Unterscheidung zu den relativen Armutsmaßen kann man von absoluten – weil nicht in Relation zu anderen Wohlstandspositionen definierten – Armutsdefinitionen sprechen.[2] Die absoluten Armutsdefinitionen lassen sich im weitesten Sinne auch als Definitionen des Existenzminimums interpretieren.[3] Absolute Armutsquoten sind gleichfalls ein Maßstab der Einkommensverteilung, nicht aber der Einkommensungleichheit.

Die Entscheidung zwischen absoluten und relativen Armutsdefinitionen zieht eine Reihe von Konsequenzen für den zeitlichen Vergleich, für den internationalen und den interregionalen Vergleich und für die Beurteilung armutspolitischer Maßnahmen nach sich. Absolute Armutsgrenzen beziehen sich auf die Lebenserhaltung bzw. die Erhaltung eines bestimmten Wohlstandsniveaus, sodass

---

1 Die Verwendung der Sozialhilfeschwelle führt allerdings zu dem paradoxen Ergebnis, dass eine Erhöhung staatlicher Leistungen und die damit verbundene Verbesserung der Lebensumstände im unteren Einkommensbereich eine Erhöhung der Armutsquote bewirkt (Krause 1992: 49). Ein Überblick auch über andere Ansätze zur empirischen Bestimmung der Armutsschwelle findet sich bei Klein (1987e: 110ff.), bei Krämer (1997) und bei Piachaud (1992).

2 Abweichend von dieser an analytischen Kriterien ausgerichteten Unterscheidung werden absolute und relative Armut hin und wieder auch im Hinblick auf die Höhe der Armutsgrenze unterschieden (z.B. Hauser und Neumann 1992: 246; Bundesministerium für Arbeit und Sozialordnung 2001c: 8). Mit «absolut» wird in diesem Sinn eine besonders strenge, mit «relativ» eine weniger strenge Armut bezeichnet. Eine absolute Armutsdefinition, die an verteilungsunabhängigen Kriterien orientiert ist, geht allerdings mit einer niedrigen Armutsschwelle oft Hand in Hand, da sich objektivierbare Kriterien für die Festlegung einer Armutsschwelle umso leichter finden lassen, je niedriger das Wohlstandsniveau ist.

3 Der Begriff des Existenzminimums wird in der Literatur unterschiedlich gebraucht und mit sehr unterschiedlichen Armutsschwellen gleichgesetzt (Hauser und Klein 1985). Eine eingeschränktere Bedeutung des «Existenzminimums», die im englischsprachigen Begriff «subsistence» anklingt, meint jedoch nur das (Ressourcen- oder Versorgungs-)Minimum, das zur Existenzerhaltung notwendig ist, während die Lebensmöglichkeiten und Lebenslagen, die in Relation zu anderen gesellschaftlichen Bezugsgruppen als relative Armutsschwelle definiert sind, über oder in ärmeren Ländern auch unter dem liegen können, was im engeren, absoluten Sinn als Existenzminimum bezeichnet wird.

Verschiebungen der Grenze aufgrund veränderter Bedürfnisse oder aufgrund veränderter Kosten der Bedürfnisbefriedigung regelmäßig notwendig werden. Verschiebungen relativer Armutsgrenzen resultieren hingegen aus Veränderungen in der Einkommensverteilung, zum Beispiel einem Anwachsen der oberen Einkommensschicht oder auch aus einer allgemeinen Wohlstandszunahme. Sie passen sich «Änderungen ... der Einkommensverteilung im Zeitablauf automatisch an, während absolute Armutsstandards durch bewusste Akte der Forschreibung oder Neudefinition variiert werden müssen» (Klanberg 1978: 64). Der Unterscheidung zwischen absoluten und relativen Armutsdefinitionen kommt ferner im internationalen Vergleich Bedeutung zu. Die normativen Festsetzungen, die bei der Definition eines absoluten Existenzminimums gemacht werden, haben im internationalen Vergleich vor unterschiedlichem ökonomischem und kulturellem Hintergrund unterschiedliche Bedeutung, während sich ein relatives Armutsmaß quasi ‹automatisch› an ein unterschiedliches Wohlstandsniveau anpasst. Vor diesem Hintergrund ist verständlich, dass es nicht notwendigerweise die reichen Länder sind, die niedrige Armutsquoten haben, wenn man von einer relativen Armutsbetrachtung ausgeht. So existieren in einigen Ländern mit einem höheren Pro-Kopf-Einkommen als in Deutschland – etwa in Großbritannien (Abbildung 4.3.1) – höhere Armutsquoten als hierzulande. Die internationalen Unterschiede relativer Armutsquoten (vgl. Europäische Kommission/Eurostat 2001: 49; Europäische Kommission/Eurostat 2002: 131 ff.; Hagenaars, Vos und Zaidi 1995; Noll und Weick 2005: 4) spiegeln eher in vergröberter Weise die Einkommensungleichheit wider, die sich aus den Gini-Koeffizienten ergibt.

Im Übrigen implizieren absolute und relative Armutsgrenzen einen höchst unterschiedlichen politischen Maßstab, wenn sie aufzeigen sollen, wann das Armutsproblem idealerweise als gelöst betrachtet werden kann. Absolute Armut ist dann abgeschafft, wenn für jedermann das jeweils betrachtete Existenzminimum gesichert ist, ungeachtet des Wohlstands anderer Gesellschaftsmitglieder. Relative Armut kann dagegen eintreten, ohne dass sich der Wohlstand bisher nicht als arm betrachteter Individuen und Familien verändert, nur dadurch, dass sich im Zeitablauf das gesamtgesellschaftliche Einkommen und damit auch das Durchschnittseinkommen erhöht. Die Abschaffung relativer Armut zielt daher auf die Abschaffung einer zu großen Ungleichverteilung, durch die einzelne Gruppen zu stark hinter der als «durchschnittlich» oder «normal» angesehenen Situation zurückbleiben (Hauser, Cremer-Schäfer und Nouverté 1981: 25).

Vor allem der Analyse relativer Armut kommt somit unter dem Aspekt der sozialen Ungleichheit große Bedeutung zu. Die Bedeutung des Ungleichheitsaspekts ist besonders in einer hoch entwickelten Nation mit einem allgemein hohen Wohlstandsniveau nicht gering einzuschätzen. Darüber hinaus lassen sich absolute, die Ungleichheit vernachlässigende Armutsgrenzen wissenschaftlich oft nur schwer abstützen. Die große Willkürlichkeit bei der Fixierung einer bestimmten Armutsgrenze, die daraus in wissenschaftlichen Untersuchungen resultierende Praxis der Verwendung alternativer Armutsgrenzen und die damit erlangte Information über die Verteilung von gesellschaftlichem Wohlstand im unteren Einkommensbereich stellt die Armutsforschung noch zusätzlich in das Licht der Analyse sozialer Ungleichheit.

Im Vergleich zum unteren Einkommensbereich ist die Entwicklung des oberen Einkommensbereichs noch wenig erforscht. Ursache ist zum einen ein geringeres sozialpolitisches Interesse an der Gruppe der Reichen, zum anderen eine «unzureichende Datenbasis» (Huster 1993: 22 sowie Bundesministerium für Arbeit und Sozialordnung 2001c: 35). Für die Definition einer Reichtumsgrenze stehen außerdem kaum externe Maßstäbe zur Verfügung, wie sie für die Definition einer absoluten Armutsgrenze durch das physische Existenzminimum gegeben sind. Betrachtet man die eher niedrige 200 %-Schwelle des Medianeinkommens als Reichtumsgrenze, fällt die Reichtumsquote recht hoch aus (s. u. Tabelle 4.3.4). Geringer ist sie natürlich bei Verwendung des arithmetischen Mittels oder einer höheren Prozent-Schwelle.

4.3.1.1.1.4 Die Vermögensverteilung

Ein Merkmal des Einkommens ist eine gewisse Regelmäßigkeit. Handelt es sich hingegen um einen einmaligen Ressourcenbezug, spricht man in der Regel von einem Vermögenstransfer. Der Unterschied zwischen Einkommen und Vermögenstransfers ist allerdings unter dem Aspekt der Wohlstandsverteilung durchaus fließend:

– So unterliegt auch das Einkommen – abhängig von dem zugrunde gelegten Zeitraum – gewissen Schwankungen, die als Mobilität in der Einkommensverteilung zu verbuchen sind.

– Wie am Beispiel des Lebenseinkommens besonders deutlich wird, ist der dem Einkommen zugrunde gelegte Zeitraum sehr unterschiedlich definiert: Zwischen dem Bezug von Ressourcen und deren Verausgabung liegen – abhängig von der Höhe des Betrags – höchst unterschiedlich lange Zeiträume, und je länger der Verausgabungszeitraum ist und je höher der Betrag, desto eher kann man von einem Vermögenstransfer sprechen. Unter diesem Aspekt lässt sich das Vermögen auch einfach als ein durch Einkommen und Vermögenstransfers (d.h. durch Ereignisse) beeinflusster Bestandsindikator des Wohlstands begreifen.[1]

– Zu berücksichtigen ist außerdem, dass Vermögen die Grundlage des Vermögenseinkommens darstellt und die Vermögensbildung auch auf dem Ansparen von Einkommensbeträgen basiert.

– Und in vielen Verteilungsanalysen erstreckt sich schließlich der Einkommensbegriff auch auf den Mietwert von selbst genutztem Wohneigentum (z.B. Becker 1997: 47; Klein 1987d).

Zum Vermögen gehören insbesondere Geldvermögen, Immobilien und Betriebsvermögen (vgl. z.B. Schlomann 1993: 56). Obwohl das Vermögen den Ressourcen zugerechnet wird, haben einige Vermögensarten – nämlich das Gebrauchsvermögen (z.B. ein teures Auto) und das selbst genutzte Wohneigentum – auch einen Konsumwert; die betreffenden Vermögensarten sind deshalb auch für

---

1 Zur Unterscheidung zwischen Ereignis- und Bestandsmaßen siehe oben Kapitel 1.2.2.

versorgungsbezogene Wohlstandsdefinitionen von Bedeutung (s. u. Kapitel 4.3.1.1.2).

Das durchschnittliche Netto[1]-Geld- und Immobilienvermögen je Haushalt[2] belief sich 1998 auf 254 Tausend DM in Westdeutschland bzw. 88 Tausend DM in Ostdeutschland (Bundesministerium für Arbeit und Sozialordnung 2001c: 45). Im Jahr 2003 sind es 149 Tausend und 60 Tausend Euro (Bundesministerium für Arbeit und Sozialordnung 2005: 32). Die Vermögensverteilung wird stark von der des Immobilienvermögens dominiert. In Westdeutschland verfügen relativ konstant etwa 50 % der Haushalte über Immobilienvermögen, in Ostdeutschland ist der Anteil der Haushalte mit Immobilienvermögen von 27 % im Jahr 1993 auf knapp 40 % im Jahr 2003 angestiegen (Bundesministerium für Arbeit und Sozialordnung 2005: 34).

Wie aus den Gini-Koeffizienten hervorgeht, ist das Nettovermögen wesentlich ungleicher verteilt als das (Äquivalenz-)Einkommen. Die Gini-Koeffizienten der Vermögensverteilung sind im Westen von 0,625 im Jahr 1993 auf 0,657 im Jahr 2003 angestiegen und im Osten von 0, 718 auf 0,671 gesunken (Bundesministerium für Arbeit und Sozialordnung 2005: 37). Während also im Westen eine zunehmende Vermögenskonzentration im Gange ist, hat sich im Osten die nach der Wende geschaffene Vermögensungleichheit der des Westens weitgehend angenähert.

In Abbildung 4.3.4 ist die Lorenzkurve der Vermögensverteilung dargestellt. Im Jahr 2003 verfügt das oberste Fünftel über 65 %

---

1 d. h. abzüglich von Schulden

2 Im Gegensatz zu der im Prinzip wünschenswerten Personenbetrachtung beziehen sich Angaben zur Vermögensverteilung in aller Regel auf Haushalte (vgl. z. B. Schlomann 1993: 56; Stein 2004). Zum einen ist eine personelle Zuordnung des Haushaltsvermögens mit den verfügbaren Daten nicht durchführbar. Zum anderen gibt es für das Problem der wohlstandsäquivalenten Personengewichtung in Bezug auf das Vermögen keine überzeugende Lösung – unter anderem, weil sich in der Regel Haushaltszusammensetzungen während des Verausgabungszeitraums ändern und weil die einzelnen Haushaltsmitglieder entsprechend ihrer Stellung im Lebens- und Familienzyklus sehr unterschiedlichen Sicherungsbedarf an das Haushaltsvermögen haben (vgl. auch Bundesministerium für Arbeit und Sozialordnung 2001b: 80 f.).

(Westdeutschland) bzw. 69 % (Ostdeutschland) des Netto-Gesamtvermögens (Bundesministerium für Arbeit und Sozialordnung 2005: 36). Das unterste Zehntel hat hingegen Schulden in Höhe von 0,5 bzw. 1,3 % des Netto-Gesamtvermögens, und noch das zweitunterste Fünftel besitzt nur 1,8 bzw. 2,2 %.

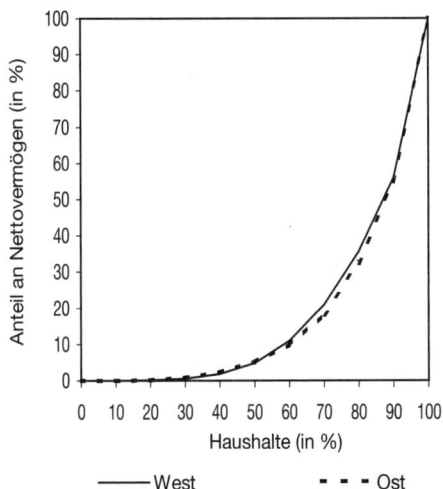

Abbildung 4.3.4: Lorenzkurven[1] der Nettovermögensverteilung (haushaltsbezogen) in West- und Ostdeutschland im Jahr 2003
[1] Berücksichtigung von negativen Werten als Nullwerte
Quelle: Bundesministerium für Arbeit und Sozialordnung 2005: 36; eigene Berechnungen

Im Hinblick auf den untersten Vermögensbereich kann man auch von Vermögensarmut sprechen. Die meisten ressourcenorientierten Armutsuntersuchungen beschränken sich zwar auf die Einkommensarmut. Die Vernachlässigung des Vermögens entspricht dabei aber der größeren Bedeutung des Einkommens in Industriegesellschaften, in denen das Arbeitseinkommen die häufigste Lebensgrundlage darstellt. Im Unterschied zum feudalistischen Begriff von Armut, der auf Vermögensschwäche abstellt (Lidy 1974: 16), spielt in modernen Gesellschaften die Einkommensschwäche eine weit größere Rolle. Finanzielle, vor allem über das Einkommen vermittelte Ressourcen können mit gutem Recht als wichtigste Determinante der Lebenschancen angesehen werden. Dennoch sind die Ressourcen, die die Teilhabe an ökonomischen und kulturellen Gütern erlauben oder verbieten, auch durch Vermögensarmut oder gar Überschuldung definiert. Und eine wie immer definierte Vermögensarmut ist in der Regel auch Voraussetzung für den Bezug sozialstaatlicher Mindestsicherungsleistungen.

4.3.1.1.2 Die versorgungsbezogene Wohlstandsverteilung

Der große Vorteil ressourcenbezogener Wohlstandsdefinitionen liegt in dem gemeinsamen monetären Maßstab, mit dem sich sehr verschiedene Wohlstandskomponenten vergleichen und vereinen lassen. Damit verbunden ist der weitere Vorteil, bei der Analyse der Wohlstandsverteilung nicht mehr oder weniger willkürlich zwischen verschiedenen Versorgungsgütern als Wohlstandsindikatoren entscheiden zu müssen. Dennoch ist für die Wohlstandsverteilung letztlich die Stufe des Konsums ausschlaggebend – diese «consumer inequality» im eigentlichen Sinn lässt sich auch als «final distribution» bezeichnen (Kraus 1995: 188). Weitgehend synonym mit der Unterscheidung zwischen ressourcen- und versorgungsbezogener Wohlstandsdefinition ist die Unterscheidung zwischen «indirekten» und «direkten» Wohlstandskonzepten (Kohl 1996: 254).

Ressourcen und Konsum hängen zwar eng zusammen, können aber doch aus verschiedenen Gründen – scheinbar oder tatsächlich – auseinander fallen:
– Eine wichtige Ursache für das (nur scheinbare) Auseinanderfallen von Ressourcen und Konsum liegt darin, dass nicht alle Ressourcen erfasst wurden. Die Gefahr der Vernachlässigung betrifft vor allem die nicht-monetären Ressourcen. Sie besteht zum einen in Bezug auf Sach- und Dienstleistungstransfers zwischen Privat-

haushalten. Zum anderen besteht die Gefahr der Vernachlässigung nicht-monetärer Ressourcen im internationalen Vergleich, wenn in dem Vergleich Länder mit einem großen Anteil an Subsistenzwirtschaft oder solche Länder beteiligt sind, in denen (wie in der DDR) wegen einer knappen Versorgungslage für die Gestaltung der materiellen Lebensumstände auch Tauschbeziehungen[1] und «andere Privilegien» (Hauser 1992: 63) zu den Ressourcen gerechnet werden müssten.

- Im internationalen Vergleich haben u.U. Ressourcen und Versorgung auch deshalb eine (tatsächlich) unterschiedliche Entsprechung, weil die Einsparungen durch gemeinsames Wirtschaften und die individuellen Bedarfsunterschiede verschieden ausfallen (Hauser 1992: 64).

- Eine weitere Ursache (tatsächlich) unterschiedlicher Konsummöglichkeiten bei gleichen Ressourcen ist ein u.U. unterschiedlicher Zugang zu öffentlichen und privaten Gütern, etwa aufgrund von regionalen und anderweitigen Preisdifferenzierungen.

- Eine Ausformung unterschiedlichen Zugangs gerade zu wichtigen Versorgungsgütern (z.B. Wohnungen) ist Diskriminierung (z.B. von Zuwanderern).

- Ursächlich für eine Diskrepanz zwischen den Ressourcen und der Versorgung mit speziellen Konsumgütern sind schließlich unterschiedliche Präferenzen hinsichtlich der Geldverwendung. Die Wohlstandsrelevanz dieser Diskrepanz ergibt sich auch daraus, dass Konsumentscheidungen im Haushalt nicht immer von den davon Betroffenen gefällt werden.

Ein Auseinanderfallen von Ressourcen und Konsum ist besonders im unteren Wohlstandsbereich gravierend. Es ist davon auszugehen, dass die Versorgung gerade im unteren Wohlstandsbereich hinter den ohnehin geringen Ressourcen zurückbleibt:

- Soziale Unterstützung hängt von Sozialkapital ab, das gerade im unteren Einkommensbereich vergleichsweise gering ist (vgl. Kapitel 4.4).

---

1   Vgl. hierzu auch die Ausführungen zum Sozialkapital in Kapitel 4.4.

- Die Einsparungen durch gemeinsames Wirtschaften fallen bei den elementaren Versorgungsgütern u. U. geringer aus als im gehobenen Konsumbereich.
- Untere Einkommensschichten haben tendenziell aufgrund geringer Ressourcen und fehlendem PKW weniger die Möglichkeit, günstige (Groß-)Einkaufsgelegenheiten auszunutzen.
- Auch Diskriminierung betrifft eher die unteren Einkommensschichten.
- Und schließlich sind Konsumpräferenzen gerade im unteren Einkommensbereich für die Versorgung mit elementaren Gütern entscheidend.

Schlechtere Versorgungsmöglichkeiten sozial schwacher Bevölkerungsgruppen führen zu dem von Leibfried, Hansen und Heisig (1985) sowie von Townsend (1979) beschriebenen Phänomen, dass die Lebensmöglichkeiten in den unteren Schichten oft überproportional hinter den finanziellen Ressourcen zurückbleiben. Besonders im unteren ‹Wohlstands›-Bereich sind deshalb auch verbrauchs- und lebensstandardbezogene Wohlstands- und Armutsmaße angemessen. Diese beziehen sich auf die Versorgung mit Gütern und Dienstleistungen. Der lebensstandardbezogene Armutsbegriff zielt dabei auf die Unterversorgung mit Gütern des alltäglichen Bedarfs. Als arm gilt hierbei, wer bestimmte Güter des alltäglichen Bedarfs – vor allem in den Bereichen Wohnung, Nahrung und Kleidung – nicht in einem als ausreichend erachteten Maß zur Verfügung hat. Eine so definierte Armutsschwelle ist insofern immer als eine absolute Armutsgrenze – im Gegensatz zu relativen Armutsgrenzen – zu bezeichnen, als sie kein Ungleichheitsmaß darstellt. Damit einher geht auch, dass es im oberen Wohlstandsbereich kein angemessenes Pendant zur Unterversorgung gibt.

Die Festlegung einer versorgungsdefinierten Armutsgrenze ist nicht minder willkürlich, als das bei einer ressourcenorientierten Armutsgrenze der Fall ist. Armut mag zwar auf der Stufe des Konsums besser greifbar sein. Arm im Sinne versorgungsdefinierter Armut ist, wer bestimmte konkrete Versorgungsstandards oder eine bestimmte Anzahl von Gütern in einer Liste von Versorgungsstandards nicht zur Verfügung hat. Beispiele sind insbesondere Probleme bei der Befriedigung von Grundbedürfnissen in den Bereichen Ernährung und Kleidung, ein fehlendes Bad, Platzmangel oder unzureichende Heizung in der Wohnung, fehlende elementare Transportmöglichkeiten usw. (Europäische Kommission/Eurostat 2001: 50; Hauser und Hübinger 1993: 66; Hauser und Neumann 1992: 247; Landua und Habich 1994: 5).[1] Die Festlegung der als wichtig erachteten Versorgungselemente ist aber oft problematisch. Häufig wird deshalb im Rahmen versorgungsorientierter Armutskonzepte eine ganze Palette von Versorgungsbereichen angesprochen, was die Armutsdefinition noch erschwert, wenn die Versorgung nur in einzelnen Bereichen unter bestimmten Mindeststandards liegt. Nicht ohne Bedeutung ist hierbei die Beachtung einer Hierarchie zwischen unterschiedlichen Bedürfnissen. Ferner müssen auch länderspezifische kulturelle und ökonomische Besonderheiten Berücksichtigung finden. So hat in Großbritannien zeitweise eine Brennstoffunterversorgung den Begriff der «fuel-poverty» geprägt (z.B. Berthoud, Brown und Cooper 1981), und dort wird gelegentlich auch (k)ein warmes Frühstück zur Definition von Armut herangezogen (Townsend 1979). Im Hinblick auf ökonomische und kulturelle Unterschiede ist ein international einheitliches versorgungsbezogenes Armutskonzept höchst schwierig festzulegen.

Ein Vorteil versorgungsbezogener Armutskonzepte gegenüber der lebensstandardbezogenen Wohlstandsmessung im Allgemeinen besteht allerdings darin, dass immerhin die im Armutskontext relevanten Versorgungsaspekte doch mehr oder weniger valide Wohlstandsindikatoren darstellen, während im gehobeneren Konsum-

---

1 Ein noch weiter gefasster Armutsbegriff ist mit dem so genannten Lebenslagenansatz verbunden, der auch Dimensionen wie Bildung, Erwerbsstatus, Gesundheit, Zufriedenheit, soziale Integration und andere Lebenslagen einbezieht, die u.U. die Handlungsspielräume des Individuums in gravierender Weise einschränken und in diesem Sinn eine Unterversorgung generieren (Bundesministerium für Arbeit und Sozialordnung 2001c: 7; Hauser und Neumann 1992: 246f.). Der Lebenslagenansatz unterliegt allerdings «verschiedenen Interpretationen», wobei er zum Teil auch Ressourcenknappheit beinhaltet (Hauser und Neumann 1992: 246).

bereich Präferenzen und Lebensstile weit ausschlaggebender sind. Für die Feststellung von Wohlstandsunterschieden ist deshalb schon im mittleren Wohlstandsbereich die Versorgung mit spezifischen höherwertigen Konsumgütern nur ein sehr bedingt geeigneter Maßstab für den Wohlstand. Ein Beispiel ist die Ausstattung privater Haushalte mit einem PKW (vgl. beispielsweise Habich und Zapf 1999): Wie aus einer sozialstrukturellen Beschreibung von Haushalten ohne Auto (Preisendörfer 2001) hervorgeht, hängt die Autolosigkeit auch mit einem bestimmten Lebensstil – z.B. mit einem geringen Fernseh- und PC-Konsum – zusammen, der nicht durch mangelnde räumliche Mobilität erzwungen ist. Der Lebens-

	Westdeutschland	Ostdeutschland	Jahr
Kühlschrank	1,3[1]	1,2[1]	2003
Gefrierschrank, -truhe	32,0[1]	42,7[1]	2003
Waschmaschine	6,9[1]	4,7[1]	2003
Geschirrspülmaschine	41,0[1]	53,6[1]	2003
Fernseher	5,8[1]	4,6[1]	2003
PC	37,6[1]	42,8[1]	2003
Telefon	1,3[1]	1,6[1]	2003
Auto	22,0[1]	28,1[1]	2003
Bad in der Wohnung	1,4[2]	9,7[2]	1993
weniger als 1 Wohnraum pro Person	8,6[2]	17,8[2]	1993
wohnungslos[3]	0,5[2]		2003

Tabelle 4.3.3: Nichtversorgung mit alltäglichen Gütern in %
[1] haushaltsbezogen
[2] personenbezogen
[3] Jahresschätzung der Bundesarbeitsgemeinschaft Wohnungslosenhilfe e.V.: «Wohnungslos ist, wer nicht über einen mietvertraglich abgesicherten Wohnraum verfügt.»
Quellen: Statistisches Bundesamt 2004: 135ff.; Landua und Habich 1994: 5; Bundesarbeitsgemeinschaft Wohnungslosenhilfe 2004; zum Teil eigene Berechnungen

stil ist daher gerade in westlichen Industriegesellschaften mit einem pluralistischen Wertesystem und entsprechend unterschiedlichen Konsumpräferenzen für die Untersuchung vertikaler Ungleichheit (so z.B. jüngst Otte 2004) kaum geeignet.

Tabelle 4.3.3 gibt die (Unter-)Versorgung mit verschiedenen dauerhaften Konsumgütern in Deutschland wieder. Aus den aufgeführten Gründen bezieht sich die Tabelle in erster Linie auf die Versorgung mit den eher elementaren Gütern. Wie der Tabelle zu entnehmen, haben fast alle Haushalte Kühlschrank, Waschmaschine, Fernseher und Telefon. Vom Telefon abgesehen ist bei diesen Gütern die Versorgung in Ostdeutschland sogar besser als im Westen. Umgekehrt ist es hingegen bei den weniger elementaren Versorgungsgütern wie Geschirrspülmaschine, Gefriertruhe, PC und Auto (Tabelle 4.3.3).

Im Hinblick auf versorgungsdefinierte Armut ist von Bedeutung, dass 8,6 % (Westdeutschland) bzw. 17,8 % (Ostdeutschland) in einer Wohnung mit weniger als einem Wohnraum pro Person leben und dass sogar im Westen Deutschlands immerhin 1,4 % kein Bad innerhalb der Wohnung haben (Tabelle 4.3.3). Ein besonders gravierendes Versorgungsdefizit stellt die Wohnungslosigkeit dar. Dank einer Entspannung auf dem Wohnungsmarkt ist der Anteil der von Wohnungslosigkeit betroffenen Bevölkerung seit 1998 von 0,8 auf 0,5 % im Jahr 2003 gesunken.[1]

Speziell die Wohnraumversorgung zeigt eine hohe Überschneidung mit dem Bezug eines niedrigen Einkommens (Schott-Winterer 1990: 63). Man kann allerdings davon ausgehen, dass in Deutschland wie auch in Dänemark die Benachteiligung der untersten Einkommensschicht in verschiedenen Versorgungsbereichen geringer ausfällt als in anderen EU-Staaten (Europäische Kommission/Eurostat 2001: 50).

---

1 Beruhend auf Schätzungen der Bundesarbeitsgemeinschaft Wohnungslosenhilfe (2004; vgl. http://bag-wohnungslosenhilfe.de/index2.html vom 4.5.2005).

4.3.1.2 Individuelle Mobilität in der Wohlstandsverteilung

Veränderungen der individuellen Wohlstandsposition sind weit häufiger als solche des Bildungsniveaus oder der beruflichen Position. Da die Veränderungen der individuellen Wohlstandsposition eng an die Ereignisse des beruflichen und familiären Lebenslaufs gebunden sind, handelt es sich hierbei weitgehend um Karrieremobilität.[1] Für die Analyse der Wohlstandsmobilität sind deshalb Längsschnittdaten notwendig, die erst in den letzten zwei Jahrzehnten zunehmend zur Verfügung stehen (vgl. Kapitel 5.2.3 und 5.3.1). Aus diesem Grund ist die Wohlstandsmobilität erst während dieses Zeitraums verstärkt in das Blickfeld der empirischen Forschung gerückt.

Im Unterschied zur Bildungs- und Beschäftigungsungleichheit sind Wohlstandsunterschiede vorwiegend[2] gradueller Art. Ausmaß und Bedeutsamkeit individueller Bewegungen in der Wohlstandsverteilung sind deshalb höchst unterschiedlich, und es gibt für viele Fragestellungen keine a priori kritischen Wohlstands- oder Einkommensschwellen, deren Überschreitung in die ein oder andere Richtung bedeutsamer wäre als entsprechende Bewegungen in anderen Wohlstandsbereichen.[3] Eine Ausnahme ist allenfalls die Armutsschwelle, deren Definition aber gleichfalls viel Entscheidungsfreiheit lässt (s.o. Tabelle 4.3.2). Die Festlegung von Einkommensschwellen zur Messung individueller Mobilität erfolgt deshalb vergleichsweise willkürlich und beruht zumeist entweder auf der Verwendung von Perzentilen (z.B. Europäische Kommission/Eurostat 2001: 48; Goebel, Habich und Krause 2004: 637; Klein

---

1 Als ein Aspekt intergenerationaler Mobilität lässt sich höchstens der Vermögenstransfer zwischen den Familiengenerationen begreifen.

2 Eine Ausnahme bilden versorgungsorientierte Wohlstandskonzepte, die vor allem für Armutsanalysen von Bedeutung sind (s. o.).

3 Zu den Auswirkungen der deshalb notgedrungen willkürlichen Entscheidungen bei der Festlegung von Anzahl und Größe der Einkommensklassen vgl. oben Kapitel 4.1.1.2. Einfluss auf die Mobilitätsergebnisse haben ansonsten vor allem der zugrunde gelegte Zeitraum (Monats- versus Jahreseinkommen, vgl. Kapitel 4.3.1.1.1.1) und die Art der Durchschnittsbildung (arithmetisches Mittel versus Median, vgl. Kapitel 4.3.1.1.1.3).

und Zimmermann 1991: 441) oder auf festgelegten Relationen zum Durchschnittseinkommen (z. B. Bundesministerium für Arbeit und Sozialordnung 2001b: 62; Klein und Zimmermann 1991: 443).

Eine in der Wohlstandsdimension vergleichsweise hohe Variabilität der sozialen Position und eine notgedrungen große Willkürlichkeit bei der Festlegung von Einkommensgrenzen und Einkommensgruppen (im Vergleich zur Definition von Bildungsgruppen und Berufsstellungen) tragen (trotz zunehmender Verfügbarkeit von Längsschnittdaten) dazu bei, dass Mobilitätstabellen bei der Analyse der Wohlstandsmobilität vergleichsweise seltener Anwendung finden als bei der Untersuchung anderer Mobilitätsdimensionen. Hinzu kommt, dass die Ergebnisse von Wohlstandsmobilitätstabellen aus den genannten Gründen numerisch nicht überinterpretiert werden sollten.

Ein Eindruck von der Einkommensdynamik in der Bundesrepublik geht trotzdem aus den in Tabelle 4.3.4 wiedergegebenen Abstromquoten hervor. In der Tabelle ist die relative Einkommensposition des Jahres 1995 mit der preisbereinigten Durchschnittsposition der Jahre 1996 bis 1998 in Beziehung gesetzt.[1] Trotz der Durchschnittsbildung bei der Definition der Zielposition beleuchtet die Tabelle eher die kurzfristige Fluktuation bzw. (In-)Stabilität des Einkommens denn langfristige Mobilitätsprozesse in der Einkommensstruktur.

Wie aus Tabelle 4.3.4 ersichtlich, finden Einkommensveränderungen ganz überwiegend in die jeweils benachbarten Einkommensklassen statt. Es ist allerdings nicht auszuschließen, dass sich die Betreffenden schon 1995 nahe der Grenze befanden, die sie in den kommenden Jahren überschritten haben – die Tabelle offenbart insoweit auch die Erkenntnisgrenzen der Mobilitätsmatrix in Bezug auf die letztlich ja doch graduell definierten Wohlstandsunterschiede.

Aus der Mobilitätstabelle 4.3.4 gehen nichtsdestotrotz einige interessante Unterschiede zwischen Ost- und Westdeutschland her-

---

1 Zu den weiteren Berechnungsmodalitäten der Tabelle vgl. Bundesministerium für Arbeit und Sozialordnung (2001c: 30f.).

vor. So ist die Einkommensmobilität im untersten und im obersten Bereich im Osten jeweils größer als im Westen – jedenfalls noch bis in die zweite Hälfte der 1990er Jahre (für den unteren Einkommensbereich vgl. zusätzlich Krause 1994: 197). Gleichzeitig sind als Folge der wirtschaftlichen und sozialen Umwälzung die Abstiegsrisiken in niedrigere Einkommensklassen im Osten beträchtlich höher als im Westen.

relative Ein-kommens-position[1] 1995	relative Einkommensposition[1] der Jahre 1996–1998						
	0% –<60%	60% –100%	>100% –150%	>150% –200%	>200%	insges. in %	Bev. in %
neue Bundesländer							
0%–<60%	44,9	52,0	2,8	0,3	0,0	100,0	10,3
60%–100%	4,8	72,6	22,2	0,4	0,0	100,0	38,1
>100%–150%	1,9	25,4	66,0	6,1	0,6	100,0	36,8
>150%–200%	0,2	2,6	52,6	35,7	9,0	100,0	11,0
>200%	0,0	0,6	10,5	44,7	44,2	100,0	3,8
alte Bundesländer							
0%–<60%	61,1	31,9	6,1	0,8	0,0	100,0	15,1
60%–100%	7,9	71,3	19,2	1,0	0,6	100,0	33,5
>100%–150%	0,8	18,2	68,9	10,8	1,3	100,0	29,1
>150%–200%	0,2	2,0	35,9	50,6	11,3	100,0	13,3
>200%	1,2	2,1	5,4	18,5	72,8	100,0	9,1

Tabelle 4.3.4: Kurzfristige Einkommensmobilität (Abstromprozent)
[1] Medianeinkommen, alte OECD-Skala (vgl. Abbildung 4.3.3)
Quelle: Bundesministerium für Arbeit und Sozialordnung 2001b: 62

Betrachtet man die 60%-Grenze als Armutsgrenze, so zeigt Tabelle 4.3.4 einerseits eine hohe Persistenz der Armut, andererseits aber auch ein hohes Ausmaß an Armutsdynamik, das von vielen Untersuchungen bestätigt wird (z.B. Hauser und Berntsen 1992: 80ff.). Besonders groß ist die Fluktuation um die Armutsgrenze bei

Ausländern (Berntsen und Rendtel 1991: 465 f.). Die Chance des Aufstiegs in einen höheren Einkommensbereich ist generell umso größer, je niedriger die Ausgangslage (z. B. Krause 1994: 193).

Im internationalen Vergleich korreliert der Anteil der dauerhaft Armen an der Gesamtbevölkerung mit dem Ausmaß an Armut. So ist dauerhafte Armut in Ländern mit einer niedrigen Armutsquote – wie in Dänemark – seltener als in Ländern mit einer hohen Armutsquote – wie in Griechenland und Portugal (Europäische Kommission/Eurostat 2001: 49). Allerdings ist dies keine besondere Erkenntnis, sondern schlicht eine Implikation der Mobilitätstabelle: Dauerhafte Armut stellt sich im Rahmen der Mobilitätsmatrix als Immobilität in der untersten Einkommensschicht dar. Der Anteil der dauerhaft Armen innerhalb der Armutsbevölkerung ist daher nichts anderes als die Selbstrekrutierungsquote in der untersten Einkommensschicht. Ist die Gruppe der Armen groß, fällt auch die Selbstrekrutierung hoch aus. Und eine hohe Selbstrekrutierung in einer vergleichsweise großen Armutspopulation bedeutet natürlich, dass der Anteil dauerhaft Armer auch in der Gesamtgesellschaft vergleichsweise groß ist.

4.3.2 Ursachen der Einkommensungleichheit und deren Veränderung

4.3.2.1 Ursachen der primären Einkommensungleichheit

Theorien der sozialen Ungleichheit stehen seit jeher im Mittelpunkt soziologischer Analysen der Gesellschaft (Dahrendorf 1968: 352 ff.). Zu den prominenten Erklärungsmodellen, die neben der Beschäftigungsungleichheit auch die darin begründete Wohlstandsungleichheit thematisieren, zählen die marxistische und die funktionalistische Theorie.[1]

---

1 Ein breiterer Überblick auch über andere Ansätze findet sich z. B. bei Hradil

Nach der schon skizzierten marxistischen Theorie ist die Stellung im Produktionsprozess – die sich in der frühen Industrialisierung durch das (Nicht-)Eigentum an den Produktionsmitteln auszeichnet – auch für die Einflussmöglichkeiten auf den Verteilungsprozess ausschlaggebend. Grundlage der Wohlstandsungleichheit ist aus marxistischer Perspektive die gesellschaftliche Organisation der Produktion und die durch sie definierte Positionsstruktur.

Nach der funktionalistischen Schichtungstheorie ist hingegen soziale Ungleichheit für das Funktionieren und den Fortbestand der Gesellschaft notwendig (vgl. Davis und Moore 1967). Dieser Ansatz beruht auf der Vorstellung, dass unterschiedliche Berufspositionen ungleich wichtig sind für das Funktionieren der Gesellschaft und deshalb unterschiedlich belohnt werden müssen. Unterschiedliche Entlohnung hat hierbei den Zweck, unterschiedliche Leistungsanreize zu setzen. Im Gegensatz zum marxistischen Ansatz, der sich auf Macht und Einflussmöglichkeiten im Verteilungsprozess bezieht, ‹verkörpert› die funktionalistische Theorie das Leistungsprinzip. Zu den problematischen Grundannahmen dieser Argumentation gehört, dass die Qualifikation für wichtige Positionen knapp ist und deren Besetzung im mehr oder weniger freien Wettbewerb stattfindet. Offen bleibt außerdem, was die gesellschaftliche Bedeutung beruflicher Positionen letztlich definiert, geschweige denn, wie sich die Bedeutung beruflicher Positionen und im Zuge dessen die Ungleichheit im Verlauf der gesellschaftlichen Entwicklung ändert.

Ein moderneres Pendant der unterschiedlichen Gewichtung von positionsstrukturellen Faktoren versus individuellen Leistungsmerkmalen bei der Erklärung materieller Ungleichheit findet sich in dem schon dargestellten Gegensatz zwischen der Theorie der Arbeitsplatzkonkurrenz einerseits und dem Humankapitalansatz andererseits. Dabei werden die materiellen Entlohnungen von der Theorie der Arbeitsplatzkonkurrenz und anderen strukturellen Arbeitsmarkttheorien allerdings höchstens am Rande thematisiert.

(2001: 47–94). Zur Entwicklung der Lohnungleichheit im Spiegel ökonomischer Theorieansätze vgl. auch Levy und Murnane (1992).

Die Humankapitaltheorie ist demgegenüber auf die Unterschiede der Lohneinkommen fokussiert: Aus humankapitaltheoretischer Perspektive hängt der Lohnsatz von der Arbeitsproduktivität ab, und diese wiederum basiert auf den Investitionen in das individuelle Humankapital.

Erklärungen für die historische Entwicklung und für internationale Unterschiede der Einkommensungleichheit ergeben sich zum einen aus den Veränderungen der gesellschaftlichen Positionsstruktur: Nach einer häufig aufgegriffenen Vorstellung von Kuznets (1955) führt die Industrialisierung zunächst zu einem Anwachsen der Einkommensungleichheit zwischen dem produktiveren industriellen Sektor und dem noch großen Agrarsektor. In der weiteren Entwicklung nimmt die Ungleichheit in dem Maße wieder ab, in dem der Agrarsektor kleiner wird. Nach Kuznets entsteht vor diesem Hintergrund ein umgekehrt u-förmiger Zusammenhang zwischen dem gesellschaftlichen Wohlstandsniveau und der Einkommensungleichheit. Mit der beschriebenen Entwicklung erklären sich natürlich auch internationale Unterschiede der Einkommensungleichheit zwischen Ländern, die sich in unterschiedlichen Stadien des Industrialisierungsprozesses befinden (Alderson und Nielsen 1999: 609). In dieses Erklärungsschema fügt sich auch die vergleichsweise große Ungleichheit der Einkommen in den europäischen Mittelmeerländern (Italien, Spanien und Portugal), in denen das Sozialprodukt vergleichsweise niedrig ausfällt.

Eine Erklärung sowohl für einen negativen Zusammenhang zwischen Wohlstand und Ungleichheit als auch für einen langfristigen Rückgang der Einkommensungleichheit erwächst zum anderen aus der Theorie des Humankapitals und des Lohnwettbewerbs – denn die Bildungsexpansion erhöht nicht nur den gesellschaftlichen Wohlstand, sondern führt wegen des höheren Angebots an qualifizierten Arbeitskräften auch zu einer Einkommensangleichung zwischen den Bildungsgruppen.

Auch das im Lebenslauf ansteigende Lohnprofil, das mit nur geringfügigen Unterschieden in vielen Ländern anzutreffen ist (Lorenz und Wagner 1993), findet gewöhnlich eine humankapitaltheoretische Erklärung: Im Lichte der Humankapitaltheorie kann man den Lohnanstieg als Ausdruck von wachsender Berufserfahrung – d.h. von berufspraktischem Humankapital – interpretieren. Dabei lässt sich die Abflachung der Lebens-Einkommens-Profile auf einen abnehmenden Grenzertrag zurückführen sowie auf abnehmende Qualifikationsanstrengungen wegen der sich verkürzenden Amortisationsdauer. Gleichzeitig wird auf Basis der Humankapitaltheorie die vielfach beobachtete Bildungsdifferenzierung der Alters-Einkommens-Profile verständlich: Während Arbeiter keinen systematischen Anstieg der relativen Lohnposition über den Lebenslauf erleben (Schmähl und Fachinger 1989: 279) und sich allenfalls durch Betriebswechsel verbessern (Blien und Rudolph 1989), lässt sich der stärkere Lohnanstieg bei höher qualifizierten Arbeitskräften mit der größeren Bedeutung von Berufserfahrung für die Arbeitsproduktivität in den betreffenden Berufsfeldern in Zusammenhang bringen.

4.3.2.2 Wohlfahrtsstaatliche und familiäre Umverteilung

Während Arbeitsmarkt- und klassische Ungleichheitstheorien den Entstehungszusammenhang sozialer Ungleichheit im Produktionsprozess verorten, d.h. die primäre (Markt-)Einkommensverteilung vor allem aus selbständiger und nichtselbständiger Arbeit und aus Vermögen thematisieren, wird im Rahmen politischer Theorien der sozialen Ungleichheit der Einfluss von Konfliktgruppen, Interessenverbänden und wohlfahrtsstaatlicher Umverteilung auf die soziale Ungleichheit analysiert. Die wohlfahrtsstaatliche Umverteilung ist insbesondere für die nichterwerbstätige Bevölkerung von Bedeutung. Dasselbe gilt für Interessenverbände, soweit diese nicht ausschließlich für soziale Gruppierungen im Beschäftigungssystem tätig sind. Gegenstand der Analyse wohlfahrtsstaatlicher Umverteilung ist daher die (Netto-)Einkommensverteilung nach Abzug von direkten Steuern und Sozialabgaben und nach Hinzufügung von Sozialtransfers, d.h. die sekundäre Einkommensverteilung.

Neben dem Beschäftigungssystem und der sozialstaatlichen Umverteilung prägen Partnerschafts- und Familienbeziehungen die Wohlstandsverteilung (Diewald und Sørensen 1995). Auch die familiäre Umverteilung ist wie die wohlfahrtsstaatliche Umverteilung vor allem für die nichterwerbstätige Bevölkerung relevant. Denn der selbst nicht erwerbstätigen Bevölkerung vermitteln sich soziale Ungleichheiten im Beschäftigungssystem erst über den familiären Lebenszusammenhang. Die Bündelung der Einkommensquellen im Haushalt und die Definition der haushaltsspezifischen Bedarfssituation durch Haushaltsgröße und -zusammensetzung führt dazu, dass die Wohlstandsverteilung letztlich in der Verteilung des Äquivalenzeinkommens zum Ausdruck kommt. Im Hinblick auf die Umverteilung innerhalb von Haushalten zählen daher auch die Frauenerwerbsbeteiligung (vgl. Kapitel 4.2), die statusbezogene Partnerwahl (vgl. Kapitel 3.2), die Zusammenlegung und Trennung von Haushalten (vgl. Kapitel 3.2 bis 3.4) sowie demographische Ereignisse (vgl. Kapitel 2.3 und 2.4) zu den Erklärungsfaktoren sozialer Ungleichheit.

Einkommensart	Brutto- bzw. Markteinkommen	Nettoeinkommen
individuell bezogenes Einkommen	a	b
individuell zurechenbares Äquivalenzeinkommen	c	d

Tabelle 4.3.5: Alternative Einkommenskonzepte für die Analyse wohlfahrtsstaatlicher und familiärer Umverteilung (vgl. Text)

Erkenntnisse über die Umverteilungswirkung staatlicher Maßnahmen resultieren aus dem Vergleich zwischen primärer und sekundärer Einkommensverteilung bzw. zwischen Brutto- und Netto-Einkommensverteilung. Ein Einblick in die Umverteilung, die durch familiäre Lebensverhältnisse zustande kommt, erwächst hingegen aus dem Vergleich zwischen der Verteilung der individuell bezogenen Einkommen und derjenigen der Äquivalenzeinkommen, die dem Individuum in Anbetracht von Haushaltseinkommen und -bedarf individuell zurechenbar sind. Ein Überblick über die daraus im Prinzip resultierenden vier Vergleichseinkommen geht aus Tabelle 4.3.5 hervor. Dabei ist allerdings die Berechnung einer individuellen Nettoeinkommensverteilung (vgl. *b* in Tabelle 4.3.5) nicht möglich, denn zahlreiche Regelungen der sozialstaatlichen Umverteilung knüpfen an Merkmale der Haushaltskonstellation an. Dies betrifft nicht nur Ehegattensplitting und Wohngeld, sondern auch alle Leistungen der sozialen Mindestsicherung, auf die im Rahmen des so genannten Subsidiaritätsprinzips nur Anspruch besteht, wenn keine ausreichende Unterstützung durch Angehörige existiert. Für die angesprochenen Vergleichsberechnungen stehen deshalb nur die Einkommensarten *a*, *c* und *d* zur Verfügung (vgl. Tabelle 4.3.5 sowie z. B. Becker und Hauser 2003: insbesondere 83 ff.). Dabei bezeichnet *c* das Marktäquivalenzeinkommen (auch als Faktoräquivalenzeinkommen bezeichnet, Hauser und Berntsen 1992: 77 ff.), das sich aus den äquivalenzskalengewichteten Markteinkommen im Haushalt errechnet. *a* symbolisiert die Summe der Markteinkommen eines Individuums und *d* das dem Individuum zurechenbare Nettoäquivalenzeinkommen.

Für eine Evaluation der privaten Umverteilung bietet sich somit der Vergleich zwischen *a* und *c* an (vgl. Tabelle 4.3.5), d. h. zwischen der Verteilung der individuell bezogenen Markteinkommen und derjenigen der Marktäquivalenzeinkommen. Dieser Vergleich ist allerdings im Hinblick auf Nichterwerbstätige ohne andere Markteinkommen nicht unproblematisch. In aller Regel wird die Verteilung der individuell bezogenen Markteinkommen nur auf die Bezieher der betreffenden Einkommen bezogen (z. B. Hauser 1997b: 76), während an den Marktäquivalenzeinkommen auch Haushaltsmitglieder ohne eigenes Markteinkommen teilhaben und deshalb bei der Verteilung der Marktäquivalenzeinkommen mitberücksichtigt werden. Unterschiedliche Personengruppen machen mithin die beiden Verteilungen unvergleichbar. Im «Armuts- und Reichtumsbericht der Bundesregierung» (Bundesministerium für Arbeit und

Sozialordnung 2001b: 42–44) ist sogar die Ungleichverteilung der individuell bezogenen Markteinkommen nur getrennt für verschiedene Markteinkommen (Einkommen aus unselbständiger Arbeit, aus selbständiger Arbeit und aus Vermögen) auf die Bezieher der jeweiligen Einkommensart ausgewiesen.

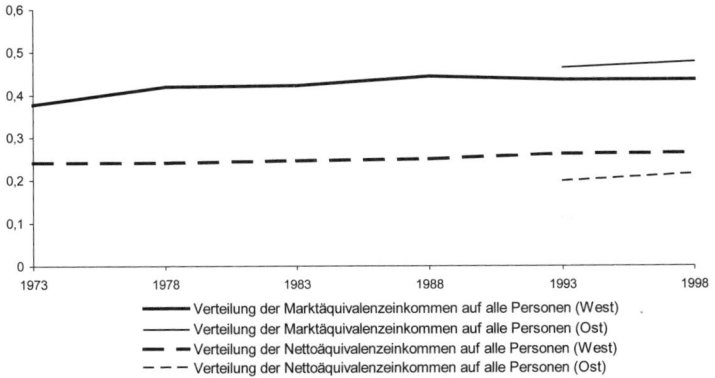

Abbildung 4.3.5: Die Entwicklung der Verteilung von Markt- und Netto-äquivalenzeinkommen in West- und Ostdeutschland
Quelle: Bundesministerium für Arbeit und Sozialordnung 2001b: 45–48

Besser steht es um die Analyse der staatlichen Umverteilung. Die Evaluation staatlicher Umverteilung bezieht sich sinnvollerweise auf den Vergleich zwischen c und d (vgl. Tabelle 4.3.5), d.h. zwischen der Verteilung der Marktäquivalenzeinkommen und der der Nettoäquivalenzeinkommen (z.B. Bundesministerium für Arbeit und Sozialordnung 2001c: 19, 23; Goebel, Habich und Krause 2004: 626; Hauser und Berntsen 1992: 77). Abbildung 4.3.5 beschreibt, wie sich Markt- und Nettoäquivalenzeinkommen entwickelt haben. Eine gewisse Verschärfung der Wohlstandsungleichheit im Westen korrespondiert offensichtlich mit einer Zunahme der Ungleichheit bei den Markteinkommen. Die Abbildung zeigt ansonsten ein beträchtliches Ausmaß sozialstaatlicher Umverteilung, das im Osten Deutschlands noch größer ausfällt als im Westen.

Interessant ist schließlich, wie sich die Bevölkerung auf unterschiedliche Quellen des «überwiegenden Lebensunterhalts» verteilt (vgl. Statistisches Bundesamt 2001e: 103): Etwa 40 % der Bevölkerung leben überwiegend von eigener Erwerbstätigkeit und gut 30 % (im Westen) bzw. 20 % (im Osten) von Angehörigen bzw. deren Erwerbstätigkeit, was auf ein beträchtliches Ausmaß privater Umverteilung hinweist. Die quantitative Bedeutung des mit Erwerbsarbeit verknüpften Lebensunterhalts ist allerdings in den 1990er Jahren gesunken (Statistisches Bundesamt 2001e: 103). Überwiegend von Rente leben etwa 25 % (West) bzw. 30 % (Ost), überwiegend von Arbeitslosenunterstützung im Westen unter 5 %, im Osten unter 10 % – wobei diese Bevölkerungsanteile deutlich gestiegen sind. Die Entwicklung der 1990er Jahre verweist somit auf eine abnehmende Bedeutung der Arbeitsgesellschaft für die soziale Ungleichheit der Ressourcen.

4.3.2.3 Sozialgruppenspezifische Wohlstandsunterschiede

Die traditionell mit der Stellung im Produktionsprozess verknüpften Wohlstandsunterschiede werden zunehmend von den Effekten wohlfahrtsstaatlicher und familiärer Umverteilung überlagert. Wohlfahrtsstaatliche Transferleistungen führen in erster Linie zu einer Reduzierung der primären Verteilungsungleichheit im Beschäftigungssystem und auf dem Arbeitsmarkt. Die familiäre Umverteilung sorgt hingegen auch für eine zunehmende Unterschiedlichkeit der Lebenschancen innerhalb der traditionellen Klassenlagen: Längst kann man nicht mehr von vergleichsweise einheitlichen Familiengrößen und davon ausgehen, dass Frauen entweder nicht erwerbstätig sind oder die Lebenschancen der Familienmitglieder trotz ihrer Erwerbstätigkeit doch überwiegend von der beruflichen Stellung des Mannes abhängen. In Anbetracht der zunehmenden Kinderlosigkeit und der daraus resultierenden Polarisierung von Familiengrößen sowie der wachsenden Frauenerwerbstätigkeit in qualifizierten Berufen und der daraus resultierenden Polarisierung weiblicher Erwerbsbiographien hängen vielmehr die Lebenschancen auch von zunehmend unterschiedlichen familiären Lebensverhältnissen ab. Die verringerte Abhängigkeit des individuellen Wohlstands ausschließlich von den traditionellen Klassenlagen hat gelegentlich im Kontext der Individualisierungsdiskussion vorschnell zu dem Schluss abnehmender Erklärbarkeit ‹individualisierter› Lebenschancen beigetragen. Zutreffend ist lediglich, dass die Hintergründe der Wohlstandsungleichheit unübersichtlicher und die Erklärungszusammenhänge von Wohlstandsunterschieden heute vielfältiger geworden sind.

Dennoch sind nach wie vor mit der Stellung im Beruf beträchtliche Wohlstandsunterschiede verbunden. Abbildung 4.3.6 zeigt die Unterschiede und die Entwicklung der relativen durchschnittlichen Wohlstandsposition (definiert anhand des Nettoäquivalenzeinkommens) verschiedener, nach der beruflichen Stellung des Haushaltsvorstands definierter Bevölkerungsgruppen. Ein Kriterium für die Zuordnung zu einer der Berufsstellungen ist dabei allerdings auch, dass der überwiegende Lebensunterhalt aus Erwerbstätigkeit, d.h. aus der betreffenden Berufsstellung, resultiert bzw., bei Nichterwerbstätigen, aus Arbeitslosenunterstützung respektive Sozialhilfe. Diejenigen mit einem geringen Erwerbseinkommen sind also aus der Betrachtung der jeweiligen Berufsstellung ausgeschlossen. Für die Interpretation bedeutsam ist außerdem, dass es sich um eine personenbezogene Betrachtung handelt, die alle Haushaltsmitglieder einschließt, deren Wohlstandsposition überwiegend auf der betreffenden beruflichen Stellung des Haushaltsvorstands beruht. Wie aus der Abbildung ersichtlich, hat sich – abgesehen von den Personen in den Haushalten von Landwirten – die Rangfolge der Wohlstandspositionen über Jahrzehnte hinweg nicht verändert. Spitzenreiter sind die Selbständigen, gefolgt von Beamten, knapp vor den Angestellten. Unter dem Durchschnitt liegen die Arbeiter und ihre Angehörigen. Trotz der konstanten Rangfolge sind zwei markante Veränderungen zu beobachten: Zum einen hat sich die Wohlstandsposition der Selbständigen Ende der 1970er und Anfang der 80er Jahre vorübergehend stark verschlechtert. Zum anderen ist zwischen Beamten und Angestellten eine Annäherung festzustellen.

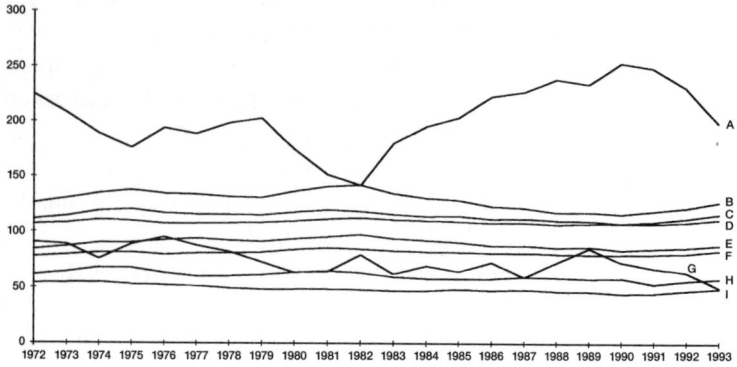

Abbildung 4.3.6: Relative Wohlstandspositionen nach der sozialen Stellung des Haushaltsvorstandes, Bundesrepublik Deutschland (West) 1971–1993 (in % der durchschnittlichen Wohlstandsposition)
A: Selbständige (ohne Landwirte), B: Pensionäre, C: Beamte, D: Angestellte, E: Rentner, F: Arbeiter, G: Landwirte, H: Arbeitslose, I: Sozialhilfeempfänger
Quelle: Hauser und Becker 1996: 286

Großen Einfluss auf die Wohlstandsposition hat trotz staatlicher und innerfamiliärer Umverteilung zuvorderst die (Nicht-)Integration in das Beschäftigungssystem. Mit einem Wohlstandsverlust ist vor allem der Eintritt von Arbeitslosigkeit verbunden (Frick und Müller 1996; Hauser und Berntsen 1992; Klein und Zimmermann 1991). Von großer Bedeutung für das Verarmungsrisiko ist daher das Ausmaß der sozialen Absicherung bei Arbeitslosigkeit (Hanesch 1995; Klein 1987a). Die der sozialen Absicherung bei Arbeitslosigkeit inhärente Lohnersatzrate reflektiert allerdings in nur sehr vergröberter Weise die tatsächliche Veränderung der Wohlstandsposition infolge von Arbeitslosigkeit, denn
– unterschiedliche Haushaltskontexte finden bei der sozialen Absicherung unterschiedliche Berücksichtigung,

– verschiedene Einkommensquellen im Haushalt mildern den Ausfall des Erwerbseinkommens,
– und andere Haushaltsmitglieder reagieren auf den Einkommensausfall, z.B. durch Aufnahme einer Erwerbstätigkeit (Zusatzarbeitereffekt) (Andreß 1996: 321; Hauser und Berntsen 1992: 96).

Umgekehrt führt die Aufnahme einer Erwerbstätigkeit nicht notwendigerweise zu einer Verbesserung der Wohlstandsposition. Hierfür kommen verschiedene Gründe in Betracht:

– Staatliche Transferleistungen entfallen oder reduzieren sich, und die Abgabenbelastung wird größer. Dabei kann bei einem geringen Erwerbseinkommen ein hoher Anrechnungssatz auf empfangene Sozialleistungen zu einem Verbleib im Armutsbereich beitragen – ein Phänomen, das als Armutsfalle bzw. als poverty trap bezeichnet wird.
– Mit der Erwerbsaufnahme, insbesondere der einer Teilzeitbeschäftigung, soll u.U. nur ein Einkommensausfall, z.B. infolge von Arbeitslosigkeit, kompensiert werden (s. o.).
– Nicht selten ist zudem, dass andere Ereignisse unabhängig von der Aufnahme einer Erwerbstätigkeit die erwartete Einkommensverbesserung konterkarieren.

In der amtlichen Statistik wird unter den Hauptursachen des Sozialhilfebezugs auch unzureichendes Erwerbseinkommen ausgezählt, denn Niedriglöhne sind oft nicht weit von der Armutsschwelle entfernt (Klein 1989c; Schäfer 1997; Strengmann-Kuhn 1997).

Neben den Wohlstandsunterschieden zwischen Berufspositionen und zwischen Erwerbstätigen und Nichterwerbstätigen, insbesondere Arbeitslosen, ist die haushaltskontextuelle Differenzierung des Wohlstands von Bedeutung. Die verschieden gerichteten, mit dem Haushaltskontext verbundenen Effekte (das Pooling von Ressourcen, die von der Haushaltszusammensetzung abhängigen Bedarfsunterschiede und die Einsparungen durch gemeinsames Wirtschaften) führen allerdings dazu, dass der Einfluss demographischer Ereignisse auf die Wohlstandsposition sehr heterogen ist (Hauser und Berntsen 1992).

Die Wohlstandsentwicklung im Lebenslauf ist Ausdruck sich überlagernder familien- und erwerbsbiographischer Ereignisse (Hedstrom und Ringen 1990). Der These, dass Familien in der Gründungsphase finanziell am stärksten belastet sind, weil der Bedarf der Kinder mit einem in jungen Jahren noch geringen Arbeitseinkommen einhergeht (Schwarz 1980), steht entgegen, dass der Bedarf von Kleinkindern noch gering ist und erst mit zunehmendem Alter der Kinder etwa dem Lebenseinkommensprofil entsprechend zunimmt (Klein 1991c). Die relevanten Wohlstandsunterschiede tun sich deshalb während des Erwerbslebenslaufs vor allem zwischen Eltern und Kinderlosen auf. Im Hinblick auf eine Altersdifferenzierung ist ansonsten die Wohlstandsposition der Älteren von Interesse, die sich seit Bestehen der Bundesrepublik derjenigen der restlichen Bevölkerung zunehmend angenähert hat. Im Zuge dessen hat seit den 1960er Jahren auch die Altersarmut kontinuierlich abgenommen (Becker 1997: 56f.).

Immer wieder diskutiert wird schließlich die Frage nach Geschlechtsunterschieden der Wohlstandsverteilung. Während noch in den 1960er und 70er Jahren ein deutliches Übergewicht von Frauen unter den Sozialhilfeempfängern existierte und die Sozialhilfebetroffenheit von Frauen in der Bevölkerung größer war als die von Männern, haben sich die Geschlechtsunterschiede bis 1990 weitgehend nivelliert (Hauser und Hübinger 1993: 57f.). Von besonders schweren Formen der Armut wie der Obdachlosigkeit sind zudem mit etwa 80 % der Obdachlosen fast nur Männer betroffen (Hauser und Kinstler 1993: 415; Bundesministerium für Arbeit und Sozialordnung 2005: 172). «In der Bundesrepublik zeigt sich also keineswegs ein Trend zu einer ‹Feminisierung› der Armut, wie er gelegentlich unter dem Schlagwort ‹die Armut ist weiblich› behauptet wurde, sondern gerade das Gegenteil» (Hauser und Hübinger 1993: 58).

4.3.3 Konsequenzen der Einkommensungleichheit und der Einkommensmobilität

Eine nahe liegende Konsequenz der Einkommensungleichheit ist eine *ungleiche Versorgung mit materiellen Konsumgütern*. Diese Konsequenz betrifft allerdings vorzugsweise den unteren Einkommensbereich. So ist – wenn man die Einkommensskala nach unten hin verfolgt – von einem bestimmten Einkommensniveau an, das Townsend (1979) als Armutsgrenze bezeichnet, eine überproportionale Desintegration aus dem gesamtgesellschaftlichen Versorgungsstandard zu beobachten. Demgegenüber hat im mittleren und gehobenen Einkommensbereich eine zunehmende Entkopplung von Einkommen und Konsum bzw. von Lebenschancen und Lebensstil stattgefunden. Hintergrund dieser Entkopplung ist – neben einer Pluralisierung von Werten und Lebensorientierungen – auch der simple Umstand, dass heute schon im mittleren Wohlstandsbereich die vergleichsweise elementaren und einheitlichen Grundbedürfnisse als befriedigt angesehen werden können.

Die Auswirkungen des Wohlstandsniveaus sind in diesem Zusammenhang in erster Linie als Auswirkungen fehlenden Wohlstands relevant. Fehlender Wohlstand äußert sich jedoch nicht nur in einer Unterversorgung mit elementaren Gütern, sondern ist längerfristig auch mit sozialer Ausgrenzung und mit spezifischen Bewusstseinsformen verbunden, die als *Subkultur der Armut* (Lewis 1969: 4) bezeichnet werden. Armut und der ihr zugrunde liegende berufliche Misserfolg hinterlassen psychische Spuren, die auf einer Wechselwirkung zwischen Arbeitserfolg bzw. Berufserfolg und Arbeitseinstellung beruhen. Während positive Berufserfahrungen eine positive Arbeitseinstellung, berufliche Erfolgserwartungen und auch weiteren Erfolg begünstigen, beeinträchtigen fortgesetzte Misserfolge die Arbeitseinstellung und die Erfolgserwartungen wie auch den tatsächlichen Erfolg, was gelegentlich als Armutskreislauf bezeichnet wird (Schäuble 1984: 276). Die aus der wiederholten Erfahrung der Erfolglosigkeit eigenen Bemühens resultierende Dauerhaftigkeit begünstigt die Entstehung einer so genannten

«Kultur der Armut» (Lewis 1969), die durch Apathie, geringe Leistungsmotivation usw. gekennzeichnet ist. All diese Effekte sind allerdings eng mit den Folgen von Arbeitslosigkeit verknüpft (vgl. Kapitel 4.2.3.1).

Wohlstand, vor allem fehlender Wohlstand, hat zudem Auswirkungen auf die Familie, insbesondere auf das generative Verhalten wie auch auf die Sozialisations- und Entwicklungsbedingungen für Kinder. Die *Auswirkungen auf das generative Verhalten* lassen sich im Rahmen der familienökonomischen Theorie analysieren, die dem Einkommen und den Kinderkosten eine wichtige Rolle bei generativen Entscheidungen zuschreibt.[1] Beide Faktoren sind dabei Gegenstand eines konsumökonomischen Entscheidungsmodells, ausgehend von der Beobachtung, dass sich generative Entscheidungen und Konsumentscheidungen gegenseitig beeinflussen. Trotz der berechtigten Kritik, dass Kinder nicht ohne weiteres mit Konsumgütern gleichgesetzt werden können, ist doch kaum von der Hand zu weisen, dass für Kinder zahlreiche Ausgaben getätigt werden müssen, was dazu führt, dass das für diese verausgabte Einkommen nicht länger für Konsumausgaben zur Verfügung steht. Eine gewisse Konkurrenz zwischen Kindern und Konsum steht insofern außer Zweifel und begründet ceteris paribus einen positiven Zusammenhang zwischen dem Familieneinkommen und der Kinderzahl. Dieser (direkte) Einkommenseffekt wird allerdings dadurch relativiert, dass das Familieneinkommen über den sozioökonomischen Status und die damit verbundenen allgemeinen Lebensansprüche gleichzeitig reduzierend auf die Kinderzahl einwirkt. Hinzu kommt, dass mit zunehmendem Niveau des Familieneinkommens auch die Ausgaben, die für Kinder getätigt werden, ansteigen. Im Hinblick auf die Kosten der Kindererziehung ist ferner von Bedeutung, inwieweit das Familieneinkommen auch auf einem Arbeitseinkommen der Frau beruht, dessen Wegfall ggf. zu den (Opportunitäts-)Kosten der Kindererziehung gerechnet werden muss. Die Komplexität der

---

1 Eine gute Zusammenfasung findet sich bei Hill und Kopp (2004). Vgl. im Übrigen auch Kapitel 2.3.2.

ökonomischen Zusammenhänge lässt letztlich offen, in welcher Richtung das Einkommen auf generative Entscheidungen einwirkt. Auch in empirischen Untersuchungen finden sich widersprüchliche Ergebnisse. Speziell im Armutsbereich ist außerdem zu berücksichtigen, dass die Kinderzahl über sozialstaatliche Transferleistungen eine Rückwirkung auf das Einkommen hat. Fasst man die genannten Gesichtspunkte zusammen, so spricht deshalb vieles dafür, dass Armut trotz eines allgemein positiven Einkommenseffekts eher mit hohen Kinderzahlen korreliert.

Neben den Auswirkungen auf das generative Verhalten ist davon auszugehen, dass sich die Einkommensverhältnisse auch in der *Sozialisation von Kindern* niederschlagen. Speziell die Kultur der Armut (Apathie, geringe Leistungsmotivation usw. der Eltern) bleibt sicher nicht ohne Einfluss auf die Sozialisation von Kindern in von Armut betroffenen Familien. So äußern z.B. Jugendliche aus sozial deprivierten Familien verstärkt selbstabwertende Einstellungen (Walper 1988). Sofern die ökonomische Benachteiligung auf der Arbeitslosigkeit des Vaters beruht, kommt ein geringes Vertrauen in das soziale Sicherungssystem hinzu.

Die insoweit aufgeführten Phänomene und Zusammenhänge sind als Konsequenz mehr oder weniger dauerhafter Einkommensverhältnisse anzusehen. Spezielle Folgen haben jedoch auch individuelle Veränderungen der Wohlstandsposition, insbesondere wenn diese Veränderungen relativ drastisch ausfallen. So sind die Konsumgewohnheiten nicht nur von der Höhe des Einkommens abhängig, sondern auch von dessen aktuellen Veränderungen: So pflegen Aufsteiger oft einen anderen Lebensstil als diejenigen, die schon immer einer gehobenen Schicht angehörten. Entsprechendes gilt für wirtschaftliche Sorgen und die (Un-)Zufriedenheit mit dem Einkommen, die nicht nur mit der Höhe des Einkommens variieren, sondern auch von aktuell erlebten Veränderungen beeinflusst werden (Andreß 1996: 342 f.). Einen negativen Effekt auf die Einkommenszufriedenheit hat zudem die in der Zukunft erwartete Einkommensunsicherheit (Schwarze 1996). Häufige Folge einer Einkommensverringerung ist im Übrigen die Aufnahme der Erwerbstätigkeit eines anderen Familienmitglieds, es sei denn, die Verringerung des (Äquivalenz-)Einkommens beruht auf einer Vergrößerung des Haushalts durch die Geburt eines Kindes (Andreß 1996: 340, 345). Die Auswirkungen individueller Mobilität in der Einkommensverteilung sind allerdings insgesamt noch weitgehend unerforscht.

4.4 Weitere Dimensionen sozialer Ungleichheit und sozialer Mobilität[1]

Die Ungleichheitsforschung unterscheidet zwischen einer Reihe weiterer Dimensionen sozialer Ungleichheit, die allerdings – verglichen mit der Bildungs-, Beschäftigungs- und Einkommensungleichheit – von nachrangiger Bedeutung sind oder sich aus diesen drei zuvor behandelten Ungleichheitsdimensionen unmittelbar ableiten. Zu ihnen gehört die *Ungleichheit der Arbeitsbedingungen*, d.h. insbesondere der Arbeitssicherheit, der Arbeitsplatzsicherheit, der Arbeitsbelastungen, der Arbeitszeit und der Arbeitszufriedenheit.

Eine Folge ungleicher Arbeitsbedingungen, ungleicher Arbeitsplatzsicherheit, ungleicher Bildung, ungleichen Wohlstands und anderer Entstehungszusammenhänge ist eine beträchtliche *Ungleichheit im Bereich von Gesundheit und Lebenserwartung.* Vor allem bei der ungleichen Lebenserwartung handelt es sich um eine höchst elementare Form sozialer Ungleichheit, und alle anderen Dimensionen ungleicher Lebenschancen im Lebenslauf werden von ungleichen Überlebenschancen regiert. Die Ungleichheit im Bereich von Gesundheit und Lebenserwartung hat keineswegs nur einen biologisch-medizinischen, sondern in nicht unerheblichem Ausmaß

---

1 Das Kapitel behandelt zugleich Ursachen und Folgen sozialer Ungleichheit, die nicht speziell oder ausschließlich die Bildungs-, die Beschäftigungs- oder die Wohlstandsungleichheit betreffen.

auch einen sozialen Aspekt, da sowohl viele Ursachen als auch die Folgen dieser Ungleichheit sozialer Natur sind (s. o. Kapitel 2.4.2 und 2.4.3). Beispielsweise besteht zwischen der Lebenserwartung von Hauptschulabsolventen und derjenigen von besser Gebildeten ein Unterschied in der Größenordnung von mehreren Jahren (Klein 1999e: 459 f.).

Eine weitere Dimension sozialer *Ungleichheit* ist die des *sozialen Kapitals* (vgl. Bourdieu 1983: 190ff.; Coleman 1988). Der Begriff des Sozialkapitals bezieht sich auf die soziale Unterstützung, die Individuen (u. U. nur bei Bedarf) aus Sozialbeziehungen bzw. sozialen Netzwerken erwächst. Diese Sozialbeziehungen können mehr oder weniger organisiert sein. Organisierte Sozialbeziehungen resultieren z. B. aus der Einbindung in Vereine, politische Organisationen oder Selbstverwaltungsgremien, nicht organisierte sind rein persönliche Beziehungen. Abhängig von der Art des mit den Sozialbeziehungen verbundenen Kapitals lassen sich Informations- und Unterstützungsnetzwerke unterscheiden. Ungleiches Sozialkapital ist einerseits eine Folge der sozialen Herkunft, der partnerschaftlichen Lebensumstände und persönlicher Verhaltensweisen. Andererseits wird die Ungleichheit des Sozialkapitals von der Ungleichheit in anderen Bereichen beeinflusst. Beispielsweise ist der Eintritt von Arbeitslosigkeit oft mit einem Verlust von Sozialkapital verbunden, und soziale Isolation ist vor allem im unteren Einkommensbereich anzutreffen (Andreß, Lipsmeier und Salentin 1995). Umgekehrt hat das Sozialkapital Auswirkungen auf andere Ungleichheitsdimensionen – wohl bekannt ist die Bedeutung von eher losen (Informations-)Beziehungen für die Arbeitsplatzsuche (De Graaf und Flap 1988; Granovetter 1973; Wegener 1987), d. h. für die Beschäftigungsungleichheit.

Eine viel thematisierte Ungleichheitsdimension ist ferner die *ungleiche Machtverteilung* (vgl. bereits Parsons 1940). Macht wird sogar gelegentlich als «zentrale Dimension der Sozialstrukturanalyse» (Rössel 2004) bezeichnet. Unter Macht versteht man zumeist unter Bezug auf Weber (1972: 28) «jede Chance, innerhalb einer sozialen Beziehung den eigenen Willen auch gegen Widerstreben durchzusetzen, gleichviel worauf diese Chance beruht». Soweit Macht auf Positionen bzw. auf Ämtern beruht und damit institutionalisiert ist, wird sie auch als (bürokratische) Herrschaft bezeichnet.[1]

Eine weit verbreitete Methode der empirischen Bestimmung von Macht ist demzufolge die Positionsmethode, die von der Vorstellung ausgeht, dass Macht in modernen Gesellschaften[2] an Positionen gebunden ist.[3] Empirische Untersuchungen gesellschaftlicher Machtstrukturen (z.B. Bürklin 1996; Bürklin et al. 1997; Hartmann 1996; Hoffmann-Lange 1989; 1992) beruhen vor diesem Hintergrund auf der Bestimmung von Führungspositionen und deren Inhabern, wobei auch Ämterhäufungen von Bedeutung sind. Diese so genannten Elitestudien berücksichtigen somit nur die organisierte Macht. In einer gesamtgesellschaftlichen, sozialstrukturellen Perspektive sind außerdem allenfalls die obersten Positionen der verschiedenen gesellschaftlichen Funktionsbereiche in Bezug auf die mit ihnen verbundene Macht mehr oder weniger vergleichbar, weshalb sich sozialstrukturelle Analysen zur gesellschaftlichen Machtverteilung in aller Regel auf die obersten Machteliten beziehen.[4] Da aber die den jeweiligen Positionen zugeschriebene Macht zumeist doch nur auf Annahmen beruht, handelt es sich bei den betreffenden Untersuchungen letztlich um nichts anderes als um Analysen zur Ungleichheit im Beschäftigungssystem (vgl. z.B. die in Kapitel 4.2.1.2.1 dargestellten Untersuchungsergebnisse von Schnapp 1997 sowie oben Tabelle 4.2.4). Nicht viel anders steht es

---

1 Weitere Formen legitimer Herrschaft sind die charismatische und die traditionale Herrschaft (Weber 1972: 124 ff.).

2 Nach einer Unterscheidung von Galbraith (1987: 58–97) sind es in heutigen postindustriellen Gesellschaften vor allem Organisationen, die Macht begründen, im Kapitalismus sind es die Eigentums- und Besitzverhältnisse, und in traditionalen Gesellschaften ging die Macht stärker als heute direkt von Personen aus. Korrespondierend mit dieser Unterscheidung haben sich die Machtinstrumente von körperlicher Repression über die Gewährung und den Entzug materieller Belohnung bis hin zur Anordnungsbefugnis verschoben.

3 Ein guter Überblick über die Methoden und wichtige Ergebnisse der Machtforschung in Deutschland findet sich bei Hradil (2001: 256 ff.).

4 Für einen Überblick über die Eliteforschung vgl. auch Hoffmann-Lange (1990).

um die Ausweitung des «Ressourcenverfahrens» (Hradil 2001: 261) auf andere Machtressourcen, insbesondere Wissen oder Geld, bei deren Analyse nicht automatisch mehr als Bildungs- bzw. Wohlstandsungleichheit analysiert wird. Ähnliches gilt für Netzwerkanalysen (z.B. Laumann und Pappi 1973), die auf die Machtressource des Sozialkapitals abzielen.

Im Gegensatz zur Positionsmethode – bzw. zur Ressourcenmethode im Allgemeinen – versucht die Reputationsmethode Macht direkt empirisch zu erfassen, indem «gut informierte Personen (z.B. Journalisten) danach gefragt (werden), wer ihrer Einschätzung nach die mächtigsten Gesellschaftsmitglieder seien» (Hradil 2001: 259). Diese Methode hat den Vorteil, dass sie auch die Erfassung nichtorganisierter Macht ermöglicht. Auf die direkte Erfassung von Macht gerichtet ist ferner der handlungsbezogene Ansatz, mit dem die Willensdurchsetzung in kontroversen, meist öffentlichen Entscheidungsprozessen analysiert wird. Beide Methoden sind allerdings nicht in großem Stil, d.h. insbesondere nicht national repräsentativ realisierbar. Obwohl Macht eine wichtige Dimension sozialer Ungleichheit darstellt und nachhaltigen Einfluss auf soziale Beziehungs- und Interaktionsstrukturen hat, ist sie in der empirischen Sozialstrukturanalyse kaum losgelöst von den Machtressourcen in den oben (Kapitel 4.1 bis 4.3) ausführlich behandelten Dimensionen sozialer Ungleichheit operationalisierbar.

Eine gleichfalls viel beachtete Ungleichheitsdimension ist schließlich die des Prestiges. Hierbei handelt es sich um die Bewertung bzw. um das Ansehen der sozialen Position des Individuums, während das *Prestige*, das sich mit horizontalen Differenzierungen verbindet oder nur auf persönlichen Merkmalen beruht, für die Ungleichheitsforschung uninteressant ist. Prestigeunterschiede sind also mit dem Bildungsabschluss verbunden, mit der beruflichen Stellung, dem Einkommen bzw. dem Konsum sowie der Macht und weiteren Dimensionen sozialer Ungleichheit. Prestige ist zwar eine subjektive, symbolische Dimension sozialer Ungleichheit, sie zählt aber auch zu den objektiven Rahmenbedingungen und Ressourcen des Handelns (Hradil 2001: 275) und lässt sich daher als eigenständige

Dimension sozialer Ungleichheit begreifen. Das Prestige ist allerdings abhängig von Bewertungsmaßstäben, die in Gesellschaften mit pluralistischem Wertesystem nicht unbedingt einhellig akzeptiert sind, sondern je nach Gruppen- und Milieuzugehörigkeit unterschiedlich ausfallen können. Dies gilt erst recht für den internationalen Vergleich. Meistuntersucht ist das Berufsprestige (vgl.

| | Deutschland | Westdeutschland | | | | Ostdeutschland | |
	2001	1966	1975	1991	2001	1991	2001
Arzt	74	84	79	79	73	89	78
Pfarrer, Geistlicher	38	49	48	42	41	25	26
Hochschulprofessor	33	–	38	41	33	31	33
Rechtsanwalt	31	37	37	35	29	51	36
Unternehmer	29	21	22	36	30	21	27
Grundschullehrer	28	37	26	17	26	34	34
Schriftsteller	26	–	–	–	28	–	18
Atomphysiker	26	37	34	27	26	26	28
Apotheker	24	34	28	30	22	32	31
Botschafter, Diplomat	23	29	33	33	22	39	27
Ingenieur	23	41	28	28	22	20	25
Direktor in großer Firma	21	23	20	22	21	18	23
Journalist	18	15	11	18	19	20	13
Studienrat	12	28	26	16	13	11	11
Offizier	12	12	16	9	14	7	8
Politiker	10	15	22	14	10	15	8
Gewerkschaftsführer	8	–	–	–	9	–	7
Buchhändler	7	6	7	9	6	8	7

Tabelle 4.4.1: Das Prestige ausgewählter Berufe 1966, 1975, 1991, 2001[1]

[1] Anteile in % der Personen, die den betreffenden Beruf zu den fünf meistgeschätzten der genannten Berufe zählen.
Quelle: Noelle-Neumann und Köcher 2002: 207

insbesondere Bolte 1959: 30 ff.; Treiman 1977; 1979; Wegener 1985; 1988), aber auch dessen empirische Erfassung ist problematisch. So werden beispielsweise Positionsbewertungen in der Berufshierarchie unterschiedlich stark differenziert, je nachdem, welche Position der Befragte selbst innehat, und sie sind zugunsten des eigenen Berufsfelds verzerrt. Für die empirische Messung des Berufsprestiges ist außerdem von Bedeutung, in welcher Differenziertheit Berufsgruppen unterschieden bzw. zusammengefasst werden.

Eine Prestigeeinschätzung verschiedener Berufe geht aus Tabelle 4.4.1 hervor. Aufgrund der angeschnittenen empirischen Probleme und wegen unterschiedlicher Messmethoden (vgl. zum Überblick Hradil 2001: 279 ff.) gibt die Tabelle nur mehr oder weniger grobe Anhaltspunkte für die Verortung einzelner Berufe in der Prestigeskala. Weit oben (auch in anderen Messungen) rangieren Ärzte, Geistliche, Hochschulprofessoren und Rechtsanwälte. Eher abgeschlagen – innerhalb dieser Auswahl vergleichsweise angesehener Berufe – sind dagegen z. B. Offiziere, Politiker und Buchhändler. Interessant ist, dass einige Berufe – Atomphysiker, Studienräte, Politiker – seit den 1960er bzw. 70er Jahren einen steilen Prestigeabstieg vollzogen haben (vgl. Tabelle 4.4.1).

Die sozialen Ungleichheiten in den angesprochenen Dimensionen – Arbeitsbedingungen, Gesundheit und Lebenserwartung, Sozialkapital, Macht und Prestige – bedingen sich zum Teil gegenseitig. Beispielsweise sind Netzwerke eng mit Macht und Prestige verbunden (Esser 2000: 195 ff.), und die Arbeitsbedingungen haben Einfluss auf Gesundheit, Sozialkapital, Macht und Prestige. Zu einem großen Teil liegen allerdings die hier behandelten Ungleichheiten in der Ungleichverteilung von Bildung, Berufsstellung und Wohlstand begründet, und die Folgen dieser Ungleichheiten beeinflussen in erster Linie andere Ungleichheitsdimensionen.

5 Informationelle Grundlagen der Sozialstrukturanalyse
(von Johannes Stauder)

5.1 Institutionelle Infrastruktur

Die Möglichkeiten der empirischen Analyse der Sozialstruktur hängen von der Existenz, der Qualität und der Geeignetheit des verfügbaren statistischen Datenmaterials ab. Die erforderliche systematische statistische Erfassung der Bevölkerung wurde in Deutschland zuerst im absolutistischen Preußen betrieben, wo die Pfarrer in den Kirchenbüchern Aufzeichnungen über Geburten und Sterbefälle zu führen hatten. Die Gründung statistischer Ämter und damit die Erstellung methodisch abgestimmter Nationalstatistiken erfolgte aber erst im 19. Jahrhundert. Damals wie heute sind die statistischen Ämter Teil der öffentlichen Verwaltung, und die von ihnen produzierten Daten dienen in erster Linie der Durchführung von Verwaltungsaufgaben und der Unterstützung der politischen Entscheidungsfindung. Unter demokratischen Rahmenbedingungen sind sie gesetzlich zu Neutralität, Objektivität, wissenschaftlicher Unabhängigkeit und zur Veröffentlichung ihrer Ergebnisse verpflichtet. Durch die Gestaltung der statistikrelevanten Gesetzesgrundlagen nehmen aber auch politische Entscheidungen auf die Ergebnisse Einfluss (Elsner, o. J.).

Die amtlichen Statistiken werden in Deutschland in erster Linie von den statistischen Ämtern der Gemeinden, der Länder und des Bundes erstellt. Doch auch andere Bereiche der öffentlich-rechtlichen Verwaltung wie das statistische Berichtswesen der gesetzlichen Rentenversicherung, die Gesundheitsberichterstattung des Bundes und die Bundesagentur für Arbeit sowie das angegliederte Institut für Arbeitsmarkt- und Berufsforschung (IAB) sind wichtige amtliche Datenproduzenten. Darüber hinaus werden durch einzelne Ressorts der Bundes- und Landesregierungen Statistiken veranlasst.

Die Statistischen Landesämter und das Statistische Bundesamt (http://www.destatis.de)[1] sind dem jeweiligen Landes- bzw. dem Bundesinnenministerium zugeordnet, vollziehen – neben anderen Verwaltungsaufgaben – die jeweiligen Gesetze und Verordnungen mit statistischen Bezügen und stellen sozialstrukturell und wirtschaftspolitisch relevante Daten bereit. Im Wesentlichen sind die Länder für die faktische Erhebung von Daten innerhalb ihres räumlichen Zuständigkeitsbereichs und für die Erstellung von Landesergebnissen zuständig, während das Bundesamt in Absprache mit den Landesämtern methodische Fragestellungen betreut und die Länderdaten zu Bundesergebnissen verarbeitet. Die Eigentümer der Daten für das jeweilige Gebiet sind jedoch die Statistischen Landesämter.

Neben der amtlichen Statistik führen sozialwissenschaftliche Institutionen – insbesondere solche der universitären Forschung – besondere Umfragen zu den verschiedensten sozialwissenschaftlichen Fragestellungen durch, die in der Regel zu Sekundärauswertungen herangezogen werden können. Um diese Daten für die Forschung verfügbar zu halten, archiviert das *Zentralarchiv für Empirische Sozialforschung* (ZA) in Köln viele in Deutschland erhobene sozialstrukturelle Daten und berät hinsichtlich ihrer Nutzung im Rahmen von Sekundäranalysen. Zusätzlich steht das *Zentrum für Umfragen, Methoden und Analysen* (ZUMA) in Mannheim als so genanntes Servicedatenzentrum zur Verfügung, das Hilfestellung bei der Nutzung von – amtlichen und nichtamtlichen – Mikrodaten[2]

---

1 Alle in Kapitel 5 genannten Internet-Adressen wurden im Mai 2005 überprüft.
2 Unter Mikro- oder Einzeldaten versteht man Datensätze, die sich auf kleine Erhebungseinheiten, in der Regel Personen, beziehen. Sie bilden die Grundlage zur Erstellung von Makro-, Aggregat- oder Summendatensätzen; solche verdichteten Datensätze enthalten die Information, wie viele Erhebungseinheiten sich durch eine bestimmte Kombination von Merkmalsausprägungen beschreiben lassen. Je mehr der für die einzelnen Erhebungseinheiten ursprünglich verfügbaren Merkmale in Aggregatdatensätzen berücksichtigt werden, desto flexibler ist der Sozialstrukturforscher in der Auswertung des verdichteten Datenmaterials.

anbietet und bei der Anlage, Durchführung und Auswertung von sozialwissenschaftlichen Studien berät und unterstützt. Außerdem werden am ZUMA Forschungsarbeiten insbesondere zur (Weiter-)Entwicklung sozialer Indikatoren und zur Verbesserung der methodischen und technischen Grundlagen der sozialwissenschaftlichen Forschung durchgeführt. ZA und ZUMA sind zusammen mit dem *Informationszentrum für Sozialwissenschaften* (IZ) in der *Gesellschaft für sozialwissenschaftliche Infrastruktur* (GESIS) organisiert (http://www.gesis.org). Das IZ führt mehrere Datenbanken, in denen die deutschsprachige sozialwissenschaftliche Literatur bibliographiert (Datenbank SOLIS) ist und die Beschreibungen von Forschungsprojekten im deutschsprachigen Raum und für Forschungsaktivitäten in Osteuropa (Datenbank FORIS) archiviert sind. In der Datenbank SOFO werden außerdem Informationen über sozialwissenschaftliche Forschungsinstitutionen bereitgestellt.

Die statistischen Ämter, das Institut für Arbeitsmarkt- und Berufsforschung (IAB) der Bundesagentur für Arbeit wie auch der Verband der Rentenversicherer haben mittlerweile so genannte *Forschungsdatenzentren* gegründet (http://www.forschungsdatenzentrum.de; http://fdz.iab.de; http://www.deutsche-rentenversicherung.de/fdzweb). Diese sollen der Forschung die jeweils für amtliche Zwecke produzierten Datenquellen zugänglich machen, Informationen zu diesen Daten zur Verfügung stellen und bei der Auswertung beraten.

Neben diesen öffentlich-rechtlichen Institutionen bieten auch kommerzielle Institute die Bereitstellung von sozialstrukturellem Datenmaterial (z. B. für Marketingzwecke) an (für eine ausführliche Darstellung der informationellen Infrastruktur in Deutschland vgl. auch Kommission zur Verbesserung der informationellen Infrastruktur zwischen Wissenschaft und Statistik 2001: 83 ff.).

5.2 Allgemeine Charakteristika von Sozialstatistiken

5.2.1 Der Datenproduktionsprozess

Das eingangs in Kapitel 1.2.2 beschriebene Kohortenkonzept stellt hohe Anforderungen an das empirische Material, die vor allem von amtlichen Daten selten erfüllt werden. Die in den verschiedenen amtlichen, aber auch wissenschaftlichen Kontexten erhobenen Daten sind entsprechend ihrem jeweiligen primären Verwendungszweck optimiert, durch die Möglichkeiten und das Interesse der jeweils erhebenden Institution geprägt und weisen jeweils spezifische Vor- und Nachteile auf.

Viele amtliche Daten entstehen nicht aus eigens durchgeführten Erhebungen, sondern im Rahmen eines Verwaltungsprozesses. Hierzu gehören beispielsweise die Daten der Sozialhilfestatistik, der Arbeitslosenstatistik sowie die Fortschreibung der Bevölkerungsstatistik. Solches Datenmaterial wird auch prozessproduziert genannt und ist von Daten zu unterscheiden, die aus eigens durchgeführten Erhebungen hervorgehen. Die Erstellung prozessproduzierter Daten ist in der Regel billiger als jene von Umfragedaten, da hier lediglich mit der Organisation der Datensammlung, nicht jedoch mit der eigentlichen Erhebung ein Aufwand verbunden ist. Allerdings kommen die Umstände der Entstehung eines Verwaltungsvorgangs nicht immer genau dem Erkenntnisinteresse desjenigen entgegen, der die daraus entstehenden Daten zu politik- oder forschungsrelevanten Informationen verdichten will.[1]

Amtliche wie auch nicht-amtliche Umfragedaten werden dagegen ausschließlich zum Zweck der späteren Auswertung erhoben, sodass das Erhebungsdesign auf das jeweilige Erkenntnisinteresse

---

1 So wird beispielsweise die – derzeit aus den Daten der Arbeitsagenturen generierte – Arbeitslosenstatistik immer wieder kritisiert, und es gibt Vorschläge, sie durch eine gesonderte Erhebung zu ersetzen, die auch eine internationale Vergleichbarkeit ermöglichen würde.

abgestimmt werden kann. Amtliche Daten – seien sie nun prozessproduziert oder durch Umfragen erhoben – beschränken sich aber auf die für Verwaltungszwecke und Politik bedeutsamen Merkmale und Kategorien und liegen daher häufig nicht in der Ausformung vor, die für die Zwecke sozialstruktureller Analysen benötigt würde. Dies betrifft vor allem die Verfügbarkeit von Merkmalen, aber auch deren Differenziertheit.

Ein wichtiger Vorteil ist hingegen, dass amtliche Statistiken häufig als Vollerhebungen und mit Auskunftspflicht durchgeführt werden; sie sind daher von der Problematik der selektiven Teilnahmebereitschaft bei freiwilligen Befragungen unberührt.

Amtliche Statistiken werden außerdem häufig bereits seit dem 19. Jahrhundert erhoben, sodass lange Zeitreihen analysiert werden können. Die Bindung der amtlichen Statistik an Rechtsgrundlagen garantiert hierbei, dass das Erhebungskonzept sich nicht ständig verändert und es folglich nur wenige methodische Brüche in den Zeitreihen gibt, die die intertemporale Vergleichbarkeit einschränken; andererseits resultiert hieraus eine gewisse Trägheit bei der Umsetzung notwendiger Innovationen im Erhebungsdesign.

Aus Datenschutzgründen waren amtliche Daten in der Vergangenheit für die wissenschaftliche Forschung zumeist nur in verdichteten (Standard-)Tabellen verfügbar, die häufig dem detaillierten Datenbedarf des Sozialstrukturforschers nicht gerecht wurden.[1] Nach der Entwicklung und Anwendung von neuen Anonymisierungsverfahren werden für wissenschaftliche Zwecke jedoch neuerdings auch amtliche Mikrodaten über die Forschungsdatenzentren zur Verfügung gestellt.

---

1 Gerade der intertemporale oder internationale Vergleich von Aggregatdaten kann hierbei zu Ökologischen Fehlschlüssen (vgl. Kapitel 1.2.1) verleiten.

5.2.2 Querschnittsdaten und Zeitreihen

In vielen Fällen handelt es sich bei den Daten, auf deren Grundlage sozialstrukturelle Aussagen getroffen werden, um *Querschnittsdaten*, die den Zustand der Erhebungseinheiten zum Zeitpunkt der Erhebung oder während eines kurzen Berichtszeitraums, auf den sich die Erhebung bezieht, beschreiben; durch die Verknüpfung eines Merkmals mit anderen Merkmalen sollen dabei Ursachen für seine Ausprägung identifiziert werden. Durch die Wiederholung solcher Querschnittserhebungen zu verschiedenen Zeitpunkten werden außerdem *Zeitreihen-* oder *Trendanalysen* möglich.

Querschnittserhebungen stellen aber nur eine Momentaufnahme eines sozialen Prozesses dar und werden daher – auch bei wiederholter Erhebung im Rahmen einer Zeitreihe – der Prozesshaftigkeit sozialer Strukturen häufig nicht gerecht. So lassen sich mit wiederholten Querschnitten zwar die Entwicklung sozialer Strukturen, die Veränderungsprozesse innerhalb von Kohorten und die Auswirkungen von Periodeneffekten jeweils auf der Makroebene beschreiben. Um Alters-, Kohorten- und Periodeneffekte analytisch trennen zu können und ihre relative Bedeutung zu klären, bedarf es jedoch einer Beobachtung der *gleichen Fälle* zu verschiedenen Zeitpunkten. Dasselbe gilt, wenn beobachtete sozialstrukturelle Veränderungen über Änderungen im Handeln von Individuen erklärt werden sollen. In vielen Analysen ist außerdem die Dauer eines Zustands wichtig, da manche Zustände – wie Arbeitslosigkeit – nur dann im Hinblick auf soziale Ungleichheit bedeutsam sind, wenn sie über eine längere Zeitspanne andauern. Empirische Analysen können des Weiteren nur dann sinnvolle Beiträge zur Erklärung sozialer Strukturen leisten, wenn mit den zugrunde liegenden Daten zwischen Ursache und Wirkung unterschieden werden kann. Da die Ursache einer Wirkung normalerweise zeitlich vorausgeht, gelingt diese Trennung bei der querschnittlichen Momentaufnahme nur dann, wenn diese Ursache auch nach Eintreten der Wirkung beobachtbar bleibt.

5.2.3 Längsschnittdaten

Um der Prozesshaftigkeit sozialen Handelns gerecht zu werden, werden in der jüngeren Vergangenheit zunehmend Längsschnittdaten erhoben, also Daten, bei denen die Zeitperspektive im Erhebungsdesign explizit berücksichtigt wird. Man kann hierbei zwei Vorgehensweisen unterscheiden: den Panelansatz und das retrospektive Untersuchungsdesign.

Bei *Paneldaten* wird die Prozesshaftigkeit sozialen Handelns dadurch berücksichtigt, dass von den gleichen Erhebungseinheiten zu verschiedenen Zeitpunkten die gleichen Informationen erhoben werden. Im Unterschied zur wiederholten Querschnittsbefragung können bei einer Panelbefragung die abgebildeten Zustände für die einzelnen Befragten mit der Ausprägung von Merkmalen zu früheren Zeitpunkten verknüpft und somit die Ursachen für Zustandswechsel – so genannte Ereignisse – analysiert werden.

Bei Ereignissen, deren Auswirkungen sich nur in einem kurzen Zeitfenster beobachten lassen, oder bei sich kompensierenden Ereignissen ist es allerdings möglich, dass diese durch die Panel-Erhebung unentdeckt bleiben. Wenn ein Befragter beispielsweise zu zwei Zeitpunkten erwerbstätig ist, so ergibt sich hieraus nicht zwingend, dass er in der Zwischenzeit keine Episode der Erwerbslosigkeit erlebt hat (am Beispiel der Trennung von Paaren wird dies auch von Peters 1988 beschrieben). Weitere Probleme ergeben sich bei wiederholter Befragung mit dem gleichen Erhebungsinstrument durch Lern- und Reflexionseffekte, die das Antwortverhalten und somit das zu erforschende Phänomen beeinflussen; des Weiteren entstehen selektive Ausfälle, wenn bestimmte Befragte zu einem späteren Zeitpunkt nicht mehr erreicht werden können (die so genannte Panel-Mortalität).

Ein Panel kann eine Zeitreihe jedoch nicht ersetzen, da die ihm zugrunde liegende Stichprobe nur für die Grundgesamtheit zum Zeitpunkt der Stichprobenziehung – also bei der ersten Befragungswelle – repräsentativ ist, während wiederholte Querschnitte für jeden Beobachtungszeitpunkt repräsentativ sind[1] (für eine ausführliche Darstellung der Vor- und Nachteile von Panel-Befragungen vgl. Blossfeld und Rohwer 1995).

Bei einem *retrospektiven und ereignisorientierten Beobachtungsdesign* bestehen die genannten Probleme nicht. Die Befragten werden hierbei einmalig über ihren bisherigen Lebensverlauf sowie Art und Timing aller bedeutsamen Zustandswechsel befragt (vgl. z. B. Brückner 1990). Die Ereignisse werden dabei lückenlos erfasst, und es gibt weder Lerneffekte noch Panelmortalität. Zudem ist die einmalige retrospektive Erhebung wesentlich billiger als ein Panel.

Ein Problem von retrospektiven Untersuchungen ist jedoch die Qualität der Daten, die häufig von dem Erinnerungsvermögen der Befragten abhängt (vgl. zur Qualität von Retrospektivdaten Klein und Fischer-Kerli 2000). Da außerdem nur solche Menschen zu ihrer Vergangenheit befragt werden können, die die Gegenwart erleben, kann die Stichprobe hinsichtlich solcher Ereignisse verzerrt sein, die mit der Überlebenswahrscheinlichkeit verbunden sind.[2]

5.3 Die wichtigsten Datenquellen

Im Folgenden werden die für die Sozialstrukturanalyse in Deutschland und im internationalen Vergleich wichtigsten Datensätze beschrieben. Nähere Informationen zu den dargestellten Datenquellen sind über die angegebenen Internetseiten der jeweils verantwortlichen Institution erhältlich. Meist findet sich dort auch eine Literaturliste mit den wichtigsten Publikationen auf der Basis der jeweiligen Datenquelle.

---

[1] Erst nach aufwendigen Gewichtungsverfahren im Längsschnitt lassen sich auch Panelerhebungen u. U. als Zeitreihen analysieren.
[2] Eine Möglichkeit zur Nutzung der Vorteile *sowohl* der Panel- *als auch* der Retrospektiverhebung wird im Sozio-oekonomischen Panel (SOEP) realisiert.

5.3.1 Allgemeine Datenquellen

Eine wichtige *amtliche* Basis für sozialstrukturelle Aussagen ist die *Bevölkerungsstatistik*. Diese basiert zunächst auf mehr oder minder regelmäßigen Vollerhebungen über die gesamte Bevölkerung, so genannten Volkszählungen oder Zensus (zuletzt 1987). Die regelmäßig publizierten Ergebnisse der Bevölkerungsstatistik beruhen auf der Fortschreibung dieser Zensus anhand der im Rahmen des Meldewesens und der in den Standesämtern erfassten Daten der Bevölkerungsbewegung (Wanderungen, Geburten und Todesfälle). Die Bevölkerungszahlen werden in den Statistischen Jahrbüchern und den Fachserien oder im Internet meist nach Alter und Geschlecht sowie nach räumlicher Einheit (bis zur Gemeindeebene) gegliedert dargestellt (http://www.destatis.de/themen/d/thm_bevoelk.php).

Da der Merkmalskatalog der Bevölkerungsstatistik sehr begrenzt ist, wird sie von der amtlichen Statistik durch den so genannten *Mikrozensus* ergänzt, dessen Ergebnisse gemäß der Bevölkerungsstatistik hochgerechnet werden (http://www.destatis.de/themen/d/thm_mikrozen.php). Der Mikrozensus wird seit 1957 als 1 %-Flächenstichprobe erhoben, ist damit die größte deutsche Repräsentativstatistik über die Bevölkerung und den Arbeitsmarkt (Emmerling und Riede 1997) und wird auch für wissenschaftliche Auswertungen (eine Übersicht über wissenschaftliche Publikationen auf der Basis des Mikrozensus bietet Schimpl-Neimanns 2002) als so genannter Scientific-Use-File durch die Forschungsdatenzentren der statistischen Ämter des Bundes und der Länder (s. o.) zur Verfügung gestellt. Der Mikrozensus liefert statistische Informationen sowohl über Haushalte als auch über die Wohn- und die Anstaltsbevölkerung.

Das – in weiten Teilen mit Auskunftspflicht belegte – Programm umfasst neben den üblichen demographischen Merkmalen auch Fragen zum Familien- und Haushaltszusammenhang, zur Erwerbsbeteiligung, zum Schulbesuch und Ausbildungsabschluss, zum Einkommen und zur Renten- und Pflegeversicherung. Regelmäßig wechselnde Zusatzprogramme beinhalten außerdem Angaben über Pendler, zur Wohnsituation, zur Krankenversicherung sowie über Gesundheit und Behinderung. Bis zum Jahr 2004 wurde der Mikrozensus jährlich im April erhoben; seither findet die Befragung kontinuierlich über das ganze Jahr verteilt statt. Mit dem Fragenprogramm wird auch der Bedarf des europäischen *Labor Force Survey* abgedeckt, sodass mit dem Mikrozensus in hohem Maß international vergleichbare Ergebnisse erstellt werden können.

Unter den *nicht-amtlichen Umfragedaten* liegt mit dem ALLBUS, der *Allgemeinen Bevölkerungsumfrage der Sozialwissenschaften* eine breit angelegte wiederholte Querschnittsbefragung vor, die seit 1980 im Zweijahresabstand vom ZUMA und ZA erhoben wird (http://www.gesis.org/Datenservice/ALLBUS/index.htm; vgl. Braun und Mohler 1991). Der ALLBUS liefert Daten zu Einstellungen, Verhaltensweisen und zur Sozialstruktur der Bevölkerung der Bundesrepublik Deutschland. Auch wenn ein Teil des Fragenprogramms jeweils wechselt, werden detaillierte demographische Merkmale bei jeder Befragung erhoben, sodass die Analyse von Zeitreihen möglich ist. Trotz dieses Potenzials für sozialstrukturelle Analysen ist der ALLBUS in erster Linie die Basis für vielfältige Studien aus den Bereichen der politischen Soziologie und der Einstellungsforschung, insbesondere hinsichtlich der Einstellung zu Ausländern. Das ALLBUS-Team kooperiert mit dem amerikanischen *General Social Survey*, und die deutsche Erhebung des *International Social Survey* (ISSP) ist in den ALLBUS integriert. Seit 1991 werden im Rahmen des ALLBUS für die Grundgesamtheit der erwachsenen Wohnbevölkerung der Bundesrepublik Deutschland 2400 Interviews in den alten und 1100 Interviews in den neuen Bundesländern realisiert. Eine weitere in unregelmäßigen Abständen durchgeführte Querschnittsbefragung stellt der vom Wissenschaftszentrum Berlin (WZB) und ZUMA erhobene *Wohlfahrtssurvey* dar (http://www. gesis.org/Dauerbeobachtung/Sozialindikatoren/Daten/Wohlfahrtssurvey/wseinf.htm; vgl. Habich und Noll 2000; Schöb 2001), der speziell für die Messung der individuellen Wohlfahrt und Lebensqualität konzipiert wurde.

Während in den USA mit der *Panel Study of Income Dynamics* (PSID; http://www.pop.psu.edu/data-archive/daman/psid1.htm; vgl. z. B. Hill 1992; Duncan und Hill 1989; Becketti et al. 1988) bereits seit 1968 eine umfangreiche Wiederholungsbefragung zu ökonomischen Aspekten durchgeführt wird, wird in Deutschland seit 1984 einmal jährlich das *Sozio-ökonomische Panel* (SOEP) durch das Deutsche Institut für Wirtschaftsforschung (DIW; vgl. http://www.diw.de/deutsch/sop/index.html) mit einem breiten Themenspektrum erhoben (vgl. z. B. Wagner, Schupp und Rendtel 1994; Haisken-DeNew und Frick 2000; Hanefeld 1987). Themenschwerpunkte sind unter anderem Haushaltszusammensetzung, Wohnsituation, Erwerbs- und Familienbiographie, Erwerbsbeteiligung und berufliche Mobilität, Einkommensverläufe, Gesundheit, gesellschaftliche Partizipation und Lebenszufriedenheit. In jedem Jahr wird eine Stichprobe der 1984 in privaten Haushalten lebenden Wohnbevölkerung der Bundesrepublik Deutschland einschließlich West-Berlins befragt, die 1990 um Haushalte der ehemaligen DDR und 1994/95 um eine Zuwandererstichprobe ergänzt wurde. Es werden dabei sowohl Informationen über den Haushalt als auch über alle Personen im Haushalt erfragt.[1] Bei Umzug oder Neugründung eines Haushalts durch ein Mitglied eines SOEP-Haushalts wird die Befragung am neuen Wohnort (und ggf. mit allen neuen Haushaltsmitgliedern) weitergeführt. Im Erhebungsjahr 2003 wurden mit diesem Konzept mehr als 12 000 Haushalte und fast 24 000 Personen erfasst. Eine zentrale Besonderheit des SOEP ist außerdem die Kombination von Panel- und Retrospektivbefragung: Im Rahmen der jährlichen Wiederholungsbefragung werden die Probanden nicht nur zur Situation zum Zeitpunkt des Interviews befragt, sondern in jeder Welle werden alle interessierenden Ereignisse seit der letzten Befragung erhoben. Hierdurch werden einerseits die oben genannten Erinnerungsprobleme, die mit Retrospektivbefragungen einhergehen, stark abgemildert, andererseits gibt es keine Probleme mit der Identifikation von Ereignissen zwischen den einzelnen Panelwellen.

---

[1] Über Kinder unter 15 Jahren liegen allerdings nur wenige Informationen vor.

Bis 2004 lieferte das SOEP auf europäischer Ebene den deutschen Beitrag zum *Europäischen Haushaltspanel* (ECHP, http://www.edsdestatis.de/de/microdata/echp.php; vgl. Barreiros 1995). Ab 2005 wird das ECHP durch die europäische Erhebung *EU-SILC* (vgl. Sinner-Bartels 2004) abgelöst, deren Zielsetzung in erster Linie die Befriedigung des amtlichen Datenbedarfs bezüglich der ökonomischen Entwicklung von Haushalten im international vergleichbaren Längsschnitt ist. Ein ähnliches Ziel verfolgt *PACO* (Panel-Comparability-Project, http://www.ceps.lu/paco/acceuil.cfm): Das Institut CEPS in Luxemburg führt Daten aus nationalen Panel-Studien wie dem SOEP, dem PSID oder der seit 1991 erhobenen *British Household Panel Study* (BHPS; http://iserwww.essex.ac.uk/ulsc/bhps/; vgl. Berthoud und Gershuny 2000; Taylor et al. 1997) zusammen und harmonisiert die Variablen der Einzeldaten, sodass sie für internationale Vergleiche nutzbar sind.

Die am Max-Planck-Institut für Bildungsforschung durchgeführte *Deutsche Lebensverlaufsstudie* (http://www.mpib-berlin.mpg.de/de/forschung/bag/projekte/lebensverlaufsstudie/; vgl. Hillmert und Mayer 2004) folgt im Gegensatz zum SOEP einem rein retrospektiven Erhebungsansatz und konzentriert sich insbesondere auf die möglichst monatsgenaue, lückenlose Erfassung der Bildungs-, Erwerbs-, Familien- und Wohngeschichte sowie auf eine genaue Erfassung der Situation in der Herkunftsfamilie. Damit können insbesondere die Auswirkungen des Wandels von Ausbildung, Berufseinstieg und Familienbildung auf individuelle Lebensverläufe untersucht werden.

5.3.2 Datenquellen zu Einkommen und Beschäftigung

Zu den Themen Einkommen und Beschäftigung existieren neben den bisher dargestellten eher allgemeinen Datenquellen der Sozialstrukturanalyse weitere themenspezifische Datensätze.

Die *Beschäftigtenstichprobe* des Instituts für Arbeitsmarkt- und

Berufsforschung (IAB, http://fdz.iab.de) stützt sich zum einen auf Informationen aus den Meldungen der Arbeitgeber an die Sozialversicherungsträger, zum anderen auf Daten über den Bezug von Arbeitslosengeld, -hilfe oder Unterhaltsgeld aus den Prozessdaten der Bundesagentur für Arbeit (Allmendinger und Kohlmann 2005). Darüber hinaus wird ein Betriebspanel erhoben und mit diesen Datenquellen verknüpft (Alda, Bender und Gartner 2005). Das IAB bietet auf dieser Grundlage neben Querschnitts- auch Paneldatensätze an, die insbesondere Daten zur Erwerbsgeschichte und zum Bezug von Arbeitslosengeld, -hilfe oder Unterhaltsgeld enthalten.[1] Da die Daten der Beschäftigtenstichprobe aus Verwaltungsprozessen entstehen, sind sie hinsichtlich der Teilnahmebereitschaft einerseits verzerrungsfrei, beschränken sich andererseits jedoch zwangsläufig auf die sozialversicherungspflichtige Erwerbstätigkeit.

Die *Einkommens- und Verbrauchsstichprobe* (EVS; http://www. destatis.de/themen/d/thm_haushalt.php; vgl. Statistisches Bundesamt 2002a) wird seit 1962/63 ca. im Fünfjahresabstand von der amtlichen Statistik durchgeführt. Auf der Grundlage von Haushaltsbüchern werden detaillierte Angaben über die Vermögens-, Ausgaben- und Einnahmensituation privater Haushalte erhoben. Die EVS 1998 ist eine Quotenstichprobe auf freiwilliger Basis im Umfang von ca. 0,17 % der deutschen Haushalte und wird auf der Basis des Mikrozensus hochgerechnet. Allerdings bleiben Haushalte mit besonders hohen Einkommen (1998 galt eine Grenze von 35 000 DM) unberücksichtigt; außerdem sind sozialstrukturell relevante Merkmale nur in begrenztem Umfang verfügbar.

Um die dynamischen Prozesse der Armutsentstehung und -überwindung an einer ausreichend großen Stichprobe zu untersuchen, wurde zudem im Auftrag des Bundessozialministeriums zwischen 1998 und 2002 das so genannte *Niedrigeinkommenspanel* (NIEP; http://www.bmgs.bund.de/downloads/FC300-2.pdf; vgl. Berntsen et al. 2001; Bundesministerium für Gesundheit und soziale Sicherung

---

1 In der Zukunft sollen neben diesen Panel-Informationen auch Ereignisdaten zur Verfügung stehen.

2002) bei Haushalten aus dem unteren Einkommensbereich erhoben. Ähnlich wie PACO verarbeitet auch die *Luxembourg Income Study* (LIS; http://www.lisproject.org/; vgl. Smeeding, Schmaus und Allegrezza 1985; Luxembourg Income Study Staff 1998) nationale einkommensbezogene Mikrodatensätze zu einer Datenbank, die international harmonisierte Variablen für Vergleichsanalysen enthält.

5.3.3 Datenquellen zur sozialen Sicherung

Neben Einkommensdaten sind für die Analyse der ökonomischen Situation und damit verknüpfter sozialer Lebenschancen auch Informationen zur sozialen Sicherung und insbesondere über Sozialhilfebezieher bedeutsam. Das Statistische Bundesamt stellt aus der *Sozialhilfestatistik* eine 25 %-Stichprobe der Vollerhebung über die «Empfänger von laufender Hilfe zum Lebensunterhalt außerhalb von Einrichtungen» bereit, mit denen personen- und haushaltsbezogene Auswertungen zu vielen Merkmalen – darunter Alter, Geschlecht, Staatsangehörigkeit, Erwerbsstatus, Bildungsabschlüsse, Haushaltstyp und Einkommen – möglich sind. Der Verband der Rentenversicherer (VDR) stellt über sein Forschungsdatenzentrum (s. o.) Daten zur Alterssicherung zur Verfügung. Unter diesen ist besonders die so genannte *Versicherungskontenstichprobe* hervorzuheben, welche eine Analyse des Erwerbs von Rentenanwartschaften im Zeitverlauf erlaubt. Um die prozessproduzierten Daten des VDR um weitere informative Merkmale zu ergänzen, wurde außerdem in den Jahren 1996 und 2002 die Studie *Altersvorsorge in Deutschland* (AVID; Bundesministerium für Gesundheit und soziale Sicherung 1999) und in den Jahren 1999 und 2003 die Studie *Alterssicherung in Deutschland* (ASID; Bundesministerium für Gesundheit und soziale Sicherung 2001) durchgeführt. Die AVID konzentriert sich dabei auf den Aufbau von Rentenanwartschaften der Bevölkerung zwischen 40 und 60 Jahren, während die ASID jeweils stärker auf die rentennahen Jahrgänge im Alter von 55 Jahren und mehr fokussiert.

5.3.4 Bildungsbezogene Datenquellen

Eine wesentliche Determinante sozialer Ungleichheit sind die ungleich verteilten Bildungschancen in der Bevölkerung (vgl. Kapitel 4.1). Mit den *amtlichen Schul- und Hochschuldaten* steht für jedes (Schul-)Jahr eine Datenquelle zur Verfügung, anhand deren der Bildungserfolg im allgemein bildenden, beruflichen und universitären Bildungssystem untersucht werden kann (vgl. z.B. Große-Venhaus und Stauder 2002). Die Daten sind allerdings keine Einzel-, sondern Aggregatdaten[1] hinsichtlich des Schüler- bzw. Studierendenbestands und der Abgänger nach deren Qualifikation, die von den Schulen und Hochschulen an die Statistischen Landesämter gemeldet werden. Als sozialstrukturell relevante Gliederungsmerkmale sind hier neben räumlichen Gliederungen nur solche nach ethnischer Herkunft und Geschlecht verfügbar; insbesondere fehlt die Möglichkeit, nach Geburts- oder Schuleingangskohorten zu gliedern. Auch wenn die Daten der viel zitierten *PISA-Studie* (http://www.mpib-berlin.mpg.de/pisa/) zunächst nicht zum Zweck der Sozialstrukturanalyse erhoben wurden, bieten sie doch einige Möglichkeiten zur Analyse des differenziellen Schulerfolgs nach der sozialen Herkunft der Schüler. Hierbei sind das Bildungsniveau, der berufliche Status und die ethnische Herkunft der Eltern zentrale Determinanten für den Schulerfolg und damit für die soziale Ungleichheit der Kinder (Baumert und Schümer 2001). Die in unterschiedlichen Abständen publizierten Daten des *Hochschulinformationssystems* (HIS, http://www.his.de/; vgl. Heine 2002) ermöglichen Studien zur sozialen Herkunft und Schulbildung sowie zur Sozialstruktur der Studierenden. Außerdem können der

---

1 Vgl. Seite 389, Anm. 2.

Studienerfolg von Hochschulabsolventen und ihr Übergang in den Arbeitsmarkt untersucht werden.

5.3.5 Datenquellen zur Analyse familiendemographischer Prozesse

Der *Familiensurvey* stellt eine wichtige themenspezifische Datenquelle für die Analyse familiendemographischer Prozesse dar (Bien und Rathgeber 2000). Er wurde vom Deutschen Jugendinstitut (DJI; http://www.dji.de) in den Jahren 1988, 1990, 1994 und 2000 als retrospektive Längsschnittuntersuchung – zuletzt mit einer Stichprobe von 10 318 Personen – durchgeführt und enthält insbesondere eine detaillierte Partnerschafts-, Kinder- sowie eine Berufsbiographie. Auf seiner Grundlage wurden vor allem Analysen zum Wandel von Familienformen, zur Netzwerkstruktur von Familie und Verwandtschaft, zur Dynamik von Partnerbeziehungen, Geburten und dem Aufwachsen von Kindern sowie zur Abbildung von Berufskarrieren mit ihren Auswirkungen auf das Familienleben erarbeitet (vgl. insbesondere Bien und Marbach 2003). Ähnliche Daten für die USA bietet der *National Survey of Families and Households* (NSFH; http://www.ssc.wisc.edu/nsfh/; vgl. Sweet und Bumpass 2002). Der 1992 durchgeführte *Family and Fertility Survey* (FFS; http://www.unece.org/ead/pau/ffs/ffs_h.htm; vgl. Pohl 1995) – ebenfalls mit retrospektivem Untersuchungsdesign – ermöglicht eine vergleichende Betrachtung der Partnerschafts- und Familienentwicklung für die Länder der EU, für viele osteuropäische Länder im volkswirtschaftlichen Übergang sowie für die USA, Kanada und Neuseeland.[1] Außerdem wurde Ende der 1970er bis Anfang der 80er Jahre in 41 Entwicklungsländern der *World Fertility Survey* erhoben (Esenwein-Rothe 1987).

---

[1] In der Nachfolge des FFS soll ein Generations and Gender Survey (GGS) als Panel durchgeführt werden.

Weitere Studien, die sich – wenn auch mit spezifischem Erkennt-nisinteresse – mit demographischen Prozessen befassen, liegen mit der *Mannheimer Scheidungsstudie* (Klein und Kopp 1999a) und dem *Lebenserwartungssurvey* (vgl. Gärtner 2000) des Bundesinstituts für Bevölkerungsforschung (BIB; http://www.bib-demographie.de) vor.

5.4 Regelmäßige Publikationen

Insbesondere die Ergebnisse der amtlichen Statistik werden in regelmäßigen Abständen veröffentlicht. In den jeweiligen Fach-serien des Statistischen Bundesamts[1] und – stärker zusammenge-fasst – in den Jahrbüchern der statistischen Ämter auf Bundes-, Landes- und teilweise auch auf Gemeindeebene werden die Daten in standardisierten Tabellenformaten publiziert. Im Jahrbuch des Statistischen Bundesamts sind zu den einzelnen Themenfeldern außerdem Fundstellen und weiterführende Informationen aus der amtlichen Statistik aufgeführt. Über das Internet publiziert das Sta-tistische Bundesamt daneben die «Statistischen Wochenberichte» mit den jeweils aktuellsten Ergebnissen unter anderem aus der Be-völkerungs-, Sozialleistungs- und Arbeitsmarktstatistik. Das Statis-tische Bundesamt und einige Landesämter veröffentlichen darüber hinaus in eigenen Zeitschriften Analysen auf der Grundlage von amtlichen Daten sowie Beiträge zur methodischen Weiterentwick-lung der amtlichen Statistiken. Die wichtigsten Publikationen sind «Wirtschaft und Statistik» (Statistisches Bundesamt), «Statistische Analysen und Studien NRW» sowie das «Statistische Monatsheft Baden-Württemberg»[2]. Zudem gibt das Statistische Bundesamt in

---

1 Einige Fachserien und Querschnittsveröffentlichungen des Statistischen Bun-desamts können mittlerweile nur noch als Download im Internet bezogen wer-den.
2 Bis Juni 2003 hieß die Zeitschrift «Baden-Württemberg in Wort und Zahl».

Zusammenarbeit mit dem Wissenschaftszentrum Berlin (WZB) und ZUMA ungefähr im Zwei- bis Dreijahresabstand den «Datenreport» heraus; in seinem ersten Teil werden «Gesellschaft, Staat und Wirtschaft im Spiegel der amtlichen Statistik» dargestellt, während im zweiten Teil «Lebenslagen und subjektives Wohlbefinden in Deutschland» beschrieben werden, wobei viele der hier skizzierten Datensätze ausgewertet werden. Die Abteilung Soziale Indikatoren des ZUMA veröffentlicht außerdem zweimal jährlich den «Informationsdienst Soziale Indikatoren» (ISI), der über aktuelle Forschungsergebnisse zur Sozialberichterstattung informiert.

Über die verschiedenen Aspekte zur Entwicklung der *Bevölkerung* informieren regelmäßig die Veröffentlichungen des Statistischen Bundesamts im Rahmen der Fachserie 1 «Bevölkerung und Erwerbstätigkeit». Jährlich erscheinen die Reihen «Natürliche Bevölkerungsbewegung» (Reihe 1.1), «Wanderungen» (Reihe 1.2), «Bevölkerungsbewegung» (Reihe 1.3) sowie «Ausländische Bevölkerung sowie Einbürgerungen» (Reihe 2). Darüber hinaus erscheinen regelmäßig Beiträge zur Bevölkerungsentwicklung, zu Eheschließungen, Geburten und Sterbefällen sowie zu Scheidungen in der Bevölkerung in der Zeitschrift «Wirtschaft und Statistik». Außerdem legt das Bundesinstitut für Bevölkerungsforschung jährlich einen «Bericht zur demographischen Lage» vor, der in der «Zeitschrift für Bevölkerungsforschung» erscheint.

Über *Haushalt und Familie* informiert das Statistische Bundesamt in der Reihe 3 «Haushalte und Familien (Ergebnisse des Mikrozensus)» aus der Fachserie 1 sowie durch häufige Beiträge in «Wirtschaft und Statistik» zu unterschiedlichen Aspekten des Themas. Daneben wird in unregelmäßigen Abständen der Band «Familie im Spiegel der amtlichen Statistik» (zuletzt Engstler und Menning 2003) aufgelegt, und die Bundesregierung lässt in jeder zweiten Legislaturperiode einen Familienbericht erstellen (zuletzt Bundesministerium für Familie 2000).

Zum Thema *Bildung* informieren die regelmäßigen Veröffentlichungen im Rahmen der Fachserie 11. In der jährlichen Querschnittsveröffentlichung «Bildung im Zahlenspiegel» werden außerdem bildungsbezogene Daten aus verschiedenen amtlichen Erhebungen zusammengefasst. Das HIS (s. o.) informiert alle drei bis vier Jahre mit dem «HIS-Ergebnisspiegel» über die verschiedenen Aspekte des Studienverlaufs (http://www.his.de/Service/Publikationen/Ergebnis).

Zu Aspekten der *Berufsstruktur* und der *Beschäftigung* publiziert das Statistische Bundesamt jährlich Ergebnisse des Mikrozensus im Rahmen der Reihen «Stand und Entwicklung der Erwerbstätigkeit» (Reihe 4.1.1 der Fachserie 1), «Beruf, Ausbildung und Arbeitsbedingungen der Erwerbstätigen» (Reihe 4.1.2) sowie «Struktur der sozialversicherungspflichtig Beschäftigten» (vierteljährlich). In «Wirtschaft und Statistik» wird regelmäßig unter dem Titel «Erste Ergebnisse des Mikrozensus» über die Entwicklung der Erwerbstätigkeit berichtet. Die Bundesagentur für Arbeit erstellt außerdem monatlich den in den Medien viel beachteten Bericht zum «Arbeits- und Ausbildungsstellenmarkt in Deutschland» (http://www.pub.arbeitsamt.de/hst/services/statistik/000000/html/start/index.shtml), der über die Anzahl und die Quote der Arbeitslosen hinaus detaillierte Informationen über die zugrunde liegenden Ursachen bietet.

Zu den Themen *Wohlstand und Armut* gibt das Statistische Bundesamt die Reihe 1 der Fachserie 15 «Einnahmen und Ausgaben ausgewählter privater Haushalte» heraus. In der Fachserie 13, Reihe 2 werden jährlich die Ergebnisse der Sozialhilfestatistik publiziert; außerdem werden die Sozialhilfe-Daten regelmäßig in einem Beitrag in «Wirtschaft und Statistik» kommentiert. Daneben entstehen im Rahmen der Armuts- und Reichtumsberichterstattung der Bundesregierung regelmäßige Publikationen (zuletzt Bundesministerium für Arbeit und Sozialordnung 2005), und einige große Bundesländer führen eine eigene Landessozialberichterstattung zu diesen Themen durch.

Literatur

Acker, Joan, *1973:* Women and Social Stratification: A Case of Intellectual Sexism, American Journal of Sociology 78: 936–945.

Alber, Jens, *1984:* Versorgungsklassen im Wohlfahrtsstaat. Überlegungen und Daten zur Situation in der Bundesrepublik, Kölner Zeitschrift für Soziologie und Sozialpsychologie 36: 225–251.

Alber, Jens, *1987:* Vom Armenhaus zum Wohlfahrtsstaat. Analysen zur Entwicklung der Sozialversicherung in Westeuropa. Frankfurt am Main: Campus.

Albertini, Marco, und Jaap Dronkers, *2003:* Intergenerational Effects of Divorce in a Mediterranean and Catholic Society: Evidence from Italy, EUI Working Paper SPS No. 2003/11.

Alda, Holger, Stefan Bender und Hermann Gartner, *2005:* The linked employer-employee dataset of the IAB (LIAB). IAB Discussion Paper Nr. 06/2005. Nürnberg: Institut für Arbeitsmarkt- und Berufsforschung.

Alderson, Arthur S., und François Nielsen, *1999:* Income Inequality, Development and Dependence: A Reconsideration, American Sociological Review 64: 606–631.

Allmendinger, Jutta, und Thomas Hinz, *1997:* Mobilität und Lebensverlauf: Deutschland, Großbritannien und Schweden im Vergleich. 247–285 in: *Stefan Hradil und Stefan Immerfall* (Hg.): Die westeuropäischen Gesellschaften im Vergleich: Leske + Budrich.

Allmendinger, Jutta, und Annette Kohlmann, *2005:* Datenzugang und Datenverfügbarkeit im Forschungsdatenzentrum der Bundesagentur für Arbeit am Institut für Arbeitsmarkt- und Berufsforschung, Allgemeines Statistisches Archiv 89 (im Erscheinen).

Amato, Paul R., *1996:* Explaining the Intergenerational Transmission of Divorce, Journal of Marriage and the Family 58: 628–640.

Amato, Paul R., *2000:* The Consequences of Divorce for Adults and Children, Journal of Marriage and the Family 62: 1269–1287.

Anderson, C. Arnold, *1961:* A Skeptical Note on the Relation of Vertical Mobility to Education, American Journal of Sociology 66: 560–570.

Anderson, C. Arnold, *1969:* A Skeptical Note on Education and Mobility. 164–179 in: *Arthur H. Halsey, Jean Floud und C. Arnold Anderson* (Hg.): Education, Economy, and Society. A Reader in the Sociology of Education. New York: Free Press.

Andreß, Hans-Jürgen, 1989: Instabile Erwerbskarrieren und Mehrfacharbeitslosigkeit – ein Vergleich mit der Problemgruppe der Langzeitarbeitslosen, Mitteilungen aus der Arbeitsmarkt- und Berufsforschung 22: 17–32.

Andreß, Hans-Jürgen, 1996: Analysen zum unteren Einkommensbereich. Auf- und Abstiege, Ereignisse, Reaktionen und subjektives Wohlbefinden. 321–347 in: *Wolfgang Zapf, Jürgen Schupp und Roland Habich* (Hg.): Lebenslagen im Wandel. Sozialberichterstattung im Längsschnitt. Frankfurt am Main: Campus.

Andreß, Hans-Jürgen, Gero Lipsmeier und Kurt Salentin, 1995: Soziale Isolation und mangelnde soziale Unterstützung im unteren Einkommensbereich? Vergleichende Analysen mit Umfragedaten, Zeitschrift für Soziologie 24: 300–315.

Andreß, Hans-Jürgen, und Henning Lohmann, 2001: Die wirtschaftlichen Folgen von Trennung und Scheidung. Gutachten im Auftrag des Bundesministeriums für Familie, Senioren, Frauen und Jugend. Stuttgart: Kohlhammer.

Atkinson, Anthony B., 1983: The Economics of Inequality. Oxford: Clarendon Press.

Atkinson, Anthony B., 1985: How Should We Measure Poverty? Some Conceptual Issues. 8–44 in: *Paul B. Spahn* (Hg.): Report on a Symposium on Poverty Statistics in the European Community (Berlin 1984). Frankfurt am Main: Johann-Wolfgang-Goethe-Universität.

Avenarius, Hermann, Hartmut Ditton, Hans Döbert, Klaus Klemm, Eckhard Klieme, Matthias Rürup, Heinz-Elmar Tenorth, Horst Weißhaupt und Manfred Weiß (Hg.), 2003: Bildungsbericht für Deutschland. Erste Befunde. Opladen: Leske + Budrich.

Avery, Roger, Frances K. Goldscheider und Alden J. Speare, 1992: Feathered Nest/Gilded Cage: Parental Income and Leaving Home in the Transition to Adulthood, Demography 29: 375–388.

Barreiros, Lidia, 1995: The European Community Household Panel (ECHP): its Design, Scientific and Policy Purposes, Innovation: The European Journal of Social Science Research 8: 41–52.

Barro, Robert J., 2001: Human Capital and Growth, American Economic Review 91: 12–17.

Baumert, Jürgen, 1991: Das allgemeinbildende Schulwesen der Bundesrepublik Deutschland. 334–357 in: *Leo Roth* (Hg.): Pädagogik. Handbuch für Studium und Praxis. München: Ehrenwirth.

Baumert, Jürgen, Eckhard Klieme, Michael Neubrand, Manfred Prenzel, Ulrich Schiefele, Wolfgang Schneider, Petra Stanat, Klaus-Jürgen

Tillmann und Manfred Weiß (Hg.), *2001:* PISA 2000. Basiskompetenzen von Schülerinnen und Schülern im internationalen Vergleich. Opladen: Leske + Budrich.

Baumert, Jürgen, und Gundel Schümer, *2001:* Familiäre Lebensverhältnisse, Bildungsbeteiligung und Kompetenzerwerb. 323–407 in: *Jürgen Baumert, Eckhard Klieme, Michael Neubrand, Manfred Prenzel, Ulrich Schiefele, Wolfgang Schneider, Petra Stanat, Klaus-Jürgen Tillmann und Manfred Weiß* (Hg.): PISA 2000. Basiskompetenzen von Schülerinnen und Schülern im internationalen Vergleich. Opladen: Leske + Budrich.

Baumert, Jürgen, und Gundel Schümer, *2002:* Familiäre Lebensverhältnisse, Bildungsbeteiligung und Kompetenzerwerb im nationalen Vergleich. 159–202 in: *Jürgen Baumert, Cordula Artelt, Eckhard Klieme, Michael Neubrand, Manfred Prenzel, Ulrich Schiefele, Wolfgang Schneider, Klaus-Jürgen Tillmann und Manfred Weiß* (Hg.): PISA 2000. Die Länder der Bundesrepublik Deutschland im Vergleich. Opladen: Leske + Budrich.

Bayer, Hiltrud, und Renate Bauereiß, *1995:* Alleinstehend und Alleinlebend. Die «Singles» in der amtlichen Statistik. 35–59 in: *Hans Bertram* (Hg.): Das Individuum und seine Familie. Lebensformen, Familienbeziehungen und Lebensereignisse im Erwachsenenalter. Opladen: Leske + Budrich.

Bebbington, Andrew C., *1988:* The expectation of life without disability in England and Wales, Social Science & Medicine 27: 321–326.

Bechhofer, Frank, *1986:* Gender and Stratification. Some General Remarks. 224–230 in: *Rosemary Crompton und Michael Mann* (Hg.): Gender and Stratification. Cambridge: Polity Press.

Beck, Ulrich, *1983:* Jenseits von Stand und Klasse? Soziale Ungleichheiten, gesellschaftliche Individualisierungsprozesse und die Entstehung neuer sozialer Formationen und Identitäten. 35–74 in: *Reinhard Kreckel* (Hg.): Soziale Ungleichheiten. Soziale Welt, Sonderband 2. Göttingen: Schwartz.

Beck, Ulrich, *1986:* Risikogesellschaft. Auf dem Weg in eine andere Moderne. Frankfurt am Main: Suhrkamp.

Beck, Ulrich, und Elisabeth Beck-Gernsheim, *1993:* Nicht Autonomie, sondern Bastelbiographie. Anmerkungen zur Individualisierungsdiskussion am Beispiel des Aufsatzes von Günter Burkart, Zeitschrift für Soziologie 22: 178–187.

Becker, Gary S., *1964:* Human Capital. New York: University of Chicago Press.

Becker, Gary S., *1981:* A Treatise on the Family. Cambridge: Harvard University Press.

Becker, Gary S., 1986: An Economic Analysis of the Family. Dublin: Argus Press.

Becker, Gary S., 1996: Familie, Gesellschaft und Politik – die ökonomische Perspektive. Tübingen: Mohr Siebeck.

Becker, Gary S., Elisabeth M. Landes und Robert T. Michael, 1977: An Economic Analysis of Marital Instability, The Journal of Political Economy 85: 1141–1187.

Becker, Irene, 1997: Die Entwicklung von Einkommensverteilung und Einkommensarmut in den alten Bundesländern von 1962 bis 1988. 43–61 in: *Irene Becker und Richard Hauser* (Hg.): Einkommensverteilung und Armut. Deutschland auf dem Weg zur Vierfünftel-Gesellschaft? Frankfurt am Main: Campus.

Becker, Irene, und Richard Hauser (Hg.), 2003: Anatomie der Einkommensverteilung. Ergebnisse der Einkommens- und Verbrauchsstichproben 1969–1998. Berlin: Sigma.

Becker, Rolf, 1991: Berufliche Weiterbildung und Berufsverlauf. Eine Längsschnittuntersuchung von drei Geburtskohorten, Mitteilungen aus der Arbeitsmarkt- und Berufsforschung 24: 351–364.

Becker, Rolf, 1994: Intergenerationale Mobilität im Lebensverlauf. Oder: Ist der öffentliche Dienst ein Mobilitätskanal zwischen Generationen?, Kölner Zeitschrift für Soziologie und Sozialpsychologie 46: 597–618.

Becker, Rolf, 2000a: Bildungsexpansion und Bildungsbeteiligung. Oder: Warum immer mehr Schulpflichtige das Gymnasium besuchen, Zeitschrift für Erziehungswissenschaft 3: 447–479.

Becker, Rolf, 2000b: Klassenlage und Bildungsentscheidungen. Eine empirische Anwendung der Wert-Erwartungstheorie, Kölner Zeitschrift für Soziologie und Sozialpsychologie 52: 450–474.

Becketti, Sean, William Gould, Lee Lillard und Finis Welch, 1988: The PSID after Fourteen Years: an Evaluation, Journal of Labor Economics 6: 472–92.

Beck-Gernsheim, Elisabeth, 1983: Vom «Dasein für andere» zum Anspruch auf ein Stück «eigenes Leben». Individualisierungsprozesse im weiblichen Lebenszusammenhang, Soziale Welt 34: 307–340.

Beck-Gernsheim, Elisabeth, 1989: Freie Liebe, freie Scheidung. Zum Doppelgesicht von Freisetzungsprozessen. 105–119 in: *Ansgar Weymann* (Hg.): Handlungsspielräume. Untersuchungen zur Individualisierung und Institutionalisierung von Lebensläufen in der Moderne. Stuttgart: Enke.

Beck-Gernsheim, Elisabeth, 1994: Individualisierungstheorie: Veränderungen des Lebenslaufs in der Moderne. 125–146 in: *Heiner Keupp* (Hg.):

Zugänge zum Subjekt: Perspektiven einer reflexiven Sozialpsychologie. Frankfurt am Main: Suhrkamp.

Bender, Stefan, und Wolfgang Meyer, *1993:* Individuelle Arbeitsmarktchancen und berufliche Anforderungen im Transformationsprozeß. Analysen mit Daten des Sozio-ökonomischen Panels (Ost). 119–136 in: *Rainer Geißler* (Hg.): Sozialer Umbruch in Ostdeutschland. Opladen: Leske + Budrich.

Bender, Stefan, und Wolfgang Seifert, *2000:* Zur beruflichen und sozialen Integration der in Deutschland lebenden Ausländer. 55–91 in: *Richard Alba, Peter Schmidt und Martina Wasmer* (Hg.): Deutsche und Ausländer: Freunde, Fremde oder Feinde? Empirische Befunde und theoretische Erklärungen. Wiesbaden: Westdeutscher Verlag.

Bendit, Rene, *1999:* Youth-Life and the process of leaving home in Europe. 19–50 in: *Rene Bendit, Wolfgang Gaiser und Jan H. Marbach* (Hg.): Youth and Housing in Germany and the European Union. Opladen: Leske + Budrich.

Bengston, Vern L., und Joan F. Robertson, *1985:* Grandparenthood. Beverly Hills: Sage.

Bengston, Vern L., Carolyn Rosenthal und Linda M. Burton, *1990:* Families and Aging: Diversity and Heterogeneity. 263–287 in: *Robert H. Binstock und Linda K. George* (Hg.): Handbook of Aging and Social Sciences. San Diego: Academic Press.

Berger, Peter A., *1990:* Ungleichheitsphasen. Stabilität und Instabilität als Aspekte ungleicher Lebenslagen. 319–350 in: *Peter A. Berger und Stefan Hradil* (Hg.): Lebenslagen, Lebensläufe, Lebensstile. Soziale Welt, Sonderband 7. Göttingen: Schwartz.

Berger, Peter A., und Peter Sopp, *1992:* Bewegtere Zeiten? Zur Differenzierung von Erwerbsverlaufsmustern in Westdeutschland, Zeitschrift für Soziologie 21: 166–185.

Berntsen, Roland, und Ulrich Rendtel, *1991:* Zur Stabilität von Einkommensarmut im Längsschnitt. 457–487 in: *Ulrich Rendtel und Gert Wagner* (Hg.): Lebenslagen im Wandel: Zur Einkommensdynamik in Deutschland seit 1984. Frankfurt am Main: Campus.

Berntsen, Roland, Thomas Renner, Peter Semrau und Hans-Jürgen Stubig, *2001:* Das Niedrigeinkommenspanel als Datenquelle für Analysen zur verdeckten Armut. 324–353 in: *Irene Becker, Notburga Ott und Gabriele Rolf* (Hg.): Soziale Sicherung in einer dynamischen Gesellschaft. Festschrift für Richard Hauser zum 65. Geburtstag. Frankfurt am Main: Campus.

Berthoud, Richard, Joan C. Brown und Steven Cooper, *1981:* Poverty and the Development of Anti-Poverty Policy in the United Kingdom. A Report to the Commission of the European Communities. London: Heinemann.

Berthoud, Richard, und Jonathan Gershuny (Hg.), *2000:* Seven years in the lives of British families: evidence on the dynamics of social change from the British Household Panel Survey. Bristol: Policy Press.

Bertram, Hans, *1994:* Die Stadt, das Individuum und das Verschwinden der Familie, Aus Politik und Zeitgeschichte, Beilage 29/30–1994: 15–35.

Bertram, Hans, und Renate Borrmann-Müller, *1988:* Individualisierung und Pluralisierung familialer Lebensformen, Aus Politik und Zeitgeschichte, Beilage 13/1988: 14–23.

Best, Heinrich, *1989:* Soziale Morphologie und politische Orientierungen bildungsbürgerlicher Abgeordneter in der Frankfurter Nationalversammlung und in der Pariser Assemblée nationale constituante 1848/49. 53–94 in: *Jürgen Kocka* (Hg.): Bildungsbürgertum im 19. Jahrhundert. Teil IV: Politischer Einfluß und gesellschaftliche Formation. Stuttgart: Klett-Cotta.

Bien, Walter, und Donald Bender, *1995:* Was sind Singles? Ein alltagstheoretischer Zugang zur Problematik. 61–89 in: *Hans Bertram* (Hg.): Das Individuum und seine Familie. Lebensformen, Familienbeziehungen und Lebensereignisse im Erwachsenenalter. Opladen: Leske + Budrich.

Bien, Walter, und Jan H. Marbach (Hg.), *2003:* Partnerschaft und Familiengründung. Ergebnisse der dritten Welle des Familien-Survey. Opladen: Leske + Budrich.

Bien, Walter, und Richard Rathgeber (Hg.), *2000:* Die Familie in der Sozialberichterstattung. Ein europäischer Vergleich. Opladen: Leske + Budrich.

Billari, Francesco C., Dimiter Philipov und Pau Baizán, *2001:* Leaving home in Europe: the experience of cohorts born around 1960, MPIDR Working Paper 2001–014.

Birg, Herwig, *1996:* Die Weltbevölkerung. Dynamik und Gefahren. München: Beck.

Birg, Herwig, Detlev Filip und Ernst-Jürgen Flöthmann, *1990:* Paritätsspezifische Kohortenanalyse des generativen Verhaltens in der Bundesrepublik Deutschland nach dem 2. Weltkrieg. Erweiterte und aktualisierte Neuauflage des Bandes 10 der IBS-Materialien (1984) auf der Grundlage eines neuen Berechnungsverfahrens. Bielefeld: Institut für Bevölkerungsforschung und Sozialpolitik (IBS) der Universität Bielefeld.

Birg, Herwig, Ernst-Jürgen Flöthmann, Frank Heins und Iris Reiter, *1998:* Migrationsanalyse. Empirische Längsschnitt- und Querschnittsanalysen auf der Grundlage von Mikro- und Makromodellen für die Bundesrepublik Deutschland. Bielefeld: Institut für Bevölkerungsforschung und Sozialpolitik (IBS) der Universität Bielefeld.

Blake, Judith, *1981:* Family Size and the Quality of Children, Demography 18: 421–442.

Blau, Francine D., *1984:* The use of transfer payments by immigrants, Industrial and Labor Relations Review 37: 222–239.

Blau, Peter M., *1977:* Inequality and Heterogeneity. A Primitive Theory of Social Structure. New York: Free Press.

Blau, Peter M., *1994:* Structural Contexts of Opportunities. Chicago: University of Chicago Press.

Blau, Peter M., Terry C. Blum und Joseph E. Schwartz, *1982:* Heterogeneity and Intermarriage, American Sociological Review 47: 45–62.

Blau, Peter M., und Otis D. Duncan, *1967:* The American Occupational Structure. New York: Wiley.

Blien, Uwe, und Helmut Rudolph, *1989:* Einkommensentwicklung bei Betriebswechsel und Betriebsverbleib im Vergleich, Mitteilungen aus dem Arbeitsmarkt- und Berufsforschung 22: 533–567.

Blishen, Bernhard R., und William K. Carroll, *1978:* Sex differences in a socioeconomic index for occupations in Canada, Canadian Review of Sociology and Anthropology 15: 41–53.

Blossfeld, Hans-Peter, *1989:* Kohortendifferenzierung und Karriereprozeß. Eine Längsschnittstudie über die Veränderung der Bildungs- und Berufschancen im Lebensverlauf. Frankfurt am Main: Campus.

Blossfeld, Hans Peter, *1993:* Changes in Educational Opportunities in the Federal Republic of Germany. A Longitudinal Study of Cohorts Born between 1916 and 1965. 51–74 in: *Yossi Shavit und Hans Peter Blossfeld* (Hg.): Persistent Inequality. Changing Educational Stratification in Thirteen Countries. Boulder: Westview Press.

Blossfeld, Hans Peter, und Karl Ulrich Mayer, *1988:* Arbeitsmarktsegmentation in der Bundesrepublik Deutschland. Eine empirische Überprüfung von Segmentationstheorien aus der Perspektive des Lebenslaufs, Kölner Zeitschrift für Soziologie und Sozialpsychologie 40: 262–283.

Blossfeld, Hans Peter, und Yossi Shavit, *1993a:* Dauerhafte Ungleichheiten. Zur Veränderung des Einflusses der sozialen Herkunft auf die Bildungschancen in dreizehn industrialisierten Ländern, Zeitschrift für Pädagogik 39: 25–52.

Blossfeld, Hans Peter, und Yossi Shavit, *1993b:* Persisting Barriers: Changes in Educational Opportunities in Thirteen Countries. 1–24 in: *Yossi Shavit und Hans Peter Blossfeld* (Hg.): Persistent Inequality: Changing Educational Stratification in Thirteen Countries. Boulder: Westview Press.

Blossfeld, Hans-Peter, Alessandra De Rose, Jan M. Hoem und Götz Rohwer, *1995:* Education, Modernization, and the Risk of Marriage Disruption. 200–222 in: *Karen Oppenheim Mason und An-Magritt Jensen* (Hg.): Gender and Family Change in Industrialized Countries. Oxford: Clarendon Press.

Blossfeld, Hans-Peter, Alfred Hamerle und Karl Ulrich Mayer, *1986:* Ereignisanalyse. Statistische Theorie und Anwendung in den Wirtschafts- und Sozialwissenschaften. Frankfurt am Main: Campus.

Blossfeld, Hans-Peter, und Johannes Huinink, *1989:* Die Verbesserung der Bildungs- und Berufschancen von Frauen und ihr Einfluß auf den Prozeß der Familienbildung, Zeitschrift für Bevölkerungswissenschaft 15: 383–404.

Blossfeld, Hans-Peter, und Rolf Müller, *2003:* Union disruption in comparative perspective: the role of assortative partner choice and careers of couples, International Journal of Sociology 32: 3–35.

Blossfeld, Hans-Peter, und Götz Rohwer, *1995:* Techniques of Event History Modeling. New Approaches to Causal Analysis. Mahwah: Erlbaum.

Blossfeld, Hans-Peter, und Andreas Timm, *1997:* Der Einfluss des Bildungssystems auf den Heiratsmarkt. Eine Längsschnittanalyse der Wahl des ersten Ehepartners im Lebenslauf, Kölner Zeitschrift für Soziologie und Sozialpsychologie 49: 440–476.

Blossfeld, Hans-Peter, und Andreas Timm (Hg.), *2003:* Who Marries Whom? Educational Systems as Marriage Markets in Modern Societies. Dordrecht: Kluwer.

Blumel, Susan R., *1992:* Explaining Marital Success and Failure. 1–114 in: *Stephen J. Bahr* (Hg.): Family Research. A Sixty-Year Review, 1930–1990. New York: Lexington.

Bolte, Karl Martin, *1959:* Sozialer Aufstieg und Abstieg. Eine Untersuchung über Berufsprestige und Berufsmobilität. Stuttgart: Enke.

Booth, Alan, und John N. Edwards, *1985:* Age at Marriage and Marital Instability, Journal of Marriage and the Family 47: 67–74.

Börsch-Supan, Axel, Anette Reil-Held, Reinhold Schnabel und Joachim Winter, *1999:* Ersparnisbildung in Deutschland: Meßkonzepte und Ergebnisse auf Basis der EVS, Allgemeines Statistisches Archiv 83: 385–415.

Boudon, Raymond, *1980:* Die Logik des gesellschaftlichen Handelns. Eine Einführung in die soziologische Denk- und Arbeitsweise. Neuwied: Luchterhand.

Boudon, Raymond Christian, *1974:* Education, Opportunity, and Social Inequality. Changing Prospects in Western Society. New York: Wiley.

Bourdieu, Pierre, *1976:* Marriage Strategies as Strategies of Social Reproduction. 117–144 in: *Robert Forster und Orest Ranum* (Hg.): Family and Society. Baltimore: Hopkins University Press.

Bourdieu, Pierre, *1977:* Cultural Reproduction and Social Reproduction. 487–510 in: *Jerome Karabel und Arthur H. Halsey* (Hg.): Power and Ideology in Education. New York: Oxford University Press.

Bourdieu, Pierre, *1983:* Ökonomisches Kapital, kulturelles Kapital, soziales Kapital. 183–198 in: *Reinhard Kreckel* (Hg.): Soziale Ungleichheiten. Soziale Welt, Sonderband 2. Göttingen: Schwartz.

Boyd, M., *1982:* Sex differences in the Canadian occupational attainment process, Canadian Review of Sociology and Anthropology 19: 1–28.

Brähler, Elmar, Yve Stöbel-Richter, Johannes Huinink und Hans Jürgen Glander, *2001:* Zur Epidemiologie gewollter und ungewollter Kinderlosigkeit in Ost- und Westdeutschland, Reproduktionsmedizin 17: 157–162.

Braun, Michael, und Peter Ph. Mohler, *1991:* Die Allgemeine Bevölkerungsumfrage der Sozialwissenschaften (ALLBUS). Rückblick und Ausblick in die neunziger Jahre, ZUMA-Nachrichten 29: 7–28.

Braun, Michael, und Walter Müller, *1997:* Measurement of Education in Comparative Research, Comparative Social Research 16: 163–201.

Braun, Werner, *1982:* Ehescheidungen 1981, Wirtschaft und Statistik: 899–903.

Braun, Werner, *1984:* Ehescheidungen 1982, Wirtschaft und Statistik: 102–106.

Braun, Werner, und Helmut Proebsting, *1985:* Heiratstafeln für ledige Deutsche 1980/83, Wirtschaft und Statistik: 921–931.

Braun, Werner, und Helmut Proebsting, *1986:* Heiratstafeln verwitweter Deutscher 1979/82 und geschiedener Deutscher 1980/83, Wirtschaft und Statistik: 107–112.

Breen, Richard, und John H. Goldthorpe, *1997:* Explaining Educational Differentials. Towards a Formal Rational Action Theory, Rationality and Society 9: 275–305.

Breen, Richard, und David B. Rottmann, *1995:* Class Stratification. A Comparative Perspective. New York: Harvester.

Breiger, Ronald L. (Hg.), *1990:* Social mobility and social structure. Cambridge: Cambridge University Press.

Brettschneider, Frank, Jan W. van Deth und Edeltraud Roller (Hg.), *2002:* Das Ende der politisierten Sozialstruktur? Opladen: Leske + Budrich.

Bretz, Manfred, *1986:* Bevölkerungsvorausberechnungen. Statistische Grundlagen und Probleme, Wirtschaft und Statistik: 233–260.

Brittain, Jack W., und Douglas R. Wholey, *1990:* Structure as an environmental property: industry demographics and labor market practices. 155–182 in: *Ronald L. Breiger* (Hg.): Social mobility and social structure. Cambridge: Cambridge University Press.

Brockmann, Hilke, *2001:* Girls Preferred? Changing Patterns of Gender Preferences in the two German States, European Journal of Sociology 17: 189–202.

Brockmann, Hilke, und Thomas Klein, *2002:* Familienbiographie und Mortalität in Ost- und Westdeutschland, Zeitschrift für Gerontologie und Geriatrie 35: 430–440.

Brockmann, Hilke, und Thomas Klein, *2004:* Love and Death in Germany: The Marital Biography and Its Effect on Mortality, Journal of Marriage and the Family 66: 567–581.

Bronnum-Hansen, Henrik, *1998:* Trends in health expectancy in Denmark, 1987–1994, Danish Medical Bulletin 45: 217–221.

Brückner, Erika, *1990:* Die retrospektive Erhebung von Lebensverläufen. 374–403 in: *Karl Ulrich Mayer* (Hg.): Lebensverläufe und sozialer Wandel. Sonderheft 31 der Kölner Zeitschrift für Soziologie und Sozialpsychologie. Opladen: Westdeutscher Verlag.

Brüderl, Josef, *2004:* Die Pluralisierung partnerschaftlicher Lebensformen in Westdeutschland und Europa, Aus Politik und Zeitgeschichte, Beilage 19/2003: 3–10.

Brüderl, Josef, Andreas Diekmann und Henriette Engelhardt, *1997:* Erhöht eine Probeehe das Scheidungsrisiko? Eine empirische Untersuchung mit dem Familiensurvey, Kölner Zeitschrift für Soziologie und Sozialpsychologie 49: 205–222.

Brüderl, Josef, und Thomas Klein, *2003:* Die Pluralisierung partnerschaftlicher Lebensformen in Westdeutschland, 1960–2000. Eine empirische Untersuchung mit dem Familiensurvey 2000. 189–217 in: *Walter Bien und Jan H. Marbach* (Hg.): Partnerschaft und Familiengründung. Ergebnisse der dritten Welle des Familien-Survey. Opladen: Leske + Budrich.

Brunner, Otto, *1978:* Vom «ganzen Haus» zur «Familie». 83–91 in: *Heide Rosenbaum* (Hg.): Seminar «Familie und Gesellschaftsstruktur». Materialien zu den sozioökonomischen Bedingungen von Familienformen. Frankfurt am Main: Suhrkamp.

Büchel, Felix, und Gernot Weißhuhn, *1995:* Bildungswege und Berufseintritt im Wandel. Mittelfristige Entwicklung und sozio-ökonomische Bestimmungsfaktoren der Bildungsnachfrage und der Übergangsmuster zwischen beruflichen Ausbildungsformen in Deutschland. Bielefeld: Bertelsmann.

Buhmann, Brigitte, Lee Rainwater, Günther Schmaus und Timothy M.

Smeeding, _1988:_ Equivalence Scales, Well-Being, Inequality, and Poverty. Sensitivity Estimates Across Ten Countries Using the Luxembourg Income Study (LIS) Database, The Review of Income and Wealth 34: 115–142.

Buhr, Petra, _1995:_ Dynamik von Armut. Dauer und biographische Bedeutung von Sozialhilfebezug. Opladen: Westdeutscher Verlag.

Bulmahn, Thomas, _1996:_ Sozialstruktureller Wandel: Soziale Lagen, Erwerbsstatus, Ungleichheit und Mobilität. 25–49 in: _Wolfgang Zapf und Roland Habich_ (Hg.): Wohlfahrtsentwicklung im vereinten Deutschland. Sozialstruktur, sozialer Wandel und Lebensqualität. Berlin: Sigma.

Bumpass, Larry L., und James A. Sweet, _1972:_ Differentials in Marital Instability: 1970, American Sociological Review 37: 754–766.

Bundesanstalt für Arbeit, _1995:_ Arbeitsmarkt 1994. Nürnberg: Bundesanstalt für Arbeit.

Bundesarbeitsgemeinschaft Wohnungslosenhilfe, _2004:_ BAG Wohnungslosenhilfe wird 50, Pressemitteilung vom 21.10.04. Berlin:

Bundesministerium für Arbeit und Sozialordnung, _1991:_ Arbeits- und Sozialstatistik. Bonn: Bundesministerium für Arbeit und Sozialordnung.

Bundesministerium für Arbeit und Sozialordnung, _2001a:_ Arbeits- und Sozialstatistik. Bonn: Bundesministerium für Arbeit und Sozialordnung.

Bundesministerium für Arbeit und Sozialordnung, _2001b:_ Lebenslagen in Deutschland. Daten und Fakten. Materialband zum ersten Armuts- und Reichtumsbericht der Bundesregierung. Bonn: Bundesministerium für Arbeit und Sozialordnung.

Bundesministerium für Arbeit und Sozialordnung, _2001c:_ Lebenslagen in Deutschland. Der erste Armuts- und Reichtumsbericht der Bundesregierung. Bonn: Bundesministerium für Arbeit und Sozialordnung.

Bundesministerium für Arbeit und Sozialordnung, _2005:_ Lebenslagen in Deutschland. Der 2. Armuts- und Reichtumsbericht der Bundesregierung. Bonn: Bundesministerium für Arbeit und Sozialordnung.

Bundesministerium für Bildung, Wissenschaft, Forschung und Technologie, _1998:_ Grund und Strukturdaten. Ausgabe 1997/98. Bonn: Bundesministerium für Bildung, Wissenschaft, Forschung und Technologie.

Bundesministerium für Familie, Senioren, Frauen und Jugend, _2000:_ Sechster Familienbericht: Familien ausländischer Herkunft in Deutschland. Leistungen, Belastungen, Herausforderungen. Berlin: Medien- und Kommunikations GmbH.

Bundesministerium für Gesundheit und soziale Sicherung, _1999:_ Altersvorsorge in Deutschland 1996. Lebensverläufe und künftige Einkommen im Alter, Forschungsbericht F 277.

Bundesministerium für Gesundheit und soziale Sicherung, *2001:* Alterssicherung in Deutschland 1999 (ASID 99). Zusammenfassung wichtiger Untersuchungsergebnisse, Forschungsbericht F 289/Z.

Bundesministerium für Gesundheit und soziale Sicherung, *2002:* Niedrigeinkommens-Panel, Forschungsbericht FC 300 (CD).

Burkart, Günter, *1991:* Kohabitation und Individualisierung. Nichteheliche Paarbeziehungen im kulturellen Wandel, Zeitschrift für Familienforschung 3: 26–48.

Bürklin, Wilhelm (Hg.), *1996:* Kontinuität und Wandel der deutschen Führungsschicht. Ergebnisse der Potsdamer Elitestudie 1995. Potsdam: Universität Potsdam.

Bürklin, Wilhelm, Hilke Rebenstorf, Viktoria Kaina, Jörg Machatzke, Kai-Uwe Schnapp, Christian Welzel und Martina Sauer (Hg.), *1997:* Eliten in Deutschland. Rekrutierung und Integration. Opladen: Leske + Budrich.

Cantrell, R. Stephen, und Robert L. Clark, *1982:* Individual Mobility, Population Growth and Labor Force Participation, Demography 19: 147–159.

Centers, Richard, *1949:* Education and Occupational Mobility, American Sociological Review 14: 143–144.

Cheung, Yin Bun, *2000:* Marital status and mortality in British women: a longitudinal study, International Journal of Epidemiology 29: 93–99.

Cohen, Jacob, *1960:* A Coefficient of Agreement for Nominal Scales, Educational and Psychological Measurement 20: 37–46.

Coleman, James S., *1988:* Social Capital in the Creation of Human Capital, American Journal of Sociology 94: 95–120.

Coleman, James S., *1990:* Foundations of Social Theory. Cambridge (Mass.): Belknap.

Cornelsen, Carsten, *1994:* Konsequenzen des wirtschaftlichen Wandels für den Arbeitsmarkt. 66–92 in: *Hans-Günther Merk* (Hg.): Wirtschaftsstruktur und Arbeitsplätze im Wandel der Zeit. Stuttgart: Metzler-Poeschel.

Crimmins, Eileen M., Yasuhiko Saito und Dominique Ingegneri, *1997:* Trends in Disability-Free Life Expectancy in the United States, 1970–90, Population and Development Review 23: 555–572.

Crompton, Rosemary, und Michael Mann (Hg.), *1986:* Gender and Stratification. Cambridge: Polity Press.

Dahrendorf, Ralf, *1965:* Bildung ist Bürgerrecht. Plädoyer für eine aktive Bildungspolitik. Hamburg: Nannen.

Dahrendorf, Ralf, *1968:* Über den Ursprung der Ungleichheit unter den Menschen. 352–379 in: *Ralf Dahrendorf* (Hg.): Pfade aus Utopia. Arbeiten zur Theorie und Methode der Soziologie. Gesammelte Abhandlungen I. München: Piper.

Davis, Kingsley, und Judith Blake, *1956:* Social Structure and Fertility: An Analytical Framework, Economic Development and Cultural Change 4: 211–235.

Davis, Kingsley, und Wilbert E. Moore, *1967:* Einige Prinzipien der sozialen Schichtung. 347–357 in: *Heinz Hartmann* (Hg.): Moderne amerikanische Soziologie. Stuttgart: Enke.

Davis, Kingsley, und Pietronella van den Oever, *1982:* Demographic Foundations of New Sex Roles, Population and Development Review 8: 495–512.

De Graaf, Nan Dirk, und Hendrik Derk Flap, *1988:* «With a Little Help from My Friends»: Social Resources as an Explanation of Occupational Status and Income in West Germany, the Netherlands, and the United States, Social Forces 67: 452–472.

De Graaf, Nan Dirk, und Wout C. Ultee, *1990:* Individual preferences, social mobility and electoral outcomes, Electoral Studies 9: 109–132.

Deutsches Institut für Wirtschaftsforschung, *1999:* Zur langfristigen Bevölkerungsentwicklung in Deutschland. Modellrechnungen bis 2050, DIW-Wochenbericht 66: 745–757.

Deutsches Institut für Wirtschaftsforschung, *2000:* Migration und Arbeitskräfteangebot in Deutschland bis 2050. Drastischer Rückgang der Zahl der Erwerbspersonen nach 2020, DIW-Wochenbericht 67: 809–817.

Diekmann, Andreas, *1982:* Komponenten der Bildungsexpansion: Strukturelle Effekte, Bildungsbeteiligung und Jahrgangseffekte, Angewandte Sozialforschung 10: 361–372.

Diekmann, Andreas, *1990:* Der Einfluß schulischer Bildung und die Auswirkungen der Bildungsexpansion auf das Heiratsverhalten, Zeitschrift für Soziologie 19: 265–277.

Diekmann, Andreas, *1995:* Empirische Sozialforschung. Grundlagen, Methoden, Anwendungen. Reinbek: Rowohlt.

Diekmann, Andreas, und Henriette Engelhardt, *1995:* Die soziale Vererbung des Scheidungsrisikos. Eine empirische Untersuchung der Transmissionshypothese mit dem deutschen Familiensurvey, Zeitschrift für Soziologie 24: 215–228.

Diekmann, Andreas, und Thomas Klein, *1991:* Bestimmungsgründe des Ehescheidungsrisikos. Eine empirische Untersuchung mit den Daten des sozioökonomischen Panels, Kölner Zeitschrift für Soziologie und Sozialpsychologie 43: 271–290.

Diekmann, Andreas, und Peter Mitter, *1993:* Methoden der Ereignisanalyse in der Bevölkerungssoziologie. Stand und Probleme. 20–65 in: *Andreas Diekmann und Stefan Weick* (Hg.): Der Familienzyklus als sozialer Prozeß. Bevölkerungssoziologische Untersuchungen mit den Methoden der Ereignisanalyse. Berlin: Duncker & Humblot.

Diewald, Martin, und Annemette Sørensen, *1995:* Lebensform und Familienverlauf als Determinanten sozialer Ungleichheit. 129–147 in: *Uta Gerhardt, Stefan Hradil, Doris Lucke und Bernhard Nauck* (Hg.): Familie der Zukunft: Lebensbedingungen und Lebensformen. Opladen: Leske + Budrich.

Diewald, Martin, und Annemette Sørensen, *1996:* Erwerbsverläufe und soziale Mobilität von Frauen und Männern in Ostdeutschland: Makrostrukturelle Umbrüche und Kontinuitäten im Lebensverlauf. 63–88 in: *Martin Diewald und Karl Ulrich Mayer* (Hg.): Zwischenbilanz der Wiedervereinigung. Strukturwandel und Mobilität im Transformationsprozeß. Opladen: Leske + Budrich.

Dinkel, Reiner H., *1984a:* Haben die geburtenfördernden Maßnahmen der DDR Erfolg? Eine vergleichende Darstellung der Fertilitätsentwicklung in beiden deutschen Staaten, Zeitschrift für empirische Wirtschaftsforschung 30: 139–162.

Dinkel, Reiner H., *1984b:* Sterblichkeit in Perioden- und Kohortenbetrachtung. Zugleich eine ansatzweise Berechnung der Kohortensterbetafel für Deutschland, Zeitschrift für Bevölkerungswissenschaft 10: 477–500.

Dinkel, Reiner H., *1985:* The Seeming Paradox of Increasing Mortality in a Highly Industrialized Nation: the Example of the Sowjet Union, Population Studies 39: 87–97.

Dinkel, Reiner H., *1992:* Kohortensterbetafeln für die Geburtsjahrgänge ab 1900 bis 1962 in den beiden Teilen Deutschlands, Zeitschrift für Bevölkerungswissenschaft 18: 95–116.

Dinkel, Reiner H., *1999:* Demographische Entwicklung und Gesundheitszustand. Eine empirische Kalkulation der Healthy Life Expectancy für die Bundesrepublik auf der Basis von Kohortensterbetafeln. 61–84 in: *Heinz Häfner* (Hg.): Gesundheit – unser höchstes Gut? Berlin: Springer.

Dinkel, Reiner H., und Marc Luy, *1999:* Natur oder Verhalten? Ein Beitrag zur Erklärung der männlichen Übersterblichkeit durch einen Vergleich von Kloster- und Allgemeinbevölkerung, Zeitschrift für Bevölkerungswissenschaft 24: 105–132.

Dinkel, Reiner H., und Erich Meinl, *1991:* Die Komponenten der Bevölkerungsentwicklung in der Bundesrepublik Deutschland und der DDR zwischen 1950 und 1987, Zeitschrift für Bevölkerungswissenschaft 17: 115–134.

Dinkel, Reiner H., Erich Meinl und Ina Milenovic, *1992:* Die Demographische Entwicklung als Auslöser von zukünftigen Entwicklungen bei der Familienbildung in der Bundesrepublik Deutschland, Zeitschrift für Familienforschung 4: 147–159.

Dinkel, Reiner H., und Ina Milenovic, *1992:* Die Kohortenfertilität von Männern und Frauen in der Bundesrepublik Deutschland. Eine Messung mit Daten der empirischen Sozialforschung, Kölner Zeitschrift für Soziologie und Sozialpsychologie 44: 55–75.

Ditton, Hartmut, *1992:* Ungleichheit und Mobilität durch Bildung. Theorie und empirische Untersuchung über sozialräumliche Aspekte von Bildungsentscheidungen. Weinheim: Juventa.

Doeringer, Peter B., und Michael J. Piore, *1971:* Internal Labor Markets and Manpower Analysis. Lexington: Heath.

Dorbritz, Jürgen, *1992:* Nuptialität, Fertilität und familiale Lebensformen in der sozialen Transformation – Übergang zu einer neuen Bevölkerungsweise in Ostdeutschland?, Zeitschrift für Bevölkerungswissenschaft 18: 167–196.

Dorbritz, Jürgen, *1993:* Sozialer Systemwandel und die Folgen für die Familienbildung, Berliner Journal für Soziologie 3: 355–368.

Dorbritz, Jürgen, *1994:* Bericht 1994 über die demographische Lage in Deutschland, Zeitschrift für Bevölkerungswissenschaft 19: 393–473.

Dorbritz, Jürgen, *1997:* Der demographische Wandel in Ostdeutschland. Verlauf und Erklärungsansätze, Zeitschrift für Bevölkerungswissenschaft 22: 239–268.

Dorbritz, Jürgen, und Karla Gärtner, *1995:* Bericht 1995 über die demographische Lage in Deutschland, Zeitschrift für Bevölkerungswissenschaft 20: 339–448.

Dorbritz, Jürgen, und Karla Gärtner, *1998:* Bericht 1998 über die demographische Lage in Deutschland mit dem Teil B «Ehescheidungen – Trends in Deutschland und im internationalen Vergleich», Zeitschrift für Bevölkerungswissenschaft 23: 373–458.

Duncan, Greg J., und Daniel H. Hill, *1989:* Assessing the Quality of Household Panel Survey Data: The Case of the PSID, Journal of Business and Economic Statistics 7: 441–51.

Durkheim, Emile, *1999:* Über soziale Arbeitsteilung. Studie über die Organisation höherer Gesellschaften. Frankfurt am Main: Suhrkamp.

Easterlin, Richard A., *1961:* The American Baby Boom in Historical Perspective, American Economic Review 51: 869–911.

Easterlin, Richard A., *1973:* Relative Economic Status and the American Fertility Swing. 170–223 in: *Eleanor B. Sheldon* (Hg.): Family Economic Behavior. Problems and Prospects. Philadelphia: Lippincott.

Easterlin, Richard A., *1980:* Birth and Fortune. The Impact of Numbers on Personal Welfare. New York: Basic Books.

Eckhard, Jan, 2002: Arbeitsteilung in Stieffamilien. Die Bedeutung der Familienform und der Art der Elternschaft für die familiale Arbeitsteilung, Kölner Zeitschrift für Soziologie und Sozialpsychologie: 714–732.

Edding, Friedrich, 1963: Ökonomie des Bildungswesens. Lehren und Lernen als Haushalt und als Investition. Freiburg im Breisgau: Rombach.

Eickenberg, Hans-Udo, und Klaus Hurrelmann, 1997: Warum fällt die Lebenserwartung von Männern immer stärker hinter die der Frauen zurück? Medizinische und soziologische Erklärungsansätze, Zeitschrift für Sozialisationsforschung und Erziehungssoziologie 17: 118–134.

Elff, Martin, 2002: Parteiensystem, Sozialstruktur und Wahlabsicht. 279–313 in: *Frank Brettschneider, Jan van Deth und Edeltraud Roller* (Hg.): Das Ende der politisierten Sozialstruktur? Opladen: Leske + Budrich.

Elkeles, Thomas, und Wolfgang Seifert, 1992: Arbeitslosigkeit und Gesundheit. Langzeitanalysen mit dem Sozio-ökonomischen Panel, Soziale Welt 43: 278–300.

Elschenbroich, Donata, 1988: Bikulturelle Familien in der Bundesrepublik: Konflikte, Chancen, Selbstbilder. 184–210 in: *Deutsches Jugendinstitut* (Hg.): Beiträge zur Ausländerforschung – Wege der Integration. Weinheim: Juventa.

Elsner, Eckart, o.J.: Macht und Zahl. Die Mächtigen, das Recht und die Statistik. Stuttgart: Gewerkschaft ÖTV, Vorstandssekretariat 3.

Emmerling, Dieter, 2001: Ehescheidungen 1999, Wirtschaft und Statistik: 253–262.

Emmerling, Dieter, und Thomas Riede, 1997: 40 Jahre Mikrozensus, Wirtschaft und Statistik: 160–174.

Emnid-Institut, 1985: Repräsentativerhebung und qualitative Studie. 9–92 in: *Bundesministerium für Jugend, Familie, Frauen und Gesundheit* (Hg.): Nichteheliche Lebensgemeinschaften in der Bundesrepublik Deutschland. Stuttgart: Kohlhammer.

Engstler, Heribert, 1997: Die Familie im Spiegel der amtlichen Statistik. Lebensformen, Familienstrukturen, wirtschaftliche Situation der Familien und familiendemographische Entwicklung in Deutschland. Bonn: Bundesministerium für Familie, Senioren, Frauen und Jugend.

Engstler, Heribert, und Sonja Menning, 2003: Die Familie im Spiegel der amtlichen Statistik. Lebensformen, Familienstrukturen, wirtschaftliche Situation der Familien und familiendemographische Entwicklung in Deutschland. Berlin: Bundesministerium für Familie, Senioren, Frauen und Jugend.

Erikson, Robert, und John H. Goldthorpe, *1985:* Are American rates of social Mobility exceptionally high? New evidence on an old issue, European Sociological Review 1: 1–22.

Erikson, Robert, John H. Goldthorpe und Lucienne Portocarero, *1979:* Intergenerational class mobility in three Western European societies: England, France, and Sweden, British Journal of Sociology 30: 415–441.

Erikson, Robert, und Jan O. Jonsson, *1996:* Explaining Class Inequality in Education. The Swedish Test Case. 1–63 in: *Robert Erikson und Jan O. Jonsson* (Hg.): Can Education be Equalized? The Swedish Case in Comparative Perspective. Boulder: Westview Press.

Esenwein-Rothe, Ingeborg, *1987:* World Fertility Survey. Ergebnisse und weitere Forschungsaktivitäten, Allgemeines Statistisches Archiv 71: 145–156.

Esping-Andersen, Gøsta, *1990:* The Three Worlds of Welfare Capitalism. Cambridge: Cambridge University Press.

Esping-Andersen, Gøsta, *1993a:* Mobility Regimes and Class Formation. 225–252 in: *Gøsta Esping-Andersen* (Hg.): Changing Classes. Stratification and Mobility in Post-industrial Societies. London: Sage.

Esping-Andersen, Gøsta, *1993b:* Post-industrial Class Structures: An Analytical Framework. 7–31 in: *Gøsta Esping-Andersen* (Hg.): Changing Classes. Stratification and Mobility in Post-industrial Societies. London: Sage.

Esser, Hartmut, *1978:* Wanderung, Integration und die Stabilisierung komplexer Sozialsysteme, Soziale Welt 29: 180–200.

Esser, Hartmut, *1981:* Aufenthaltsdauer und die Eingliederung von Wanderern. Zur theoretischen Interpretation soziologischer «Variablen», Zeitschrift für Soziologie 10: 76–97.

Esser, Hartmut, *1985:* Soziale Differenzierung als ungeplante Folge absichtsvollen Handelns. Der Fall der ethnischen Segmentation, Zeitschrift für Soziologie 14: 435–449.

Esser, Hartmut, *1993:* Soziologie. Allgemeine Grundlagen. Frankfurt am Main: Campus.

Esser, Hartmut, *2000:* Soziologie. Spezielle Grundlagen. Band 4: Opportunitäten und Restriktionen. Frankfurt am Main: Campus.

Europäische Kommission/Eurostat, *2001:* Beschreibung der sozialen Lage in Europa 2001. Luxemburg: Amt für amtliche Veröffentlichungen der Europäischen Gemeinschaften.

Europäische Kommission/Eurostat, *2002:* Eurostat Jahrbuch 2002. Der statistische Wegweiser durch Europa. Daten aus den Jahren 1990–2000. Luxemburg: Amt für amtliche Veröffentlichungen der Europäischen Gemeinschaften.

Europäische Kommission/Eurostat, *2004:* Eurostat Jahrbuch 2004. Der statistische Wegweiser durch Europa. Daten aus den Jahren 1992–2002. Luxemburg: Amt für amtliche Veröffentlichungen der Europäischen Gemeinschaften.

Evans, Geoffrey, *1992:* Testing the validity of the Goldthorpe class schema, European Sociological Review 8: 211–232.

Faik, Jürgen, *1995:* Äquivalenzskalen. Theoretische Erörterung, empirische Ermittlung und verteilungsbezogene Anwendung für die Bundesrepublik Deutschland. Berlin: Duncker & Humblot.

Faik, Jürgen, *1997:* Institutionelle Äquivalenzskalen als Basis von Verteilungsanalysen. Eine Modifizierung der Sozialhilfeskala. 13–42 in: *Irene Becker und Richard Hauser* (Hg.): Einkommensverteilung und Armut. Deutschland auf dem Weg zur Vierfünftel-Gesellschaft? Frankfurt am Main: Campus.

Featherman, David L., F. Lancaster Jones und Robert M. Hauser, *1975:* Assumptions of Social Mobility Research in the U.S.: The Case of Occupational Status, Social Science Research 4: 329–360.

Feinstein, Jonathan S., *1993:* The Relationship between Socioeconomic Status and Health: A Review of the Literature, Milbank Quarterly 71: 279–322.

Feld, Scott L., *1981:* The Focused Organization of Social Ties, American Journal of Sociology 86: 1015–1035.

Felderer, Bernhard, und Michael Sauga, *1988:* Bevölkerung und Wirtschaftsentwicklung. Frankfurt am Main: Campus.

Feldman, Jacob J., Diane M. Makuc, Joel C. Kleinman und Joan Cornoni-Huntley, *1989:* National Trends in Educational Differentials in Mortality, American Journal of Epidemiology 129: 919–933.

Fischer, Tamar, *2003:* Explaining divorce effects on children's educational attainment and their age of leaving home; A test of the loss of resources theory for the Netherlands, Second Conference of the European Research Network on Divorce, Tilburg.

Flora, Peter, *1974:* Modernisierungsforschung. Zur empirischen Analyse der gesellschaftlichen Entwicklung. Opladen: Westdeutscher Verlag.

Fokkema, Tineke, und Paul de Graaf, *2003:* Contacts of divorced fathers and mothers with their adult children, Second Conference of the European Research Network on Divorce, Tilburg.

Fourastié, Jean, *1954:* Die große Hoffnung des 20. Jahrhunderts. Köln: Bund.

Franz, Wolfgang, *1996a:* Arbeitsmarktökonomik. Berlin: Springer.

Franz, Wolfgang, *1996b:* Theoretische Ansätze zur Erklärung der Arbeitslosigkeit: Wo stehen wir 1995? 3–45 in: *Bernhard Gahlen, Helmut Hesse und Hans-Jürgen Ramser* (Hg.): Arbeitslosigkeit und Möglichkeiten ihrer Überwindung. Tübingen: Mohr Siebeck.

Franzen, Axel, und Anna Hecken, *2002:* Studienmotivation, Erwerbspartizipation und der Einstieg in den Arbeitsmarkt, Kölner Zeitschrift für Soziologie und Sozialpsychologie 54: 733–752.

Freedman, Ronald, *1979:* Theories of Fertility Decline: A Reappraisal, Social Forces 58: 1–17.

Frenzel, Hansjörg, *1995:* Bildung und Partnerwahl, ZUMA-Nachrichten 36: 61–88.

Frick, Joachim, und Klaus Müller, *1996:* Arbeitslosigkeit und Einkommensmobilität ostdeutscher Personen seit 1990. 291–320 in: *Wolfgang Zapf, Jürgen Schupp und Roland Habich* (Hg.): Lebenslagen im Wandel: Sozialberichterstattung im Längsschnitt. Frankfurt am Main: Campus.

Friedrich, Klaus, *1995:* Altern in räumlicher Umwelt. Sozialräumliche Interaktionsmuster älterer Menschen in Deutschland und in den USA. Darmstadt: Steinkopff.

Fries, James F., *1980:* Aging, Natural Death, and the Compression of Morbidity, New England Journal of Medicine 303: 130–135.

Fürstenberg, Friedrich, *1967:* Die Sozialstruktur der Bundesrepublik Deutschland. Ein soziologischer Überblick. Köln: Westdeutscher Verlag.

Gaertner, Karen N., *1990:* The structure of organizational careers. 133–154 in: *Ronald L. Breiger* (Hg.): Social mobility and social structure. Cambridge: Cambridge University Press.

Galbraith, John Kenneth, *1987:* Anatomie der Macht. München: Bertelsmann.

Galler, Heinz P., *1979:* Schulische Bildung und Heiratsverhalten, Zeitschrift für Bevölkerungswissenschaft 5: 199–213.

Gallie, Duncan, *1996:* New technology and the class structure: the blue-collar/white-collar divide revisited, British Journal of Sociology 47: 447–473.

Ganzeboom, Harry B. G., Donald J. Treiman und Wout C. Ultee, *1991:* Comparative Intergenerational Stratification Research: Three Generations and Beyond, Annual Review of Sociology 17: 277–302.

Garfinkel, Irwin, und Robert H. Haveman, *1974:* Earnings Capacity and the Target Efficiency of Alternative Transfer Programs, American Economic Review 64: 196-204.

Garfinkel, Irwin, und Robert H. Haveman, *1977a:* Earnings Capacity, Economic Status and Poverty. Wisconsin: Madison.

Garfinkel, Irwin, und Robert H. Haveman, *1977b:* Earnings Capacity, Poverty and Inequality. New York: Academic Press.

Garib, Greetha, Teresa Martin Garcia und Jaap Dronkers, 2003: Are the effects of various family-forms on educational performance of children related to the demographic characteristics and family policies of modern societies?, Second Conference of the European Research Network on Divorce, Tilburg.

Garret, Daniel M., 1995: The Effects of Differential Mortality Rates on the Progressivity of Social Security, Economic Inquiry 18: 457–475.

Gärtner, Karla, 2000: Der Lebenserwartungssurvey des BiB – Konzeption und erste Ergebnisse, Zeitschrift für Bevölkerungswissenschaft 25: 217–234.

Gehrmann, Rolf, 1984: Übersterblichkeit der Frauen als historisch-demographisches Problem. 71–83 in: *Friedrich Putz und Karl Schwarz* (Hg.): Neuere Aspekte der Sterblichkeitsentwicklung. Dokumentation der Jahrestagung 1983 der Deutschen Gesellschaft für Bevölkerungswissenschaft. Wiesbaden: Deutsche Gesellschaft für Bevölkerungswissenschaft.

Geiger, Theodor, 1949: Die Klassengesellschaft im Schmelztiegel. Köln: Kiepenheuer & Witsch.

Geiger, Theodor, 1962a: Eine dynamische Analyse der sozialen Mobilität. 100–113 in: *Paul Trappe* (Hg.): Theodor Geiger. Arbeiten zur Soziologie. Methode – Moderne Großgesellschaft – Rechtssoziologie – Ideologiekritik. Neuwied: Luchterhand.

Geiger, Theodor, 1962b: Typologie und Mechanik der gesellschaftlichen Fluktuation. 114–150 in: *Paul Trappe* (Hg.): Theodor Geiger. Arbeiten zur Soziologie. Methode – Moderne Großgesellschaft – Rechtssoziologie – Ideologiekritik. Neuwied: Luchterhand.

Geißler, Rainer, 1978: Bildung und Sozialchancen. Hypothesen zur Statuszuordnung durch das Bildungssystem, Kölner Zeitschrift für Soziologie und Sozialpsychologie 30: 468–487.

Geißler, Rainer, 1985: Die Schichtungssoziologie von Theodor Geiger. Zur Aktualität eines fast vergessenen Klassikers, Kölner Zeitschrift für Soziologie und Sozialpsychologie 37: 387–410.

Geißler, Rainer, 1991: Transformationsprozesse in der Sozialstruktur der neuen Bundesländer, Berliner Journal für Soziologie 1: 177–194.

Geißler, Rainer, 1996: Kein Abschied von Klasse und Schicht. Ideologische Gefahren der deutschen Sozialstrukturanalyse, Kölner Zeitschrift für Soziologie und Sozialpsychologie 48: 319–338.

Geißler, Rainer, 2002: Die Sozialstruktur Deutschlands. Die gesellschaftliche Entwicklung vor und nach der Vereinigung. Wiesbaden: Westdeutscher Verlag.

Goebel, Jan, Roland Habich und Peter Krause, 2004: Einkommen – Verteilung, Armut und Dynamik. 623–638 in: *Statistisches Bundesamt* (Hg.): Datenreport 2004. Zahlen und Fakten über die Bundesrepublik Deutschland. Bonn: Bundeszentrale für politische Bildung.

Goldman, Noreen, *1993a:* Marriage Selection and Mortality Patterns: Inferences and Fallacies, Demography 30: 189–208.

Goldman, Noreen, *1993b:* The Perils of Single Life in Contemporary Japan, Journal of Marriage and the Family 55: 191–204.

Goldman, Noreen, Sanders Korenman und Rachel Weinstein, *1995:* Marital status and health among the elderly, Social Sciences & Medicine 40: 1717–1730.

Goldthorpe, John H., *1980:* Social Mobility and Class Structure in Modern Britain. New York: Oxford University Press.

Goldthorpe, John H., *1983:* Women and Class Analysis. In Defence of the Conventional View, Sociology 17: 465–488.

Goldthorpe, John H., *1985:* Soziale Mobilität und Klassenbildung. Zur Erneuerung einer Tradition soziologischer Forschung. 174–204 in: *Hermann Strasser und John H. Goldthorpe* (Hg.): Die Analyse sozialer Ungleichheit. Kontinuität, Erneuerung, Innovation. Opladen: Westdeutscher Verlag.

Goldthorpe, John H., *1996:* Class analysis and the reorientation of class theory: the case of persisting differentials in educational attainment, British Journal of Sociology 47: 481–505.

Goodman, Leo A., *1979:* Multiplicative Models for the Analysis of Occupational Mobility Tables and Other Kinds of Cross-Classification Tables, American Journal of Sociology 84: 804–819.

Graff, Michael, *1996:* Zur Bedeutung der Bildung im Prozeß der wirtschaftlichen Entwicklung, Kölner Zeitschrift für Soziologie und Sozialpsychologie 48: 274–295.

Granovetter, Mark S., *1973:* The Strength of Weak Ties, American Journal of Sociology 78: 1360–1380.

Große-Venhaus, Gerd, und Johannes Stauder, *2002:* Junge Menschen aus Zuwandererfamilien in Ausbildung und Beruf 2000 – Ergebnisse aus den amtlichen Schuldaten. Düsseldorf: Ministerium für Gesundheit, Soziales, Frauen und Familie.

Gruenberg, Ernest M., *1977:* The Failure of Success, Milbank Memorial Fund Quarterly 55: 3–24.

Grünheid, Evelyn, und Ulrich Mammey, *1997:* Bericht 1997 über die demographische Lage in Deutschland, Zeitschrift für Bevölkerungswissenschaft 22: 377–480.

Grusky, David B., und Robert M. Hauser, *1994:* Comparative Social Mobility Revisited: Models of Convergence and Divergence in 16 Countries. 275–289 in: *David B. Grusky* (Hg.): Social Stratification. Class, Race and Gender in Sociological Perspective. Boulder: Westview Press.

Guttentag, Marcia, und Paul F. Secord, *1983:* Too Many Women? The Sex Ratio Question. Beverly Hills: Sage.

Habich, Roland, und Heinz-Herbert Noll, *2000:* Objektive Lebensbedingungen und subjektives Wohlbefinden im vereinten Deutschland, in: *Statistisches Bundesamt* (Hg.): Datenreport 1999. Zahlen und Fakten über die Bundesrepublik Deutschland. Bonn: Bundeszentrale für politische Bildung.

Habich, Roland, und Wolfgang Zapf, *1999:* Wohlfahrtsindikatoren für Deutschland 1950 bis 1998. Visuelle Darstellung. 31–48 in: *Wolfgang Glatzer und Ilona Ostner* (Hg.): Deutschland im Wandel. Sozialstrukturelle Analysen. Opladen: Leske + Budrich.

Hagenaars, Aldi J. M., Klaas de Vos und M. Asghar Zaidi, *1995:* Armutsstatistik Ende der 80er Jahre. Untersuchung auf der Basis von Mikrodaten. Luxemburg: Amt für amtliche Veröffentlichungen der Europäischen Gemeinschaften.

Hagestad, Gunhild O., *1986:* The Aging Society as a Context for Family Life, Daedalus 115: 119–139.

Haisken-DeNew, John P., und Joachim R. Frick (Hg.), *2000:* DTC. Desktop Companion to the German Socio-Economic Panel Study (GSOEP). Berlin: Deutsches Institut für Wirtschaftsforschung.

Haller, Max, *1981:* Marriage, Women, and Social Stratification: A Theoretical Critique, American Journal of Sociology 86: 766–785.

Haller, Max, *1986:* Sozialstruktur und Schichtungshierarchie im Wohlfahrtsstaat. Zur Aktualität des vertikalen Paradigmas der Ungleichheitsforschung, Zeitschrift für Soziologie 15: 167–187.

Haller, Max, *1989:* Die Klassenstruktur im sozialen Bewußtsein. Ergebnisse vergleichender Umfrageforschung zu Ungleichheitsvorstellungen. 447–469 in: *Max Haller, Hans-Joachim Hoffmann-Nowottny und Wolfgang Zapf* (Hg.): Kultur und Gesellschaft. Verhandlungen des 24. Deutschen Soziologentags, des 11. Österreichischen Soziologentags und des 8. Kongresses der Schweizerischen Gesellschaft für Soziologie in Zürich 1988. Frankfurt am Main: Campus.

Haller, Max, *1996:* Einstellungen zur sozialen Ungleichheit im internationalen Vergleich. 188–220 in: *Max Haller, Kurt Holm, Karl H. Müller, Wolfgang Schulz und Eva Cyba* (Hg.): Österreich im Wandel. Werte, Lebensformen und Lebensqualität, 1986–1993. Wien: Oldenbourg.

Haller, Max, und Franz Hoellinger, *1994:* Female employment and the change of gender roles: The conflictual relationship between participation and attitudes in international comparison, International Sociology 9: 87–112.

Handl, Johann, 1985: Mehr Chancengleichheit im Bildungssystem. Erfolg der Bildungsreform oder statistisches Artefakt?, Kölner Zeitschrift für Soziologie und Sozialpsychologie 37: 698–722.

Handl, Johann, 1988: Berufschancen und Heiratsmuster von Frauen. Empirische Untersuchungen zu Prozessen sozialer Mobilität. Frankfurt am Main: Campus.

Handl, Johann, 1991: Zum Wandel der Mobilitätschancen junger Frauen und Männer zwischen 1950 und 1971: Eine Kohortenanalyse, Kölner Zeitschrift für Soziologie und Sozialpsychologie 43: 697–719.

Handl, Johann, 1996: Hat sich die berufliche Wertigkeit der Bildungsabschlüsse in den achtziger Jahren verringert? Eine Analyse der abhängig erwerbstätigen, deutschen Berufsanfänger auf der Basis von Mikrozensusergebnissen, Kölner Zeitschrift für Soziologie und Sozialpsychologie 48: 249–273.

Hanefeld, Ute, 1987: Das Sozio-ökonomische Panel. Grundlagen und Konzeption. Frankfurt am Main: Campus.

Hanesch, Walter, 1994: Armut in Deutschland. Der Armutsbericht des DGB und des Paritätischen Wohlfahrtsverbands. Reinbek: Rowohlt.

Hanesch, Walter, 1995: Sozialpolitik und arbeitsmarktbedingte Armut. Strukturmängel und Reformbedarf in der sozialen Sicherung bei Arbeitslosigkeit, Aus Politik und Zeitgeschichte, Beilage 31/32 – 1995: 14–23.

Hank, Karsten, 2003: Eine Mehrebenenanalyse regionaler Einflüsse auf die Familiengründung westdeutscher Frauen in den Jahren 1984 bis 1999, Kölner Zeitschrift für Soziologie und Sozialpsychologie 55: 79–98.

Hank, Karsten, und Hans-Peter Kohler, 2003: Gender preferences for children revisited: new evidence from Germany, Population 58: 133–143.

Hansen, Rolf, und Hans-Günter Rolff, 1990: Abgeschwächte Auslese und verschärfter Wettbewerb. Neuere Entwicklungen in den Sekundarschulen. 45–79 in: *Hans-Günter Rolff, Karl-Oswald Bauer, Klaus Klemm und Hermann Pfeiffer* (Hg.): Jahrbuch der Schulentwicklung, Band 6: Daten, Beispiele und Perspektiven. Weinheim und München: Juventa.

Hartmann, Josef, 2001: Ehestabilität und soziale Einbettung. Entwicklung und Überprüfung eines Stufenmodells ehelicher Übergänge zur Erklärung der Ehestabilität unter besonderer Berücksichtigung der sozialen Einbettung des Paares. Heidelberg: Dissertation.

Hartmann, Michael, 1996: Topmanager. Die Rekrutierung einer Elite. Frankfurt am Main: Campus.

Hartmann, Michael, und Johannes Kopp, 2001: Elitenselektion durch Bildung oder durch Herkunft? Promotion, soziale Herkunft und der Zugang zu Führungspositionen in der deutschen Wirtschaft, Kölner Zeitschrift für Soziologie und Sozialpsychologie 53: 436–466.

Hartmann, Peter H., *1998:* Intergenerationale berufliche Mobilität in West- und Ostdeutschland. 43–76 in: *Michael Braun und Peter Ph. Mohler* (Hg.): Soziale Ungleichheit in Deutschland. Blickpunkt Gesellschaft 4. Opladen: Westdeutscher Verlag.

Hauser, Richard, *1990:* Ursachen und Perspektiven der Armut in der Bundesrepublik, Hauswirtschaft und Wissenschaft: 204–214.

Hauser, Richard, *1992:* Die personelle Einkommensverteilung in den alten und neuen Bundesländern vor der Vereinigung. Probleme eines empirischen Vergleichs und der Abschätzung von Entwicklungstendenzen. 37–72 in: *Gerhard Kleinhenz* (Hg.): Sozialpolitik im vereinten Deutschland II. Berlin: Duncker & Humblot.

Hauser, Richard, *1996:* Zur Messung individueller Wohlfahrt und ihrer Verteilung. 13–38 in: *Statistisches Bundesamt* (Hg.): Wohlfahrtsmessung – Aufgabe der Statistik im gesellschaftlichen Wandel, Band 29 der Schriftenreihe Forum der Bundesstatistik. Stuttgart: Metzler-Poeschel.

Hauser, Richard, *1997a:* Armut, Armutsgefährdung und Armutsbekämpfung in der Bundesrepublik Deutschland, Jahrbücher für Nationalökonomie und Statistik 216: 524–548.

Hauser, Richard, *1997b:* Globalisierung und personelle Einkommensverteilung. 72–84 in: *Werner Fricke* (Hg.): Jahrbuch Arbeit und Technik. Globalisierung und institutionelle Reform. Bonn: Dietz.

Hauser, Richard, *1997c:* Vergleichende Analyse der Einkommensverteilung und der Einkommensarmut in den alten und neuen Bundesländern von 1990 bis 1995. 63–82 in: *Irene Becker und Richard Hauser* (Hg.): Einkommensverteilung und Armut. Deutschland auf dem Weg zur Vierfünftel-Gesellschaft? Frankfurt am Main: Campus.

Hauser, Richard, und Irene Becker, *1996:* Zur Entwicklung der personellen Verteilung der Einkommen in West- und in Ostdeutschland 1973 bzw. 1990 bis 1994, Sozialer Fortschritt 45: 285–293.

Hauser, Richard, und Roland Berntsen, *1992:* Einkommensarmut. Determinanten von Aufstiegen und Abstiegen. 73–97 in: *Reinhard Hujer, Hilmar Schneider und Wolfgang Zapf* (Hg.): Herausforderungen an den Wohlfahrtsstaat im strukturellen Wandel. Frankfurt am Main: Campus.

Hauser, Richard, Helga Cremer-Schäfer und Udo Nouvertne, *1981:* Armut, Niedrigeinkommen und Unterversorgung in der Bundesrepublik Deutschland. Bestandsaufnahme und sozialpolitische Perspektiven. Frankfurt am Main: Campus.

Hauser, Richard, Ingo Fischer und Thomas Klein, 1985: Verarmung durch Arbeitslosigkeit? 213–248 in: *Stephan Leibfried und Florian Tennstedt* (Hg.): Politik der Armut und die Spaltung des Sozialstaats. Frankfurt am Main: Suhrkamp.

Hauser, Richard, und Werner Hübinger, 1993: Arme unter uns. Ergebnisse und Konsequenzen der Caritas-Armutsuntersuchung. Teil 1 in: *Deutscher Caritasverband e. V.* (Hg.). Freiburg im Breisgau: Lambertus.

Hauser, Richard, und Hans-Joachim Kinstler, 1993: Zur Lebenslage alleinstehender Wohnungsloser (Nichtseßhafter), Nachrichtendienst des Deutschen Vereins für öffentliche und private Fürsorge 73: 412–422.

Hauser, Richard, und Thomas Klein, 1985: EVS und Sozialhilfe. Alternative Methoden der Leistungsbemessung für die Sozialhilfe: Die Einkommens- und Verbrauchsstichprobe als eine ihrer empirischen Grundlagen, Blätter der Wohlfahrtspflege 132: 29–32.

Hauser, Richard, und Udo Neumann, 1992: Armut in der Bundesrepublik Deutschland. Die sozialwissenschaftliche Thematisierung nach dem Zweiten Weltkrieg. 237–271 in: *Stephan Leibfried und Wolfgang Voges* (Hg.): Armut im modernen Wohlfahrtsstaat. Sonderheft 32 der Kölner Zeitschrift für Soziologie und Sozialpsychologie. Opladen: Westdeutscher Verlag.

Heaton, Tim B., 1991: Time-Related Determinants of Marital Dissolution, Journal of Marriage and the Family 53: 285–295.

Hedstrom, Peter, und Stein Ringen, 1990: Age and Income in Contemporary Society. 77–104 in: *Timothy M. Smeeding, Michael O'Higgins und Lee Rainwater* (Hg.): Poverty, Inequality and Income Distribution in Comparative Perspective. New York: Harvester Wheatsheaf.

Heer, David M., 1985: Bi-kulturelle Ehen. 179–197 in: *Donata Elschenbroich* (Hg.): Einwanderung, Integration, ethnische Bindung. Harvard Encyclopedia of American Ethnic Groups. Eine deutsche Auswahl. Basel: Stroemfeld.

Heine, Christoph, 2002: HIS Ergebnisspiegel 2002. Hannover: HIS Hochschul-Informations-System GmbH.

Hemström, Örjan, 1996: Is Marriage Dissolution Linked to Differences in Mortality Risks for Men and Women?, Journal of Marriage and the Family 58: 366–378.

Hendrickx, John, Osmund Schreuder und Wouter Ultee, 1994: Die Konfessionelle Mischehe in Deutschland (1901–1986) und den Niederlanden (1914–1986), Kölner Zeitschrift für Soziologie und Sozialpsychologie 46: 619–645.

Henz, Ursula, 1996: Intergenerationale Mobilität. Methodische und empirische Untersuchungen. Berlin: Max-Planck-Institut für Bildungsforschung.

Henz, Ursula, und Ineke Maas, _1995:_ Chancengleichheit durch die Bildungsexpansion?, Kölner Zeitschrift für Soziologie und Sozialpsychologie 47: 605–633.

Herrlitz, Hans Georg, Wulf Hopf und Hartmut Tietze, _1981:_ Deutsche Schulgeschichte von 1800 bis zur Gegenwart. Königstein/Ts.: Athenäum.

Herz, Thomas A., _1983:_ Klassen, Schichten, Mobilität. Stuttgart: Teubner.

Herz, Thomas A., _1987:_ Werte, sozio-politische Konflikte und Generationen. Eine Überprüfung der Theorie des Postmaterialismus, Zeitschrift für Soziologie 16: 57–69.

Herz, Thomas A., _1990:_ Die Dienstklasse. Eine empirische Analyse ihrer demographischen, kulturellen und politischen Identität. 231–252 in: _Peter A. Berger und Stefan Hradil_ (Hg.): Lebenslagen, Lebensläufe, Lebensstile. Soziale Welt, Sonderband 7. Göttingen: Schwartz.

Hill, Martha S., _1992:_ The Panel Study of Income Dynamics. A User's Guide – with assistance of the staff of the PSID. Newbury Park: Sage.

Hill, Paul B., und Johannes Kopp, _1999:_ Nichteheliche Lebensgemeinschaften – theoretische Aspekte zur Wahl von Lebensformen. 11–35 in: _Thomas Klein und Wolfgang Lauterbach_ (Hg.): Nichteheliche Lebensgemeinschaften. Analysen zum Wandel partnerschaftlicher Lebensformen. Opladen: Leske + Budrich.

Hill, Paul B., und Johannes Kopp, _2000a:_ Entwicklungstendenzen, Erklärungsansätze und Forschungsbefunde zum Heiratsverhalten. 958–979 in: _Uwe Mueller, Bernhard Nauck und Andreas Diekmann_ (Hg.): Handbuch der Demographie, Band 2. Berlin: Springer.

Hill, Paul B., und Johannes Kopp, _2000b:_ Fertilitätsentwicklung: Trends, Erklärungen und Ergebnisse. 729–750 in: _Ulrich Mueller, Bernhard Nauck und Andreas Diekmann_ (Hg.): Handbuch der Demographie, Band 2. Berlin: Springer.

Hill, Paul B., und Johannes Kopp, _2004:_ Familiensoziologie. Grundlagen und theoretische Perspektiven. 3., überarbeitete Auflage. Wiesbaden: VS Verlag für Sozialwissenschaften.

Hillmert, Steffen, und Karl-Ulrich Mayer (Hg.), _2004:_ Geboren 1964 und 1971. Neuere Untersuchungen zu Ausbildungs- und Berufschancen in Westdeutschland. Wiesbaden: VS Verlag für Sozialwissenschaften.

Hirschman, Charles, _1994:_ Why Fertility Changes, Annual Review of Sociology 20: 203–233.

Hodge, Robert W., und Donald J. Treiman, _1966:_ Occupational Mobility and Attitudes Toward Negroes, American Sociological Review 31: 93–102.

Hoerning, Erika M., 1984: Frauen: Eine vernachlässigte Gruppe in der Mobilitätstheorie und -forschung. 114–134 in: *Hochschule für Wirtschaft und Politik Hamburg* (Hg.): Karriere oder Kochtopf? Frauen zwischen Beruf und Familie. Opladen: Westdeutscher Verlag.

Hoffmann-Lange, Ursula, 1989: Eliten in der Bundesrepublik. Kartell der Angst, Machtelite oder verantwortliche Repräsentanten? 238–261 in: *Heinrich Best* (Hg.): Politik und Milieu. Wahl- und Elitenforschung im historischen und interkulturellen Vergleich. Sankt Katharinen: Scripta Mercaturae.

Hoffmann-Lange, Ursula, 1990: Eliten in der modernen Demokratie. Fragestellungen, theoretische Ansätze und Ergebnisse der Eliteforschung. 11–27 in: *Ursula Hoffmann-Lange und Hans-Georg Wehling* (Hg.): Eliten in der Bundesrepublik Deutschland. Stuttgart: Kohlhammer.

Hoffmann-Lange, Ursula, 1992: Eliten, Macht und Konflikt in der Bundesrepublik. Opladen: Leske + Budrich.

Hoffmann-Nowotny, Hans-Joachim, 1973: Soziologie des Fremdarbeiterproblems. Eine theoretische und empirische Analyse am Beispiel der Schweiz. Stuttgart: Enke.

Hoffmeyer-Zlotnik, Jürgen, 2000: Wanderungen: Formen und Vorkommen. 916–957 in: *Ulrich Mueller, Bernhard Nauck und Andreas Diekmann* (Hg.): Handbuch der Demographie, Band 2. Berlin: Springer.

Höhn, Charlotte, Ulrich Mammey und Hartmut Wendt, 1990: Bericht 1990 zur demographischen Lage: Trends in beiden Teilen Deutschlands und Ausländer in der Bundesrepublik Deutschland, Zeitschrift für Bevölkerungswissenschaft 16: 135–205.

Höllinger, Franz, 1991: Frauenerwerbstätigkeit und Wandel der Geschlechtsrollen im internationalen Vergleich, Kölner Zeitschrift für Soziologie und Sozialpsychologie 43: 753–771.

Horiuchi, Shiro, 1983: The Long-Term Impact of War on Mortality: Old Age Mortality of the First World War Survivors in the Federal Republic of Germany, Population Bulletin of the United Nations 15: 80–92.

Hout, Michael, Adrian E. Raftery und Eleanor O. Bell, 1993: Making the Grade: Educational Stratification in the United States, 1925–1989. 25–50 in: *Yossi Shavit und Hans-Peter Blossfeld* (Hg.): Persistent Inequality: Changing Educational Attainment in Thirteen Countries. Boulder: Westview Press.

Hradil, Stefan, 2001: Soziale Ungleichheit in Deutschland. Opladen: Leske + Budrich.

Hradil, Stefan, 2004: Sozialstruktur Deutschlands im internationalen Vergleich. Wiesbaden: VS Verlag für Sozialwissenschaften.

Hu, Yuanreng, und Noreen Goldman, *1990:* Mortality Differentials by Marital Status: An International Comparison, Demography 27: 233–250.

Huinink, Johannes, *1987:* Soziale Herkunft, Bildung und das Alter bei der Geburt des ersten Kindes, Zeitschrift für Soziologie: 367–384.

Huinink, Johannes, *1989:* Das zweite Kind. Sind wir auf dem Weg zur Ein-Kind-Familie?, Zeitschrift für Soziologie 18: 192–207.

Huinink, Johannes, *1995:* Familienentwicklung und Haushaltsgründung in der DDR: Vom traditionellen Muster zur instrumentellen Lebensplanung? 39–55 in: *Bernhard Nauck, Norbert F. Schneider und Angelika Tölke* (Hg.): Familie und Lebensverlauf im gesellschaftlichen Umbruch. Stuttgart: Enke.

Huinink, Johannes, und Wolfgang Lauterbach, *1991:* Bedingungen des Erwerbsangebots verheirateter Frauen. 63–90 in: *Christof Helberger, Lutz Bellmann und Dieter Blaschke* (Hg.): Erwerbstätigkeit und Arbeitslosigkeit. Analysen auf der Grundlage des Sozio-ökonomischen Panels. Nürnberg: Institut für Arbeitsmarkt- und Berufsforschung der Bundesanstalt für Arbeit.

Huinink, Johannes, und Michael Wagner, *1998:* Individualisierung und die Pluralisierung von Lebensformen. 85–106 in: *Jürgen Friedrichs* (Hg.): Die Individualisierungs-These. Opladen: Leske + Budrich.

Hullen, Gert, und Reiner Schulz, *1993:* Bericht 1993 zur demographischen Lage in Deutschland, Zeitschrift für Bevölkerungswissenschaft 19: 3–70.

Huster, Ernst Ulrich, *1993:* Einkommensverteilung und hohe Einkommen in Deutschland. 22–53 in: *Ernst-Ulrich Huster* (Hg.): Reichtum in Deutschland. Der diskrete Charme der sozialen Distanz. Frankfurt am Main: Campus.

Institut für Sozialstudien, *1990:* Armut in Zahlen. Europa zu Beginn der achtziger Jahre. Luxemburg: Amt für Amtliche Veröffentlichungen der Europäischen Gemeinschaften.

Institut National de la Statistique et des Études Économiques, *2000:* Annuaire Statistique de la France. Paris: Institut Geographique National.

Jäckel, Ursula, *1980:* Partnerwahl und Eheerfolg. Eine Analyse der Bedingungen und Prozesse ehelicher Sozialisation in einem rollentheoretischen Ansatz. Stuttgart: Enke.

Jahoda, Marie, Paul Felix Lazarsfeld und Hans Zeisel, *1960:* Die Arbeitslosen von Marienthal. Ein soziographischer Versuch über die Wirkungen langandauernder Arbeitslosigkeit mit einem Anhang zur Geschichte der Soziographie. Frankfurt am Main: Suhrkamp.

Jankowitsch, Beate, Thomas Klein und Stefan Weick, *2000:* Die Rückkehr ausländischer Arbeitsmigranten seit Mitte der achtziger Jahre. 93–109 in:

Richard Alba, Peter Schmidt und Martina Wasmer (Hg.): Deutsche und Ausländer: Freunde, Fremde oder Feinde? Empirische Befunde und theoretische Erklärungen. Blickpunkt Gesellschaft 5. Wiesbaden: Westdeutscher Verlag.

Janowitz, Morris, *1958:* Soziale Schichtung und Mobilität in Westdeutschland, Kölner Zeitschrift für Soziologie und Sozialpsychologie 10: 1–38.

Jürgens, Hans W., und Katharina Pohl, *1985:* Sexualproportion und Heiratsmarkt, Zeitschrift für Bevölkerungswissenschaft 11: 165–178.

Kaelble, Hartmut, *1983:* Soziale Mobilität und Chancengleichheit im 19. und 20. Jahrhundert. Deutschland im internationalen Vergleich. Göttingen: Vandenhoeck & Ruprecht.

Kaiserliches Statistisches Amt, *1912:* Vierteljahreshefte zur Statistik des Deutschen Reichs, Heft 3. Berlin: Puttkammer & Mühlbrecht.

Kalmijn, Matthijs, *1991:* Status Homogamy in the United States, American Journal of Sociology 97: 496–523.

Kalmijn, Matthijs, und Wilfred Uunk, *2003:* Country differences in the effects of divorce on social contacts, Second Conference of the European Research Network on Divorce, Tilburg.

Kalter, Frank, *2000:* Theorien der Migration. 438–475 in: *Ulrich Mueller, Bernhard Nauck und Andreas Diekmann* (Hg.): Handbuch der Demographie, Band 1. Berlin: Springer.

Kane, Thomas T., und Elisabeth H. Stephen, *1988:* Patterns of Intermarriage of Guestworker Populations in the Federal Republic of Germany: 1960–1985, Zeitschrift für Bevölkerungswissenschaft 14: 187–204.

Kappelhoff, Peter, und Wolfgang Teckenberg, *1987:* Intergenerationen- und Karrieremobilität in der Bundesrepublik Deutschland und in den Vereinigten Staaten, Kölner Zeitschrift für Soziologie und Sozialpsychologie 39: 302–329.

Karoly, Lynn A., *1992:* Changes in the Distribution of Individual Earnings in the United States: 1967–1986, The Review of Economics and Statistics 74: 107–115.

Kastenbaum, Robert, und Sandra E. Candy, *1973:* The 4% Fallacy: A Methodological and Empirical Critique of Extended Care Facility Population Statistics, International Journal of Aging & Human Development 4: 15–21.

Keller, Berndt, *1997:* Einführung in die Arbeitspolitik. Arbeitsbeziehungen und Arbeitsmarkt in sozialwissenschaftlicher Perspektive. München: Oldenbourg.

Keller, Berndt, und Thomas Klein, *1994:* Berufseinstieg und Mobilität von Akademikern zwischen Öffentlichem Dienst und Privatwirtschaft. Evidenz aus der Konstanzer Absolventenbefragung bei Diplom-Verwaltungswissenschaftlern, Mitteilungen aus der Arbeitsmarkt- und Berufsforschung 27: 152–160.

Kern, Klaus D., und Werner Braun, *1985:* Einfluß wichtiger Todesursachen auf die Sterblichkeit und die Lebenserwartung, Wirtschaft und Statistik: 233–240.

Kern, Klaus D., und Werner Braun, *1987:* Sterblichkeit an ausgewählten Todesursachen im regionalen Vergleich, Wirtschaft und Statistik: 319–325.

Keyfitz, Nathan, *1983:* Age and Productivity, Journal of Policy Analysis and Management: 632–637.

Kirner, Ellen, Erika Schulz und Juliane Roloff, *1990:* Vereintes Deutschland – geteilte Frauengesellschaft? Erwerbsbeteiligung und Kinderzahl in beiden Teilen Deutschlands, DIW-Wochenbericht 57: 575–582.

Kitson, Gay C., und Leslie Ann Morgan, *1990:* The Multiple Consequences of Divorce: A Decade Review, Journal of Marriage and the Family 52: 913–924.

Klanberg, Frank, *1978:* Armut und ökonomische Ungleichheit in der Bundesrepublik Deutschland. Frankfurt am Main: Campus.

Klein, Thomas, *1987a:* Arbeitslosengeld, Arbeitslosenhilfe und Wohngeld im Kampf gegen Verarmung und Abstieg bei Arbeitslosigkeit. Ergebnisse einer mikroanalytischen Untersuchung zur Auffangwirkung einkommensabhängiger Sozialleistungen, Mitteilungen aus der Arbeitsmarkt- und Berufsforschung 20: 351–367.

Klein, Thomas, *1987b:* Determinanten der sozialen Lage: Arbeitsmarkt versus Familie, Zeitschrift für Soziologie 16: 254–271.

Klein, Thomas, *1987c:* Ein Index zur Trennung von individuellem und strukturellem Wandel zwischen zwei Meßzeitpunkten einer Panelbefragung, Zeitschrift für Soziologie 16: 145–154.

Klein, Thomas, *1987d:* Familiale Verarmung durch Arbeitslosigkeit. Zum Einfluß des Familienzusammenhangs auf die soziale Stellung bei Arbeitslosigkeit, Kölner Zeitschrift für Soziologie und Sozialpsychologie 39: 534–549.

Klein, Thomas, *1987e:* Sozialer Abstieg und Verarmung von Familien durch Arbeitslosigkeit. Eine mikroanalytische Untersuchung für die Bundesrepublik Deutschland. Frankfurt am Main: Campus.

Klein, Thomas, *1988a:* Sozialstrukturveränderungen und Kohortenschicksal. Mikrozensusergebnisse zu den Einflüssen von Bildungs- und Altersstrukturverschiebungen auf kohortenspezifische Einkommenskarrieren, Mitteilungen aus der Arbeitsmarkt- und Berufsforschung 21: 512–529.

Klein, Thomas, *1988b:* A Specification Separating Family Size and Individual Age Effects on Subjective Equivalence Scales, The Review of Income and Wealth: 209–219.

Klein, Thomas, *1989a:* Bildungsexpansion und Geburtenrückgang. Eine kohortenbezogene Analyse zum Einfluß veränderter Bildungsbeteiligung auf die Geburt von Kindern im Lebensverlauf, Kölner Zeitschrift für Soziologie und Sozialpsychologie 41: 483–503.

Klein, Thomas, *1989b:* Divergierende Familiengrößen und «Neue Kinderlosigkeit», Zeitschrift für Familienforschung 1: 5–29.

Klein, Thomas, *1989c:* Sozialhilfeniveau und untere Lohneinkommen – Lebensstandards im Vergleich, Ifo-Studien 35: 53–76.

Klein, Thomas, *1990a:* Arbeitslosigkeit und Wiederbeschäftigung im Erwerbsverlauf. Theorieansätze und empirische Befunde, Kölner Zeitschrift für Soziologie und Sozialpsychologie 42: 688–705.

Klein, Thomas, *1990b:* Zur wohlfahrtsgerechten Bemessung von Sozialeinkommen, Hauswirtschaft und Wissenschaft: 221–233.

Klein, Thomas, *1991a:* Schulische Sozialisation und politische Werte. Eine empirische Analyse zum Generationenmodell des Wertewandels, Zeitschrift für Sozialisationsforschung und Erziehungssoziologie 11: 18–29.

Klein, Thomas, *1991b:* Zur Bedeutung von Alters-, Perioden- und Kohorteneinflüssen auf den Wandel politischer Werte in der Bundesrepublik, Zeitschrift für Soziologie 20: 138–146.

Klein, Thomas, *1991c:* Zur ökonomischen Situation von Familien in Abhängigkeit von der Ehedauer, Zeitschrift für Familienforschung 3: 5–20.

Klein, Thomas, *1992:* Die Stabilität der zweiten Ehe – besondere Risikopotentiale, Selektionseffekte und systematische Unterschiede, Zeitschrift für Familienforschung 4: 221–237.

Klein, Thomas, *1993a:* Familienstand und Lebenserwartung, Zeitschrift für Familienforschung 5: 99–114.

Klein, Thomas, *1993b:* Marriage Squeeze und Heiratsverhalten. Eine empirische Untersuchung zum Einfluß struktureller Faktoren auf den individuellen Lebensverlauf. 234–258 in: *Andreas Diekmann und Stefan Weick* (Hg.): Der Familienzyklus als sozialer Prozeß. Bevölkerungssoziologische Untersuchungen mit den Methoden der Ereignisanalyse. Berlin: Duncker & Humblot.

Klein, Thomas, *1993c:* Soziale Determinanten der Lebenserwartung, Kölner Zeitschrift für Soziologie und Sozialpsychologie 45: 712–730.

Klein, Thomas, *1994a:* Der Heimeintritt im Alter. Neue Befunde für die Bundesrepublik Deutschland, Sozialer Fortschritt 43: 44–50.

Klein, Thomas, *1994b:* Marriage Squeeze und Ehestabilität. Eine empirische Untersuchung mit den Daten des sozioökonomischen Panels, Zeitschrift für Familienforschung 6: 177–196.

Klein, Thomas, *1995a:* Die geschwisterlose Generation: Mythos oder Realität?, Zeitschrift für Pädagogik 41: 285–299.

Klein, Thomas, *1995b:* Heiratsmarkt und ‹Marriage Squeeze›. Analysen zur Veränderung von Heiratsgelegenheiten in der Bundesrepublik. 357–367 in: *Bernhard Nauck und Corinna Onnen-Isemann* (Hg.): Familie im Brennpunkt von Wissenschaft und Forschung. Rosemarie Nave-Herz zum 60. Geburtstag gewidmet. Neuwied: Luchterhand.

Klein, Thomas, *1996a:* Determinants of Institutionalization in Old Age. 103–113 in: *Roland Eisen und Frank A. Sloan* (Hg.): Long-Term Care: Economic Issues and Policy Solutions. Boston: Kluwer.

Klein, Thomas, *1996b:* Der Altersunterschied zwischen Ehepartnern. Ein neues Analysemodell, Zeitschrift für Soziologie 25: 346–370.

Klein, Thomas, *1997:* Intergenerationale und intragenerationale Heiratsmobilität von Frauen. 41–64 in: *Rolf Becker* (Hg.): Generationen und sozialer Wandel. Generationsdynamik, Generationenbeziehungen und Differenzierung von Generationen. Opladen: Leske + Budrich.

Klein, Thomas, *1998:* Der Heimeintritt alter Menschen und Chancen seiner Vermeidung. Ergebnisse einer Repräsentativerhebung in den Einrichtungen der stationären Altenhilfe, Zeitschrift für Gerontologie und Geriatrie 31: 407–416.

Klein, Thomas, *1999a:* Verbreitung und Entwicklung Nichtehelicher Lebensgemeinschaften im Kontext des Wandels partnerschaftlicher Lebensformen. 63–94 in: *Thomas Klein und Wolfgang Lauterbach* (Hg.): Nichteheliche Lebensgemeinschaften. Analysen zum Wandel partnerschaftlicher Lebensformen. Opladen: Leske + Budrich.

Klein, Thomas, *1999b:* Der Einfluß vorehelichen Zusammenlebens auf die spätere Ehestabilität. 309–324 in: *Thomas Klein und Wolfgang Lauterbach* (Hg.): Nichteheliche Lebensgemeinschaften. Analysen zum Wandel partnerschaftlicher Lebensformen. Opladen: Leske + Budrich.

Klein, Thomas, *1999c:* Partnerwahl in Ehen und Nichtehelichen Lebensgemeinschaften. 207–234 in: *Thomas Klein und Wolfgang Lauterbach* (Hg.): Nichteheliche Lebensgemeinschaften. Analysen zum Wandel partnerschaftlicher Lebensformen. Opladen: Leske + Budrich.

Klein, Thomas, *1999d:* Pluralisierung versus Umstrukturierung am Beispiel partnerschaftlicher Lebensformen, Kölner Zeitschrift für Soziologie und Sozialpsychologie 51: 469–490.

Klein, Thomas, *1999e:* Soziale Determinanten der aktiven Lebenserwartung, Zeitschrift für Soziologie 28: 448–464.

Klein, Thomas, 2000a: Binationale Partnerwahl – Theoretische und empirische Analysen zur familialen Integration von Ausländern in die Bundesrepublik. 303–346 in: *Sachverständigenkommission 6. Familienbericht* (Hg.): Familien ausländischer Herkunft in Deutschland: Empirische Beiträge zur Familienentwicklung und Akkulturation. Materialien zum 6. Familienbericht. Band I. Opladen: Leske + Budrich.

Klein, Thomas, 2000b: Partnerwahl zwischen sozialstrukturellen Vorgaben und individueller Entscheidungsautonomie, Zeitschrift für Soziologie der Erziehung und Sozialisation 3: 229–243.

Klein, Thomas, 2001a: Der Einfluss differentieller Mortalität auf den ökonomischen Status im Alter. 486–502 in: *Irene Becker, Notburga Ott und Gabriele Rolf* (Hg.): Soziale Sicherung in einer dynamischen Gesellschaft. Festschrift für Richard Hauser zum 65. Geburtstag. Frankfurt am Main: Campus.

Klein, Thomas, 2001b: Intermarriage Between Germans and Foreigners in Germany, Journal of Comparative Family Studies 32: 325–346.

Klein, Thomas, 2003: Die Geburt von Kindern in paarbezogener Perspektive, Zeitschrift für Soziologie 32: 506–527.

Klein, Thomas, und Uwe Braun, 1995: Der berufliche Wiedereinstieg von Müttern zwischen abnehmendem Betreuungsaufwand und zunehmender Dequalifizierung, Zeitschrift für Soziologie 24: 58–68.

Klein, Thomas, und Jan Eckhard, 2004: Fertilität in Stieffamilien, Kölner Zeitschrift für Soziologie und Sozialpsychologie 56: 71–94.

Klein, Thomas, und Jan Eckhard, 2005: Bildungsbezogene Unterschiede des Kinderwunschs und des generativen Verhaltens. Eine kritische Analyse der Opportunitätskostenhypothese. 135–176 in: *Anja Steinbach* (Hg.): Generatives Verhalten und Generationenbeziehungen. Wiesbaden: VS Verlag für Sozialwissenschaften.

Klein, Thomas, und David Fischer-Kerli, 2000: Die Zuverlässigkeit retrospektiv erhobener Lebensverlaufsdaten. Analysen zur Partnerschaftsbiographie des Familiensurvey, Zeitschrift für Soziologie 29: 294–312.

Klein, Thomas, und Rainer Hocke, 1991: Zum Einfluß von Arbeitslosigkeit auf das weitere Arbeitseinkommen. 328–353 in: *Ulrich Rendtel und Gert Wagner* (Hg.): Lebenslagen im Wandel: Zur Einkommensdynamik in Deutschland seit 1984. Frankfurt am Main: Campus.

Klein, Thomas, und Johannes Kopp, 1999a: Die Mannheimer Scheidungsstudie. 11–22 in: *Thomas Klein und Johannes Kopp* (Hg.): Scheidungsursachen aus soziologischer Sicht. Würzburg: Ergon.

Klein, Thomas, und Johannes Kopp (Hg.), 1999b: Scheidungsursachen aus soziologischer Sicht. Würzburg: Ergon.

Klein, Thomas, und Johannes Kopp, *2002:* Divorce in Europe – a Cohort Perspective. in: *Franz-Xaver Kaufmann, Anton Kuijsten, Hans-Joachim Schulze und Klaus Peter Strohmeier* (Hg.): Family Life and Family Policies in Europe. Volume II: Problems and Issues in Comparative Perspective. Oxford: Clarendon Press.

Klein, Thomas, Andrea Lengerer und Michaela Uzelac, *2002:* Partnerschaftliche Lebensformen im internationalen Vergleich, Zeitschrift für Bevölkerungswissenschaft 27: 359–379.

Klein, Thomas, und Wolfgang Lengsfeld, *1985:* Sozialstrukturelle Ursachen des Geburtenrückgangs, Zeitschrift für Bevölkerungswissenschaft 11: 57–74.

Klein, Thomas, Yasemin Niephaus, Heike Diefenbach und Johannes Kopp, *1996:* Entwicklungsperspektiven von Elternschaft und ehelicher Stabilität in den fünf Neuen Bundesländern seit 1989. 60–81 in: *Walter Bien* (Hg.): Familie an der Schwelle zum neuen Jahrtausend. Wandel und Entwicklung familialer Lebensformen. Opladen: Leske + Budrich.

Klein, Thomas, und Wolfgang Rüffer, *2001:* Partnerwahl und Rauchgewohnheiten – Analysen zum Einfluss sozialstrukturunabhängiger Mechanismen der Partnerwahl. 163–181 in: *Thomas Klein* (Hg.): Partnerwahl und Heiratsmuster. Sozialstrukturelle Voraussetzungen der Liebe. Opladen: Leske + Budrich.

Klein, Thomas, und Ingeborg Salaske, *1994:* Determinanten des Heimeintritts im Alter und Chancen seiner Vermeidung. Eine Längsschnittuntersuchung für die Bundesrepublik Deutschland, Zeitschrift für Gerontologie 27: 442–455.

Klein, Thomas, und Johannes-Georg Schilling, *1994:* Die Akzeptanz des Wohlfahrtstaates, Politische Vierteljahresschrift 35: 607–630.

Klein, Thomas, Sven Schneider und Hannelore Löwel, *2001:* Bildung und Mortalität: Die Bedeutung gesundheitsrelevanter Aspekte des Lebensstils, Zeitschrift für Soziologie 30: 384–400.

Klein, Thomas, und Rainer Unger, *2001:* Einkommen, Gesundheit und Mortalität in Deutschland, Grossbritannien und den USA, Kölner Zeitschrift für Soziologie und Sozialpsychologie 53: 96–110.

Klein, Thomas, und Rainer Unger, *2002:* Aktive Lebenserwartung in Deutschland und in den USA. Kohortenbezogene Analysen auf Basis des Sozio-ökonomischen Panel und der Panel Study of Income Dynamics, Zeitschrift für Gerontologie und Geriatrie: 528–539.

Klein, Thomas, und Edgar Wunder, *1996:* Regionale Disparitäten und Konfessionswechsel als Ursache konfessioneller Homogamie, Kölner Zeitschrift für Soziologie und Sozialpsychologie 48: 96–125.

Klein, Thomas, und Gunter E. Zimmermann, *1991:* Zur ökonomischen Mobilität von Individuen und Familien: Determinanten und Armutsrisiken. 437–456 in: *Ulrich Rendtel und Gert Wagner* (Hg.): Lebenslagen im Wandel: Zur Einkommensdynamik in Deutschland seit 1984. Frankfurt am Main: Campus.

Klemm, Klaus, *1987:* Bildungsexpansion und ökonomische Krise, Zeitschrift für Pädagogik 33: 828–839.

Klemm, Klaus, und Michael Weegen, *2000:* Wie gewonnen, so zerronnen. Einige Anmerkungen zum Zusammenhang von Bildungsexpansion und Akademikerangebot. 129–150 in: *Hans-Günter Rolff, Karl-Oswald Bauer, Klaus Klemm und Hermann Pfeiffer* (Hg.): Jahrbuch der Schulentwicklung, Band 11. Weinheim und München: Juventa.

Kocka, Jürgen, *1981:* Die Angestellten in der deutschen Geschichte 1850–1980. Vom Privatbeamten zum angestellten Arbeitnehmer. Göttingen: Vandenhoeck & Ruprecht.

Kocka, Jürgen, *1989:* Bildungsbürgertum – Gesellschaftliche Formation oder Historikerkonstrukt? 9–20 in: *Jürgen Kocka* (Hg.): Bildungsbürgertum im 19. Jahrhundert. Teil IV: Politischer Einfluß und gesellschaftliche Formation. Stuttgart: Klett-Cotta.

Kocka, Jürgen, *1990:* Arbeitsverhältnisse und Arbeiterexistenzen. Grundlagen der Klassenbildung im 19. Jahrhundert. Bonn: Dietz.

Kohl, Jürgen, *1996:* The European Community: Diverse Images of Poverty. in: *Else Oyen, Seymour Michael Miller und Syed Abdus Samad* (Hg.): Poverty: A Global Review. Oslo: Scandinavian University Press.

Köhler, Helmut, *1992:* Bildungsbeteiligung und Sozialstruktur in der Bundesrepublik. Zu Stabilität und Wandel der Ungleichheit von Bildungschancen. Berlin: Sigma.

Kohli, Martin, *1990:* Das Alter als Herausforderung für die Theorie sozialer Ungleichheit. 387–406 in: *Peter A. Berger und Stefan Hradil* (Hg.): Lebenslagen, Lebensläufe, Lebensstile. Soziale Welt, Sonderband 7. Göttingen: Schwartz.

Kohlmann, Annette, und Johannes Kopp, *1997:* Verhandlungstheoretische Modellierung des Übergangs zu verschiedenen Kinderzahlen, Zeitschrift für Soziologie 26: 258–274.

Kommission zur Verbesserung der informationellen Infrastruktur zwischen Wissenschaft und Statistik (Hg.), *2001:* Wege zu einer besseren informationellen Infrastruktur. Baden-Baden: Nomos.

Konietzka, Dirk, *1999:* Ausbildung und Beruf. Die Geburtsjahrgänge 1919–1961 auf dem Weg von der Schule in das Erwerbsleben. Opladen: Westdeutscher Verlag.

Kopp, Johannes, 2002: Geburtenentwicklung und Fertilitätsverhalten. Theoretische Modellierungen und empirische Erklärungsansätze. Konstanz: UVK Verlagsgesellschaft.

Krais, Beate, 1996: Bildungsexpansion und soziale Ungleichheit in der Bundesrepublik Deutschland. 170–187 in: *Axel Bolder, Helmut Weid, Walter R. Heinz, Günter Kutscha, Helga Krüger, Artur Meier und Klaus Rodax* (Hg.): Jahrbuch Bildung und Arbeit 1996. Die Wiederentdeckung von Ungleichheit. Aktuelle Tendenzen in Bildung und Arbeit. Opladen: Leske + Budrich.

Krämer, Walter, 1997: Statistische Probleme bei der Armutsmessung. Gutachten im Auftrag des Bundesministeriums für Gesundheit. Baden-Baden: Nomos.

Kraus, Franz, 1995: The Historical Development of Income Inequality in Western Europe and the USA. 187–236 in: *Peter Flora und Arnold J. Heidenheimer* (Hg.): The Development of Welfare States in Europe and America. New Brunswick: Transaction.

Krause, Peter, 1992: Einkommensarmut in der Bundesrepublik Deutschland, Aus Politik und Zeitgeschichte, Beilage 49/1992: 3–11.

Krause, Peter, 1994: Zur zeitlichen Dimension von Einkommensarmut. 189–206 in: *Walter Hanesch, Wilhelm Adamy, Rudolf Martens, Doris Rentzsch, Ulrich Schneider, Ursula Schubert und Martin Wißkirchen* (Hg.): Armut in Deutschland. Der Armutsbericht des DGB und des Paritätischen Wohlfahrtsverbands. Reinbek: Rowohlt.

Kreckel, Reinhard, 1989: Klasse und Geschlecht. Die Geschlechtsindifferenz der soziologischen Ungleichheitsforschung und ihre theoretischen Implikationen, Leviathan 17: 305–321.

Kreckel, Reinhard, 1992: Politische Soziologie der Sozialen Ungleichheit. Frankfurt am Main: Campus.

Künzler, Jan, Hans-Joachim Schulze und Suus van Hekken, 1999: Welfare states and normative orientations toward women's employment, Comparative Social Research 18: 197–225.

Kuznets, Simon, 1955: Economic Growth and Income Inequality, American Economic Review 45: 1–28.

Landua, Detlef, und Roland Habich, 1994: Problemgruppen der Sozialpolitik im vereinten Deutschland, Aus Politik und Zeitgeschichte, Beilage 3/1994: 3–14.

Laumann, Edward O., und Franz Urban Pappi, 1973: New Directions in the Study of Community Elites, American Sociological Review 38: 212–230.

Lauterbach, Wolfgang, 1994: Berufsverläufe von Frauen. Erwerbstätigkeit, Unterbrechung und Wiedereintritt. Frankfurt am Main: Campus.

Lauterbach, Wolfgang, 1995: Die gemeinsame Lebenszeit von Familiengenerationen, Zeitschrift für Soziologie 24: 22–41.

Lauterbach, Wolfgang, und Thomas Klein, 1995: Erwerbsunterbrechung von Müttern. 207–229 in: *Bernhard Nauck und Hans Bertram* (Hg.): Kinder in Deutschland. Lebensverhältnisse von Kindern im Regionalvergleich. Opladen: Leske + Budrich.

Lauterbach, Wolfgang, und Kurt Lüscher, 1999: Wer sind die Spätauszieher? Oder: Herkunftsfamilie, Wohnumfeld und Gründung eines eigenen Haushalts. Eine empirische Untersuchung über das Alter bei Haushaltsgründung, Zeitschrift für Bevölkerungswissenschaft 24: 425–448.

Lautmann, Françoise, 1973: Soziologische Analyse der Mischehen. Ablehnung von Gruppen oder wechselseitiger kompensatorischer Austausch?, Ehe: Zentralblatt für Ehe- und Familienkunde: 106–114.

Lederer, Emil, 1912: Die Privatangestellten in der modernen Wirtschaftsentwicklung. Tübingen: Mohr Siebeck.

Lee, Gary R., 1977: Age at Marriage and Marital Satisfaction: A Multivariate Analysis with Implications for Marital Stability, Journal of Marriage and the Family 39: 493–504.

Lee, Sharon M., 1988: Intermarriage and Ethnic Relations in Singapore, Journal of Marriage and the Family 50: 255–265.

Lehmann, Rainer H., Rainer Peek und Rüdiger Gänsfuß, 1997: Aspekte der Lernausgangslage von Schülerinnen und Schülern der fünften Klassen an Hamburger Schulen. Bericht über die Untersuchung im September 1996. Hamburg: Behörde für Schule, Jugend und Berufsbildung.

Leibenstein, Harvey, 1957: Economic Backwardness and Economic Growth. Studies in the Theory of Economic Development. New York: Wiley.

Leibenstein, Harvey, 1974: An Interpretation of The Economic Theory of Fertility: Promising Path or Blind Alley?, Journal of Economic Literature 12: 457–479.

Leibfried, Stephan, Eckhard Hansen und Michael Heisig, 1985: Vom Ende einer bedarfsfundierten Armenpolitik. Anmerkungen zu einem Regime sozialer Grundsicherung und seinen Gefährdungen. 125–152 in: *Stephan Leibfried und Florian Tennstedt* (Hg.): Politik der Armut und die Spaltung des Sozialstaats. Frankfurt am Main: Suhrkamp.

Lengerer, Andrea, 2001: Wo die Liebe hinfällt – ein Beitrag zur ‹Geographie› der Partnerwahl. 133–162 in: *Thomas Klein* (Hg.): Partnerwahl und Heiratsmuster. Sozialstrukturelle Voraussetzungen der Liebe. Opladen: Leske + Budrich.

Lengerer, Andrea, 2004: Familienpolitische Regimetypen in Europa und ihre Bedeutung für den Wandel der Familie. Ein Überblick über den Stand der Forschung, Zeitschrift für Bevölkerungswissenschaft 29: 98–121.

Lepsius, M. Rainer, *1979:* Soziale Ungleichheit und Klassenstrukturen in der Bundesrepublik Deutschland. Lebenslagen, Interessenvermittlung und Wertorientierungen. 166–209 in: *Hans-Ulrich Wehler* (Hg.): Klassen in der europäischen Sozialgeschichte. Göttingen: Vandenhoeck & Ruprecht.

Lesthaeghe, Ron, *1992:* Der zweite demographische Übergang in den westlichen Ländern: Eine Deutung, Zeitschrift für Bevölkerungswissenschaft 18: 313–354.

Levy, Frank, und Richard J. Murnane, *1992:* U. S. Earnings Levels and Earnings Inequality: A Review of Resent Trends and Proposed Explanations, Journal of Economic Literature 30: 1333–1381.

Lewis, Oskar, *1969:* The Culture of Poverty. 187–200 in: *Daniel P. Moynihan* (Hg.): On Understanding Poverty: Perspectives from the Social Sciences. New York: Basic Books.

Lidy, Klaus, *1974:* Definition und Messung der Armut. Heidelberg: Dissertation.

Lienert, Gustav A., *1978:* Verteilungsfreie Methoden in der Biostatistik. Meisenheim am Glan: Hain.

Lillard, Lee A., und Constantijn W. A. Panis, *1996:* Marital Status and Mortality: The Role of Health, Demography 33: 313–327.

Lillard, Lee A., und Linda J. Waite, *1995:* ‹Til Death Do Us Part›: Marital Disruption and Mortality, American Journal of Sociology 100: 1131–1156.

Lindbeck, Assar, und Dennis J. Snower, *1988:* The Insider-Outsider Theory of Employment and Unemployment. Cambridge: MIT Press.

Lindenberg, Siegwart, und Reinhard Wippler, *1978:* Theorienvergleich: Elemente der Rekonstruktion. 219–231 in: *Karl Otto Hondrich und Joachim Matthes* (Hg.): Theorienvergleich in den Sozialwissenschaften. Darmstadt: Luchterhand.

Lipset, Seymour M., und Stein Rokkan (Hg.), *1967:* Party Systems and Voter Alignments: Cross-National Perspectives. New York: Free Press.

Lorenz, Wilhelm, und Joachim Wagner, *1993:* A Note on Returns to Human Capital in the Eighties. Evidence from Twelve Countries, Jahrbücher für Nationalökonomie und Statistik 211: 60–72.

Lucke, Doris, *1995:* Familie der Zukunft. Eine Einleitung. 11–19 in: *Uta Gerhardt, Stefan Hradil, Doris Lucke und Bernhard Nauck* (Hg.): Familie der Zukunft. Lebensbedingungen und Lebensformen. Opladen: Leske + Budrich.

Ludwig, Monika, Lutz Leisering und Petra Buhr, *1995:* Armut verstehen. Betrachtungen vor dem Hintergrund der Bremer Langzeitstudie, Aus Politik und Zeitgeschichte, Beilage 31/32 – 1995: 24–34.

Ludwig-Mayerhofer, Wolfgang, *1995:* Familiale Vermittlung sozialer Ungleichheit. Vernachlässigte Probleme in alter und neuer Ungleichheitsforschung. 155–177 in: *Peter A. Berger und Peter Sopp* (Hg.): Sozialstruktur und Lebenslauf. Opladen: Leske + Budrich.

Ludwig-Mayerhofer, Wolfgang, *1996:* Was heißt, und gibt es kumulative Arbeitslosigkeit? Untersuchungen zu Arbeitslosigkeitsverläufen über 10 Jahre. 210–239 in: *Wolfgang Zapf, Jürgen Schupp und Roland Habich* (Hg.): Lebenslagen im Wandel. Sozialberichterstattung im Längsschnitt. Frankfurt am Main: Campus.

Ludwig-Mayerhofer, Wolfgang, und Jutta Allmendinger, *2004:* Zweiverdienerpaare und ihre Geldarrangements – Überlegungen für einen internationalen Vergleich. 85–104 in: *Sigrid Leitner, Ilona Ostner und Margit Schratzenstaller* (Hg.): Wohlfahrtsstaat und Geschlechterverhältnis im Umbruch. Was kommt nach dem Ernährermodell? Wiesbaden: VS Verlag für Sozialwissenschaften.

Lüttinger, Paul, *1986:* Der Mythos der schnellen Integration. Eine empirische Untersuchung zur Integration der Vertriebenen und Flüchtlinge in der Bundesrepublik Deutschland bis 1971, Zeitschrift für Soziologie 15: 20–36.

Lutz, Burkhart, *1983:* Bildungsexpansion und soziale Ungleichheit. Eine historisch-soziologische Skizze. 221–245 in: *Reinhard Kreckel* (Hg.): Soziale Ungleichheiten. Soziale Welt, Sonderband 2. Göttingen: Schwartz.

Luxembourg Income Study Staff, *1998:* LIS Information Guide – revised February 1998, LIS/LES Working Paper Series No. 7.

Luy, Marc, *2002:* Warum Frauen länger leben. Erkenntnisse aus einem Vergleich von Kloster- und Allgemeinbevölkerung. Wiesbaden: Bundesinstitut für Bevölkerungsforschung.

Maas, Ineke, Matthias Grundmann und Wolfgang Edelstein, *1997:* Bildungsvererbung und Gesundheit in einer sich modernisierenden Gesellschaft. 91–109 in: *Rolf Becker* (Hg.): Generationen und sozialer Wandel. Generationsdynamik, Generationenbeziehungen und Differenzierung von Generationen. Opladen: Leske + Budrich.

Machatzke, Jörg, *1995:* Nationale Führungspositionen in der Bundesrepublik Deutschland. Beschreibung der Positionsauswahl für die Studie «Erste Gesamtdeutsche Elitestudie 1995», Universität Potsdam, unveröffentlichtes Manuskript.

Machatzke, Jörg, *1997:* Die Potsdamer Elitestudie – Positionsauswahl und Ausschöpfung. 35–68 in: *Wilhelm Bürklin, Hilke Rebenstorf, Viktoria Kaina, Jörg Machatzke, Kai-Uwe Schnapp, Christian Welzel und Martina Sauer* (Hg.): Eliten in Deutschland. Rekrutierung und Integration. Opladen: Leske + Budrich.

Mann, Michael, *1986:* A Crisis in Stratificational Theory? Persons, Households/Families/Lineages, Genders, Classes and Nations. 40–56 in: *Rosemary Crompton und Michael Mann* (Hg.): Gender and Stratification. Cambridge: Polity Press.

Mansel, Jürgen, *1993:* Zur Reproduktion sozialer Ungleichheit. Soziale Lage, Arbeitsbedingungen und Erziehungsverhalten der Eltern im Zusammenhang mit dem Schulerfolg des Kindes, Zeitschrift für Sozialisationsforschung und Erziehungssoziologie 13: 36–60.

Mare, Robert D., *1980:* Social Background and School Continuation Decisions, Journal of the American Statistical Association 75: 295–305.

Mare, Robert D., *1981:* Change and Stability in Educational Stratification, American Sociological Review 46: 72–87.

Marmot, Michael G., und Michael E. McDowall, *1986:* Mortality Decline and Widening Social Inequalities, Lancet: 274–276.

Marsden, Peter V., und Karen E. Campbell, *1990:* Recruitment and selection processes: the organizational side of job searches. 59–79 in: *Ronald L. Breiger* (Hg.): Social mobility and social structure. Cambridge: Cambridge University Press.

Marshall, Gordon, *1996:* Was communism good for social justice?: a comparative analysis of the two Germanies, British Journal of Sociology 47: 397.

Mau, Steffen, *2004:* Soziale Ungleichheit in der Europäischen Union, Aus Politik und Zeitgeschichte, Beilage 38/2004: 38–46.

Mau, Steffen, und Wolfgang Zapf, *1998:* Zwischen Schock und Anpassung. Ostdeutsche Familienbildung im Übergang, Informationsdienst Soziale Indikatoren, Heft 20: 1–4.

Mayer, Karl Ulrich, *1991:* Berufliche Mobilität von Frauen in der Bundesrepublik Deutschland. 57–90 in: *Jutta Allmendinger, Johannes Huinink und Karl Ulrich Mayer* (Hg.): Vom Regen in die Traufe. Frauen zwischen Beruf und Familie. Frankfurt am Main: Campus.

Mayer, Karl Ulrich, *1995:* Gesellschaftlicher Wandel, Kohortenungleichheit und Lebensverläufe. 27–47 in: *Peter A. Berger und Peter Sopp* (Hg.): Sozialstruktur und Lebenslauf. Opladen: Leske + Budrich.

Mayer, Karl Ulrich, und Glenn R. Carroll, *1987:* Jobs and classes: structural constraints on career mobility, European Sociological Review 3: 14–38.

Mayer, Karl Ulrich, und Johannes Huinink, *1990:* Alters-, Perioden- und

Kohorteneffekte in der Analyse von Lebensverläufen oder: Lexis ade? 442–459 in: *Karl Ulrich Mayer* (Hg.): Lebensverläufe und sozialer Wandel. Sonderheft 31 der Kölner Zeitschrift für Soziologie und Sozialpsychologie. Opladen: Westdeutscher Verlag.

Mayer, Karl Ulrich, und Michael Wagner, *1986:* Der Auszug von Kindern aus dem elterlichen Haushalt. Ein Erklärungsmodell für die Geburtsjahrgänge 1929–1931, 1939–41 und 1949–51 in: *Klaus F. Zimmermann* (Hg.): Demographische Probleme der Haushaltsökonomie. Beiträge zur qualitativen Ökonomie, Band IX. Bochum: Brockmeyer.

Mayer, Karl Ulrich, und Michael Wagner, *1989:* Wann verlassen Kinder das Elternhaus? Hypothesen zu den Geburtsjahrgängen 1929–31, 1939–41, 1949–51. 17–37 in: *Alois Herlth und Klaus Peter Strohmeier* (Hg.): Lebenslauf und Familienentwicklung. Mikroanalysen des Wandels familialer Lebensformen. Opladen: Leske + Budrich.

Mayer, Karl-Ulrich, Ursula Henz und Ineke Maas, *1991:* Social Mobility between Generations and across the Working Life: Biographical Contingency, Time Dependency and Cohort Differentiation – Results from the German Life History Study. Berlin: Max-Planck-Institut für Bildungsforschung.

Mayntz, Renate, *1966:* «Sozialstruktur» in: Evangelisches Staatslexikon. Stuttgart: Kreuz.

McClelland, David C., *1976:* The Achieving Society. New York: Irvington.

McDermed, Ann A., Robert L. Clark und Steven G. Allen, *1989:* Pension Wealth, Age-Wealth Profiles, and the Distribution of Net Worth. 689–736 in: *Robert E. Lipsey und Helen Stone Tice* (Hg.): The Measurement of Saving, Investment, and Wealth. Chicago: University of Chicago Press.

Menchik, Paul L., *1993:* Economic Status as a Determinant of Mortality among Black and White Older Men: Does Poverty Kill?, Population Studies 47: 427–436.

Merton, Robert K., *1941:* Intermarriage and the Social Structure: Fact and Theory, Psychiatry 4: 361–374.

Meulemann, Heiner, *1990:* Studium, Beruf und der Lohn von Ausbildungszeiten. Der Einfluß von Bildungsinvestitionen und privaten Bindungen auf den Berufseintritt und den Berufserfolg in einer Kohorte ehemaliger Gymnasiasten zwischen 1970 und 1985, Zeitschrift für Soziologie 19: 248–264.

Meulemann, Heiner, *1992:* Expansion ohne Folgen? Bildungschancen und sozialer Wandel in der Bundesrepublik. 123–156 in: *Wolfgang Glatzer* (Hg.): Entwicklungstendenzen der Sozialstruktur. Frankfurt am Main: Campus.

Meulemann, Heiner, 2004: Sozialstruktur, soziale Ungleichheit und die Bewertung der ungleichen Verteilung von Ressourcen. 115–136 in: *Peter A. Berger und Volker H. Schmidt* (Hg.): Welche Gleichheit, welche Ungleichheit? Grundlagen der Ungleichheitsforschung. Wiesbaden: VS Verlag für Sozialwissenschaften.

Meulemann, Heiner, und Wilhelm Wiese, *1984:* Bildungsexpansion und Bildungschancen. Soziale Selektion nach dem 10. Gymnasialschuljahr zwischen 1964 und 1973, Zeitschrift für Sozialisationsforschung und Erziehungssoziologie 4: 287–306.

Meyer, Thomas, 1992a: Modernisierung der Privatheit. Differenzierungs- und Individualisierungsprozesse des familialen Zusammenlebens. Opladen: Westdeutscher Verlag.

Meyer, Thomas, 1992b: Struktur und Wandel der Familie. 264–283 in: *Rainer Geißler* (Hg.): Die Sozialstruktur Deutschlands. Opladen: Westdeutscher Verlag.

Meyer, Thomas, 2002: Private Lebensformen im Wandel. 401–433 in: *Rainer Geißler* (Hg.): Die Sozialstruktur Deutschlands. Die gesellschaftliche Entwicklung vor und nach der Vereinigung. Wiesbaden: Westdeutscher Verlag.

Mincer, Jakob, 1963: Market Prices, Opportunity Costs, and Income Effects. 62–82 in: *Carl Christ* (Hg.): Measurement in Economics. Studies in Mathematical Economics in Memory of Yehuda Grunfeld. Stanford: Stanford University Press.

Mirer, Thad W., 1979: The Wealth-Age Relation among the Aged, American Economic Review 69: 435–443.

Mitterauer, Michael, 1976: Auswirkungen von Urbanisierung und Frühindustrialisierung auf die Familienverfassung an Beispielen des österreichischen Raums. 53–146 in: *Werner Conze* (Hg.): Sozialgeschichte der Familie in der Neuzeit Europas. Stuttgart: Klett-Cotta.

Mitterauer, Michael, 1977: Der Mythos von der vorindustriellen Großfamilie. 38–63 in: *Michael Mitterauer und Reinhard Sieder* (Hg.): Vom Patriarchat zur Partnerschaft. Zum Strukturwandel der Familie. München: Beck.

Mitterauer, Michael, 1989: Entwicklungstrends der Familie in der europäischen Neuzeit. 179–194 in: *Rosemarie Nave-Herz und Manfred Markefka* (Hg.): Handbuch der Familien- und Jugendforschung. Band 1: Familienforschung. Neuwied: Luchterhand.

Mitterauer, Michael, und Reinhard Sieder, *1991:* Vom Patriarchat zur Partnerschaft. Zum Strukturwandel der Familie. München: Beck.

Möhle, Sylvia, 1999: Nichteheliche Lebensgemeinschaften in historischer

Perspektive. 183–204 in: *Thomas Klein und Wolfgang Lauterbach* (Hg.): Nichteheliche Lebensgemeinschaften. Analysen zum Wandel partnerschaftlicher Lebensformen. Opladen: Leske + Budrich.

Möhle, Sylvia, *2001:* Partnerwahl in historischer Perspektive. 57–74 in: *Thomas Klein* (Hg.): Partnerwahl und Heiratsmuster. Sozialstrukturelle Voraussetzungen der Liebe. Opladen: Leske + Budrich.

Morgan, S. Philip, und Ronald R. Rindfuss, *1985:* Marital Disruption: Structural and Temporal Dimensions, American Journal of Sociology 90: 1055–1077.

Mueller, Ulrich, *1993:* Bevölkerungsstatistik und Bevölkerungsdynamik. Methoden und Modelle der Demographie für Wirtschafts-, Sozial-, Biowissenschaftler und Mediziner. Berlin: de Gruyter.

Mulder, Clara H., William A. V. Clark und Michael Wagner, *2002:* A comparative analysis of leaving home in the United States, the Netherlands and West Germany, Demographic Research 7: 565–592.

Müller, Hans-Peter, *1992:* Sozialstruktur und Lebensstile. Der neuere theoretische Diskurs über soziale Ungleichheit. Frankfurt am Main: Suhrkamp.

Müller, Valentin, *1956:* Begabung und soziale Schichtung in der hochindustrialisierten Gesellschaft. Opladen: Westdeutscher Verlag.

Müller, Walter, *1975:* Familie – Schule – Beruf. Analysen zur sozialen Mobilität und Statuszuweisung in der Bundesrepublik. Opladen: Westdeutscher Verlag.

Müller, Walter, *1983:* Wege und Grenzen der Tertiarisierung. Wandel der Berufsstruktur in der Bundesrepublik Deutschland 1950–1980. 142–160 in: *Joachim Matthes* (Hg.): Krise der Arbeitsgesellschaft? Verhandlungen des 21. Deutschen Soziologentages in Bamberg 1982. Frankfurt am Main: Campus.

Müller, Walter, *1985:* Mobilitätsforschung und Arbeitsmarkttheorie. 17–40 in: *Helmut Knepel und Reinhard Hujer* (Hg.): Mobilitätsprozesse auf dem Arbeitsmarkt. Frankfurt am Main: Campus.

Müller, Walter, *1986:* Soziale Mobilität: Die Bundesrepublik im internationalen Vergleich. 339–354 in: *Max Kaase* (Hg.): Politische Wissenschaft und politische Ordnung. Analysen zu Theorie und Empirie demokratischer Regierungsweise. Festschrift zum 65. Geburtstag von Rudolf Wildenmann. Opladen: Westdeutscher Verlag.

Müller, Walter, *1994:* Bildung und soziale Plazierung in Deutschland, England und Frankreich. 115–134 in: *Hansgert Peisert und Wolfgang Zapf* (Hg.): Gesellschaft, Demokratie und Lebenschancen. Festschrift für Ralf Dahrendorf. Stuttgart: Deutsche Verlagsanstalt.

Müller, Walter, *1998a:* Erwartete und unerwartete Folgen der Bildungsexpansion. 81–112 in: *Jürgen Friedrichs, M. Rainer Lepsius und Karl Ulrich Mayer* (Hg.): Die Diagnosefähigkeit der Soziologie. Sonderheft 38 der Kölner Zeitschrift für Soziologie und Sozialpsychologie. Opladen: Westdeutscher Verlag.

Müller, Walter, *1998b:* Klassenstruktur und Parteiensystem. Zum Wandel der Klassenspaltung im Wahlverhalten, Kölner Zeitschrift für Soziologie und Sozialpsychologie 50: 3–46.

Müller, Walter, *2001:* Zum Verhältnis von Bildung und Beruf in Deutschland. Entkopplung oder zunehmende Strukturierung? 29–64 in: *Peter A. Berger und Dirk Konietzka* (Hg.): Die Erwerbsgesellschaft. Neue Ungleichheiten und Unsicherheiten. Opladen: Leske + Budrich.

Müller, Walter, und Dietmar Haun, *1993:* Bildungsexpansion und Bildungsungleichheit. 334–338 in: *Heiner Meulemann und Agnes Elting-Camus* (Hg.): Lebensverhältnisse und soziale Konflikte im neuen Europa. 26. Deutscher Soziologentag Düsseldorf 1992. Tagungsband II: Berichte aus den Sektionen, Arbeitsgruppen und Ad-hoc-Gruppen. Opladen: Westdeutscher Verlag.

Müller, Walter, und Dietmar Haun, *1994:* Bildungsungleichheit im sozialen Wandel, Kölner Zeitschrift für Soziologie und Sozialpsychologie 46: 1–42.

Müller, Walter, Susanne Steinmann und Reinhart Schneider, *1997:* Bildung in Europa. 177–245 in: *Stefan Hradil und Stefan Immerfall* (Hg.): Die westeuropäischen Gesellschaften im Vergleich. Opladen: Leske + Budrich.

Müller-Dincu, Barbara, *1981:* Gemischt-nationale Ehen zwischen deutschen Frauen und Ausländern in der Bundesrepublik: Eine familiensoziologische Analyse ihrer Situation und Problematik, Materialien zur Bevölkerungswissenschaft 22: 8–138.

Nauck, Bernhard, *1988:* Zwanzig Jahre Migrantenfamilien in der Bundesrepublik. Familiärer Wandel zwischen Situationsanpassung, Akkulturation und Segregation. 279–297 in: *Rosemarie Nave-Herz* (Hg.): Wandel und Kontinuität der Familie in der Bundesrepublik Deutschland. Stuttgart: Enke.

Nauck, Bernhard, *1993:* Sozialstrukturelle Differenzierung der Lebensbedingungen von Kindern in West- und Ostdeutschland. 143–163 in: *Manfred Markefka und Bernhard Nauck* (Hg.): Handbuch der Kindheitsforschung. Neuwied: Luchterhand.

Nauck, Bernhard, *1994:* Die (Reproduktions-)Arbeit tun die anderen. Oder: Welchen Beitrag leisten Gruppen traditionaler Lebensführung für die Entstehung moderner Lebensstile?, Berliner Journal für Soziologie 4: 203–216.

Nauck, Bernhard, *2001:* Generationenbeziehungen und Heiratsregimes – theoretische Überlegungen zur Struktur von Heiratsmärkten und Partnerwahlprozessen am Beispiel der Türkei und Deutschland. 35–55 in: *Thomas Klein* (Hg.): Partnerwahl und Heiratsmuster. Sozialstrukturelle Voraussetzungen der Liebe. Opladen: Leske + Budrich.

Nauck, Bernhard, und Annette Kohlmann, *1999:* Values of Children. Ein Forschungsprogramm zur Erklärung von generativem Verhalten und intergenerativen Beziehungen. 53–74 in: *Friedrich W. Busch, Bernhard Nauck und Rosemarie Nave-Herz* (Hg.): Aktuelle Forschungsfelder der Familienwissenschaft. Würzburg: Ergon.

Nave-Herz, Rosemarie, *2003:* Familie zwischen Tradition und Moderne. Ausgewählte Beiträge zur Familiensoziologie. Herausgegeben und eingeleitet von Friedrich W. Busch. Oldenburg: Bibliotheks- und Informationssystem der Universität Oldenburg.

Nave-Herz, Rosemarie, und Dirk Sander, *1998:* Heirat ausgeschlossen? Ledige Erwachsene in sozialhistorischer und subjektiver Perspektive. Frankfurt am Main: Campus.

Neckel, Sighard, Kai Dröge und Irene Somm, *2004:* Welche Leistung, welche Leistungsgerechtigkeit? Soziologische Konzepte, normative Fragen und einige empirische Befunde. 137–164 in: *Peter A. Berger und Volker H. Schmidt* (Hg.): Welche Gleichheit, welche Ungleichheit? Grundlagen der Ungleichheitsforschung. Wiesbaden: VS Verlag für Sozialwissenschaften.

Neumann, Udo, *1999:* Verdeckte Armut in der Bundesrepublik Deutschland. Begriff und empirische Ergebnisse für die Jahre 1983 bis 1995, Aus Politik und Zeitgeschichte, Beilage 18/1999: 27–32.

Nieuwbeerta, Paul, und Jeff Manza, *2002:* Klassen-, Religions- und Geschlechterspaltungen. Parteien und Gesellschaften in vergleichender Perspektive. 247–278 in: *Frank Brettschneider, Jan van Deth und Edeltraud Roller* (Hg.): Das Ende der politisierten Sozialstruktur? Opladen: Leske + Budrich.

Noelle-Neumann, Elisabeth, und Renate Köcher, *2002:* Allensbacher Jahrbuch der Demoskopie 1998–2002. München: Saur.

Noll, Heinz-Herbert, *1987:* Schichtung und Mobilität. 449–457 in: *Statistisches Bundesamt* (Hg.): Datenreport 1987. Zahlen und Fakten über die Bundesrepublik Deutschland. Bonn: Bonn Aktuell.

Noll, Heinz-Herbert, und Roland Habich, *1990:* Individuelle Wohlfahrt. Vertikale Ungleichheit oder horizontale Disparitäten. 153–188 in: *Peter*

A. Berger und Stefan Hradil (Hg.): Lebenslagen, Lebensläufe, Lebensstile. Soziale Welt, Sonderband 7. Göttingen: Schwartz.

Noll, Heinz-Herbert, und Stefan Weick, *2005:* Relative Armut und Konzentration der Einkommen deutlich gestiegen. Indikatoren und Analysen zur Entwicklung der Ungleichheit von Einkommen und Ausgaben, Informationsdienst Soziale Indikatoren, Heft 33: 1–6.

OECD, *2003:* Bildung auf einen Blick. OECD-Indikatoren 2003. Paris.

Olk, Thomas, und Doris Rentzsch, *1997:* Armutsverläufe – erste Ergebnisse einer Kohortenanalyse Hallenser Sozialhilfeempfänger(innen). 161–184 in: *Irene Becker und Richard Hauser* (Hg.): Einkommensverteilung und Armut. Deutschland auf dem Weg zur Vierfünftel-Gesellschaft? Frankfurt am Main: Campus.

Oppenheimer, Valerie K., *1988:* A Theory of Marriage Timing, American Journal of Sociology 94: 563–591.

Oppenheimer, Valerie K., *1994:* Women's Rising Employment and the Future of the Family in Industrial Societies, Population and Development Review 20: 293–342.

Ott, Notburga, *1986:* Ausscheiden erwachsener Kinder aus dem elterlichen Haushalt. 43–79 in: *Klaus F. Zimmermann* (Hg.): Demographische Probleme der Haushaltsökonomie. Bochum: Brockmeyer.

Ott, Notburga, *1992:* Intrafamily Bargaining and Household Decisions. Berlin: Springer.

Otte, Gunnar, *2004:* Sozialstrukturanalysen mit Lebensstilen. Eine Studie zur theoretischen und methodischen Neuorientierung der Lebensstilforschung. Wiesbaden: VS Verlag für Sozialwissenschaften.

Pagnini, Deanna, und Philip S. Morgan, *1990:* Intermarriage and Social Distance among U.S. Immigrants at the Turn of the Century, American Journal of Sociology 96: 405–432.

Pampel, Fred C., *1993:* Relative Cohort Size and Fertility: The Socio-Political Context of the Easterlin Effect, American Sociological Review 58: 496–514.

Pampel, Fred C., und H. Elizabeth Peters, *1995:* The Easterlin Effect, Annual Review of Sociology 21: 163–194.

Pappi, Franz Urban, *1977:* Sozialstruktur, gesellschaftliche Wertorientierungen und Wahlabsicht. Ergebnisse eines Zeitvergleichs des deutschen Elektorats 1953 und 1976, Politische Vierteljahresschrift 18: 195–229.

Parsons, Talcott, *1940:* An Analytical Approach to the Theory of Social Stratification, American Journal of Sociology 45: 842–862.

Peisert, Hansgert, *1967:* Soziale Lage und Bildungschancen in Deutschland. München: Piper.

Perenboom, R.J., H.C. Boshuizen und H.P. van de Water, *1993:* Trends in Health Expectancies in the Netherlands, 1981–1990. in: *J. M. Robine, C. D. Mathers, M.R. Bone und I. Romieu* (Hg.): Calculation of Health Expectancies: Harmonization, Consensus Achieved and Future Perspectives. Paris: Libbey Eurotexte.

Peters, H. Elizabeth, *1988:* Retrospective versus Panel Data in Analyzing Lifecycle Events, Journal of Human Resources 23: 488–513.

Peuckert, Rüdiger, *1996:* Familienformen im sozialen Wandel. 2. Auflage. Opladen: Leske + Budrich.

Peuckert, Rüdiger, *2002:* Familienformen im sozialen Wandel. 4. Auflage. Opladen: Leske + Budrich.

Pfau-Effinger, Birgit, *1996:* Analyse internationaler Differenzen in der Erwerbsbeteiligung von Frauen. Theoretischer Rahmen und empirische Ergebnisse, Kölner Zeitschrift für Soziologie und Sozialpsychologie 48: 462–492.

Piachaud, David, *1992:* Wie mißt man Armut? 63–87 in: *Stephan Leibfried und Wolfgang Voges* (Hg.): Armut im modernen Wohlfahrtsstaat. Sonderheft 32 der Kölner Zeitschrift für Soziologie und Sozialpsychologie. Opladen: Westdeutscher Verlag.

Picht, Georg, *1964:* Die deutsche Bildungskatastrophe. Olten: Walter.

Pohl, Katharina, *1995:* Design und Struktur des deutschen FFS. Materialien zur Bevölkerungswissenschaft, Heft 82a. Wiesbaden: Bundesinstitut für Bevölkerungsforschung.

Pohl, Katharina, Bernd Sörtzbach und Hartmut Wendt, *1992:* Die demographische Lage in Deutschland und in der Europäischen Gemeinschaft, Zeitschrift für Bevölkerungswissenschaft 18: 3–93.

Pollak, Reinhard, *2004:* Soziale Mobilität. 614–622 in: *Statistisches Bundesamt* (Hg.): Datenreport 2004. Zahlen und Fakten über die Bundesrepublik Deutschland. Bonn: Bundeszentrale für politische Bildung.

Pong, Suet-Ling, Japp Dronkers und Gilian Hampden-Thompson, *2003:* Family Policies and Children's School Achievement in Single-Versus Two-Parent Families, Journal of Marriage and the Family 65: 681–699.

Portocarero, Lucienne, *1983a:* Social Fluidity in France and Sweden, Acta Sociologica 26: 127–139.

Portocarero, Lucienne, *1983b:* Social Mobility in Industrial Nations: Women in France and Sweden, Sociological Review 31: 56–82.

Portocarero, Lucienne, *1985:* Social Mobility in France and Sweden: Women, Marriage and Work, Acta Sociologica 28: 151–170.

Preisendörfer, Peter, *2001:* Sozialprofil und Lebenslage von Haushalten ohne Auto, Kölner Zeitschrift für Soziologie und Sozialpsychologie 53: 734–750.

Price, Charles A., *1982:* The Fertility and Marriage Patterns of Australia's Ethnic Groups. Canberra: Australian National University.

Qian, Zhenchao, und Samuel H. Preston, *1993:* Changes in American Marriage, 1972 to 1987: Availability and Forces of Attraction by Age and Education, American Sociological Review 58: 482–495.

Riede, Thomas, und Matthias Sacher, *2004:* Arbeitsmarkt in Deutschland – erster Baustein der neuen ILO-Statistik, Wirtschaft und Statistik: 148–154.

Riphahn, Regina T., *1998:* Immigrant Participation in the German Welfare Program, Finanzarchiv 55: 163–185.

Riphahn, Regina T., *2004:* Immigrant Participation in Social Assistance Programs: Evidence from German Guestworkers, CEPR Discussion Paper No. 2318.

Rogers, Andrei, *1975:* Introduction to Multiregional Mathematical Demography. New York: Wiley.

Roloff, Juliane, *1998:* Eheschließungen und Ehescheidungen von und mit Ausländern in Deutschland, Zeitschrift für Bevölkerungswissenschaft 23: 319–334.

Roloff, Juliane, *2003:* Verhalten von Frauen in West- und Ostdeutschland bei einer ungewollten Schwangerschaft und die Akzeptanz des Schwangerschaftsabbruchs – ein Zeitvergleich, BiB-Mitteilungen 24: 16–20.

Roos, Patricia A., *1985:* Gender and Work: A Comparative Analysis of Industrial Societies. Albany: State University of New York Press.

Rosenbaum, Heidi, *1982:* Formen der Familie. Untersuchungen zum Zusammenhang von Familienverhältnissen, Sozialstruktur und sozialem Wandel in der deutschen Gesellschaft des 19. Jahrhunderts. Frankfurt am Main: Suhrkamp.

Rosenbaum, Heidi, *1992:* Proletarische Familien. Arbeiterfamilien und Arbeiterväter im frühen 20. Jahrhundert zwischen traditioneller, sozialdemokratischer und kleinbürgerlicher Orientierung. Frankfurt am Main: Suhrkamp.

Ross, Christine M., Sheldon Danziger und Eugene Smolensky, *1987:* Interpreting Changes in the Economic Status of the Elderly, 1949–1979, Contemporary Policy Issues 5: 98–112.

Rössel, Jörg, *2004:* Macht als zentrale Dimension der Sozialstrukturanalyse. Eine handlungstheoretische Begründung. 221–239 in: *Peter A. Berger und Volker H. Schmidt* (Hg.): Welche Gleichheit, welche Ungleichheit? Grundlagen der Ungleichheitsforschung. Wiesbaden: VS Verlag für Sozialwissenschaften.

Rückert, Gerd-Rüdiger, Wolfgang Lengsfeld und Winfried Henke, *1979:* Partnerwahl. Boppard am Rhein: Boldt.

Ruppert, Wolfgang (Hg.), *1986a:* Die Arbeiter. Lebensformen, Alltag und Kultur von der Frühindustrialisierung bis zum «Wirtschaftswunder». München: Beck.

Ruppert, Wolfgang, *1986b:* Die Kultur der Arbeiter – Arbeiterkultur. 45–68 in: *Wolfgang Ruppert* (Hg.): Die Arbeiter. Lebensformen, Alltag und Kultur von der Frühindustrialisierung bis zum «Wirtschaftswunder». München: Beck.

Sackmann, Reinhold, *2001:* Generationsspezifische Arbeitsmarktchancen im internationalen Vergleich. 253–276 in: *Peter A. Berger und Dirk Konietzka* (Hg.): Die Erwerbsgesellschaft. Neue Ungleichheiten und Unsicherheiten. Opladen: Leske + Budrich.

Safilios-Rothschild, Constantina, *1975:* Family and Stratification: Some Macrosociological Observations and Hypotheses, Journal of Marriage and the Family 37: 855–860.

Saunders, Harold W., *1956:* Human Migration and Social Equilibrium. 219–229 in: *Joseph J. Spengler und Otis D. Duncan* (Hg.): Population Theory and Policy. Glencoe: Free Press.

Schäfer, Claus, *1997:* Empirische Überraschung und politische Herausforderung: Niedriglöhne in Deutschland. 83–112 in: *Irene Becker und Richard Hauser* (Hg.): Einkommensverteilung und Armut. Deutschland auf dem Weg zur Vierfünftel-Gesellschaft? Frankfurt am Main: Campus.

Schaub, Günther, *1998:* Politische Meinungsbildung in Deutschland. Wandel und Kontinuität der öffentlichen Meinung in Ost und West. Bonn: Dietz.

Schäuble, Gerhard, *1984:* Theorien, Definitionen und Beurteilung der Armut. Berlin: Duncker & Humblot.

Schelsky, Helmut, *1956:* Soziologische Bemerkungen zur Rolle der Schule in unserer Gesellschaftsverfassung. 9–50 in: *Helmut Schelsky* (Hg.): Schule und Erziehung in der industriellen Gesellschaft. Würzburg: Werkbund.

Schettkat, Ronald, *1985:* The Size of Household Production: Methodological Problems and Estimates for the Federal Republic of Germany in the Period 1964–1980, Review of Income and Wealth 31: 309–321.

Schimpl-Neimanns, Bernhard, *2000:* Soziale Herkunft und Bildungsbeteiligung. Empirische Analysen zu herkunftsspezifischen Bildungsungleichheiten zwischen 1950 und 1989, Kölner Zeitschrift für Soziologie und Sozialpsychologie 52: 636–669.

Schimpl-Neimanns, Bernhard, *2002:* Anwendungen und Erfahrungen mit dem Scientific Use File des Mikrozensus. ZUMA-Arbeitsbericht 2002/01. Mannheim: ZUMA.

Schimpl-Neimanns, Bernhard, *2004:* Zur Umsetzung des Internationalen

Sozioökonomischen Index des beruflichen Status (ISEI) mit den Mikrozensen ab 1996, ZUMA-Nachrichten, Heft 54: 154–170.

Schlomann, Heinrich, *1993:* Die Entwicklung der Vermögensverteilung in Westdeutschland. 54–83 in: *Ernst Ulrich Huster* (Hg.): Reichtum in Deutschland. Der diskrete Charme der sozialen Distanz. Frankfurt am Main: Campus.

Schmähl, Winfried (Hg.), *1983:* Ansätze der Lebenseinkommensanalyse. Tübingen: Mohr Siebeck.

Schmähl, Winfried, und Uwe Fachinger, *1989:* Über Richtung und Ausmaß der Lohnmobilität. Eine Kohortenanalyse für Arbeiter in der Bundesrepublik Deutschland 1960 bis 1970. 274–298 in: *Knut Gerlach und Olaf Hübler* (Hg.): Effizienzlohntheorie, Individualeinkommen und Arbeitsplatzwechsel. Frankfurt am Main: Campus.

Schmidt, Manfred G., *1993:* Erwerbsbeteiligung von Frauen und Männern im Industrieländervergleich. Opladen: Leske + Budrich.

Schnapp, Kai-Uwe, *1997:* Soziale Zusammensetzung von Elite und Bevölkerung – Verteilung von Aufstiegschancen in die Elite im Zeitvergleich. 69–99 in: *Wilhelm Bürklin, Hilke Rebenstorf, Viktoria Kaina, Jörg Machatzke, Kai-Uwe Schnapp, Christian Welzel und Martina Sauer* (Hg.): Eliten in Deutschland. Rekrutierung und Integration. Opladen: Leske + Budrich.

Schneider, Hillmar, *1990:* Determinanten der Arbeitslosigkeitsdauer. Eine mikroökonometrische Analyse für die Bundesrepublik Deutschland. Frankfurt am Main: Campus.

Schneider, Norbert F., *1996:* Partnerschaften mit getrennten Haushalten in den neuen und alten Bundesländern. 88–97 in: *Walter Bien* (Hg.): Familie an der Schwelle zum neuen Jahrtausend. Wandel und Entwicklung familialer Lebensformen. Opladen: Leske + Budrich.

Schnell, Rainer, Paul Hill und Elke Esser, *1992:* Methoden der empirischen Sozialforschung. München: Oldenbourg.

Schnell, Rainer, und Ulrich Kohler, *1997:* Zur Erklärungskraft soziodemographischer Variablen im Zeitverlauf. Entgegnung auf Walter Müller sowie auf Wolfgang Jagodzinski und Markus Quandt, Kölner Zeitschrift für Soziologie und Sozialpsychologie 49: 783–795.

Schöb, Anke, *2001:* Die Wohlfahrtssurveys 1978 bis 1998. Zeitreihendaten zur Wohlfahrtsentwicklung in der Bundesrepublik Deutschland. Mannheim: Zentrum für Umfragen, Methoden und Analysen (ZUMA).

Schoen, Robert, *1985:* Population Growth and the Birth Squeeze, Social Science Research 14: 251–265.

Schoen, Robert, *1986:* A Methodological Analysis of Intergroup Marriage, Sociological Methodology 16: 49–78.

Schoen, Robert, *1988:* Modeling Multigroup Populations. New York: Plenum Press.

Schoen, Robert, und John Baj, *1985:* The Impact of the Marriage Squeeze in five Western Countries, Sociology and Social Research 70: 8–19.

Schoen, Robert, John Wooldredge und Barbara Thomas, *1989:* Ethnic and Educational Effects on Marriage Choice, Social Science Quarterly 70: 617–630.

Schott-Winterer, Andrea, *1990:* Wohlfahrtsdefizite und Unterversorgung. 56–78 in: *Diether Döring, Walter Hanesch und Ernst-Ulrich Huster* (Hg.): Armut im Wohlstand. Frankfurt am Main: Suhrkamp.

Schulz, Erika, Gert Wagner und James C. Witte, *1993:* Gegenwärtiger Geburtenrückgang in Ostdeutschland läßt mittelfristig einen «Babyboom» erwarten, DIW-Diskussionspapier Nr. 83.

Schwarz, Karl, *1979:* Demographische Ursachen des Geburtenrückgangs, Wirtschaft und Statistik: 166–170.

Schwarz, Karl, *1980:* Zur Einkommenslage junger Familien in der Bundesrepublik, Zeitschrift für Bevölkerungswissenschaft 6: 317–334.

Schwarz, Karl, *1989:* Wann verlassen die Kinder das Elternhaus? Lebenslaufbeobachtungen nach Geburtsjahrgängen für den Zeitraum 1972–1987, Zeitschrift für Bevölkerungswissenschaft 15: 39–58.

Schwarz, Karl, *2001:* Bericht 2000 über die demographische Lage in Deutschland, Zeitschrift für Bevölkerungswissenschaft 26: 3–54.

Schwarze, Johannes, *1996:* Der Einfluß von Einkommensunsicherheit auf die individuelle Wohlfahrt – Eine Panelanalyse mit subjektiven und objektiven Indikatoren. 348–365 in: *Wolfgang Zapf, Jürgen Schupp und Roland Habich* (Hg.): Lebenslagen im Wandel: Sozialberichterstattung im Längsschnitt. Frankfurt am Main: Campus.

Seifert, Wolfgang, *2000:* Ausländer in Deutschland. 569–580 in: *Statistisches Bundesamt* (Hg.): Datenreport 1999. Zahlen und Fakten über die Bundesrepublik Deutschland. Bonn: Bundeszentrale für politische Bildung.

Seifert, Wolfgang, *2003:* Arbeitslosigkeit, Erwerbslosigkeit, Stille Reserve – unterschiedliche Messkonzepte zur Beschreibung der Beschäftigungslücke, Statistische Analysen und Studien NRW Band 12: 13–16.

Sen, Amartya K., *1981:* Poverty and Famines. An Essay on Entitlement and Deprivation. Oxford: Clarendon Press.

Sengenberger, Werner (Hg.), *1978:* Der gespaltene Arbeitsmarkt. Probleme der Arbeitsmarktsegmentation. Frankfurt am Main: Campus.

Sengenberger, Werner, *1987:* Struktur und Funktionsweise von Arbeitsmärkten. Die Bundesrepublik Deutschland im internationalen Vergleich. Frankfurt am Main: Campus.

Sesselmeier, Werner, und Gregor Blauermel, *1998:* Arbeitsmarkttheorien. Ein Überblick. Heidelberg: Physica.

Shorter, Edward, *1978:* Bäuerliches Heiratsverhalten und Ehebeziehungen in der vorindustriellen Gesellschaft. 252–265 in: *Heidi Rosenbaum* (Hg.): Seminar ‹Familie und Gesellschaftsstruktur›. Materialien zu den sozioökonomischen Bedingungen von Familienformen. Frankfurt am Main: Suhrkamp.

Shorter, Edward, *1983:* Die Geburt der modernen Familie. Reinbek: Rowohlt.

Sieder, Reinhard, *1977:* Der Jugendliche in der Familie. 120–143 in: *Michael Mitterauer und Reinhard Sieder* (Hg.): Vom Patriarchat zur Partnerschaft. Zum Strukturwandel der Familie. München: Beck.

Simmel, Georg, *1955:* Conflict and the Web of Group Affiliations. New York: Free Press.

Singler, Andreas, und Gerhard Treutlein, *2000:* Doping im Spitzensport. Sportwissenschaftliche Analysen zur nationalen und internationalen Leistungsentwicklung. Aachen: Meyer & Meyer.

Sinner-Bartels, Barbara, *2004:* Leben in Europa – neue EU-Statistik zu Einkommen und Lebensbedingungen privater Haushalte, Statistisches Monatsheft Baden-Württemberg 10/2004: 34–35.

Smeeding, Timothy M., und Peter Gottschalk, *1998:* The International Evidence on Income Distribution in Modern Economies: Where Do We Stand? 39–61 in: *Yair Mundlak* (Hg.): Labour, Food and Poverty. Hampshire: Basingstoke.

Smeeding, Timothy M., Gunther Schmaus und Serge Allegrezza, *1985:* An Introduction to LIS, LIS/LES Working Paper Series Nr. 1.

Sobel, Michael E., *1983:* Structural Mobility, Circulation Mobility and the Analysis of Occupational Mobility: A Conceptual Mismatch, American Sociological Review 48: 721–727.

Sobel, Michael E., *1985:* Social Mobility and Fertility Revisited: Some New Methods for the Analysis of Mobility Effects Hypothesis, American Sociological Review 50: 699–712.

Sobel, Michael E., Michael Hout und Otis Dudley Duncan, *1985:* Exchange, Structure, and Symmetry in Occupational Mobility, American Journal of Sociology 91: 359–372.

Solga, Heike, *1996:* Klassenlagen und soziale Ungleichheit in der DDR, Aus Politik und Zeitgeschichte, Beilage 46/1996: 18–27.

Solow, Robert M., *1985:* Insiders and Outsiders in Wage Determination, Scandinavian Journal of Economics 87: 411–428.

Sommer, Bettina, *1998:* Eheschließungen, Geburten und Sterbefälle 1996, Wirtschaft und Statistik: 232–238.

Sorokin, Pitrim A., *1964:* Social and Cultural Mobility. New York: Free Press.

South, Scott J., *1995:* Do You Need to Shop Around? Age at Marriage, Spousal Alternatives, and Marital Dissolution, Journal of Family Issues 16: 432–449.

South, Scott J., und Kim M. Lloyd, *1995:* Spousal Alternatives and Marital Dissolution, American Sociological Review 60: 21–35.

Spencer, Herbert, *1875:* Grundlagen der Philosophie. Stuttgart: Schweizerbart.

Statistics Bureau Japan, *2003:* Japan Statistical Yearbook 2003: Ministry of Public Management, Home Affairs, Posts and Telecommunications.

Statistisches Bundesamt, *1952:* Statistisches Jahrbuch 1952 für die Bundesrepublik Deutschland. Stuttgart: Kohlhammer.

Statistisches Bundesamt, *1962:* Statistisches Jahrbuch 1962 für die Bundesrepublik Deutschland. Stuttgart: Kohlhammer.

Statistisches Bundesamt, *1965:* Fachserie A: Bevölkerung und Kultur. Reihe 6.I: Entwicklung der Erwerbstätigkeit. Stuttgart: Kohlhammer.

Statistisches Bundesamt, *1966:* Fachserie A: Bevölkerung und Kultur. Reihe 6.I: Entwicklung der Erwerbstätigkeit. Stuttgart: Kohlhammer.

Statistisches Bundesamt, *1968:* Statistisches Jahrbuch 1968 für die Bundesrepublik Deutschland. Stuttgart: Metzler-Poeschel.

Statistisches Bundesamt, *1975:* Statistisches Jahrbuch 1975 für die Bundesrepublik Deutschland. Stuttgart: Metzler-Poeschel.

Statistisches Bundesamt, *1976:* Fachserie 1: Bevölkerung und Erwerbstätigkeit. Reihe 4.1.1: Stand und Entwicklung der Erwerbstätigkeit. Stuttgart: Metzler-Poeschel.

Statistisches Bundesamt, *1977:* Fachserie 1: Bevölkerung und Erwerbstätigkeit. Reihe 3: Haushalte und Familie. Stuttgart: Metzer-Poeschel.

Statistisches Bundesamt, *1985a:* Bevölkerung: Gestern, heute und morgen. Wiesbaden.

Statistisches Bundesamt, *1985b:* Fachserie 1: Bevölkerung und Erwerbstätigkeit. Reihe 4.1.1: Stand und Entwicklung der Erwerbstätigkeit. Stuttgart: Metzler-Poeschel.

Statistisches Bundesamt, *1987:* Fachserie 1: Bevölkerung und Erwerbstätigkeit. Reihe 3: Haushalte und Familie. Stuttgart: Metzler-Poeschel.

Statistisches Bundesamt, *1990:* Statistisches Jahrbuch 1990 für die Bundesrepublik Deutschland. Stuttgart: Metzler-Poeschel.

Statistisches Bundesamt, *1991a:* Fachserie 1: Bevölkerung und Erwerbstätigkeit, Heft 9: Pendler, Teil 1: Ausgewählte Strukturdaten. Stuttgart: Metzler-Poeschel.

Statistisches Bundesamt, *1991b:* Fachserie 1: Bevölkerung und Erwerbstätigkeit, Heft 9: Pendler, Teil 2: Berufs- und Ausbildungspendler. Stuttgart: Metzler-Poeschel.

Statistisches Bundesamt, *1991c:* Fachserie 1: Bevölkerung und Erwerbstätigkeit. Reihe 4.1.1: Stand und Entwicklung der Erwerbstätigkeit. Stuttgart: Metzler-Poeschel.

Statistisches Bundesamt, *1992:* Statistisches Jahrbuch 1992 für die Bundesrepublik Deutschland. Stuttgart: Metzler-Poeschel.

Statistisches Bundesamt, *1995a:* Fachserie 16: Löhne und Gehälter. Heft 4: Gehalts- und Lohnstrukturerhebung. Stuttgart: Metzler-Poeschel.

Statistisches Bundesamt, *1995b:* Im Blickpunkt: Ausländische Bevölkerung in Deutschland. Stuttgart: Metzler-Poeschel.

Statistisches Bundesamt, *1997:* Fachserie 1: Bevölkerung und Erwerbstätigkeit, Reihe 1: Gebiet und Bevölkerung. Stuttgart: Metzler-Poeschel.

Statistisches Bundesamt, *2000a:* Fachserie 1: Bevölkerung und Erwerbstätigkeit. Reihe 4.1.1: Stand und Entwicklung der Erwerbstätigkeit. Stuttgart: Metzler-Poeschel.

Statistisches Bundesamt, *2000b:* Fachserie 1: Haushalte und Familien, Reihe 3: Ergebnisse des Mikrozensus. Stuttgart: Metzler-Poeschel.

Statistisches Bundesamt, *2000c:* Statistisches Jahrbuch 2000 für die Bundesrepublik Deutschland. Stuttgart: Metzler-Poeschel.

Statistisches Bundesamt, *2001a:* Fachserie 1: Bevölkerung und Erwerbstätigkeit. Reihe 3: Haushalte und Familie. Stuttgart: Metzler-Poeschel.

Statistisches Bundesamt, *2001b:* Fachserie 16: Löhne und Gehälter. Heft 1: Gehalts- und Lohnstrukturerhebung. Stuttgart: Metzler-Poeschel.

Statistisches Bundesamt, *2001c:* Im Blickpunkt: Ausländische Bevölkerung in Deutschland. Stuttgart: Metzler-Poeschel.

Statistisches Bundesamt, *2001d:* Statistisches Jahrbuch 2001 für das Ausland. Stuttgart: Metzler-Poeschel.

Statistisches Bundesamt, *2001e:* Statistisches Jahrbuch 2001 für die Bundesrepublik Deutschland. Stuttgart: Metzler-Poeschel.

Statistisches Bundesamt, *2002a:* Fachserie 15: Wirtschaftsrechnungen. Heft 7: Einkommens- und Verbrauchsstichprobe. Aufgabe, Methode und Durchführung der EVS 1998. Stuttgart: Metzler-Poeschel.

Statistisches Bundesamt, *2002b:* Statistisches Jahrbuch 2002 für die Bundesrepublik Deutschland. Stuttgart: Metzler-Poeschel.

Statistisches Bundesamt, *2003a:* Bevölkerung Deutschlands bis 2050. 10. koordinierte Bevölkerungsvorausberechnung. Wiesbaden.

Statistisches Bundesamt, *2003b:* Bildung im Zahlenspiegel 2003. Wiesbaden.

Statistisches Bundesamt (Hg.), _2004:_ Datenreport 2004. Zahlen und Fakten über die Bundesrepublik Deutschland. Bonn: Bundeszentrale für politische Bildung.

Stauder, Johannes, _2002:_ Neue Typisierungen für Haushalte und Lebensformen für den Mikrozensus, Statistische Analysen und Studien Nordrhein-Westfalen: 5–23.

Stein, Holger (Hg.), _2004:_ Anatomie der Vermögensverteilung. Ergebnisse der Einkommens- und Verbrauchsstichproben 1983–1998. Berlin: Sigma.

Stolnitz, George J., _1956:_ A Century of International Mortality Trends: II, Population Studies 10: 17–42.

Stouffer, Samuel A., _1940:_ Intervening Opportunities: A Theory Relating Mobility and Distance, American Sociological Review 5: 845–867.

Straßburger, Gaby, _2000:_ Das Heiratsverhalten von Frauen und Männern ausländischer Herkunft im Einwanderungskontext der BRD. Opladen: Leske + Budrich.

Strengmann-Kuhn, Wolfgang, _1997:_ Erwerbs- und Arbeitsmarktbeteiligung der Armutspopulation in der Bundesrepublik Deutschland. 113–133 in: _Irene Becker und Richard Hauser_ (Hg.): Einkommensverteilung und Armut. Deutschland auf dem Weg zur Vierfünftel-Gesellschaft? Frankfurt am Main: Campus.

Strohmeier, Klaus Peter, und Hans-Joachim Schulze, _1995:_ Die Familienentwicklung der achtziger Jahre in Ost- und Westdeutschland im europäischen Kontext. 26–38 in: _Bernhard Nauck, Norbert F. Schneider und Angelika Toelke_ (Hg.): Familie und Lebensverlauf im gesellschaftlichen Umbruch. Stuttgart: Enke.

Sweet, James A., und Larry L. Bumpass, _2002:_ The National Survey of Families and Households – Waves 1, 2, and 3: Data Description and Documentation. Center for Demography and Ecology: University of Wisconsin-Madison (http://www.ssc.wisc.edu/nsfh/home.htm)

Taylor, Marcia Freed, John Brice, Nick Buck und Elaine Prentice, _1997:_ British Household Panel Survey User Manual Volume A: Introduction, Technical Report and Appendices. Colchester: University of Essex.

Tegtmeyer, Heinrich (Hg.), _1979:_ Soziale Strukturen und individuelle Mobilität. Beiträge zur sozio-demographischen Analyse der Bundesrepublik Deutschland. Boppard am Rhein: Boldt.

Teubner, Markus, _2002:_ Wie viele Stieffamilien gibt es in Deutschland? 23–51 in: _Walter Bien, Angela Hardt und Markus Teubner_ (Hg.): Stieffamilien in Deutschland. Eltern und Kinder zwischen Normalität und Konflikt. Opladen: Leske + Budrich.

Thurow, Lester C., _1975:_ Generating Inequality. New York: Basic Books.

Thurow, Lester C., *1978:* Die Arbeitskräfteschlange und das Modell des Arbeitsplatzwettbewerbs. 117–137 in: *Werner Sengenberger* (Hg.): Der gespaltene Arbeitsmarkt. Frankfurt am Main: Campus.

Timmermann, Dieter, *2002:* Bildungsökonomie. 81–122 in: *Rudolf Tippelt* (Hg.): Handbuch Bildungsforschung. Opladen: Leske + Budrich.

Tölke, Angelika, *1991:* Partnerschaft und Eheschließung. Wandlungstendenzen in den letzten fünf Jahrzehnten. 113–157 in: *Hans Bertram* (Hg.): Familie in Westdeutschland: Stabilität und Wandel familialer Lebensformen. Opladen: Leske + Budrich.

Townsend, Peter, *1979:* Poverty in the United Kingdom. A Survey of Household Resources and Standards of Living. Harmondsworth: Penguin Books.

Treiman, Donald J., *1977:* Occupational Prestige in Comparative Perspective. New York: Academic Press.

Treiman, Donald J., *1979:* Begriff und Messung des Berufsprestiges in der international vergleichenden Mobilitätsforschung. 124–167 in: *Franz Urban Pappi* (Hg.): Sozialstrukturanalysen mit Umfragedaten. Probleme der standardisierten Erfassung von Hintergrundsmerkmalen in allgemeinen Bevölkerungsumfragen. Königstein/Ts: Athenäum.

Trommer, Luitgart, und Helmut Köhler, *1981:* Ausländer in der Bundesrepublik Deutschland: Dokumentation und Analyse amtlicher Statistiken. München: Verlag Deutsches Jugendinstitut.

Van de Kaa, Dirk J., *1987:* Europe's Second Demographic Transition, Population Bulletin 42.

Vaupel, James W., und Anatoli I. Yashin, *1985a:* The Deviant Dynamics of Death in Heterogeneous Populations. 179–211 in: *Nancy Brandon Tuma* (Hg.): Sociological Methodology. San Francisco: Jossey-Bass.

Vaupel, James W., und Anatoli I. Yashin, *1985b:* Heterogeneity's Ruses: Some Surprising Effects of Selection on Population Dynamics, The American Statistician 39: 176–185.

Veevers, Jean E., *1984:* Age-Discrepant Marriages: Cross-National Comparisons of Canadian-American Trends, Social Biology 31: 18–27.

Vetter, Stephanie, *2001:* Partnerwahl und Nationalität. Heiratsbeziehungen zwischen Ausländern in der Bundesrepublik Deutschland. 207–231 in: *Thomas Klein* (Hg.): Partnerwahl und Heiratsmuster. Sozialstrukturelle Voraussetzungen der Liebe. Opladen: Leske + Budrich.

Wagner, Gert, und Josef Schepers, *1989:* Soziale Differenzen der Lebenserwartung in der Bundesrepublik Deutschland. Neue empirische Analysen, Zeitschrift für Sozialreform 35: 670–682.

Wagner, Gert, Jürgen Schupp und Ulrich Rendtel, *1994:* Das Sozio-ökonomische Panel. Methoden der Datenproduktion und -aufbereitung im Längsschnitt. 70–112 in: *Richard Hauser, Notburga Ott und Gert Wagner* (Hg.): Mikroanalytische Grundlagen der Gesellschaftspolitik. Band 2: Erhebungsverfahren, Analysemethoden und Mikrosimulation. Berlin: Akademie.

Wagner, Michael, *1989:* Räumliche Mobilität im Lebensverlauf. Eine empirische Untersuchung sozialer Bedingungen der Migration. Stuttgart: Enke.

Wagner, Michael, und Gabriele Franzmann, *2000:* Die Pluralisierung der Lebensformen, Zeitschrift für Bevölkerungswissenschaft 25: 151–173.

Wagner, Michael, Gabriele Franzmann und Johannes Stauder, *2001:* Neue Befunde zur Pluralität der Lebensformen, Zeitschrift für Familienforschung 13: 52–73.

Wagner, Michael, und Johannes Huinink, *1991:* Neuere Trends beim Auszug aus dem Elternhaus. 39–62 in: *Günter Buttler, Hans-Joachim Hoffmann-Nowotny und Gerhard Schmitt-Rink* (Hg.): Acta Demographica 1991. Heidelberg: Physica.

Walby, Sylvia, *1986:* Gender, Class and Stratification. Towards a New Approach. 23–39 in: *Rosemary Crompton und Michael Mann* (Hg.): Gender and Stratification. Cambridge: Polity Press.

Wall, Richard, *1978:* The Age at Leaving Home, Journal of Family History 3: 181–202.

Walper, Sabine, *1988:* Familiäre Konsequenzen ökonomischer Deprivation. München: Psychologie Verlags Union.

Watkins, Susan Cotts, Jane A. Menken und John Bongaarts, *1987:* Demographic Foundations of Family Change, American Sociological Review 52: 346–358.

Watson, Walter B., und Ernest A.T. Barth, *1964:* Questionable Assumptions in the Theory of Social Stratification, Pacific Sociological Review 7: 10–16.

Weber, Max, *1972:* Wirtschaft und Gesellschaft. Grundriß der verstehenden Soziologie. Fünfte, revidierte Auflage. Tübingen: Mohr Siebeck.

Weede, Erich, *1988:* ‹Schleichender Sozialismus›, Marktvermachtung und wirtschaftliche Stagnation, Politische Vierteljahresschrift 19: 88–114.

Wegener, Bernd, *1985:* Gibt es Sozialprestige?, Zeitschrift für Soziologie 14: 209–235.

Wegener, Bernd, *1987:* Vom Nutzen entfernter Bekannter, Kölner Zeitschrift für Soziologie und Sozialpsychologie 39: 278–301.

Wegener, Bernd, *1988:* Kritik des Prestiges. Opladen: Westdeutscher Verlag.

Weick, Stefan, 1993: Determinanten des Auszugs aus der elterlichen Wohnung. 86–108 in: *Andreas Diekmann und Stefan Weick* (Hg.): Der Familienzyklus als sozialer Prozeß. Bevölkerungssoziologische Untersuchungen mit den Methoden der Ereignisanalyse. Berlin: Duncker & Humblot.

Weick, Stefan, 2002: Auszug aus dem Elternhaus, Heirat und Elternschaft werden zunehmend aufgeschoben. Verlaufsdatenanalyse zu Ereignissen des Familienzyklus in Deutschland, Informationsdienst Soziale Indikatoren, Heft 27: 11–14.

Weiss, Andrew, 1995: Human Capital vs. Signalling Explanations of Wages, Journal of Economic Perspectives 9: 133–154.

Wendt, Hartmut, 1991: Die deutsch-deutschen Wanderungen. Bilanz einer 40jährigen Geschichte von Flucht und Ausreise, Deutschland Archiv 24: 386–395.

Wenzel, Uwe, und Mathias Bös, 1997: Immigration and the Modern Welfare State: the Case of USA and Germany, New Community 23: 537–548.

Winch, Robert F., 1955: The Theory of Complementary Needs in Mate-Selection: Final Results on the Test of the General Hypothesis, American Sociological Review 20: 552–555.

Winkhaus, I., 1981: Mono- und multifaktorielle Partnersterilität – Häufigkeitsverteilung und Behandlungsergebnisse. 287–297 in: *Rolf Kaiser und Gebhard F. B. Schumacher* (Hg.): Menschliche Fortpflanzung. Fertilität – Sterilität – Kontrazeption. Stuttgart: Thieme.

Wissenschaftlicher Beirat für Familienfragen, 2002: Die bildungspolitische Bedeutung der Familie – Folgerungen aus der Pisa-Studie. Band 224 der Schriftenreihe des Bundesministeriums für Familie, Senioren, Frauen und Jugend. Stuttgart: Kohlhammer.

Woytinski, Wladimir S., 1940: Additional Workers and the Volume of Unemployment. Washington: Committee on Social Security of the Social Science Research Council.

Zapf, Wolfgang, und Steffen Mau, 1993: Eine demographische Revolution in Ostdeutschland? Dramatischer Rückgang von Geburten, Eheschließungen und Scheidungen, Informationsdienst Soziale Indikatoren, Heft 10: 1–5.

Zapf, Wolfgang, Jürgen Schupp und Roland Habich (Hg.), 1996: Lebenslagen im Wandel: Sozialberichterstattung im Längsschnitt. Frankfurt am Main: Campus.

Ziegler, Rolf, 1985: Bildungsexpansion und Partnerwahl. 87–106 in: *Stefan Hradil* (Hg.): Sozialstruktur im Umbruch. Karl Martin Bolte zum 60. Geburtstag. Opladen: Leske + Budrich.

Ziegler, Rolf, und Diana Schladt, 1993: Auszug aus dem Elternhaus und

Hausstandsgründung. 66–85 in: *Andreas Diekmann und Stefan Weick* (Hg.): Der Familienzyklus als sozialer Prozeß. Bevölkerungssoziologische Untersuchungen mit den Methoden der Ereignisanalyse. Berlin: Duncker & Humblot.

Zipf, George Kingsley, *1946:* The P1*P2/D Hypothesis: On the Intercity Movement of Persons, American Sociological Review 11: 677–686.

Index

Eine Auswahl

rowohlts enzyklopädie

09/2005

09/2005